피터 럭크만의 주석서

마가복음

피터 럭크만 지음

조 도 희 옮김

말씀보존학회

The Bible Believer's Commentary Series

THE BOOK OF MARK

By

Peter S. Ruckman, Ph.D.

Bible Baptist Bookstore

Pensacola, Florida

2025 / Korean by Word of God Preservation Society

Seoul, Korea

서 문

마가복음은 요한 마가가 예수 그리스도의 생애를 기록한 두 번째 복음서이다. 마가는 역사적으로 사도행전 12:12에서 처음으로 등장하는데, 그의 어머니의 집이 예루살렘에 있는 교회의 한 모임 장소로 사용되었던 것으로 알려져 있다. 일부 주석가들은 14:51,52에서 예수 그리스도를 체포한 사람들로부터 벗은 채 도망간 『**한 청년**』이 마가 자신을 익명으로, 제3자로 언급한 것이라고 믿고 있다. 하지만 이것은 "학문적 추측"일 뿐이며, 성경적 진리에서 볼 때 정확한 것이라는 보장이 없다. (14:51,52에 나오는 『**한 청년**』의 신분에 대한 논의는 나중에 다시 다룰 것이다.)

요한 마가의 어머니 마리아는 바울의 첫 선교 동역자인 바나바의 누이였으므로, 요한 마가는 바나바의 조카였다(골 4:10). 마가는 바나바의 "가족"이었기 때문에, 바나바와 바울(그때는 사울)은 예루살렘에서 안티옥으로 돌아올 때 그를 데리고 갔다(행 12:25). 거기서 마가는 두 사도(행 14:14)와 함께 첫 번째 선교 여행에서 그들을 섬기는 조력자로서 그들과 함께 하였다(행 13:5). 그러나 성경에 분명히 드러나듯이, 마가는 그렇게 빠르게 주님의 사역에 깊게 뛰어들 준비가 되어 있지 않았다. 여행 중에 그는 중도 하차하고 어머니 집으로 돌아갔다(행 13:13).

이것은 바울과 바나바가 두 번째 선교 여행을 준비할 때(행 15:36-40) 갈등의 원인이 되어 "교회 분열"을 초래했다. 『**위로의 아들**』로 불리는 바나바는(행 4:36) 마가에게 또 한 번의 기회를 주어 그를 데리고 가고 싶었지만, 바울은 마가의 이전의 배반 때문에 그럴 수 없다고 생각했다. 그 결과 『**바나바는 마가를 데리고 배로 쿠프로로 떠나고**』(행 15:39), 바울은 실라를 데리고 마케도니아와 그리스로 갔다(행 16-20장).

바울이 마가의 처음 영적 상태를 평가한 것이 절대적으로 옳았을지는 모르겠지만, 중요한 것은 마가가 그가 얻은 두 번째 기회를 "성공적으로" 마쳤다는 사실에 주목하는 것이다. 그리고 바울이 디모데후서 4:11의 말씀을 기록하기 오래 전에 이미 그와 화해하였음에 주목하는 것이 중요하다(몬 1:24 주석 참고).

마가는 시몬 베드로의 "디모데"였다. 즉, 베드로의 『**믿음 안에서 나의 아들 된**』 마가였다(딤후 1:2 참조, 벧전 5:13). 베드로가 그를 그리스도께로 인도했다. 베드로가 베드로전서 5:13에서 한 발언으로, 전통적으로(이레나오스, 파피아스, 저스틴 마터, 알렉산드리아의 클레멘트 등을 통해 전해진) 마가는 베드로의 "제자 해석자(disciple interpreter)"였다고 알려져 있다. 다시 말해, 마가는 그의 복음서의 모든 정보를 사도 베드로로부터 얻었다는 것이다. 반대로, 로마카톨릭 교회(클레멘트, 오리겐, 유세비우스, 제롬 등의 타락한 인물들을 통해)와 이에 동조하는 타락한 학자들은 마가가 베드로가 죽은 후 베드로의 말씀을 기록하기 위해 로마에 있었다고 주장한다. 그러나 베드로나 마가가 로마에서 500마일 이내에 있었다는 것은 성경적으로나 역사적으로도 어떤 증거도 없다(벧전 5:13의 주석 참고). 이런 허튼 소리는 "13번 파일"(쓰레기통)에 넣어 버려도 좋다.

그뿐만 아니라 마가는 그의 복음서에 기록된 모든 사건들을 직접 본 목격자로 볼 수는 없겠지만, 예수 그리스도의 지상 사역 당시 사도들과 동시대인으로서 예수님의 가르침과 기적에 대한 보고에 익숙했을 것이다(눅 1:1-2에서 목격자 보고에 대한 누가의 언급 참조). 초기 교회의 모임 장소가 된 마가의 어머니의 집이 영향력 있는 위치에 있었기 때문에, 마가는 단지 시몬 베드로와의 만남에만 제한을 둘 것이 아니라 『**열둘**』 모두와 교제가 있었을 가능성이 있다. 마가를 "베드로의 제자 해석가"로 만드는 유일한 이유는, 교황이 베드로를 "사도의 대장"으로 높여 베드로의 권위를 교황이 찬탈하기 위한 것이다. 결국 마가의 복음서의 출처는 베드로와 바울의 글과 동일한 곳으로 (그리고 모세, 이사야, 예레미야, 다윗, 다니엘 등의 글의 출처와 마찬가지로) – 성령님이시다(벧후 1:20-21. 딤후 3:16 참고).

물론, 고등비평가들[칸트(Kant), 아스트룩(Astruc), 그라프 벨하우젠(Graf, Wellhausen), 슐라이에르마허(Schleiermacher), 바이스(Weisse), 홀츠만(Holtzmann), 스트리터(Streeter), 파커(Parker), 로빈슨(Robinson), 쾨스터(Koester) 등]은 성령님이 자신의 책에서 얻는 어떤 신뢰도 인정받는 것을 좋아하지 않으므로 "두 가지 출처" 문서 이론 (또는 "Q 문서" 이론)을 만들어 냈다. 이 이론은 어떤 복음서 저자도 그들의 자료에서 "독창적"이지 않다는 것이다. 가장 짧은 복음서이기 때문에 (따라서 더 짧은 본문이 더 정확하다는 원칙에 따라) 고등비평가들은 마가복음이 처음으로 쓰인

복음서라고 믿는다. 마가복음의 자료 부족을 보완하기 위해, 마태와 누가는 마가복음을 자료로 사용하는 것 뿐만 아니라, 고등비평가들이 "Q 문서"로 지정한 알려지지 않은 "복음서"도 사용했다고 한다. 따라서 사람들이 아직 발견하지 못하거나 본 적이 없는 어떤 출처나 출처들을 추측하는 것으로 인해 "공관복음서" (마태, 마가, 누가복음)의 신성한 기원을 무시할 수 있다. 이는 학자들의 표준적인 방식이다.

6학년 수준의 영어를 읽을 수 있는 사람이라면 다음과 같은 사실을 어떻게 모를 수 있을까? 즉 그리스도의 생애 사건을 직접적으로 목격한 증인이 아니었던 복음서 기록자가 복음서를 기록하기 위해 "많은" 자료를 참고했다는 사실을 모를까? 이 사실을 믿지 못하겠다면, 누가복음 1:1-3을 읽어 보라. 설령 마가가 첫 번째 복음서 저자였다고 하더라도, (고등비평가들의 불신 기록을 고려하면 그렇지 않다고 안심할 수 있다.) 그것은 마태나 누가가 그를 복사하거나, 더 나아가 그의 복음서를 참고해야 한다는 것을 의미하지 않는다. 그리스도의 생애에 대한 다양한 목격자들의 평가들이 있었는데 이들은 성령의 영감을 받지 않았다. 이러한 설명들에 마태와 누가가 접근할 수 있었다. "Q 문서" 같은 것은 개뿔이다! 이러한 불신자들이 하고 싶은 일은 성경을 거부할 수 있는 성경 밖의 본문들을 찾는 것이다. 그들의 의견은 쓰레기로 간주해야 한다.

초기 교회 모든 교부들은 마태복음이 최초로 기록된 복음이었음에 동의하였다. 알렉산드리아의 클레멘트는 심지어 다음과 같이 말하기도 했다. 즉 계보가 실린 복음서들은 (마태와 누가복음) 마가복음 전에 기록되었다고까지 말하였다. 그렇다 하더라도 누가복음 1:1-3를 통해 누가복음은 마태복음과 마가복음 후에 기록하였다고 추측한다. 우리는 성령께서 성경에 기록하신 순서를 받아들이는데 〈킹제임스성경〉에 기록된 순서이다. 마태복음은 최초로 A.D. 37년에 기록되었다. 마가복음이 두 번째로 대략 A.D. 57-63년에 기록되었다. 누가복음은 마가복음이 기록된 후에 기록되었는데 같은 기간 동안에 기록되었다. 마가가 무엇을 근거로 하여 마가복음을 기록하였든지 간에 마가가 기록한 것은 명백하게 성령의 인도를 받아 기록한 것으로 그것은 성경이었음을 확신해야 한다. 어떤 신비에 쌓인 "Q 문서" 같은 것을 참조한 것이 아니다.

"마가복음"은 16장, 678절로 이루어져 있다. 대부분의 주석가들은 마가복음의 주 대상이 로마인들이었다고 동의한다. 마가복음에는 그리 많은 가르침이 없다. 많은 활동, 행위들이 있다. 그와 같은 것들은 로마인들에게 관심을 끌었다.

마태복음이 예수 그리스도를 유대인의 왕으로 제시하는 반면 마가복음은 예수 그리스도를 하나님의 종으로 제시한다. 그런 이유로 마가복음에는 어떤 계보도 없다. 마태는 유대인의 왕의 계보를 기록할 때 유대인들의 첫 번째 왕(다윗)과 첫 번째 유대인(아브라함)까지 추적하여 올라간다. 누가는 예수 그리스도의 계보를 기록할 때 첫 번째 사람(아담)까지 추적하여 올라간다. 왜냐하면 누가는 예수 그리스도를 사람의 아들로 제시하기 때문이다. 요한은 예수 그리스도의 가계를 창세기 1:1 이전까지 올라가 말한다. 왜냐하면 요한은 예수 그리스도를 하나님의 아들로 제시하기 때문이다. 그러나 마가는 어떤 계보도 말하지 않는데 이는 아무도 노예의 족보에 대해 관심을 갖지 않기 때문이다.

늘 그래왔듯이, 우리는 하나님의 말씀을 대적하는 어떤 학자, 주석가, 해설가들의 견해를 가차 없이 공격할 것이다. 우리는 분명 본문에 나와 있는 단어들을 고치지 않을 것이다. 어떤 누구도 본 적이 없는 그 어떤 "최초의 원본들"과 비교해 고쳤다고 하는 단어들 말이다. 설명 중에 마가복음이 기록된 원어를 언급할 때면, 항상 하나님께서 우리에게 〈킹제임스성경〉을 통해 주신 하나님의 말씀을 정당화하는 의도로만 사용할 것이다.

우리는 마가복음을 사람의 말이 아닌 하나님의 말씀으로 접근할 것이다(살전 2:13). 우리는 여러분에게 우리의 해석이나 다른 누구의 해석(즉 학자, 교회, "그리스도의 대리자"로 가장한 교회 내 과대망상가)에 대한 "사사로운 해석"을 제공하지 않을 것이다(벧후 1:20). 대신, 우리는 저자이신 하나님께서 그분의 책에서 직접 본문을 해석하시는 것을 선택할 것이다(고전 2:13). 이런 마음가짐으로, 우리는 하나님께서 선택하신 하나님의 종, 즉 우리를 죄에서 구원하실 뿐만 아니라 온 땅을 다스리실 분을 바라보며, 아버지께서 그분을 기뻐하신 것처럼 우리도 그분을 기뻐할 것이다.

『**내가 드높이는 나의 종을 보라. 그는 나의 택한 자로, 그 안에서 내 혼이 기뻐하노라. 내가 내 영을 그에게 두었으니, 그가 이방인들에게 심판을 가져오리라**』(사 42:1).

차 례

서 문 · 3

마가복음 1장 · 11

마가복음 2장 · 83

마가복음 3장 · 117

마가복음 4장 · 152

마가복음 5장 · 186

마가복음 6장 · 227

마가복음 7장 · 275

마가복음 8장 · 306

마가복음 9장 · 349

마가복음 10장 · 402

마가복음 11장 · 452

마가복음 12장 · 483

마가복음 13장 · 523

마가복음 14장 · 576

마가복음 15장 · 651

마가복음 16장 · 708

이 책에 인용된 성경 구절은 〈한글킹제임스성경〉입니다.

마가복음 1장

1:1 하나님**의** 아들 예수 그리스도**의 복음의 시작이라.**

마가복음의 중요성은 『하나님**의** 아들』이신 『예수 그리스도』의 메시지로서의 "복음"에 있다. 비록 지상 사역 동안 예수 그리스도의 중요한 이름이 사람의 아들인 "인자"였어도 (이 말은 마가복음에서만 15번 나온다.) "저자의 의도"는 읽는 사람들에게 예수 그리스도께서 『하나님**의** 아들』이라는 사실을 알게 하는데 있다.

이제 『**복음**』이라는 말을 읽게 된다. 마가복음은 복음과 더불어 시작된다(1절). 그리고 복음과 더불어 끝난다(막 16:15). 복음(gospel)은 "좋은 소식"(the good news)라는 뜻이다. 무엇의 좋은 소식인가? 복음은 사도 바울이 고린도전서 15:1-4에서 정의하는 것으로 결론이 난다. 『**이는 성경대로** 그리스도**께서 우리의 죄들로 인하여 죽으시고 장사되셨다**

가 성경대로 셋째 날에 다시 살아나셔서』. 이것이 복음이다. 바울은 그 복음을 『하나님**의 은혜의 복음**』(행 20:24)이라고 불렀다. 그 복음은 죄인에게 좋은 소식인데, 죄인이 **어떤 행위도 없이** 예수 그리스도께서 완성하신 일을 믿음으로 은혜로 구원받을 수 있다는 좋은 소식이다(엡 2:8,9). 바울은 그 복음을 『**나의 복음**』(롬 2:16; 16:25, 딤후 2:8)이라고 불렀다. 그 복음을 바울이 예수 그리스도로부터 직접적으로 받았기 때문이다(갈 1:11,12). 그 복음은 베드로를 통하여 바울에게 전달되거나 다른 "열 둘"을 통하여 바울에게 전달된 것이 아니다. 사실 복음이 사도행전 9장에서 타소 사람 바울이 회심하기 전에 전파되었다 해도 (행 8:26-35을 보라. 그리고 사 53:10에 죄에 대한 피의 속죄의 내용이 포함되었다는 사실을 주목하라. 이는 행 2-7장에서 사도들이 전파할 때 놓친 사실이다.) 복음은 "열두 사도들" 중 그 어떤 사도에 의해서도 전파되지 않았다. 그 복음은 교회의 집사가 전파하였다(행 6:5). 게다가 마가복음에서는 행위가 여전히 유대인들이 구원받는 데 있어서 필요한 부분으로 작용한다(막 10:17-21).

그러나 알다시피 마가가 조심스럽게 기록한 것이 있는데, 제시된 본문의 『예수 그리스도의 **복음의 시작**』이라는 말이다. 성령께서는 마가복음을 기록하시기 위해 역사적인 기초 위에 세운 기록들을 사용하신다. 사복음서는 예수 그리스도의 죽으심, 묻히심, 부활하심이라는 역사적 사실의 기반 위에서 기록되었다. 이것이 이 복음서들이 신약에 포함된 이유이다.

엄밀히 말하자면, 신약은 『**유언한 자의 죽음**』(히 9:15-17) 이후에야 시작된다. 이것이 의미하는 것은, 마가복음에서 신약은 15장에 가서야 나타난다는 뜻이다. 마태복음, 누가복음, 요한복음처럼 마가복음도 신약에 포함되며, 이는 마가복음이 『**유언한 자의 죽음**』 뒤에 있는 역사적 배경을 제공하기 때문이다.

따라서 『**복음**』은 복음서들에서 시작되며 (특히 마가가 기록한 내용이 그러하다.) 복음서들은 역사적 사실들을 기반으로 기록되고 바울에게 계시되는 것으로 끝맺는다. 그러나 그 『**복음**』이 복음서들과 사도행전 1-8장에서 유대인들에게 적용되고, 사도행전 9장에서(갈 1장 참고) 유대인들과 이방인들에게 적용되는 것으로 결말을 짓는다. 그리고 모든 사도들과 장로들이 사도행전 15장에서 그 복음을 확정 짓는다. "할례자들의 사도 직분"(갈 2:8)을 받은 베드로는 다음과 같이 말했다. 『**우리는 주 예수 그리스도의 은혜로 구원받는 것을 믿으며 그들도 마찬가지니라**』(행 15:11). 베드로가 그 믿음의 위치에서 실족했을 때(갈 2:11-13) 바울이 그를 책망했고 베드로는 그 책망을 받아들여 회개해야 했다(갈 2:14-16).

오늘날 구원은 믿음으로 말미암아 은혜로 받는다. 바울이 고린도전서 15:3,4에서 전한 복음의 메시지로 구원받는 것이다. 만일 구원받게 하기 위해 어떤 사람이 복음서들로 돌아가 예수 그리스도께서 유대인들에게 전파하신 내용을 유대인들에게나 이방인들에게 강제로 믿게 한다면 하나님께서는 그 사람을 저주하신다. 그리스도인이라면 마땅히 따라야 하는 사도인 바울이 기록한 바에 의하면 그렇다(고전 11:1. 갈 1:8-9 참고).

1:2 선지서들에 기록된 바와 같으니 "보라, 내가 네 면전에 나의 사자를 보내리니, 그가 네 앞서 네 길을 예비하리라.

3 광야에서 외치는 자의 음성이 있어 '너희는 주의 길을 예비하고 그 의 길들을 곧게 하라.'고 하는도다." 하였더라.

총체적으로 변개된 알렉산드리아 계열의 헬라어 본문과 그에 따라 번역된 모든 변개된 성경들은 2절에서 『**선지서들**』을 "이사야"로 바꿔놓았다. 그런데 그다음 구절에 인용된 말씀은 결코 이사야가 기록한 것이 아니다. 사실 2절의 인용문은 이사야가 아니라 말라키 3:1에서 인용한 것이다. 반면 이사야에서 인용된 말씀은 3절(사 40:3)에 나온다. 이런 이유로 하나님께서 인정하신 영어 성경(KJV)은 "**선지서들**"이라고 기록한 것이다. 그렇지 않다면, 자유주의자, 현대주의자, 불가지론자들이 항상 주장하는 것처럼, 성경에 모순이 있다는 문제가 생긴다.

세어 보라. 두 명이다. 말라키가 첫 번째 선지자이고, 이사야가 두 번째 선지자이다. 그러므로 올바른 본문은 복수형인 『**선지서들**』이다.

이러한 변개는 미국 기독교의 종말의 시작을 알리는 지표가 된다. 1901년, 신학교들, 기독교 대학들, 성경 대학들의 교수들과 학자들은 알렉산드리아 계열 본문(ASV, 미국표준역본)을 받아들이기 위해 〈킹제임스성경〉을 내던져 버렸다. 그 이후 나온 거의 모든 현대 역본들은 정도의 차이는 있지만 이 변개된 본문을 따르고 있으며, 대부분의 새 번역본들은 (극소수를 제외하고) 마가복음 1:2에서 ASV와 동일한 본문을 가지고 있다. 즉 그들은 뻔한 거짓말을 따르면서도 그것을 "성경"이라고 부르고 있는 것이다.

『**선지서들**』을 "이사야"로 바꾸는 것이 얼마나 심각한 문제인지 아는가? 내가 말하고자 하는 것은 성령께서 영감으로 기록하신 성경이 아닌 것을 성경이라고 주장하는 문제 외에도, 더 큰 문제가 있는데 그것은 바로 말라키가 예수 그리스도의 신성을 다루고 있다는 사실이다.

말라키 3:1에서 (새로운 "성서"들이 막 1:2절에서 인용된 사실을 부정하는 바로 그 구절이다.) 누가 말하고 있는지 아는가? 그분은 여호와(『**만군의 주**』)이시다. 직접 읽어 보라!

『**보라, 내가 내 사자를 보내리니**』**.** 그 사자가 누구인가? 바로 예수 그리스도 앞에 오는 선두주자인 침례인 요한(막 1:4)이다. 이제 말라기 3:1을 계속 읽어 보라.

『**그가 내 앞에서 길을 예비하리라.**』 여기서 말하는 『**내**』는 누구인가? 바로 이 본문을 말씀하고 계신 『**만군의 주**』이다. 그러나 마가복음 1:2에서 인용한 내용을 보라.

『**보라, 내가**(말 3:1의 여호와) **네 면전에 나의 사자를 보내리니**』**.** 누구의 "**면전**"인가? 바로 『하나님**의** 아들 예수 그리스도』의 면전이다.

『**그가 네 앞서 네 길을 예비하리라.**』 말라키 3:1에서 『**만군의 주**』를 가리키는 『**내 앞에서**』라는 표현이, 마가복음에서는 예수 그리스도를 가리키는 『**네 앞서**』로 바뀐 것을 보았는가? 이는 성령께서 복음서 기록자(마가)를 통해 직접 말씀하시는 것으로, 즉 신약의 예수 그리스도께서 구약의 여호와이심을 증거하는 말씀이다.

새로운 "성서들"에서는 독특하게 그리스도의 신성에 관하여 다루는 본문을 바꾸려 시도한다는 사실을 발견하지 못했는가? 예를 들어, 디모데전서 3:16, 요한일서 5:7, 사도행전 4:27,30, 누가복음 23:42, 누가복음 2:33, 요한복음 1:18, 다니엘 3:25, 사도행전 3:13 등을 보면 그러한 변화가 있음을 알 수 있다. 현대 역본의 번역자들과 개정자들은 어떤 영에 의해 인도받고 있는데, 그들은 예수 그리스도의 칭호(『**새벽별**』- 계 22:16)를 강탈한 동일한 영에 의해 통제받고 있다. 이 사실은 NIV에서 이사야 14:12을 보면 명확해진다.

마가복음 1장으로 돌아가자. 3절은 이사야 40:3을 인용한 것이다. 이 구절은 성경과 관련하여 이사야서에서 나타나는 놀라운 현상을 보여 준다. 이사야서는 총 66장으로 구성되어 있으며, 이는 〈킹제임스성경〉에 있는 책들의 수와 동일하다. 또한, 이사야 1-39장(구약의 책 39권 수와 동일)과 40-66장(신약의 책 27권 수와 동일) 사이에는 주제와 필체에서 뚜렷한 차이가 있다. 이러한 차이 때문에 고등비평가들은 다시 한번 이사야 책에 대한 의심을 제기하며, 이사야서의 두 번째 부분(40-66장)은 "제2 이사야"(Deutero-Isaiah)가 썼다고 주장한다. 즉, 어떤 다른 저자가 이사야를 가장하여 이 부분을 기록했다는 것이다.

그들이 왜 그런 주장을 하는지 아는가? 이사야 40:3을 보면, 요한복음에서처럼 침례인 요한이 등장한다. 마치 신약의 첫 번째 책(성경에서 40번째 책인 마태복음)에서 침례인 요한이 등장하는 것과 같다. 이사야 41장에서 누가 등장하는지 아는가? 바로 하나님의 종이다(사 41:8,9). 이는 신약의 41번째 책인 마가복음에서 예수님께서 하나님의 종으로 등장하는 것과 정확히 일치한다. 그리고 이사야서의 마지막 장(66장)은 성경의 마지막 책(성경에서 66번째 책인 요한계시록)과 같은 방식으로 끝나는데 『**새 하늘들과 새 땅**』이 언급된다(사 66:22).

학자들은 〈킹제임스성경〉의 장과 절 번호는 영감받은 것이 아니다." 라고 말한다. 그렇다면 방금 이사야서에서 본 그 일치와 조화를 어떻게 설명할 수 있는가? 인간적인 관점에서는 설명할 수 없다. 그 책은 『**처음**

부터 그 끝』을(사 46:10) 아시는 어떤 분께서 미래의 시점에 앉아 미리 배열하신 것이다.

하나님께서는 자신의 말씀을 혼잡하게 하는 학자들을 혼란스럽게 만드는 것을 기뻐하신다(마 21:16, 눅 10:2). 이 사실을 알고 있는가? 만약 내 말을 믿지 못하겠다면, 다시 이사야 40:3을 보라. 예수 그리스도의 초림 때 등장하는 침례인 요한이 두 개의 오심에 관한 문맥 사이에 끼어 있다(사 40:1,2과 사 40:4-6). 두 문맥을 직접 읽어 보라. 예루살렘의 전쟁인 『**그녀의 싸움**』은 아직 『**다**』 되지 않았다. 그 싸움이 다 되는 것은 스카랴 14:1-3 이후에야 완전히 끝날 것이다. 그녀의 『**죄악**』도 아직 『**용서**』받지 않았으며, 그것은 로마서 11:26에서 이루어질 것이다. 그 유대인들은 여전히 자기들의 메시아를 거부한 죄로 인해 주님의 손에서 『**배로**』 형벌을 받고 있다. 아직 어떤 골짜기도 『**솟아**』오르지 않았고, 어떤 산이나 작은 산도 『**낮아**』지지 않았으며, 그 예언들은 요한계시록 6:14과 16:20에서야 이루어질 것이다. 『**주의 영광이 나타나게 될 것이며, 모든 육체가 그것을 함께 보리니**』(사 40:5). 역시 아직은 아니다. 아무도 주의 영광을 보지 못했다. 그것은 요한계시록 1:7에서야 성취될 것이다.

사람들은 자신이 읽는 것을 제대로 주의 깊게 보지 않는다. 그들은 한 구절에서 첫 번째 오심(초림)에 대한 예언을 발견하면, 그 문맥의 나머지 부분도 초림에 맞게 영적으로 해석해야 한다고 생각한다. 그러나 전혀 그렇지 않다. 주님께서는 한 본문 안에 첫 번째 오심과 두 번째 오심을 함께 두실 때가 있으며, 때로는 같은 절 안에서 단순히 쉼표(,)나 세미콜론(;) 하나로만 구분해 놓기도 하신다(눅 4:18-20 주석 참고). 만약 이것이 혼동스럽다고 생각된다면, 성령께서 두 번의 오심의 순서를 거꾸로 기록하신 경우는 어떻겠는가? (시 89편 주석 참고)

"주님께서 왜 그렇게 하십니까?"라고 물을 수도 있겠다. 그 이유는, 자신의 지성을 넘어설 정도로 교육받아 교만해진 잘난 학자들을 혼란스럽게 만드시기 위해서이다. 또한, 주님께서는 당신이 그 책을 공부하고, 올바로 나눌 수 있도록 하기 위해 그렇게 하시는데 바로 디모데후서 2:15에서 말씀하신 그대로이다. 현대 역본들에는 이 말씀이 없다. 오직 〈킹제임스성경〉에만 있다(King James ONLY)!

사실 복음서들에서는 첫 번째 오심과 두 번째 오심이 함께 기록되어 있으며, 사도행전 7장까지는 그 사이에 "교회 시대"가 끼어들어 이 둘을 나누지 않는다. 사도행전 2,3장에서 베드로는 유대인들에게 그들이 자기들의 메시아를 십자가에 못 박은 것에 대해 회개해야 한다고 경고하는데, 그 이유는 예수님께서 심판하기 위해 다시 오실 것이기 때문이며, 이스라엘의 죄는 그때까지도 완전히 지워지지 않을 것이라고 말한다(행 3:19,20). 그리고 사도행전 7장에서 스테판이 그 민족의 지도자들에게 마지막으로 같은 메시지를 전한다. 그러나 그들은 그 메시지를 거부하고, 결국 전하는 자를 죽이고 만다. 그때 예수님께서 서 계신 장면이 나오는데, 사람들이 흔히 설교하는 것처럼 스테판의 영을 맞이하기 위해서 계신 것이 아니다. 만약 성도가 한 명 죽을 때마다 예수님께서 일어나셔야 한다면, 예수님은 하루 종일, 밤낮없이 "요요"처럼 계속 올라갔다 내려갔다 해야 할 것이다!

예수 그리스도께서 하늘로 올라가셨을 때, 그분은 하나님 아버지의 오른편에 앉으셨다. 그리고 다시 오실 준비가 될 때까지 일어나지 않으신다. 사도행전 7장에서 다시 오실 준비가 되셨으나, 하나님 아버지께서 말씀하셨다. "앉아 있으라. 이번에는 좀 오래 걸릴 것이다." 그 시점부터 이방인들에게 죄 사함을 위한 피의 속죄가 전파된다(행 8장). 이방인의 사도인 바울이 구원받고 전파하도록 부름을 받는다(행 9장). 이방인들이 유대교 개종자가 되지 않고도 복음을 듣고 구원받는다(행 10장). 그리고 하나님께서는 이방인들에게 2,000년이 넘는 기간을 주셔서 구원받게 하신다. 그러나 사도행전 7장까지는 모든 것이 여전히 변할 수 있는 "유동적인" 상태였다.

1:4 요한이 광야에서 침례를 주고, 죄들을 사함받은 것으로 인하여 회개의 침례를 전파하니,
5 온 유대 지방과 예루살렘에 사는 사람들이 그에게 나아가, 자기들의 죄들을 자백하고 모두 요단 강에서 그에게 침례를 받더라.
6 요한은 낙타털로 옷을 입고, 가죽띠를 허리에 두르고, 메뚜기와 야생꿀을 먹더라.

본문에 나오는 이 사람은 침례인 요한으로, 예수 그리스도 앞서 나오는 선두주자이다. 말라키와 이사야의 예언들에 따라 2,3절에 나온다. 요한은 세 가지 방식으로 묘사된다. 『**사자**』(2절), 『**음성**』(3절), 그리고 "설교자"(4,7절)이다.

요한의 목적은 자신을 알리거나 내세우는 것이 아니었다. 그는 왕의 사자(herald)였다. 사도 요한은 그의 복음서에서 침례인 요한이 세상의 빛인 예수 그리스도에 대해 증거하기 위해 왔다고 말했다(요 1:6-8). 예수님은 침례인 요한이 『**진리에 관하여 증거**』하였다고 하셨다(요 5:33). 무슨 진리를 말하는가? 그것은 그 자신은 메시아가 아니라 예수님이 메시아시라는 것(요 1:19,20,30-34), 그리고 예수님께서 『**세상 죄를 제거**』하기 위해 오셨다는 것(요 1:29)이었다. 예수님의 사역이 성장하고 자신의 사역을 능가한다는 소식을 들은 요한은 『**그분은 융성해야만 하나 나는 쇠잔해야만 하리라.**』라고 말했다(요 3:30). 왜 그런가? 그 이유는 요한의 목적은 전적으로 자신을 위한 것이 아니라 왕을 위해 강력하게 알리는 것이었기 때문이다.

두 번째로, 요한은 『**음성**』이었다. 이것은 마가가 그를 묘사한 방식일 뿐만 아니라, 요한 자신이 자신을 그렇게 묘사한 방법이기도 하다(요 1:23). 요한에 대해 중요한 점은 그가 누구인가가 아니며 (그는 제사장의 아들이다.) 그가 무엇을 했느냐가 아니라 (그는 회개한 사람들을 침례를 주었다.) 그가 말한 말들이었다. 요한의 아버지는 아들이 태어날 때, 그의 아들이 『**주의 백성에게 그들의 죄들을 용서함으로 구원의 지식을 줄 것**』이라고 말했다(눅 1:77). 요한은 하나님께서 이사야에게 주신 교훈을 따랐다.

『**아끼지 말고 크게 외치며, 나팔처럼 네 목소리를 높이라. 내 백성에게 그들의 허물을, 야곱의 집에 그들의 죄들을 보이라**』(사 58:1).

그리고 이것은 요한이 설교자였다는 사실로 이어진다. 구체적으로 말하면, 그는 거리 설교자였다. 요한의 전체 사역은 야외에서 이루어졌다. 기록에 따르면, 그는 평생 한 번도 회당에서 설교한 적이 없다. 만약 당신에게 "거리 설교는 아무런 도움이 되지 않고 오히려 사람들을 멀어지게 한다"고 말하는 자기 의로 가득 차 있는 형제들이 있다면, 침례인 요한, 주 예수 그리스도, 그리고 모든 사도들(이방인의 사도까지 포함)이 거리에서 설교했다는 사실을 기억하라. 거리 설교의 목적은 "결과를 얻기 위해서"가 아니다(비록 하나님께서 확실히 결과를 주시지만). 그것은 명확히 진리를 선포하여, 교회 문을 결코 열어 보지 않으려는 구원받지 못한 이방인들(월마트, 쇼핑몰, 맥도날드, 식료품점, 해변, 록 콘서트, 영화 등에는 가지만 교회에는 발을 들여놓지 않는 사람들)이 진리를 들을 수 있도록 하고, 심판의 날에 그들이 변명할 수 없도록 하기 위함이다(겔 2:1-7).

요한은 설교자였지, 교사가 아니었다. 성경을 잘 가르치는 것에는 어떤 잘못된 것이 없다. 믿는 자가 은혜 안에서 자랄 수 있게 하기 위해서는(벧후 3:18) 성경 지식을 전달하는 것이 필요하다. 하지만 설교는 듣는 사람의 행동을 요구한다. 설교는 회중이 들은 것에 대해 무언가를 해야 한다는 것을 요구한다.

미지근한 라오디케아 교인들은 가르침에는 신경 쓰지 않는다. 사실, 바울은 그들이 『**선생들을 많이 두리라.**』(딤후 4:3)라고 말한다. 그들은 교사들을 너무 많이 모아서 "쌓아 올리되(Piled) 더 높고(Higher) 더 깊이(Deeper) 쌓아 올린다"(Ph.D.!). 그러나 요한이 전한 설교는 그런 것들과는 전혀 다른 것이다. 그들은 요한이 전한 것과 같은 설교를 좋아하지 않는데 왜냐하면 그 설교는 그들을 견책하고, 책망하고, 그 책망과 꾸짖음에 대해 행동하라고 열심히 권고하기 때문이다(딤후 4:2).

복음과 죄인들을 구원하는 문제에 있어서는 하나님께서 『**정중한 말과 그럴듯한 언변**』(롬 16:18)으로 세상 지혜를 통해 잃어버린 자를 설득하고자 하는(고전 1:17-20) 교사를 원하지 않으신다. 하나님께서는 비록 그들의 언어가 거칠고 투박하여 서툴고 하찮을지라도(고후 11:6; 10:10), 죄, 지옥, 예수 그리스도, 복음에 대해서는 성경에 "있는 그대로 말할 수 있는" 설교자들을 원하신다.

『하나님**의 지혜에 있어서는 세상이 그 지혜로** 하나님**을 알지 못하였기에** 하나님**께서 <u>복음 전파의 어리석음으로</u> 믿는 자들을 구원하시기를 기뻐하셨느니라**』(고전 1:21).

『**요한이... 죄들을 사함받은 것으로 인하여**(for the remission of sins) **회개의 침례를 전파하니**』(4절). 이제 요한이 무엇을 설교하는지 주목하라. 여기서 캠벨파, 카톨릭, 루터교, 성공회, 감리교, 그리고 오순절 은사주의 교회들은 자신들의 주장을 펼칠 기회를 가졌다는 듯 난리법석을 떤다. 그들 각각은 "신앙 고백" 어딘가에 죄사함을 받기 위해 침례가 필요하다고 되어 있다. 아이러니하게도, 침례라는 이름이 붙은 어떤 교단은 침례가 죄사함과 아무 관계가 없다고 믿지도 않고 가르치지도 않는다.

4절의 『**죄들을 사함받은 것으로 인하여**』(for the remission of sins)에서 중요한 단어는 『**인하여**』(for)이다. 통상적으로 『**죄들을 사함받은 것으로 인하여**』는 "죄들을 사함받기 <u>위하여</u>"로 이해하지만 본문에서는 전혀 그런 뜻이 아니다. 이 사실을 어떻게 알 수 있는가? 로마서 3:25을 보라. 『하나님**께서는 그의 피를 믿는 믿음을 통하여 그를 화목제물로 세우셨으니 이는** 하나님**의 오래 참으심 가운데서 <u>이전에 지은 죄들을 사하심으로 인하여</u> 그의 의를 선포하려 하심이요.**』

만일 죄들이 과거에 있었던 죄들이라면(구약) 그리스도의 피의 속죄를 통한 하나님의 의는 그 죄들을 용서하기 위하여 선포되지 않았다. 왜냐하면 그 죄들은 이미 용서되었기 때문이다. 히브리서 기록자가 『**피 흘림이 없이는 죄사함이 없느니라.**』(히 9:22)를 말할 때 그것은 그리스도의 피를 언급한 것이 아니다. 그 본문의 문맥을 읽어보라. 백성과 성막을 성결케 하는 것은 『**황소와 염소의 피**』(히 9:13,19-21)이다. 그 피는 죄사함을 가져오게는 하지만 『**죄들을 제거하는 것**』(히 10:4)은 불가능하다. 하나님께서는 구약에서 죄를 『**깨끗게**』하지(구속) 않고, 『**수천대**』를 용서하시는데(죄사함), 이는 하나님의 어린양이 와서(요 1:29) 그의 피를 흘리기까지는(히 9:14) 죄들을 제거할 근거가 없기 때문이다.

구약의 죄들은 사해졌지만, 구속된 것은 아니었다(히 9:15 주석 참고). 이는 『**이전에 지은 죄들을 사하심으로 인하여**』(롬 3:25) 말미암은 그리스도의 의의 선포는 하나님께서 구약 성도들이 의롭다고(즉 그들의 죄들이 완전히 제거되었다고) 선포하시는 것을 의미한다. 왜냐하면 그들의 죄들은 구약에서 용서되었기 때문이다.

그러므로 『**죄들을 사함받은 것으로 인하여 회개의 침례**』를 받는 것은 한 유대인이 이미 회개하였고 하나님께서 그의 죄들을 이미 용서하셨기 때문에 받는 침례이다. 어떤 범죄자가 살인으로 인하여(for) 감옥에 가는 것은 그가 살인하기 위해 감옥에 가는 것이 아니라 그가 이미 누군가를 살인하였기 때문이다(과거 시제). 하나님께서 어떤 사람을 위해 또는 그 사람 안에서 이미 이루신 일을 증거하는 의미에서, 요한의 침례와 신약의 믿는 자의 침례는 유사하다. 요한의 침례는 그 유대인이 이미 회개하였고 『**죄들을 사함받은 것**』을 나타내는 것이었으며, 신약 성도의 침례는 그가 이미 그리스도를 믿었고 『성령』을 받았음을(행 10:47) 나타내는 것이다.

『**온 유대 지방과 예루살렘에 사는 사람들이 그에게 나아가**』(5절). 다시 마가복음 1장으로 돌아가자. 여기에서 말하는 『**온**』은 예외 없는(without exception) 모두를 말하는 것이 아니라, 차별 없는(without distinction) 모두라는 의미이다. 유대와 예루살렘에 있던 모든 사람이 회개하고 요한의 침례를 받은 것은 아니다. 누가는 『**바리새인들과 율법사들은 요한에게서 침례를 받지 않았으므로 자신들을 거슬러** 하나님**의 뜻을 배척하더라.**』(눅 7:30)라고 말한다. 『**온 유대 지방**』이 요한에게 침례를 받기 위해 그에게 나아갔다는 것은 유대 땅의 모든 지역에서 사람들이 나왔다는 뜻이다.

『**모두 요단 강에서 그에게 침례를 받더라.**』 사도 요한은 요한이 요단 강에서 침례를 베풀던 장소가 『**베다바라**』(요 1:28)라고 말한다. 그 의미는 "여울목의 집"으로 구약에서는 『**벳바라**』(판 7:24)이다. 이곳은 두 정탐꾼이 여리코를 정탐하러 가기 위해 건넜던 요단강의 여울목이다(수 2:7 참고). 또한, 이곳은 여호수아와 이스라엘 백성이 마른 땅을 밟으며 가나안 땅으로 건넜던 곳이다(수 3장). 바로 이곳에서 예수님께서 침례를 받으셨다(요 1장). 또한 재림 때에 다시 건너실 장소이기도 하다. (재림 경로에 대해 출판한 우리의 자료를 보라.)

『**자기들의 죄들을 자백하고**』. 이것은 로마카톨릭의 "고해성사"가 아니다. 요한은 제사장이 아니라 선지자의 직분을 수행하고 있다. 요한은 그 누구의 죄들도 "사면"해 주지 않는다. 『**자백**』은 죄를 고백하고 죄를 버리는 잠언 28:13의 원칙에 따라 이루어진다. 죄를 버리는 것이 곧 회개였으며, 『**회개에 합당한 열매들**』을 맺는 것이다(마 3:8). 이것은 "성모송"(Hail Mary)을 50번 반복하거나 "주님의 기도"(Our Father)를 40번 반복하라는 처방을 받은 후 이를 실행하면 다음 주 미사까지 괜찮다고 여기게 하는 것과는 아무런 관련이 없다. 이것은 자신이 저지른 악행을 자백하고 그 악행을 멈추며 올바른 것을 행하는 것이었다(눅 3:10-14 주석 참고).

또한 『**믿음으로 말미암아 은혜로**』 받는 구원은(엡 2:8,9) 예수 그리스도를 자신의 구주로 고백하는 것에 달려 있는 것이지(롬 10:9,10), 자신이 저지른 죄들을 자백하여 구원받는 것이 아니다. 죄들에 대한 자백은 구원받은 후 주님과의 교제를 위해 필요한 요소이다(요일 1:9). 사도 바울은 믿음으로 말미암아 은혜로 구원받는 진리를 말하는 동일한 책에서 두 장 전체를 할애하여 회심자들이 어떻게 『**회개에 합당한 일**』(행 26:20. 엡 4,5장 참고)을 행해야 하는지 말한다.

『**요한은 낙타털로 옷을 입고, 가죽띠를 허리에 두르고, 메뚜기와 야생꿀을 먹더라**』(6절). 요한은 자신이, 이전에 왔던 어떤 선지자의 『**영과 능력**』을 가졌던 선지자와 똑같이 옷을 입었는데 그 선지자는 엘리야였다(왕하 1:8. 눅 1:17 참고). 그가 먹는 음식은 『**메뚜기와 야생꿀**』이었는데, 그것을 광야에서 구할 수 있었기 때문이었다(눅 1:80). 여기에서 말하는 메뚜기는 물론 큰 메뚜기(grasshopper)로 모세 율법에서도 먹을 수 있도록 허락된 음식이었다(레 11:22). 그러나 이것은 일부 "선하고 경건한" 주석가들이 주장하는 것처럼, 어떤 "메뚜기 식물"(locust plant)이 아니다. 이들은 하나님께서 원숭이에게 주신 것만큼의 개념도 없는 자들이다. 성경 어디에도 메뚜기가 "식물의 윗부분"(the top of a plant, 아담 클라크 주석)을 의미하는 곳은 없다.

1:7 그가 전파하며 말하기를 "내 뒤에 오시는 분은 나보다 더 능력이
많으셔서, 나는 몸을 굽혀 그분의 신발끈을 풀 자격도 없느니라.
8 나는 정녕 너희에게 물로 침례를 주었거니와, 그분은 너희에게 성령
으로 침례를 주시리라."고 하더라.

요한보다 『**더 능력이**』 많으신 분은 분명 예수님이신데 예수님은 『그리스도』셨고, 요한은 아니었기 때문이다(요 3:28). 예수 그리스도는 죄가 없으셨지만, 요한은 그렇지 않았다(마 3:14). 예수 그리스도는 신랑이시지만, 요한은 단지 "가장 좋은 신랑의 친구"일 뿐이었다(요 3:29). 요한은 『**땅에**』 있는 자였지만, 예수 그리스도는 『**하늘에서 오시는 분**』이시며, 그러므로 『**만물 위에**』 계신 분이시다(요 3:31). 예수 그리스도는 『**자격**』이 있는 분이신데, 그것은 그분이 인간의 몸을 입으신 창조주이시기 때문일 뿐 아니라, 잃어버린 죄인들을 구속하기 위해 『**자신을 낮추시고 죽음에까지 순종**』하셨기 때문이다(빌 2:8,9. 계 5:9 참고).

8절에서 무엇이 빠져 있는지 주목하라. 마가는 요한이 『**그분은 너희에게** 성령**으로 침례를 주시리라.**』라고 말한 것으로 기록했다. 그러나 같은 인용문을 마태복음 3:11과 누가복음 3:16에서 보면, 온전한 표현은 『**그분은** 성령**으로 <u>또 불로</u> 너희에게 침례를 주시리라.**』이다. 따라서 "더

짧은 본문이 더 우선된다"는 소위 "본문 비평"의 원칙은 틀렸다. 마가복음의 이 짧은 문장은 불완전하다. 이것은 성경 해석학(hermeneutics, 성경을 올바르게 해석하는 방법)에서 중요한데, 성경에서 완전한 진술(마 3:11, 눅 3:16)과 불완전한 진술(막 1:8)이 있을 때, 항상 완전한 진술을 우선적인 기준으로 삼아 해석해야 한다. 이 원칙은 마가복음 10:11,12을 다루면서 결혼, 이혼, 재혼에 관한 주제를 살펴보게 될 때도 매우 중요하게 적용된다.

이제 오순절파와 성결 운동을 따르는 사람들은 요한이 예수께서 성령과 불로 침례 주실 것이라고 한 말씀을 두고 대대적인 주장을 펼친다. 그들은 사도행전 2:3을 잘못 읽어, 성령 침례와 불 침례의 서로 다른 두 가지가 같은 한 가지라고 여긴다. 그러나 오순절 날에 누구의 머리 위에도 실제 불이 나타나지 않았다. 성경은 『**거기에 불 <u>같은 모양으로</u>**(LIKE AS) **갈라진 혀들이 나타나**』라고 기록하고 있다. 『**같은 모양으로**』라는 말이 무슨 뜻인지 아는가? 그것은 실제 불이 아니라는 뜻이다.

불 침례는 성령 침례와 아무런 관련이 없다. 그런 이유로 성령께서는 마가가 복음서에 불 침례를 생략하도록 하셨다. 이는 그 두 가지가 동일하지 않다는 것을 보여 주기 위함이다. 불 침례는 결국 실제 불을 의미한다(눅 3:16,17 주석 참고). 이와 관련된 관련 참고 구절은 누가복음 3:16,17과 마태복음 3:11,12뿐만 아니라, 마태복음 13:40-42, 데살로니가후서 1:7,9, 하박국 3:5, 스파냐 3:8, 신명기 32:22, 시편 97:3; 21:8,9, 이사야 66:15,16 등 수십 군데가 더 있다. 불 침례는 구원받지 못한 자들에게는 지금의 지옥 불이며, 예수 그리스도의 재림 때는 그리스도 앞에 나아가 그분의 원수들을 불태우는 실제 불이다. 그 불은 에돔 땅을 불못으로 만들 것인데(사 34장), 바로 그곳이 짐승과 거짓 선지자가 던져지는 곳이다(계 19:20). 만약 어떤 어리석은 은사주의자가 자신이 불 침례를 받았다고 자랑한다면, 그것은 자신이 지옥으로 가고 있다는 뜻이라고 알려 주라.

1:9 그 무렵에 예수**께서 갈릴리 나사렛으로부터 오셔서, 요단 강에서 요한에게 침례를 받으시더라.**

10 곧 물 속에서 올라오시자, 하늘들이 열리고 성령**이 비둘기처럼 자기 위에 내려오는 것을 보시더라.**

11 그때 하늘에서 한 음성이 나기를 "너는 내 사랑하는 아들**이요, 네 안에서 내가 매우 기뻐하노라."고 하시니라.**

지금까지 예수님께서는 갈릴리에 계셨고, 자신이 자란 고향 나사렛에서 부모님께 순종하며 지내셨다(눅 2:51). 마가복음 6:3에서는 나사렛에서 예수님을 알고 있던 사람들이 그분을 『**목수**』라고 부르고 있으며, 따라서 예수님께서는 요한의 사역 때까지 자신의 의붓아버지인 요셉의 직업을 이어받아 일하셨음을 알 수 있다(마 13:55). 그러나 이제 예수님께서는 침례를 받으시고 지상 사역을 시작하기 위해 나오셨다.

마태복음에서 『**요한이 말리며**』, 『**내가 주께 침례를 받아야 할 터인데 주께서 내게로 오시나이까?**』(마 3:14)라고 말씀드렸다고 기록한다. 왜 그런가? 요한의 침례는 "침례를 받는 사람"이 자신의 죄들을 회개했다는 의미를 가지고 있었기 때문이다. 하지만 예수 그리스도께서는 죄가 없으셨다. 그분은 회개할 것이 전혀 없으셨다. 반면, 요한은 죄인이었다. 그는 오히려 죄 없으신 예수님께 자신이 침례를 받아야 한다고 생각했던 것이다.

예수 그리스도께서는 요한의 침례를 받으실 필요가 없었음에도 불구하고, 요한에게 침례를 받으셨다. 그 이유에 대해서는 『**우리가 이렇게 하여 모든 의를 이루는 것이 합당하니라.**』라고 말씀하셨다(마 3:15). 여기서 『**우리**』라는 표현의 대상은 삼위일체를 가리키는 것으로, 예수님께서 침례를 받으실 때 이어서 나타난 장면을 보면 분명하다(요 1:32,33). 『**모든 의**』라는 것은 예수님께서 요한의 침례가 하나님께로부터 온 것임을 확증하신 것일 뿐만 아니라(11:30,31 참고), 요한의 침례의 진정한 목적을 보여 주는데, 그 목적은 이스라엘에게 예수님을 나타내는 것이다(요 1:31). 하나님 아버지께서는 요한에게, 성령께서 내려와 그리스도 위에 머무르는 것을 보게 될 때, 그가 메시아임을 확신하게 될 것이라고 말씀하셨다(요 1:33).

이제 우리는 10절에서 몇 가지 중요한 내용을 살펴볼 필요가 있다. 첫 번째는 침례의 방식이다. 예수님께서 『**물 속에서 <u>올라오시자</u>**』라고 되어 있다. 사도행전 8:38,39을 보면 에디오피아 내시가 『**물로 <u>내려가서</u>**』 침례를 받고 『**물 속에서 <u>올라오자</u>**』라고 기록되어 있다. 침례는 침수(물에 잠기는 것)로 이루어지는 것이지, 물을 뿌리거나 붓는 방식이 아니다. 왜냐하면 침례는 죽음과 장사됨, 그리고 부활을 상징하는 모형이기 때문이다(롬 6:3). 시체를 묘지에 묻을 때 나무에 기대어 놓고 흙을 한 컵 정도 뿌리거나 붓지 않는다. 그 시체를 땅속에 온전히 묻는다. 고린도전서 15:42-44에서는 씨처럼 『**심겨서**』라고 말한다.

두 번째로 주목할 점은 하늘들이 열렸다는 것이다. 성경에서 처음으로 하늘들이 열린 때는 창세기 7:11로, 하나님께서 홍수로 세상을 심판하실 때였다. 하나님께서는 유대인들이 명령받은 대로 십일조를 드릴 때 『**하늘의 창문들을 열어**』 복을 주겠다고 약속하셨다(말 3:10). 여기서 말하는 복은 땅에 비를 내려 주시어 농작물이 자라게 하는 것이다(신 28:12). 예언적으로 볼 때, 이것은 주님의 재림 직전에 내리는 이른 비와 늦은 비를 가리킨다(욜 2:23). 이 비는 엘리야가 다시 비를 멈추게 한 후 (이 일은 또 한 번 반복된다!) 3년 반 동안 비가 내리지 않은 후에 내리게 된다(계 11:3-6). 미래에 주님께서는 신약 성도들을 휴거시키기 위해 하늘을 여신다(계 4:1). 그리고 재림 때 다시 하늘이 열리며, 예수 그리스도께서 능력으로 강림하신다(계 19:11). 예수님께서 침례받으실 때, 하나님께서 하늘을 여시고 성령을 눈에 보이는 형태로 요한에게 보내심으로써 예수님께서 하나님의 아들이심을 드러내 보여 주셨다.

셋째로, 성령님은 정결한 새인 비둘기에 비유된다. 비둘기는 창세기에서 처음 등장하는데, 노아가 그것을 보내어 땅의 물이 줄어들었는지를 확인한다. 이는 더러운 새인 까마귀와 대조된다(레 11:15, 신 14:14). 성경에서 더러운 새들은 더러운 영들과 연결된다(사 34:6-11, 계 18:2). 마가복음 4장에서 씨 뿌리는 자의 비유에 이르면, 예수님께서는 좋은 씨를 훔쳐 가는 『**공중의 새들**』을 사탄에 비유하신다(4:4,15). 이에 대해서는 마가복음 3:22에서 특별히 『**비엘세붑**』에 대한 언급과 함께 "마귀들"에 대해 설명할 것이다.

10,11절은 삼위일체 교리를 증명하는 대표적인 본문 중 하나이다. 이것은 한 하나님이 세 역할을 하는 것도 아니며, 모슬렘들이 그리스도인

들을 비난하는 것처럼 세 명의 분리된 하나님이 존재하는 것도 아니다. 삼위일체란 세 위격(Persons)이 각기 다른 역할을 맡고 있지만, 모두 한 하나님이심을 의미한다[삼위일체(trinity)는 '세 분이 하나'(tri-unity, three in one)라는 뜻이다]. 아들 하나님은 인간의 모습으로 침례를 받고 계시고, 아버지 하나님은 하늘에서 말씀하시며, 성령 하나님은 비둘기 모습으로 아들 하나님 위에 임하신다. 삼위일체는 카톨릭의 교리가 아니라 성경의 교리이다(마 28:19, 요 10:27-33; 15:26, 고후 13:14; 3:17,18, 롬 8:9, 벧전 1:11, 요일 5:7).

『**너는 내 사랑하는** 아들**이요**』(11절). 이 말씀은 시편 2:7의 성취이다. 여기 시편에서 말하는 『**오늘**』은 칼빈주의자들이 가르치는 것처럼 창세기 1:1 이전의 영원 과거를 의미하는 것이 아니다. (이에 대해서는 시 2:7에 대한 주석을 보라.) 또한 존 R. 라이스와 많은 근본주의자들이 주장하는 것처럼 부활을 가리키는 것도 아니다. (이에 대해서는 행 13:33에 대한 주석을 보라.) 이는 히브리서 1:4,5에서 볼 수 있듯이, 정확히 처녀 출생을 말한다.

마호메트에 따르면, 하나님께는 아들이 없다고 한다("거룩한" 코란, 수라 25:2, 2:116, 112:1-4, 17:11, 19:34, 4:171). 그리고 하나님께 아들이 있다고 말하는 자들은 거짓말쟁들이라고 주장한다(수라 23:89, 37:150). 그러나 거룩한 성경에서는 하나님께 여러 종류의 아들들이 있다(눅 3:38 주석 참고). 예수 그리스도를 천사들, 아담, 이스라엘, 그리고 그리스도인들과 구별하는 것은, 예수 그리스도께서 하나님께서 육체적으로 낳으신 유일한 아들이라는 점이다. 그러므로 NIV 같은 쓰레기 번역본들이 요한복음 3:16에서 모노게네(monogene)를, 올바르게 『**독생자**』(only begotten)로 번역하기를 거부하고, 대신 예수 그리스도를 하나님의 "유일한 아들"(one and only Son)이라고 번역하는 것은 뻔뻔스러운 거짓말이다! 그것이 아무리 "선하고, 경건하며, 헌신적인" 복음주의자들과 보수주의자들에 의해 나온 것이라 해도, 거짓말은 거짓말일 뿐이다.

예수님은 아버지 하나님의 『**사랑하는** 아들』이시다. 성경에서 사랑이라는 말이 처음 등장하는 곳은 아버지가 아들을 향해 가지는 사랑에 대한 언급이다(창 22:2). 그리고 그 아들은 예수 그리스도의 모형이다(히 11:17-19). 아버지 하나님께서는 자신의 아들을 사랑하신다(요 5:20), 그리고 그 아들은 하나님께서 『**사랑하는**』 분이시다(골 1:13).

형제들이여, 우리 그리스도인들이 『하나님**의 사랑을**』 받는(롬 1:7) 유일한 이유는 우리가 『**그 사랑하시는 이 안에서 우리를 받아들이신**』(엡 1:6) 것 때문인데 『**그 사랑하시는 이**』는 하나님의 아들이시다. 하나님의 아들 밖에서는 하나님께서 우리를 아신다고조차 하지 않으신다(마 7:23 주석 참고). 요즘 사람들은 "하나님은 사랑이시다", "하나님은 사랑이시다"라는 말을 반복하며 온갖 감상적인 이야기들을 늘어놓는다. 그러나 요한일서 4:8을 맥락도 없이(요일 4:7-19) 인용하는 이들은 성경을 무지하게 다루는 얄팍한 피부의 감성주의자들이다. 그 문맥에서 하나님의 사랑은 죄인들을 위해 하나님의 아들을 희생하신 것 위에 기초하고 있다. 직접 읽어 보라!

하나님께서는 이 죄로 저주받은 세상을 사랑하사 자신의 『**사랑하는** 아들』을 이 세상을 위해 죽게 하셨다(요 3:16). 그러나 그 외에는, 하나님께서 그리스도를 거부하는 죄인에게 아무런 사랑도 베풀지 않으신다(요 3:36). 믿기 어려운가? 데살로니가후서 1:8,9과 마태복음 25:41을 읽어 보라. 그런 다음, 하나님께서 죄는 미워하시되 죄인은 사랑하신다고 정색하고 말할 수 있는지 말해 보라. 형제들이여, 하나님께서는 잃어버린 죄인이 회개하도록 이끄시기 위해 그를 선으로 대하실 수 있다(롬 2:4). 또한 하나님께서는 죄인이 계속해서 그리스도를 거절하는 것을 그가 구원받게 하기 위해 참으시며, 구원의 기회를 거듭해서 주시는 자비와 오래 참으심을 베푸실 수도 있다. 그러나 사랑? 착각하지 말라. 죄인이 하나님의 사랑에 접근할 수 있는 유일한 길은 오직 그 사랑이 나타난 한 장소, 곧 예수 그리스도 안에서만 가능하다(롬 8:39). 당신이 그분을 받아들이면, 하나님께서 당신을 받아들이신다(엡 1:6). 그러나 그분을 거부하면, 하나님께로부터 받을 것은 하나님의 진노와 하나님의 복수뿐이다.

『**네 안에서 내가 매우 기뻐하노라**』(11절). 이 말씀은 사실인가, 아닌가? 하나님께서는 이 땅에 살았던 그 어떤 남자, 여자, 또는 어떤 아이에게도 이 말씀을 하신 적이 없다. 성경 66권을 처음부터 끝까지 다 살펴보아도, 첫 표지부터 마지막 표지까지 살펴보아도, 예수 그리스도 외에 그 누구에게도 이 말씀을 하신 것을 찾아볼 수 없다. 하나님께서는 자신의 친구라 부르셨던 아브라함에게도 그렇게 말씀하지 않으셨다(약 2:23). 하나님께서 온 세상을 홍수로 심판하실 때, 그 시대에서 유일하게 은혜를 입어 살아남은 노아에게도 그렇게 말씀하지 않으셨다(창 6:8). 하나님께서 『**온전하고 정직**』한 자라 하시며 사탄에게 시험하도록 허락하셨던 욥에게도 그렇게 말씀하지 않으셨다(욥 1:1). 하나님께서 모세와 사무엘이 이스라엘을 위해 중보할 때 귀 기울이셨는데, 그 모세와 사무엘에게도 그렇게 말씀하지 않으셨다(렘 15:1). 하나님께서 그의 보좌를 영원히 세우겠다고 약속하신 다윗에게도 그렇게 말씀하지 않으셨다(삼하 7장). 하나님께서는 마리아, 베드로, 바울, 당신이 알고 있는 가장 선한 사람에게도 그렇게 말씀하지 않으셨다. 그리고 당신이나 나에게도 그렇게 말씀하지 않으셨다(롬 3:23).

오늘날 그리스도인들은 이 "사랑"이라는 개념에 너무 세속적으로 물들어 버려서, 자신들이 예수 그리스도 안에서 거룩하고 의로우신 하나님을 상대하고 있다는 사실을 잊어버렸다. 나를 오해하지 말라. 나는 구원받았기 때문에 하나님께서 나를 사랑하신다는 것을 안다. 하지만 다음과 같은 생각, 즉 하늘에 가자마자 하나님께 달려가 그분을 껴안고, 단지 믿음으로 말미암아 은혜로 구원을 받아 올바른 곳에 도착했다는 이유만으로 무조건 『**잘하였도다. 착하고 신실한 종아**』(마 25:21)라는 말씀을 들을 것이라는 생각은 정말 어리석은 것이다. 자신에 대해 정직하다면 당신이 그리스도인의 삶을 살다가 "착하다"거나 "신실하다"고 할 수 없는 순간들이 있지 않았는가? 나는 확실히 그런 순간들이 있었다.

형제들이여, 성경에 나오는 인물들(당신이 선한 사람이라고 여길 만한 사람들)이 거룩하신 하나님을 만났을 때, 오늘날 "사랑"을 강조하는 사람들처럼 반응하지 않았다. 성경 기록을 보면, 구약의 다른 어떤 기록자들보다도 선지자 이사야가 예수 그리스도에 대해 가장 많이 계시받았을 가능성이 크다. 그런데 그가 성전에서 하나님께서 『**높게 들린**』(사 6:1) 보좌에 앉으신 모습을 보았을 때 어떻게 반응했는지 아는가? 그는 이렇게 말했다. 『**내게 화로다! 내가 끊어졌도다. 이는 내가 불결한 입술**

을 가진 사람이며, 내가 불결한 입술을 가진 백성 가운데 거하면서 내 눈으로 왕, **곧 만군의 주를 뵈었음이라**』(사 6:5).

이렇게 말할지도 모르겠다. "럭크만 목사님, 그건 구약 시대의 일이잖습니까. 하나님께서 자신의 아들을 보내어 사랑을 나타내시기 전이었지 않습니까." 그렇다면 신약을 살펴보도록 하자. 여기에 한 사람이 있다. 그는 구원받은 그리스도의 몸의 지체이다. 게다가 그는 사도이다. 그러나 단순한 사도가 아니라, 예수께서 사랑하신 사도이다. 바로 팟모섬에 있던 요한이다.

그 요한이 자신의 구주를 보았을 때 어떻게 반응했는가? 그는 바로 달려가서 예수님을 껴안지 않았다. 요한계시록 1:17이다. 『**내가 그를 보자 죽은 것처럼 그의 발 앞에 엎드러지니**』.

그렇게 감상적이고 달콤한 "사랑에 목메는" 그리스도인들은 이 사람의 반응을 어떻게 설명하겠는가? 그 사람이 바로 『하나님**께서 세상을 이처럼 사랑하셔서**』(요 3:16)라고 기록한 요한이다. 그가 바로 『하나님**은 사랑이시라.**』라고 말한 사람이다. 그가 『**온전한 사랑은 두려움을 쫓아내느니라**』(요일 4:18)라고 말한 사람이다. 그런데도 그런 요한은 하나님을 마주했을 때 죽은 자처럼 엎드렸다. 분명 그는 당신보다 훨씬 더 현실적이고 분별 있는 태도로 하나님을 대했던 것이다.

형제들이여, 내가 지혜로운 충고 하나 하겠다. 이 충고를 받아들이든 말든 그것은 당신의 선택이다. 나는 군대에서 세 가지를 배웠다. 1. 엎드려라. 2. 계속 엎드려 있어라. 3. 일어나지 말라. 나는 그리스도의 심판석에서 "앞으로 나오라"는 부름을 받을 때, 얼굴을 땅에 대고 기어 나갈 생각이다. 그리고 말씀이 있기 전까지 고개를 들 생각이 없다. 이것이 하나님의 신성을 대하는 유일한 태도이다. 당신이 상대하는 분은 죄인들인 미국 대통령도, 영국 여왕도, 유엔 사무총장도 아니다. 당신이 상대하는 분은 죄 없는 하나님의 아들이시며, 말씀 한마디로 은하계를 창조하시고, 죽은 자를 무덤에서 불러내신 분이다. 그분은 당신의 "친구"나 "동료"가 아니라, 전능하신 하나님이시다.

『**너는 내 사랑하는** 아들**이요, 네 안에서 내가 매우 기뻐하노라.**』 사실이 그렇다면 마호메트는 하나님 보시기에 어떤가? 그는 하나님 보시기에 성경을 거부하는 아주 더럽고, 불결하며, 부패한 최악의 거짓말쟁이다. 마호메트는 예수가 하나님의 아들이라고 믿는 것에 대해 당신을 죽이려 할 것이다(수라 9:29-30). 사실 어떤 모슬렘이 예수 그리스도를 자신의 구주로 믿는다면 다른 모슬렘들은 그를 죽여야만 한다(Sura 4:91; Hadith, Bukhari, Vol. VI, Book 61, No. 577). 이런 이유로 니제르, 인도, 인도네시아, 파키스탄, 아프카니스탄, 이집트, 이란 등에서는 어떤 모슬렘이 기독교 신앙으로 개종했을 때 대개 그는 자신의 가족들에 의해 독살당한다.

틀렸다면 한번 말해 보라. 몇 년 전, 우리 교회의 젊은 형제들이 펜사콜라 항구에 정박해 있던 화물선에서 네 명의 모슬렘인들을 교회로 데려온 적이 있었다. 그 당시 우리 교회에는 아랍어 통역을 할 수 있는 한 자매가 있었는데, 예배가 끝난 후 그들 중 세 명이 예수님을 믿고 구원을 받았다. 그들이 떠나기 전에 내게 이렇게 물었다. "목사님, 우리가 배로 돌아가면 어떻게 해야 합니까? 우리 동료들이 우리가 한 일을 알게 되면 우릴 죽일 겁니다." 이것이 모슬렘인들이 직접 한 말이다. 마르크스주의자들에 의해 이용당한 꼭두각시들 – 버락 오바마, 존 케리, 힐러리 클린턴, 조지 W. 부시 같은 사람들이 말하는 게 아니다. 이런 일은 단순히 "극단주의 테러리스트들"에 의해 벌어지는 것이 아니다. 일반적이며 평균적인 모슬렘들 사이에서 매일 일어나는 일이다.

그 모슬렘 선원들은 자신들에게 어떤 일이 일어날지 잘 알고 있었다. 당신의 대통령은 모를지라도 말이다. 그 세 사람은 그 이후에 어떻게 되었는지 나는 알지 못한다. 그들은 예수 그리스도를 위해 자신들이 예수 그리스도의 증인이 되어야 한다는 것을 알았다. 그러나 자신들의 구주를 위해 증인으로서 입을 열면 어떤 일이 일어날지 알고 있었다. 그들은 죽임을 당할 수 있다는 것을 알았다.

하나님께서는 자신의 아들과 더불어 『**매우 기뻐하노라.**』라고 말씀하신다. 아버지께서는 그리스도의 순종과 그리스도의 죄에 대한 속죄됨에 대해 기뻐하셨다(빌 2:8,9). 만약 당신이 하나님의 절대적인 의의 요구를 만족시키고자 한다면, 하나님께서 기뻐하시는 유일한 의를 받아들여야 한다. 바로 그분의 아들의 의(롬 3:25,26)를 받아들여야 한다.

1:12 그리고 즉시 성령께서 주를 광야로 내보내시니라.
13 주께서는 광야에서 사십 일을 계시면서 사탄에게 시험을 받으셨고, 또 들짐승들과 함께 계시니, 천사들이 주를 섬기더라.

마가복음에서는 예수님께서 받으신 시험에 대해 매우 간략하게 기록한다. 마태복음 4:1-11과 누가복음 4:1-13에서 그 완전한 기록을 읽을 수 있으며, 각각의 해당 구절들에 대한 주석도 읽어 보라.

여기서 주목해야 할 점은 예수님께서 마태복음과 누가복음에서처럼 성령에 의해 단지 『**인도**』되신 것이 아니라, 강제로 내보내시게 된 것이다. 여기서 그려지는 모습은 누군가가 인도받는(led) 것이 아니라, 누군가의 강제에 의해 상황에 처해지는(driven) 모습이다. 『**내보내시니라**』는 단어는 성령님의 인도가 얼마나 강렬했는지를 나타낸다. 이것은 우연히 만나 생긴 충돌이 아니다. 예수님께서 종종 바리새인들과 서기관들과의 논쟁에서 경험하셨던 것처럼, 일련의 사건 속에서 일어난 작은 충돌이 아니다. 이것은 직접적이고 의도적인 대결이다. 성령께서 예수님과 마귀 사이의 "대결"을 강제로 하게 하신 것이다.

13절의 『**사십 일**』은 성경을 공부하는 사람들에게 구약의 마지막에 나오는 두 사람, 즉 그리스도의 재림과 관련된 모세와 엘리야(말 4:4,5)를 떠올리게 해야 한다. 그리스도처럼, 모세와 엘리야도 광야에서 사십 일 낮과 밤을 금식하였다(출 34:28, 왕상 19:8). 그리고 그들이 그렇게 금식할 때, 둘 다 시내산(호렙)으로 가게 된다. 따라서 의심할 여지 없이, 그리스도께서 시험받으신 『**광야**』는 바로 『**신 광야**』(the wilderness of <u>Sin</u>, 출 16:1)이다. 물론 어떤 사람들은 단순한 우연으로 생각하고 싶을 것이다. (그러나 우연이 아닌 것을 그들도 알고 있다!)

마가는 예수님께서 『**사탄에게 시험을 받으셨고**』(13절)라고만 기록하고 있지, 시험받은 구체적인 세부 사항에 대해서는 말하지 않는다. 여기서는 그리스도의 시험에 대한 세부 사항이나 예언적 의미를 다루지 않을 것이다. 이에 대한 자세한 내용은 마태복음 4장 주석과 누가복음 4장 주석을 보라. 우리가 말하고자 하는 것은, 예수님은 『**모든 점에서 우리와 마찬가지로 시험을 받으셨지만 죄는 없으신 분**』(히 4:15)이라는 것이다. 그 『**모든 점**』은 요한일서 2:16에 나와 있으며, 창세기 3:6에서 이브가 시험을 받았던 것과 동일한 『**모든 점**』이다.

어느 날 한 공개 성경 강연회에서 누군가 내게 이렇게 질문한 적이 있다. "예수님께서 결혼을 한 적이 없으신데, 어떻게 결혼한 남자가 겪는 시험을 아실 수 있습니까?" 그러나 성경은 예수님께서 당신이나 내가 겪는 모든 특정한 유혹을 다 경험하셨다고 말하지 않는다. 성경이 말하는 것은 『**모든 점**』에 시험을 받으셨다는 것이다. 모든 유혹은 세 가지 범주 중 하나에 속하는데 그것은 『**육신의 정욕**』이거나, 『**안목의 정욕**』이거나, 아니면 『**생의 자랑**』이다(요일 2:16). 당신이 직면하는 모든 유혹은 이 세 가지 중 하나에 해당한다.

『**여자**[이브]**가 보니 그 나무가 먹음직하고**[육신의 정욕] **보기에도 즐겁고**[안목의 정욕] **현명하게 할 만큼**[생의 자랑] **탐스러운 나무인지라**』(창 3:6). 그리스도께서 받으신 시험은 다음과 같다. 1) "네가 배고프니, 이 돌들을 빵으로 만들어라."(육신의 정욕), 2) "성전의 가장 높은 곳에서 뛰어내려라. 그러면 모든 사람이 천사들이 너를 받드는 것을 보게 될 것이다."(생의 자랑), 3) "이 세상의 모든 나라들을 보라. 내게 엎드려 경배하면, 이것들을 다 네게 주겠다."(안목의 정욕)

그리스도께서는 아무도 할 수 없는 일을 하셨다. 그분은 마귀와 "정면으로" 맞섰고, 그를 이기셨다. 이 시점까지 사탄은 우주 최강의 챔피언이었다. 그는 아담을 쓰러뜨렸다. 노아를 시험하여 술에 취하게 했다. 아브라함을 시험하여 거짓말하게 만들었다. 모세를 시험하여 바위를 향해 말해야 할 때, 분노하여 바위를 치게 만들었다. 여호수아를 시험하여 기도하지 않게 만들었다. 기드온을 시험하여 에봇을 만들어 우상으로 섬기게 했다. 삼손을 시험하여 음란한 생활에 빠지게 했다. 다윗을 시험하여 간음과 살인을 저지르게 했다. 솔로몬을 『**이방 나라 여인들**』과 얽히게 하여 『**죄를 짓게**』 했다(느 13:26). 사탄은 아담과 이브의 모든 후손을 넘어뜨리는 데 단 한 번도 실패한 적이 없었다(롬 3:23; 5:12). 하지만 예수 그리스도 앞에서는 문제가 생겼다. 그 이유가 무엇인가? 예수 그리스도께서는 죄의 본성을 이어받은 인간 아버지를 두지 않으셨기 때문이다. 예수 그리스도께는 죄를 지으려는 본성이 전혀 없었다.

오해하지 말 것은, 예수님께서 받으신 시험은 실제적인 시험이었다는 것이다. 예수님께서 죄를 지을 수 없었다고 주장하는 이른바, "그리스도의 무죄성"(impeccability)을 주장하는 사람들은 자신이 무슨 말을 하는지 모른다. 예수님께서 지상에서 입고 계셨던 육신은 연약하였기에, 돌을 빵으로 만들라는 시험은 분명히 매력적으로 보였을 것이다. 그러나 예수님께서는 타락 이전의 아담과 같은 상태에 계셨다. 즉, "원죄"(original sin)가 없었기 때문에 완전히 자유롭게 죄를 거절할 수 있으셨다. 따라서 "그리스도의 무죄성"에 대해 나는 성경이 말하는 그대로 가르친다. 그리스도께서는 생각으로나, 말로나, 행동으로나 죄를 짓지 않으셨다.

하나님 아버지께서 그분의 아들에 대해 『**매우 기뻐하노라**』라고 말씀하셨던 이유들 중 하나를 알고 싶다면, 바로 이것 때문이다. 히브리서는 예수 그리스도는 『**거룩하고 악이 없으며, 더러움이 없고 죄인들에게서 성별**』되셨다고 말한다(히 7:26).

그리스도께서 시험을 받으신 이유는 우리와 관련하여 다음과 같다. 그분께서 친히 시험을 온전히 받으시고 시험을 이기셨기 때문에, 우리가 시험을 받을 때 우리를 도우시고 지지해 주실 수 있다.

『**그가 이 일에 친히 시험을 받아 고난을 당하셨으므로 시험받는 자들을 능히 도와주실 수 있느니라**』(히 2:18).

그리스도인이여, 당신은 시험을 이길 수 있다. 어떻게 알 수 있는가? 당신의 구주께서 승리하셨기 때문이다. 그분은 당신에게 어떻게 승리할 수 있는지 그 방법을 보여 주셨는데, 하나님의 말씀을 사용하여 마귀를 대적하라는 것이다(약 4:7). 하나님께서는 시험을 당할 때 『**피할 길**』을 마련해 두신다. 당신이 기도로 그것을 구하고, 그 다음 하나님께서 그 길을 보여주실 때 그대로 따르기만 한다면 말이다. 그러나 우리의 문제는 주님께서 "비상구"를 마련하여 보여 주셔도 우리가 그 길로 탈출하지 않는 데 있다. 우리의 문제는 대개, 하나님께서 『**도와주실**』 때 그 도움을 원하지 않거나, 그 도움이 주어졌음에도 불구하고 그것을 유용하게 사용하지 않는 것이다.

13절에는 흥미로운 "부가 설명"이 있다. 마가는 『**사탄에게 시험을 받으셨고**』라고 말한 후 이렇게 덧붙인다. 『**또 들짐승들과 함께 계시니**』. 이것은 분명히 레위기 26:22, 사무엘상 17:46, 시편 50:11, 사도행전 10:12; 11:6에서 말하는 실제적인 『**들짐승들**』일 수 있다. 하지만 훨씬 더 가능성이 높은 것은 이들이 사탄과 연관된 악한 영들이라는 것이다. 이는 이사야 13:21,22; 34:14, 예레미야 50:39에서 찾아볼 수 있다. 골로새서 2:15에서는 그리스도께서 『**정사들과 권세들을 벗겨 내어 그것들을 공개적으로 나타내시고 십자가로 그들을 이기셨느니라.**』라고 기록되어 있다. 물론, 골로새서 2장의 문맥에서, 그리스도께서 사탄과 그의 마귀들을 이기신 것은 십자가에서임을 가리킨다. 그러나 마가복음 1:13에서 보는 이 구절은 그 승리의 예고편에 해당한다. 예수님께서 시험받으실 때의 승리가 바로 그분의 대제사장으로서의 피의 속죄 사역을 가능하게 만든다(히 2:17,18; 4:15; 7:26,27).

『**천사들이 주를 섬기더라**』(13절). 여기서 "섬김"(ministration)은 아마 음식의 형태로 이루어졌을 것이다(왕상 19:5-8 참고). 그러나 "섬기다"(minister)라는 단어는 "섬기다"(to serve)라는 동사일 때와 "종"(a servant)이라는 명사일 때 모두 사용된다. 이는 본질적으로 천사들을 말하는 것으로 영적 존재들인 천사들은 하나님을 섬긴다(히 1:7). 어떤 근본주의자가 천사는 메시지를 전하는 "전달자"(messenger)라며 요한계시록의 일곱 교회의 천사를 그 교회의 목회자로 만들려고 할 때, 기억하라. 메시지를 전하는 것은 천사가 하나님을 섬기는 방식 중 하나일 뿐이다.

그리스도의 생애에서 천사들은 그분의 탄생(눅 2:9-14)과 부활(눅 24:4-6,23, 요 20:12)을 알림으로써 그분을 섬겼고, 또한 예수님께서 겟세마네에서 기도하실 때 천사가 나타나 힘을 돋워 주었다(눅 22:43). 그리고 만약 예수님께서 원하셨다면, 72,000명의 천사들이 땅으로 내려와 세상에 있는 모든 사람을 멸망시키고 그분이 십자가에 못 박히는 것을 막을 수 있었다(마 26:53. 왕하 19:35 참고).

1:14 요한이 감옥에 갇힌 후, 예수께서 갈릴리로 오셔서 하나님의 나라의 복음을 전파하시며,

15 말씀하시기를 "그 때가 찼고 하나님의 나라가 가까이 왔도다. 너희는 회개하고 복음을 믿으라."고 하시니라.

마가는 그리스도의 사역의 시작 부분으로 갑자기 넘어가는데, 그 사역의 시작은 헤롯이 요한을 감옥에 가두고 나면서부터 본격적으로 시작된다. 그 세부 사항은 마가복음 6:17-20에 나와 있으며, 그 구절에 이를 때 상세히 다룰 것이다. 여기서 본문이 강조하는 점은 요한의 사역이 사실상 끝났다는 것이다. 예수님께서 시험을 마치고 돌아오신 후, 요한은 자신의 제자들에게 예수님을 지목한다(요 1:35-37). 예수님의 사역은 융성해지고 요한의 사역은 쇠잔해지는데(요 3:30), 이는 요한이 마침내 헤롯에 의해 감옥에 갇히게 될 때까지 계속된다. 그리스도의 생애 연대기에서, 요한복음 1장 끝에서 4장 끝까지의 사건은 본문 마가복음 1:14보다 앞서 일어났다.

이제 마가복음 1:14에서 예수님께서 전하시는 내용을 주목하라. 『하나님**의 나라의 복음**』. 이 복음은 지금 당신이 구원받기 위해 믿는 복음이 **아니다**. 당신이 믿는 복음은 『하나님**의 은혜의 복음**』(행 20:24)이라 불리는데 바울은 이를 고린도전서 15:1-4에서 정의한다. 그것은 그리스도께서 죄를 위해 죽으시고, 장사되시고, 부활하신 것인데 이 모든 것이 성경대로 이루어졌다. 그러나 이 복음은 마가복음 1장에서 예수님께서 전하시는 복음이 **아니다**.

예수님께서 전파하신 내용은 무엇인가? 『**그 때가 찼고** 하나님**의 나라가 가까이 왔도다. 너희는 회개하고 복음을 믿으라**』(15절). 여기에는 죄들을 위한 피의 속죄, 장사, 부활에 대한 내용이 전혀 없으며, 이들과 관련된 성경의 어떠한 내용도 없다.

물론, 회개하고 복음을 믿으라는 마지막 부분에 대해 영적인 적용을 할 수 있지만, 그것은 바울의 서신서에서 말하는 내용에 비추어 적용해야만 한다. 마태복음, 마가복음, 누가복음, 요한복음에 있는 어떤 사람들도 로마서에서 빌레몬서까지의 내용을 알지 못했으며, 예수님은 마가복음 1장에서 아직 어떤 누구의 죄들을 위해 죽지 않으셨다. 게다가 예수님께서 자신의 죽음에 대해 말씀하실 때마다 어떤 누구의 죄를 위해 죽으시리라는 내용은 없었고, 적어도 마지막 만찬(마 26:28)에 이르기 전까지는 그 내용이 언급되지 않았다. 예수님께서는 마가복음 1장에서 자신이 사람들의 죄를 위해 죽고, 그들의 의롭게 됨을 위해 부활하실 것이라고 아무에게도 말씀하시지 않으셨다.

이제 마가복음 1:15에서 예수님께서 전하신 내용과 같은 설명을 하는 마태복음 4:17에 나오는 내용의 차이를 비교해 보라. 『**회개하라, 천국** [kingdom of heaven]**이 가까이 왔느니라.**』 이로 인해 거의 모든 성경 해석자들과 주석가들은 하나님의 나라와 하늘나라가 동일하다고 말한다. 그들은 성경에 나타난 두 왕국의 차이에 대해서는 전혀 고려하지 않고 그렇게 말한다.

첫 번째 차이점은 무엇인가? 하나님(God)은 하늘(Heaven)이 아니며, 하늘은 하나님이 아니다. 이것은 당신이 범신론자가 아닌 이상 명백한 사실이다. 하나님은 하늘을 창조하신 창조주이시다. 그 하늘이, 새들이 날아다니는 첫 번째 하늘(창 1:20)이든, 별들이 있는 두 번째 하늘(창 1:15-17)이든, 또는 하나님께서 거하시는 세 번째 하늘(고후 12:2-4)이든, 모두 하나님께서 창조하신 하늘이다.

두 번째로, 성령께서 당신을 위해 성경에서 두 나라(왕국)를 정의해 주신다. 하나님의 나라에 대한 확실한 구절은 로마서 14:17에 나온다.

『하나님**의 나라는 먹고 마시는 것이 아니라** [즉 입으로 들어갈 수 있는 어떤 물질적인 것이 아니다.] **다만 성령 안에서 의와 화평과 기쁨 이라.**』

그러므로 하나님의 나라는 영적인 나라(왕국)이다. 예수님께서 『**이는** 하나님**의 나라가 너희 안에 있기 때문이라.**』(눅 17:21)라고 말씀하실 때 이를 확증해 주신다. 그러므로 이것은 외적인, 눈에 보이는 왕국이 아니다(눅 17:20). 사람이 이 영적인 나라에 들어가는 것은 새로운 출생, 즉 영적인 출생을 통해서 들어간다(요 3:5-7).

그러나 천국(Kingdom of Heaven)은 그렇지 않다. 이 왕국에 대한 명확한 구절을 예수님께서 말씀하셨다. 『**천국은 폭력을 겪고, 폭력을 쓰는 자들이 힘으로 그것을 차지하느니라**』(마 11:12). 만약 그 왕국이 폭력을 당하고 폭력에 의해 강제로 취해지는 나라라면, 그것은 영적인 나라가 아니다. 그것은 칼, 몽둥이, 곤봉, 창, 방패, 활과 화살, 미사일 등과 같은 폭력과 힘의 도구들이 있는 나라이다. 이 모든 것들은 폭력을 행사하는 물리적인 무기들, 도구들이다(고후 10:4 참고).

사실, 예수님께서 그분의 사역을 시작하실 때, 그분은 천국과 하나님의 나라 모두를 전파하셨다. 그것은 그분이 두 왕국의 왕이시기 때문이다. 예수님은 자신을 믿는 사람들의 몸 안에 있게 될 영적인 왕국을 약속하셨고, 그 몸 안에 성령께서 임하실 것을 약속하셨다. 그리고 먼저 예수 그리스도의 영적인 왕국을 받아들이는(마 6:33) 사람들에 대해 물리적인 왕국을 약속하셨다. 그 물리적인 왕국은 구약에서 반복적으로 이스라엘 백성에게 약속되었다(사 2,65,66장, 슥 14장, 시 2,110편 등 참고). 그 왕국의 수도는 예루살렘이 될 것인데(마 5:35), 이는 새 예루살렘을 말하는 것이 아니다(겔 48:30-35. 계 21:12-17 참고).

그리스도께서 나타나셨을 때, 두 왕국은 『**가까이**』 왔는데 두 왕국의 왕이 바로 거기에 계셨기 때문이다. 만일 그 유대인들이 침례인 요한과 예수 그리스도께서 전파할 때 회개하고 예수 그리스도를 그들의 메시아로 받아들였다면, 주께서는 그들을 영적인 왕국에 넣으셔서 앞으로 가져오실 물리적인 왕국, 즉 카이사를 그 권좌에서 몰아내시고 이 세상을 주님께서 통치하실 그 물리적 왕국을 맞이하는 데 대비하게 하셨을 것이다. 그러나 유대의 지도자들은 예수 그리스도를 거부했고, 그들로 인해 온 민족이 예수님을 거부했다. 따라서 그 문자적이고, 물리적 왕국인 천국은 재림 때까지 2,000년이 넘는 기간 동안 연기되었고, 남은 유일한 왕국은 영적인 나라로, 바울이 전파한(행 20:25, 28:23,31) 하나님의 나라인데 『하나님**의 은혜의 복음**』을 통하여 부활하신 구주를 믿고 영접하면 이 하나님의 나라에 들어간다.

이 하나님의 나라가 물리적으로 나타나게 될 때는 (요 3:3에서 거듭나지 아니하면 『하나님**의 나라를 볼**(see) **수 없느니라.**』라는 말씀에서 보다(SEE)라는 말에 유의하라.) 물리적 왕국인 천국(이 왕국은 예수님께서 말씀하셨듯이 폭력을 동원하여 온다. - 계 19:11-15) 나타날 때이다. 이 시대를 사는 성도가 그때 상속을 받을 수 있는 유일한 길은 예수 그리스도를 섬기는 성별된 삶을 살고, 지금 주와 구주를 위해 고난을 받는 것이다(행 14:22, 고전 6:9,10, 갈 5:19-21, 딤후 2:12).

이 모든 것은 성경을 성경이 말하는 그대로, 그 문맥에서 말하는 내용 그대로를 받아들이는 사람에게는 완전히 명백한 사실이다. 성경을 망치는 유일한 방법은 "원어 히브리어"나 "원어 헬라어"로 돌아가 성경이 말하지 않는 것을 성경이 말하는 것으로 만들고, 자신이 원하는 내용을 억지로 성경에 끼워 넣어, 자신의 취미 삼아 붙잡고 있는 주장을 마치 진리인 양 정당화하려는 것이다. 이 경우, 그 "취미"라는 것이 실상 시끄럽게 울어 대는 당나귀에 불과하다.

1:16 주께서 갈릴리 해변을 걸어가시다가 시몬과 그 형제 안드레가 바다에 그물 던지는 것을 보셨으니, 이는 그들이 어부임이라.

17 예수**께서 그들에게 말씀하시기를 "너희는 나를 따라오라. 내가 너희로 사람들을 낚는 어부가 되게 하리라."고 하시니,**

18 그들이 즉시 그물들을 버려 두고 주를 따라가더라.

19 주께서 거기서 조금 더 가시다가 세베대의 아들 야고보와 그의 형제 요한을 보셨는데, 그들도 배 안에서 그물들을 깁고 있더라.

20 주께서 곧 그들을 부르시자, 그들은 자기들의 아버지 세베대를 일꾼들과 함께 배에 남겨 둔 채 주를 따라가더라.

첫 번째 제자들을 부르시는 장면이다. 예수 그리스도께서 첫 네 사람에게 자신을 따라오라고 부르시는데, 이 사람들은 모두 직업 어부들이다. 이들을 예수 그리스도께서 선택하시는 데 있어서 우연히 어부들을 선택하신 것이 아니다. 어부들을 부르시고 예수 그리스도는 그들을 『**사람들을 낚는 어부**』로 만드실 것이라고 말씀하신다. 그런데 사람들은 물고기와 같다(합 1:14).

이는 우주에 대한 위대한 그림을 떠올려 주는데 이는 근본주의자들, 보수주의자들의 "창조론자들"이 무시한 진리이다. 이들은 창세기 1:2과 창세기 7:11을 자연주의 관점에서 설명하려는 자들로서, 구원받지 못한 과학자들의 견해를 받아들여, 아이스 캐노피(ice canopy, 창공 위의 물이 실제로 지구를 둘러싸고 있던 얼음이나 수증기의 차폐층이었다는 창조론자들의 주장, 역자 주), 지하 바다[underground oceans, 창조론자들은 지구 내부에 감춰진 물(거대한 물 저장소)이 한꺼번에 표면으로 방출되면서 노아 홍수가 일어났다고 주장한다. 역자 주] 등의 이론을 설명하는 이들의 주장을 받아들인다. 알다시피 물고기는 물 아래 산다. 만일 사람이 물고기와 같다면 이 땅 위에 사는 모든 남자, 여자, 아이들은 거대한 물층, 물 무더기 아래 사는 것이다. 그 물층의 크기는 대서양, 태평양의 물을 모두 합친 물의 양이 양동이 속의 물 한 방울로 여겨질 정도이다.

그 물이 처음으로 나온 곳은 창세기 1:2로, 지구는 그 물 안에 있었고 물이 넘쳐흘렀을 때 그곳으로부터 나왔다(벧후 3:5,6의 주석 참고). 창세기 1:6-8에서 하나님께서는 『**창공**』을 지으셨는데 하나님께서 이 창공을 『**하늘**』이라고 부르셨고 그 아래 있는 땅 위에 있는 물들과(대양, 강, 지하층의 물들), 창공 위에 있는 물들을 나누셨다. 창공 위에 있는 물들은 성운들이나, “아이스 캐노피” 등과는 전혀 상관이 없다. 그 창공에 하나님께서 해, 달, 별들을 두셨기 때문이다(창 1:14-16). 이를 어떻게 알 수 있는가? 시편 148:3,4이다.

『**해와 달아, 너희는 그를 찬양하라. 너희 모든 빛나는 별들아, 그를 찬양하라.**』 문맥을 고려해 볼 때, 여기의 하늘은 구름들이 있는 첫째 하늘이 아니다. 둘째 하늘이다. 즉 우주인 것이다. 그러나 하나님의 말씀에 실수가 없다는 사실을 알 수 있는 것은 4절이다. 『**너희 하늘들의 하늘들과 하늘들[복수] 위에 있는 너희 물들아, 그를 찬양하라.**』

바로 알파 드라코니스 너머에 있는 물이다. 그에 대한 묘사는 욥기 38:20, 요한계시록 4:6; 15:2에 나와 있다.

따라서 지구상의 모든 인간은 침례교도들이다. 즉 그들은 물 아래 잠겨 있는 것이다. 그리고 오늘날 당신이 "잡힌" "물고기" 중 하나라면, 가장 위대한 어부(Big Fisherman)께서 그분이 계시는 곳에서 당신을 끌어올린다. 따라서 침례받을 때, 당신은 물 아래 넣어지고(죽음) 물 밖으로 꺼내진다(부활). 마찬가지로 휴거 때에 『**유리 바다**』 위로 끌어 올려진다(계 4:1-6). 이것이 그리스도의 침례에 속한 모든 것이다. 예수 그리스도께서 첫 번째 제자들을 선택하신 배경이다.

이제, 직업 어부들은 당신이 만나볼 수 있는 사람들 중, 가장 거친 사람들 가운데 하나일 수 있다. 베드로는 입이 험했고, 야고보와 요한은 성질이 급했다(막 3:17, 눅 9:54).

나는 코이 래필드(Coy Raffield)라는 사람을 알고 있다. 그는 열다섯 살 때 집을 떠나 도망쳤고, 쉰다섯 살이 될 때까지 바다에서 지내며 어선에서 일했다. 그는 설교자로 부름을 받았지만, 사실상 바다를 완전히 떠난 적이 없었다. 그는 여전히 배를 타고 밤새도록 고기를 잡곤 했다. 그리고 웨인 먼드(Wayne Mund)라는 사람도 있었다. 그는 앨라배마에서 어업 선단에서 일했다. 그는 구원을 받고 설교자로 부름을 받았다. 그는 한동안 북쪽에서 목회했지만, 결국 다시 앨라배마의 본세쿠어로 돌아가 본세쿠어 강에서 어부들을 위한 사역을 수행했다.

그 사람들은 모두 칼을 가지고 다녔는데(물고기를 손질하기 위한 것으로 보이지만) 실제로는 칼싸움을 벌이기도 했다. 그것은 그들이 여성들의 영향 없이 거친 환경에서 험한 일을 하기 때문이었다. 하지만 하나님께서는 그런 난폭한 사람도 구원하시고 정결케 하셔서 설교하게 하실 수 있다. 하나님께서 베드로, 야고보, 요한, 그리고 안드레에게 행하신 일이 바로 그것이다.

『너희는 나를 따라오라. 내가 너희로 사람들을 낚는 어부가 되게 하리라』(17절). 만일 당신이 예수 그리스도의 참된 제자인지를 시험해 보고자 한다면 무엇을 점검해 보면 아는지 아는가? 그것은 교리적 문답을 살펴보는 것이 아니다. 총열처럼 곧은 (그 속은 비어 있다.) 교리 문답을 고백하는 교회들이 있으나 그 교회의 목사와 5분 정도 이야기해 보면 모두 피상적인 고백일 뿐 구체적 내용에 들어가면 그 내용들 중 절반도 믿지 않는 빈껍데기라는 사실을 발견하게 된다.

당신이 어떤 교회에 출석하는지, 어떤 "정통 교리"를 기반으로 하는 신학교를 졸업하였는지 묻는 것이 아니다. 많은 그리스도인이 어떤 사역에 참여하면서 "군중 속에 섞여 존재를 감추려" 한다. 그는(또는 그녀는) 단순히 그 사역이 주는 명성 때문에 그곳과 연관되기를 원한다. 만약 그 사역이 "구령하는 단체"로 알려져 있다면, 그 사람은 아무것도 하지 않고 가만히 앉아 있어도 단지 그곳에 속해 있다는 이유만으로 구령자라는 명성을 얻을 수 있다. 사실이 그렇다. 정말 그렇다! 밥 존스 대학, 리버티 대학교, 테네시 템플, 바이올라, 무디, 클리어워터, 펜사콜라 크리스천 대학 등에서 가르치는 교수들 중에는 지난 20년 동안 단 한 명의 혼도 그리스도께 인도하지 못했지만, 단지 그곳에서 가르친다는 이유만으로 "구령자"라는 명성을 가진 이들이 많다.

참된 제자의 자격은 한 가지로 알 수 있는데, 사람을 낚는 어부인가

하는 것이다. 적극적으로 예수 그리스도를 위하여 사람을 낚는 일에 전념하고 있는가? 사람을 낚고 있는 한, 얼마나 많은 물고기를 낚았는지는 중요하지 않다. 사람들을 낚고자 하는 노력을 하지 않는다면 당신은 예수 그리스도의 참된 제자가 아니다.

내가 밥 존스 대학교에서 박사 학위 논문을 썼을 때, 논문 주제는 "사도행전의 관점에서 본 실천 신학의 역사"였다. 내 논문의 핵심 주장은 잃어버린 죄인들을 예수 그리스도께 인도하려는 노력이 없는 사람은, 그가 신앙을 어떻게 고백하든지 간에 정통적 신앙을 가진 것이 아니라는 것이었다. 지난 1,900년 동안 아무도 본 적 없는 잃어버린 종이 더미인 "최초의 원본"에 대한 신앙 고백이 있다 해도, 그가 실제로 그 "최초의 원본"이 명령하는 일을 하지 않는다면 그것은 아무 의미도 없다. 한마디로, 신앙을 말로만 고백하고 행동으로 옮기지 않는다면, 그것은 쓸모없는 종이 더미에 불과하다.

그 논문은 밥 존스 대학교에서 나를 가르쳤던 교수들을 겨냥한 것이었다. 왜냐하면 그들은 정확히 그런 사람들이었기 때문이다. 그들은 단순히 그 학교 창립자인 밥 존스 시니어(Bob Jones Sr.)가 가졌던 복음 전도의 명성 뒤에 숨어 있었다. 내가 박사 학위 심사를 받을 때, 결국 모든 것이 드러났다. "올드 맨 밥"(Old Man Bob)이 교수진으로 두었던 사람들은 어떤 사람들이었는가? 유아 세례를 지지하는 사람들, 무천년주의자, 칼빈주의 5대 강령을 따르는 사람들, 그리고 잃어버린 혼들을 향해 아무런 부담도 없으며 단 한 명의 혼도 그리스도께 인도한 적이 없는 사람들이었다. 그들은 누구나 동의할 수 있는 "근본주의"를 인정할 수 있었고(심지어 구원받지 못한 카톨릭 신자들도 그렇게 할 수 있다),

실상은 완전히 타락한 인본주의자들이었으며, 그들에게 있어서 가장 높은 권위란 단지 자신에게 월급을 지급하는 사람뿐이었다. 하지만 이런 일이 밥 존스 대학교만의 문제는 아니다. 미국의 교회들에도 이러한 그리스도인들이 가득 차 있으며, 그들의 신학이 다르다고 해도 본질적으로 같은 문제를 가지고 있다.

당신은 사람을 낚는 어부인가? 당신은 잃어버린 혼들에게 복음을 전하기 위해 무엇을 하고 있는가? 만일 당신이 하는 모든 일이 예배당 자리에 앉아 일주일에 설교 한 편 내지 세 편을 듣는 것이 전부라면 당신은 예수 그리스도의 참된 제자가 아니다. 구원받았다 하더라도 말이다.

이제 17절에 나오는 『**사람들을 낚는 어부**』에 대한 흥미로운 "부가적인 이야기"가 구약에 있다. 예레미야서에서 하나님께서는 그 유대인들에게 만약 그들이 회개하지 않으면, 그들을 약속의 땅에서 내쫓겠다고 말씀하셨다. 그런데 예레미야 16:16에서 주님은 이렇게 말씀하신다. 『**주가 말하노라. 보라, 내가 많은 어부들을 보내리니 그 어부들이 그들을 낚을 것이며**』.

마가복음 1:17은 그 유대인들을 주께로 인도하기 위해 애쓰는 구령자들에 대한 언급임을 알 수 있다. 그래서 사도행전에서 주님은 그 유대인들을 위해 "어부들"을 보내시는데, 그들이 바로 베드로, 요한, 그리고 나머지 열두 제자들이다. 그 후 유대 지도자들이 스테판을 돌로 쳐 죽이자, 주님께서는 사도 바울을 구원하셔서, 그를 이방인들에게뿐만 아니라 『**이스라엘 자손들**』에게도 보내신다(행 9:15). 바울은 소아시아, 그리스, 로마로 갈 때 『**<u>첫째는 유대인에게</u>요, 또한 헬라인에게**』 복음을 전한다(롬 1:16). 바울은 이방인들에게 복음을 전하기에 앞서 유대인들이 모이는 곳으로 가서 흩어진 유대인들에게 복음을 전한다. 사도행전은 흩어진 유대인들이 그리스도를 거부하는 장면으로 끝나고, 성령께서는 다음 1,900년 동안 이방인들에게로 향하신다(행 28:25-28). 그 다음에 무슨 일이 일어났는지 아는가?

예레미야 16:16을 보라. 『**그후에 내가 많은 사냥꾼들을 보내리니 그 포수들이 모든 산과 모든 작은 산과 바위 굴들에서 그들을 사냥하리라.**』 "어부들"이 그 유대인들을 낚으려 했으나 민족으로서의 그 유대인들이 낚여지지 않자, 하나님께서는 그 유대인들에게 사냥꾼들을 보내셨다. A.D. 70년과 A.D. 135년에 로마 군대를 보내신다. 7세기에 모슬렘들을 보내시고, 암흑시대에는 카톨릭교도들을 보내시며, 19세기에는 러시아를 보내시고, 20세기에는 나치들을 보내신다. 왜 그런가? 그 유대인들이 어부들을 받아들이지 않았기 때문이다.

18,19절의 그물들에 대해서는 누가복음 5:2의 주석에서 살펴보았으니 그 주석을 참고하라. 16절의 그물은 던지는 그물인 투망이다. 이 그물은 둥근 가장자리에 무게가 나가는 추를 달아 물고기를 둘러싸며 아래로 가라앉는다. 그물에는 던지는 사람의 손에 연결된 줄이 있어 던진 후 그물을 다시 끌어올 수 있다. 이 그물은 어깨에서 던진다. 이 그물은 배에서 던질 수 있지만, 16절에서 안드레와 베드로는 아마도 해안에서 던졌거나, 물속으로 조금 들어가서 그물을 던졌을 것이다. 19절의 그물은 아마도 저인망 그물이나 3중으로 끄는 3중자망일 것이다. 두 가지 모두 끄는 저인망 그물 종류이다(합 1:16 참고).

『**그들이 즉시 그물들을 버려 두고 주를 따라가더라**』(18절). 이는 이 제자들을 세 번 부르는 과정에서의 두 번째 부르심이다. 첫 번째 부르심은 요한복음 1:40-42에 나와 있다. 이를 오늘날로 부르자면 "초면 인사"라고 할 것이다. 안드레와 베드로는 예수 그리스도를 요한복음 1장에서 처음으로 만났다. 마가복음 1장에서(여기 본문의 병행 구절은 마 4장이다) 예수 그리스도는 그들에게 자신을 따라오라고 부르시자, 그들은 그물을 버렸다. 그러나 누가복음 5:1-5을 통해 확실히 알 수 있는 것은 그 네 명은 "파트타임" 제자였다는 사실이다. 그들이 예수 그리스도를 따르지 않는 시간이면, 고기 잡는 일에 열중하였다. 그러나 누가복음 5:10의 부르심과 더불어 『**그들이... 모든 것을 버리고 주를 따라가더라**』(눅 5:11). 성경에 존재하지 않는 모순을 만들어 오류를 주장하려는 배교자들은 모두 물리칠 수 있다.

비록 18-20절에서 말하는 것이 단지 부분적으로 버리는 것이라 할지라도 여전히 올바른 방향으로 움직이고 있다. 그리하여 누가복음 5장에서 온전히 따르는 것이 가능해진다. 20절에서 야고보와 요한이 예수 그리스도를 따르기 위해 그들의 아버지를 떠나는 것을 보라. 제자가 되는 자격은 예수 그리스도를 가족보다 더 사랑하는 것이다(마 10:37, 눅 14:26). 그러면 예수 그리스도를 위하여 복음을 위하여 가족을 버린 것에 대한 약속이 주어진다(막 10:29,30).

1:21 그리하여 그들은 카퍼나움으로 갔으며, 주께서는 안식일에 곧장 회당으로 들어가서 가르치시니라.

22 사람들이 주의 교리에 놀라니, 이는 주께서 가르치시는 것이 권위 있는 분 같고 서기관들과 같지 아니하기 때문이더라.

이제 예수 그리스도는 지상 사역 동안 “본거지”(본부)로 삼으신 성읍인 『**카퍼나움**』(마 9:1)으로 오신다. 이 이름은 “나훔의 도시”를 뜻한다. 나훔은 니느웨성에 대하여 예언한 두 명의 선지자 중 한 명이었다. 다른 한 명은 요나였다. 그 둘 다 갈릴리 출신이었으므로, 요한복음 7:52의 유대인 랍비들은 거짓말쟁이였다는 것을 뜻한다. 예수 그리스도께서는 갈릴리 출신의 두 선지자와 자신을 동일시하였다. 예수님께서는 자신을 직접적으로 비교한 선지자로 요나만을 꼽으셨다(마 12:40). 나훔의 고향이 바로 예수님께서 기적을 대부분 행하신 장소였다(마 11:20-23).

본문에 따르면, 카퍼나움에서 『**안식일에 곧장 회당으로 들어가서 가르치시니라.**』라고 나와 있다. 누가복음 4:16에는 그것이 『**자신의 관례에 따라**』 행한 것이라고 하며, 그 구절에서 나온 『**올바로**』 나누는 것의 대표적인 예시가 누가복음 4:17-21이다(주석 참고).

이 모든 것이 유대인들에 해당하는 설정이다. 그리스도인과는 무관하다. 이곳은 회당이며, 교회가 아니다. 『**율법과 선지서들**』인 구약이 읽혔으며, 새로운 언약인 신약은 읽히지 않았다(행 13:15). 사도행전에서 바울이 안식일에 지역 회당에 가는 것을 읽을 수 있는데, 이는 신약의 예배와는 아무런 상관이 없다. 바울은 자신이 유대인인 것을 이용하여 자신의 동족들에게 복음을 전파하는 기회를 얻었을 뿐이다(고전 9:20). 신약의 그리스도인들은 구주께서 주의 첫날에 부활하셨으므로(마 28:1), 그리고 성령께서 주의 첫날에 내려오셨으므로(행 2:1-2 참조, 레 23:15,16), 안식일이 아닌 주의 첫날에 모였다(고전 16:2, 행 20:7). 그러므로 제칠일안식일예수재림교인들은 잘못된 것이다.

『**사람들이 주의 교리에 놀라니, 이는 주께서 가르치시는 것이 권위 있는 분 같고 서기관들과 같지 아니하기 때문이더라**』(22절). 예수님의 권위 있는 교리는 권위 없는 서기관들의 교리와 대조된다. 서기관들은 성경을 복사하는 사람들이었으며, 그 내용에 정말로 익숙해서 한 책에 몇 개의 글자가 있는지까지도 정확히 알고 있었다. 그들을 오늘날의 성경학자들과 비교할 수 있다. 누군가 권위를 가져야만 할 사람이라면 그 사람은 서기관이었을 것이다. 그러나 성경을 가장 잘 안다고 주장하는 사람들이 성경을 가장 믿지 못하는 것은 아이러니하게도 사실이다.

2,000년 동안 아무것도 변하지 않았다. 기독교 대학의 교수들과 박사들은 자신들의 의견이나 좋아하는 사람들의 의견 이상의 권위를 가지고 있지 않다. 그들의 권위는 "주께서 말씀하신 대로"가 아니라 학자들의 일반적인 합의인 인간 중심에서 나온 인본주의이다. 만약 학자들이 성경에서 이해하지 못하거나 믿지 않는 내용을 만나면, 그들은 간단하게 성경을 고치는데 자신들의 무지에 성경을 맞추기 위해, 그리고 자신들이 믿지 못하는 불신에 성경을 맞추기 위해 성경을 고치는 것이다.

창세기 1:1 이후로 항상 권위의 문제가 있었다. 누가 지배하는가? 누가 우주를 통치하는가(사 14:13-14)? 누가 국가를 통치하는가? 누가 가정을 경영하는가? 누가 교회를 감독하는가? 모두 최종적인 권위(Final authority)가 문제의 핵심이다.

그리스도인이라면 "아, 성경이 최종 권위입니다."라고 말한다. 물론 카톨릭 교회는 전통과 교황을 성경과 동등한 권위로 삼지만, 이에 속지 말라. 이 세 가지는 동등할 수 없다. 성경이 한 가지를 말하고 전통과 교황이 다른 말을 하면, 무엇이 옳은지를 누가 결정하는가? 카톨릭 교회의 트렌트 공의회와 피오스 9세 교황에 따르면 교황이 결정한다. 이것은 카톨릭교도에게 성경이 아닌 교황이 최종 권위임을 의미한다. 이러한 일은 여호와의 증인, 제칠일안식일예수재림교도, 몰몬교도 또는 다른 이단교도들도 마찬가지이다. 이단이 성경과 모순되는 가르침을 전하면, 이단의 가르침(모든 몰몬교도들의 성서인 〈몰몬경〉, 찰스 러셀이나 엘렌 G. 화이트의 가르침들, 메리 베이커 에디의 〈성경의 열쇠〉 등)이 성경보다 더 우선시되어 이단의 가르침이 최종 권위가 된다.

근본주의자는 "우리는 성경 이외의 다른 권위를 거부한다."라고 말한다. 그러나 어떤 성경이 최종적인 권위인가? 모든 성경들이 최종적인 권위인가? 당신이 근본주의자, 보수주의자, 혹은 복음주의자라면 당신에게 있어서 무엇이 진정으로 최종 권위인가? 어떤 성경이 하나의 것을 말하고 다른 성경이 그에 대하여 다른 것을 말할 때(예를 들어 요 1:18, 딤전 3:16, 요일 5:7, 골 1:14, 눅 2:33, 행 4:27,30), 어떤 성경이 옳은지를 누가 결정하는가? 누가 그 결정을 하든지 그 사람이 하나님이다. 하나님만이 하나님의 말씀이 무엇인지와 무엇이 하나님의 말씀이 아닌지를 결정할 수 있기 때문이다.

어떤 엉터리 학자가 일어나 말하기를, "원본 언어에서는 이 단어는 실제로 ...이고," "〈킹제임스성경〉에서는 불행하게도 잘못 번역했으며," "보다 나은 번역은 ...이다," "이것은 가장 훌륭한 사본에는 없다."라고 말할 때, 그 사람이 무엇을 말하고 있는지 아는가? 그는 하나님 노릇을 하고 있는 것이다. 그는 하나님께서 말씀하신 것을 판단하고 결정하고 있는 것이다. 따라서 그 사람은 하나님이 아닌 자신이 최종 권위자가 된다.

학자들은 "모든 번역에는 잘못된 부분이 있다"고 말한다. 그렇다면, 박사 양반, 한 번 말해 보게. 어떤 성경이 『**거룩한 성경**』(holy scriptures)인가?(롬 1:2, 딤후 3:15) "나는 이 번역본의 본문을 좋아하고, 이것을 선호하며, 이것을 추천한다."라고 말할 때 당신은 하나님이 되어 버린 것이다. 이것은 하나님의 말씀이고, 이것은 하나님의 말씀이 아니고를 결정하는 데 그렇다면 당신이 최종 권위자가 되어 버린 것이다.

나는 〈킹제임스성경〉을 더 "선호"한다는 의미에서 〈킹제임스성경〉을 하나님의 말씀으로 믿지 않는다. 솔직하게 말하자면 내가 〈킹제임스성경〉을 읽을 때 성경에 있는 것보다 더 좋아하게 되는 것이 있다. "어떻게 그렇게 말할 수 있습니까?"라고 말할는지 모른다. 나는 내 마음이 악하다는 사실을 알고 있다. 내 마음에 숨겨 둔 『**모든 사악함**』(왕상 2:44)을 알고 있다. 나는 나의 옛 본성을 거스르는 구절들을 알고 있다. 나는 내 안에 성경을 대적하는 적의가 있다는 사실을 고백하지 않을 수 없다. 그러나 학자들은 그렇게 하지 않는다. 그들은 하나님께서 말씀하시는 것을 "선하고 경건한" 동기로 돌린다. 그들의 마음은 칠흑같이 어두운 밤에 있는 석탄과 같다.

나는 나의 최종 권위로 한 권의 책인 "성경"을 가지고 있다. 그리고 그 책이 어떤 책인지 구체적으로 보여 줄 수 있다. 그것은 어떤 분실된 종잇조각도 아니며, 한 권의 책으로 모인 적도 없는 잃어버린 종이 쪼가리들도 아니다. 나의 최종 권위는 〈킹제임스성경〉이다. 나는 그 책이 말하는 어떤 것에 대해 내가 결정하지 않는다. 나는 그 성경을 읽고 살아 계신 하나님의 말씀으로 믿는다. 하나님이 말씀하신 것이 아닌, 하나님께서 말씀하신 것을 단지 사람의 의견으로 여기지 않는다(살전 2:13). 그리고 나는 그 말씀에 맞추기 위해 나의 교리와 행동을 조정한다. 그 외의 다른 태도는 취하지 않는다.

1:23 그들의 회당에 더러운 영을 지닌 사람이 있었는데, 그가 소리질러,
24 말하기를 "우리를 내버려 두소서. 나사렛 예수**여, 우리가 당신과 무**
슨 상관이 있나이까? 당신이 우리를 멸하려고 왔나이까? 나는 당
신이 누구신 줄 아나이다. 하나님의 거룩한 분**이시니이다."라고 하**
니라.
25 그때 예수**께서 그를 꾸짖어 말씀하시기를 "잠잠하고 그에게서 나**
오라."고 하시니,
26 그 더러운 영이 그에게 발작을 일으키고 큰 음성으로 소리지르며,
그에게서 나오더라.
27 그러자 모두 놀라서 서로 물어 말하기를 "어찌된 일인가? 얼마나
새로운 교리인가? 그가 더러운 영들에게조차 권위 있게 명령하시
니, 그들이 그에게 복종하는도다."라고 하니,
28 즉시 그의 명성이 갈릴리 주위의 온 지역에 두루 퍼지니라.

예수 그리스도의 사역 가운데 『**더러운 영**』과 처음 만나신 때는 종교적인 예배를 드리는 중이었다. 가장 강력한 마귀들은 술집, 포르노 극장에 있지 않다. 그들은 일루미나티, 로마 클럽, 빌더버그 회의, 국제 은행가, 의회, 대통령직, 최고법원, 유럽 연합 또는 유엔에서 활동하지 않는다. 성경에 따르면 악한 영들이 가장 많이 집중되어 있는 곳은 종교 창녀 집단이다(계 18:2-3).

새로운 성서들을 만들어 내는 성경 번역가들과 개정자들은 자신들이 성경개정과 같은 일을 할 때 마귀는 어떤 방식으로든 자신들이 하는 일에 개입하지 않으리라고 생각한다. 바로 그 영역이 사탄이 강력하게 일하고 있는 영역이다. 사탄은 하나님의 말씀에 의심을 넣고(창 3:1) 하나님께서 말씀하신 말씀으로부터 삭제한다(눅 4:10-11). 만약 현대 번역본들이 사탄의 『**영감으로 주어진 것**』이라는 증거를 690페이지 분량으로 보고 싶다면, 게일 립링거(Gail Riplinger)의 New Age Bible Versions (뉴에이지 성경역본들, 말씀보존학회 역) 책을 참고하라. 그녀는 "더 명확하고 더 정확한" 번역들이 어떻게 하나님과 예수 그리스도의 영광을 빼앗아 사탄에게 돌리는지를 보여 줄 것이다. (예를 들어 NIV와 NASV가 어떻게 계 22:16에 나오는 예수 그리스도의 칭호를 빼앗아 사 14:12에서 사탄에게 할당하는지 보라.)

본문으로 돌아가자. 『**우리를 내버려 두소서**』(복수). 단수인 한 『**더러운 영**』은 복수인 영들로 이루어져 있다. 가다라의 미친 사람의 경우가 그렇다. 『**내 이름**[단수]**은 군단이오니, 이는 우리**[복수]**가 많기**[복수] **때문이니이다**』(막 5:9). 씨 뿌리는 자의 비유(4:3,4)에서 『**공중의 새들**』(복수)은 단수인 『**사탄**』을 언급한다(4:15). 마귀(The Devil)는 단수인 한 영(a spirit)인데 복수인 더러운 영들(unclean spirits)로 이루어져 있다.

『**우리를 내버려 두소서. 나사렛 예수여, 우리가 당신과 무슨 상관이 있나이까?**』(24절) 아무 상관이 없다. 바울은 『**점치는 영**』에 사로잡힌 소녀가 빌립보에서 바울이 행하고 있는 "복음 전파 사역"을 선전해 주는 것을 허락하지 않았다(행 16:16-18). 예수 그리스도는 결코 마귀들이 예수 그리스도 자신을 증거하게 하는 것을 허락하지 않으신다(눅 4:41). 왜냐하면 사람들에게 잘못된 인상을 심어줄 수 있기 때문이다. (바리새인들이 마 12:24에서 고소하는 것을 보라.) 이런 이유로 그리스도인은 믿지 않는 자들과 멍에를 함께 매지 않는다. 『**믿지 않는 자들과 멍에를 같이 메지 말라.**』(고후 6:14). 왜냐하면 그리스도가 벨리알과 조화를 이루지 못하기 때문이다. 『**그리스도가 벨리알과 어찌 조화를 이루며 또한 믿는 자가 믿지 않는 자와 어떤 부분을 같이하겠느냐?**』(고후 6:15) 어떤 부분도 같이 할 수 없다!

『**당신이 우리를 멸하려고 왔나이까?**』 그렇다(요일 3:8). 그러나 지금 당장은 아니다. 사탄은 분명히 갈보리에서 심판받았다(요 16:11). 그리고 예수 그리스도께서는 분명히 갈보리에서 정사들과 권세들을 벗겨 내어 그들에 대해 승리하셨다(골 2:15). 그러나 옛 뱀의 머리가 부숴지는 것은(창 3:15) 재림 때에 가서야 부숴진다(롬 16:20). 그러나 기억해야 하는 것은 이 모든 것이 설정되었는데, 바로 예수 그리스도의 사역이 진행되는 본문의 시점에서 초림과 재림이 함께 일어날 수 있도록 설정이 되었기에 이 영이 질문하는 그 질문은 합법적이고 정당하며 타당한 질문인 것이다.

『**나는 당신이 누구신 줄 아나이다.** 하나님**의** 거룩한 분**이시니이다.**』 따라서 모든 마귀들은 "근본주의자"들이다. 마귀는 예수 그리스도의 처녀 출생도 믿고 그리스도의 신성도 믿는다. 마치 선한 카톨릭 교도들처럼 말이다. 하나 더 추가한다면 그 마귀들은 선한 카톨릭 교도가 구원받지 못한 것처럼 구원받지 못했다(약 2:19).

사도신경을 믿는다고 구원받는 것이 아니다. 어떤 마귀도 정직하게 말해 예수 그리스도는 "독생자"임을 믿고 "성령으로 잉태되어... 십자가에 못박히시고 죽은 자들로부터 일어나셨음"을 믿는다고 말한다. 구원받는 것은 정신적, 지적 동의로 이루어지지 않는다. 개인적으로 예수 그리스도를 구주로 영접하고(요 1:12) 당신을 구원하기 위해 십자가에서 이루어진 예수 그리스도의 희생만을 믿을 때 구원받는다(롬 10:9). 이 사실 하나가 종교인들과 구원받은 성도를 구분하는 것이고 마귀와 구원받은 성도를 구분하는 것이다.

『**나는 당신이 누구신 줄 아나이다. 하나님의 거룩한 분이시니이다.**』 그렇다면 어떤 마귀라도 마호메트나 그의 추종자들보다 더 분별력이 있는 것이다. 11절에서 이미 언급했듯이, 마호메트는 하나님께서 아들을 두셨다는 사실조차 인정하지 않았다. 그는 단일신론에 대해서는 마귀와 의견이 같았을지 모르지만(약 2:19), 예수 그리스도가 누구인가 하는 그리스도의 정체성에 대해서는 훨씬 더 무지했다.

『**그때** 예수**께서 그를 꾸짖어 말씀하시기를 "잠잠하고 그에게서 나오라."고 하시니**』(25절). 마귀를 쫓아내는데 얼마나 단순하게 쫓아내시는지 주목하라. 하나님의 능력으로 마귀를 쫓아내는 사람은 다 이렇다. 예수 그리스도는 마귀와 논쟁하지 않으셨다. 마귀와 길게 대화하지도 않으셨다. 마귀를 쫓아내는 어떤 의식도 없었다. 거룩한 성수도 없었고, 로자리오 기도도 없었다. 마귀 들린 사람에게 가하는 고통도 없었다. 마귀 들린 사람의 머리를 때리지도 않았고 다리를 걷어차지도 않았다. 치유의 은사를 가졌다고 하는 자들이 하는 행위를 하지 않았다. 예수 그리스도는 더러운 영에게 입 닥치라고 말씀하셨고 그 더러운 영은 나갔다. 그것이 다다.

26절에서 그 더러운 영이 떠나기 전에 마귀 들린 사람에게 고통을 준다. 이 부분은 9:26에서 다시 나온다. 가학피학성(Sadomasochism)은 마귀 들린 표시들 가운데 하나다(5:5).

회당에 있었던 사람들의 반응은 놀라는 것이었다(27절). 두 친구 간에 보통 하는 인사는 "뭐 새로운 사실 있어?"이다. 글쎄 새로운 것이라면 『**새로운**』 것이다. 『**얼마나 새로운 교리인가?**』 이런 일은 전에는 없었다(마 9:33). 구약에서 그 누구도 마귀들을 쫓아냈다는 기록은 없다. 예수 그리스도께서 눈멀고 말 못하게 하는 마귀를 마태복음 12:22에서 쫓아내셨을 때, 사람들은 예수 그리스도께서 메시아라는 사실의 증거로 삼았다(마 12:23).

『**얼마나 새로운 교리인가?**』 아테네의 구원받지 못한 철학자들은 예수 그리스도의 부활이 『**새로운 교리**』라고 생각했다(행 17:18,19).

『**그가 더러운 영들에게조차 권위 있게 명령하시니, 그들이 그에게 복종하는도다**』(27절). 다시 한번 권위의 문제가 나타난다(22절의 설명 참고). 예수 그리스도는 마귀들을 다스리는 이 권세를 사도들에게 주신다(눅9:1). 그리고 그 권세는 마가복음 16:17에서 『**사도들의 표적들**』(고후 12:12) 가운데 하나로 열거된다. 후에 마가복음에서 서기관들은 이 권위가 사탄으로부터 온 것이라고 말하는데(막 3:22) 이것이 예수 그리스도께서 말씀하신 "용서받지 못할 죄"의 근거가 된다(3:28-30의 설명 참고). 은사주의자들은 이 죄에 대해 노심초사하고 있다.

『**즉시 그의 명성이 갈릴리 주위의 온 지역에 두루 퍼지니라**』(28절).

마귀들을 쫓아낸 사건은 사람들에게 깊은 인상을 주었다. 이는 예수 그리스도께서 제자들에게 같은 일을 행할 수 있는 권세를 주셨을 때 제자들에게도 마찬가지였다. 『**칠십 명**』의 제자들은 마귀들이 예수 그리스도의 이름에 복종하는 것에 대해 기뻐하며 복음 전파를 마치고 돌아왔다(눅 10:17). 그러나 예수 그리스도께는 그것은 그리 감명적이고 인상적이지 않았다. 예수께서 기뻐하신 더 큰 이유는 그들의 이름이 생명책에 기록된 것이라고 말씀하셨다(눅 10:20). 비정상적인 은사주의자들이 "가난 마귀"를 몰아내는 것에 대해 말하는 것을 들을 수 있을 것이다. 이 가짜들은 결코 사람들이 구원받도록 애써 구령하지 않는다. 그들이 하는 짓이란, 단지 "양들을 도둑질해 가는" 것이다. 이것이 그들이 할 수 있는 모든 것이다.

『**즉시 그의 명성이 갈릴리 주위의 온 지역에 두루 퍼지니라.**』 이것이 성령께서 이사야 9:1,2에 기록하신 내용의 영적 적용이다. 이 구절은 재림 구절임에도 불구하고 성령께서는 마태복음 4:13-16에서 예수 그리스도의 지상사역인 초림에 적용시키신다.

1:29 그후 그들이 회당에서 나와 야고보와 요한과 함께 시몬과 안드레의 집에 들어갔는데

30 그때 시몬의 아내의 모친이 열병으로 누워 있더라. 그들이 곧 주께 그 여인에 관하여 말씀을 드리더라.

31 주께서 오셔서 여인의 손을 잡고 일으키시니, 열병이 즉시 그 여인에게서 떠나가고 여인이 그들을 섬기더라.

회당에서 예배를 마친 후 예수 그리스도와 그의 첫 제자들 넷은 시몬의 형제 안드레와 그의 가족들과 함께 살고 있는 시몬의 집으로 간다. 이 점에서 배교자들은 또 다른 충돌되는 질문을 제기한다. 요한복음 1:44을 들어 카퍼나움이 아니라 『**벳세다**』가 『**안드레와 베드로의 성읍**』이었다고 하는 것이다. 이런 주장을 하는 사람은 성경에 대해 무지할 뿐 아니라, 실제 삶에서도 무지한 사람이다. 『**다윗의 성읍**』은 다윗이 태어나 성장한 성읍뿐 아니라(베들레헴, 눅 2:4) 또한 다윗이 장성한 사람으로서 통치했던 곳의 성읍이기도 했다(시온, 삼하 5:7,9). 직장을 얻으려 고향을 떠나 다른 도시로 옮겨 간 사람을 누가 모를 수 있는가? 벳새다는 분명 안드레와 베드로가 출생한 곳이고 카퍼나움은 그들이 고기 잡는 일에 종사한 곳이었다. 그들이 어떤 사업가들과 같았다면 두 성읍에 모두 집을 가지고 있었을 것이다.

『**시몬의 아내의 모친**』(30절). 시몬의 누구라고? 지금 내가 올바로 읽은 것인가? 본문은 시몬의 아내라고 말하지 않는가? 그렇다. 베드로에게 아내가 있었다!(고전 9:5)

분명 첫 번째 "교황"이 결혼을 했다. 그 첫 번째 교황은 결혼하여 아내도 있었고 장모도 있었는데 그 이후는 단 한 명도 왜 이렇게 하지 않는가? 이 자들이 자신을 "거룩한 아버지"라고 1,500년 이상 불러왔어도 그들은 결코 시몬 베드로의 후계자들이 아니다. 시몬 베드로는 결혼했을 뿐 아니라, 결코 아버지 하나님의 직함을 찬탈하지 않았다(요 17:11). 베드로는 누가 자신에게 그리고 자신의 반지에 입 맞추는 것을 허용하지 않았다(행 10:25,26). 베드로는 교리를 확정하고자(벧후 1:20) 교황의 "성좌 선언"(ex cathedra)을 선포하려 하지 않았다. 베드로는 모든 그리스도인에게 각각 제사장이라고 가르쳤다(벧전 2:5,9). 베드로는 자신이 아니라 예수 그리스도께서 교회가 세워질 반석(the Rock)이라고 말했다(벧전 2:6,7). 베드로는 성경을 최종 권위로 붙잡았지(벧전 1:23-25, 벧후 1:19), 그 어떤 "절대 무오한 교회의 가르침"을 최종 권위로 두지 않았다.

31절의 치유는 즉시로 일어났다는 사실에 주목하라. 기도를 오래 해야 하거나 하는 부수적인 절차가 필요없었다. 누군가가 사도의 표적인 치유의 은사를 가지고 있다면 앓는 자에게 안수하면 낫게 된다. 『**병자에게 안수하면 그들이 회복되리라**』(막 16:18). 치유는 치유받는 사람의 믿음과는 무관하다(약 5:14,15 주석 참고).

『**그때 시몬의 아내의 모친이 열병으로 누워 있더라. 그들이 곧**(anon) **주께 그 여인에 관하여 말씀을 드리더라**』(30절). "**곧**"에 해당하는 "anon"이라는 단어는 고어로서(부사) "곧, 잠시 후"라는 의미이다. 다른 말로 하자면 그들은 문 안으로 들어갈 때 주께 말씀드리지 않고, 그 안주인이 음식을 마련하지 않는 일이 벌어졌을 때 주께 그녀가 열병에 걸렸다고 말했다.

이제 고어들이 그렇게 이해하기 어려운 것이 아니었음을 알 수 있다. 그것을 이해하기 위해 성경을 "다시 번역"하여 "더 명확하게" 만들 필요도 없었다. 본문에서 36,000개(NASV)에서 64,000개(NIV)까지의 단어를 삭제하거나 믿음의 모든 주요 교리를 공격할 필요도 없었다. 단지 사전에 그 단어를 찾아보기만 하면 되는 일이었다. 성경을 출판하는 출판사들이 독자들을 "도와주고" 싶었다면, 단지 여백에 설명을 달아 두기만 하면 충분했을 것이다. 〈킹제임스성경〉에 가끔 등장하는 고어를 이해하기 위해 323개의 상충되는 권위들을 동원할 필요는 없다. 하지만

1880년 이후로 6개월마다 한 번씩 사용된 변명이 바로 그것이었다. 그것은 성경을 제거하려는 변명일 뿐이다.

1:32 저녁이 되어 해가 기우니, 그들이 병든 자들과 마귀들에게 사로잡힌 자들을 모두 주께 데리고 오더라.
33 또 온 성읍이 문 앞에 함께 모였더라.
34 그때 주께서 갖가지 병으로 앓고 있는 많은 사람을 고쳐 주시고, 많은 마귀들을 쫓아내시니라. 그러나 그 마귀들로 말하는 것을 허락지 아니하시니, 이는 그들이 주를 알고 있기 때문이더라.
35 이른 아침 아직 동이 트지도 않았는데, 주께서 일어나 밖으로 나가 한적한 곳으로 가셔서 거기서 기도하시더라.
36 그때 시몬과 그와 함께 있던 자들이 주를 따라 나서더라.
37 그들이 주를 만나 말씀드리기를 "모두들 주님을 찾고 있나이다."라고 하니,
38 주께서 그들에게 대답하시기를 "이웃 고을로 가자. 거기서도 내가 전파하리라. 이를 위하여 내가 왔노라."고 하시니라.

더러운 영을 가진 사람을 구원해 주셨다는 말이 퍼지는 것은 그리 오래 걸리지 않았다. 예수 그리스도께서 베드로의 장모의 병을 고쳐 주셨다는 말이 퍼지는 것은 그리 오래 걸리지 않았다. 그리하여 안식일이 끝나자 (『**저녁이 되어 해가 기우니**』(32절), 안식일은 토요일 오후 6시에 끝나는데 그 후에) 카퍼나움에 있는 모든 사람, 아픈 사람, 마귀 들린 사람들은 시몬 베드로의 집에 몰려들었다. 고침을 받고자 마귀 들린 상태에서 구원받고자 함이었다.

32절의 『**마귀들**』을 주목하라. 〈킹제임스성경〉을 거부하는 변명 가운데 표준적인 진부한 상투적인 문구는 "마귀는 하나뿐인데 〈킹제임스성경〉에는 많은 마귀들(demons)이 있다."이다. 이는 불경스럽고 늙은 부녀자들의 꾸며 낸 이야기들(딤전 4:7) 가운데 하나로서, 예수 그리스도는 금요일에 죽으셨다거나, 이스라엘 자손은 출애굽할 때 홍해를 건넌 것이 아니라 갈대숲을 건넌 것이라거나 하는 것 등이다. 요한복음 6:70에 의하면 마귀(THE Devil)가 아닌 한 『**마귀**』(a devil)가 나온다. 여기에 사용된 헬라어는 디아볼로스(diabolos)이지 다이모니온(daimonion)이 아니다. 유일한 하나님의 아들(11절, THE Son of God)이 있지만 많은 하나님의 아들들(요 1:12)이 있고, 유일한 마귀(THE Devil)가 있고 많은 마귀들이 있는 것이다(23,24절의 마귀에 관한 설명 참조).

그렇다면 왜 〈킹제임스성경〉 번역자들은 "다이모니온"(daimonion)을 그에 해당하는 음역인 디먼(demon)으로 번역하지 않고 마귀(devil)로 번역하였는가? 헬라 철학에서 디먼(demon)은 선한 마귀가 될 수도 있다. 그때 사용된 마귀 디먼(demon)은 천재(genius)라는 말과 동의어이다. 하나님께서 당신이 알기를 원하는 것이 있다. 즉 성경에 나오는 어떤 디먼(demon)도 선하지 않다는 사실과 그러하기에 하나님께서는 KJV 번역자들에게 마귀(devil)로 번역하게 하시어서 디먼(demon)과 연관이 있는 자들과 더불어 당신에게 이 사실을 보여 주고자 하심이다. 마귀들(demons)이 선하지 않다는 사실을 알린 지 400년이 지난(1611년부터 400년이 지난) 오늘에 이르기까지 사람들은 여전히 디먼(demon)

이라는 말을 사용하여 마치 마귀가 인격이 아닌 존재로, 그저 어떤 개인에게 나쁜 영향을 주는 존재 정도의 의미로(예를 들자면, "모든 사람에게는 각자 자신과 싸워야 하는 자신의 마귀(his own demons)가 있다.") 이 말을 사용한다. 이렇게 말하는 것은 마귀(the Devil)와 연관된 실제의 악한 영들(real evil spirits)을 대체하고자 하는 것이다. 따라서 여전히 마귀(devil)라는 말은 번역에 있어서 훨씬 나은 선택이다. 종종 내가 "마귀 들렸다"는 말을 할 때 "demon possessed"라는 표현을 쓸 때가 있음을 알 것이다. 성경의 표현은 분명 『**마귀들에게 사로잡힌 자들**』(possessed with devils, 32절)임에도 말이다. 이와 동일한 이유로 나는 천사를 그림으로 그릴 때 날개가 있는 것으로 그린다. 그 이유는 라디오, TV, 영화에 세뇌되어 온 그리스도인들 때문이다. 이렇게 해야 내가 말하는 내용을 알 수 있기 때문이다.

예수 그리스도께서 『**그 마귀들로 말하는 것을 허락지**』 않은 사실에 대해서는 25절에서 이미 살펴보았다. 34절에서 고어가 다시 사용된 것을 주목하라. 그리고 30절에서 "anon"에 대해 언급했을 때 이러한 단어들을 어떻게 다뤄야 하는지 설명했던 것을 생각하라. 분명히 『**갖가지**』를 말하는 "divers"는 스쿠버 다이버들을 의미하는 것이 아니며, 34절에서 『**허락**』을 말하는 "suffered"이기에, "suffered not"는 "아무도 고통받고 있지 않다"라는 뜻이 아니다.

여기 펜사콜라 성경신학원(PBI)의 수업 규모가 지금보다 더 작았을 때, 나는 〈킹제임스성경〉에 나오는 100개의 고어(archaic words) 목록을 제공하곤 했다. (학자들은 그보다 훨씬 더 많다고 믿게 만들었다.) 그 수업에는 초등학교 6학년을 넘기지 못한 사람부터 대학을 졸업하고 대학원까지 간 사람까지 다양한 수준의 학생들이 있었다. 하지만 가장 교육 수준이 낮았던 사람들조차도 그 단어들 중 절반 이상은 이해할 수 있었다. 남은 단어들 중에서도 약 25개는 의미를 추측해서 맞출 수 있었다. 결국, 정확한 의미를 알기 위해 사전에서 찾아봐야 할 단어는 겨우 25개뿐이었다. 그런데 단 25개의 단어를 정의하기 위해 성경에서 64,000번이나 고쳐야 한다고? 믿을 수 없는 일이다!

여기 34절에서 "divers"라는 단어는 고어라기보다는 고어적 철자(archaic spelling)이다. 오늘날에는 "diverse"라고 쓰며, "다양한" 또는 "서로 다른"이라는 의미이다. "suffered"는 분명히 "허락했다"(allowed)는 뜻이며, 아마도 문맥을 통해 그 의미를 이해할 수 있었을 것이다. 만약 이해하지 못했다 하더라도, 성령께서 명령하신 대로 조금 공부하는 것(딤후 2:15)은 전혀 손해 볼 일이 아니다.

35절에서 예수 그리스도의 기도 생활에 대해 첫 번째로 언급된다. 예수 그리스도는 종종 『**한적한 곳**』에서 기도하셨다. 참된 기도는 그와 같은 기도이다. 당신이 기도하는 진정한 기도의 대부분은 한적한 곳에서 당신과 하나님만이 있는 가운데 하는 기도이다. 그 원리는 예수 그리스도 자신이 지키도록 정한 마태복음 6:6이다.

『**그때 시몬과 그와 함께 있던 자들이 주를 따라 나서더라**』(36절). 이는 17절에서 예수 그리스도께서 그들에게 따라오라고 말씀하신 것이다. 제자가 되기 위한 예수 그리스도의 명령은 『**나를 따라오라.**』이다(마 4:19, 막 2:14; 8:34; 10:21, 눅 9:59, 요 1:43). "나를 따르라."는 베닝 요새의 보병학교 모토이다. 이 말은 지휘관이 이끄는 곳을 따라가고 그의 본보기를 따르는 것이다. 바울은 다음과 같이 말했다. 『**내가 그리스도를 따르는 것처럼, 너희는 나를 따르는 자가 되라**』(고전 11:1). 바울이 이렇게 말한 것은 자신이 보인 본을 따르게 함이다(빌 3:17, 살후 3:9).

새로운 "성서들"은 고린도전서 11:1의 명령을 변경하여 여러분이 그리스도를 모방하도록(imitiate) 만든다. 그러나 imitate라는 단어는 "본보기로 따라가다"는 의미뿐만 아니라 "위조하다"(counterfeit)는 의미도 있다. 모조품(imitation)은 진짜가 아니다. 성경에서 예수 그리스도를 가장 잘 흉내 내는 존재는 바로 마귀이기에 길 하나 건너는 일조차도 그를 따라가서는 안 된다.

마귀는 예수님처럼 왕이다(욥 18:14; 41:34. 딤전 6:15 참고). 마귀는 예수 그리스도처럼 통치하는 통치자이다(요 12:31; 14:30; 16:11, 엡 2:2. 행 3:15; 5:31 참고). 그는 신(god)이라 불리며, 예수님도 하나님이시다(고후 4:4. 요일 5:20 참고). 그는 천사처럼 나타나며, 예수님도 천사이시다(고후 11:14. 행 27:23, 갈 4:14 참고). 마귀는 사자인데, 예수님도 사자이시다(벧전 5:8. 계 5:5 참고). 마귀에게도 자신의 사도들과 일꾼들이 있으며, 예수 그리스도께서도 그러하시다(고후 11:13,15). 그리고 마귀에게도 신부처럼 여겨지는 도성이 있으며(계 17장), 예수님께도 도성이 있다(계 21장). 당신은 단순히 흉내 내는 것(imitating)을 넘어, 본보기로 따르는 것(following)에 집중해야 한다(벧전 2:21).

만일 예수 그리스도를 따르고자 한다면 당신이 할 수 없는 것을 예수 그리스도께서 행하셨던 것들이 있고, 당신이 행할 수 있는 것을 예수 그리스도께서 행하셨던 어떤 것들이 있고, 당신이 행해서는 안되는 것을 예수 그리스도께서 결코 행하지 않으셨던 어떤 것들이 있음을 알아야 한다. 당신이 할 수 없는 일들을 예수 그리스도께서 행하셨던 그런 것들을 취하는데 있어서 은사주의자들은 요한복음 14:12을 인용하여 마치 자신들이 분별이 있는 것처럼 여긴다.

『**진실로 진실로 내가 너희에게 말하노니, 나를 믿는 자는 내가 하는 일들을 할 것이요 또 이보다 더 큰 일들을 할 것이라. 이는 내가 나의** 아버지**께로 가기 때문이라.**』

내기를 하고 싶은가? 펜사콜라만을 자신의 능력으로 건너 보려고 시도해 보라. 불가능하다고? 죽은 지 나흘 되는 사람을 살려 보려 시도해 보라. 그리고 당신의 능력이 어디까지인지 알아보라.

에스캠비아 카운티(Escambia County) 북쪽에 사는 한 불쌍한 농부가 "브라운스빌 부흥회"(Brownsville Revival) 동안 은사주의자들의 말을 진지하게 받아들였다. 그는 복음전도자 스티븐 힐(Stephen Hill)이 언론에 자랑하던 것처럼 죽은 사람을 다시 살릴 수 있다고 믿고, 자신의 죽은 아기를 냉각 상자에 넣어 부흥회에 가져갔다. 하지만 그 아기의 아버지는 그때서야 은사주의자들이 죽은 아기를 살리기는커녕 죽은 말을 되살릴 능력도 없다는 사실을 깨달았다. 결국, 목사 존 킬패트릭(John Kilpatrick)에 따르면, 그들이 주장하는 모든 죽은 자의 부활은 실제 육체적인 부활이 아니라 영적인 부활일 뿐이었다. 사람들이여, 성경을 문맥대로 읽고 올바로 나누어 공부하는 법을 배워야 한다. 그렇지 않으면 큰 혼란에 빠지고 말 것이다.

여기에 예수 그리스도께서 당신이 행할 수 있는 어떤 일을 행하셨다. 예수 그리스도는 진리를 증거하셨다. 예수 그리스도께서 세상에 오신 목적은 『**진리를 증거하려는 것**』이다(요 18:37). 『**진리**』가 무엇인가? 예수 그리스도에 따르면 진리는 하나님의 말씀이다(요 17:17). 그리고 진리는 예수 그리스도 자신이다(요 14:6). 당신은 성경으로부터 예수 그리스도를 증거할 수 없는가?

예수 그리스도는 잃어버린 자를 찾아 구원하기 위해 이 땅에 오셨다. 『인자**가 온 것은 잃어버린 자를 찾고 또 구원하려는 것이라**』(눅 19:10). 당신은 잃어버린 죄인을 예수 그리스도께로 인도하기 위해 이러저리 열심히 돌아다닐 수 없는가(눅 14:23)? 예수 그리스도는 다음과 같이 말씀하셨다. 『**나의** 아버지**께서 나를 보내신 것같이 나도 너희를 보내노라**』(요 20:21). 당신은 죄를 위해 죽어 줄 수는 없다. 그러나 사람들에게 죄를 위해 죽어주신 분에 대해 말할 수는 있다.

예수 그리스도는 말씀을 전파하셨다(38절). 거리에서 설교하셨다. 사도들도 거리에서 전파했다. 사도들이 거리에서 설교한 이유는 그 당시에 교회 건물이 없었기 때문이다. 당신은 거리에서 설교하는가? 그렇지 않다면, 당신은 당신의 구주께서 보여 주신 본을 따르는 것이 아니고 바울을 따르는 것도 아니다(고전 11:1).

알다시피 이 모든 것은 어리석은 소리를 지껄이거나 "오직 믿으라, 오직 믿으라. 모든 것이 가능하니 오직 믿으라"와 같은 노래로 사람들을 흥분시켜 그들의 마지막 남은 돈마저 헌금으로 빼앗는 자들과는 전혀 상관이 없다. 예수 그리스도라면 어떻게 행동할 것인가 하는 척하여 자신의 의로 천국에 올 수 있다고 생각하는 것(찰스 셸던의 In His Steps)과는 전혀 상관이 없다. 또는 "지상에 평화"를 기도하는 것과는 전혀 상관이 없다. 예수 그리스도를 따르는 것은 성경을 상고하고(요 5:39), 그 말씀을 올바로 나누어(딤후 2:15), 그리스도의 승천 이후에 성령께서 당신에게 준 본보기를 따르는 것이다(고전 11:1).

1:39 그리하여 주께서 온 갈릴리에 있는 회당에서 전파하시고, 또 마귀
들을 쫓아내시더라.
40 그후 한 문둥병자가 주께 와서 간청하며, 그 앞에 무릎을 꿇고 말
씀드리기를 "주께서 원하시면 저를 깨끗하게 하실 수 있나이다."
라고 하니,
41 예수**께서 가엾게 여겨 손을 내밀어 그를 만지며 그에게 말씀하시**
기를 "내가 원하노니 깨끗해지라."고 하시니,
42 말씀하시자마자 문둥병이 곧 그에게서 떠나고, 그가 깨끗해지더라.
43 주께서 그에게 엄히 당부하시고, 즉시 그를 보내시며,
44 그에게 말씀하시기를 "주의하여 아무에게도 어떤 말도 하지 말고,
가서 네 몸을 제사장에게 보이며, 모세가 명한 대로 네가 정결케
된 것으로 인하여 예물을 드려 그들에게 증거로 삼으라."고 하시
니라.
45 그러나 그가 나가서 많은 소문을 퍼뜨리기 시작하고, 또 그 일에
관하여 두루 말하였으므로, 예수**께서 더 이상 드러나게 성읍으로**
들어가실 수 없게 된지라, 성읍 밖 외딴 곳에 계시더라. 그래도
사람들이 사방에서 주께로 나아오더라.

예수님은 처음에는 회당에서 설교를 시작했지만(39절), 사역의 "대부분"을 수행한 곳은 회당이 아닌, 그야말로 공개된 들판이었다(45절). 이것이 요한 웨슬리가 행한 사역 방식이었다. 웨슬리는 사망한 자신의 아버지의 설교단에서 설교하는 것이 허락되지 않았기 때문에 묘지에 있는 자신의 아버지의 무덤 돌 위에서 설교를 하였다.

다시 한번 그 당시에 이스라엘에는 마귀들이 널리 퍼져 있었다는 사실에 주목하라(39절). 34절에서 예수 그리스도께서는 『**많은 마귀들을 쫓아내시니라.**』라고 말씀하신다. 그 장소는 마귀들로 가득 차 빽빽했다. 오늘날은 사회가 마귀들로 가득 찬 시대이다. 마치 추수감사절에 양념으로 가득 찬 칠면조처럼 마귀가 가득 차 있는 것이다.

『**그후 한 문둥병자가 주께 와서**』(40절). 문둥병은 죄를 나타내는 모형이다. 죄와 마찬가지로 문둥병은 문둥병 걸린 사람을 더럽힌다(레 13:46). 그런 이유로 문둥병에 걸린 사람은 집단으로부터 분리되어 던져진다(계 21:27). 죄와 마찬가지로 문둥병은 피의 속죄를 통한 정결함이 요구된다(레 14:18-21,31). 죄와 마찬가지로 문둥병은 하나님에 의해서만 치유가 가능하다. (심지어 오늘날에도 문둥병은 어느 단계에 이르면 불치의 병으로 여긴다.)

마태복음 8:2에 의하면 이 문둥병자는 예수 그리스도 앞에 경배의 행위로 나아와 무릎을 꿇는다. 그 구절에서 그 문둥병자는 예수 그리스도를 『주』라고 부른다. 따라서 이 문둥병자는 예수 그리스도께서 육신으로 나타나신 하나님이라는 사실을(딤전 3:16) 깨닫는다. 이런 이유로 요한복음 5:18; 10:31-33에 있는 유대인들은 예수 그리스도를 돌로 쳐 죽이려 한다. 문제는 예수 그리스도께서 주장하신 그분인가, 아닌가 하는 것이다. 이 문둥병자는 예수 그리스도께서 하나님이시라는 것에 모든 것을 다 걸었다.

그것이 믿음이다. 그것이 구원이다. 나는 나의 혼을 한 권의 책에 걸었다. 나는 나의 영원한 운명을 예수 그리스도에 관하여 말하는 모든 것이 옳다고 하는 그 책에 걸었다. “당신이 틀릴 수도 있습니다.”라고 말할는지 모른다. 그럴 수 있다. 그러나 곧 알게 될 것이다. 나는 이를 알고 있다. 나는 나머지 종교 쓰레기들을 신뢰하지 않는다. 왜냐고 묻는다면 나는 그 모든 것을 시도해 보았기 때문이다. 그 결과 그 종교들은 아무것도 해 주지 못했다. 성경은 나의 더러운 입, 더러운 술, 더러운 담배, 더러운 여자들, 더러운 음악 등을 제거하고 나를 깨끗하게 해 주었다. 내가 정말 그 성경에 있는 믿음으로부터 떨어져 나올 것이라고 생각할 수 있는가?

이 문둥병자는 예수 그리스도께서 모든 마귀들을 쫓아내셨다는 소식과 아픈 사람들을 고쳐 주셨다는 소식을 듣는다. 이 사람은 열왕기하 7:3,4에 나오는 문둥병자들이 말하는 것처럼 설명한다. “우리가 더 이상 잃을 것이 무엇이냐?”라고 하는 것이다. 따라서 그 문둥병자는 예수 그리스도께 나아와 경배한다. 『**주께서 원하시면**』. 그는 예수 그리스도의 능력을 의심하지 않았다. 그는 예수 그리스도께서 고쳐 주실 능력이 있으심을 절대적으로 확신하였다. 『**저를 깨끗하게 하실 수 있나이다.**』 그 문둥병자가 관심을 가진 것은 예수 그리스도께서 과연 자신을 기꺼이 고쳐주실 뜻을 가지고 계신가 하는 것이었다.

사람들이 말하는 소위 “기적의 시대”(age of miracles)는 성경적이 아니다. 마가복음 16:17,18의 사도들의 표적에 휩쓸려 놀아나서는 안 된다. TV나 라디오에서 주장하는 종교 사기꾼들이 무엇을 주장한다 하더라도 말이다. 이는 믿음으로 예수 그리스도께 나아와 병을 고쳐 주시도록 간구할 수 없다는 말이 아니다. 마음에 새겨야 할 사실은 병을 고쳐 주시는 그것이 하나님의 뜻이냐 하는 것이다. 당신의 병을 고쳐 주는 것이 하나님의 뜻이 아닐 수도 있는 것이다.

사도 바울의 경우, 그의 병을 고쳐주는 것은 하나님의 뜻이 아니었다. 그에게는 육체 안에 가시가 있어서 하나님께 그 가시를 제거해 주시라고 세 번 간구하였다. 그때마다 하나님께서는 "안 돼!"라고 응답하셨고 『**육체에 한 가시**』를 더 깊이 밀어 넣으셨다(고후 12:7,8). 그 이유는 무엇인가? 주께서는 바울의 연약함을 통하여 하나님의 능력을 완성시키기를, 즉 온전하게 되기를 원하셨던 것이다(고후 12:9). 당신이 허약함을 가지고 그 과정을 통과하는 동안 하나님께서는 당신을 위한 어떤 목적을 가지고 계시는 것이다. 그런 경우라면 하나님을 신뢰하는 것이 필요한데 그 연약함을 감당할 수 있는 힘을 위해 하나님을 의지해야 할 필요가 있는 것이다. 그리하여 그 고난을 통과하는 동안 주 안에서 기뻐하는 법을 배우기 위한 힘이 필요한 것이다(고후 12:9,10).

여기 마가복음1장 본문에서 예수 그리스도는 문둥병자에 대해 연민을 가지셨고 그를 치유하신다. 그렇게 하시려고 예수 그리스도께서 문둥병자를 만지셨으나 그 남자가 나은 것은 예수 그리스도께서 만지셨기 때문이 아니다. 예수 그리스도의 말씀이 치유하신 것이다. 『**말씀하시자마자 문둥병이 곧 그에게서 떠나고, 그가 깨끗해지더라**』(42절). 제자들은 문둥병자들을 『**회복**』시키기 위하여 『**병자에게 안수**』해야만 했다(막 16:18). 그러나 예수 그리스도께는 "접촉점"이 필요 없다. 귀족의 아들을 고쳐 주실 때(요 4:47-53), 백부장의 종을 고쳐 주실 때(마 8:5-13) 등이 그 증거이다. 이분이 바로 창조주로서(요 1:1-3) 말씀하시면 말씀하신 대로 이루어진다. 창세기 1장에서 행하셨던 것처럼 말이다.

예수 그리스도께서 문둥병자를 만지셨는데 엄밀하게 말해 이는 율법에서 금지된 일이다(레 13:45,46, 민 5:2,3). 그러나 대제사장은 문둥병자를 만질 수 있는데 피를 적용하여 그 문둥병자가 문둥병에서 나았음을 선포할 때이다(레 14:14). 예수 그리스도는 자신의 대제사장으로서의 권위를(히 3:1) 행사하시는 것이다. 그리고 자기 백성의 질병과 연약함을 짊어지시는데 갈보리에서 피의 속죄를 지불하심으로 그렇게 백성의 연약함을 담당하시는 것이다(마 8:17).

『**주께서 그에게 엄히**(straitly) **당부하시고, 즉시**(forthwith) **그를 보내시며**』(43절). 여기에는 당신이 찾아봐야 할 필요가 있는 단어가 몇 개 있을 수도 있지만(straitly, forthwith), 아마도 이 구절의 대략적인 의미는 충분히 이해하였을 것이다. 예수 그리스도는 치유된 문둥병자에게 그가 해야 할 무언가를 말씀하시고 곧바로 그를 보내셨다. 만약 "straitly"와 "forthwith"의 정확한 의미를 알고 싶다면, 다음과 같다.

1) "Straitly" - "좁게"(narrowly)라는 뜻이다. [예를 들어, 남아메리카 최남단의 마젤란 해협(Straits of Magellan)처럼, "strait"는 배가 지나가는 좁은 해협을 의미한다.] 여기서는 "엄격하게"(strictly)라는 의미로 사용되었다. 즉, 예수님께서 문둥병자에게 "straitly charged" 하셨다는 것은 "엄격하게 당부하셨다"는 의미인 것이다.

2) "Forthwith" - "즉시, 지체 없이"(immediately, without delay)라

는 뜻이다.

이제 예수 그리스도는 치유해 주신 문둥병자에게 두 가지를 당부하셨다. 첫 번째는 『**주의하여 아무에게도 어떤 말도 하지 말고**』였다. 즉 문둥병자는 누가 자신을 치유해 주었는지 말해서는 안 되었다. 또 어떻게 문둥병이 치유되었는지 말해서도 안 되었다. 예수 그리스도께서 나사렛에서 거부당하시는 동안, 그리고 백성들이 예수 그리스도께서 공개적으로 자신이 메시아되심을 선포하심에 대해 반응하는 동안, 백성의 반응이 이 당부와 관계가 있었다(눅 4:16-29 참고). 그 본문은 조금 더 실제적인 이유를 말해 주는데 예수 그리스도께서 그 문둥병자에게 말을 하지 말라고 한 구체적인 이유를 설명한다.

『**그러나 그가 나가서 많은 소문을 퍼뜨리기 시작하고, 또 그 일에 관하여 두루 말하였으므로,** 예수**께서 더 이상 드러나게 성읍으로 들어가실 수 없게 된지라**』(45절). 예수님께서 지상 사역하는 동안, 예수 그리스도는 결코 "널리 알려지는 것"을 원하지 않으셨다(요 7:4-10). 알다시피 불필요하게 널리 알려진 것이 예수 그리스도의 공개적인 사역에 방해가 되었다. 예수 그리스도는 더 이상 카퍼나움의 회당에서 전파하지 않으셨다. 왜냐하면 습격을 받으셨기 때문이다. 예수 그리스도께서 군중을 수용할 수 있는 유일한 방법은 그 성읍 밖으로 나가 들에서 설교하시는 것이었다.

이제 우리는 문둥병자의 반응을 이해할 수 있다. 당신이 말기 암을 앓고 있는데, 어떤 사람이 단지 말함으로 (약, 방사선, 수술 없이 말이다.) 그 암이 없어져 버렸다면, 모든 친구들이 그 사람이 행한 일을 알기를 원할 것이다. 우리는 이 치유받은 문둥병자가 행한 잘못된 열심을 용서할 수 있다.

그러나 내가 결코 이해할 수 없는 것은 지옥을 향해 가는 죄인이다. 그는 하나님과 성경에 관심이 없다. 그가 관심 있어 하는 것은 자기 보존, 자기선전, 자기만족인데 이는 보통의 개들과 같다. 그러한 그를, 성령께서 복음 전파자를 만나게 해 주셔서 예수 그리스도를 자신의 구주로 믿을 때까지 추적하신다. 이제 그 죄인은 지옥에 가지 않을 뿐 아니라, 하늘로 가게 된다. 그의 죄들은 모두 용서받았고, 그는 예수 그리스도의 의 안에서 하나님 앞에 의롭게 서 있게 된다. 그런데 그 구원받은 죄인이 결코 자신의 구주를 위해 단 한마디도 하지 않는다?! 나는 이를 이해하지 못한다. 그런 사람은 내가 아는 한, 가장 은혜를 모르는 악당이다. 그와 같은 사람이 어떻게 매일 아침 거울로 자신을 바라볼 수 있는지 모르겠다.

이 글을 쓰고 있는 시점에서 나는 구원받은 지 67년이 지났다. 예수 그리스도께서 내게 베푸신 은혜를 잊지 못한다. 청각과 시력이 거의 상실된 상태이기 때문에 전도하기가 어려워졌지만, 할 수 있는 한 전도했다. 길거리에서, 술집에서, 스케이트장에서, 병원에서, 교실에서, 감옥에서, 교회에서, 선교지에서 전도했다. 할 수 있는 한 "많이 출판하고" "널리 알리도록" 했다.

당신이 예수 그리스도를 위해 목소리를 내지 않는 이유는 무엇인가? 내가 알던 한 젊은 여성이 있었다. 그녀는 침대에 누워 있어야 하였기에 외출할 수 없어 구령할 수 없었다. 그녀는 어떻게 하였을까? 그녀는 이슬람교도들에게 편지를 써서 성경을 보내 주었고, 그 결과 두세 명을 구원의 길로 인도하였다. 당신의 변명은 무엇인가?

볼티모어에 살던 한 남자를 알고 있다. 얼굴에 사마귀가 있고, 입술도 부르터서 아무도 그와 이야기하고 싶어 하지 않았다. 그러나 그는 거리에 나가서 전도지를 나눠 주면서 "예수님을 사랑하시나요?"라고 물어보곤 했다. 사람들이 욕설을 하거나 피하려 하기도 했지만, 가끔은 그와 함께 기도하며 사람들을 구원의 길로 인도해 줄 때도 보았다. 그렇게 어려움을 겪으면서도 전도를 이어 나갔던 그의 모습을 보면서, 당신은 왜 구령하지 않는 것인지 생각해 보기 바란다.

"저는 매우 수줍어요, 럭크만 박사님."이라고 말하는가? 그러나 당신이 아무리 수줍어도 밥 프라이스(Bob Price)보다는 덜할 것이다. 밥 프라이스는 사람들과 이야기하기 싫어서 심지어 식료품 가게에 나가서 쇼핑하는 것도 싫어했다. 그에게는 그것도 진짜 부끄러운 것이었다. 그러나 그가 내가 전하는 복음을 듣고, 예수 그리스도를 위해 증거하는 일의 중요성을 깨달은 후, 그는 "어떻게 해야 하나요, 럭크만 박사님?"이라고 내게 물었다. 그 사람은 누구와 대화할 때도 눈을 마주치기 힘들어서 심지어 신체적으로 이상 증상이 나타나곤 했다. 나는 그에게 전도지를 편지로 부칠 것을 제안했다. 그는 복음과 재림에 관한 소책자들을 부치기 시작했다. 만약 구원받았다면 카드를 다시 보내 달라고 여분의 카드도 함께 발송했다. 500명의 사람들이 전도지와 소책자를 읽고 예수 그리스도를 영접하겠다고 카드를 보내왔다. 밥 프라이스는 그렇게 하였다. 당신의 변명은 무엇인가?

예수님께서 문둥병자에게 주신 두 번째 명령은 자신을 대제사장에게 보이고, 자신이 깨끗하게 된 것에 대해 레위기 14:12-24에 규정된 예물을 드리라는 것이었다.

한번은 열 명의 문둥병자가 예수 그리스도께 와서 "자비를 베푸셔서 문둥병을 깨끗하게 해 달라"고 간청했다. 예수님께서는 여기 마가복음 1장에서 말씀하셨던 것과 같이 그들에게 대제사장에게 가서 자신을 보이라고 말씀하셨다. 그러나 그들은 본문과는 달리 예수님의 말씀에 순종하여 가는 도중에야 비로소 치유를 받았다. 그들 모두 자신들이 치유된 것을 알았지만 단 한 사람만이 돌아와 예수님께 감사를 드렸는데, 그 사람은 사마리아인이었다. 이 이야기는 누가복음 17:12-19에서 읽을 수 있다. 그 말씀의 마지막 부분에서 예수님께서는 그 사마리아인의 믿음을 칭찬하셨다.

이를 통해 믿는 자에게 주는 교훈은, 그리스도인의 삶에서 성경적으로 바르게 행하려고 노력하는 동안, 예수 그리스도를 향한 사랑을 잊지 말라는 것이다. 주 예수님께서는 에베소 교회의 교리적 순수함과 신실한 섬김을 칭찬하셨다(계 2:2,3). 그러나 그들에게 문제가 있었는데, 그것은 그 성도들이 구주를 향한 『**첫사랑**』을 『**저버린 것**』이었다(계 2:4). 그리스도인은 예수 그리스도께서 자신을 위해 처음에 행하신 일에 대한 사랑과 감사의 마음을 잃어버리지 않도록 주의해야 한다(요일 4:19).

마가복음 2장

2:1 며칠 후에 주께서 다시 카퍼나움으로 들어가셨는데, 주께서 집에
계시다는 소문이 들린지라.
2 곧 많은 사람이 모여들어 문 앞에조차 더 이상 들어설 틈이 없더
라. 주께서 그들에게 말씀을 전파하시더라.
3 그때 사람들이 주께 한 중풍병자를 데리고 왔는데, 네 사람이 메
고 왔더라.
4 그러나 군중 때문에 주께 가까이 올 수 없게 되자, 그들은 주께서
계신 곳의 지붕을 뜯고 부수어서 중풍병자가 누워 있는 침상을 내
려놓더라.
5 예수께서 그들의 믿음을 보시고 그 중풍병자에게 말씀하시기를
"아들아, 네 죄들이 용서받았느니라."고 하시더라.
6 그러나 거기에 서기관 몇 사람이 앉아 있었는데, 자기들 마음속으

로 의논하기를

7 **"어찌하여 이 사람이 그처럼 하나님을 모독하는 말을 하는가?** 하나
님 **한 분 외에 누가 죄들을 용서할 수 있단 말인가?"라고 하더라.**
8 **그때 그들이 속으로 그렇게 의논한 것을** 예수**께서 곧 그의 영으로
아시고 그들에게 말씀하시기를 "너희는 어찌하여 이 일들을 너희
마음속으로 의논하느냐?**
9 **그 중풍병자에게 '네 죄들이 용서받았느니라.'고 말하는 것과 '일어
나서 네 침상을 들고 걸어가라.'고 말하는 것 중 어느 것이 더 쉽
겠느냐?**
10 **그러나 이는** 인자**가 세상에서 죄들을 용서하는 권세를 가진 것을 너
희로 알게 하기 위함이라." 하시고 (그 중풍병자에게 말씀하시기를)**
11 **"내가 너에게 말하노니, 일어나 네 침상을 들고 네 집으로 가라."고
하시니라.**
12 **그가 즉시 일어나 침상을 들고 모든 사람 앞을 지나가니, 모두 놀
라고** 하나님**께 영광을 돌리며 말하기를 "우리가 이 같은 일을 전
혀 본 적이 없노라."고 하니라.**

1장은 예수님께서 카퍼나움 밖에서 군중들 때문에 들에서 설교하시는 모습으로 끝났다. 여기서 『**외만 곳**』(desert places)이란 건조하고 황량한 사막, 즉 모하비, 고비, 사하라 같은 곳을 의미하는 것이 아니라 건물이나 사람들이 많이 없는 한적한 장소를 뜻한다.

2장은 예수님께서 『**며칠 후에**』 다시 카퍼나움에 들어가 사역하시는 장면으로 시작된다. 문제는 예수님께서 다시 성읍에 오셨다는 소식이

빠르게(『**소문이 들린지라**』 - 소문이나 험담이 퍼지듯이) 퍼졌다는 것이다. 1절에 나오는 『**집**』은 1:33에서 나온 집(시몬 베드로의 집, 1:29)일 수도 있지만, 더 가능성이 높은 것은 예수님께서 계셨던 특정한 집을 가리킬 수 있다.

다시 한번 군중이 모여 집 안이 가득 차고 문밖 거리까지 넘쳐나게 되었다.

『**주께서 그들에게 말씀을 전파하시더라**』(2절). 마가복음이 말씀 전파(설교)에 대해 지속적으로 강조한다는 사실에 주목해야 한다. 요한은 회개하고 침례를 받아야 한다고 전파했다(1:4). 그리고 그는 또한 그리스도께서 나타나실 것에 관하여 전파했다(1:7). 예수님께서는 말씀을 전파하시는 설교로 사역을 시작하셨다(1:14). 회당에서도 설교하셨다(1:39). 자신은 말씀을 전파하기 위해 왔다고 말씀하셨다(1:38).

이 나라가 이렇게 어려운 상황에 처한 이유들 가운데 하나는 건전하고 강력한 성경적 설교가 부족하기 때문이다. 내가 말하는 것은 무슨 "교제 모임"이나 "동기 부여 강연" 혹은 기분 좋게 만드는 쓸모없는 "이야기"나 심지어 "가르침"을 말하는 것이 아니다. 즉 좋은 것이든, 나쁜 것이든, 별 의미가 없는 것이든 단순한 가르침조차도 말하는 것이 아니다. 내가 말하는 것은 강력한 설교이다. 사람들에게 "엄중히 경고"하고, 그들의 "겉모습을 벗기고," "돼지 털을 벗기기 전에 끓는 물에 담그는 것과 같은"(감리교 복음 전도자 샘 존스의 표현) 그런 설교를 말한다. 가끔 라디오에서 진짜 설교자를 만날 수 있을지도 모른다. (요즘 TV에서는 거의 찾아볼 수 없다.) 만약 그런 설교자를 발견한다면, 그것은 아마도 1950년대나 60년대에 사역했던 올리버 B. 그린(Oliver B. Greene), 메이즈 잭슨(Maze Jackson), 레스터 롤로프(Lester Roloff) 같은 설교자일 것이다. 아니면 내 견해로, 정식 신학 교육을 거의 받지 않았고, 솔직히 말해 설교 내용도 별로 없는 어느 성결파(Holiness) 교단의 설교자일 가능성이 높다.

예수님께 온 사람들 중에 『**침상**』에 그들의 친구를 실어 나르는 네 사람이 있었다. 그 친구가 『**중풍병자**』였기 때문이다(3절). 중풍은 신경 장애로, 마비와 떨림을 일으키며 여러 형태로 나타난다. 이 친구가 어떤 형태의 마비를 겪고 있었든, 그로 인해 걸을 수 없게 된 것이다.

『**그러나 군중**(PRESS) **때문에 주께 가까이 올 수 없게 되자**』(4절). 이제 우리는 이 표현의 분명한 의미를 이해할 수 있다. 여기서 『**군중**』이란 예수님의 말씀을 듣기 위해 집으로 몰려든 사람들로, 가득 찬 사람들을 의미한다. 하지만 이 말이 현대적 의미로 사용되는 언론(press)이 된다는 사실이 매우 의미심장하지 않은가? 결국 "언론"의 가장 근본적인 역할을 따지고 보면, 사람들로 하여금 예수 그리스도께 나아가지 못하게 막는 것이며 성경적 진리로 나아가지 못하게 막는 것이다.

이 이야기에서 네 사람이 친구의 병 치유를 위해 그리스도께 데려오려 했으나, 그 집 문 앞이 사람들로 가득 차 있어서 가까이 갈 수 없었다. 그러나 지붕으로 올라가는 계단은 비어 있었다. 성경 시대에 중동 지역의 집들에는 평평한 지붕이 있었으며, 사람들이 저녁에 시원한 바람을 맞기 위해 그곳에 앉아 있곤 했다. (신 22:8에 나오는 명령이 이를 설명해 준다.) 그 네 사람은 중풍 병에 걸린 친구를 지붕 위로 끌어올린 후, 예수님께서 설교하고 계신 곳의 지붕 덮개를 제거하기 시작했다.

그 장면은 정말 소란스러웠을 것이다. 예수님께서 설교하고 계시는데, 갑자기 그분의 머리 위 지붕에서 소리가 나기 시작한다. 첫 번째 덮개가 벗겨지자, 바깥의 햇빛이 집 안으로 쏟아져 들어온다. 네 사람이 계속해서 지붕의 구멍을 넓혀 가자, 먼지와 지붕 조각들이 예수님과 말씀을 듣고 있던 회중들의 머리 위로 떨어진다. 그러나 예수님께서는 전혀 당황하지 않으시고 계속해서 설교하신다. 그리고 마침내 『**침상**』에 실린 사람이 예수님 앞에 내려오게 된다.

『예수**께서 그들의 믿음을 보시고**』(5절). 이 믿음은 병든 사람의 믿음이 아니라, 그를 데려온 네 사람의 믿음이었다. 이것이 바로 야고보서 5:14-16의 적용이다. 믿음으로 병을 고칠 수 있다는 어떤 신유 사역자가 병자를 치유하지 못했다면, 그것은 병자의 잘못이 아니라 그 사역자의 잘못이다. 믿음은 치유하는 자에게 있어야 한다. 그는 믿음을 가져야 하는데 "효과적인 기도"를 해야 한다. 이 본문에서 몇 장만 지나면, 예수님께서 고향 나사렛을 방문하시는 장면이 나온다. 그곳 사람들은 자신들의 "고향 출신 청년"을 전혀 믿지 않았다(6:6). 그런데도 예수님께서는 여전히 『**불과 몇 사람의 병자**』들을 고칠 수 있으셨다(6:5). 그들은 "눈먼 모기 눈에 넣어도 남을 정도"로도 믿음이 없었지만, 예수님께서는 그들을 치유하셨던 것이다.

『**그 중풍병자에게 말씀하시기를 "아들아, 네 죄들이 용서받았느니라." 고 하시더라**』(5절). 바로 야고보서 5:15이다.

『**믿음**[치유하는 자의 믿음이지, 병든 자의 믿음이 아니다. - 약 5:14]

의 기도는 병든 자를 구원하리니 주께서 그를 일으키시리라. 그가 죄들을 범했어도 그것들을 용서해 주시리라.』

『**아들아**』(5절). 이 중풍 병자는 하나님의 아들이 아니라, 아브라함의 아들이다. 그러므로 야고보서 5장(14절 참고)이 신약 교회에 어느 정도 적용될 수는 있겠지만, 그 주된 강조점인 핵심 대상은 여전히 이스라엘 열두 지파이다. 야고보서 1:1이 이를 분명히 말해 주고 있다(약 1:1 주석 참고). 지금 읽고 있는 마가복음 2장과 야고보서 5장은 유대적 상황의 체계이다. 이 시대에서 죄들의 용서는 오직 죄인이 예수 그리스도의 죽음과 부활을 믿음으로써 이루어진다(골 2:13). 그리고 구원받은 성도는 하나님과의 교제를 유지하기 위해 자신의 죄를 직접 하나님께 자백해야 한다(요일 1:9). 지금 이 시대에(여러분, 성경을 올바로 나누어야 한다!), 당신이 아프다면 내가 당신을 위해 기도할 수는 있다. 그리고 하나님께서 내 기도를 들으시고 당신을 치유해 주실 수도 있다. (혹은 그렇지 않을 수도 있다.) 그러나 나의 기도가 당신의 죄를 용서받게 해 주는 것은 아니다. 죄들의 용서를 받으려면, 당신이 직접 하나님과 해결해야 한다.

예수님께서 『**네 죄들이 용서받았느니라.**』라고 말씀하셨을 때, 사람들은 냉담해졌다. 『**서기관 몇 사람**』(6절) - 당신이 만나는 대학 교육을 받은 자들이다. 『**일반 백성**』들은 예수님께 대해 아무런 문제가 없었다. 그들은 『**기쁘게**』 들었다(12:37). 문제를 삼은 자들은 서기관들(성경을 필사하는 자들), 바리새인들(성경 교사들), 그리고 사두개인들(제사장들)이었다. 이들이 바로 교육받은 계층이었다(요 7:15,49; 행 4:13 참고).

『**자기들 마음속으로 의논하기를**』(6절). 마가는 그들이 무슨 생각을 하고 있었는지를 알려 준다(7절). 어떻게 그것이 가능한가? 8절을 보라. 『**그때 그들이 속으로 그렇게 의논한 것을 예수께서 곧 그의 영으로 아시고**』. 예수님께서는 『**사람 속에 무엇이 들어 있는지를**』 아셨다(요 2:25). 이분은 갈릴리 출신의 요나나 나훔 같은 단순한 선지자가 아니다. 이분은 사람의 마음을 시험하시는 하나님이시다(요 1:1. 대상 29:17 참고). 이분은 어느 날 『**사람들의 은밀한 것들을 심판하실**』 분이시다(롬 2:16). 바로 이분의 영이 서기관들의 생각을 마가에게 계시하셔서 이를 기록하게 하셨고 당신은 지금 그것을 읽을 수 있는 것이다(벧전1:11 참고).

『**어찌하여 이 사람이 그처럼 하나님을 모독하는 말을 하는가?** 하나님 **한 분 외에 누가 죄들을 용서할 수 있단 말인가?**』(7절) 이 마지막 부분의 말은 진리이다(욥 14:4, 시 130:4, 사 43:25, 단 9:9, 미 7:18). 그러나 첫 번째 부분이 진리가 되려면 예수 그리스도가 하나님이 아니어야만 한다. 이것이 바로 논쟁의 핵심이었다(요 5:18; 10:30-33). 이후 마가복음에서 어떤 사람이 예수님을 향하여 『**선한** 선생님』이라고 부르자 예수님께서 『**어찌하여 네가 나를 선하다고 하느냐?** 하나님 **한 분 외에는 선한 이가 없느니라.**』라고 말씀하신다(10:17,18). 예수님께서는 그 부자 젊은 관원에게 이렇게 말씀하신 것이다. "내가 하나님이 아니라면, 나는 선하지 않다. 그렇다면 나는 너와 똑같이 죄인일 뿐이다."

예수님께서는 지금 이 서기관들에게 자신의 신성을 명확한 말들을 통해 증명하시려 하신다. 서기관들은 마땅히 놀라며 하나님께 영광을 돌려야 했겠지만(12절), 정작 그들 앞에서 말씀을 전하고 계신 분이 성육신하신 하나님이라는 사실은 믿으려 하지 않는다. 이처럼 양다리를 걸치는 태도 때문에, 놀라움으로 하나님께 영광을 돌려야 하는 마음은 결국 『**분노**』(눅 6:11), 박해(요 5:16), 그리고 마침내 살인(요 12:10,11)으로 변하게 된다. 오늘날 그리스도를 거부하는 랍비들은 예수님께서 기적을 행하신 이유가, 예수님께서 열두 살 때 성전에서 테트라그람마톤(Tetragrammaton, 여호와의 이름에 해당하는 네 히브리어 철자)이 새겨진 부적을 훔쳤기 때문이라는 것이다. 이에 제기되는 문제는, 만약 그 유대 지도자들이 정말로 그런 부적을 가지고 있었다면, 왜 그들이 직접 사용하여 사람들을 치유하고 마귀들을 쫓아내지 않았겠는가? 유대인들이 예수님의 사역을 거부하는 변명은, 그분의 부활을 부인하는 변명만큼이나 설득력이 없다(마 28:12-15).

『**너희는 어찌하여 이 일들을 너희 마음속으로 의논하느냐**(reason)**?**』(8절) 그들의 문제는 자신들의 "어리석은 생각"으로 예수 그리스도를 이해하려 한다는 것이다. 예수 그리스도를 이해하기 위해 기도하지도 않고, 성경을 상고하지도 않으며(요 5:39), 하나님으로부터 어떤 계시도 받지 않고 오직 인간의 지혜에 의존했다. 그러나 인간의 지혜로는 하나님의 일들을 깨달을 수 없다(고전 2:13,14). 왜냐하면 인간의 지혜는 『**이 세상의 신**』(고후 4:4)에 의해 눈이 가려져 있는 본성으로부터 온 것이기 때문이다.

『**그 중풍병자에게 '네 죄들이 용서받았느니라.'고 말하는 것과 '일어나서 네 침상을 들고 걸어가라.'고 말하는 것 중 어느 것이 더 쉽겠느냐?**』(9절) 그 서기관들에게는 어느 것도 쉬운 일이 아니었다. 그들은 죄들을 용서할 수도 없었고, 병든 자를 일으켜 걷게 할 수도 없었다. 그러나 예수님께서는 죄들을 용서하는 영적 권세를 증명하시기 위해, 그 병자를 고치셨다.

그 방에 있던 모든 사람들, 심지어 서기관들까지도 이렇게 반응했다. 『**우리가 이 같은 일을 전혀 본 적이 없노라**』(12절). 정말 그런 일을 본 적이 없었을 것이다. 서기관들도, 바리새인들도, 사두개인들도 이런 일을 할 수 없었다. 그렇다면 왜 그들은 그분을 믿지 않았을까? 그 이유는 시기심 때문이었다(15:10). 대제사장들과 백성의 장로들은 예수님을 질투했다. 그들은 침례인 요한과 같은 태도를(요 3:30) 취하는 대신 『**포도원**』의 주인으로 남기를 원했다(12:6-8). 또 다른 이유는 사람을 두려워했기 때문이다(요 12:42,43 참고). 그들은 예수님을 믿었지만, 예수 그리스도를 위하여 공개적으로 드러내지를 않았는데 그것은 "학문적인 공동체"에서의 자신들의 지위를 잃을까 봐 두려웠던 것이다.

그 점에서는 아무것도 변하지 않았다. 오늘날에도 근본주의나 보수적 신학교, 대학교, 신학대학원에 있는 교수들이 〈킹제임스성경〉을 지지하는 입장을 공개적으로 취하지 않는 이유는, 그들이 어릴 때부터 〈킹제임스성경〉을 믿도록 교육받았음에도 불구하고, 하나님, 지옥, 그리고 그리스도의 심판석보다 사람들로부터 조롱받는 것을 더 두려워하기 때문이다. 『**적은 누룩이 온 반죽을 부풀게**』 하기에 이러한 교육 기관들에서 교육받은 그 다음 세대의 "학자들"은 점점 더 성경을 공격하는 방향으로 나아가고 있다. 이들은 하등 비평(원문 비평, 웨스트코트, 홀트, 네슬, 메츠거 등)을 통해 성경을 공격하는 것으로부터 고등 비평(그라프, 벨하우젠, 아스트룩, 드 베테 등)을 통해 성경을 공격하는 방법 모두를 배웠다. 이제 복음서들의 역사성을 공격하는 것은 "자유주의자들"만의 일이 아니다. 이제는 복음주의 신학교와 보수적 신학기관에 있는 교수들과 대학원생들도 이와 같은 일을 하고 있다. 그 이유는 무엇인가? 그 책의 권위를 시기하는 시기심 때문이다. "학자들의 연합"에서 인정받지 못할 것을 두려워하기 때문이다. 2,000년이 지나도 변한 것은 아무것도 없다. 아담은 여전히 아담으로, 그의 본성은 여전히 완전히 타락한 상태로 남아 있다.

2:13 그후에 주께서 다시 바닷가로 나가시자, 모든 무리가 그에게로 오니 주께서 그들을 가르치시더라.

14 또 주께서 지나가시다가 알패오의 아들 레위가 세무소에 앉아 있는 것을 보시고, 그에게 말씀하시기를 "나를 따라오라."고 하시니, 그가 일어나 주를 따라가더라.

15 예수**께서 레위의 집에서 앉아 식사하실 때 많은 세리들과 죄인들도** 예수**와 그의 제자들과 함께 앉아 있더라. 이는 그들이 수가 많고 또 주를 따르기 때문이더라.**

16 그때 서기관들과 바리새인들은 주께서 세리들과 죄인들과 함께 잡수시는 것을 보고, 주의 제자들에게 말하기를 "어찌하여 저 사람은 세리들과 죄인들과 함께 먹고 마시느냐?"고 하니,

17 예수**께서 그 말을 들으시고, 그들에게 말씀하시기를 "건강한 사람들에게는 의사가 필요 없지만 병든 사람들에게는 필요하니라. 나는 의인들을 부르러 온 것이 아니요 죄인들을 불러 회개에 이르게 하려고 왔노라."고 하시니라.**

13절은 누가복음 5:1-11에서 일어난 일이다. 14절의 『**레위**』는 물론 첫 번째 복음서의 저자인 마태이다. 아마도 십중팔구 레위는 그의 원래 히브리식 이름이었고, 회심 후에 마태("하나님의 선물"이라는 뜻)라는 이름을 사용하게 되었을 것이다. 구약과 신약에서 많은 성도들이 하나님과 그리스도를 따르기로 결심한 후 새로운 이름을 받았다. 아브람은 아브라함으로, 사래는 사라로, 야곱은 이스라엘로, 시몬은 베드로로, 사울은 바울로 바뀌었다. 이는 그리스도 안에서 새로운 사람을 나타내는 그림이다. "영광 안에 새 이름이 기록되었네, 그것이 바로 **나의 이름**이라네."

레위는 『**알패오의 아들**』이라는 사실에 주목하라. 복음서에서는 직접적으로 연결 짓지 않지만, 여기서 우리는 예수님의 제자들 중 세 번째 나오는 형제 관계일 가능성을 볼 수 있다. (첫 번째 형제 관계는 안드레와 베드로, 두 번째는 야고보와 요한이다.) 또 다른 제자들 가운데 한 명은 『**알패오의 아들 야고보**』(3:18)였다. 마태의 아버지와 야고보의 아버지가 각각 다른 알패오일 수도 있지만, 동일한 알패오가 두 사람의 아버지일 가능성도 충분히 있다.

14절에 나오는 『**세무소**』(the receipt of custom)라는 표현에 주목하라. 이것은 레위가 세금을 징수(receipt)하던 곳으로, 도시로 들여와 판매되는 상품에 부과되는 세금을 걷는 장소(custom)였다. 따라서 마태는 세금을 징수하는 세리였다. 복음서들에서 이 직업을 가리키는 용어는 세리(publican)였다(15절). 이는 정치적 의미의 공화당원(Republican)이나 공화정의 정부 형태를 뜻하는 것이 아니라, 세금을 걷는 공적인 직무를 수행하는 공무원(public servant)을 의미한다.

세리는 로마 정부를 위해 일했기 때문에 동족인 유대인들에게 미움을 받았다. 현대적 표현으로 하면 그는 "부역자"라고 불릴 것이다. 이런 이유로 유대인들은 항상 세리를 극히 악한 사람들과 연관 지었으며, 『**죄인들**』과 동일시했다(15절). 여기서 말하는 죄인들은 바울 서신에서 말하는 일반적인 죄인(롬 3:23 참고)과는 다르다. 이는 가장 악한 사람들을 가리킨다(즉 창 13:13).

세리는 도둑, 창녀, 살인자와 같은 부류로 여겨졌으며, 단순히 유대인의 압제자인 로마를 위해 세금을 걷었기 때문만은 아니었다. 세리들은 세금을 징수할 때 항상 로마에 내야 할 금액보다 더 많은 돈을 걷었고, 그 초과분을 자신들의 이익으로 챙겼다. 로마는 자신들의 몫만 보장된다면 이에 대해 개의치 않았다. 결국 세리들은 강탈을 통해 부자가 되었던 것이다. 그렇기 때문에 유대인들의 세리에 대한 증오는 극에 달했다. 세리들은 그들에게 고통을 줄 뿐만 아니라, 그 고통을 더욱 가중시키는 존재였기 때문이다.

이러한 실정이니 왜 『**서기관들과 바리새인들**』이 예수님과 제자들이 레위의 집에서 열린 "저녁 만찬"에 참석한 것을 보고 그렇게 충격을 받았는지 이해할 수 있을 것이다. 예수님은 베드로, 안드레, 야고보, 요한과 함께 앉아 식사를 하셨는데, 그 자리에 있던 사람들은 도덕적으로 볼 때 직업 어부들보다도 훨씬 더 거친 자들이었다. 바리새인들에게 식사는 교제와 수용을 의미했기 때문에, 그들이 예수님을 향해 제기한 비난은 다음과 같았다. 『**이 사람은 죄인들을 영접하여 함께 음식을 먹는다**』(눅 15:2).

그러나 그것이 예수님께서 그들의 죄를 승인하셨다는 의미는 아니었다. 예수님께서 죄인들에게 하신 명령은 『**더 이상 죄를 짓지 말라.**』라는 것이었다(요 5:14; 8:11). 그러나 예수님께서는 죄인들이 회개할 수 있도록 허락하신다는 의미에서 받아주셨다. 이것은 곧 이어지는 말씀을 보면 분명하다. 『**나는 의인들을 부르러 온 것이 아니요 죄인들을 불러 회개에 이르게 하려고 왔노라**』(17절).

예수님께서 비교하는 방식으로 말씀하신 것은 병든 사람에 대한 것이었다. 『**건강한 사람들에게는 의사가 필요 없지만 병든 사람들에게는 필요하니라.**』 하지만 이 말씀은 일부 극단적인 은사주의 강경파들에게 불편하게 들린다. 말씀만으로도 병을 고치실 수 있는 예수님(1:42의 설명 참조)께서 병이 들었을 때 의사를 추천하셨기 때문이다. 그렇다면 손수건만으로도 사람들을 치유했던 바울(행 19:12)이 선교 여행 때마다 누구를 데리고 다녔는지 아는가? 바로 의사였다!(골 4:14, 딤후 4:11) 하나님의 뜻이라면 절대 아플 일이 없다고 주장하는 미치광이 은사주의자들에게 이 사실을 말해 주라.

과거에 네이선 베미스(Nathan Bemis, 몬태나주 칼리스펠의 성경침례교회를 오랫동안 목회했다.)가 이곳에서 공부하던 시절, 어떤 은사주의 신유자가 마을에 와서 천막 집회를 열고 치유 기도를 진행하는 것을 보았다. 네이선은 그곳에 무슨 일이 벌어지고 있는지 보러 갔다가 충격을 받았다. (그때 그는 꽤 순진한 편이었다.) 그는 나에게 와서 이렇게 말했다. "럭크만 형제님, 저 사람은 저기 있는 사람들에게 거짓말을 하고 있습니다." 하지만 그는 굳이 나에게 그 말을 할 필요가 없었다. 나는 이미 그런 집회에 여러 번 가본 경험이 있었고, 그것들이 어떤 것인지 잘 알고 있었기 때문이다.

네이선은 이렇게 말했다. “저 사람은 사람들의 월급, 복지 수당, 그리고 보험금까지 갈취하고 있습니다. 럭크만 형제님, 우리가 이 일을 어찌해야 합니까?”

나는 (법적으로) 그 사악하고 타락한 사기를 막을 방법이 없다는 것을 알고 있었다. 하지만 갓 믿음을 가진 젊은 그리스도인의 열정을 꺾고 싶지는 않았다. 그래서 나는 이렇게 말했다. “아마 우리가 할 수 있는 유일한 일은 그것을 위해 기도하는 것뿐일 거야.”

그런데 네이선은 이미 “그것에 대해 기도하는 것” 이상의 일을 했다. 그는 집회 후에 천막 뒤에서 그 신유자를 만나 이렇게 물었다. “사도 바울은 병에 걸린 적이 있었나요?”

“아, 예.”라고 신유자가 대답했다.

그때 네이선은 그에게 이렇게 물었다. “그럼 사도 바울은 병이 나았나요?” 그 은사주의 사기꾼은 그 질문에 대한 답을 아는 것보다 목성 뒤쪽에서 무슨 일이 일어나는지 아는 것이 더 쉬웠을 것이다. 알다시피, 그 질문에 답을 하려면 성경을 알아야 했는데(고후 12:5-9, 딤후 4:11), 그 사람은 주일학교 “어린 양들”(세 살배기 어린이들)을 가르칠 만큼의 성경 지식도 부족했기 때문이다.

“네, 하나님께서 그를 치유하셨습니다.” 그 신유 사역자는 허세를 부렸다.

그러자 베미스는 그에게 신약 성경을 내밀며 말했다. “그 내용을 성경에서 보여주시겠습니까?”

“내일 밤 다시 참석하십시오. 그때 그 부분을 설교할 것입니다.” 그 신유 사역자가 말했다.

"괜찮습니다." 네이선이 말했다. "지금 보여 주시면 됩니다."

그러나 그 종교 사기꾼은 자신의 무지를 그 자리에서든 다음 날 밤이든 드러낼 생각이 전혀 없었다. 그는 그냥 자리를 떠났고, 물론 다음 날 밤에도 바울이 치유받았다는 내용으로 설교하지 않았다.

한편 네이선 형제는 내 조언을 따라 하나님께 그 사람이 행했던 위선을 드러내 주시라고 금식하며 기도하기 시작했다. 그리고 네이선 베미스는 기도의 응답을 받았다. 그 신유 사역자가 한 덩치 큰 흑인 여성을 "치유"하는 도중, 그 자매가 심장마비로 쓰러져 죽었다. 그 "치유자"는 폭행을 당하지 않으려고 경찰의 보호를 받으며 서둘러 도시를 떠나야 했다. (분명하게 하나님께서는 그를 보호하지 못하신 듯하다.) 그런데 그는 자신의 소식지에서 자신을 따르는 추종자들에게, 펜사콜라가 "성령을 모독"했으며, 그곳 교회들은 "하나님의 사람"을 박해했기 때문에 "이카봇"이란 글자가 새겨졌다고 주장했다. (그렇다면 "브라운스빌 부흥운동"은 어떻게 되는 것인지 나는 모르겠다.)

형제들이여, 좋은 목사가 있고 나쁜 목사도 있는 것처럼, 훌륭한 의사도 있고 나쁜 의사도 있다. 당신이 아플 때, 먼저 하나님의 도움을 구하라(대하 16:12 참고). 그러나 필요하다면 의사를 찾아가라. 왜냐하면 당신의 구주께서 그렇게 하라고 말씀하셨기 때문이다(17절).

『**나는 의인들을 부르러 온 것이 아니요.**』 여기 예수님께서 오셨다고 말씀하신 또 다른 이유가 있다(1:38 주석 참고). 주목할 점은, 오신 목적이 누구에게도 "하나님의 사랑을 보여 주는 것"과는 아무런 관련이 없다는 것이다. 또한 "땅에 화평을 가져오는 것"이나 "화평을 위해 기도하는 것"과도 무관하다. 더욱이 예수님께서 도덕적 본보기를 보여주심으로 당신이 그것을 따라 하여 스스로 하늘나라에 갈 수 있도록 하기 위한 것도 아니다.

예수 그리스도께서는 왜 오셨다고 말씀하셨는가? 교황이 뭐라고 하든, 릭 워렌이나 조엘 오스틴이 뭐라고 하든 결코 신경 쓰지 말라. 예수 그리스도께서 직접 무엇이라고 말씀하셨는가? 『**죄인들을 불러 회개에 이르게 하려고 왔노라**』(17절). 예수님께서는 죄인들에게 바르게 되라고 말씀하러 오셨다!

이 본문에서 분명히 영적인 적용을 할 수 있다. 결국 바울도 이방인들에게 회개를 전파했다(행 20:21; 26:20). 만약 당신이 자신의 의를 고집한 죄에 대해 회개해야 하는 죄인임을 인정하지 않고, 구원을 위해 그리스도께로 돌이키려 하지 않는다면(빌 3:4-9), 그리스도의 희생은 당신에게 전혀 효력이 없다. 그러나 여기서 예수님께서 말씀하시는 내용은 그것이 아니다.

예수님께서는 여기서 구약을 사용하여 율법을 지키는 자들인 『**의인들**』과 그렇지 않은 자들인 『**죄인들**』을 구별하고 계신다. 15절에서도 언급했듯이, 여기서 말하는 『**죄인들**』은 바울이 로마서 5:8이나 디모데전서 1:15에서 사용한 의미와 다르다. 바울이 사용한 경우에는 선한 사람이든 악한 사람이든 모두 하나님의 율법을 어느 시점에서든 어겼기 때문에 모든 사람이 죄인이다. 그러나 구약에서는 모세의 율법을 지키려고 노력하는 자들과 그것을 공공연히 어기며 전혀 개의치 않는 자들 사이에 차이를 둔다. 『**의인**』은 『**주의 법**』을 즐거워하며 그것을 묵상하는 자들(시 1:2)이지 예수 그리스도를 통하여 주시는 하나님의 은혜를 기뻐하는 자들이 아니다. 그러나 『**악인들**』은 그렇지 않다(시 1:4).

구약에서는 어떤 사람이 의롭게 살다가 그 의로운 삶에서 돌이켜 마귀처럼 살기 시작하면, 그는 자신의 죄들 가운데 죽어 지옥에 가게 된다(겔 18:24-26). 그러나 신약의 믿는 자의 경우는 해당되지 않는다(고전 5:5).

구약에서는 믿는 자가 성령을 잃고 지옥에 갈 수도 있었다. 그래서 다윗은 『**주의 거룩한 영을 내게서 거두어 가지 마소서.**』(시 51:11)라고 기도했던 것이다. 다윗은 성령을 빼앗긴 사람을 직접 보았다(삼상 16:14). 그러나 신약 시대의 당신의 경우는 그렇지 않다(엡 4:30).

마찬가지로, 악한 자가 자신의 죄에서 돌이켜 율법을 지키면 그는 낙원에 이를 수 있었다(겔 18:21,27). 그러나 여러분이 그렇게 하려고 한다면, 지옥 문을 활짝 열고 들어가게 될 것이다(엡 2:8,9, 딛 3:5). 형제들이여, 근본주의자들이 뭐라고 말하든 구약의 구원과 신약의 구원은 동일하지 않다.

지금 당신에게 해당되는 것이 반드시 부활 이전이나 환란 후의 사람들에게도 동일하게 적용되는 것은 아니다. 예를 들어, 천년왕국에서는 아무도 『**믿음으로**』(롬 1:17) 살지 않는다. 왜냐하면 예수 그리스도께서 직접 모든 사람들의 눈에 보이는 곳에 계시기 때문이다. 따라서 천년왕국에서 모든 사람은 믿음이 아니라 『**보는 것**』으로 살아가게 된다(참고 고후 5:7). 그렇기 때문에 천년왕국에서의 구원은 『**믿음으로 말미암아**』 은혜(엡 2:8)로 이루어질 수 없다. 구원은 성령께서 당신에게 주신 믿음의 정의에 의해 이루어진다(히 11:1).

근본주의자들은 성경 전체를 자신들이 알고 있는 어떤 것에 억지로 맞추려는 나쁜 습관이 있는데, 그들은 모든 성경을 교회 시대에 맞추려고 하는 것이다. 구약 전체나 복음서들의 모든 내용, 사도행전 1-8장의 모든 내용, 히브리서-요한계시록에 나오는 모든 내용을 로마서-빌레몬서에서 읽은 내용에 억지로 맞출 수는 없다. 그렇게 되지도 않는다. 성경을 자신의 신학에 맞추는 대신, 자신의 신학을 성경에 맞추어야 한다.

2:18 요한과 바리새인들의 제자들은 자주 금식하더라. 사람들이 와서 주께 말씀드리기를 "요한과 바리새인들의 제자들은 금식하는데, 어찌하여 당신의 제자들은 금식하지 아니하나이까?"라고 하니

19 예수께서 그들에게 말씀하시기를 "신혼방의 아이들이 신랑이 그들과 함께 있는 동안 금식할 수 있겠느냐? 그들이 신랑과 함께 있는 동안에는 금식할 수 없느니라.

20 그러나 신랑을 그들에게서 빼앗길 날들이 오리니, 그러면 그 날들에는 그들도 금식하리라.

이제 금식에 대한 질문이 나온다. 금식은 다이어트나 음식 부족으로 배가 고픈 것과는 다르다(고후 11:27과 주석 참고). 금식은 영적인 이유로 음식을 거부하는 것으로, 보통 어떤 일에 대한 하나님의 뜻을 구하거나 기도의 응답을 받기 위해 행하는 것이다.

『**요한과 바리새인들의 제자들은 자주 금식하더라**』(18절). 마태복음과 누가복음은 그 금식이 자주 있었다는 사실을 추가한다(마 9:14, 눅 5:33). 얼마나 자주 금식했는가? 예수님께서 바리새인과 세리의 비유에서 제시하신 예는 일주일에 두 번이었다(눅 18:12). 물론 바리새인들은 이를 사람들에게 보이려고 했다(마 6:16). 이는 아마 요한의 제자들에게는 해당되지 않았을 것이다. 그럼에도 불구하고, 바리새인들과 요한의 제자들은 예수님께 같은 질문을 한다. "왜 당신의 제자들은 우리가 하는 것처럼 금식하지 않습니까?"

『예수**께서 그들에게 말씀하시기를 "신혼방의 아이들이 신랑이 그들과 함께 있는 동안 금식할 수 있겠느냐? 그들이 신랑과 함께 있는 동안에는 금식할 수 없느니라**』(19절). 본문은 『**진리의 말씀을 올바로**』 나누는 것(딤후 2:15)에 대해 매우 미세한 구분이 필요하다. 이 구절에서 예수님은 분명히 『**신랑**』이다. 그리고 신부는 바울이 말한 대로 교회(엡 5:25-32)이다. 그러나 마가복음 2장에는 교회가 없다. 침례교의 시작이 침례 요한으로부터 시작된다고 주장하는, "침례교 신부"(Baptist Brider)를 주장하는 형제들은 이 지점에서 문제가 생긴다. 침례 요한은 신약의 침례교도가 아니었고(마 11:13, 눅 16:16), 그는 그리스도의 신부도 아니었다(요 3:29).

『**신혼방의 아이들**』은 신랑과 결혼하는 사람들이 아니다. 그들은 결혼식의 들러리인 하객들이다(마 25:1). 이 문맥에서 『**신혼방의 아이들**』은 분명히 유대인 제자들이다. 예수님께서 그들과 함께 계시는 동안, 그 유대인 제자들은 금식하지 않는다. 예수님께서 하늘로 돌아가시면, 그때 제자들이 금식한다(행 13:2,3; 14:23). 바울은 금식했고(고후 6:5; 11:27), 그리고 금식을 권장했다(고전 7:5). 그리스도인들이 구약의 관습이 자신들에게 적용되는지 여부를 알고 싶다면, 알아봐야 할 두 가지가 있다. 1) 그것이 바울 서신서들에서 시행되거나 권장되고 있는가? 2) 그것이 바울의 서신서에서 말하는 어떤 것과 상반되는가? 십일조와 같은 것은 바울이 신약의 믿는 자들에게 명령하지는 않았지만, 그것을 드리는 데 있어서 최소한의 기준으로 삼는 것에는 아무 문제가 없다. 십일조는 드리는 것에 대해 바울이 말한 것과 모순되지 않으며, 올바른 태도로 그것을 행한다면 아무런 문제가 없다(고후 9:7). 그리고 금식의 경우, 그것은 여전히 교회의 신약 실행 사항으로 남아 있다.

마가복음 2:19,20에서의 경륜에 관한 문제는, 그 유대인 제자들이 사도행전으로 넘어가면서 성령으로 침례를 받아 신부인 그리스도의 몸 안으로 들어가게 된다는 것이다(행 1:5, 고전 12:13). 그래서 19절에서 금식하지 않는 『**신혼방의 아이들**』과 20절에서 금식하는 사람들은 교리적인 관점에서 동일한 사람들이 아니다.

하지만 그리스도와 그의 신부의 결혼식에 참석하는 사람들이 있다. 그들은 시편 45:14에 나오며, 『**처녀들**』(복수)이라고 불린다(솔 6:8과 그 주석 참고). 이들은 교회가 아니다. 왜냐하면 교회는 『**순결한 처녀**』(단수, 고후 11:2)이기 때문이다. 이 『**처녀들**』은 유대인들로 밝혀지며(계 14:4), 그들은 마태복음 25:1-13에서 나오는 지혜로운 처녀와 어리석은 처녀의 비유의 주인공들이다. 이 비유는 교회의 휴거에 관한 것이 아니다. 왜냐하면 그 처녀들은 신랑을 맞이하러 가는 것이지 그와 결혼하기 위해 가는 것이 아니기 때문이다(마 25:6). 이 처녀들은 대환란 후 휴거(환란 후 휴거)에서 하늘로 끌려 올라가는 환란 성도들이다[〈두 가지 휴거〉(The Two Raptures) 책자를 보라].

마가복음 2장에서 바리새인들은 이 모든 것을 알지 못했다. 왜냐하면 그리스도의 몸에 대해서는 아무도 몰랐기 때문이다. 극단적 세대주의자들의 가르침과는 달리, 구약에서 그리스도의 신부를 유형(type)으로는 찾을 수 있지만, 그 유형을 알 수 있는 유일한 방법은 신약의 계시를 통해서이다. 이 유대인들이 신약의 계시 없이 구약에서 얻을 수 있는 것이라면, 여호와의 신부는, 주님께 버림받았지만 언젠가 그와 다시 결혼하게 될 이스라엘이라는 사실이다(호 1-2장 참고). 이것이 사실이지만, 여기서는 아버지 하나님과 아들 하나님 간의 차이를 다루고 있다. 이스라엘은 아버지의 신부이고, 교회는 아들의 신부이다.

2:21 새 천조각을 낡은 옷에 대고 깁는 사람은 아무도 없나니, 반일 그렇게 하면 기운 새 천조각이 낡은 옷을 당기어 더 흉하게 찢어지느니라.

22 새 포도주를 낡은 가죽 부대에 붓는 사람은 아무도 없나니, 만일 그렇게 하면 새 포도주가 그 가죽 부대를 터뜨려 포도주도 쏟아지고 그 가죽 부대도 망가지리라. 그러므로 새 포도주는 새 가죽 부대에 부어야 하리라."고 하시더라.

마가복음에서 처음으로 신약의 구원이 암시되고 있다. 21,22절의 두 가지 비유의 핵심은 요한복음 3장의 새로운 출생을 통해 얻는 새 본성이 필요하다는 것이다. 옷에 대한 비유에서 새 본성은 단순히 옛 본성에 접붙여지는 것이 아니다. 성령께서는 육신의 죄의 몸에서 혼을 분리시키시고 그리스도 안에서 새 사람을 주신다(골 2:11-13). 주님께서는 새로운 본성을 옛 아담의 본성과 결합시키지 않으신다.

구약에서는 혼이 몸에 들러붙어 있었기 때문에 몸이 행하는 모든 것이 혼에 영향을 미쳤다. 그래서 레위기에서 사람이 만지거나 먹는 것이 그의 혼에 영향을 미칠 수 있었다(레 5:2; 7:18,20-21,25,27; 22:6 등). 그러나 신약에서는 그렇지 않다. 『**그러므로 만일 아들이 너희를 자유롭게 하면 참으로 너희가 자유롭게 되리라**』(요 8:36). 구원받을 때, 당신은 죄의 본성에서 자유롭게 되었다(롬 6:22; 8:2). 물론, 그것이 실제 삶에서 이루어지려면 하나님께 자신을 드려야 한다(롬 6장). 그러나 교리적으로, 죄와 사망은 더 이상 당신을 주관할 수 없다(롬 6:9,14).

22절의 『**새 포도주**』는 예수 그리스도의 피를 상징할 수도 있다(마 26:28,29, 요2:3,4). 그러나 여기 문맥에서는 성령께서 믿는 자 안에 내주하시는 것을 가리킨다. 성령께서 당신의 몸 안에 거하시기 전에, 새로운 그릇, 즉 깨끗한 그릇이 필요하다(행 2:13, 엡 5:18). 그래서 성령께서는 당신의 혼을 육신에서 분리시키실 뿐만 아니라, 영적 침례를 통해 당신을 그리스도의 몸 안에 넣으셔서 성령의 인격을 통해 그리스도께서 당신 안에 거하실 수 있게 하신다(고전 12:13, 골 1:27).

2:23 그후 안식일에 주께서 곡식밭을 지나가시는데, 제자들이 가면서 이삭을 따기 시작하더라.

24 그러자 바리새인들이 주께 말씀드리기를 "보소서, 어찌하여 저 사람들은 안식일에 해서는 아니될 일을 하고 있나이까?"라고 하니

25 주께서 그들에게 말씀하시기를 "너희는 다윗과 그의 일행이 시장

해서 하였던 일을 읽어 보지 못하였느냐?
26 대제사장 아비아달의 때에, 그가 하나님**의 집에 들어가서 제사장**
들 외에 먹어서는 아니되는 차려 놓은 빵을 먹고, 자기 일행에게
도 주지 아니하였느냐?"라고 하시고
27 또 그들에게 말씀하시기를 "안식일이 사람을 위하여 만들어진 것
이지, 사람이 안식일을 위하여 만들어진 것은 아니니라.
28 그러므로 인자는 **또한 안식일의 주니라."고 하시더라**.

현대 번역본들은 『**곡식**』(corn)이나 『**이삭**』(ears of corn)이라는 단어를 좋아하지 않는다. 대신 "grain"이나 "heads of grain"이라고 번역한다. 현대 번역본의 번역자들과 개정자들은 다시 한번 "속임수 게임"을 벌인다. 〈킹제임스성경〉의 본문이 명확하면(clear) "더 정확하게(accurate)" 만든다고 바꾸고, 〈킹제임스성경〉의 본문이 정확하면(accurate) "더 명확하게(clear)" 만든다고 바꾼다. 어떤 경우든, 하나님께서 인정하신 종교개혁 본문은, 반드시 하나님 급에 해당하는 학자들의 "신성한 명령"에 맞추어 변경되어야만 하는 것이다.

여기 본문의 경우, 〈킹제임스성경〉이 절대적으로 정확하다. 비록 오늘날 "corn" 하면 일반적으로 "옥수수"(maize)를 연상하지만 (옥수수는 또한 "Indian corn"이나 "New World corn"이라고도 한다), 실제 정의는 그것이 아니다. "corn"은 어떤 "곡물" 식물의 씨앗, 즉 낟알을 의미하며, 옥수수(maize)는 그중 한 종류일 뿐이다. 밀의 낟알(a corn of wheat), 보리의 낟알(a corn of barley), 귀리의 낟알(a corn of oat), 호밀의 낟알(a corn of rye), 또는 옥수수의 낟알(a corn of "corn")도 있을 수 있다. 『**이삭**』(ear of corn)은 이런 곡물 식물의 끝부분으로, 껍질 안에 낟알이 들어 있는 부분을 의미한다. 이는 "고어"가 아니라 농업 용어이다. 따라서, 매우 정확한 〈킹제임스성경〉 본문은 요한복음 12:24에서 『**한 알의 밀**』(a corn of wheat)이라고 기록하고 있다.

근본주의자들이 나를 싫어하는 이유는 내가 그리스도와 제자들이, 우리가 "corn"이라고 부르는 것, 즉 옥수수(maize)를 실제로 먹었을 가능성을 배제하지 않기 때문이다. 스튜어트 커스터(Stewart Custer)는 이것을 "럭크만의 특이한 교리들 중 하나"라고 부른다. 나는 성경에서 말하는 "corn"이 "신대륙 옥수수"(New World corn)일 가능성에 대해 논의한 적이 있다. (확정된 "교리"는 아니다.) 이에 대한 자세한 내용은 누가복음 6:1에 대한 주석에서 다루었으니, 그 내용을 참고하라.

이런 경우에는 그냥 "인정받는 학문"(recognized scholarship)이 절반은 말도 안 되는 소리를 한다고 생각하면 된다. 그러면 안전할 것이다. 옛 세상(Old World)과 현 세상(New World)이 아주 오래전부터 서로 접촉했다는 증거는 충분히 많다. 이는 이집트가 세계를 지배하던 시기까지 거슬러 올라가며, 창세기 12장 시대까지지도 연결된다. 히브리인들이 우리가 먹는 것과 똑같은 종류의 곡식을 먹었다는 사실을 알게 되면 스튜어트 커스터의 이론이 뒤집힐 수도 있다. 하지만 나는 그런 일로 어린이용 아스피린 한 알조차 먹지 않을 것이다. 왜냐하면 나는 〈킹제임스성경〉이 옳다고 믿기 때문이며, 학문이 그 성경과 충돌할 때는 학문이 물통에 자신의 머리를 세 번 집어넣고 두 번만 꺼내도록 놔 두면 된다.

여기에서 바리새인들의 문제는 제자들이 안식일에 "곡식의 이삭"을 따기 때문이다. 그들은 항상 의식법에 대해 걱정한다(막 3:2-6, 눅

13:10-14; 14:1-6, 요 5:9-16). 그 이유는 민수기 15:32-36에서 안식일에 나뭇가지를 줍는 사람을 돌로 쳐 죽이라는 주님의 명령이 있었기 때문이다. 그 명령은 다음과 같다. 『**안식일 날에 일하는 자는 누구라도 반드시 죽일지니라**』(출 31:15). 그들은 심지어 안식일에 불을 피우지도 못했다(출 35:3). 물론 그 『**일**』(work)은 주의 거룩한 날에 사람 자신의 기쁨을 행하는 것과 관련되어야만 하였다(사 58:13). 레위기 23장은 이를 『**안식일에 금지된 일**』이라고 부른다(레 23:7-8,21,25,35,36). 안식일에 금지된 일은 자신을 돌보는 일이었다.

이 사실을 어떻게 알 수 있는가? 병행 구절인 마태복음에서, 예수님께서는 안식일에 제사장들이 성전에서 일하였지만, 그들은 『**죄가 되지 않는다.**』라고 말씀하셨다(마 12:5). 왜 그런가? 하나님께서 그들에게 안식일에 행하라고 하신 일을 행하기 때문이다(민 28:9,10). 요한복음 7:22,23에 보면 예수 그리스도께서 유대인들을 지적하시면서, 어떤 사람이 모세의 율법을 범하지 않으려고 안식일에도 할례를 받았다고 말씀하신다. 왜냐하면 하나님께서 자신의 기록된 말씀 안에서 말씀하신 것이기 때문이다.

당신이 전에 한번 생각해 본 적이 있는지 모르지만, 하나님께서 여호수아에게 여리코 성읍을 칠 일간 돌라고 명령하셨을 때(수 6:3,4), 그 날들 가운데 안식일이 있었다. 그때 유대인들이 안식일을 범하지 않았던 유일한 이유는 하나님께서 행하라고 하신 일을 행하였기 때문이다.

예수 그리스도께서 안식일에 병자를 고치셨을 때, 아버지 하나님께서 보내신 목적의 일을 행하셨던 것이다(요 10:25,32,37,38; 14:10). 바리새인들은 이 사실을 알고 있었다(요 3:2). 그러나 그들은 여전히 예수 그리스도를 거부하였다(요 15:24).

이제 마가복음 2:24의 경우를 살펴보자. 제자들은 어떤 면에서 율법을 실제로 범하였는가? 물론 어떤 율법도 범하지 않았다. 율법은 제자들이 행한 일들을 허용하고 있다.

『네가 네 이웃의 베지 않은 곡식밭에 들어가면 네가 네 손으로 그 이삭들을 따도 되나 네 이웃의 베지 않은 곡식에 낫을 대지는 말지니라』 (신 23:25).

하나님께서는 갑작스런 배고픔을 해결하는 것은 "일"(work)로 여기지 않으셨다. "일"이 되기 위해서는 곡식을 추수하는 것이어야 한다. 이 위선자들이 제자들이 안식일을 범하였다고 불평하면서 무슨 짓을 하였는지 아는가? 가축을 풀어 물을 먹였다(눅 13:15). 이 위선자들이 예수 그리스도에 관하여 안고 있는 문제는 안식일 준수나 율법에 관한 것이 아니라 시기의 문제였다(막 15:10).

이제 예수 그리스도께서 바리새인들에게 어떻게 대답하시는지 보라. 정확하게 사탄에게 시험받으실 때 사탄에게 대답했던 것과 동일하게 답하셨다. 즉 성경으로 답하신 것이다(마 4장, 눅 4장). 이는 매우 중요한데, 이후의 마가복음에서 바리새인들이 예수 그리스도를 시험하기 위해 계속 질문하는 것을 읽을 수 있기 때문이다(막 8:11; 10:2). 본문에서는 시험을 하기 위해 질문한 것은 아니나, 앞으로 시험을 목적으로 질문했던 것의 시작이 되는 질문이다.

『너희는... 읽어 보지 못하였느냐?』(25절)

물론 그들은 성경을 읽어 보았다. 그러나 읽었던 본문을 이해하지 못했음은 분명한 사실이다(12:24).

『**너희는 다윗과 그의 일행이 시장해서 하였던 일을 읽어 보지 못하였느냐?**』 바로 요란하게 울리는 적색경보이다! 예수 그리스도는 『**다윗의 아들**』이시다(12:35). 자신을 자신의 조상과 비교하여 말씀하신다. 그 비교는 다윗의 적인 사울로부터 도망 다니던, 망명 중이던 때의 다윗과 (삼상 20장. 삼상 21:1-6 참고) 자신을 비교한다. 비록 다윗이 왕으로 기름부음을 받았으나, 10년간 보좌에 앉지 못했다. 마가복음 2장에서 합법적인 『**유대인의 왕**』(마 2:2)을 보게 되나 그 왕은 2천 년간 『**그의 조상 다윗의 보좌**』(눅 1:32)를 얻지 못한다. 따라서 마가복음 2장에서 읽고 있는 내용은 망명 중에 있는 왕에 대한 설명이다.

『**대제사장 아비아달의 때에, 그가** 하나님**의 집에 들어가서**』(26절). 여기서 주목해야 할 몇 가지 사항이 있다. 첫 번째, 『하나님**의 집**』이라는 표현은 성막을 가리킨다(판 18:31; 20:18,26,31, 대상 6:48). 그런데 성막은 "집"이 아니라 "장막"이었다(삼하 7:2 참고). 그러나 사무엘상 1:9; 3:3을 보면, 성막이 『**주의 성전**』이라고 불린다. 성전(Temple)은 실제로 『**집**』이었다(왕상 6:17). 즉, 『하나님**의 집**』은 하나님의 임재가 그의 백성 가운데 거하던 특정한 장소와 특정한 구조물을 의미했다. 이것이 예언적으로 중요한 이유는, 유대인들이 장차 성전을 재건할 때, 거기에 적그리스도가 자신을 하나님으로 나타낼 것인데(살후 2:4), 그 건물은 굳이 솔로몬이나 헤롯이 지은 것처럼 화려한 석조 건물일 필요가 없다는 것이다. 그들에게 필요한 모든 것은 단순한 성막 하나면 충분하다 (암 9:11).

이를 오늘날 우리에게 교리적으로 적용하자면, 어떤 교회 건물도 『하나님**의 집**』이 아니라는 것이다. 그것은 "도시 신화"나 "그림 형제의 동화"와 같은 이야기일 뿐이다. 이 시대의 하나님의 성전은 믿는 자의 몸(고전 6:19)이다. 그래서 바울과 베드로가 『하나님**의 집**』에 대해 말할 때(딤전 3:15, 벧전 4:17), 그들은 어떤 건물을 말하는 것이 아니라, 믿는 자들의 연합된 몸을 말하는 것이다. 모슬렘들의 기도를 인도하고 있는 워싱턴 D.C.의 워싱턴국립대성당이 『하나님**의 집**』이라고 진지하게 생각하는가? 로버트 슐러의 "크리스탈 성전"이나 뉴욕시에 있는 리버사이드교회 같은 에큐메니컬 쓰레기 하치장이 『하나님**의 집**』이라고 생각하는가? 『**나는 그렇게 생각하지 아니하노라.**』

두 번째로 주목해야 할 것은 『**대제사장 아비아달의 때에**』라는 표현이다. 이 구절은 종종 "성경에 있는 모순들" 중 하나로 지적되곤 한다. 왜냐하면 다윗이 차려 놓은 빵을 먹었을 때 대제사장은 아히멜렉이었기 때문이다(삼상 21:2-6). 동시에 두 명의 대제사장들이 섬겼을 가능성을 제하고서라도(눅 3:2 주석 참고) 본문에서는 아비아달이 그 당시의 대제사장이라고 말하지 않는다. 『...**의 때에**』라는 표현은 그 인물이 공적인 삶을 살았던 기간 전체를 의미할 수 있다. 이처럼 "모순"이라고 주장되는 많은 경우들에서, 헬라어, 히브리어, 아람어, 라틴어 등 여러 언어를 알고 있는 학자들이 초등학교 6학년 수준의 영어를 읽고 이해하는 데 어려움을 겪는다.

『**제사장들 외에 먹어서는 아니되는 차려 놓은 빵을 먹고, 자기 일행에게도 주지 아니하였느냐?**』(26절) 차려 놓은 빵은 성막에서 금으로 입힌 상 위에 놓여 있었다. 그 빵은 이스라엘 열두 지파를 위한 매일의 필요를 공급하시는 하나님의 공급하심을 보여 주였다(showed). 그리고 그 빵은 기록된 생명의 책(마 4:4)이 몇 권이 되는지를 보여 주었다. 차려 놓은 빵은 두 줄로, 각 줄에 여섯 개씩 놓였는데(레 24:6) 이는 성경 정경이 66권임을 보여 준다.

차려 놓은 빵은 매주 안식일마다 구워 상 위에 놓여졌다(레 24:8, 대상 9:32). 전 주에 만들어진 빵은 제사장들이 취하여 『**거룩한 곳**』에서 먹었다(레 24:9). 그 거룩한 곳은 『**성막 뜰**』 안에 있었다(레 6:16). 이것이 예수 그리스도께서 마가복음 2:26에서 언급하신 율법의 내용이었다.

주목할 만한 예외 인물이 다윗이다. 다윗은 그리스도의 예표로서, 왕일 뿐 아니라, 선지자였고(행 2:29,30) 때로는 제사장으로서 행동했다(삼하 24:25). 이것이 그리스도로서의 다윗이었다. 예수 그리스도는 다윗의 아들이다. 예수 그리스도는 『**유대인들의** 왕』이었고(마 2:2) 모세와 같은 선지자였으며(행 3:22-26), 멜키세덱의 계열에 따른 영원한 제사장이시다(히 7:14-17. 시 110:4 참고).

『**자기 일행에게도 주지 아니하였느냐?**』 이 젊은이들이 다윗과 함께 있지 않았다면 그들은 차려 놓은 빵을 먹은 것으로 인하여 죽임을 당했을 것이다. 그러나 그들은 하나님의 선지자 - 제사장 - 왕과 함께 있었기에, 그들은 안전하였다. 따라서 신약에서 모든 그리스도의 제자들은 제사장들이다(벧전 2:5,9). 어떤 특별한 제사장 계급이 있어, 신비한 마법을 통해 빵을 예수 그리스도의 실제 몸으로 바꿀 수 있는 제사장이 있는 것이 아니다. 모든 그리스도인은 위대한 대제사장(히 3:1) 밑에서 한 제사장으로 섬기고 있다.

『안식일이 사람을 위하여 만들어진 것이지, 사람이 안식일을 위하여 만들어진 것은 아니니라』(27절). 안식일을 범한 것에 대해 죽임을 당했던 한 유대인의 경우를 보자면, 이를 말하기에 이상한 내용이다. 그러나 그 안식일에 더 중요한 것이 있다. 즉 사람들에게 안식을 주는 의미보다 더 중요한 내용이 있는 것이다(출 23:12, 신 5:14).

알다시피, 안식일을 지키라는 명령은 십계명 가운데 유대인에게 주어진 유일한 한 계명인데, 이는 특별히 유대인들에게 주어진 것이지, 이방인들에게 주어진 것이 아니었다. 예수 그리스도께서 **『안식일이 사람을 위하여 만들어진 것』**이라고 말씀하셨을 때 일반적으로 인류 전체를 대상으로 말씀하신 것이 아니라 (제칠일안식일예수재림교도들은 그렇게 가르친다.) 한 특정한 그룹의 사람들에게 말씀하셨는데 바로 유대인들에게 말씀하셨던 것이다.

에스겔 20:12을 보면 **『또 나는 그들에게**[유대인들] **내 안식일들도 주었으니 나와 그들**[이방인이 아니라 유대인들] **사이에 표적이**[고전 1:22] **되게 하고 그들로 내가 그들을 거룩하게 하는 주인 줄 알게 하려는 것이라.』** 동일한 내용을 에스겔 20:20에서도 보라. **『또 내 안식일들을 거룩하게 하라. 그 안식일들은 나와 너희 사이에 표적이 되리니 이는 내가 주 너희 하나님인 것을 너희로 알게 하려 함이라.』**

안식일은 어떤 이방인이나 어떤 그리스도의 몸의 지체를 위해 **『만들어진 것』**이 아니다. 아담부터 모세에 이르기까지 그 누구도 안식일을 지키지 않았는데, 어떤 **『사람』**도 안식일에 관하여 몰랐기 때문이다. "그러나 하나님께서 창세기 2:3에서 안식일에 복주시고 거룩하게 하셨다고 말씀하지 않으셨습니까?"라고 물을 것이다. 사실이다. 그러나 그 창세기

2:3을 기록한 사람은 모세이고 느헤미야 9:13-14에 따르면 안식일은 시내산에서 모세에게 계시되었다.

바울이 신약의 믿는 자들이 지키게 할 목적으로 십계명들을 열거할 때 고의적으로 안식일 준수는 빼 버린다(롬 13:8-10). 왜냐하면 안식일은 『**다가올 것들의 그림자**』(골 2:16,17)이기 때문이다. 유대인들의 왕이 다윗의 보좌에 앉아 온 땅을 통치하실 때(슥 14장) 그때는 안식일이 그 고유의 기능으로 회복되는 때이다(겔 44:24; 45:17; 46:1,3,4,12, 사 2:3; 66:23). 이때는 모든 사람들이 안식일을 지켜야 할 때이다. 그때까지는 안식교도들은 사탄적인 거짓말쟁이들로서 자신들이 유대인들인 체한다(계 2:9; 3:9). 그러하기에 그들은 당신의 혼을 저주할 수 있다(갈 2:16; 3:1,2,10,11; 5:4).

어떻게 『**안식일이 사람을 위하여 만들어진 것**』인가? 에스겔 20:12,20에 따르면 안식일은 유대인들에게 『**표적**』으로 주어져 여호와 하나님이 참된 하나님임을 알게 하고 하나님이 이 땅의 모든 민족들 가운데 그 민족을 거룩하게 하셔서 자신의 백성을 삼으셨음을 알게 하는 것이다.

안식일은 모든 땅을 위해 안식의 시간을 가리키는데(천년왕국) 유대인들이 자신의 역할을 하고 유대로부터 유대의 왕이 이 땅의 보좌에 앉을 때이다. 역사를 통하여 얼마나 많은 유대인들이 이를 이해하고, 혹은 이를 무시하고, 오용하고, 결국은 지옥에서 끝낼 것인가와는 무관하게 그 표적은 존재한다. 하나님께서 아시는 것은 마침내 완전한 화평이 이 땅에 올 때 한 유대인으로부터 오는 것이고 유대인의 책과 더불어 온다는 것이다. 이런 이유로 하나님께서는 안식일을 그렇게 거룩하게 만드신 것이다.

안식일에 관한 한, 제칠일안식일예수재림교도들은 하나님께서 놋쇠 원숭이에게 주신 만큼의 이성도 없을 정도로 매우 어리석다. 한번은 한 안식교 신자와 이 문제에 대해 이야기한 적이 있었다. 그가 자랑스럽게 안식일을 지키는 것을 말했다. 그래서 나는 그가 얼마나 철저한 안식일 준수자인지 시험해 보기로 했다. 나는 그에게 물었다. "안식일에 요리를 하나요?"

그는 그렇다고 대답했다.

그래서 내가 다시 말했다. "그런데 성경에 안식일에는 불을 피우지 말라고 하지 않았나요(출 35:3)?"

그러자 그는 이렇게 답했다. "아, 그건 적용되지 않아요. 어쨌든 안식일은 사람을 위해 만들어진 것이지, 사람이 안식일을 위해 만들어진 것이 아니니까요."

나는 그 말을 듣고 웃으며 말했다. "당신도 결국 내가 믿는 것을 믿고 있군요. 당신은 단지 겉으로만 다르게 믿는 척할 뿐이네요."

사실 그들은 안식일을 제대로 지키지 않는다. 그들은 자신이 하고 싶은 대로 하면서도 "율법의 문자보다 율법 정신이 중요하다"는 식으로 말하며, 마치 사도 바울을 따르지 않으면서 바울을 따르는 것처럼 가장한다(고후 3:6 참고). 그 어느 안식교인도 사도 바울처럼 안식일에 유대인들에게 복음을 전하러 회당에 가지 않는다. 대신 교회에 간다. 심지어 초대 교회는 주일인 일요일에 모였다(고전 16:2). 결국 그들은 죄다 개의 뒷다리처럼 구부러진 부정직한 사람들일 뿐이다.

『**그러므로** 인자**는 또한 안식일의 주니라**』(28절). 이는 예수 그리스도의 신성을 선포하시는 것이다. 자유주의자들, 여호와의 증인, 이슬람교도들 모두는 예수 그리스도는 결코 자신이 하나님이라고 주장한 적이 없다고 말한다. 그렇다면 본문은 어떻게 된 것인가? 하나님은 에스겔 20장에서 안식일은 자신의 것이라고 말씀하셨다(레 23:3, 사 56:4, 겔 23:38; 44:24). 만일 안식일이 하나님께 속한 것이고 예수 그리스도께서 자신이 안식일의 주라고 말씀하셨다면, 예수 그리스도는 자신이 하나님이라고 주장한 것이 된다. 예수 그리스도는 안식일 준수에 대해 예외가 될 수 있다. 예수 그리스도께서 안식일을 세우셨기 때문이다. 예수 그리스도는 구약의 여호와시다. 구약의 "진노하시고, 복수하시는" 하나님과 신약의 "사랑하시고, 친절하신" 하나님 사이에 어떤 차이도 없다. 이런 개념은 게세니우스(Gesenius)와 같은 독일 합리주의자들이 아편을 피우면서 꾸는 꿈으로, 모닥불에서 모닥불로 전해져 내려오다가 결국 릭 워렌(Rick Warren), 브라이언 맥라렌(Brian McLaren), 롭 벨(Rob Bell), 그리고 조엘 오스틴(Joel Osteen)과 같은 배교자들에게까지 이르게 되었다.

28절에서 예수 그리스도는 자신을 하나님의 아들로 언급하지 않으셨음에 유의하라. 비록 예수 그리스도는 자신의 신성을 말씀하셨음에도 말이다. 예수 그리스도는 『**인자**』시다. 따라서 27절의 『**사람**』(man)은 일반적인 인류를 가리키는 말이 아니다. 단지 유대인들만을 가리키는 말도 아니다. 그것은 한 사람의 특별한 사람을 가리키는데 사람이신 그리스도 예수시다(딤전 2:5). 안식일은 예수 그리스도를 위해 만들어졌다. 안식일은 예수 그리스도의 천년왕국 통치를 말하는 것인데 이는 안식일이 예언적으로 가리키는 것이다. 따라서 예수 그리스도는 안식일과 더불어 행하실 수 있다. 그러는 동안, 무엇이나 예수 그리스도께서는 기뻐하신다. 성령께서는 다음과 같이 말씀하신다. 『**이는 만물**[all things, 안식일도 포함됨]**이 그에 의하여 창조되되**[창 2:3, 요 1:3 참고] **하늘에 있는 것들과 땅에 있는 것들과 보이는 것들과 보이지 않는 것들과 보좌들이나 주권들이나 정사들이나 권세들이나 만물이 그에 의하여 또 그를 위하여**[막 2:27,28] **창조되었기 때문이라**』(골 1:16).

마가복음 3장

3:1 주께서 다시 회당으로 들어가시니, 거기에 한쪽 손이 마른 사람이
있더라.
2 사람들은 주께서 안식일에 그 사람을 고쳐 주시는가를 지켜보고
있었으니, 이는 그들이 주를 고소하려 함이더라.
3 그때 주께서 한쪽 손이 마른 사람에게 말씀하시기를 "일어서라."고
하시고
4 그들에게 말씀하시기를 "안식일에 선을 행하는 것이 타당하냐, 아
니면 악을 행하는 것이 타당하냐? 생명을 구하는 것이 타당하냐,
아니면 죽이는 것이 타당하냐?"고 하시나, 그들은 잠잠하더라.
5 주께서 노하셔서 그들을 둘러보시며, 그들의 마음이 완악함을 슬
퍼하시고, 그 사람에게 말씀하시기를 "네 손을 펴라."고 하시자,
그가 손을 펴니 그 손이 다른 쪽 손과 같이 온전하게 회복되더라.

6 그러자 바리새인들이 나가서, 즉시 그를 대적해서 어떻게 죽일까 하고 헤롯 당원들과 함께 모의하더라.

여기 또 하나의 사건이 안식일에 회당에서 일어났다. 1장에서 그리스도께서 회당에서 한 사람에게서 마귀를 쫓아내셨을 때는 아무 말도 없었는데, 그 일은 모든 사람에게 완전히 새로운 일이었다(1:27). 그러나 2:23-28에서 있었던 논쟁 이후, 바리새인들과 서기관들은 예수님을 매의 눈으로 지켜보고 있었으며, 그들의 유일한 목적은 그분이 안식일을 어긴다고 고소하는 것이었다(2절). 그렇게 함으로써 무리들이 권위를 가지신 분(1:22)의 말씀을 듣는 것을 멈추고, 다시 자신들의 말을 듣도록 만들려는 것이었다.

회당에는 『**한쪽 손이 마른 사람**』이 있었다(1절). 모든 이들의 시선이 예수님께 집중되었고, 그분이 그 사람을 고치실지 여부를 지켜보고 있었다. 예수님은 단순히 그를 고치시는 것이 아니라, 그를 공개적인 사례로 삼아 자기 의로 가득한 종교 지도자들의 "마음을 시험"하셨다(시 7:9, 잠 17:3).

『**일어서라**』(3절). 예수님께서는 손이 마른 그 사람을 "앞쪽 중앙으로" 부르셨다. 그리고 그 장면을 지켜보며 예수님을 고소하려는 바리새인들과 서기관들에게 말씀하셨다. 『**안식일에 선을 행하는 것이 타당하냐, 아니면 악을 행하는 것이 타당하냐? 생명을 구하는 것이 타당하냐, 아니면 죽이는 것이 타당하냐?**』(4절)

이 부분은 12장에서 더 자세히 다루겠지만, 예수님께서 바리새인들과 서기관들에게 질문을 던지셨다는 점을 주목해야 한다. 이는 앞서 2:8,9에서 하셨던 방식과 같다. 복음서에서 나타나는 특이한 현상 중 하나는 종교 지도자들이 예수님께 질문하면 예수님은 항상 대답하실 수 있지만, 예수님께서 그들에게 질문하시면 그들은 대답하지 못하거나(혹은 하지 않거나, 4절, 11:33 참고) 침묵한다는 것이다. 이는 백보좌 심판석 앞에서의 죄인의 모습을 보여 준다(롬 3:4,19).

여기서 예수님께서 하신 질문에 대한 답은, 정직한 사람이라면 누구나 알 수 있지만, 이 바리새인들은 숨은 동기가 있기 때문에 입을 열지 않는다. 모세의 율법에는 안식일에 누군가에게 선을 베풀거나 생명을 구하는 것에 대해 금지한 것이 없었다. 잠언 3:27에서 명령하는 바는 『**선을 베푸는 것이 네 손의 권세에 있을 때, 마땅히 받을 자들에게 베풀기를 아끼지 말라.**』이다.

그 다음 구절은 마가복음 3장에서 읽고 있는 내용과 특히 관련이 깊다. 『**네가 가진 것이 있거든 이웃에게 "갔다가 다시 오라. 내일 주겠노라." 말하지 말라**』(잠 3:28).

안식일을 지키라는 명령은 『**너는 네 이웃을 네 자신과 같이 사랑할지니라.**』라는 명령(레 19:18)을 부정하거나 그것보다 우선하지 않았다. 여기 마가복음 3장에서 유대 지도자들은 전혀 그 『**이웃**』(손이 마른 사람)을 걱정하지 않는다. 그들의 목표는 예수 그리스도에게 "악을 행하는 것"이며, 그렇게 함으로써 그 사람이 하나님께 치유 받을 기회를 빼앗으려 한다. 그것은 결코 네 번째 계명이 의도하는 바가 아니었다.

『**주께서 노하셔서 그들을 둘러보시며**』(5절). 오, 예수님, 그렇게 하시면 안 되셨습니다. 화를 내는 것은 죄를 짓는 것입니다. 그렇지 않습니까? 현대 "성서들"에서는 그렇다. 현대 번역본들은 마태복음 5:22에서 『**까닭 없이**』를 삭제함으로써 예수 그리스도를 죄인으로 만든다.

예수 그리스도는 자기 의로 가득 찬 위선자들에게 화를 내셨다. (이를 믿을 수 없다면 마태복음 23장을 읽고, 그게 "온유한 예수님"이 "그리스도의 사랑"을 나누고 있다고 말할 수 있는지 내게 말해 보라.) 예수님은 한 번만 화를 내신 것이 아니다(요 2:15 참고). 예수님은 화를 내실 정당한 까닭이 있었기 때문에 어떤 죄도 개입되지 않았다. 사실, 당신이 따라야 할 본을 보인 사도는(고전 11:1) 화를 내야 할 때 죄를 짓지 말고 화를 내야 한다고 명령했다(엡 4:26). 당신이 화를 내야 할 일들이 있는데 그런 경우들은 당신 자신에 대한 개인적인 모욕으로 인해 화를 내야 한다는 의미는 아니다.

본문 마가복음 3장에서 예수님께는 화를 내신 올바른 동기가 있었다. 『**그들의 마음이 완악함을 슬퍼하시고**』 분노하셨던 것이다. 이는 이스라엘 백성이 이집트에서 나와 금송아지를 만들고 불평하고 이집트의 것을 그리워하며, 약속의 땅에 들어가기를 거부하였을 때 그들 마음의 완악함으로 인하여 분노하신 하나님(시 78:21)과 동일한 하나님이시다. 육신으로 오신 여호와이신 예수 그리스도는 그분의 법을 무시하고 자신의 아버지를 거짓말쟁이로 만들려는 백성들에게 분노할 만한 충분한 이유가 있었다. 만약 예수님께서 펜사콜라, 모빌, 포트 월튼 비치, 뉴올리언스, 달라스, 뉴욕 시티, 워싱턴 D.C., 애틀랜타, 샌프란시스코, 시카고, 디모인, 시애틀, 로스앤젤레스, 로마, 런던, 파리, 메카, 메디나, 베이징,

하이데라바드, 델리, 요하네스버그, 리우데자네이루, 멕시코시티 등 전 세계 사람들이, 그분께서 값없이 주시는 구원을 거부하는 것에 대해 얼마나 분노하시는지 보고 싶다면, 백보좌 심판 때까지 기다려 보라.

『아들을 **믿는 자는 영생을 가졌고 그** 아들을 **믿지 않는 자는 생명을 보지 못하고 오히려** 하나님**의 진노가 그 사람 위에 머물러 있느니라**』(요 3:36).

『**그 역시** 하나님**의 진노의 포도주를 마시게 되리니, 그것은 그의 진노의 잔에 혼합하지 않고 부은 것이니라. 또 그 사람은 거룩한 천사들의 면전과** 어린양**의 면전**에서 **불과 유황으로 고통을 받으리니**』(계 14:10).

이분은 바로 『**세상 죄를 제거하는** 하나님**의** 어린양』(요 1:29)이다. 그분은, 자기 죄를 대신해 흘리신 피의 속죄를 거절하고 코웃음을 치며 그리스도를 거부한 모든 죄인을 불못에 던져 넣으실 것이다(마 25:41). 그리고 그 일을 행하시는 데 있어서 두 번 생각하거나 망설이지 않으실 것이다. 그분은 그것을 행하실 것인데, 왜냐하면 『**악인에게 매일 분노**』(시 7:11)하시기 때문이다.

사람들이여, 경청하라. 만약 그분이 하나님이라면, 그분은 완전해야 하며, 죄가 없어야 한다. 그러나 그분은 단지 절대적으로 거룩하실 뿐만 아니라, 균형 잡힌 존재이시다. 즉, 그분이 거룩하시다면, 죄와 불의를 영원히 용납하지 않으신다. 그분은 모든 사람을, 똑같은 방식이나 똑같은 정도로 사랑하지 않으신다.

『하나님**께서 세상을 이처럼 사랑하셔서 그의** 독생자를 **주셨으니**』(요 3:16). 이는 사실이다. 죗값을 치르신 것에 대해 예수 그리스도는 아돌프 히틀러, 요셉 스탈린, 테드 번디, 또르께마다, 네로, 칼리굴라, 칭기즈 칸, 무하마드, 타메를란, 교황 이노센트 4세, 교황 어반 6세, 피의 메리, H. H. 홈스, 에드 기인과 같은 사람들을 마리아, 요셉, 침례 요한, 베드로, 요한, 바울, 폴리캅, 이그나티우스, 마틴 루터, 윌리엄 틴데일, 존 녹스, 윌리엄 캐리, 아도니람 저드슨, 빅토리아 여왕, D. L. 무디, 윌리엄 부스와 똑같이 사랑하셨다. 하지만 만약 하나님께서 그들이 그분의 아들에 대해 어떻게 반응하든지 상관없이 모두 하늘에 데려가실 정도로 충분히 사랑하신 것이라고 생각한다면, 당신은 잘못 생각하고 있는 것이다.

순수, 진리, 의로움을 사랑하는 하나님께서 마찬가지로 더러운 것, 속임수, 악도 사랑하는 하나님이시라면 그 하나님은 왜곡되고 변질된 하나님이다. 그런 하나님은 성경의 하나님이 아니다. 선지자 하박국은 하나님에 대해 이렇게 말했다. 『**주께서는 정결한 눈을 가지셨기에 악을 차마 보지 못하시며 죄악을 볼 수도 없나이다**』(합 1:13).

시편 기록자는 이렇게 말했다. 『**이는 주께서는 악을 기뻐하는** 하나님**이 아니심이니 악이 주와 함께 거하지 못하리이다... <u>주께서는 죄악을 행하는 모든 자들을 미워하시나이다</u>**』(시 5:4,5). 이는 하나님께서 "죄는 미워하시되 죄인은 사랑하신다"는 말이 결코 아니다. 이는 하나님께서 죄인 자체를 미워하신다는 것이다. 하나님은 그를 너무나 미워하시기 때문에 그를 영원히 불태우신다(시 11:5,6, 마 25:41, 계 14:11; 20:10-15).

이것이 바로 성경의 하나님이시다. 이것이 바로 현대의 미국인과 유럽인들이 견딜 수 없는 하나님이시다. 그는 완전한 사랑과 은혜의 하나님일 뿐만 아니라, 완전한 미움과 심판의 하나님이시다(정말 그렇다! -

시 139:22). 그들은 사랑의 하나님은 괜찮다고 하지만, 복수의 하나님은 "완전히 다른 존재"라고 생각한다! 그러나 그분이 바로 성경에 나오는 예수 그리스도이다. 예수 그리스도는 둘 다 해당되신다(살후 1:7,8 참고).

당신을 지옥에서 구하기 위해 죽으신 그분은, 당신을 구하기 위해 잘못된 일을 하거나 절차를 무시하지 않으신다. 만약 당신이 그 유일한 방법을 거절한다면, 그분은 당신이 하나님의 공의를 만족시키기 위해 불타게 놔두실 것이다. 그러나 미국인들은 너무나 감상적인 것들에 길들여져 있어서, 그와 같은 하나님을 상상할 수 없다. 하지만 그분이 바로 성경에 나오는 하나님이시다. 그리고 그분에 대해 당신이 어떻게 생각하든 상관없다. 당신은 그분이 그런 하나님인 것이 마음에 들지 않아 그분을 거절할 수 있다. 그러나 그것은 당신의 위험을 스스로 초래하는 일이다.

마가복음 3:5로 돌아가자. 『**그 사람에게 말씀하시기를 "네 손을 펴라."고 하시자.**』 그리스도께서는 그 사람에게 그가 할 수 없는 일을 하라고 명령하신다. 그 사람은 손이 말랐기 때문에 손을 펼 수 없었다. 그 사람은 믿음으로 행동해야 했다. 그는 자신이 할 수 없는 일을 할 수 있다고 믿어야 했다.

바로 이것이 하나님께서 이 시대의 죄인에게 요구하시는 것이다. 하나님께서는 당신에게 2,000년 전에 죄 없이 살았던 한 유대인을 믿도록 요구하시는데, 그는 로마 십자가에서 당신의 죄를 위해 죽었다는 것과 그 후에 죽은 자들로부터 부활했다는 것을 믿으라고 요구하신다. 당신은 그 가운데 단 하나도 본 적이 없지만 그럼에도 불구하고 믿어야 한다. 당신은 "경험적인 증거"가 없고 "통제된 조건"에서 그것을 재현할 수 없더라도 그것을 믿어야 한다. 당신은 만약 당신의 몸이 썩어 먼지로 변하거나, 화장되거나, 상어에게 먹히거나, 폭탄에 의해 터져 나가도 하나님이 그것을 다시 조합할 수 있다고 믿어야 한다. 인간적인 관점에서는 그것을 믿는 것은 불가능하다. 그러나 그것을 믿기 때문에 영광에 이를 수 있다.

그 유대인은 그리스도께서 자기에게 하신 말씀을 믿고 손을 폈다. 그가 그렇게 했을 때, 그는 치유받았다. 당신에게는 그것보다 더 나은 약속이 주어졌다. 『주 예수 그리스도를 **믿으라. 그리하면 너와 네 집안이 구원을 받으리라**』(행 16:31). 예수 그리스도를 당신의 구주로 영접하라(요 1:12). 그리하면 언젠가 당신은 그분처럼 될 것이다(요일 3:1,2).

이 사람이 치유받은 것에 대한 유대 지도자들의 반응은 어땠을까? 『**그러자 바리새인들이**』(6절). 이들은 이스라엘의 성경 교사들이었으며, 그 시대의 보수적인 근본주의자들이었다. 『**나가서, 즉시 그를 대적해서 어떻게 죽일까 하고 헤롯 당원들과 함께 모의하더라.**』 헤롯 당원들은 정치적 집단이었다. 이들은 자칭 "유대인의 왕"이라 하는 에돔인 헤롯을 지지했는데, 이는 신명기 17:15을 완전히 무시하고 반대하는 것이었다. 헤롯 당원들은 정치적 자유주의자들이었다. 결국 "종교적 우파"가 "정치적 좌파"와 연합하여 예수 그리스도를 대적하게 된 것이다. 『**그를 대적해서 어떻게 죽일까 하고**』. 이미 2:12에서도 살펴보았듯이, 놀라움과 하나님께 영광을 돌리는 반응은 즉시로 시기(15:10)로 인해 살인 음모로 바뀌었다.

3:7 그러나 예수**께서 제자들과 함께 바닷가로 가시니, 갈릴리에서 온**

큰 무리가 그를 따르고, 또 유대와
8 예루살렘과 이두매와 요단 강 건너편과 투로와 시돈 지방에서 큰 무리가 주께서 얼마나 위대한 일들을 행하셨는가를 듣고 주께로 나아오더라.
9 그때에 주께서는 군중이 자신을 밀어 붙이지 못하게 하려고 작은 배를 대기시키라고 제자들에게 이르시더라.
10 이는 주께서 많은 사람을 고쳐 주시므로, 병든 자들이 모두 주를 만지려고 밀치기 때문이더라.
11 또 더러운 영들이 주를 보고, 그 앞에 엎드려 소리질러 말하기를 "당신은 하나님**의** 아들**이시니이다."라고 하니,**
12 주께서 자기를 알리지 말라고 그들에게 엄히 명하시더라.

다시 한번 예수 그리스도는 그 성읍을 떠나 갈릴리 해변으로 가셔야만 했는데 많은 사람들이 떼지어 모여 예수 그리스도를 보고자 했기 때문이다. 7절에 있는 『**그를 따르고**』(followed him)이라는 말에 유의하라. 카톨릭에서 마리아를 하나님의 어머니, "성모 마리아"로, "우리의 공동 구속자"(Co-Redemptrix)로 드높이는 반면 정작 복음서에서는 마리아가 거의 나타나지 않는다. 복음서에서는 아무도 마리아를 따르지 않는다. 아무도 마리아에게 기도하지 않는다. 그들이 따랐던 대상은 예수 그리스도였다. 서신서에서 아무도 어느 곳에서든, 어느 때든, 마리아를 따르라고 명령하지 않는다. 반면 최소한 네 번에 걸쳐 이방인의 사도(롬 11:13)를 따르라는 명령을 듣는다(고전 4:16; 11:1, 빌 3:17, 살전 1:6). 로마인들에게 서신서를 쓴 사도는 바울이지(롬 1:1-7) 베드로가 아니다(갈 2:7). 누군가가 당신을 여자 마귀에게 엮어 파멸시키고자 하는 것이다(렘 7:18).

사람들이 어디에서 예수 그리스도를 따라 왔는지 그 지역을 살펴보라. 『**갈릴리**』(7절), 이스라엘 북부이다. 『**유대**』(7절), 이스라엘 남부이다. 『**예루살렘**』(8절), 이스라엘의 수도이다. 『**이두매**』(8절), 이방인 에돔인들이 살고 있는 사해 남쪽 지역이다. 『**요단 강 건너편**』(8절), 구약에서 르우벤, 갓, 므낫세 반 지파가 살았던 트랜스요르단 지역이다. 『**투로와 시돈 지방**』(8절), 갈릴리 위쪽 지중해에 있는 이방인 지역이다. 따라서 사람들은 예수 그리스도를 보기 위해 북 아라비아가 있는 남쪽으로부터, 레바논이 있는 북쪽으로부터, 요단강 양쪽의 온 이스라엘로부터, 그리고 이방인들, 유대인들 가릴 것 없이 모두 예수 그리스도를 보기 위해 왔다. 이를 볼 때 유대인 지도자들이 예수 그리스도를 죽이려 한 것은 그리 이상한 일이 아니다. "포도원"을 계속 통제하려는(12장) 의도 때문인데, 이를 방해하는 것이 바로 예수 그리스도였기 때문이다. 예수 그리스도는 그들에게 있어서 "나쁜 소식"이었다.

이제 예수 그리스도는 해변가에 계시고, 군중들은 예수 그리스도를 밀어붙여 거의 물속으로까지 밀어붙일 지경이다. 그래서 누가복음 5장에서 행했던 것처럼, 예수 그리스도는 『**작은 배**』(9절)에 오르셔서 군중들과의 거리를 유지하신다. 이는 누가복음 5장과 다른 사건이지만, 놀랄 일도 아니고 내용이 상충된다고 주장해서도 안 된다. 단지 실제 삶에서 경험하지 못했다는 이유로 말이다. "유명인들"은 어디를 가나 사람들을 만나게 되고, 이를 방지하기 위해 "표준 운영 절차"(Standard Operating Procedure)를 따라야 한다. 예수 그리스도께서 갈릴리 해변가에서 가르치실 때마다 배에 오르셨다는 사실은 그다지 놀랄 일이 아니다. 이런 사실이 성경에 두세 번 기록되었을 뿐이다.

10절에서는『**이는 주께서 많은 사람을 고쳐 주시므로, 병든 자들이 모두 주를 만지려고 밀치기 때문이더라.**』라고 기록하는데, 주님을 밀친 이유는『**이는 주께서 많은 사람을 고쳐 주시므로**』였다. 즉 그들은 예수 그리스도를 만질 수 있다면 병이 나을 것이라고 생각했던 것이다. 누가복음 6:19에서는 정확하게 무슨 일이 일어났는지 말해 준다. 이런 이유로 5장에 나오는 "유출병"을 앓던 여인이 예수 그리스도를 만지려 했던 것이다. 그녀는 본문 10절에서 어떤 일이 일어났는지를 들었고 그 혜택을 받고자 하였다.

10절에서 일어난 사건과 5:28,29의 사건을 토대로 "긴 옷"(The Robe)에 대한 터무니없는 주장을 하게 되었다. 카톨릭이 주장하는 이교도적인 생각은 예수 그리스도의 옷에 마술과 같은 능력이 있다는 것이다(복음서에서는 어느 곳에서도 예수 그리스도의 옷을 "robe"라고 부르지 않았다. 15:24 주석 참고). 이렇게 생각하는 것은 예수 그리스도의 옷이 예수 그리스도의 몸에 닿았기 때문이다. 이를 카톨릭 신화에서는 "유물 숭배"(veneration of relics)라고 한다. 그 결과 음탕하고 터무니없는 결과들을 낳았는데 예를 들자면 마리아의 유방 우유의 병(a vial of Mary's breast milk)이나, 침례인 요한의 두 개의 두개골(하나는 어린아이였을 때의 두개골, 다른 하나는 성인이었을 때의 두개골)을 숭배하는 것 등이다. 예수 그리스도의 옷에 불가사의한 것은 없다. 예수 그리스도를 믿는 믿음이 낫게 한 것이다(5:34). 만일 당신이 예수 그리스도의 포피를 가지고 있거나(이는 A.D. 800년에 레오 2세 교황이 샤를마뉴에게 주었다고 한다.) 혹은 예수 그리스도께서 얼굴을 닦으시던 수건을 가지고 있다 해도("에데사의 만딜리온" Mandylion of Edessa), 그것들은 그 어느 상처도 치유하지 못한다.

11,12절은 1:24,25절을 살펴볼 때 설명했다.

3:13 그후 주께서 산으로 올라가 자기가 원하는 사람들을 부르시니, 그들이 주께로 나아오더라.
14 주께서 열둘을 정하셨으니, 이는 그들을 자기와 함께 있게 하시고, 내보내어 전파하게 하시며,
15 또 병들을 치유하고, 마귀들을 쫓아내는 권세를 지니게 하려 하심이더라.
16 그후 주께서 시몬에게 베드로라는 이름을 덧붙여 주시고,
17 세베대의 아들 야고보와 야고보의 형제 요한에게는 보아네게란 이름을 덧붙여 주셨으니, 이는 천둥의 아들들이라.
18 또 안드레, 빌립, 바돌로매, 마태, 도마, 알패오의 아들 야고보, 다대오, 카나안인 시몬과,
19 유다 이스카리옷이니, 그는 주를 배반한 자라. 그들이 집으로 들어가자,

7-12절에서 일어난 일이 실질적으로 본문이 기록된 이유이다. 예수 그리스도께서는 지상에 사는 동안 육체의 한계를 지니셨다. 지상에 계

시는 동안, 비록 자신의 전지하심을 결코 포기하지 않으셨으나(요 3:13의 주석 참고), 예수 그리스도는 보통 사람들이 겪고 있는 동일한 한계에 자신을 적용시키셨다. 예수 그리스도께서는 배고프셨고, 목마르셨으며, 피곤해지셨다. 인간으로서 예수 그리스도의 몸은 동시에 어느 곳에나 있을 수 없었다. 따라서 예수 그리스도께서는 열두 명의 제자들을 선택하셔서 그들이 나가 예수 그리스도를 위해 전파하게 하셨다(14절). 그리고 그들에게 자신이 가지고 있는 동일한 권세를 주셔서 자신이 행하셨던 것처럼 병들을 치유하고 마귀들을 쫓아내게 하셨다(15절).

『**주께서 열둘을 정하셨으니**』(14절). 이는 공식적으로 권세와 능력을 위임한 것이다. 주어진 임무를 수행하기에 필요한 권세와 능력을 부여하신 것이다. "책임자"(Commissioner)가 "책임을 맡은 자"(commissionee)에게 손으로 안수하는 것이 상징이다(행 6:6; 13:3). 숫자 열둘은 이스라엘에게 전파하라는 명령이 주어진 것으로 인하여 선택되었다(마 10:6). 숫자 열둘은 이스라엘의 숫자이다(야곱의 열두 아들들, 이스라엘의 열두 지파). 각 지파들로부터 각 제자가 나올 필요는 없지만(민 13장의 정탐꾼들처럼), 각각의 제자들은 열두 지파를 대표한다(마 19:28 참고).

이 열둘은 마태복음 10:2에서 『**사도들**』이라고 불린다. 사도라는 이름은 "보냄을 받은 자"(『**내보내어**』)라는 의미이다. 사도는 교회의 공식적 직분이 되었고(엡 4:11) 교회의 모든 직분처럼 사도들은 남자들이었다(롬 16:1의 주석 참조). 사도는 특별한 직분이었고, 표적들을 동반하였다(막 16:17,18. 고후 12:12 참고). 이 표적들은 오늘날에는 존재하지 않는다(계 2:2 주석 참고). 사도행전에서 사도들은 두 그룹으로 나뉘어진다. 열두 사도들(유다의 자리를 대신한 맛디아를 포함, 행 1:20-26)과 두 번째 사도 그룹으로 『**주의 아우인 야고보**』(갈 1:19), 바나바(행14:14), 바울(고전 1:1) 등이 포함된다. 이 다른 사도들의 전체가 고린도전서 4:2의 주석에 나와 있다.

본문에 나와 있는 인물들에 대해 반드시 알아야 할 기본적인 사실들을 간략히 살펴보자. 마태복음 10장, 마가복음 3장, 누가복음 6장, 그리고 사도행전 1장에 나와 있는 사도들의 목록에서 베드로는 항상 첫 번째로 나온다. 그래서 교황들은 이를 내세워 베드로를 모든 사도들보다 최고로 여긴다. 이는 다음과 같은 사실들에 대해 무지하기 때문이다.

1) 베드로는 사탄으로 불린 유일한 사도이다(마 16:23).

2) 사도행전 15장에서 사도들과 장로들의 모임을 대표하는 책임자는 베드로가 아니었다(행 15:13 참고).

3) 베드로 자신은 자신이 다른 장로들 가운데 하나라고 말했다(벧전 5:1). 그리고 예수 그리스도는 『**목자장**』이라고 말했다(벧전 5:4).

4) 그리스도인들이 따라야 할 사도는 베드로가 아닌 바울이라고 성경은 말한다(고전 11:1). 그리고 베드로와 바울이 충돌했을 때 베드로는 바울로부터 책망을 들었다(갈 2:11).

베드로에게는 두 개의 이름이 주어졌는데 『**시몬**』은 "움직이는 모래"라는 뜻이고 『**베드로**』는 하나의 『**돌**』(요 1:42)이라는 뜻이다. 이는 회심의 상징을 나타낸다(2:14 설명 참고).

교황들이 예수 그리스도의 말씀을 왜곡한 것이 하나 더 있다. 베드로에 대해 "돌"(a stone), 혹은 "바위"(a rock)의 의미로 말했을 때 그는 분명 교회가 세워진 반석(the Rock)이 아니었다(마 16:18 주석 참고).

바울은 그 반석이 예수 그리스도시라고 말했다(고전 10:4; 3:11, 엡 2:20). 베드로도 그 반석이 예수 그리스도시라고 말했다(벧전 2:6-8). 그리고 예수 그리스도께서도 그 반석이 자신이라고 말씀하셨다(마 21:42-44, 막 12:10, 눅 20:17,18).

다음에 나오는 두 사람은 함께 다루어지는데 야고보와 요한이다. 1:19에서 살펴보았듯이, 그들은 형제들로서, 그들의 아버지는 세베대이다. 그들은 베드로를 따라왔는데 이 셋이 그리스도의 유명한 "최측근 그룹"이다(5:37; 9:2; 14:33). 이런 이유로 18절에서, 안드레는 자신의 형제 베드로와 분리되어 있다.

또 다른 이유로 야고보와 요한은 함께 묶여 있는데, 그것은 그들이 형제들로서 함께 결속되어 있기 때문이다. 10:35에서 그 둘은 예수 그리스도께 함께 와서 예수 그리스도께 예수님의 왕국에서 오른편과 왼편에 앉게 해 달라고 요구하였다.

예수 그리스도께서는 이들을 『**보아네게**』라는 이름으로 부르셨는데 그 의미는 『**천둥의 아들들**』이다. 이렇게 부르신 이유는 그들의 기질 때문이었는데, 한 예를 보고자 한다면 누가복음 9:54을 읽어 보라. 요한은 "천둥의 아들"로 시작하였으나 마침내 "사랑받는 사도"(요 21:20,24)가 되었다. 예수님과의 밀착된 교제가 그의 기질을 통제하였던 것이다.

『**또 안드레, 빌립**』(18절). 이들은 이 무리들 가운데 개인 구령자에 해당하는 사람들이다. 베드로를 예수 그리스도께 인도한 사람은 안드레였다(요 1:40,41). 그리고 오천 명을 먹이실 때 물고기 두 마리와 빵 다섯 덩어리를 가진 아이를 예수 그리스도께 인도한 사람도 안드레였다(요 6:8,9).

나다나엘을 예수 그리스도께로 인도한 사람은 빌립이었다(요 1:45). 빌립은 또한 오천 명을 먹이신 사건에서 그 이름이 나온다(요 6:5-7).

또한 빌립은 마지막 만찬에서 아버지를 자기들에게 보여 달라고 요청했던 제자이다. 이에 대한 예수님의 답변은 자신의 신성을 주장하시는 유명한 말씀들 가운데 하나였다. 이를 그 어떤 자유주의자들이나 이슬람교도들도 찾지 못한다.

『예수**께서 그에게 말씀하시기를 "빌립아, 내가 너희와 그처럼 오랜 시간을 있었는데 네가 나를 모르겠느냐? 나를 본 자는** 아버지를 **보았느니라. 그런데 어찌하여** '아버지를 **보여 주소서.'라고 말하느냐?**』(요 14:9)

다음에 나오는 두 제자는 『**바돌로매, 마태**』이다. 마태는 2:14에 나오는 레위이다(마 9:9 참고). 바돌로매는 일반적으로 요한복음에서 나다나엘과 동일시된다(요 1:46-49; 21:2).

그 다음, 『**도마, 알패오의 아들 야고보**』가 나온다. 이 도마는 그 유명한 요한복음 20:24-29의 "의심하는 도마"이다. 그는 『**디두모**』라고도 불리는데 헬라어로 "쌍둥이"에 해당하는 말이다(요 20:24). 요한복음 20장을 제외하면 그는 요한복음 11:16에서 기꺼이 예수 그리스도와 함께 죽을 각오를 했던 것으로 알려졌다. 그리고 예수 그리스도를 졸라 그분의 유명한 선언인 『**길이요 진리요 생명**』이시라는 진리를 말씀하시도록 하였다(요 14:5,6).

『**알패오의 아들 야고보**』는 사도들 가운데 있는 두 번째 야고보이다. 2:14에서 이 야고보와 마태가 형제일 가능성에 대해 살펴보았다. 마가복음 15:40에 따르면 그는 『**작은 야고보**』라고도 불렸다. 이는 그 구절에 나오는 마리아가 『**클레오파**』라는 남자와 결혼하였는데(요 19:25) 클레오파는 히브리어 알패오의 헬라어 형태로 짐작되기 때문이다. 어떤 해석가들에 따르면, 『**작은**』이라는 말이 키가 작다는 의미라고 하기도 한다. 『**세베대의 아들 야고보**』의 키보다 작거나, 혹은 사도들 중에서 키가 가장 작다고 보는 것이다. 그런데 주의해야 할 것은 이 야고보는 갈라디아서 1:19의 『**주의 아우**』가 아니라는 사실이다. 이 부분에 대해서는 6:3에서 더 자세히 다룰 것이다.

도마와 야고보에 이어 『**다대오, 카나안인 시몬**』이 나온다. 다대오는 복음서에 두 가지 이름으로 알려져 있다. 『**다대오**』는 그의 성이고, 그의 이름은 『**렙배오**』(마 10:3)이다. 마태복음 10장과 마가복음 3장의 사도들의 이름과 누가복음 6:16과 사도행전 1:13의 이름들을 비교해 보면, 분명한 것은 다대오에게는 세 번째 이름이 있다는 사실이다. 그것은 바로 『**야고보의 형제 유다**』이다. (이 야고보는 『**알패오의 아들 야고보**』이다.) 이 유다가 유다서의 기록자이다(유 1:1). 요한복음 14:22에서 다대오는 『**이스카리옷이 아닌 유다**』로 불려지는데 이는 『**유다 이스카리옷이니, 그는 또한 배반자였더라.**』(눅 6:16)와 구분 짓기 위함이다. 다대오가 회심했을 때 그에게 유다라는 이름이 주어졌을 가능성이 있다. 레위가 마태라는 이름을 받았듯 말이다. 만일 마태가 알패오의 아들인 두 번째 야고보와 관계가 있다면, 사도들 가운데 세 명의 형제들이 한 가족이 된다. 마태(레위), 야고보, 그리고 유다(다대오).

『**카나안인 시몬**』은 누가복음 6:15과 사도행전 1:13의 『**셀롯이라 하는 시몬**』(『**셀롯 시몬**』)이다. 셀롯 당은 군사집단으로 로마 군대와 싸우는 집단이었다. 마치 1940년대에 영국을 대항하여 싸웠던 유대인 무장단체 "스턴 갱"(Stern Gang)과 같았다[〈죽음의 재 같은 땅 이스라엘〉

(말씀보존학회) 참고]. 로마는 이들을 테러리스트로 보았다. 시몬은 카나안인으로 불린다. 이는 그의 출신 민족 때문이 아니라(마 15:22 참고) 카나안 땅이 유대인들의 소유이고 로마의 소유가 아니라고 믿었기 때문이다. (카나안은 약속의 땅에 대한 성경적 명칭이다. 로마인들은 그 땅을 "팔레스타인"이라고 불렀던 민족들 가운데 하나였다. 팔레스타인은 필리스틴의 라틴어이다.) 예수 그리스도께서는 이 급진적인 "시오니스트"를 취하여 로마를 향해 벌여 왔던 게릴라전을 버리게 하시고 설교자가 되게 하셨다. 로마를 위해 세금을 거두어들이던 한 유대인을 취하여 그렇게 하심으로 부를 축적하는 것을 버리게 한 것과 대조된다. 정치적으로 마태와 시몬은 서로 스펙트럼의 양 극단에 속한다. 그러나 예수 그리스도를 따르는 제자들로서 이들은 서로 사랑하게 되었다(요 13:34; 15:12,17).

19절에서 『**유다 이스카리옷**』이 다른 모든 사도들과 구별되어 나온다. 그 이유는 명백하다. 그는 예수 그리스도를 배반한 자이기 때문이다. 모든 사복음서에서 각각 그가 처음 등장했을 때 그의 정체가 밝혀진다(마 10:4, 막 3:19, 눅 6:16, 요 6:71).

유다는 다른 부분에 있어서도 특이하다. 그는 유일하게 갈릴리 출신이 아닌 사도이다. 그의 이름 이스카리옷은 "크리옷 사람"(man of Kerioth)이라는 뜻이다. (이스는 "사람"이고, 카리옷은 "Kerioth"이다.) 성경에는 크리옷이 두 군데 있다. 한 군데는 유다에 있다(수 15:25). 다른 하나는 모압에 있다(렘 48:24,41, 암 2:2). 나는 유다를 모압에 있는 크리옷 출신으로 보는데 (모압은 초림 당시 페레아(Perea)의 유대 영역이었다.) 그 이유는 모압의 크리옷을 언급한 바로 직후에 성령께서 다음과 같이 말씀하셨기 때문이다.

『**모압의 뿔이 잘렸고 그의 팔이 부러졌도다. 주가 말하노라**』(렘 48:25).

여기에서의 『**뿔**』은 한 사람을 가리키는데 (『**그의**』(his)라는 말을 주목하라.) 그의 팔이 부러진 한 사람이다. 성경에서 『**작은 뿔**』이라고 불리는 사람이 나오는데, 그는 비정상적인 팔을 가지고 있다. 그 사람은 바로 "적그리스도"이다.

『**내가 그 뿔들을 살펴보았더니, 보라, 그것들 가운데서 또 다른 작은 뿔이 나오더니, 먼저 나온 뿔 세 개가 그 앞에서 뿌리째 뽑혔더라. 또 보라, 이 뿔에는 사람의 눈 같은 눈이 있고 또 큰 일들을 말하는 입이 있더라**』(단 7:8. 계 13:4,5 참고).

『**양떼를 버려 둔 우상 목자**["우상 목자"가 올바른 본문이다. 〈킹제임스성경〉이 잘못된 것이 아니다. 이는 거짓 목자로서 우상 숭배와 연관된 목자이다. 계 13:14,15]**에게 화 있으리라! 칼이 그의 팔과 그의 오른눈에 임하리니, 그의 팔은 바싹 마르고 그의 오른눈은 완전히 어둡게 되리라**』(슥 11:17).

적그리스도는 데살로니가후서 2:3에서 『**멸망의 아들**』이라고 불린다. 이는 정확하게 예수 그리스도께서 요한복음 17:12에서 유다를 그렇게 부르셨다. 따라서 유다 이스카리옷은 적그리스도의 유형이다. 이런 이유로 그를 유다에 있는 크리옷이 아닌, 모압의 크리옷과 연관시키는 것이다.

게다가 유다는 한 본성을 가지고 있는데 유다는 단지 한 사람 이상의 존재이다. 요한복음 6:70,71을 보라.

『예수**께서 그들에게 대답하시기를 "내가 너희 열둘을 택하지 아니하였느냐? 그러나 너희 중에 하나는 마귀(a devil)니라."고 하시니라. 주께서는 시몬의 아들 유다 이스카리옷에 대해 말씀하셨으니, 이는 그가 열둘 가운데 하나로 주를 배반할 자였음이라.**』

여기에 나오는 『**마귀**』(a devil)는 THE Devil이 아니다(1:32의 설명 참고). 유다 이스카리옷은 사탄은 아니지만 마귀이다. 따라서 유다가 인간의 본성을 지니고 있을 수 있지만(『**시몬의 아들**』), 또한 『**마귀**』(a devil)로부터 나오는 마귀의 본성(diabolic nature)을 가지고 있는 것이다. 유다는 육화된 마귀이다.

이를 데살로니가후서 2:7에서 『**불법의 신비**』라고 불렀다. 이 불법의 신비는 『**경건의 신비**』(딤전 3:16)와 대조된다. 예수 그리스도께서 『**육신으로 나타나신** 하나님』이셨듯이, 적그리스도는 육신을 가진 사탄인 것이다. 예수 그리스도는 하나님의 아들이고 적그리스도는 멸망의 아들이다. 데살로니가후서 2:3의 『**멸망**』이라는 말은 단지 정죄받은 상태만을 나타내는 것이 아니고, 어떤 존재의 이름이기도 하다. 그에 해당하는 적합한 이름은 요한계시록 9:11에서 『**아폴루온**』이다. 아폴루온(Apollyon)은 타락한 천사로 끝없이 깊은 구렁에서 마귀의 영들을 다스리는 왕이다.

마가복음 1:24에서 말했듯이, 예수 그리스도께서 마귀(the Devil)를 멸망시키셔서 끝없이 깊은 구렁으로 보내시는 때는 지금이 아니라 재림 때이다(계 20:1,2). 그러나 시간에 앞서 그곳에 들어간 한 마귀가 있는데 바로 유다 이스카리옷이다. 유다가 자살했을 때 그는 지옥으로 간 것이 아니라 『**그 자신의 거처**』로 갔다(행 1:25). 즉 끝없이 깊은 구렁으로 간 것이다.

요한계시록 17:8은 무엇이라고 기록되었는지 알고 있는가? 『**네가 본 그 짐승**[멸망의 아들]**은 전에 있었다가** [요한계시록의 저자인 요한과 함께 땅에 있었다.] **지금은 없고** [요한이 요한계시록을 쓸 때 유다는 없었다.], **앞으로 끝없이 깊은 구렁으로부터 나와서** [유다의 영인 아폴루온이 대환란 때 적그리스도로서 올라온다.] **멸망으로 들어갈** [적그리스도는 재림 때 불못에 던져진다. - 계 19:20 - 그리고 사탄은 끝없이 깊은 구렁에 묶일 것이다.] **자라**』.

이런 이유로 유다는 마가복음 3:19에서 저절로 분리되어 기록된다.

3:20 무리가 다시 모이니 빵을 먹을 겨를도 없더라.

21 주의 친구들이 이 소문을 듣고 주를 데려가려고 오니, 이는 사람들이 말하기를 "그가 미쳤다."고 함이라.

22 또 예루살렘에서 서기관들이 내려와서, 말하기를 "그가 비엘세붑에 들렸다. 그는 마귀들의 통치자를 힘입어 마귀들을 쫓아낸다."고 하더라.

23 그때 주께서 그들을 부르시어, 비유로 말씀하시기를 "어떻게 사탄이 사탄을 쫓아낼 수 있겠느냐?

24 한 왕국이 서로 대립하여 갈라지면, 그 왕국은 서지 못하고,

25 한 가정도 서로 대립하여 갈라지면, 그 가정은 서지 못하며,

26 사탄이 스스로를 대적하여 일어나 갈라지면, 그는 서지 못하고 패망하게 되느니라.

27 먼저 강한 자를 결박하지 않고서 그의 집에 들어가 물건을 약탈

하는 사람은 아무도 없나니, 결박한 후에야 그 집을 약탈할 수 있느니라.

한 사도가 『**마귀**』였다는 사실을 말한 후에 어떤 내용이 나오는지 살펴보라. 예수 그리스도께서 사도들을 선택하신 후, 그들과 함께 어떤 집에 들어가셨는데, 이는 1:33; 2:1,2의 경우처럼, 무리가 예수 그리스도와 사도들이 있는 곳으로 모여들어 그로 인하여 저녁 식사를 하지 못할 지경이었다.

『**주의 친구들이 이 소문을 듣고 주를 데려가려고 오니, 이는 사람들이 말하기를 "그가 미쳤다."고 함이라**』(21절). 여기에서 말하는 친구들은, 예수님을 믿고 예수님께서 하신 말씀을 믿는 예수님의 제자들이 아니다(눅 12:4, 요 15:15 참고). 여기의 『**친구들**』은 예수님을 "정신 병원"으로 끌고 가려는 사람들로서, 그들이 온 이유는 예수님이 제정신이 아니라고 생각했기 때문이다. "He is beside himself"라는 말은 "그는 미쳤다."는 말의 관용 표현이다(행 26:24 참고).

그렇다면 21절의 "**친구들**"은 누구인가? 31절을 보라. 『**그때에 주의 형제들과 모친이 와서 문 밖에 서서 주께 보내어 주를 부르니**』. 예수 그리스도를 가리킬 때 예수 그리스도는 자신의 제자들을 자신의 육신의 가족과 분리시킨다(33-35절). 그 이유는 무엇인가? 예수님의 형제들은 예수 그리스도를 믿지 않았기 때문이다(요 7:5). 따라서 21절에서 예수 그리스도의 육신의 가족은 예수 그리스도를 사랑했는데(『**주의 친구들**』) 예수 그리스도를 데려가려 했던 것은 그들이 예수 그리스도가 제정신인지 염려해서였다. 그들이 그렇게 행한 이유는 예수 그리스도께서 하나님의 아들이 아닌 단지 그들에게 "맏형"이었기 때문이다.

사람들이 주장하는 예수님의 "광기, 정신착란"에 대해 서기관들이 어떤 결론은 내렸는지가 22절에 나와 있다. 『**그가 비엘세붑에 들렸다. 그는 마귀들의 통치자를 힘입어 마귀들을 쫓아낸다.**』 요한복음 10:20에 예수 그리스도의 적들은 다음과 같이 말한다. 『**그는 마귀들리고 미쳤는데**』.

여기에서는 미친 것과 마귀 들린 것의 차이에 대해 설명하지 않겠다. 이 부분에 대해서는 9:22에서 설명할 것이다. 다만 여기에서는, 미친 것 중에는 마귀들이 원인이 된 것도 있고 그렇지 않은 것도 있다는 정도만 말하겠다. 서기관들은 마귀가 예수 그리스도를 미치게 만들었다고 믿었다. 예수 그리스도께서 자신이 하나님이라고 주장하기 때문이다(요 10:30-33). 만일 예수 그리스도께서 하나님이 아니라면 그는 지금까지 살았던 사람들 가운데 가장 끔찍하고 비열한 거짓말쟁이거나, 아니면 미친 것이다. 어떤 재치 있는 사람이, 그것을 그 자신이 삶은 달걀이었다고 주장했던 사람과 연결시켰다. (자신을 하나님이라고 주장하는 것은, 그가 진짜 하나님이거나 아니면 정신이 나간 것이어야 한다. 마치 자기가 삶은 달걀이라고 주장하는 사람과 같다.) 예수 그리스도는 거짓말쟁이거나 아니면 미치광이였다. 아니면 자신이 말한 대로 주님이셨다.

『**그가 비엘세붑**(Beelzebub)**에 들렸다.**』 철자 "B"는 나쁜 의미를 함축한다. 반면 "J"는 좋은 말과 연관된다. Joshua, Judah, Jehoshaphat, Jesus Christ 등이다. 그 이유는 철자 "J"는 여호와(Jehovah)의 첫 자이기 때문이다. 하나님께서 예레미야 22:24-28에서 여코냐(Jeconiah)를 "코니야"(Coniah)로 부르신 이유는 여코냐가 너무 악하여 하나님께서 그를 자신의 이름과 연관된 이름으로 부르기를 원하지 않으셨기 때문이다. 여코냐(Jeconiah)에서의 "여"(Je)는 여호와(Jehovah)의 줄임말이기에 하나님께서는 그 남자의 이름에서 그 부분을 빼신 것이다.

반면 "**B**"는 나쁜 것들과 연관이 있다. Baal, Balak, Balaam, Baasha, Babel, Babylon 등이다. 이 모든 것은 바알(Baal)로부터 왔다("벨"로 불려지기도 한다. 사 46:1, 렘 50:2; 51:44). 바알은 거짓 신으로 구약 성경 전체를 통하여 이스라엘에게 재앙을 가져왔다. 태양 숭배와 연관이 있고(판 2:13 주석 참고), 카나안과 페니키아의 신으로, 그를 경배하는 과정에는 성행위가 포함되었다. 바알과 아스타롯 경배는 로마카톨릭 종교의 원천이 되었다.

바알이라는 말의 의미는 "주"(Lord)로서 참된 주(Jehovah)와는 반대로 거짓 주이다(고전 8:5). 『**비엘세붑**』(Beelzebub)은 구약의 필리스티아 신인 『**바알세붑**』(Baalzebub 왕하 1:2)의 헬라어 표기이다. 그 이름의 의미는 "파리들의 주"(Lord of flies)이다. 비엘세붑은 더러움의 신(the god of filth)이어서 예수 그리스도 당시의 유대인들은 비엘세붑을 사탄의 또 다른 이름(『**마귀들의 통치자**』)으로 여겼다.

여기에서 『**마귀들**』이 날개 달린 작은 피조물들인 파리들과 연관되어 있다는 사실에 주목하라. 따라서 마귀들은 타락한 천사들이 아니다. 성경에 나오는 어떤 천사도 날개가 없다. 성경에 나오는 천사들은 남자로 나타난다(판 13:6 주석 참고). 그런 경우라면 한 여자에게 일곱 마귀가 들어가는 것이 적합하지 않다는 사실을 알 것이다(눅 8:2). 또한 수천의 천사들이 한 남자에게 들어가는 것이 적합하지 않다는 사실도 알 것이다(막 5:1-13). 그러나 만일 『**마귀들**』이 새들과 같은 크기라면(막

4:4,15) 혹은 날개 달린 곤충들이라면, 그렇다면 아무런 문제가 되지 않는다.

예수 그리스도께서는 이 서기관들의 고소(예수 그리스도께서 사탄의 능력으로 마귀들을 쫓아낸다는 고소)에 『**비유들**』을 들어 답을 하신다. 비유들은 예증이 되는 이야기로 영적 진리를 전할 때 사용된다. 세 가지 비유를 말씀하시는데 1) 『**한 왕국이 서로 대립하여 갈라지면**』(24절), 2) 『**한 가정도 서로 대립하여 갈라지면**』(25절), 3) 『**먼저 강한 자를... 결박한 후에야 그 집을 약탈할 수 있느니라.**』(27절)이다.

처음의 두 『**비유들**』은 단순하지만 핵심을 찌른다. 만일 어떤 왕국이 『**서로 대립하여 갈라지면**』 그렇다면 그 왕국에는 내전이 일어난다. 한 집안이 『**서로 대립하여 갈라지면**』 그 가정은 이혼을 하거나 상속받지 못하는 일이 일어난다. 만일 사탄이 이리저리 돌아다니며 자신의 악한 영들을 쫓아낸다면 자신의 명분의 기초를 파괴시키는 일을 스스로 하고 있는 것이다.

"개종"(proselytizing)이라는 말(한 종교에서 다른 종교로 옮기는 것)과 연관 지어 그 말이 의미하는 것은 마귀는 어떤 유대인이 카톨릭으로 회심하였다고 해서 그를 떠나지 않는다는 것이다. 혹은 어떤 감리교 신자가 이슬람교로 회심하였다고 해서, 혹은 어떤 회중교회 신자가 불교로 회심하였다고 해서 그를 떠나는 것이 아니다. 그것은 사탄의 점유영역에 관해 일종의 거짓으로 꾸미는 "가장"(feint)이다. 그것은 일종의 기만이고 일종의 정신착란이다. 자신들의 아버지로 인하여 마귀들린 바리새인들(요 8:44)은 그들이 아테네나 로마로 향하여 어떤 제우스 숭배자들이나 주피터 숭배자들을 랍비들이 가르치는 유대교로 개종시켰을 때 그 "개종자"들에게는 어떤 일도 일어나지 않았다. 단지 저주만 두 배로 키웠을 뿐이다.

『**위선자인 서기관들과 바리새인들아, 너희에게 화 있으리라! 이는 너희가 한 사람의 개종자를 얻으려고 바다와 육지를 두루 다니다가 얻고 나면 그를 너희보다 두 배나 더 악한 지옥의 자식으로 만들기 때문이라**』(마 23:15).

따라서 어떤 은사주의자들이 가짜로 "마귀들을 쫓아낸다."거나 어떤 로마카톨릭 사제가 귀신을 쫓아내는 행위(exorcis)를 행한다고 할 때 그것은 전혀 사탄이 사탄을 대적하는 일이 아니다. 그것은 어리숙한 사람을 속일 목적으로 펼친, 볼거리를 제공하는 종교 쇼일 뿐이다. 예수 그리스도나 사도들이 마귀들을 쫓아낼 때 그 의도가 있었는데 그것은 그 사람을 자유롭게 해 주어 구원을 경험하게 하고 새로운 출생을 경험하게 하고자 하는 것이었다. 예수 그리스도나 사도들로 인하여 마귀에게 사로잡혔던 사람이 자유롭게 되었을 때, 자신이 속했던 왕국에서 다른 왕국으로 옮겨지는 일이 일어났다(골 1:13). 그 사람은 어떤 새로운 가족으로 들어가게 된 것이다(엡 2:19). 『**강한 자**』는 자신의 『**물건**』들을 약탈당했다(막 3:27).

27절에는 더 깊은 예언적 요소가 있다. 즉 그 구절에서 쉽게 드러나지 않은 예언의 요소가 있는 것이다. 그 비유에서 말하는 『**강한 자**』는 명백하게 마귀이고 그 강한 자의 물건들을 약탈하기 위해 그 강한 자의 집으로 들어가는 사람은 예수 그리스도시다. 요한계시록에서 예수 그리스도는 자신을 재림 때에 나타나는 『**도둑**』으로 연결시킨다(계 3:3, 16:15). 베드로와 바울도 재림을 『**밤에 도둑같이**』로 연결시킨다(살전

5:2, 벧후 3:10). 따라서 예수 그리스도께서 십자가에 못박히셨을 때 두 도둑들 사이에 달리셔서 도둑들 가운데 하나처럼 죽으셨다(막 15:27).

예수 그리스도께서 다시 오실 때 사탄이 가지고 있는 모든 것을 "훔치기" 위해 오신다. 사탄이 가지고 있는 가장 값진 소유물부터 훔치기 시작하시는데 그것은 당신이 구원받았다면 바로 당신 자신이다. 사탄은 고린도후서 4:4에서 『**이 세상의 신**』으로 불린다. 주께서 시험받으셨을 때 마귀는 예수 그리스도께 『**이 세상의 모든 나라들**』이 자신에게 속한 것이기에 자신이 원하는 자에게 줄 수 있다고 말했다(눅 4:5,6). 그리고 이에 대해 예수 그리스도께서는 반대 의견을 말씀하지 않으셨다. 따라서 마귀가 소유한 물건들은 잃어버린 죄인들과 이 세상의 정치적인 왕국들이다. 마귀가 왜 그렇게 구령자들과 사역자들을 미워하는지 의아해 한다면 이를 생각하라. 누군가가 당신의 집에 쳐들어와 아이들을 납치한다면 어떻게 반응하겠는가? 어떤 죄인을 예수 그리스도께로 인도할 때 당신은 마귀의 자녀를(엡 2:2) 납치하고 있는 것이다. 마귀는 이에 대해 조금이라고 호의를 보이지 않는다.

지금 현재, 그리스도인은 여전히 마귀의 『**집**』에 살고 있기에 사탄은 여전히 그에게 특정한 권세를 행사하고 있다. 만일 주께서 오시는 것이 늦어진다면 어느 날 죽을 것이다. 그 이유는 당신은 여전히 죽음에 굴복할 수밖에 없는 죄들의 몸 안에 있기 때문이다. 마귀는 하나님으로부터 『**사망의 권세**』(히 2:14)를 받았다. 물론 마귀가 그 권세를 믿는 자에게 행사하기 위해서는 하나님의 허락을 받고 있다는 사실을 우리를 알고 있다. 사탄은 하나님의 허락 없이는 어떤 하나님의 자녀의 생명도 취할 수 없다(욥기 1,2장). 그러나 그럼에도 불구하고 마귀는 여전히 그 권세를 가지고 있다.

당신이 궁극적으로 죽음을 이길 수 있는 이유는(고전 15:54,55) 마귀와의 한 판 승부에서 승리하신 분 안에 있기 때문이다(고전 12:13). 예수 그리스도는 『**자신을 낮추시고 죽음에까지 순종**』하셨다(빌 2:8). 그러나 그는 죽은 자들과 함께 머물러 있지 않으신다. 예수 그리스도께서 무덤으로부터 나오셨을 때 성경은 다음과 같이 말한다. 『**정사들과 권세들을 벗겨 내어**(spoiled)』(골 2:15) 따라서 영적인 면에서, 갈보리에서 부활 때에(딤후 1:10) "결박하는 것"이 있었고, "약탈하는 것"(spoiling)이 있었다. 그러나 완전하게 문자적으로 "결박하는 것"과 "강탈하는 것"은 아직 이루어지지 않았다(롬 16:20).

휴거 날에 주 예수 그리스도께서는 우리를 완전히 마귀의 『**집**』으로부터 취하여 『아버지**의 집**』(요 14:2,3)으로 올리실 것이다. 그리고 예수 그리스도께서는 그 일을 대환란 끝에 환란 성도들에 대해 다시 행하실 것이며(마 24:42-44), 사탄으로부터 그의 가장 값진 『**물건들**』(구원받은 죄인들!)을 약탈하신 후, 재림하셔서 『**강한 사람**』을 결박하실 것이다(계 20:2). 그리고 그 외의 모든 것을 다 취하신다(계 11:15).

3:28 진실로 내가 너희에게 말하노니 사람의 아들들에게는 모든 죄들과 그들이 모독하는 어떠한 불경도 용서되지만,

29 성령을 거슬러 모독하는 자는 결코 용서받지 못하고, 영원한 정죄의 위험에 처하리라."고 하시더라.

30 이는 그들이 말하기를 "그가 더러운 영을 지녔다."고 함이더라.

28-30절이 흔히 "용서받을 수 없는 죄"로 알려진 내용을 다루고 있기 때문에, 이 구절들을 23-27절의 그리스도께서 강론하신 내용으로부터 구별하여 따로 떼어 놓았다. 즉시 떠오르는 질문(혹은 성경을 진지하게 받아들이는 사람이라면 마땅히 떠올려야 할 질문)은 그리스도께서 과연 그 죄를 위해서도 죽으셨는가 하는 것이다. 29절을 보라. 『**결코 용서받지 못하고**』. 그렇다면 그리스도께서 그 죄를 위해서는 죽지 않으신 것이 아닌가? 하지만 그를 『**믿는 자는 모두 그분을 통하여 의롭게 된다**』(행 13:39)고 하지 않았는가? 그렇다면 어떻게 29절에서 이 죄만 빠뜨리실 수 있단 말인가?

그러나 그 구절의 나머지 부분을 보라. 『**영원한 정죄의 위험에 처하리라.**』 그렇다면, 이 죄를 범한 사람이 단지 지옥으로 가게 되는 『**위험에**』 처한 것이라면, 혹시 그가 지옥에서 벗어날 가능성이 있는 것 아닌가? 성경을 올바로 나누어 공부하지 않으면 얼마나 큰 혼란을 초래할 수 있는지 보이는가?

지금까지 이 구절로, 그리스도의 보혈 속죄가 모든 죄를 위한 것임을 믿고, 행위 없이 믿음으로 말미암아 은혜로 구원받는 것을 믿으며, 구원의 영원한 보장을 믿는 선의의 사람들이 훌륭한 설교를 많이 해왔다. 그러나 죄인들에게 그리스도를 받아들이도록 감동시키기 위해 이 구절에 대해 말하는 것은 이 문제에 대한 건전한 교리와는 아무런 관련이 없다.

근본주의 침례교회에서 이 구절을 설교하는 일반적인 방식은 이 죄가 그리스도를 거절하는 것이라고 말하는 것이다. 물론, 그것은 현실과 아무런 관련이 없다. 나는 그리스도를 백 번이나 거절하고도 결국 구원받은 사람들을 알고 있다. 남부 지역 사람들 중에도 그런 경우가 많다. 그

"순박한 남자들" 중 일부는 어린 시절부터 매주 주일 예배에 참석했고, 매년 두 차례 부흥 집회에도 수십 년 동안 갔지만, 어떤 사람들은 70세가 넘어서야 구원받기도 한다. 그래서 일부 설교자들은 이것을 최종적인 그리스도 거절이라고 해석하려 하지만, 그것은 이 본문과 전혀 관련이 없다. 마가복음 3장 어디에도 그리스도의 보혈 속죄를 믿는 믿음에 대한 내용은 나오지 않는다.

은사주의자들은 이 죄가 무엇인지 알지 못한다. 그래서 자신이 혹시라도 그 죄를 범할까 봐 극도의 두려움 속에서 살아간다. 누군가가 23-27절에서 말씀하신 그리스도의 말씀을 일반화하여 "그 죄란 성령의 역사를 사탄의 역사로 돌리는 것이다."라고 말했다. 그것은 성경을 올바로 나누어 공부하는 성경대로 믿는 사람이 오늘날의 방언, "표적", 그리고 신유(healing)와 같은 비성경적인 헛소리를 지적하지 못하도록 막기 위한 연막이다. 만약 당신이 어떤 은사주의 신유자가 "양 떼를 속여 돈을 뜯어내는 사기꾼"이라는 사실을 지적하면, 그들은 당신이 "용서받을 수 없는 죄"를 범하고 있다고 주장할 것이다. 그런 주장에 대해 우리는 이렇게 일갈한다. "헛소리(NUTS)!" 피칸, 캐슈너트, 브라질너트, 마카다미아! 예수 그리스도께서는 에베소 교회가 거짓 사도의 표적을 주장하는 거짓말쟁이들의 정체를 밝혀낸 것을 칭찬하셨다(계 2:2).

열심히 구령하는 훌륭한 복음 전도자였던 해럴드 스미스(J. Harold Smith)는 "하나님의 세 가지 최후통첩"(God's Three Deadlines)이라는 제목의 설교를 한 적이 있다. 그 설교에서 그는 성령을 모독하는 죄가 사실 성령을 욕하는(cussing out) 것이라고 말했다. 그는 자신이 알던 몇몇 사람들이 그렇게 욕을 한 후 48시간 이내에 죽었던 사례들을 예로 들었다. 이것이 훌륭한 복음 전도 설교일 수도 있겠지만, 옛말에 이런 말이 있다. "모든 좋은 설교가 좋은 교리를 만드는 것은 아니며, 모든 좋은 교리가 좋은 설교가 되는 것도 아니다."

스미스 형제가 한 일은 은사주의자들이 하는 것만큼이나 나빴다. 그는 자신의 경험을 통해 성경을 해석했고, 성경을 통해 자신의 경험을 해석한 것이 아니었다. 성령을 모독하는 유일한 방법이 "성령이여, XXX(욕설)!"이라고 말하는 것뿐이라는 뜻인가? 그렇다면 교황들처럼 "무오한"(ex cathedra) 권위를 주장하는 것은 어떻게 되는가? 성령의 권위를 찬탈하는 것이 성령 모독이 아니라는 뜻인가? 만약 그것이 성령을 모독하는 것이라면, 모든 성경 개정자들 – 웨스트코트(Westcott), 홀트(Hort), 샤프(Schaff), 드라이버(Driver), 네슬(Nestle), 알란드(Aland), 메츠거(Metzger), 테이어(Thayer), 모팻(Moffat), 굿스피드(Goodspeed), 와이글(Weigle), 필립스(Phillips), 버클리(Berkeley), 테일러(Taylor) 등등 – 이 모두 정죄받아야 할 것이다. 그들은 모두 "성령" 역할을 하면서 하나님께서 무엇을 말씀하셨고, 무엇을 말씀하지 않으셨는지를 자신들이 결정하여 말해 줄 수 있다고 주장했다.

성령을 욕하는 것과 관련하여 몇 년 전 "인터넷"에서 불신자들과 무신론자들이 기독교 가정, 특히 목회자 가정의 십대들에게 성령을 저주하라고 부추겼고, 그들이 성령을 저주하는 장면을 촬영하였는데 이는 의심의 여지없이 그 불신자들이 행한 것이었다. 그 후 그 영상들은 그 십대들이 그리스도와 성경을 단번에 영원히 거부하는 "간증"으로 인터넷에 게시되었다. 그들은 절대로 용서받을 수 없었고, 모든 다리는 끊어졌다. 그래서 이제 그들은 간음하고, 성적 변태가 되고, 술에 취해, 마약에 빠지고, 일반적으로 마귀처럼 살 수밖에 없었다. 왜냐하면 돌이키지 않았기 때문이다. 그 불쌍한 사람들은 성령을 욕한 것 때문이 아니라, 목사들과 성경 교사들이 어떤 주제에 대해 단 두 구절 이상을 읽지 못한 탓에, 즉 올바로 가르쳐 주지 못한 탓에 지옥에 빠져 버린 것이다.

성령 모독이 무엇인지 알고 싶은가? 만약 그것이 용서받을 수 없는 죄라면, 그것이 정확히 무엇인지 한 번에 영원히 해결하는 것이 좋지 않겠는가? 결국, 그것이 당신의 영원한 운명에 영향을 미칠 수 있으니까 말이다. 그럼, 정말 복잡하고 교묘하며 매우 지적인 방법으로 그것을 알아내는 방법을 알려 주겠다. 그 말이 무엇인지 말해 주는 다음 구절을 읽으라! 사실, 신학 교육을 바로잡는 데 성경만큼 좋은 것이 없다. 그들이 『**결코 용서받지 못하고**』, 『**영원한 정죄의 위험**』에 처하게 된 이유는 무엇인가?

『**이는 그들이 말하기를 "그**[예수 그리스도]**가 더러운 영을 지녔다."고 함이더라**』(30절). 당신은 그런 말을 해 본 적이 있는가? 만약 그렇게 했다면, 그 말은 무엇을 의미하는가? 아무것도 아니다! 이 구절을 보라. 그 구절이 현재형으로 되어 있음에 주목하라. 즉 이는 예수님께서 지상에 계실 때를 말하는 것으로, 지금은 아무 의미가 없다. 지금은 예수님께서 여기에 계시지 않으니까 말이다. 교회 시대 동안, 구원 여부와 상관없이 누구도 예수 그리스도를 『**육신을 따라**』 알지 않는다(고후 5:16 주석 참고). 이제 본문은 천년왕국 동안 예수님께서 예루살렘에서 보좌에 앉으실 때에 의미가 있다. 하지만 지금 당신이 아는 사람은 그런 말을 하지 않을 것이다. 그들이 구원받았다면 그리스도를 닮기 때문에 그런 말을 하지 않을 것이고(요일 3:2), 구원받지 않았다면 이미 죽어서 지옥에 있을 것이기 때문이다(살후 2:11,12; 1:7,8). 성령께서는 한때 예수님이 마귀 들렸다고 생각했던 많은 유대인을 구원하셨다(요 10:20, 행 6:7; 26:9, 딤전 1:13).

사람들이여, 경청하라. 그 책에 있는 모든 것을 제자리에 놓아야만 한다. 29절에서 예수님은 그의 지상 사역 중에, 율법 아래 있는 유대인들에게 말씀하고 계신다. 그분은 아직 어떤 사람의 죄를 위해서도 죽으신 적이 없다. 만약 예수님이 마귀 들렸다고 말했던 그 유대인들 중 누군가가 예수님께서 십자가에 달리시기 전에 죽었다면, 그들은 지옥에 갔을 것이다. 왜냐하면 구약에는 성령을 모독한 죄에 대한 속죄가 없었기 때문이다. 하지만 신약에는 그 죄에 대한 속죄가 분명히 있다.

『**그러므로 형제들아, 너희가 알 것은 이분을 통하여 너희에게 죄들의 사함이 선포되었으며 너희가 모세의 율법으로는 의롭게 되지 못하였던 그 모든 일**[어떤 예외도 없다.]**에 있어서도 믿는 자는 모두**[어떤 예외도 없다.] **그분을 통하여 의롭게 된다는 것이니라**』(행 13:38,39).

『**그러나 그분이 빛 가운데 계신 것같이 우리도 빛 가운데 행하면 우리가 서로 간에 교제가 있게 되고, 그의** 아들 예수 그리스도**의 피가 우리를 모든 죄에서 깨끗하게 하시느니라**』(요일 1:7). 어떤 예외도 없다!

3:31 그때에 주의 형제들과 모친이 와서 문 밖에 서서 주께 보내어 주를 부르니,

32 무리가 주를 에워싸고 앉아서, 주께 말씀드리기를 "보소서, 당신

의 모친과 형제들이 밖에서 당신을 찾고 있나이다."라고 하더라.

33 주께서 그들에게 대답하여 말씀하시기를 "누가 나의 모친이며 또
형제들이냐?"라고 하시고,

34 자기를 에워싸고 앉은 그들을 둘러보신 후, 말씀하시기를 "나의
모친과 나의 형제들을 보라!

35 누구든지 하나님의 뜻을 행하는 그 사람은 나의 형제요, 자매요,
모친이니라."고 하시니라.

이것은 로마카톨릭 신자에게는 어려운 부분이다. 예수 그리스도는 자신의 어머니에게 관심을 두지 않으신다. 여기서 마리아는 아들로부터 아무것도 얻을 수 없다. 예수님은 심지어 마리아를 어머니로서도 인정하지 않으신다. 그 사실을 보라!

『**누가 나의 모친이며**』(33절). 글쎄, 마리아는 아니다! 누구에 의하면? 예수 그리스도에 의하면 마리아는 예수 그리스도의 모친이 아니다! 『**자기를 에워싸고 앉은 그들을 둘러보신 후, 말씀하시기를 "나의 모친...을 보라!**』(34절) 그 모친은 마리아가 아니었다. 왜냐하면 그녀는 밖에 있었기 때문이다(32절).

물론, 마리아는 35절에 나오는 것처럼 예수님의 어머니로 자격이 있었다. 『**누구든지** 하나님**의 뜻을 행하는 그 사람은 나의... 모친이니라.**』 그러나 이것은 마리아에게만 해당되는 것이 아니었다. 막달라 마리아, 요안나, 수산나도 자격이 있었다(눅 8:2,3). 마가 요한의 어머니(행 12:12), 타비다(행 9:36), 프리스킬라(행 18:2), 페베(롬 16:1,2), 로이스와 유니케(딤후 1:5), 그리고 올바르게 살려고 노력하는 모든 그리스도인 여성들도 마찬가지였다(딤전 2장, 딛 2장, 벧전 3장). 만약 이 땅에 살았던 모든 그리스도인 여성들을 다 합친다면, 예수님께는 몇 백만 명의 어머니가 있을 것이다.

예수님은 결코 마리아를 자신의 육신의 어머니로 인정하지 않으셨다. 요한복음 2:4에서 마리아를 "어머니"라고 부르지 않으셨는데, 카톨릭에서는 예수님이 어머니의 중보 기도를 듣는다고 증명하는 구절로 사용한다. 예수님은 십자가에서 돌아가실 때도 마리아를 어머니로 인정하지 않으셨다. 예수님께서는 『**여인**[어머니가 아니다.]**이여**, **당신의 아들을 보소서!**』(요 19:26)라고 말씀하셨고, 또 요한에게 『**네 어머니를 보라!**』(요 19:27)라고 말씀하셨다.

왜 예수님이 그렇게 하셨는지 아는가? 그것은 예수님께서 자신의 어머니에 대해 제5계명을 지키지 않으신 것이 아니었다. 그것은 예수님께서 거의 10억 명의 이교도 우상 숭배자들이 그분의 지상 어머니를 마귀적인 하늘의 여왕(렘 7:18; 44:17-19,25 참고)으로 대하는 데 대해 변명할 여지를 없애기 위해 의도적으로 하신 일이었다. 그렇게 하심으로써 『하나님**과 사람 사이에 중보자도 한 분이시니, 곧 사람이신** 그리스도 예수』(딤전 2:5)께 나아가는 데 있어서, "공동 구속자"(마리아)로 인해 방해받지 않게 하기 위함이었다.

마가복음 4장

4:1 주께서 다시 바닷가에서 가르치기 시작하시더라. 큰 무리가 그에게 모여들므로 주께서는바다에 떠 있는 배에 올라 앉으시고, 온 무리는 바다에 접한 육지에 있더라.

2 주께서 그들에게 많은 것을 비유로 가르치시고, 그의 교리로 말씀하시더라.

예수님께서 다시 한번 갈릴리 바닷가에서 가르치신다. 이전에 3:9에서도 그러하셨던 것처럼(해당 구절에 대한 주석 참고), 군중이 너무 많아 예수님께서 배를 타고 물가에서 조금 떨어진 곳에서 가르치시고, 회중은 해변에서 그분의 말씀을 듣고 있다.

예수님께서는 이전에 3:23에서 서기관들과 바리새인들에게 몇 가지 비유로 말씀하셨지만, 이번에는 사역 중 처음으로 무리들에게 『**비유로**』 가르치신다(2절). 그리고 그렇게 하시는 이유를 10-12절에서 설명하신다.

라디오나 텔레비전에 나오는 일반적인 성경 교사나 설교자의 말을 듣다 보면, 예수님께서 비유로 가르치신 이유가 우리들이 그분의 교리를 더 쉽게 이해할 수 있도록 하기 위함이라고 생각하게 될 것이다. 그러나 그것은 예수님께서 직접 말씀하신 이유와 정반대이다. 예수님께서 비유로 가르치신 이유는 오히려 그분의 교리를 감추시고, 스스로 의롭다고 여기는 종교인들을 정죄하시기 위함이었다.

『**모든 것이 비유로 되었느니라. 이는 그들이 보기는 보아도 알지 못하며, 듣기는 들어도 깨닫지 못하게 하여 어느 때라도 회심하지도 못하고, 그들의 죄들이 용서받지도 못하게 하려 함이라**』(11,12절).

사람들이여, 성경은 『**마음의 생각들과 의도들을 판별**』한다(히 4:12). 만약 당신이 잘못된 마음으로 성경에 다가간다면, 하나님께서 당신을 엉망으로 만들어 혼란에 빠뜨리실 것이다. 믿기 어려운가? 에스겔 14:1-11을 찾아서 직접 읽어 보라! 하나님께서는 우상 숭배하는 마음으로 그분께 나아와 진리가 제시될 때 받아들이지 않는 자를 일부러 속이시기도 하신다(살후 2:10,11).

2절에서 예수님께서 비유들로 『**교리**』를 가르치신다는 점에 주목하라. 이것이 중요한 이유는 모든 학자들이, 비유를 통해서는 교리를 가르칠 수 없다고 동의하기 때문이다. 그런 이유로 현대 번역본들은 2절의 『**교리**』(doctrine)라는 단어를 "가르침"(teaching)으로 변경한다.

교리는 단순한 일반적인 "가르침"(teaching)이 아니다. 그것은 성경에서 당신이 믿어야 할 올바른 가르침이다. 내가 여러분에게 자동차를 수리하는 법이나 케이크를 굽는 법을 가르쳐 줄 수 있지만, 그것은 "교리"(doctrine)가 아니다. 교리는 문법 규칙이나 "구구단"(곱셈)에 대한 가르침이 아니다. 그렇기 때문에 "교리"가 성경적인 단어이며, "가르침"은 단지 공립학교 교육을 받고 대학(세속 대학이든 "기독교" 대학이든)에서 돈을 허비한 사람들의 무지를 맞춰 주기 위한 것일 뿐이다.

4:3 "경청하라, 보라, 씨 뿌리는 자가 뿌리러 나가서,
4 씨를 뿌렸는데 어떤 씨는 길가에 떨어지니, 공중의 새들이 와서 먹어 버렸고
5 또 어떤 씨는 흙이 많지 않은 돌밭에 떨어지니, 흙이 깊지 아니하므로 즉시 싹이 나오나
6 해가 솟아오르자 시들었으며, 뿌리가 없으므로 말라 버렸고
7 또 어떤 씨는 가시떨기 사이에 떨어지니, 그 가시떨기가 자라서 기운을 막으므로 열매를 맺지 못하였느니라.
8 또 어떤 씨는 좋은 땅에 떨어지니 자라고 번성하여 열매를 맺되 어떤 것은 삼십 배로, 어떤 것은 육십 배로, 또 어떤 것은 일백 배로 맺었느니라."고 하시더라.

이것이 바로 씨 뿌리는 자의 비유이다. 예수님께서 직접 이 비유를 마태복음 13:18에서 그렇게 부르셨다. 어떤 주석가들은 이 비유가 씨가 떨어지는 네 가지 종류의 땅에 관한 것이기 때문에 "땅들의 비유"라고 부르기를 좋아한다. 그러나 예수님께서 이 비유를 "씨 뿌리는 자의 비유"라고 하신 이유는 그분이 바로 씨를 뿌리는 자이시기 때문이다(마

13:37). 네 가지 종류의 땅은 예수님의 말씀을 듣고 반응하는 사람들의 네 가지 다른 마음 상태를 나타낸다. 그러므로 이 비유는 사실 우리에 관한 것이 아니라, 전적으로 예수님에 관한 것이다.

4:9 또 그들에게 말씀하시기를 "들을 귀 있는 자는 들을지어다."라고 하시더라.
10 주께서 혼자 계실 때, 열둘과 더불어 주를 에워싼 사람들이 그 비유에 관하여 주께 묻더라.
11 주께서 그들에게 말씀하시기를 "너희에게는 하나님의 나라의 신비를 알도록 허락되었으나 밖에 있는 사람들에게는 모든 것이 비유로 되었느니라.
12 이는 그들이 보기는 보아도 알지 못하며, 듣기는 들어도 깨닫지 못하게 하여 어느 때라도 회심하지도 못하고, 그들의 죄들이 용서받지도 못하게 하려 함이라."고 하시고

이 비유는 많은 무리들에게 주어진 것이지만, 예수님께서는 그들에게 그 의미를 설명하지 않으셨다. 비유의 의미에 대해 설명을 들은 사람들은 『**혼자**』 예수님과 시간을 보내며 그 비유의 뜻을 묻는 자들이었다(10절). 성경에는 오직 성경과 기도 속에서 홀로 시간을 보낼 때만 깨달을 수 있는 진리들이 있다. 그 열쇠는 주석서를 파고들거나 "원어"를 연구하는 것이 아니라, 당신 안에 계신 그리스도의 영께서 당신을 인도하여 『**모든 진리로 인도**』하시도록 맡기는 것이다(요 16:13). 나는 밥 존스 대학에 다녀서 성경을 알게 된 것이 아니다. 집회가 끝난 후 호텔 방에서 홀로 성경을 연구하고 기도하며 시간을 보냄으로써 깨닫게 된 것이다.

10절에서 예수님과 함께 따로 있는 사람들은 단순히 『**열둘**』만이 아닌 사실에 주목하라. 예수님께서는 사도로 열두 제자를 선택하셨지만, 그 외에도 예수님께서 가시는 곳마다 신실하게 따라다닌 여러 사람이 있었다. 이것이 사실임을 알 수 있는 것은, 유다를 대신할 사도를 선택할 때 베드로가 이렇게 말했기 때문이다. 『주 예수**께서 우리 가운데 출입하신 모든 기간 동안 즉 요한의 침례로부터 시작하여 우리를 떠나 들려 올라가신 날까지 줄곧 우리와 더불어 지냈던 이 사람들 중에서**』(행 1:21,22). 그때 두 사람이 후보로 뽑혔는데, 그들은 『**유스토라고도 부르는 요셉이요, 또 한 사람은 맛디아**』였다(행 1:23). 또한, 예수님을 따라다니며 『**그들의 물질로 주를**』 섬긴 여자들도 있었는데 그중 한 명이 막달라인이라 하는 마리아였다(눅 8:1-3). 따라서 예수님께서 이 자리에서 개인적으로 비유의 의미를 설명하실 때, 그것은 남자들에게만 국한된 것이 아니었다. 이슬람과는 달리, 예수님의 사역과 초대 교회에서는 여성들도 존중받으며 섬기는 역할을 감당했다.

『**주께서 그들에게 말씀하시기를 "너희에게는** 하나님**의 나라의 신비를 알도록 허락되었으나**』(11절). 주님께서는, 주께서 계시를 주시는 자들과 그것을 감추시는 자들을 구별하신다. 그러나 이것은 "하나님의 주권적인 뜻"이나 칼빈주의적 허튼소리와는 아무런 관련이 없다. 이것은 오히려 9절에서 예수님께서 하신 권고와 관련이 있다. 『**들을 귀 있는 자는 들을지어다.**』 같은 권고가 23절에서도 반복되며, 24절에서는 추가적인 경고가 주어진다. 『**너희가 듣는 것에 주의하라**』(24절). 문맥상 이것은 하나님의 말씀을 듣고 믿는 것(14절)과 관련이 있으므로, 바울이 로마서 10:17에서 한 말이 마가복음 4장에서의 이 말씀을 이해하는 데 적절하게 적용된다. 『**그러므로 믿음은 들음에서 나오며 들음은** 하나님**의 말씀에 의해서니라.**』

마가복음 3:34-35의 병행 구절인 누가복음 8:21에서 예수님께서는 『**내 모친과 형제들은** 하나님**의 말씀을 듣고 그것을 행하는 사람들이라.**』라고 말씀하셨다. 또한 예수님께서는 『하나님**의 말씀을 듣고 그것을 지키는 사람들**』(눅 11:28)에게 특별한 복을 약속하셨다. 따라서 예수님을 믿음으로 들은 자들은 그분에게서 더 많은 것을 받았고(막 4:24), 믿음 없이 들은 자들은 그저 비유만 받았을 뿐이다(막 4:25).

여기서 논의되고 있는 것은 『하나님**의 나라의 신비**』라는 사실에 주목하라. 그래서 이는 마태복음 13:11에 언급된 『**천국의 신비들**』과는 다르다. 마태복음은 유대인들에게 약속된 문자적이고 물리적인 왕국을 다루고 있는 반면, 마가복음 4장은 의와 화평과 기쁨의 영적인 왕국을 다루고 있다(1:14,15 주석 참고). 본문에서의 내용과 마태복음 13장의 비슷한 점이 학자들을 혼란스럽게 만든다. 이 비유(21,22절의 촛불 비유와 31,32절의 겨자씨 비유 포함)가 물리적인 왕국과 영적인 왕국 둘 다에 적용된다고 해서 두 왕국이 같다고 할 수는 없다. 26,27절의 씨와 그 성장에 관한 비유는 하나님의 나라에만 있는 비유이다.

따라서 마가복음 4장의 비유들은 교회 시대에 분명히 적용된다. 예수 그리스도를 거부한 유대인들에게 숨겨져 있는 『**신비**』는 물리적인 천국이 그들이 거부한 왕과 함께 숨겨지게 될 것이며, 그 왕국에 들어가는 유일한 방법은 먼저 영적인 왕국을 거쳐 가야 한다는 것이다. 바로 이것이 현재 일어나고 있는 일이다. 유대인은 그리스도를 구주로 믿어야만 그다음 그분을 메시아로 볼 수 있다.

이제 12절은 이사야 6:9,10에서 인용된 말씀이다. 이 예언은 이스라엘 민족에게 매우 중요한 것으로, 신약 성경에서 다섯 번 언급된다. 마태복음 13:14,15, 본문, 요한복음 12:38-40, 사도행전 28:26,27, 그리고 로마서 11:8이다. 이 예언은 교회 시대 동안 이스라엘이 그들의 메시아이자 구주를 복음서와 사도행전에서 거부한 결과로 하나님께서 이스라엘을 일시적으로 거부하신 것을 보여 준다. 그것은 영적인 눈이 멀어, 영적인 치료가 필요한 상태인데 그 치료법은 그리스도를 믿는 것이다. 이것이 바로 로마서 11장의 전체 주제이다. 전체적으로 민족은 눈이 멀었지만, 그 눈이 먼 상태는 유대인 개인이 그리스도를 구주로 믿음으로 치유된다.

그 눈먼 것이 최종적으로 치유되는 때는 재림 때이다(롬 11:25-27). 그때 이스라엘 민족은 회개하고(슥 12장), 새 언약이 이스라엘 민족 전체에게 적용된다(히 8:8-10). 그 일이 일어나면, 예수님이 재림하실 때 살아 있는 모든 유대인에게 성령이 부어지고, 그들은 영적인 왕국을 통해 물리적인 왕국에 들어간다(행 2:16-21). 그 민족은 하루 만에 회심하고, 그때부터 천년왕국이 시작될 수 있다.

4:13 또 주께서 그들에게 말씀하시기를 "너희는 이 비유를 알지 못하느냐? 그렇다면 어떻게 모든 비유를 알겠느냐?

14 씨 뿌리는 자는 말씀을 뿌리느니라.

15 말씀이 길가에 뿌려졌다는 것은 이들을 두고 하는 말이니, 즉 말씀을 듣자, 곧 사탄이 와서 그들의 마음속에 뿌려진 말씀을 빼앗아 가는 자들이요,

16 또 이와 같이 말씀이 돌밭에 뿌려졌다는 것은 이들을 두고 하는 말이니, 그 말씀을 듣고 즉시 기쁨으로 받으나

17 그들 안에 뿌리가 없으므로 잠시 동안만 견디다가, 후에 그 말씀으로 인하여 고난이나 박해가 오면 곧 실족하는 자들이요,

18 또 가시떨기 사이에 뿌려졌다는 것은 이들을 두고 하는 말이니, 말씀을 듣기는 하나,

19 이 세상 염려들과 재물의 속임수와 다른 일들에 대한 욕심이 들어와, 말씀을 억눌러 열매를 맺지 못하는 자들이요

20 또 좋은 땅에 뿌려졌다는 것은 이들을 두고 하는 말이니, 즉 말씀을 듣고 받아서 어떤 사람은 삼십 배로, 어떤 사람은 육십 배로, 어떤 사람은 일백 배로 열매를 맺는 자들이니라."고 하시니라.

『**너희는 이 비유를 알지 못하느냐? 그렇다면 어떻게 모든 비유를 알겠느냐?**』(13절). 그러므로 씨 뿌리는 자의 비유는 다른 모든 비유의 기준으로 주어졌으며 해석의 방법의 기준도 주어졌다. 그런 이유로 해석이 문맥 안에서 제시되었다. 예수님께서 주신 해석을 통해, 우리는 비유의 모든 세부 사항이 각각의 정확한 의미를 가진다는 것을 알 수 있다. 이것은 비유가 단지 "중심 진리"만을 제시한다고 가르치는 학자들의 주장과 반대된다. 학자들은 비유의 해석을 감당하지 못하기 때문에 그렇게 말하는 것이다. 겨자씨 비유로 내려가 보면 알겠지만, 그리스도의 비유를 해석하는 데 있어 "학자들의 합의"는 대개 희망적인 생각에 기초한 추측에 불과하다. 성경은 『**어리석은 자들의 입에 있는 비유담**』은 저는 자의 다리와 같다고 말하며(잠 26:7), 가시에 찔린 술 취한 자의 손과 같다고 말한다(잠 26:9). 여기서 "어리석은 자"란 종교적이고, 교육받은 어리석은 자이다.

『**씨 뿌리는 자는 말씀을 뿌리느니라**』(14절). 예수님께서 3-8절에서 주신 비유의 해석이 여기서 시작된다. 가장 첫 번째이자 중요한 세부 사항은 뿌리는 자가 어디에 씨를 뿌리는지가 아니라, 무엇을 뿌리는가 하는 것이다. 뿌려지는 씨는 바로 『하나님**의 말씀**』이다(눅 8:11).

여기에서 즉시로 마태복음 13장에 나오는 천국의 비유와 마가복음 4장에 나오는 하나님의 나라의 비유의 차이를 볼 수 있다. 비록 두 비유가 같은 비유지만 서로 다르다. 예수님께서 마태복음 13장에서 씨 뿌리는 자의 비유를 해석하실 때, 그 씨를 『**왕국의 말씀**』이라고 정의하신다(마 13:19). 어떤 차이가 있느냐고 물을 것이다. 그 차이는, 하나는 이 땅에 세워질 실제적이고, 가시적이며, 물리적인 왕국에 대한 말씀이다(사 2:3). 그리고 다른 하나는 믿는 자들의 마음 안에서 새로운 출생을 일으키는 말씀이다(약 1:18, 벧전 1:23).

따라서 예수 그리스도는 씨 뿌리는 자이다. 씨는 하나님의 말씀이다. 네 개의 다른 땅은 그리스도의 말씀들을 듣는 사람들의 마음이다. 15절 끝에서는 『**그들의 마음 속에 뿌려진 말씀**』이라고 한다. 첫 번째 듣는 자는 부주의하고 태만한 사람이다. 이 사람은 길가에 있는 단단해진 흙으로 나타난다. 이것은 밭 끝 가장자리에 있는 길로서, 사람들이 많이 밟고 지나다녀 아주 딱딱해진 땅이다. 씨는 겨우 그 표면에 떨어졌을 뿐, 흙 안으로 스며 들어가지 않았다. 이에 대해 히브리서에서는 이렇게 경고한다. 『**오늘 너희가 그의 음성을 듣거든 격노의 때와 같이 너희 마음을 완악하게 하지 말라." 하셨으니**』(히 3:15; 4:7).

하나님의 말씀이 부주의하게 듣는 자의 완악한 마음에 떨어질 때 사탄이 즉시 온다. 『**곧 사탄이 와서**』. 지체하지 않는다. 사탄은 4절에서 『**공중의 새들**』이다. 마귀는 더러운 영들(복수)로 이루어진 더러운 영(단수)이라는 사실을 이미 살펴보았다(1:24). 마귀들은 새들로 묘사된다. 더러운 새들이다(계 18:2). 따라서 레위기 11:13-19에 언급된 모든 더러운 새들은 더러운 영들을 나타낸다. 이들은 불못에서 끝난다(사 34:9-15). 하나님께서는 다음과 같이 명령하셨다. 『**너희는 주의 책에서 찾아 읽으라**』(사 34:16).

따라서 하나님의 말씀이 선포될 때 마귀는 바로 거기에서 뿌려진 하나님의 말씀을 빼앗아 간다. 마귀는 죄인이 하나님의 말씀을 듣지 못하기를 원한다. 마귀는 죄인이 하나님의 말씀을 듣지 못하게 한다. 모든 모슬렘 국가들, 공산주의 국가들에서 성경을 금하는 이유가 이것이다. 미국의 공립학교 역시 마찬가지다. 사람들이 하나님께서 말씀하신 것에 노출되지 못하도록 하는 것이 사탄의 일이다.

만일 사탄이 말씀을 듣는 것을 멈추게 할 수 없었다면 그다음으로는 들은 말씀을 받아들이지 못하게 한다. 말씀은 단지 사람들의 말이지 하나님의 말씀은 아니라고 납득시킬 것이다(살전 2:13). 성경은 단지 세상에 있는 많은 종교 경전들 가운데 하나일 뿐이라고 납득시킬 것이다.

성경은 단지 신화일 뿐이라고, 성경의 예언이라고 하는 것들은 모두 사건이 일어난 후에 기록된 것이라고, 예수님께서 창세기는 모세가 쓴 것이라고 말했을 때 예수님이 거짓말한 것이라고 납득시킬 것이다. 하나님의 말씀을 듣게는 하되 그 말씀들이 하나님의 말씀이라고 받아들이지는 못하게 한다.

만일 마귀가 하나님의 말씀을 듣지 못하게 하는 것에 실패했다면, 또 하나님의 말씀을 받아들이지 못하게 하는 일에 실패했다면 그다음으로 마귀가 하는 일은 마음을 혼란스럽게 하여 이해하지 못하게 한다. 어느 날 나는 헬스장에서 한 남성에게 복음을 전하고 있었다. 그런데 그가 예수 그리스도와 구원에 대해 성경이 말하는 것을 믿지 않으려고 이렇게 말했다. "어떻게 내가 당신이 말하는 것이 옳다고 알 수 있습니까? 카톨릭은 한 가지를 말하고, 감리교는 또 다른 것을 말하며, 여호와의 증인은 또 다르게 말하는데, 도대체 누가 맞는 겁니까?" 나는 그에게 물었다. "대학에 다녔습니까?" 그가 대답했다. "네." "졸업하셨습니까?" "네." 그래서 나는 그에게 말했다. "당신은 대학을 졸업한 사람인데, 누군가가 성경에서 거짓을 말하는지조차 분별할 수 없다는 겁니까?" 그 사람의 문제는 무엇이었는가? 마귀는 그가 성경에서 너무나도 많은 서로 다른 가르침을 듣게 만들어서, 결국 무엇이 옳고 그른지조차 알 수 없게 만들어 버렸다. 그리고 그는 자신이 듣는 말이 사실인지 확인하려고 『**그 말들이 그런가 하여 매일 성경을 상고**』(행 17:11)하려는 마음조차 없었다.

만일 사탄이 하나님의 말씀을 듣지 못하게 하는 데 실패하고, 받아들이지 못하게 하는 데 실패하고, 이해하지 못하게 하는 데 실패했다면 이번에는 잊어버리게 만든다. 사탄은 당신이 점심으로 무엇을 먹을지,

경기 결과가 어떻게 될지, 텔레비전에 어떤 프로그램이 나오는지를 생각하게 만들어서, 당신이 설교를 들으며 마음에 찔림을 받았던 것을 잊어버리게 한다. 마귀는 확신 가운데 들은 말씀을 기억나지 못하게 한다. 그리고 이 모든 방법도 실패한다면 마귀는 마지막으로 말씀에 순종하지 못하게 한다.

이것이 마귀가 하는 일이다. 마귀가 하는 일은 영적인 일이다. 마귀가 하는 주요 일은 포르노를 퍼뜨리고 낙태시키고 약물에 중독되게 하고, 성적으로 타락시키는 일이 아니다. 이 모든 일은 육신적인 일일 뿐이다. 창세기 3장 이래로 마귀가 하는 일은 하나님께서 하신 말씀을 공격하는 일이다. 사탄은 **그 책**에 관심이 있다.

『**돌밭에 뿌려졌다는 것은**』(16절). 이에 해당하는 듣는 자는 일시적으로 듣는 자이다. 왜냐하면 깊이가 없기 때문이다. 『**흙이 깊지 아니하므로**』(5절). 이들은 하나님의 말씀을 받아들이나 뿌리를 내리지 못한다. 어느 모로 보나 그들은 "그리스도인들"이 된 것처럼 보이나 잃어버린 자들이다. 뿌리가 없이는 열매도 없다(잠 12:12). 『**뿌리**』는 예수 그리스도이시다(롬 15:12, 계 5:5; 22:16). 예수 그리스도 없이는 진정한 회심은 없다. 회심의 모습은 금방 사라진다. 『**후에 그 말씀으로 인하여 고난이나 박해가 오면 곧 실족하는 자들이요**』(17절).

『**가시 떨기 사이에 뿌려졌다는 것은**』(18절). 이에 해당하는 듣는 자들은(18절) 다르다. 그들에게는 뿌리가 있다. 즉 구원받았다는 말이다. 구원받은 그들이 열매를 맺지 못하는 까닭은 부주의하고, 단단해진 완악한 마음 때문이다. 아니면 얇고 한시적으로만 반응하는 마음 때문이다. 말씀이 뿌리를 내리고 자라기 시작하나, 『**열매를 맺지 못하는 자들**』

이 된다(19절). 왜냐하면 말씀들이 억눌렸기 때문이다. 문제는 무엇인가? 그들이 세상적이라는 사실이다.

이것이 데마의 경우이다. 데마는 바울의 동역자로서 일하다가(몬 1:24) 탈영했다. 이 현 세상을 사랑했기 때문이다. 『**데마는 이 현 세상을 사랑하여**』(딤후 4:10). 이런 이유로 그리스도인들에게 성경은 명령한다. 『**세상도, 세상에 있는 것들도 사랑하지 말라**』(요일 2:15). 당신이 구원받을 때 그리스도께서 이 세상으로부터 당신을 옮기셨는데(갈 1:4) 그럼에도 『**이 악한 현 세상**』을 사랑한다는 것은 당신의 구주를 위해 당신이 모든 열매를 맺을 수 있는 능력을 스스로 죽이는 일을 하는 것이다.

19절에 있는 열매 맺지 못하게 하는 세 가지를 살펴보자. 하나는 『**이 세상 염려들**』인데 누가복음 21:34에서는 『**이생의 염려**』라고 한다. 무엇을 말하는 것인가? 교회 가는 길에 아내와 싸우는 것을 말한다. 아이들 치아를 교정해 주어야 하는 상황을 말한다. 지출해야 할 돈을 버는 일을 말한다. 세탁기가 고장 나 빨래방에 내려가 빨래하는 일, 잔디 깎는 일, 차 바퀴 교환하는 일, 아이들을 행사가 데려다주는 일, 법적인 문제를 다루는 일 등을 말한다. 『**이 세상 염려들**』은 사소한 것들을 포함한 모든 것으로 하나님의 말씀을 듣지 못하게 하고, 기도하지 못하게 하고, 증거하지 못하게 하는 모든 일들이다. 이런 일들은 어쩔 수 없이 해야 하는 일들이다. 이 일들을 하는 데에는 잘못이 없다. 단지 집중을 방해하는 일들이다.

열매 맺지 못하게 하는 두 번째 것은 『**재물의 속임수**』이다. 이는 바울이 경고했던 『**돈을 사랑하는 것**』(딤전 6:10)이다. 부자가 되고자 하는 열망은 분명하게 거짓된 것이다. 부자가 되면 모든 문제가 해결될 것이라고 약속한다. 그러나 부자가 되어도 새로운 걱정거리 세트를 가져다준다(전 5:10). 옛말에 다음과 같은 말이 있다. "돈이 말을 한다. '바이 바이'라고 말한다"(잠 23:5). 복권에 당첨된 사람들에 관한 조사 결과를 보면, 당사자는 2년 안에 거덜 나고 가족은 가족대로 엉망이 된다. 돈은 거짓말을 한다. 돈은 덫이다(딤전 6:9). 돈은 믿음에서 떠나 방황하게 한다(딤전 6:10).

세 번째는, 『**다른 일들에 대한 욕심**』이다. 이는 탐심이다(출 20:17). 어떤 사람은 부자가 되고자 하는 필사적인 마음이 없다. 그러나 그가 원하는 것은 명성, 섹스, 식탐, 스포츠, 권력, 땅, 위안, 즉 『**다른 일들**』이다. 철학에서는 쾌락주의라 부른다. 바울이 사도행전 17:18에서 만났던 『**에피쿠로스**』 학파 사람들이다. 예수 그리스도 다음으로 가장 현명했던 솔로몬은(왕상 3:12) 모든 일을 다 해 보고 난 후 그 일들에 대한 평가를 했는데 『**이것도 헛되도다.**』(전 2:1)라고 말했다. 정욕은 죄를 불러들인다. 죄는 사망을 낳는다(약 1:15). 탐심은 예수 그리스도를 위한 열매를 맺지 못하도록 열매 맺을 수 있는 능력을 죽인다.

네 번째 듣는 자는 열매를 맺는 사람이다. 『**정직하고 선한 마음**』을 가졌기 때문이다(눅 8:15). 자연 발생적으로 어떤 사람도 『**선한 마음**』을 갖고 있지 못하다(렘 17:9). 그러나 사람이 성령께서 책망하시는 일에(요 16:7-11) 올바로 반응한다면 주님께서 그 마음을 『**정직하고 선한 마음**』으로 간주하신다. 그 마음은 하나님의 말씀을 사람의 말이 아닌 하나님의 말씀으로 받아들인다(살전 2:13). 그 마음은 말씀하시는 대로 행함으로(약 1:22) 하나님의 말씀을 지킨다(계 3:8). 여기에서의 듣는 자는 하나님의 말씀을 받아들일 뿐 아니라 구원과 관련하여 말씀하시는 바를 행할 뿐 아니라 열매 맺는 일에 관련된 말씀에 대해서도 순종하는 사람이다(요 15:1-8, 갈 5:22,23).

20절에서는 열매 맺는 세 단계가 있음을 알 수 있다. 이는 요한복음 15장에서 말하는 것과 연결된다. 『**삼십 배**』 - 『**열매**』(요 15:2), 『**육십 배**』 - 『**더 많은 열매**』(요 15:2), 『**백 배**』 - 『**많은 열매**』(요 15:5,8.) 이에 대한 좋은 예는 시리아의 야자나무이다. 그 나무는 세 가지 크기로 온다. 삼십 피트, 육십 피트, 백 피트이다.

그리스도인이 경험하는 이 세 가지 단계는 신약 전체에서 각기 다른 모습으로 발견된다. 사탄에 대해 그리스도인이 승리하는 방법은 1) 『**어린 양의 피로**』 2) 『**자기들이 증거한 말로**』 3) 『**죽기까지 자기들의 생명을 사랑하지**』 않음으로(계 12:11) 승리한다. 그리스도인이 헌신하는 세 단계는 1) 『**부르심을 받았고**』 2) 『**택함을 받았으며**』 3) 『**신실한**』 자들이다(계 17:14). 그리스도인이 성장하는 세 단계에 대해서는 요한일서 2:12,13에 나와 있다. 1) 『**어린 자녀들**』 2) 『**청년들**』 3) 『**아비들**』. 유대인 선생들은 구약을 가르치는 데 있어서 세 단계가 있다. 랍(Rab), 랍비(Rabbi), 라반(Rabban). 오늘날 용어로 옮기자면 학사, 석사, 박사 정도 된다. 노동조합에서는 견습공, 숙련공, 장인의 단계이다. 교육에서는 유치원, 중등 교육, 대학교 정도이다. 그리고 중등 교육은 더 세분화되어 초등학교, 중학교, 고등학교이다. 이런 체계는 다양한 분야에서 찾아볼 수 있다.

4:21 주께서 그들에게 말씀하시기를 "촛불을 켜서 *곡식 되는* 말 아래나 침상 아래에 두겠느냐? 촛대 위에 놓아야 되지 아니하겠느냐?

22 이는 숨겨진 것이 드러나지 않을 것이 없고, 비밀로 간직된 것도 공개되지 않을 것이 없음이니라.

23 누구든지 들을 귀 있는 자는 들을지어다."라고 하시더라.

24 또 그들에게 말씀하시기를 "너희가 듣는 것에 주의하라. 너희가 재는 그 자로 너희도 측정될 것이며, 듣는 너희에게 더 많이 주어지리라.

25 이는 가진 사람은 받게 될 것이요, 가지지 못한 사람은 가진 것마저도 빼앗기게 될 것임이라."고 하시더라.

이는 촛불의 비유로 그 적용은 명백하다. 촛불의 목적은 빛을 주기 위한 것이지, 숨기는 것이 아니다. 성경에서 예수 그리스도는 『**세상의 빛**』이시다(요 8:12). 예수 그리스도께서는 다음과 같이 말씀하셨다. 『**내가 세상에 있는 동안 나는 세상의 빛이라**』(요 9:5). 이제 예수 그리스도는 더 이상 『**세상에**』 계시지 않는다. 최소한 육체적으로는 그렇다. 주님은 하늘에 오르셔서 아버지 오른편에 계신다.

그러나 예수 그리스도는 믿는 자 안에 계신다. 『**너희 안에 계신** 그리스도**시요, 곧 영광의 소망이라**』(골 1:27). 그래서 예수 그리스도께서 말씀하셨다. 『**너희**[믿는 자들]**는 세상의 빛이라**』(마 5:14). 『**빛의 자녀**』(살전 5:5)로서 그리스도인은 『**빛 가운데**』(요일 1:7) 행하라는 명령을 받는다. 그렇게 하지 못할 때 잠에서 깨어나라고 명령하신다. 그리고 예수 그리스도께서 자신에게 빛을 주시도록 구하라고 명령하신다(엡 5:14).

어린이 주일학교 찬송에 "이 작은 나의 빛, 비치게 할 테야."라는 찬송이 있다. 그 가사는 어디에서 가져온 것인가? 마태복음 5:16이다. 『**그**

러므로 너희의 빛이 사람들 앞에 비치게 하여 그들로 너희의 선행을 보게 하고, 또 하늘에 계신 너희 아버지**께 영광을 돌리게 하라.**』

남부 사람들은 이를 피하는 온갖 방법을 가지고 있다. "글쎄요, 목사님, 저는 말로 하는 것보다 삶으로 보여 주는 걸 믿습니다." 이 말의 의미는 구원과 그리스도인의 삶에 대해 "내가 제대로 된 삶을 살고 있다면 구원받은 것이고, 그렇지 않다면 구원받지 않은 것이다."라는 것이다. 이 때문에 많은 "착한 사람들"이 구원받지 못한다. "나는 아직 그리스도인의 삶을 제대로 살 수 없으니까, 구원받을 수 없다."라는 식으로 말이다.

그러나 그 구절은 "너희 선행을 사람들로 하여금 볼 수 있게 하여 너희의 빛을 보게 하라."라고 말씀하신 것이 아니라 『**너희의 빛이 사람들 앞에 비치게 하여 그들로 너희의 선행을 보게**』 하라고 말한 것이다. 다시 말해, 『**빛**』은 『**선행**』가 아니다. 『**선행**』은 『**빛**』의 결과이다. 만약 당신 안에 『**빛**』이 없는 상태에서 "선을 행하며 산다"면 지옥에 가게 된다. 『**나를 따라오는 사람은 결코 어두움 속에 다니지 아니하고 생명의 빛을 얻으리라**』(요 8:12).

이런 "착한 사람들"은 "말하는 것보다는 행동으로 보여 줘야 한다."고 말하지만, 사실 그들이 "말하지 않는 이유"는 사람들이 자기 삶을 너무 자세히 들여다보는 것을 원하지 않기 때문이다. 정말로 사람들이 『**너희의 선행을 보게 하고, 하늘에 계신 너희 아버지께 영광을 돌리게 하라.**』라는 말씀을 실현하고자 한다면(마 5:16), 방법을 알려주겠다. 단지 예수 그리스도를 담대히 증거하라! 그러면 사람들은 매의 눈으로 당신을 지켜볼 것이다. 빛을 비추면, 감당할 수 있을 만큼의 관심을 받을 것이고, 어쩌면 그 이상일 수도 있다. 단순히 "삶으로만 보여 주는 것"은 잃어버린 죄인들에게 아무런 영향을 주지 못한다. 왜냐하면 그들은 당신이 단순히 자신의 의로 하늘에 가려고 노력하는 것이라고 생각할 것이기 때문이다. 당신은 반드시 『**너희의 빛이 사람들 앞에 비치게**』 해야만 한다.

『**이는 숨겨진 것이 드러나지 않을 것이 없고, 비밀로 간직된 것도 공개되지 않을 것이 없음이니라**』(22절). 두려운 말씀이다. 이는 예수 그리스도께서 심판하실 때 『**사람들의 은밀한 것들**』(롬 2:16)을 심판하시는 것을 말한다. 성령께서는 다음과 같이 말씀하신다. 『**내가 너희 마음속에 생기는 일들을 일일이 아노라**』(겔 11:5). 솔로몬은 다음과 같이 말하였다. 『**이는** 하나님**께서 선이든 악이든 모든 행위와 모든 은밀한 것들을 심판하실 것임이라**』(전 12:14). 이는 잃어버린 구원받지 못한 사람들뿐 아니라 구원받은 그리스도인들에게도 해당하는 말씀이다. 그리스도인은 "그리스도의 심판석"에서 심판받을 것이기 때문이다(고후 5:10, 고전 4:5).

21,22절은 씨 뿌리는 자의 비유 바로 다음에 이어 나온다는 사실을 주목하라. 그 의미는 하나님의 말씀에 대한 당신의 반응을 숨길 수 없다는 것이다. 언젠가는 모든 사람들에게 당신이 "씨"를 어떻게 받았는지 분명하게 드러날 것이다. 어떤 사람이 말했다. "내가 하늘에 도착하면 두 가지 놀라움을 겪을 것이다. 첫째, 거기에 누가 있는지 알게 될 때 놀랄 것이고, 둘째, 거기에 누가 없는지 알게 될 때 놀랄 것이다." 유대인들은 바리새인들과 서기관들이 천국으로 향하고, 세리와 죄인들은 지옥으로 향하리라고 확신했을 것이다. 그러나 예수께서 누가복음

18:10-14의 바리새인과 세리의 비유에서 기록한 바와 같이, 자신의 의로움을 자랑하던 바리새인들은 어리석게 길을 잃어 구원받지 못하였고, 회개하고 하나님의 자비에 의지한 세리와 창녀들이 하나님 앞에서 의롭게 되었다. 언젠가 당신은 구제 사역 대상자인 사람들 가운데 많은 노숙자들이 그리스도를 믿음으로써 영광으로 향한 것을 알게 될 것이며, "텔레비전 방송 전도자," 목사, 교회 장로들 중에서 자신의 행실에 의지한 사람들 중 많은 사람들이 그렇지 않은 것을 알게 될 것이다(마 7:22,23).

23절에서 예수 그리스도는 9절에서 말씀하셨던 것처럼 동일한 경고를 하신다. 『**누구든지 들을 귀 있는 자는 들을지어다.**』 왜 반복하여 경고하셨는가? 24절이다. 『**너희가 듣는 것에 주의하라.**』 그리스도인은 듣는 것에 주의해야 한다. 하나님의 말씀을 들어야지(14절), 사람의 전통이나(막 7:9,13) 개인의 사사로운 해석(벧후 1:20)을 들어서는 안 된다. 듣는 것이 "번영 복음"이나 성경 외의 가르침이나, 누군가가 보았다는 환상이나 종교적 심리요법, 그리고 "좋은 게 좋은 것"이라는 말들을 들어서는 안 된다.

『**너희가 재는 그 자로 너희도 측정될 것이며, 듣는 너희에게 더 많이 주어지리라**』(24절). 이에 대한 적용은 누가복음 6:37,38이다. 이는 자비와 용서 그리고 주는 것으로 심판하는 것을 말한다. 즉 만일 당신이 자비와 용서를 베푼다면, 하나님께서는 당신이 자비와 용서가 필요할 때 이미 행한 자비와 용서로 인하여 당신에게 되갚아 주신다는 것이다(마 18:23-35). 주는 것과 관련하여 여기에서 말하는 원리는 만일 당신이 넉넉하게 후하게 준다면 주께서는 사람들을 사용하여 당신에게 "풍족하게" 되돌려 주신다는 것이다(고후 9:6-8).

여기에서 적용할 수 있는 것은 하나님의 말씀에 관심을 갖는 것으로 하나님의 말씀을 들으면 더 많이 받을 것이라는 것이다. 『**듣는 너희에게 더 많이 주어지리라.**』 이런 이유로 마가복음 4:22과 병행 구절인 누가복음 8:18에서 『**너희가 듣는 것**(how ye hear)**에 주의하라.**』라고 말씀하신다. 하나님의 말씀을 듣는 행위뿐 아니라 그 말씀을 믿음으로 행하고 그 말씀에 순종해야 한다(살전 2:13, 약 1:22). 그리스도의 양들의 특징은 자신들이 선한 목자의 음성을 듣고 목자를 따르는 것이다(요 10:27).

25절의 원리를 설명하는 데 있어서 예수 그리스도는 두 가지 비유를 말씀하신다. 하나는 마태복음 25:14-30에 나오는 달란트의 비유인데 이는 대환란 때의 유대인들을 다루는 구절이다. 다른 하나는 누가복음 19:12-27에 나오는 므나의 비유인데 이는 이 시대의 이방인들을 다루는 구절이다. 두 비유 모두 장사함으로, 자신의 주인을 위해 더 많이 돈을 번 종들은 더 많은 보상을 받는다. 주인의 돈을 땅에 숨긴 종은 가지고 있었던 것마저 잃는다. 원리는 이렇다. 주께서 당신에게 주신 것에 게으르지 말라. 당신에게는 복음이 맡겨졌다. 그 복음을 전하라. 만일 어떤 다른 능력이 주어졌다면 주를 위해 그 능력을 사용하라. 옛말에 있듯, "사용하라, 그렇지 않으면 잃어버리게 된다."(Use it or you'll lose it.)

4:26 또 말씀하시기를 "하나님**의 나라는 이와 같으니, 마치 어떤 사람이 땅 속에 씨를 뿌려,**

27 밤낮 자고 일어나고 하는 동안, 그 씨는 싹이 나고 자라나 어떻
게 자랐는지 그가 모르는 것과 같으니라.
28 이는 땅이 저절로 열매를 냄이니 처음에는 싹이 나고, 그 다음에
는 이삭이 패고, 그후에는 이삭에 낟알이 가득하게 되느니라.
29 그러나 열매가 익으면 그가 즉시 낫을 대나니, 이는 추수 때가 왔
음이라."고 하시더라.

마태복음 13장에서 씨 뿌리는 자의 비유 다음에는 곡식과 독보리의 비유가 나오는데 이 비유는 본문에서 말하는 비유가 아니다. 본문에서 말하는 비유는 씨와 그 씨의 성장에 대한 비유이다. 이는 좋은 씨(곡식)와 나쁜 씨(독보리)를 대조하는 것이 아니다. 이 비유는 좋은 씨의 성장에 관한 것이다.

이 비유를 적용하는데 있어서 씨 뿌리는 자의 비유와는 약간 다르므로 이를 알아야 한다. 본문에서 씨 뿌리는 자는 예수 그리스도가 될 수 없다(마 13:37 참고). 왜냐하면 이 씨 뿌리는 자는 자고 있었고 씨가 어떻게 자라는지에 대한 지식이 부족하였기 때문이다. 곡식과 독보리의 비유에서 잠든 것은 『**사람들**』이었고(마 13:25) 이 사람들은 씨 뿌리는 자가 원수로부터 밭을 지키라고 맡긴 종들이었지, 씨를 뿌린 『**집주인**』이 아니었다.

게다가 곡식과 독보리의 비유에서 『**씨**』는 『**왕국의 자녀들**』로 밝혀지는데(마 13:38), 이 왕국의 자녀들은 구원받은 자들로서 휴거 때 하늘에 들어간다(마 13:30,43). 왜 하나님의 말씀에서 단어가 바뀌었을까? 그것은 시편 22:30에서 『**씨**』는 『**한 세대**』와 같고 그 『**세대**』는 『**하나님의**

말씀』으로 말미암아 새로운 출생에 의해 생산되기 때문이다(벧전 1:23).

본문은 구령자에게 적용하기에 매우 적합하다. 구령자는 세상(마 13:38, 『**밭은 세상이며**』)에 좋은 씨를 심는다. 그 후 시간이 지나면(27절, 『**밤낮 자고 일어나고 하는 동안**』) 그 씨는 어떻게 자라는지 모르는 상태에서 싹이 트고 자란다. 『**어떻게 자랐는지 그가 모르는 것과 같으니라**』(27절).

물론 불신자들은 그 마지막 구절을 잡아서 "보라, 성경은 하나님의 말씀이 될 수 없다. 왜냐하면 이제 21세기에 우리는 식물이 어떻게 자라는지를 알고 있기 때문이다."라고 말할 것이다. 그러나 무엇인가를 묘사하는 것(describing)과 설명하는 것(explaining)은 다르다. 예수님의 시대에 누구나 식물이 어떻게 자란다는 일반적인 개요를 묘사할 수 있었다. 유전학과 세포학적 관점에서 그 묘사에 몇 가지 더 자세한 세부사항을 추가할 수 있다고 해도, 어떤 것을 설명했다는 것을 의미하지는 않는다.

옥수수 씨앗 하나가 엄지손가락에 미치지 못하는 작은 크기이지만, 그 씨앗으로 심은 식물은 90개의 알갱이를 맺는 줄기를 생산할 수 있다. 그 90개의 알갱이 각각이 또 90개의 알갱이를 생산할 수 있다. 이 과정을 실제로 설명하는 것은 매우 복잡하며, 과학적인 어쩌구 저쩌구 용어를 모두 사용할 수 있지만 결국에는 실제로는 아무것도 설명하지 않은 것처럼 보일 수 있다. 할 수 있는 모든 것은 단지 본인이 관찰한 대로 그 과정을 묘사한 것에 불과하다.

만약 내가 어떤 사람에게 십억 명의 자식이 있다고 말한다면, 당신은 "그럴 리 없다."라고 할 것이다. 그러나 사실은 모든 사람, 남자, 여자,

그리고 어린이, 이 지구에 살아온 모든 사람이 아담에서 왔다. 현대에 살고 있는 당신도 기원전 4004년에 아담 안에 있었다. 그저 육천 년이 걸렸을 뿐이다. 이것을 설명해 보라. 유전자, 염색체, 접합체 등에 대해 얘기할 수 있지만, 실제로는 아무것도 설명할 수 없다. 이 모든 것이 우연한 기회로 발생했다고(진화) 생각하는 것 자체가 불가능한 일이다! 그럴 경우, 그것은 초자연적인 일이다!

『**이는 땅이 저절로 열매를 냄이니**』(28절). 이 경우가 창세기 1:11,12이다. 내가 그것은 초자연적인 것이라고 말했을 때 어떤 사람들은 내가 단지 그냥 "말하는 것"이었다고 생각했을 것이다. 하나님께서 땅에 말씀하시기를 『**땅은 땅 위에 풀과 씨를 맺는 채소와 그 종류대로 열매 맺는 씨를 가진 과실수를 내라.**』라고 하시자 그대로 되었다. 그 땅에는 이 모든 것을 생산할 씨가 없었다. 그것은 하나님께서 행하신 초자연적인 행위였다.

오래된 케케묵은 질문 중에 "닭이 먼저인가, 달걀이 먼저인가?"라는 질문이 있다. 이 질문은 진화론자들이 물어보는 질문으로, 답하기 어려운 것 같아 보인다. 그러나 하나님의 말씀을 믿는다면 답은 간단하다. 당연히 닭이 먼저 있었다. 하나님께서 새들을 창조하시고 그들에게 번성하라고 명령하셨다. 적어도 성경의 창조 기록을 받아들이는 것이, 그 어떤 "성인용 동화"(진화론)보다 더 낫다.

혼을 그리스도께 인도하는 일이야말로 정말 초자연적인 일이다. 당신은 씨앗을 뿌릴 수 있고, 그 씨앗에 물주는 일도 할 수 있지만, 그 씨앗을 자라게 하는 것은 당신이 아니라 하나님이시다(고전 3:6). 하나님의 말씀이 죄인의 마음에서 싹터 자라나 열매를 맺도록 하는 일에 관해서는 전적으로 하나님의 일이며, 그 일에 관한 한, 당신은 아무것도 아니다(고전 3:7).

복음주의 크리스천들, 특히 근본주의 침례교도들은 "사람들을 구원시킨다"라는 표현을 사용한다. 이 용어가 무슨 의미인지 이해한다. 나도 같은 용어를 사용하곤 한다. 이는 누군가에게 복음을 전했을 때, 그들이 그리스도를 받아들인 것을 의미한다. 그러나 실제로는 당신이 누군가를 구원시킨 것이 아니라 하나님께서 그렇게 하신 것이다. 당신이 한 일은 밭을 갈고, 씨앗을 뿌리고, 물을 주고, 수확한 것뿐이지만, 하나님께서는 그분의 말씀으로 열매를 맺도록 하셨다.

여름에 감옥을 방문하여 수백 명의 사람들이 구원받는 것을 보았을 때, 내가 그곳에 가기 전에 이미 누군가가 그들에게 몇 번에 걸쳐 복음을 전했는지 그 횟수를 전혀 알 수 없다. 아마도 몇 년 전에 어떤 구원받은 어머니나 할머니, 버스 사역자, 주일학교 선생님, 개인 구령자에 의해 시작된 사역의 결과로 내가 수확을 거두었을지도 모른다. 그 사이에 씨앗에 물을 준 많은 사람들이 있었을 것이다. 죄수에게 성경이나 전도 책자들을 우편으로 보내 준 관심 있는 가족, 감옥 사역자, 감옥 선교사, 크리스천 라디오 프로그램에 종사하는 사람들 등 다양한 사람들이 있었을 것이다. 하나님께서 내게 허락하신 모든 일은 추수의 때에 나가서 곡식을 거두라는 것이었다(29절).

4:30 또 말씀하시기를 "우리가 하나님의 나라를 무엇에다 견주며 또 어떤 비유로 비교할 수 있을까?

31 그것은 겨자씨 한 알과 같으니, 땅에 뿌려질 때에는 땅에 있는 모든 씨보다도 더 작지만,

32 뿌리면 자라서 어떤 푸성귀보다도 더 커지고 큰 가지들을 냄으로 공중의 새들이 그 그늘 아래 깃들일 수 있게 되느니라."고 하시더라.

30절은 비유에 대한 훌륭한 정의이다. 비유를 말할 때 무엇에 연결하거나 비교하여 말하는 것이다. 성경을 이해하는 데 있어서 아주 중요한 두 단어는 like(~와 같은)와 as(~처럼)이다. 하나님께서는 호세아 12:10에서 다음과 같이 말씀하셨다. 『**선지자들의 사역을 통해서 비유를 사용했노라.**』 마가복음에서 좋은 예는 9장에 나오는데 예수님께서 지옥이 무엇과 같은 것인지에 대해 가르치시고자 할 때 "쓰레기 하치장에서 불타고 있는 불을 보라(게헨나). 지옥은 그와 같은 것이다."라고 말씀하셨다. 본문에서도 주님께서는 겨자씨의 비유를 이용하여 이 시대의 하나님의 나라가 무엇과 같은 것인지를 가르치시고자 한다.

불신자들은 31절에서 다시 한번 성경에 오류가 있다고 말한다. (배교한 복음주의자들과 배교한 "보수주의자"들 가운데도 있다.) 겨자씨보다도 더 작은 씨들이 있다는 것이다(난초 씨 같은). 그러나 불신자와 배교자들은 예수님께서 누구에게 말씀하고 계시는지를 무시하고, 성경이 성경을 해석하는 것을 거부한다. 여기 31절의 『**모든**』이라는 말은 1:5에서와 마찬가지로 "예외 없이 모든"을 의미하는 것이 아니다. 본문에서 예수님께서는 열대 지방의 난초 재배자들에게 말씀하시는 것이 아니라, 팔레스타인에 있던 구약의 유대인들에게 말씀하고 계신다. 예수님께서 말씀하신 씨앗은 이 구약의 유대인들이 자기 밭(마 13:31)이나 정원(눅 13:19)에 뿌리는 씨앗이다. 그때의 그 씨들 중에서 겨자씨는 『**땅에 있는 모든 씨보다도 더**』 작은 씨다. 사람들은 참 어렵게 살아간다. 그렇지 않은가?

『**뿌리면 자라서 어떤 푸성귀보다도 더 커지고 큰 가지들을 냄으로 공중의 새들이 그 그늘 아래 깃들일 수 있게 되느니라**』(32절). 모든 사람이 본문에서 주님께서 정작 말씀하시고자 하는 의도를 모두 놓쳤다. 설령 팔레스타인에 있는 겨자씨가 3.5미터까지 자라 그 아래 새들이 깃든다 하더라도 예수님께서 이 『**비유**』를 통해 알려주시고자 하는 사실을 모른다. 주석가들은 복음이 증가하여 세상 나라들의 피난처가 될 것이라고 말하는데 이는 가장 끔찍한 사사로운 해석이다. 주석가들은 제쳐놓고 성령께서 진리로 인도하시도록 하자(롬 1:2, 딤후 3:15, 요 16:13). 성령께서 쓰신 책을 통하여 『**영적인 일들을 영적으로 비교하여**』(고전 2:13) 가르침을 받자.

『**겨자씨**』는 "복음"이 아니다. 겨자씨는 "믿음"이다(마 17:20, 눅 17:6). 이 시대의 하나님의 나라와 관련하여, 믿음과 더불어 오는 문제는 믿음이 퇴보한다는 사실이다. 주께서 오실 때, 참된 믿음을 찾아볼 수 있겠느냐고 물으실 때까지(눅 18:8) 믿음은 계속 퇴보한다.

본문에서 믿음은 악한 영들이 깃드는(계 18:2) 보금자리가 된다는 것이다. 4절에서 『**공중의 새들**』이 무엇을 말하는지 기억하는가? 이들은 "세상 나라들"이 아니다. 이들은 『**사탄**』이다(15절).

구약을 잘 알고 있다면 32절이 무엇과 친숙한 것인지 알 것이다. 그것은 다니엘 4장의 느부캇넷살의 나무, 에스겔 31장의 앗시리아인의 나무이다. 이는 모두 적그리스도의 왕국을 나타낸다. 마가복음 4장에 나오는 겨자씨는 성장하여 주님께서 전 세계를 이양받으실 때까지 전 세계로 확장해 나가는(후천년주의) 복음이 아니다. 이는 마귀들로 가득 찬 종교적 괴물이다. 이 괴물은 로마와 관련이 있다.

4:33 주께서 그와 같은 많은 비유로 말씀을 전하시니, 이는 그들이 알아들을 수 있었음이라.

34 그들에게는 비유를 들지 아니하고는 말씀하지 아니하시고, 제자들만 있을 때에는 모든 것을 풀어서 설명해 주시더라.

다시 한번 주목할 것은 무리들은 비유들을 들었고, 제자들은 그 설명을 들었다는 사실이다. 그 이유에 대해서는 11,12절에서 이미 살펴보았다. 마태복음 13:35절에 따르면, 이것은 시편 78편 2,3절의 성취였다.

예수님께서는 『**그들이 알아들을 수**』 있는 만큼 비유를 주셨다. 즉, 단순히 듣는 것이 아니라, 그분의 말씀을 받아들이는 의미에서 『**알아들을 수**』있는 만큼 주신 것이다. 예수님께서는 제자들에게 말씀하시고자 하는 것들이 『**많이**』 있었지만, 그들은 그것을 받아들일 준비가 되어 있지 않았었다(요 16:12). 바울도 고린도 교회의 성도들에게 어떤 가르침을 전할 수 없었는데, 그들이 영적으로 아직 성장하지 않았기 때문이었다(고전 3:1,2). 히브리서의 저자 역시 같은 이유로 그가 쓰고 있는 대상인 유대인들에게 깊은 가르침을 전할 수 없었다. 마땅히 성장했어야 할 시기를 지나서도 여전히 젖을 먹고 있었기 때문에 『**듣는 것이 둔하므로**』(히브리서 5:11-14) 그렇게 된 것이다. 물론 젖은 유익하다(벧전 2:2). 그러나 어느 시점이 되면 성장하여 젖과 함께 비프 스테이크도 먹을 수 있어야 한다.

다시 한번 34절에서 "모든"이라는 단어의 사용을 주목하라. 여기서 "예외 없이 모든"을 의미하는 것이 아니다. 사실, 그런 경우는 드물다. 예수님께서는 제자들에게 그분이 무리에게 가르치신 모든 비유를 설명해 주셨다. 그러나 그들에게 휴거나 재림의 날짜를 알려 주시지는 않으셨다. 이때조차도, 그분이 그들의 죄를 위해 죽으실 것에 대해 말씀하시지 않으셨다.

4:35 그 날 저녁이 되자, 주께서 제자들에게 말씀하시기를 "저편으로 건너가자."고 하시니라.

36 그들이 무리를 보낸 후에, 주를 배에 타신 채로 모셔가니, 다른 작은 배들도 주와 함께하였더라.

37 그때 큰 폭풍이 일어나 파도가 배를 덮치니 배는 물로 가득 찼더라.

38 주께서는 배의 뒤편에서 베개를 베고 주무셨는데, 그들이 주를 깨워 말씀드리기를 "선생님, 우리가 죽게 되었는데도 개의치 아니하시나이까?"라고 하니,

39 주께서 일어나셔서 바람을 꾸짖으시고 바다에게 말씀하시기를 "잠잠하라, 고요하라."고 하시니, 바람이 그치고 아주 잠잠해지더라.

40 그리고 나서 주께서 그들에게 말씀하시기를 "어찌하여 너희는 그처럼 두려워하느냐? 어찌하여 너희는 믿음이 없느냐?"고 하시니,

41 그들이 심히 두려워하며, 서로 말하기를 "이분이 도대체 누구시기에 바람과 바다까지도 그에게 복종하는가?"라고 하더라.

예수께서 물 위에 떠 있는 배 위에서 군중들을 가르치셨던(1절) 그날 끝 무렵에, 『**저편으로 건너가자**』고 말씀하셨다(35절). 즉 갈릴리 바다 건너편으로 항해하라는 말씀이다. 그 항해 중 일어난 일은 배가 호수를 반쯤 건넜을 때 큰 폭풍이 일어난 것이다. 제자들은 공황 상태에 빠졌다. 곧 죽을 것이라고 생각하였다. 그러나 예수님은 "호수 한 가운데로 나아가 거기서 빠져 죽자."고 말씀하지 않으셨다. 주님께서는 『**저편으로 건너가자**』고 말씀하셨다. 이는 그 말대로 될 수 있는 평범한 말이었다. 항해 중에 어떤 일이 일어나든 상관없이 그 말씀대로 이루어질 것이다. 이런 이유로 40절에서 예수님께서는 제자들의 믿음 없음을 책망하셨다. 제자들은 예수님께서 그들에게 하신 말씀을 믿지 않았다.

당신의 구원을 의심할 때 이 부분에 대해 교훈을 얻으라. 구원받았다면 그 구원은 당신이 무엇을 의지하느냐, 누구를 의지하느냐에 달려 있지 않다. 구원은 당신을 구원해 주신 분께 달려 있다. 그분께서는 당신에게 『**영생**』을 주실 때, 결코 『**영원히 멸망하지 않을 것**』이라고 말씀하셨다(요 10:28). 명백한가? 약속은 다음과 같다. 『**우리가 이것을 확신하노니 너희 안에서 선한 일을 시작하신 그분께서** 예수 그리스도**의 날까지 그 일을 완성하시리라**』(빌 1:6).

당신이 구원받을 때, 당신의 운명은 이미 결정되었다. 이것이 미리 정함(predestination)이다. 당신은 당신의 구주와 정확하게 일치될 것이라는 약속을 받았다(롬 8:29). 이 사실을 막을 수 있는 것은 아무것도 없다(롬 8:38,39). 따라서 당신의 구원을 계속 의심한다면 당신은 무엇을 하고 있는지 아는가? 하나님을 거짓말쟁이로 만들고 있는 것이다. 하나님께서는 당신이 구원받았다는 사실을 당신이 알 수 있다고 말씀하셨다. 당신이 가는 길은 하늘나라로 가는 길이라고(요일 5:13) 말이다. 그 사실을 알고 있는가, 모르고 있는가?

모르겠다면 당신 자신이 『**믿음 안에 있는지**』 그렇지 않은지 점검해 보아야 한다(고후 13:5). 지금 현재 하늘로 가기 위해 무엇을 의지하고 있는가? 자신이 선한 사람이라는 사실을 믿는다면 자신의 구원을 의심하는 것은 당연하다. 침례받은 것, 정기적으로 교회 출석하는 것, 헌금하는 것 등을 의지한다면 구원받았건 그렇지 않았건 간에 당신의 마음은 구원을 확신하지 못한다. 얼마나 크게 믿었는지, 얼마나 크게 회개를 했는지, 그것은 아무 의미가 없다. 그러나 갈보리에서 당신을 위해 희생제물로 바쳐져 죽으시고 죽은 자들로부터 부활하셔서 당신에게 주신 예수 그리스도의 의를 믿는다면 당신에게 나쁜 소식 하나 전하겠다. 당신은 어쩔 수 없이 하늘나라에 가게 된다. 싫든 좋든 그렇게 된다. 구원의 의심을 멈추고 승차를 즐기라. 하나님의 약속을 믿으라.

『**또한 그분께서 너희를 끝까지 확고하게 지키시어 우리** 주 예수 그리**스도의 날에 책망할 것이 없게 하시리라**』(고전 1:8).

본문 마가복음 4장으로 돌아가자. 『**그들이 무리를 보낸 후에, 주를 배에 타신 채로 모셔가니**』(36절). 다른 말로 하면 배를 바꾸어 타지 않았다는 말이다. 주께서 가르치셨던 그 배를 타고 항해한다. 『**다른 작은 배들도 주와 함께하였더라.**』 병행 구절인 마태복음 8:23과 누가복음 8:22에는 없는 정보를 마가복음에는 주고 있다. 군중들 가운데 일부가 작은 배를 타고 예수 그리스도와 제자들을 따랐다. 그래서 바다에 폭풍이 일어났을 때 바다에 떠 있는 배는 한 척 이상이었다.

제자들이 왜 마음이 불편했는지 그 이유를 알게 된다. 단지 폭풍이 아니라 『**큰 폭풍**』이 일어났기 때문이다. 물을 품어 냄에도 불구하고 배는 물로 차게 된다. 당신이 같은 상황에 처해 있다고 생각해 보라. 허리케인이 몰아치면 사람들은 공황에 빠지거나 달려가거나 기도할 것이다. 때로는 이 세 가지를 다 할 것이다.

이 모든 일들이 진행되는 동안 예수님께서는 어디에 계셨는가? 『**주께서는 배의 뒤편에서 베개를 베고 주무셨는데**』(38절). 예수님께서는 그들에게 그들은 바다 저편으로 갈 것이라고 이미 말씀하셨기에, 이 『**큰 폭풍**』을 개의치 않으셨다.

38절은 예수님의 인성에 대해 말해 주는 위대한 구절이다. 근본주의자들은 예수님의 신성에 대해서만 지나치게 초점을 맞추기에 종종 예수님의 인성에 대해 놓치는 경우가 있다. 예수님은 100% 인간이시고, 100% 하나님이시다. 예수님은 인간으로서 피곤해 하셨고 주무셔야만 했다. 배고프셨으며 잡수셔야만 했다. 목마르셨기에 물을 마셔야 했다. 하나님으로서 『**이스라엘을 지키시는 그는 졸지도 아니하시고 주무시지도**』 않는다(시 121:4). 그러나 본문에 나오는 이분은 『**사람이신 그리스도 예수**』시기에(딤전 2:5) 배 뒤편에서 주무셨다.

나도 그렇게 해 본 적이 있지만, 베개를 베고 자지는 않았다. 나는 코이 래필드(Coy Raffield)와 함께 밤새 낚시를 한 적이 있다. 수백, 수천 마리의 물고기를 한꺼번에 배 위로 끌어올린 후, 물고기들이 갑판 곳곳에 쏟아져 나뒹굴었고, 일부는 배 뒷부분에서 미끄러져 떨어지기도 했다. 그렇게 새벽 3시쯤 모든 작업을 마치고 나니, 모두가 너무 지쳐서 그 자리에서 그냥 쓰러져 잠들어 버렸다. 나도 죽은 물고기 더미 위에 누워 잠들었다.

『**그들이 주를 깨워 말씀드리기를 "선생님, 우리가 죽게 되었는데도 개의치 아니하시나이까?"**』(38절). 여기에서 "주여 광풍 일어나서 흉흉한 물결치며" 찬송 가사가 나왔다. 인생의 폭풍이 본문과도 연관이 있다. 그 찬송 작가의 생각은 만일 그리스도께서 제자들을 폭풍으로부터 구하셨다면 당신이 직면하는 문제들을 해결하시는 데 있어서도 주께서는 아무 문제가 없으시다는 것이다.

39절은 예수 그리스도께서 자신의 창조주로서의 권세를 사용하시는 것을 설명한다. 이분이 바로 여호와 하나님이시다. 『**높이 계신 주는 많은 물들의 소리보다 정녕, 바다의 큰 파도들보다 더 강하시나이다**』(시 93:4). 『**폭풍을 잠잠케 하시니 그 파도가 잔잔해지는도다**』(시 107:29).

당신은 마호메트가 그런 일을 했다는 기록을 본 적이 있는가? 물론 없을 것이다! 마호메트는 단지 낙타 상인이었다가, 간질 발작 중에 마귀로부터 메시지를 받은 후 군사 독재자로 변한 사람일 뿐이다. 마호메트는 찻주전자 속의 폭풍조차도 잠잠하게 할 수 없었다.

『**그리고 나서 주께서 그들에게 말씀하시기를 "어찌하여 너희는 그처럼 두려워하느냐? 어찌하여 너희는 믿음이 없느냐?"고 하시니**』(40절). 왜 그들이 『**그처럼 두려워**』했는지 이해할 수 있을 것이다. 37절에 대한 설명을 보라. 그러나 예수님께서 지적하시는 점은 만일 그들이 예수님께서 하신 말씀을 믿을 수 있었다면 그들은 그 폭풍을 두려워할 필요가 없었다는 점이다.

성경은 『**믿음은 들음에서 나오며 들음은** 하나님**의 말씀에 의해서니라.**』라고 말한다(롬 10:17). 만일 이 제자들이 항상 지니고 다녀야 했던 구약 성경이 있었다면 다음의 내용을 읽었을 것이다.

『하나님**은 우리의 피난처요 힘이시며, 고난 중에 나타나시는 도움이시라. 그러므로 땅이 없어지고 산들이 바다 가운데로 옮겨진다 해도 우리가 두려워하지 아니하리니 바닷물이 노호하고 요동할지라도 바닷물이 불어나서 산들이 흔들릴지라도** *우리가 두려워하지 아니하리라.* **셀라**』(시 46:1-3).

주께서는 그 유대인들에게 말씀하셨다. 『**네가 물들을 통과할 때도 내가 너와 함께 있을 것이며**[막 4장에서처럼] **네가 강들을 통과할 때에도 물이 너를 덮치지 못할 것이라**[막 4장에서처럼]』(사 43:2).

그러므로 그리스도인들이여, 이 생에서 문제를 성공적으로 통과하는 길은 성경으로 들어가는 것이다. 그것이 당신의 믿음을 쌓는 길이다. 문제에 봉착하거든 약속들을 찾으라. 그 약속들을 기록하라. 그 약속들을 암송하라. 그리고 그 약속들을 주장하라.

『**그들이 심히 두려워하며**』(41절). 좋은 일이다. 그들은 이 문제에 있어서 나름대로 지혜를 얻었다(시 111:10, 잠 9:10). 현대 그리스도인들은 하나님을 두려워하는 것에 대해 잘못된 가르침을 받아왔으며, 그것이 이 나라가 이렇게 엉망이 된 이유이다(욥 28:28, 잠 3:7). 그들은 하나님을 두려워하는 것이 단순히 "경외하는 것"이라고 배웠지만, 그것은 사실이 아니다. (히 12:28을 읽어 보면, 경외함과 두려움은 별개의 개념임을 알 수 있다.) 어떤 어리석은 자가 『**사랑 안에는 두려움이 없나니, 온전한 사랑은 두려움을 쫓아내느니라.**』(요일 4:18)라고 하면서 하나님을 두려워할 필요가 없다고 가르쳤다. 그러나 그들은 성경을 『**상고**』하지 않았다(행 17:11). 만약 그들이 성경을 제대로 살펴보았다면, 바로 앞 구절(요일 4:17)을 통해서 요한일서 4:18의 두려움이 믿는 자가 지옥에 가는 것을 두려워하는 것이라는 사실을 깨달았을 것이다. 요한이 요한일서 4:18을 기록할 때, 하나님을 두려워하여 죄를 피하고 옳은 일을 행하는 것은 전혀 염두에 두고 있지 않았다.

베드로는 당신에게 『하나님**을 두려워**』하라고 말했다(벧전 2:17). 바울은 『하나님**을 두려워함**』이 있어야 한다고 말했다(고후 7:1, 엡 5:21). 물론 "거룩한 경외함"을 말하는 것이 아니다. 하나님을 "절대적인 거룩함의 하나님"으로 두려워하지 않는다면, 그리고 "절대적인 의의 하나님"으로 두려워하지 않는다면 그는 어리석은 자이다. 그가 구원받았건 그렇지 않건 상관없다.

『**이분이 도대체 누구시기에 바람과 바다까지도 그에게 복종하는가?**』(41절) 이분은 바로 인간의 모습으로 오신 창조주이시다(요 1:1-3,14, 골 1:16,17, 히 1:2). 이분은 마호메트, 부처, 마리아, 교황들, 조셉 스미스, 그리고 그 밖의 모든 "하나님이 되고 싶어 하는 존재들"을 무력하게 만드신 분이시다. 왜냐하면, 이분은 이들보다 앞서 무덤에서 살아나셨기 때문이다. 그들 중 어느 누구도 그렇게 하지 못했다. 『**이분이 도대체 누구시기에**』**.** 이분은 바로 하나님이시면서 사람이신 분이시다!

마가복음 5장

5:1 그후 그들은 바다 건너편 가다라인들의 지방에 이르렀더라.
2 주께서 배에서 내리시자, 곧 더러운 영을 지닌 어떤 사람이 무덤
사이에서 나와 주를 만나더라.
3 그는 무덤 사이에 거처를 둔 자인데, 아무도 그를 묶어둘 수가 없고,
심지어 쇠사슬로도 묶을 수가 없더라.
4 그가 여러 번 족쇄와 쇠사슬로 묶였었으나, 쇠사슬을 잡아 끊고, 또
족쇄를 산산이 부수어 아무도 그를 다루지 못하더라.
5 또 밤낮 산에서나 무덤에서 늘 울부짖으며 돌로 자기 몸을 상처내
고 있더라.

성경을 고치는 자들은 1절부터 기세등등하게 문을 박차고 출발한다. 마태복음 8:28에는 『**겔게사인들**(Gergesenes)**의 지방**』이라고 기록되어 있는 반면, 여기 마가복음 5:1에는 『**가다라인들**(Gadarenes)**의 지방**』이라고 기록되어 있다. 이 "문제"를 해결하기 위해, 현대 역본들은 자유주의 신학자들의 사상을 따라간다. 즉 마가복음이 가장 먼저 기록된 복음서이며, 마태가 이를 베껴 썼다고 주장하면서 『**겔게사인들**』을 "가다라인들"로 바꾼다(RV, ASV, RSV, NASV, NIV, ESV 등). 그러나 이상하게도, 마가복음 5:1에서는 다시 『**가다라인들**』을 "Gerasenes"(겔게사인 지역을 현대적으로 표기한 방식)으로 수정한다. 결과적으로, 원래 있던 "문제" 를 해결한 것이 아니라, 오히려 원점으로 돌아가게 되었고, 이제는 하나님께서 인정하신 헬라어 본문(Received Text)과 영어 성경(KJV)이 엉망이 되어버렸다.

문제는 당신도 알다시피, 성경 본문에 잘못이 있는 것이 전혀 아니다. 대다수의 다수 필사본들은 두 본문(마 8:28과 막 5:1)에서 표준원문(Textus Receptus, TR)과 〈킹제임스성경〉(Authorized Version, AV)의 본문을 담고 있다. 진짜 문제는, 성경을 고치려는 "학자들"의 제한된 지성에 있다. 그들은 성령께서 그리스도의 몸된 교회를 통해 오랫동안 증거해 오신 성경 본문을 무시하고, 새롭고 신기한 것(행 17:21)을 추구하며 그것을 성경보다 더 높였다. 만약 이 학자들이 "원본" 이나 "더 오래되고 더 나은 필사본들"을 연구하는 대신, 성경 자체를 연구했더라면 그들은 성경 속의 도시들이 한 개 이상의 이름을 가질 수 있다는 사실을 알았을 것이다. (예를 들어, 판 1:11에서 『**드빌**』에 관한 주석을 읽어 보라.) 겔가사(Gergasa)와 가다라(Gadara)는 갈릴리 동쪽 해안에 있는 동일한 지역을 가리키는 두 개의 이름일 뿐이다. 따라서 두 본문(마 8:28, 막 5:1) 어디에도 수정해야 할 "오류" 같은 것은 애초에 존재하지 않았던 것이다.

그러나 불신자들과 배교자들은 1절에서 멈추지 않고 2절로 넘어가는데, 이는 〈킹제임스성경〉의 권위에 대한 당신의 확신을 흔들기 위함이다. 예수님께서는 마귀 들린 두 사람(마 8:28)을 만나셨는가, 아니면 한 사람(막 5:2)만 만나셨는가? 자, 내가 말해 주겠다. 만약 예수님께서 두 사람을 만나셨다면, "틀림없이" 그 두 사람 중 한 명도 만나신 것이다. 성경에서 모순을 찾으려는 시도가 얼마나 허황되고 무리한 것인지 보여주는 대표적인 사례가 바로 이것이다.

마태복음은 예수님께서 상대하신 사람들의 정확한 수를 기록한다(마 8:28의 마귀 들린 자들과 마 20:30의 소경들). 반면에 마가복음은 그중 한 사람과의 관계에 초점을 맞춘다(5:2; 10:46). 자, 이게 그렇게 어려운 일인가? 최소한 하나님께서 하신 말씀을 믿고 정당화하려고 했다면, 이를 이해하는 것은 전혀 어려운 일이 아니다. 그러나 만약 당신이 게으르거나, 어리석거나, 개의 뒷다리처럼 비뚤어진 사람이라면, 하나님의 말씀을 이해할 수 없다.

본문은 마귀 들린 것에 대해 명확하게 말해 주는 본문이다. 3-5절에 있는 마귀 들린 자들의 특징들을 살펴보자.

1) 죽은 시체들에 친근하다(3절). 그는 『**무덤 사이에 거처를 둔 자**』인데 묘지에서 죽은 자들과 함께 지낸다.

아무리 많은 돈을 줘도 나는 그렇게 못한다. 그런 일에 관해서라면, 나는 어떤 흑인과 다를 바 없다. 밤에 묘지를 지나가다가 유령에게 쫓기는 흑인 소년에 대한 농담이 몇 가지 있다. 처음에, 유령이 이 흑인 남성을 쫓아가는데, 그는 넘어져서 팔꿈치와 무릎을 긁히고 만다. 그는 일어나 조금 더 달리다가 무덤 묘비에 정강이를 부딪친다. 그는 절뚝거리며 묘지 울타리까지 가서 울타리를 넘어가다가 가시철망에 온몸이 긁히고 만다. 다음 날 아침, 그의 이웃이 그가 온몸이 얻어맞고 멍들고 피투성이가 된 채 집에 오는 것을 보고 묻는다. "무슨 일이 있었어요?!" 그 흑인이 말한다. "유령이 밤새 나를 쫓아왔어요." "유령은 당신을 해칠 수 없다는 사실을 모르나요?"라고 이웃이 말했다. "알지요" 계속 말했다. "그러나 유령은 당신이 스스로 당신을 해치게 만들 수 있어요."

어느 밤, 유령이 한 흑인 소년을 묘지에서 쫓아간다. 약 2마일 정도 달린 후, 그 소년은 나무에 기대어 앉아 쉰다. 그때쯤 유령이 따라잡아 소년 옆에 털썩 앉아 헉헉거리며 말한다. "얘야, 우리가 정말 많이 달렸구나." 그러자 소년은 대답했다. "응, 그리고 내가 숨을 돌리면, 우리는 훨씬 더 많이 달릴 거야."

이건 웃기긴 하지만, 만약 당신이 실제로 묘지에 사는 사람을 안다면 그렇게 웃기지 않을 것이다. 지금으로부터 수 년 전, 펜사콜라에 있는 성경침례교회 길 건너에 있는 휘트마이어(Whitmire) 묘지에 누군가 들어갔다. 그는 최근에 묻힌 열두 살 난 소녀의 몸을 파내어 그 시체를 물어뜯었다. 위스콘신에 있는 에드 게인(Ed Gein)은 1947년부터 1952년까지 죽은 시체를 파내어 피부와 뼈로 무언가를 만들었는데 거기에는 여자의 머리로부터 만든 마스크도 있었다.

성경은 『**그분**[즉 하나님]**은 죽은 자들의** 하나님**이 아니요, 산 자들의** 하나님**이시니라.**』(12:27)고 말한다. 그리스도께서 부활하셨을 때, 천사들은 무덤에 온 여자들에게 이렇게 물었다. 『**어찌하여 너희는 살아 계**

신 분을 죽은 자들 가운데서 찾느냐?』(눅 24:5) 만약 당신이 『**살아 계신** 하나님』(딤전 4:10)을 원한다면, 마호메트에게 가지 말라. 그는 여전히 메디나에 죽어 묻혀 있다. 부처에게 가지 말라. 힌두교도들은 매년 그의 뼈를 가지고 돌아다니며 그것들을 가지고 제단을 세운다. 레닌에게 가지 말라. 그의 말라버린 시체는 유리관에 묻혀 모두가 볼 수 있도록 전시되어 있다. 많은 교황들의 시체도 마찬가지다. 그들은 모두 죽은 신들이다. 나의 구세주는 죽지 않았다. 그분의 무덤은 비어 있다.

2) 초자연적인 힘이 있다(4절). 이 사람은 자신을 묶은 족쇄와 쇠사슬을 끊을 수 있다. 나는 엄청난 스트레스를 받을 때 몸이 충분한 아드레날린을 분비하여 사람에게 비상한 힘을 줄 수 있다는 것을 이해하고 있다. 때때로 신문에서 어떤 엄마나 아빠가 차를 들어올려 갇힌 아이를 구하는 이야기를 읽을 수 있을 것이다. 나는 그런 것에 대해 말하는 것이 아니다. 그런 것은 공황 상태에서 몸이 일으키는 신체적인 반응이다.

훨씬 더 가까운 예는 "엔젤 더스트"(PCP) 같은 약물을 복용한 십대 아이들이다. 그 아이들은 그 약물에 취해서 성인 남자 열 명이 붙어도 제압하기 어려울 정도로 흥분 상태가 된다. 내가 말했듯이, 이것은 마귀 들림에 훨씬 더 가깝다. 왜냐하면 성경에서는 마술(sorcery)이 약물 사용과 연결되어 있다는 암시가 있기 때문이다. 하지만 여전히 그것은 화학 물질에 대한 몸의 생리적 반응일 뿐이다.

정신병원이나 정신과 병동에 있는 수감자들이 때때로 엄청난 힘을 발휘하기도 한다. 내가 마가복음 3:21,22에서 설명했듯이, 어떤 정신 착란의 광기는 마귀로 인해 발생하지만, 어떤 것은 그렇지 않다. 이에 대한 추가적인 설명은 9장에서 하겠다.

본문에서 읽는 것은 영적인 방법을 통해 얻은 비정상적인 힘이다. 좋은 예가 하나 있다. "리틀 모세"(Little Moses)라는 사람이 있었다. 그는 루이스 모세(Lewis Moses)라는 이름을 가진 유대인으로, 플로리다 데이토나 비치에서 살았다. 그는 자신을 땅에서 들어 올릴 수 있는 사람에게 5,000달러를 주겠다고 공언했다. 보디빌더 찰스 아틀라스(Charles Atlas)나 헤비급 권투 선수 토니 갈렌토(Tony Galento) 같은 사람들이 도전했지만, 보도나 모래 위에서 그를 들어 올리는 데 실패했다. 리틀 모세가 한 일은 동양 무술에서 "기"라고 알려진 개념을 활용한 것이었다. "기"는 몸의 "에너지 힘"이다. 동양 무술에서는 이를 뿌리처럼 땅속에 박아 고정하는 것처럼 집중하는 훈련을 한다. 리틀 모세가 바로 그것을 했던 것이고, 보디빌더나 헤비급 선수들이 그를 들어 올리려 했을 때, 그가 거의 찢어질 정도로 힘을 가했지만 결국 들어 올릴 수 없었다. 여기에는 어떤 영적인 요소가 작용하고 있었던 것이다.

3) 벌거벗음. 누가복음 8:27에 따르면 마귀에게 점유된 사람의 또 하나의 특징은 옷을 벗는 것이다. 우리의 첫 번째 조상이 창세기 3장에서 범죄하였을 때, 그들은 자신이 벌거벗은 것을 알았다. 하나님께서 그들을 위해 행해주신 첫 번째 일은 옷을 입혀 주신 것이었다(창 3:21). 옷을 벗을 경우 본능적으로 수치스럽다는 사실을 안다(창 3:7-10). 이런 이유로 벌거벗은 사람은 걷지 않고 뛰는 것이다. 이것이 선과 악에 대한 지식이다. 사람들은 육체와 더불어 무엇이 잘못되었는지 알고 있다. 육체를 뽐내고자 하는 욕망은 마귀로부터 온 것이다. 하나님으로부터 온 것이 아니다. 벌거벗음은 술취함과 관계가 있다(합 2:15). 벌거벗음은 우상 숭배와 관련이 있다(출 32:25). 그리고 벌거벗음은 성적 변태와

관계가 있다(레 18,20장).

4) 기괴한 반응(3,4절). 사슬로 묶어둘 수도 없고, 통제할 수 없다. 사랑, 친절, 온유함이 그에게 영향을 주지 못했다. 그렇다고 해서 사슬로 묶거나 벌을 가한다고 해도 소용이 없었다. 그는 어떤 것에도 올바로 반응하지 않았다.

마귀에게 점유당한 사람들은 정상적으로 반응하지 않는다. 밥 존스 시니어는 그 사람의 사람됨은 그가 하는 반응으로 알 수 있다고 말했다. 어떤 반응은 흉내 낼 수 있다. 그러나 영원히 흉내 낼 수는 없다. 교회의 회중이 “폭발을 대비하는 중”인지 아니면 편안한 상태인지를 항상 알 수 있다. 사람들이 편안한 상태라면, 농담을 할 때 웃을 것이며, 슬픈 내용을 얘기할 때 콧물을 흘리거나 울 것이며, 무서운 내용을 언급할 때 떨 것이다. 이것은 그들이 내부와 외부가 동일한 상태라서 그런 것이다. 그러나 연극을 하는 것처럼 보이는 사람을 만날 경우, 반응에 지연이 생기며 마치 그가 반응하기 전에 상황을 이해하려고 하는 것처럼 보인다.

마귀에게 점유당한 사람은 전혀 반응하지 않는다. 재미있는 이야기를 해도, 슬픈 이야기를 해도 무서운 이야기를 해도 전혀 반응하지 않는다.

내가 브렌트침례교회에서 목회를 하던 시절, 교회에 한 여성이 있었는데, 내가 설교하는 내내 이상한 표정을 짓고 머리카락 한 가닥을 계속 만지작거렸다. 내가 슬픈 이야기를 하든, 무서운 이야기를 하든, 진지한 이야기를 하든 그녀의 표정은 전혀 변하지 않았다. 문제가 무엇이었을까? 그녀는 수동적인 상태에 있었는데 그것은 마귀 들림의 한 징후이다.

지금 당신이 이 글을 읽고 있는 것이 확실한 것만큼이나 나는 확실하게 마귀 들린 사람과 대화한 적이 있다. 그는 극단적 칼빈주의에 빠져 있었다. 내가 그와 대화할 때 그의 눈은 처지고, 평소와 다르게 단조로운 목소리로 말하는 것을 알아차렸다. 마귀에게 점유당한 사람은 우선 눈동자와 목소리가 다르다. 이는 『**몸의 빛은 눈**』이기 때문이다(마 6:22, 눅 11:34). 그리고 『**마음에 가득한 것을 입이 말하기 때문**』이다(마 12:34, 눅 6:45). 본문에 나오는 마귀에게 점유당한 사람은 『**큰 음성으로 소리**』 지른다(7절). 아무 이유도 없이 그렇게 한다. 동일한 상황이 사도행전 16:17,18에 나온다.

나는 교리적으로 엉망이 된 그리스도인들이, 말하는 데 문제가 있다는 사실을 알았다. 극단적 세대주의자들은 "한몸된(oneBody) 교회"에 관하여 말하곤 한다. (그들은 두 단어를 합쳐 한 단어로 말하곤 한다.) 이는 성경적 용어가 아니다. 성경에서 말씀하시는 교회는 『**그의 몸된 교회**』(엡 1:22,23)이다. 그리고 에베소서 4:4에 있는 『**한 몸**』이다. "한 몸의 교회"(church OF the one Body) 같은 것은 없다. 교회는 그분의 몸이다. 그 몸은 유일하게 하나이다. 수천 개의 "그리스도의 몸들"이 있는 것이 아니다. 마치 침례교 신부를 주장하는 노엘 스미스(Noel Smith)가 가르치는 것처럼 말이다. (모든 지역 교회는 각각 분리된 "그리스도의 몸"이다.)

과거의 성결교 설교자들은 몇 마디 하다가 "어(uh)"라는 소리를 넣곤 했다. "하나님께 영광-어!-모세가 산에 올라갔고-어! 하나님께서 그에게 십계명을 주셨-어!" 은사주의자들은 "성령침례"에 대해 이야기할 때 "성령"(Holy Ghost)이라는 단어를 떼어 발음하지 못한다. 나는 캠벨라이트(Campbellite) 설교자가 입을 여는 순간 바로 알아볼 수 있다. 그들은 "baptize"(뱁타이즈, 침례)라는 단어를 정확히 발음하지 못하고 항상 첫 음절을 강조하며 "BUPtize"(법타이즈)라고 한다. 그들은 모두 같은 영을 가지고 말한다.

성령께서는 모든 설교자들이 같은 말투로 말하게 하지 않으신다. 성경을 기록한 기록자들은 그들 각자 고유의 필체가 있었는데 성령께서는 그를 무시하지 않으셨다. 하나님께서는 하나님의 자녀들의 독특한 개성을 존중하여 사용하신다. 하나님께서는 어떤 크리스천 학교들에서 행하듯이 소시지 엮듯 그렇게 하나님의 사람들을 다루지 않으신다. 성경은 모든 사람을 동일하게 창조하지 않았기에 복사지에 복사하듯 그렇게 사람들을 찍어내지 않는다. 만일 그렇다면 그것은 성령의 역사가 아니라 다른 영의 역사인 것이다.

5) 사악함에 있어서 일관성을 보이는 것은 마귀 들린 자들의 특징이다(5절). 본성적으로 아담의 타락한 성품은 죄를 범하기 위해 어둠을 더 선호한다(요 3:19). 그러나 이 사람은 "밤낮" 변함이 없다. 어떤 죄인들은 특정한 죄를 범할 뿐 아니라, 그 죄를 공개적으로 드러내 자랑하기까지 하는데 이는 정상이 아니다. 거기에는 어떤 영적인 요인이 있는 것이다.

6) 높은 곳들을 배회하는 것은 마귀 들린 자들의 특징이다. 『**산에서나**』(5절). 그 이유는 무엇인가? 그들 안에 있는 영들이 그들의 주인을 모방하기 때문이다(사 14:13). 구약에서 배교한 유대인들은 높은 곳들인 『**산당들**』(high places)에 올라가 마귀들에게 희생제를 바쳤다(대하 11:15).

7) 과도한 울부짖음은 마귀 들린 자들의 특징이다(5절). 이교도들은 사랑하는 사람이 죽으면 눈물을 흘리며 울고, 소리 내어 우는데 이는 그들에게 『**소망**』이 없기 때문이다(살전 4:13). 이스라엘 여인들이 우상

숭배했던 내용 가운데 일부는 『**탐무스를 위하여**』 우는 것이었다(겔 8:14). 이교도들이 숭배하는 태양신은 하지 때 "죽었다가" 동지 때 "부활한다"(크리스마스). 그것이 마귀 숭배이다(고전 10:20).

8) 자학을 통해 참회하는 것은 마귀 들린 자들의 특징이다(5절). 『**돌로 자기 몸을 상처내고 있더라.**』 갈멜산에 있었던 바알 선지자들도 마찬가지였다. 『**그들의 방식대로 칼과 단창들로 몸에 상처를 내되, 피가 흐를 때까지 하더라**』(왕상 18:28). 자기 몸에 상처를 내는 것은 우상 숭배의 한 부분이다. 필리핀 등에서는 부활절 전에 자신을 십자가에 못박아 죗값을 치르는 것을 볼 수 있다. 스페인에서도 교회 다니는 사람들이 무릎으로 기어가고 자신을 채찍질하는 것을 볼 수 있다. 그런 교회는 예수 그리스도께서 세우신 교회가 아니다. 마귀들의 교회들이다(계 17,18장).

자신의 피를 흘려 자신의 죗값을 치를 수 없는 것은 그 피에는 아무 효력이 없기 때문이다. 순수한 피만이 죄를 제거할 수 있다(히 9,10장). 사람의 피는 창세기 3장에서 더럽혀졌다. 그 피는 결코 깨끗해지지 않는다. 몸에 있는 모든 피를 쏟아내도 결코 스스로를 구원하지 못한다. 예수 그리스도의 피인, 『**흠도 없고 점도 없는 어린양 같은** 그리스도의 **보배로운 피**』(벧전 1:19)가 필요하다.

가학성 변태성욕은 마귀로부터 왔다. 이 사람 안에 있는 마귀들이 그 사람의 몸을 상처 나게 하는 것이다. 마귀들은 사람이 고통받는 것을 즐긴다. 이것이 새디즘이다. 왜 그렇게 하는지 아는가?

에스겔 32장에서 파라오에게 사탄의 유형이 주어진다. 사탄은 끝없이 깊은 구렁에서 끝난다. 거기에서 마귀가 저주한 모든 사람들과 함께 끝난다. 에스겔 32:31에서는 다음과 같이 말한다. 『**파라오가 그들을 보고 그의 모든 무리들로 인하여 위로를 받으리니**』.

이것은 지옥의 끝없이 깊은 구렁에 사슬로 묶인 후의 마귀의 상태를 말한다. 그곳에 있는 수많은 사람들을 보고 다음과 같이 말한다. “내가 이 아래에서 불길 가운데 불타고 있지만 너도 있고, 너도 있고, 너도 있구나.” 이것이 멸망 중에 있는 사탄이 즐거워하는 즐거움이다. 죄인인 친구들이여, 지옥에 가면 오로지 한 존재만이 그대를 축복할 텐데 그는 바로 마귀이다.

사람들은 “음, 천국은 좋은 환경 때문에, 지옥은 동료 때문에”라고 말한다. 하지만 그 동료는 아니다. 당신이 고통받는 모습을 보고 전율을 느끼며 좋아하는 사람과 영원히 시간을 보내는 상상을 해 보라. 원한다면 그런 동료를 가질 수 있다. 『**나를 용서해 주게**』(눅 14:18,19 참고).

다음에 말하는 특징들은 본문에는 나와 있지 않으나 분명 마귀 들린 사람들에게 나타나는 특징들이다.

9) 덥고 습한 곳을 가까이한다. 마태복음 17:15의 마귀 들린 한 소년의 경우가 그랬다. 『**그가 종종 불 속에도 넘어지고 여러 번 물 속에도 빠졌나이다.**』

이것이 밥존스대학교의 커스터(Stewart Custer)가 럭크만의 “이상한 교리” 중 하나로 간주한 것이다. 커스터가 “가장 이상한” 내 해석에 대해 성경적으로 반박한 것이 무엇이었는가? 아무것도 없었다! 그는 “어떤 지리적 위치나 기후에서도 시험하는 데는 부족함이 없다”라는 말과 “사탄의 하수인들이... 믿는 자의 위치에 관계없이 항상 공격한다”는 경건하게 보이는 허세로 가득 찬 말을 했다(Stewart Custer, The Truth

About the King James Version Controversy, Bob Jones University Press, 1981, p. 32). 이 두 가지 모두 내가 말한 것과는 아무런 관계도 없다. 그가 제시한 "증거 구절"이 무엇이었는지 아는가? 성경에서 한 구절도 없었다. 어떻게 이것이 바로 "진지한 성경 공부"에 해당하는 것이 되겠는가?

나를 속이려고 하지 말게, "스튜 베이비." 나는 필리핀의 마닐라 - 따뜻하고 습한 곳, 하와이의 호놀룰루 - 따뜻하고 습한 곳, 뉴올리언스 - 따뜻하고 습한 곳, 그리고 키 웨스트 - 따뜻하고 습한 곳에 가본 적이 있다. 나는 상선에 있는 선원들과 이야기를 나눴다. 그들은 이 세상에서 도덕적으로 가장 더러운 도시가 이집트의 카이로라고 말할 것이다 - 따뜻하고 습한 곳이다. 추운 기후에서도, 항구 도시는 내륙 도시보다 도덕적으로 항상 더 더럽다. 문제는 앨라배마의 프랫빌(Prattville), 혹은 플로리다의 홀트(Holt), 혹은 몬태나의 미줄라(Missoula), 혹은 테네시의 콜럼비아(Columbia)에서 마귀들이 활동하는지 아닌지가 아니다. 문제는 마귀들의 존재와 그들의 활동이 널리 확산되는 것이다.

마가복음 5장에서 마귀들이 그 사람에게서 떠날 때 돼지떼에게로 들어갔는데, 그 돼지떼들은 어디로 갔는지 아는가? 젖은 습한 곳인 『**바다로**』로 들어갔다(13절). 왜 마귀들이 인간의 몸에 거하기를 좋아하는지 아는가? 따뜻하고(36-37도) 습하기(75%가 물이다.) 때문이다. 그렇지 않은 경우 마귀들은 『**물 없는 곳**』인 건조한 곳을 방황한다(마 12:43, 눅 11:24). 마귀들이 궁극적으로 어디에서 끝나는지 아는가? 불 못이다.

10) 강요된 독신 생활과 음식을 삼가는 것(딤전 4:1-3). 성직자는 결혼하지 말아야 하고 사순절 때(혹은 성 금요일 등) 고기를 먹는 것은 죽

을죄를 짓는 것이라고 강요하는 교회를 알고 있는가? 그런 교회는『**마귀들의 교리**』를 가르치는『**미혹하는 영들**』의 교회이다. 그런 교회는 그리스도께서 세우신 교회가 아니다. 그런 교회는 마귀적이어서, 피를 먹는 흡혈귀들이 하는 짓을 행하고 사람을 잡아먹는 식인제를 행한다. 그리고 하늘로 데려가도록 여자 마귀에게 기도한다.

이제 다음과 같은 질문이 떠오를 것이다. 그리스도인도 마귀 들릴 수 있는가라는 것이다. 평균적인 은사주의자들과 근본주의자들은 그렇지 않다고 답할 것인데 그 증거구절로 요한일서 4:4을 제시할 것이다.

『**어린 자녀들아, 너희는 하나님께 속하였고 또 그들을 이겼으니, 이는 너희 안에 계신 분이 세상에 있는 자보다 더 크시기 때문이라.**』 물론 이 구절은 그리스도인이 마귀 들릴 수 있는 것인가와는 전혀 무관한 구절이다. 그 이유는 성령과 더러운 영은 같은 그릇에 함께 있지 못하기 때문이다. 그러나 만일 그리스도인이 귀한 그릇이 되기 위해 죄악에서 떠나지 않으면 성령과 더러운 영은 함께 있을 수 있다(딤후 2:19,20). 그리스도인은 마귀에게『**틈을**』 내줄 수 있다(엡 4:27). 그리스도인은『**마귀의 정죄함에로**』 빠질 수 있다(딤전 3:6). 또한『**마귀의 올무**』에 빠질 수도 있다(딤전 3:7). 그리스도인은 육신을『**멸망케**』 하기 위해 사탄에게 내어줄 수 있다(고전 5:5). 사탄보다 더 위대하신 분이 당신의 몸 안에 거하시는 것은 만일 당신이 몸의 지체들을 예수 그리스도께 드려 당신의 몸을 통제하시도록 하지 않는다면 아무 의미도 없는 말이다(롬 6:13). 당신의 죄로 이루어진 육신의 행위를 죽이지 않는다면 사탄보다 더 위대하신 분이 당신의 몸 안에 거하시는 것은 아무 의미가 없다(롬 8:13, 골 3:5).『성령 **안에서**』 행하지 않는다면 그 말은 아무 의미가 없다(갈 5:16-25). 그리스도인이 『성령**으로 충만**』해질 수 있듯이(엡 5:18), 그리스도인은 사탄으로 충만해질 수 있다(행 5:3).

형제들이여, 구원받았다는 것은 마귀가 당신의 혼을 빼앗아가지 못한다는 것이다. 구원받는 때부터 하늘나라에 갈 때까지 그 사이에, 마귀가 당신으로부터 빼앗아 마귀가 "소유"할 수 있는 것은 그야말로 많다. 당신의 눈, 손, 귀, 다리, 머리, 간, 신장, 마음 등을 빼앗아 소유할 수 있다(고전 5:5). 마귀는 당신의 사역을 빼앗아 소유할 수 있다(데마, 딤후 4:10). 당신의 간증을 빼앗아 소유할 수 있다(롯, 벧후 2:7,8). 당신의 기쁨을 빼앗아 갈 수 있다(다윗, 시 51:12). 당신의 증거를 빼앗아 갈 수 있다(베드로, 눅 22:31,32). 당신의 돈과 부를 빼앗아 갈 수 있다(욥, 욥기 1장). 하늘에서 받을 보상을 빼앗아 갈 수 있다(요이 1:8). 천년왕국에서의 유업을 빼앗아 갈 수 있다(고전 6:9-10, 갈 5:19,20). 가족을 빼앗아 갈 수 있다(사무엘, 삼상 8:1-3). 건강을 빼앗아 갈 수 있다(고전 11:30). 그리고 당신의 생명을 빼앗아 갈 수 있다(롬 8:13, 요일 5:16). 그만하면 마귀가 빼앗아 갈 것이 충분하다고 생각하지 않는가? 마귀가 이 모든 것을 다 가져갈 수 있다면, 마귀에게 사로잡힌 강박관념(demon obsession), 마귀에게 억압받아 무기력하게 되는 마귀로 인한 중압감(demon oppression)이 있다는 사실은 굳이 설명하지 않아도 될 듯 싶다.

5:6 그가 멀리서 예수를 **보고 달려와 경배하고,**
7 큰 음성으로 소리지르며 말씀드리기를 "지극히 높으신 하나님**의** 아

들 예수시여, 내가 당신과 무슨 상관이 있나이까? 내가 하나님을
두고 당신께 간청하오니 나를 괴롭히지 마소서."라고 하니,
8 이는 주께서 그에게 말씀하시기를 "더러운 영아, 그 사람에게서 나
오라."고 하셨기 때문이라.
9 주께서 그에게 묻기를 "네 이름이 무엇이냐?"고 하시니, 그가 대답
하여 말하기를 "내 이름은 군단이오니, 이는 우리가 많기 때문이
니이다."라고 하더라.
10 또 그가 주께 간절히 청하기를 자기들을 이 지방에서 내보내지 말
아 달라고 하더라.
11 그때 저쪽 산 근처에서 큰 돼지떼가 먹고 있었는데,
12 모든 마귀들이 주께 간구하여 말하기를 "우리를 돼지에게로 보내
주소서. 그러면 우리가 그들에게로 들어가겠나이다."라고 하더라.
13 예수께서 즉시 그들에게 허락하시니, 그 더러운 영들이 나와서 돼
지들에게 들어가더라. 그러자 그 돼지떼가 산비탈을 거세게 달려
내려가 바다로 들어가서, (그 수는 약 이천 마리나 되더라.) 바다
에 빠져 죽더라.

다시 한번 마귀 들린 사람들은 종교적이라는 사실에 주목하라(1:24 주석 참조). 이 사람은 예수 그리스도의 신성에 대해 알고 있을 뿐 아니라, 예수 그리스도를 경배했다(6절). 믿지도 않으면서 고백만 하는 어떤 그리스도인이라고 하는 사람들보다 훨씬 더 낫다.

『**당신께 간청하오니 나를 괴롭히지 마소서**』(7절). 이는 구원받지 못

한 사람들이 하는 전형적인 반응인데 특히 십대 청소년들이 그렇다. 그들은 하나님과 성경은 자신들이 즐기는 "즐거움"을 망친다고 생각한다.

예수 그리스도는 구원받지 않은 사람을 괴롭히기 위해 오지 않으셨다. 『**잃어버린 자를 찾고 또 구원**』하기 위해 오셨다(눅 19:10). 『**생명을 얻고 더 풍성히 얻게 하려**』 오셨다(요 10:10). 당신이 구원받았을 때, 당신의 삶을 망친 것도 아니고, 당신의 삶이 파선당한 것도 아니다. 그야말로 풍성한 삶을 얻은 것이다.

나는 내가 구원받기 전에 살았던 죄악 된 삶을 다른 사람에게 추천하지 않는다. 당신이 어릴 때 구원받았다면 내가 자라던 때처럼 마귀와 같은 삶을 살지 않은 것을 복으로 여기라. 그럼에도 불구하고 나처럼 마귀처럼 살다가 인생 후반에 구원받은 나이 든 사람들에게는 어릴 때 구원받은 사람들이 갖지 못하는 장점이 하나 있다. 젊어 구원받은 사람들에게는 우리들이 갖지 못하는 장점들이 있으나, 우리에게도 이로운 점이 있다. 우리는 죄를 즐거워한 삶과 풍성한 삶의 차이를 알고 있다. 내가 그리스도 안에서 살았던 기간은 구원받기 전의 27년의 세월과는 비교할 수 없다. 그 기간은 지옥을 향하여 가던 기간이었고, 세상에서 소망도 없고 『하나님**도**』 없이(엡 2:12) 나 홀로 외로이 거하던 기간이었다.

어떤 목사가 목회하는 교회에 가난한 과부가 있었는데 집세를 낼 돈조차 없었다. 어느 성도가 그녀의 상황을 듣고 도와주기 위해 상당한 금액을 기부했고, 목사는 그 돈을 전달하러 그녀의 집을 방문했다. 도착하여 문을 두드렸지만 대답이 없었다. 종을 울렸지만 대답이 없었다. 결국 기다리다가 떠났다. 그 다음 교회에서 그 과부를 봤을 때, 목사가 다가가서 말했다. “그날 당신을 보러 갔지만, 집에 계시지 않았네요.” “오, 있었는데요.” 그녀가 말했다. “그럼 왜 문을 두드리고 종을 울렸을 때 대답하지 않았나요?” 목사가 물었다. “그게 목사님이었어요?” 과부가 말했다. “저는 집세를 받으러 온 집주인이라고 생각했어요. 그 돈이 없어서 문을 열지 않았어요.”

이것이 바로 일부 구원받지 않은 사람들의 모습이다. 예수 그리스도께서 말씀하신다. 『**보라, 내가 문 앞에 서서 두드리노라. 누구든지 내 음성을 듣고 그 문을 열면 내가 그에게로 들어가서 그와 함께 먹으며 그도 나와 함께 먹으리라**』(계 3:20). 예수 그리스도는 죄인의 마음의 문 앞에 서서 노크하며, 죄인이 그를 초대하기를 기다리신다. 그러나 죄인은 주님이 자신을 망치려고 온 것이라고 생각한다. “만약 그를 들어오게 하면, 그는 ‘그걸 그만두라, 이걸 버려라.’라고 할 거야.”라고 생각한다.

예수 그리스도는 당신에 나쁜 것을 주기 위해 계시는 것이 아니다. 당신과 함께 먹기 위해 오셨고, 가치 있는 것을 주시기 오셨다.

『**더러운 영**』은 단수인데, 그 수에 있어서는 복수로 “많다”(9절)는 사실에 다시 한번 주목하라. 이에 대해서는 1:24; 4:4,15에서 살펴보았다. 본문에 있는 “많다”는 말에 사용된 것이 『**군단**』이다. 이 군단이라는 말은 로마 군대의 부대 단위로 사용되었었다. 군단의 표준 크기는 약 6,000명으로 적게는 3,000명으로 구성될 수도 있었다. 이 군단이라는 말은 상당히 많은 다수의 어떤 것들이나 사람들을 표현할 때 사용된다. 본문의 경우, 두 남자 안에는 2,000마리의 마귀들이 있었다. (그들이 두 사람에게서 쫓겨난 후 들어간 돼지 수를 보라.) 이런 이유로 마귀들은 남자로 나타나는 천사들 대신에, 새들로 묘사되거나 날아다니는 곤충들로 표현되는 것이다(3:22의 비엘세붑에 대한 설명 참고).

10절에서 마귀들은 예수 그리스도께 『**자기들을 이 지방에서 내보내지 말아 달라**』고 요청한다. 첫 번째 이유는 마귀들이 이전에 거하였던 곳으로(마 12:43-45) 옮길 수 있는 기회 때문이다. 개혁은 구원이 아니다. 어떤 죄인이 금연한다 해서, 금주한다 해서, 욕하는 것을 멈춘다 해서, 교회에 나가고, 침례를 받고, 주의 만찬에 참여하고, 십일조를 한다 해서 구원받는 것이 아니다. 그러다가 죽으면 잃어버린 죄인으로 지옥에 간다. 이 두 남자가 자신들을 구원해 주신 분께 믿음으로 나아가지 않는다면 마귀들에게는 그들에게 다시 들어갈 수 있는 기회가 있다.

내가 또한 확신하는 것은 가다라는 이 악한 영들에게 있어서 좋은 "사냥터"라는 사실이다. 이 악한 영들은 이미 두 남자를 발견하여 그들에게 들어갈 수 있었다. 설령 두 사람이 예수 그리스도를 믿었다 하더라도 거기에는 여전히 마귀들이 점유할 많은 후보자들이 있다. 예수 그리스도와 자신들의 돼지들 사이에서 선택의 문제가 주어졌을 때 가다라인들은 자신들의 소유인 돼지들을 선택하였다(17절).

이 돼지들은 분명히 그 도시의 주요 수입원이었을 것이다. 비록 율법(레 11:1-7)에 따라 유대인들은 돼지고기를 먹을 수 없었지만, 그 지역의 이방인들을 위해 돼지를 기르고 판매하고 있었을 가능성이 높다. 그 지역에는 유대인과 그리스-로마계 인구가 함께 살고 있었다. 『**큰 돼지 떼**』는 사실 2,000마리의 돼지떼(13절)였다. 1파운드에 60센트로 계산하면, 그리고 평균 도축 중량이 220파운드라면, 이 유대인들은 25만 달러 이상을 잃게 되었을 것이다. 『**돈을 사랑하는 것이 모든 악의 뿌리니**』(딤전 6:10).

『**모든 마귀들이 주께 간구하여 말하기를 "우리를 돼지에게로 보내 주소서. 그러면 우리가 그들에게로 들어가겠나이다."라고 하더라**』(12절). 마귀가 인간 몸에 머물 수 없다면, 다음으로 선호하는 가장 좋은 선택지는 돼지이다. 성경에서 돼지는 구원받지 않은 여자를 상징한다(잠언 11:22, 벧후 2:22). 베드로후서 2:22에는 『**돼지는 씻고 나서 그녀의 진창 속에서 뒹군다.**』라고 한다. 그래서 세상에서 광고되는 것 중에는 "여성 진흙 레슬링"이 있다. 아무리 발버둥치고 노력해도 성경에서 벗어날 수는 없다.

이 돼지들을 보니 옛날 이 나라에서 노예제도가 있던 시절의 이야기가 떠오른다. 한 백인 주인이 있었는데, 그는 하나님을 알지 못하는 사람이었다. 어느 날 밤, 그는 자기 노예들이 늪지대로 가는 것을 보았다. 그들을 따라가 보니, 그 흑인 노예들이 키프러스 나무 그루터기 사이에서 하나님을 찬양하며 소리치고, 환호하며 열렬히 예배드리고 있는 것이었다. [1950년대까지도 앨라배마의 "블랙 벨트"(흑인 거주 지역)에서는 흑인들이 구원을 받으면, 친구나 가족과 함께 밤새도록 길을 걸으며 "하나님께 영광! 하나님을 찬양하라!"라고 외쳤고, 날이 밝을 때까지 계속 그렇게 했다.] 그 백인 주인은 이 광경을 보고 비웃었다.

다음 날 그 백인 주인은 흑인 노예 중 한 명에게 물었다. "어젯밤에 늪지대에서 뭐 하고 있었느냐?"

그 노예가 대답했다. "우리는 주님이 우리를 구원해 주신 것을 찬양하고 있었어요, 주인님."

그러자 주인이 말했다. "그것은 내가 평생 본 것 중에 가장 우스운 짓거리였어." 그는 그냥 넘어갔지만, 다음 주가 되자 다시 그 흑인들이 늪지대로 가서 소리치며 환호하고, 마치 야구에서 베이스를 도는 것처럼 뛰어다니는 모습을 보게 되었다. 이번에는 그 백인 남자가 웃지 않았다.

다음 날, 그는 자기 하인에게 물었다. "너희가 가진 그것을 얻으려면 어떻게 해야 하느냐?"

"구원받는 것을 말씀하시는 건가요?"라고 그 흑인이 되물었다.

"그래, 그게 뭔지는 몰라도, 너희가 그렇게 기뻐하는 이유를 알고 싶다."라고 주인이 말했다.

그들은 돼지 우리 옆에서 이야기를 나누고 있었는데, 그 흑인 그리스도인이 말했다. "그럼, 주인님, 첫 번째로 해야 할 일은 이 울타리를 넘어가서 저 돼지들이 있는 우리 안으로 들어가는 겁니다."

그 말을 듣자 백인 주인은 얼굴이 새빨개지며 소리쳤습니다. "이봐, 말 조심해!" 그러자 그 노예가 덤덤하게 대답했다. "주인님이 구원받는 방법을 알고 싶다고 하셨잖아요. 그래서 그냥 알려드리는 거예요."

"나는 절대 돼지우리에 들어갈 생각 없어!" 그 백인 주인은 화를 내며 발을 구르고 떠나버렸다. 하지만 그 다음 주가 되자, 그는 또다시 그 흑인 그리스도인들을 따라 늪지대로 갔고, 그들이 하나님을 찬양하는 모습을 지켜보았다. 그런데 이번에는 왠지 두려운 마음이 들었다.

다음 날, 그는 그 노예에게 와서 말했다. "구원받을 수 있다면 이제 무슨 일이든 할 준비가 됐다."

그 노예가 말했다. "좋아요, 주인님. 그러면 저 울타리를 넘어가 돼지들이 있는 우리로 들어가세요."

"알았다! 좋아!" 그 백인 주인은 울타리를 넘어 돼지우리에 들어갔다.

그러자 노예가 말했다. "이제 돼지들 한가운데로 가세요, 주인님."

“절대 그럴 수 없어!” 백인 주인은 소리를 지르며 우리 밖으로 나와 또 다시 화가 나서 떠나버렸다.

그러나 그 다음주 그는 또다시 그 흑인들을 따라 늪지대로 갔다. 그의 마음속에서 견딜 수 없는 죄책감이 밀려왔다. 그래서 다음 날 그는 다시 그 노예를 찾아가 말했다. “이제 네가 시키는 대로 다 하겠다. 구원받으려면 어떻게 해야 하는지 알려 다오.”

그래서 그들은 다시 돼지우리로 갔다. 백인 주인은 울타리를 넘어 돼지들 한가운데까지 들어갔다.

“자, 주인님, 이제 저 진흙탕 속에서 돼지들과 함께 무릎을 꿇으세요.”

이번에는 그 백인 남자가 아무 말도 하지 않았다. 그가 돼지들과 함께 무릎을 꿇으려고 한 순간 노예가 외쳤다. “일어나세요, 주인님! 주님께서는 주인님이 돼지들과 함께 진흙탕에 앉는 걸 원하지 않으십니다!”

“하지만 네가 그렇게 하라고 했잖아!” 백인 주인은 당황하며 소리쳤다.

그러자 그 노예가 대답했다. “알고 있어요, 주인님. 사실 구원받기 위해 꼭 그렇게 할 필요는 없어요. 하지만 기꺼이 그렇게 할 마음이 들지 않는다면, 절대 구원받을 수 없습니다.”

아멘! 자신을 돼지나 개처럼 낮출 마음이 들지 않는다면, 결코 구원받을 수 없다(7:25-30 참고).

마귀들이 돼지떼에 들어갈 수 있도록 요청하자 예수님께서는 『**그들에게 허락**』하셨다(13절). 그리고 예수님은 그것을 『**즉시**』 행하셨다. 마귀들은 돼지떼에 들어갔는데 누가 한 우스갯소리인지 모르나 이 돼지떼들은 성경에서 처음으로 등장한 “마귀 들린 햄”(deviled ham)이 되었다. 2천 마리의 돼지떼들은 산에서 갈릴리 바다로 내리 달렸는데 돼지 자살(hogicide)을 저질렀다.

이 내용은 중요한데, 병행구절인 누가복음 8:31에서는 『**마귀들이 주께 간청하기를 그들에게 깊은 곳으로 들어가라는 명령은 하지 말아달라.**』라고 했기 때문이다. 『**깊은 곳**』은 바다가 될 수 없는데 마귀들이 바다로 들어갔기 때문이다. 『**깊은 곳**』은 물로 형성되어 있는 거대한 층으로 당신의 머리 위에 있다(1:16,17 설명 참고).

5:14 그러자 그 돼지들을 치던 사람들이 달아나서 그 성읍과 지방에 그 일을 전하니, 사람들이 무슨 일이 일어났는지 보려고 나오더라.

15 그들이 예수께 **와서 마귀에게 사로잡힌 사람, 즉 그 군단을 지녔던 자가 앉아 있고, 옷을 입고 있으며, 또 정신이 온전한 것을 보고 두려워 하더라.**

16 그때에 그 광경을 목격한 사람들이 마귀에게 사로잡힌 사람에게 어떻게 그 일이 일어났는가와, 또한 그 돼지떼에 관해 사람들에게 말하니,

17 그들이 주께 **그 지방에서 떠나 달라고 간구하기 시작하더라.**

18 그리하여 주께서 **배에 오르시니, 마귀에게 사로잡혔던 사람이** 주와 **함께 있기를 간구하더라.**

19 그러나 예수께서 **허락지 아니하시고, 그에게 말씀하시기를 "집에 가서 네 친구들에게** 주께서 **너를 위하여 얼마나 큰 일들을 행하셨으며, 너를 얼마나 가엾게 여기셨는가를 말하라."고 하시니라.**

돼지들에게 먹이를 주는 일을 하던 사람들은 자신들의 "고용 보장"인 돼지떼가 산을 내려가 바다에 빠져 죽는 모습을 보고는, 황급히 마을로 달려가 돼지들을 소유한 "협동조합"에 그들의 "투자"가 어떻게 되었는지 알렸다. 그러나 이 소식은 돼지 주인들에게서 끝나지 않고 온 도시와 주변 시골 지역까지 퍼져 나갔다. 얼마 지나지 않아 한 "대표단"이 예수님과 그 미친 사람들을 보기 위해 나왔다.

마태복음 8장에서 보았듯이, 두 명의 미친 사람들이 마귀로부터 해방되었다. 그러나 마가는 그중 한 명만을 다루고 있다. 한 사람에게 일어난 일이 다른 사람에게도 동일하게 일어났다고 추측할 수 있다. 마가가 다루고 있는 그 미친 사람은 『**앉아**』 있었다(19절). 그는 더 이상 하루 종일(24시간 7일) 뛰어다니며 소리 지르고 괴성을 지르지 않았다.

그는 『**옷을 입고**』 있었다. 그가 구원을 받았을 때, 계속해서 벌거벗고 다니지 않았다. 성도가 영광에 이를 때 가지는 소망이 무엇인지 아는가? 그는 『**옷입게 되기를 간절히**』 바라는 것이다. 이는 『**벗은 채로 발견되지**』 않게 하려는 것이다(고후 5:2-4). 그 옷은 『**흰 옷**』(계 3:5,18)으로 밝혀지는데, 이는 『**성도들의 의**』(계 19:8)이다. 이것은 구원받을 때 믿는 자에게 전가된 그리스도의 의를 의미하는 것이 아니다. 이것은 구원받은 후에 성도가 자신의 삶에서 쌓아가는 개인적인 의이며, 이는 그리스도의 심판석에서 상급으로 받게 된다. 올바로 살지 않는 그리스도인은 그 상을 잃어버릴 수 있으며(요이 1:8), 그렇게 되면 그리스도의 왕국에서 벌거벗고 다녀야만 한다(계 16:15).

마침내 그 가다라인들은 그 미친 사람이 『**정신이 온전한 것**』을 발견한다. 당신이 구원을 받을 때, 이 잃어버린 세상은 당신이 미쳤다고 생각한다. 그러나 바로 그때가 당신이 비로소 올바르게 생각하기 시작하는 순간이다(눅 15:17 주석 참고). 당신이 구원을 받으면, 마침내 올바르게 생각할 수 있는 능력을 갖게 되는데, 이는 하나님께서 구원받은 당신에게 『**건전한 생각**』(딤후 1:7), 곧 『**그리스도의 생각**』(고전 2:16)을 주시기 때문이다.

내가 구원받았을 때, 부모님은 내가 완전히 미쳤다고 생각하셨다. 우리 형제 중 한 명은 제2차 세계대전에서 "포탄 충격"을 받아 "정신 질환"으로 제대했는데(Section 8) 죽는 날까지 정신병원을 들락날락했다. 내가 구원받은 지 얼마 지나지 않아, 델라웨어 주 레호보스(Rehoboth) 비치로 차를 몰고 가서 어머니와 아버지께 복음을 전했다. 부모님은 "얘도 결국 조니처럼 미쳤구나"라고 생각하셨다. 내가 아버지께 복음을 전하자, 아버지는 이렇게 말씀하셨다. "괜찮다, 아들아. 너무 신경 쓰지 마라. 내일 아침에 의사한테 가보자." 그것이 아버지의 "해결책"이었다.

그런데 난 그제서야 내 정신을 되찾고 있던 참이었다. 내가 다녔던 학교와 대학의 그 비열한 자들이 내 정신을 빼앗아 갔었다. 펜사콜라에 있는 세인트 마이클스 카톨릭 교회의 설리반(Sullivan) 신부와 캔자스 토피카에 있는 그레이스 대성당 성공회 교회의 딘 데이(Dean Day)가 내 정신을 빼앗아 갔다. 나는 그 사람들 때문에 내 인생의 27년을 잃어버렸는데 구원받았을 때 비로소 제정신이 들기 시작했다.

이제 16,17절의 표현을 잘 보라. 『**그때에 그 광경을 목격한 사람들이 마귀에게 사로잡힌 사람에게 어떻게 그 일이 일어났는가와, 또한 그 돼지떼에 관해 사람들에게 말하니, 그들이 주께 그 지방에서 떠나 달라고**

간구하기 시작하더라.』 그들은 예수께서 떠나시기를 원했다. 왜냐하면 막대한 재산, 즉 살아 있는 돼지떼에 해당하는 26만 4천 달러(10절 주석 참고)를 잃었기 때문이다. 그들은 마귀에게 사로잡혔던 사람들에게는 전혀 관심이 없었다.

그들이 보인 태도가 얼마나 냉담하고, 비정상적이며, 악한 것인지 깨닫는가? 가다라인들이 그 자들을 가두려 했던 데는 이유가 있었다. 밤낮을 가리지 않고 그 지역을 지나가는 누구라도 공격을 당했기 때문이다(행 19:16 참고). 그곳은 살기에 안전한 곳이 아니었다. 그런데 예수님께서 오셔서 그 위협을 완전히 제거하셨는데도, 예수님께서 떠나시기를 원한다?!

당신은 그들의 반응이 마가복음 1장에서 카퍼나움의 유대인들과 비슷할 것이라 생각했을 것이다. "우리 아버지가 술을 끊도록 도와주실 수 없습니까?" "제 아들이 마약에 중독되었습니다. 제발 도와주세요!" "제 할머니가 죽어가고 있습니다. 할머니를 위해 뭔가 해주실 수 없습니까?" 하지만, 그들의 반응은 그런 것이 아니었다. "여기서 떠나주십시오. 우리는 당신으로 인해 너무 많은 금전적 손해를 보고 있습니다."

나는 1949년 이후로 미국이 서서히 무너지는 모습을 지켜봐 왔다. 나는 설교자로서 부흥에 관심이 있다. 부흥에 관한 책들을 읽었고, 하나님께서 이 나라에 부흥을 가져오신다는 설교도 들어왔다. 내가 그리스도인으로서 66년을 살아오면서 관찰한 것이 무엇인지 아는가? 나는 성령께서 이 나라 위에 역사하시는 것을 보았다. 그런데 막 성령께서 뭔가를 시작하시려 하면, 어떤 그리스도인들이 나타나 그것을 방해해 버린다. 주님께서는 이 나라에 이렇게 말씀하셨다. "너희가 부흥을 원한다면, 이것을 버리고 저것도 버려야 한다." 그러나 미국의 그리스도인들은 전능하신 하나님을 똑바로 바라보며 이렇게 대답했다. "저는 그것 없이는 살 수 없습니다." 그러자 성령께서 "좋다, 알겠다." 하시고 떠나셨다. 『**그들이 주께 그 지방에서 떠나 달라고 간구하기 시작하더라.**』

그것이 바로 부흥이 없는 이유이다. 부흥을 찾지 말라, 왜냐하면 그것은 오지 않을 것이기 때문이다.

그러나 마귀들로부터 구원을 받은 그 사람은 달랐다. 다른 가다라인들이 예수님을 떠나보내자, 그 사람은 그 지역을 떠나 예수님과 함께 갈 준비가 되어 있었다. 그는 주님께 빚을 지고 있었고, 그 사실을 알고 있었다. 그가 받은 은혜에 감사하여, 주님이 어디로 가시든지 기꺼이 따라갈 준비가 되어 있었다.

하지만 그것은 예수님께서 그 사람에게 원하신 것이 아니었다. 주님께서는 그 사람이 데카폴리에서 증거하기를 원하셨다. 『**집에 가서 네 친구들에게 주께서 너를 위하여 얼마나 큰 일들을 행하셨으며, 너를 얼마나 가엾게 여기셨는가를 말하라**』(19절).

그 가다라에 있는 성읍은 예수님께서 그 사람에게 하신 일에 대해 아무런 관심을 두지 않았을지 모르지만, 데카폴리의 다른 성읍들에서는 예수님께서 하신 일에 대해 놀라워하며 경탄했다.

나는 그런 방식으로 사람들을 그리스도께 인도한 적이 있다. 그들이 자신에게 일어난 일을 가족과 친구들에게 이야기했을 때, 나는 그 사람들이 깜짝 놀랐을 것이라고 확신한다. 내가 사우스캐롤라이나주 스파르탄버그(Spartanburg)에서 처음으로 행한 교도소 예배에서 구원받은 한 사람이 있었다. 그의 이름은 화이티 우드(Whitey Woods)였다. 화이티는 내가 설교하러 들어갔을 때, 침대에 누워 있었고, 나를 보자 신문을 얼굴에 덮어 나를 무시하려 했다. 나는 그것에 신경 쓰지 않았다. 나는 계속해서 설교했고, 그중 몇 명의 다른 죄수들이 구원받았다.

약 삼 주가 지난 후, 나는 사우스캐롤라이나 주 그린빌(Greenville) 시내에서 다른 몇 명의 밥존스대학교 학생들과 함께 한 밤 공부를 마친 후 전도지를 나눠주고 있었다. 전도지를 다 나눠주고 차로 돌아가려던 때, 내 친구 중 한 명이 말했다. "우리가 공원에서 자고 있는 한 사람을 만났는데, 그 사람이 너를 안다고 하면서 얘기를 나누고 싶다고 하네." 그래서 그들은 그 사람을 데려왔고, 그 사람은 바로 내가 설교할 때 신문을 얼굴에 덮었던 교도소에서 만난 사람이었다. 그가 조금 취한 상태라는 걸 알 수 있었다.

그는 이렇게 말했다. "어떻게 지내세요, 목사님?"

"잘 지내고 있소," 내가 말했다. "당신은 어떻소? 그다지 별로 좋아 보이지는 않소만."

"네," 그가 대답했다. "하지만 내가 교도소에서 목사님한테 어떻게 대했는지 사과하고 싶습니다. 내가 얼굴에 신문지를 덮어서 목사님의 말을 듣지 않으려고 했지요. 그런데 나는 다 들었습니다. 나는 제대로 자랐습니다. 나는 목사님의 말을 들었어야 했습니다. 목사님이니까요. 내 어머니는 그리스도인입니다. 나는 아니지만 말이죠."

"그래, 지금 그럼 뭐가 필요하오?" 내가 물었다.

"오늘 밤 잘 곳을 구해줄 수 있나요?" 그가 말했다.

"내가 아는 데는 없소." 내가 대답했다. "연락처가 없소."

"구제 사역 단체에 넣어줄 수 있겠습니까?" 그가 물었다.

"지금 조금 취한 것 같은데?" 내가 말했다.

"그렇게 많이는 마시지 않았습니다." 그가 말했다.

"음, 내가 알고 있는 구제 사역 단체를 알지." 내가 말했다. "나도 몇 군데서 일해 봤고. 그런데 그들은 술 취한 사람은 받아주지 않아. 그래도 당신이 원한다면 시도해 보겠소."

그래서 우리는 그를 구제 사역 단체로 데려갔다. 그곳은 약 30분 거리에 있었고, 가는 길에 나는 그와 함께 뒷좌석에 앉아 그의 혼에 대해 이야기했다. 그는 정말 조용해졌고, 듣기 시작했다. 마침내 그는 고개를 숙이고 예수님께 구원을 요청했다.

구제 사역 단체에 도착했을 때, 그들은 그를 받지 않았다. 왜냐하면 그가 충분히 술이 깨지 않았기 때문이다. 그는 차로 돌아와서 자신이 자고 있었던 그 공원으로 다시 데려다 달라고 했다. 내가 말했다. "내가 내 트레일러 뒤에 자리를 마련해 보겠소. 따뜻한 여름밤이니 담요 하나면 충분할 게요. 거기서 잘 수 있을 것이오."

그가 말했다, "좋습니다, 감사합니다, 목사님."

내가 있는 곳으로 가는 길에, 그 친구는 갑자기 웃기 시작했다. 내가 물었다, "무슨 일이오?"

그가 나를 보며 말했다, "내 마음, 아십니까?" 그 사람은 구원의 확신을 얻었고, 이제는 그의 입을 막을 수가 없었다. 구제 사역 단체로 가는 동안 그는 열 마디도 하지 않았지만, 이제는 우리가 트레일러 단지에 도착할 때까지 15분 동안 말을 쏟아냈다.

나는 그를 뒤로 데리고 가서 말아 놓은 담요와 손전등, 그리고 성경을 줬다.

내가 그날 밤 들어가려 할 때, 그가 말했다, "저는 집에 가서 어머니한테 내가 한 일을 말할 겁니다."

"잘 생각했소." 내가 말했다. "언제 떠날 생각이오?"

"내일 아침에요." 그가 대답했다.

내가 말했다. "성경은 가져가도 좋지만, 손전등과 담요는 두고 가면 좋겠소."

내가 트레일러로 돌아가려 할 때, 그가 나를 멈춰 세우고 말했다. "목사님, 기도는 어떻게 해요?"

내가 말했다. "그냥 하나님께 말씀드리면 되오."

"한 번 보여 주세요." 그가 말했다.

내가 말했다, "지금 내가 당신과 이야기하는 것처럼 하나님과 대화하면 되오."

"그래도 보여 줘요." 그가 고집을 부렸다. 그래서 보여 줬다.

그 후 한 시간 동안 나는 그가 뒤뜰에서 기도하는 소리를 들을 수 있었다. 다음 날 아침에 그곳에 갔을 때 담요는 접혀 있었고 그 위에 손전등이 놓여 있었다. 그는 그것들을 팔아 술을 사려 하지 않았다. 성경은 없었다. 그가 가지고 간 것이었다.

물론 그 후 그가 어떻게 되었는지 나는 알지 못했지만, 그가 집에 돌아가서 모두에게 자신이 구원받았다고 말했을 때, 나는 틀림없이 『**모든 사람이 놀라니라.**』라는 말씀처럼 모든 사람들이 놀랐을 것이라고 확신한다. 나는 그들이 지금 이렇게 말하는 소리를 들을 수 있다. "네게 무슨 일이 일어난 거야?!" 그 옛날 그 친구는 구원받았다!

5:21 예수께서 배로 건너편으로 다시 건너가시니, 큰 무리가 주께로
모이더라. 그러나 주께서는 바닷가에 계시더라.
22 그런데, 보라, 회당장들 중에서 야이로라 이름하는 한 사람이 와
서, 주를 보고 그의 발 앞에 엎드리어,
23 간절히 청하여 말씀드리기를 "내 어린 딸이 죽어 가고 있나이다.
간구하오니 오셔서 그 아이에게 안수하시어, 그 아이가 치유받고
살아나게 하소서."라고 하더라.

예수 그리스도께서는 가다라 지방을 떠나 카퍼나움으로 돌아오신다. 두 곳이 예수님을 환영하는데 있어서 차이가 있음을 유의하라. 가다라 사람들은 예수 그리스도께서 떠나주시기를 바랐는데 그 이유는 그들의 생계수단에 위협이 되었기 때문이다. 반면 카퍼나움 사람들은 예수 그리스도를 보기를 열망하였다. 문제는 가다라 사람들이나 카퍼나움 사람들이나 마음의 태도에 있어서는 별 차이가 없다는 것이다. 마태복음 8장에서 두 명의 마귀 들린 사람들의 사건이 있은 후 예수께서 말씀하셨다. 『**카퍼나움아, 하늘까지 높아진 너는 지옥까지 낮아지리라. 네 가운데서 행하였던 능력 있는 일들을 소돔에서 행하였더라면 그 성읍이 오늘까지 남아 있었으리라. 그러나 내가 너희에게 말하노니, 심판 날에 소돔 땅이 너보다 더 견디기 쉬우리라."고 하시더라**』(마 11:23,24).

많은 "흥분"은 있었지만 진정한 회개와 믿음은 별로 없었다. 대부분의 사람들은 예수 그리스도께서 기적을 행하는 것을 보길 간절히 기대했지만, 예수님을 믿고 그의 제자가 되는 일에 있어서는 거리가 너무 먼 사람들이었다.

『**회당장들 중에서 야이로라 이름하는 한 사람**』(22절)이 예수 그리스도께 간다.

22절에서 그는 주를 보고 예수 그리스도의 발 앞에 엎드린다. 이것은 경배의 행위이다(마 9:18; 2:11, 계 22:8). 만약 자유주의자들과 이슬람 신자들이 믿는 대로 예수님께서 자신을 하나님으로 주장하지 않았다면, 이것을 어떻게 생각하겠는가? 예수님은 그 사람에게 일어서라고 말하지 않았다. 그 이유는 예수 그리스도는 하나님이시기 때문이다. 그러나 베드로는 사도행전 10:25,26에서 일어서라고 말했다. 여기에서 예수님은 하나님으로서 경배를 받으신 것이다. 예수님께서는 자신이 육신으로 나타난 전능하신 하나님이라고 말씀하셨는데 그것이 사실이 아니었다면, 유대인들이 비방한 것과 정확히 동일한 죄를 저지른 것이다. 바로 하나님을 모독한 죄이다(요 10:30-33).

23절은 스스로 설명한다. 야이로의 어린 딸이 죽게 될 위기에 처해 있으며, 그는 예수님께 오셔서 그녀를 치료해 주시기를 원했다. 여기서 주님께서 병든 사람을 치료하기 위해 안수하셔야 할 필요는 없었지만(1:42 주석 참고), 종종 그렇게 하셨다(눅 4:40 참고). 구약에서의 손을 얹어 안수하는 것은 복을 옮기는 것(창 48:14) 또는 희생물에 죄를 옮기는 상징으로 사용되었다(출 29:10,15,19, 레 8:14,18,22). 예수님이 병든 사람들에게 손을 얹어 치료할 때, 병든 사람들에게 치유의 복을 주시면서 동시에 예수 그리스도께는 병든 사람의 병을 옮기는 것이다(마 8:17).

마태복음 8:17에서 인용된 이사야 53:4에서 그리스도의 치유의 기적은 예수 그리스도의 피의 속죄와 연관이 된다(사 53:5). 이 사실 때문에 은사주의자들과 오순절 사람들은 "채찍 기둥 신학"(Whipping Post Theology)을 믿는데 이는 예수 그리스도의 속죄 사역에 육체적인 질병의 치유가 포함된다는 것이다. 물론 치유의 기적은 이스라엘에게 주어진 표적이지(막 16:17,18. 고전 1:22 참고) 그리스도의 몸에 주어진 표적이 아니다. 손수건으로 사람들을 치유할 수 있었던 사도는(행 19:12) 그의 사역 말기에는 친구들 가운데 어느 누구도 치유할 수 없었다(딤후 4:20). 따라서 속죄에 있어서 육체적인 치유는 오늘날 적용되지 않는다. 육체적 치유는 휴거 때 적용될 것인데 그때는 모든 믿는 자들이 부활하신 구주와 같은 몸을 받는다(빌 3:21, 요일 3:2). 지금, 속죄 사역 안에서의 "치유"는 죄로부터 치유되는 영적 치유이다(벧전 2:24).

5:24 예수**께서 그와 함께 가시니, 큰 무리가 주를 따라가며 밀치더라.**
25 **십이 년 동안 유출병을 앓고 있는 어떤 여인이 있었는데**
26 **여러 의사에게서 많은 고통을 받았고, 또 가지고 있던 것도 모두**
허비하였지만, 조금도 나아지지 아니하고 오히려 악화된지라,
27 **그 여인이** 예수**에 관하여 듣고, 무리 속에 들어와 뒤에서 주의 옷**
을 만졌으니
28 **이는 여인이 말하기를 '만일 내가 그분의 옷만 만져도 낫게 되리**
라.'고 함이라.
29 **그러자 즉시 피의 유출이 마르고, 자기가 그 병고에서 나은 것을**
몸으로 느끼더라.

30 **그때** 예수**께서 자기에게서 능력이 나간 것을 즉시 스스로 아시**
고, 무리 속에서 돌아보시며 말씀하시기를 "누가 나의 옷을 만졌
느냐?"고 하시니,
31 **제자들이 주께 말씀드리기를 "주께서는 무리가 주를 밀치는 것을**
보시면서 '누가 나를 만졌느냐?'고 말씀하시나이까?"라고 하니라.
32 **주께서는 이 일을 행한 여인을 보려고 둘러보시니,**
33 **그 여인이 자기에게 이루어진 일을 알고 두려워 떨며, 와서 주**
앞에 엎드리어 모든 사실을 말씀드리니라.
34 **그러므로 주께서 그녀에게 말씀하시기를 "딸아, 네 믿음이 너를**
낫게 하였도다. 평안히 가라. 그리고 네 병고로부터 온전해지라."
고 하시더라.

21절에서 예수 그리스도를 보기 위해 나온 큰 무리를 볼 수 있다. 그 무리가 예수님께서 야이로의 집으로 향하면서 그를 따라간다. 사실 그 무리는 너무 밀집되어 예수님의 몸을 밀치고 있다(눅 8:45).

하지만 그 무리 가운데 한 여자가 있었는데, 그녀는 무리 속에서 주님께 어떤 것을 받기를 희망했다. 이 여자는 『**유출병**』을 앓고 있었는데(막 5:25), 이는 여성에게 "정상적"이지 않은 상태였다. 레위기법에 따르면 그녀를 불결하게 만드는 상황이었다(레 15:19,20,25-27). 더욱이 그녀의 상태는 치료할 방법이 없는 만성적인 것이었다(26절). 이는 죄의 상징이다(1:40의 주석 참고).

『**<u>십이 년</u> 동안 유출병을 앓고 있는 어떤 여인이 있었는데**』(25절). 이것은 야이로의 딸의 나이와 같았다(42절). 숫자 12는 이스라엘을 나타낸다. 이는 분명 믿지 않는 이스라엘의 상징이다. 현재 이스라엘은 하나님 앞에서 불결하며(사 64:6, 학 2:14), 영적으로 죽어있는 상태이다(겔 37:11, 롬 11:15, 눅 9:60, 엡 2:1).

『**여러 의사에게서 많은 고통을 받았고**』(26절)라는 표현은 이 여자가 몇 년 동안 여러 의사들로부터 여러 가지 치료를 강요받아 왔으며, 그 모두가 성공하지 못했다는 것을 나타낸다. 회복되기는커녕 오히려 그녀의 상태는 더욱 악화되었다. 이것은 의사들이 의술을 행한다는 표현에 대한 설명이다. 의사들도 항상 성공적으로 진료를 하지는 못한다.

『**무리**』(press)의 의미에 대해서는 2:4에서 살펴보았고, 여자가 그리스도의 옷에 손을 대면 치료받을 수 있다고 생각했던 이유를 3:10에서 살펴보았다. 그것은 효과가 있었지만(29절), 그녀를 치료한 것은 사람들이 "성물"로 말하는 예수님의 옷이 아니었다. 그녀의 병이 나은 것은 주님을 믿는 그녀의 믿음에 대한 보상이었다(34절).

"덕"(virtue)은 주로 사람이나 어떤 것의 고귀한 도덕적 특성이나 가치를 나타낸다(빌 4:8, 벧후 1:3,5, 룻 3:11, 잠 12:4; 31:10). 그러나 30절에 나오는 그 말은 그리스도께서 치료하시는 효과적인 "능력"과 힘을 나타낸다. 30절의 "옷을 만진 것"은 군중이 단순히 만진 것(31절) 이상이다. 이것은 의도적으로 만진 것이며, 주님은 이를 알고 계신다. 그러나 예수님께서는 그가 누구였는지 정확하게 확인하기 위해 예수님의 전지하심을 발휘하지는 않았다. 예수님께서는 이 여자에게 자신과 일대일로 대면할 기회를 주고 있다. 이렇게 하는 것의 목적 중 하나는 아무도 로마카톨릭의 잘못된 유물 숭배에 빠지지 않게 하기 위함이었을 것이다. 그녀가 치유받은 것은 예수 그리스도에 대한 믿음 때문이고, 어떤 마법적인 "옷"(robe)의 효과가 아니었다.

5:35 아직 말씀하고 계실 때, 회당장의 집에서 사람들이 와서 말하기를 "당신의 딸이 죽었는데 어찌하여 선생님을 **더 괴롭히시나이까?"라고 하니**

36 예수**께서 그들이 한 말을 듣자, 곧 회당장에게 말씀하시기를 "두려워 말고 믿기만 하라."고 하시니라.**

37 주께서 베드로와 야고보와 야고보의 형제 요한 외에는 자기를 따라오는 것을 허락지 아니하시더라.

38 주께서 회당장의 집에 오시어 사람들이 울고 크게 통곡하는 소란함을 보시고,

39 들어가셔서 그들에게 말씀하시기를 "어찌하여 소란을 피우며 울고 있느냐? 그 소녀는 죽은 것이 아니라 자고 있느니라."고 하시니,

40 그들이 주를 비웃더라. 주께서 그들을 모두 밖으로 내보내신 후, 그 소녀의 아버지와 어머니와 자기와 동행한 사람들만을 데리고 그 소녀가 누워 있는 곳으로 들어가시어,

41 그 소녀의 손을 잡으시고 "탈리다쿠미."라고 말씀하시니, 이를 해석하면 "소녀야, 내가 너에게 말하노니, 일어나라."고 하심이라.

42 그 소녀가 즉시 일어나 걸으니, 이는 그 소녀가 열두 살임이더라. 그러자 사람들이 매우 놀라더라.

43 주께서 이 일을 아무도 모르게 하라고 그들에게 엄히 당부하시고 "소녀에게 먹을 것을 주라."고 명하시니라.

차이점을 알아야 하는 것이 있는데 본문 35,36절, 누가복음 8:41,42, 49,50의 설명과 그리고 마태복음 9:18의 설명의 차이이다. 마가복음과 누가복음에서는 그 소녀는 『**죽어**』 가고 있었다(눅 8:42). 『**죽어 가고 있나이다**』(막 5:23). 그러나 그 소녀가 죽었다는 말은 야이로에게 전달되지 않는다. 여인이 예수 그리스도의 옷을 만지는 사건이 일어난 후까지는 듣지 못한 것이다. 그러나 마태복음에서는 『**유출병**』에 걸린 여인의 사건 전에 야이로는 예수 그리스도께 말씀드린다. 『**제 딸이 방금 죽었나이다.**』

명백하게 모순으로 보이는 이 일은 두 가지를 말해준다. 첫째, 성경을 기록하는 사람의 특징을 보여준다. 성령께서는 인간 기록자들이 기록하는 개별 스타일을 무시하지 않으신다. 마태, 마가, 누가는 동일한 사건을 각각 다른 관점에서 기록했다. 이는 마치 어떤 사람이 법정에서 증인들이 증언하는 것을 보는 것과 같다. 만일 모든 증인들이 정확하게 똑같은 말로, 똑같은 상황을 말한다면 서로 공모했다는 것을 보여주는 것이며, 그들이 하는 증언은 기각될 것이다. 마태는 사건을 개괄적으로 말한 것이고, 마가와 누가는 더 자세히 말한 것이다.

두 번째로 보여 주는 것은, 성경에 있는 사건들은 항상 정확하게 연대기적인 순서로 주어지지 않는다는 것이다. 이에 대해서는 마가복음 14장에서 예수 그리스도께 향유를 붓는 여인에 관하여 살펴볼 때 더 자세히 살펴보겠다. 때로는 삽입되어 설명하는 부분이 다른 사건을 설명하는 한 중간에 놓이기도 한다. 그 증거가 바로 마가복음 5:36인데, 야이로가 자기 딸이 죽었다는 소식을 들었을 때, 예수님께서는 그에게 딸이 죽은 자들로부터 살아날 수 있음을 믿으라고 위로하셨다. 이것이 정확하게 마태복음 9:18에 기록된 내용이다. 따라서 마태복음 9:18은 마가복음 5:36에서 예수님의 말씀에 대한 야이로의 반응이다. 시간의 순서를 벗어나서 결과만 말한 것이다.

37절은 예수 그리스도의 유명한 "최측근 그룹"(inner circle)이다. 그들은 주께서 야이로의 딸을 일으키시는 것을 본다. 그들은 예수 그리스도께서 변형되시는 것을 본다(9:2). 안드레와 함께 그들은 그리스도의 "올리브산 설교"(13:3)를 듣는다. 그들은 예수 그리스도와 함께 다른 제자들과 분리되어 겟세마네에 있게 된다(14:33).

38절에 있는, 이교도적인 『**소란**』(39절)을 피우는 것을 보라. 그들이 "직업적"으로 곡하는 사람들이었든지 아니든지, 그들은 구원받지 못한 이방인들처럼 행하였다(살전 4:13 참고). 『**소란**』이 무엇을 의미하는지 아는가? 아무것도 아닌 일에 법석을 떠는 일이다. B.C. 1800년경의 욥이 알았던 사실은 어느 날 자신은 부활한다는 사실이었다(욥 19:26,27). 나사로가 죽었을 때, 마리아와 마르다는 슬퍼하였고 자신들의 오라비를 고쳐 주기 위해 예수님께서 제때에 오지 않으신 것에 대해 비난하였다. 그러나 그들은 38절에 있는 무리들처럼 소란을 떨지는 않았다. 그 이유는 슬픔 중에서도, 그들은 여전히 부활에 대한 소망이 있었기 때문이다(요 11:24. 행 23:6 참고). 그리스도인은 그보다 더 나은 소망을 지니고 있는데(딛 2:13) 마지막 날이 오기 전에 일어날 것이다(요 11:25,26).

만일 우리가 죽음을 예수 그리스도께서 보신 것처럼 볼 수 있다면 죽음은 더 이상 우리를 괴롭히지 않는다. 39절을 보라. 『**그 소녀는 죽은 것이 아니라 자고 있느니라.**』 요한복음 11:11-14에서 나사로에 대해서도 같은 말씀을 하셨다. 스테판이 돌아 맞아 죽었을 때 성경은 『**잠드니라.**』(행 7:60)라고 말씀하셨다. 『그리스도 **안에서 죽은 자들**』(살전 4:16)을 『예수 **안에서 잠든 자들**』(살전 4:14)이라고 말한다.

이는 어떤 사람들이 말하는 혼이 잠든다고 하는 "혼의 수면"이 아니다. 몸이 "자는" 것이다. 예수 그리스도께서 오실 때 자고 있는 몸들을 깨우실 것이다. 그 몸이 완전히 썩어 먼지가 되었다 하더라도 전혀 문제가 되지 않는다(살전 4:16, 고전 15:51-54. 단 12:1 참고).

형제들이여, 아무도 죽음을 좋아하지 않는다. 그러나 그리스도인들에게 죽음은 더 이상 위협이 될 수 없다(고전 15:55-57). 그리스도인은 오래된 낡은 집에서 임시 숙소로 옮겨 갈 뿐이다(고후 5:1). 그리고 집이 마침내 완성되면 "새 집"(빌 3:21)에 들어간다. 그리스도를 믿는 자들에게 있어서 "죽음"은 생명에 삼켜졌다. 죽음에 삼켜진 것이 아니다. 『**이는 죽을 것이 생명에 의해서 삼켜지는 것이라**』(고후 5:4).

마가복음 5장으로 돌아가자. 『**그들이 주를 비웃더라**』(40절). 이들은 부활을 믿지 않을 뿐 아니라, 구약도 믿지 않는다. 엘리야는 사렙타 과부의 아들을 살렸고(왕상 17:21,22), 엘리사는 수넴 여인의 아들을 죽은 자들로부터 살렸다(왕하 4:32-34). 여기에 자신이 엘리야와 엘리사 보다 더 위대하다는 사실을 입증하시는 분이 계신데도 사람들은 그분을 비웃는다. 그들의 불신 때문에 복음서에서 일어난 가장 위대한 기적들 가운데 하나를 볼 수 있는 것을 끝내 놓쳐 버렸다(40절).

41절의 아람어를 주목하라. 『**탈리다쿠미**』. 아람어는 시리아어 형식으로 된 히브리 언어이다. 에스라와 다니엘의 일부분은 아람어로 되어 있다(스 4:7, 단 2:4). 성경에서 가장 처음 아람어가 발견된 곳은 창세기 31:47이다. 『**시리아인 라반**』(창 31:24)이 증거로 삼은 돌무더기를 『**여갈사하두다**』라고 부르는데(창 31:47), 같은 뜻의 히브리어 『**갈르엣**』과 바로 함께 나온다.

성경에 아람어가 나타나는 것과 관련하여 고등비평가들[성령께서 『**성경의 예언들**』도 주셨음(벧후 1:20,21)을 믿지 않는 자들]은 소위 "공관복음" 기록자들이 아람어로 된 "Q 문서" (Q document)를 이용하여 공관복음을 기록하였다는 이론을 세웠다. 이 이론은 다윈의 "잃어버린 고리"(missing link) 보다도 더 근거 없는 이론이다. 만일 마가가 아람어에서 히브리어로 번역했다면 왜 아람어를 기록하고 그 아람어의 번역을 번역에 포함시켰겠는가? 불신이 학자들의 정신을 혼미하게 하였다. 마가는 헬라어로 그 사건을 기록하였고, 예수 그리스도께서 사용하신 실제 아람어를 삽입하였는데, 이것은 마가가 역사적인 문서를 기록하고 있는 것이지 "종교적인" 문헌을 기록하고 있는 것이 아님을 보여 주는 것이다.

25절에서 살펴본 것처럼 이 소녀의 나이는 유형으로 이스라엘을 가리킨다. 따라서 이 소녀의 부활은 예수 그리스도께서 재림하실 때 이스라엘의 부활을(겔 37장) 나타낸다. 『**주의 죽은 자들은 살아나리니 그들**

이 나의 죽은 몸과 함께 일어나리이다. 흙에 거하는 너희는 깨어서 노래하라... 땅이 죽은 자들을 던져 버릴 것임이니이다』(사 26:19).

『**그러자 사람들이 매우 놀라더라**』(42절). 왜 안 그랬겠는가? 예수 그리스도께서 행하신 모든 것은 죽은 몸을 향해 단 두 마디 말씀하셨을 뿐이다. 그 결과 소녀는 일어나 걸어 다녔다. 그렇게 하신 이 분은 더러운 영들에게 권위를 행사하셨을 뿐 아니라(막 1:27) 자연 요소에 대해서도 권위가 있으시고(막 4:41) 죽은 자들에게 있어서도 권위가 있으시다.

『**주께서 이 일을 아무도 모르게 하라고 그들에게 엄히 당부하시고**』(43절). 다른 말로 하면, 그들에게 일어난 이 일에 있어서 입 다물라고 엄히 명령하신 것이다. 이렇게 말씀하신 실재 이유에 대해 마가복음 1:45에서 살펴보았다. 그러나 그 때로부터 예수님은 종교 지도자들로부터 감시를 받았다(막 3:6 주석 참고). 예수 그리스도께서 나사로를 죽은 자들로부터 살리신 후, 이 종교지도자들이 나사로에 대해 어떻게 하려고 했는지 아는가? 그들은 나사로를 죽이기를 원했다. 『**이는 그 사람으로 인하여 많은 유대인들이 가서** 예수**를 믿었기 때문이라**』(요 12:10,11). 예수님은 이 소식이 퍼지기를 원하지 않으셨다. 소녀를 위해서도 그렇고 예수 그리스도 자신을 위해서도 그랬다.

물론 예수 그리스도의 당부의 말씀은 마가복음 1:44,45에서도 그랬던 것처럼 지켜지지 않았다(마 9:31 참고). 투로와 시돈 사람들이 예수 그리스도를 보러 왔을 때 어떤 사람이 죽은 자를 살렸다는 그 소식은 온 지중해 연안에 널리 퍼졌다. 투로와 시돈은 페니키아 선원들의 고향이다. 이들은 온 지중해를 항해하였는데 분명 스페인까지 항해하였을 것이다. 예수 그리스도의 죽음, 묻힘, 부활 이전에 예수 그리스도께서 행하신 일들에 대한 "소문"이 영국 제도까지 전해진 것에 대해 그리 놀랄 필요가 없다. 그 당시의 경우가 그러하다면 오늘날 구주의 명성을 전 세계로 퍼뜨려 전하지 않는 것에 대해 어떤 변명을 하겠는가? 텔레비전, 라디오, 인터넷과 같은 통신 기술과 제트기, 자동차 등의 교통수단의 발전을 고려할 때, 지구상의 모든 사람이 예수 그리스도에 대해 알지 못할 이유가 없다. 그렇다면 문제는 무엇인가? 누군가가 주께서 명령하신 대로 나가지 않기 때문이다(막 16:15).

마가복음 6장

6:1 그후 주께서 그곳을 떠나 자기 고향으로 가시니, 제자들이 그를
따라가더라.
2 안식일이 되자 회당에서 가르치기 시작하시니, 많은 사람이 듣고
놀라며 말하기를 "이 사람의 이런 것이 어디서 났는가? 그가 받은
지혜는 어떤 것이며, 그의 손으로 이루어 놓은 이 같은 능력 있는
일들은 어떤 것이냐?
3 이 사람은 마리아의 아들이며, 야고보와 요세와 유다와 시몬의 형
제인 목수가 아니냐? 또 그의 누이들이 여기 우리와 함께 있지 아
니하느냐?" 하며, 그들이 주로 인하여 실족하더라.
4 그러자 예수께서 그들에게 말씀하시기를 "선지자가 자기 고향과
친척과 자기 집을 제외하고는 존경을 받지 않는 곳이 없도다."고
하시니라.

5 **그리하여 거기에서는 불과 몇 사람의 병자에게 안수하여 고쳐 주**
신 것 외에는 다른 능력 있는 일들을 행하실 수 없었더라.
6 **주께서 그들이 믿지 않으므로 이상히 여기시고, 마을들을 두루 다**
니시며 가르치시니라.

1절은 종교개혁 시대의 하나님께서 존귀히 여기신 본문에서는 명확하지만, 본문을 이리저리 변개하려는 자들의 손길을 피하지는 못했다. 여기에는 세 개의 동사가 나온다. 『**떠나**』, 『**가시니**』, 『**따라가더라**』. 첫 번째와 두 번째 동사는 과거 시제이다.

그러나 홀트(Hort)와 네슬(Nestle)의 변개된 알렉산드리아 본문은 두 번째 동사 『**가시니**』(came)를 과거 시제에서 현재 시제로 바꾸었다. 그런데도 〈킹제임스성경〉이 헬라어 동사의 시제를 정확히 번역하지 않았다고 불평하는 NASV는 이 두 번째 동사 『**가시니**』에 대해 자기들이 선택한 홀트와 네슬의 본문을 거부하고 현재 시제를 과거 시제로 번역했다. 그리고 세 번째 동사는 자기들 본문에 따르면 현재 시제인데도 불구하고 과거 시제로 번역했다. 보수주의자들의 "총애를 받는" ESV도 마찬가지다.

이 배교한 위선자들은 어떤 헬라어 본문이든 신경 쓰지 않는다. 필요하다면 자신들의 목적을 이루기 위해 본문(readings)을 창작해 낼 것이다. 그 목적이란 돈(딤전 6:10)과 자신들을 그리스도의 몸 위에 있는 최종 권위로 높이는 것이다. 이것이야말로 오늘날 기독교 학교에서 행해지는 "선하고", "경건하며", "헌신적인" 학문의 실상이다.

예수님의 고향 사람들도 카퍼나움 사람들처럼 그분의 가르침에 『**놀**

라며』 말했다(막 1:21,22). 그러나 그들은 치유와 구원을 위해 믿음으로 나아오지 않고 오히려 『**주로 인하여 실족**』하였다(막 6:3). 그들의 문제는 바로 『**그들이 믿지**』 않는 것(막 6:6)이었다. 이전에 나사렛을 방문하셨을 때처럼, 그들은 예수님께서 구약 성경에 예언된 메시아라고 주장하신 것에 대해 분개했다(눅 4:17-21). 그들은 예수님의 가족을 안다고 생각했기 때문이었다.

요한복음 6:42에서 유대인들은 『**이 사람이 요셉의 아들** 예수**가 아니냐? 우리가 그의 아버지와 어머니를 알지 않느냐? 그런데 그가 어떻게 '나는 하늘에서 내려왔다.'고 말할 수 있느냐?**』라고 말했다. 그러나 사실 그들은 예수님을 참으로 알지 못했고, 그분의 진짜 아버지도 알지 못했다(요 8:19). 그 유대인들은 『**육신을 따라 그리스도를 알았다 해도**』(고후 5:16), 그분이 하나님 아버지께 가는 유일한 길이라는 사실은 알지 못했다(요 14:6-9). 성경은 이렇게 말씀하신다.

『**그가 세상에 계셨고 세상이 그에 의하여 지은 바 되었으나 세상은 <u>그를 알지 못하더라</u>. 그가 자기 백성에게 오셨으나 자기 백성이 그를 영접하지 아니하더라. 그러나 누구든지 그를 영접한 사람들에게는** 하나님**의 아들들이 되는 권세를 주셨으니, 즉 그의 이름을 믿는 사람들에게니라**』(요 1:10-12).

그리스도를 "안다는 것"은 사도신경이나, 니케아 신경 등 예수님에 관해 이런저런 것들이 적혀 있는 목록을 외울 수 있다고 되는 것이 아니다. 예수님을 안다는 것은 침례나 주의 만찬 등 종교 의식을 실행한다고 해서 아는 것도 아니다. 예수 그리스도를 아는 것은 개인적으로 예수님을 신뢰하는 것이며 당신 개인의 구주로 영접하는 것이다. 이렇게 하기 전까지는 당신은 예수님을 아는 것이 아니고 하나님을 아는 것도 아니다. 즉 영생이 없는 것이다(요 17:3, 요일 5:20).

『**이 사람은... 목수가 아니냐?**』(3절) 이때는 예수님께서 30세이셨다(눅 3:23). 이때까지 예수님은 목수셨다. 의붓 아버지의 직업인 목수 일을 배우셨다(마 13:55). 그러나 예수님께서는 가구나 집을 지으시려고 이 땅에 오지 않으셨다. 예수님께서는 진짜 아버지의 뜻을 행하시려고 이 땅에 오셨다(요 6:38; 4:34; 5:30, 히 10:7).

『**마리아의 아들**』(3절). 이는 마호메트가 예수님을 부르는 가장 좋아하는 호칭이다(코란, 수라 5:17, 4:157, 2:253, 9:31). 이 표현은 성경에서 단 한 번만 나온다. 그것도 예수님을 믿지 않는 예수님을 대적하는 적들이 사용한 말이다. 따라서 모슬렘이나 카톨릭이 이 말을 사용할 때는 어떤 사람들을 대하는지 알 수 있다. 예수님께서는 자신을 부를 때 『하나님**의** 아들』(요 9:35-37), 『인자』(막 2:10,11,28), 『**다윗의** 아들』(막 12:35-37)이라고 부르셨지 결코 마리아의 아들이라고 부르지 않으셨다.

『**야고보와 요세와 유다와 시몬의 형제...가 아니냐? 또 그의 누이들이 여기 우리와 함께 있지 아니하느냐?**』(3절) 마리아는 처녀로 예수님을 낳았지만, 마리아는 분명 여러 명의 자녀들을 낳았다. 본문에만 최소한 여섯 명의 자녀가 있다. 이 부분에 대한 전형적인 카톨릭의 설명은 마가복음 6:3에 나와 있는 이 사람들은 예수님의 사촌들(cousin)이라는 것이다. 그런데 문제는 성경에서 사촌을 말하고자 할 때는 『**사촌**』(헬라어로 순게네스)이라고 말한다는 것이다(눅 1:36). 성경에서 형제라고 말하고자 할 때는 『**형제**』(헬라어로 아델포스)라고 말한다는 것이다. 이 두 어휘는 헬라어에서도 다르고 영어에서도 다르다.

이마저도 충분하지 않다면 메시아인 예수 그리스도의 초림을 다루는 시편 69편을 보라(시 69:9. 요 2:17 참고). 『**내가 내 형제들에게는 낯선 사람이 되고**』(시 69:8,9). 이들은 예수님의 사촌인가? 단지 예수님의 유대인 친척이란 말인가? 절대 그렇지 않다! 또한 『**내 모친의 자녀들에게는 외국인이 되었나이다.**』라고 기록한다.

예수 그리스도의 모친은 다른 자녀들을 두었다. 예수님의 형제들의 이름들이 마가복음 6:3에 각각 나와 있다. 최소한 두 명의 누이들이 있었고 아마도 더 있었을 것이다. 만일 마리아가 일생 동안 영원한 처녀로 보냈다면 그녀는 분명 "무염시태"(원죄 없이 이루어진 잉태)한 것이 아니다. 왜냐하면 마리아는 남편을 기만했기 때문이다(고전 7:5).

이제 나는 예수 그리스도를 낳은 후 마리아가 다른 자녀들을 두었다는 성경의 말씀을 제시했다. 그렇다면 내가 몇 년 전 캘리포니아 롱비치에서 토론했던 카톨릭 변호사 – "Catholic Answers"의 칼 키팅(Karl Keating)–가 마리아에게 다른 자녀가 없었다는 증거로 무엇을 제시했는지 아는가? 다음은 그의 온라인 소책자 〈마리아: 영원한 동정녀, *Mary: Ever Virgin*〉에서 증거로 제시한 내용이다.

1. "야고보의 유년기 복음서"(The Infancy Gospel of James) – 정경이 완성된 후 20-25년 뒤에 쓰였다. 이것은 에비온파(Ebionite) 문서이다. 에비온파는 예수님의 메시아 되심을 인정했지만, 그분의 신성을 부인한 유대인들이었다. 그들은 행위로 얻는 행위 구원을 믿었다. "야고보의 원복음서"(Protoevangelium of James)는 성경이 **아니다**. 이것은 유대교 경전도 아니고, 기독교 경전도 아니며, 심지어 카톨릭의 "외

경"(deutero-canonical)도 아니다.

2. 오리겐(Origen) – 성경이 아니다.

3. 푸아티에의 힐라리우스(Hilary of Poitiers) – 성경이 아니다.

4. 아타나시우스(Athanasius) – 성경이 아니다.

5. 살라미스의 에피파니우스(Epiphanius of Salamis) – 성경이 아니다.

6. 제롬(Jerome) – 성경이 아니다.

7. 소경 디디무스(Didymus the Blind) (이 무슨 이름인가! - 고린도후서 4:4) – 성경이 아니다.

8. 밀라노의 암브로시우스(Ambrose of Milan) – 성경이 아니다.

9. 교황 시리키우스 1세(Pope Siricius I) – 성경이 아니다.

10. 히포의 어거스틴(Augustine of Hippo) – 성경이 아니다.

11. 레포리우스(Leporius) – 성경이 아니다.

12. 알렉산드리아의 시릴(Cyril of Alexandria) – 성경이 아니다.

13. 교황 레오 1세(Pope Leo I) – 성경이 아니다.

칼 키팅은 마리아가 평생 동정녀였다는 것을 증명하기 위해 어떠한 성경 구절도 제시하지 않았다. 심지어 카톨릭 성경에서조차도 그러한 구절을 제시하지 않는다. 대신, 그는 "초대 기독교인들"의 믿음을 제시하는데, 성경 속의 그 어떤 그리스도인도 포함되어 있지 않다. 이것이 바로 그들이 말하는 "무오한 가르침을 전하는 교회"이다. 그 소책자는 카톨릭 검열관 버나디네 카(Bernadeane Carr)에 의해 "니힐 옵스탯"(NIHIL OBSTAT, 즉, 카톨릭 교리에 반할 것이 없다는 의미) 선언을 받았으며, 샌디에이고 주교 로버트 브롬(Robert Brom)의 "공식승인"(IMPRIMATUR)을 받았다. 그러나 그들 중 어느 누구도 성경을 제대로 알지 못한다. 눈먼 모기의 왼쪽 눈을 채울 만큼의 성경 지식도 없다.

마가복음 6:3의 『**야고보**』는 갈라디아서 1:19에 나오는 『**주의 아우인 야고보**』로 후에 사도가 되었는데 부활 전이든, 후이든 열두 사도들 가운데 하나는 아니다. 그리스도께서 죽으시기 이전에, 이 야고보는 자신의 형제들과 함께 그리스도를 믿지 않았다(요 7:5). 부활 후에 야고보는 부활하신 예수님을 특별한 방법으로 보았는데 그때 회심했다(고전 15:7). 예수님의 다른 형제자매들이 어떻게 회심했는지 그에 대한 기록은 없으나 이들이 사도행전 1:14에서 이들 형제들이 『**하나가 되어 기도와 간구에 전념**』했다고 기록한다. 이들은 사도들과 다른 제자들과 함께 있었던 것이다. 야고보는 예루살렘에서 교회 감독을 주재했었다(행 15:13; 21:18). (요한의 형제 야고보는 그 전에 행 12:2에서 헤롯에 의해 살해당했다.) 사도행전 15장에서 "첫 번째 교황"이라고 불리는 베드로는 소위 "예루살렘 공회"에서 어떤 책임도 맡지 않은 채 단지 그들 가운에 증인으로만 참석했었다(행 15:6,7).

4절은 복음서들 모두에서, 그리스도의 삶 가운데 거의 다루어지지 않는 내용 가운데 하나이다(마 13:57, 눅 4:24, 요 4:44). 성경에 관한 나의 경험 법칙에 의하면, 어떤 것을 세상에서 위대하게 말하면 성경은 그것을 악취 나는 것으로 설명한다. 하나님께서 좋게 말씀하시는 대상에 대해 세상은 공격하고 바보 취급하며 격하시킨다(눅 16:15, 고후 2:15,16). 당신이 진짜 그리스도인인데도 세상이 당신을 호의적으로 평가해 왔다면 당신의 삶을 다시 평가해 보는 것이 좋다. 예수님께서는 그것이야말로 거짓 선지자라는 표징 가운데 하나라고 말씀하셨다(눅 6:26). 만일 언론 매체가 누군가를 떠받친다면(케네디, 마틴 루터 킹, 클린턴, 힐러리, 오바마 등) 그 사람은 잘못된 사람임을 확신하라. 하나님과 성경에 관련하여 평가하자면 그렇다.

당신이 은사주의자라면 5절을 읽을 때 문제에 봉착하게 될 것이다. 치유는 『**능력 있는 일**』이 아니다. 게다가 그리스도께서는 그들의 믿음 없음에도 불구하고 이 사람들을 고쳐 주셨다. "오직 믿음, 오직 믿음, 믿기만 하면 모든 것이 가능하다. 단지 믿기만 하라." 그렇지 않다. 그들이 믿었기에 온전해진 것이 아니다. 오히려 그들은 믿음이라고는 전혀 없었다. 따라서 어떤 치유자라는 자가 당신의 머리를 내리칠 때 (그 외 어떤 다른 짓을 할 때) "예수 이름으로 고침을 받으라"고 말했는데 아무 일도 일어나지 않아 고쳐지지 않았다면 그것은 당신에게 잘못이 있는 것이 아니다. 잘못은 그 치유자라는 자에게 있다(2:5의 설명 참고). 그에게 믿음이 없든지, 아니면 은사가 없든지 둘 중 하나다.

6:7 그후 열둘을 부르시어 그들을 둘씩 둘씩 보내기 시작하시고, 또 그들에게 더러운 영들을 다스리는 권세도 주시며,
8 명하시기를 "여행을 위하여 지팡이 외에는 자루나, 양식이나, 돈주머니에 돈도 지니지 말고,
9 신은 신되, 두 벌 겉옷도 입지 말라."고 하시니라.
10 또 주께서 그들에게 말씀하시기를 "너희는 어느 곳에서든지 한 집

에 들어가면, 그곳에서 떠날 때까지 그 집에 머무르라.

11 누구든지 너희를 영접하지 아니하고 너희 말을 듣지도 아니하면,
거기서 떠날 때 그들에 대한 증거로 너희 발밑에 먼지를 떨어 버
리라. 진실로 내가 너희에게 말하노니, 심판 날에 소돔과 고모라
가 그 성읍보다 더 견디기 쉬우리라."고 하시더라.

12 그러자 그들이 나가서 사람들에게 반드시 회개해야 한다고 전파하
니라.

13 그들이 많은 마귀들을 쫓아내고, 많은 병자에게 기름을 붓고 병을
낫게 하더라.

이 부분은 사도들을 보내시는 장면이다. 둘씩 보내시는 것에 유의하라. 이에 대해 몇 가지 이유가 있다. 첫째는 법적인 이유이다.

『**너희 율법에도 두 사람의 증거가 옳다고 기록되어 있느니라**』(요 8:17).

두 번째 이유는 실재적인 이유이다. 두 사람은 서로에 대해 격려해 줄 수 있다. (하나님께서는 누가 유다 이스카리옷과 함께 가든지 그를 도우실 수 있다.)

『**둘이 하나보다 더 나으니, 이는 그들이 그들의 수고에 대한 좋은 상을 가짐이라. 이는 그들이 넘어지면 하나가 그의 동료를 일으켜 세울 것임이라. 그러나 혼자 있는 자가 넘어지면 그에게 화로다. 이는 그를 도와 일으켜 줄 다른 사람이 없음이라**』(전 4:9,10).

세 번째는 예언적인 부분인데, 대환란에서 증거하게 되는 두 증인들 때문이다.

『**내가 나의 두 증인에게 권세를 주리니, 그러면 그들이 굵은 베옷을**

입고 일천이백육십 일[예수 그리스도의 지상 사역의 기간]**을 예언하리라."고 하더라**』(계 11:3).

이를 통해 알 수 있는 것은 8,9절은 교회 시대와 아무 상관이 없는 증거임을 알 수 있다. 사실, 마지막 만찬에서, 예수 그리스도는 사도들이 예수 그리스도께서 본문에서 하락하지 않으셨던 것을 행하는 것을 허락하신다(눅 22:35,36). 성경을 공부하는 학생이라면 반드시 명심해야 하는 것이 "사랑하는 형제들"이 마태복음 10:8-10을 근거로 자신의 사역을 정당화하려는 시도와 부딪칠 때이다. 어떤 은사주의자나 부흥사도 이 두 본문에서 말하는 조건을 지키지 않는다.

성경대로 믿는 형제들은 사도적 표적들을 행하려고 하지는 않지만, 『**너희가 값없이 받았으니 값없이 주라.**』(마 10:8)라는 말씀을 이용하여 다른 사람들의 사역을 무단으로 복제하고, 원본을 만들어 내는 데 들인 노력이나 비용 없이 그 사역을 이용하려고 한다. 때때로 어떤 선한 의도를 가진 그리스도인이 자신이 내 사역을 인터넷에 올리는 것이 마치 자신의 사역인 것처럼 생각하는 경우가 있다. 그러나 그는 내 의사나, 그 책을 출판하기 위해 서점이 기울인 노력, 제작 비용, 직원 급여, 공과금 등의 문제를 전혀 고려하지 않는다. 심지어 자신이 하는 일이 합법적인지 여부(롬 13:1)조차 고려하지 않는다.

성경은 다음과 같이 말한다. 『**각 사람은 자신의 일을 살피라. 그리하면 자기 혼자에게만 자랑할 것이 있게 되고 다른 사람에게는 없으리라**』(갈 6:4). 다른 사람의 사역을 훔쳐 당신의 사역을 만들지 말라.

사도들은 사람들의 관대함에 의존해야 했다. 즉 사도들이 전한 내용을 믿는 사람들이 사도들을 관대히 대해주는 것에 의존했다(10,11절). 이러한 사례는 사도행전에서 사도 바울의 사역에서도 확인할 수 있다(행 16:15; 17:7; 13:50,51; 18:6). 그러나 『**소돔과 고모라**』에 대한 언급은 그리스도의 말씀에서 중요한데, 그것은 복음서와 사도행전을 넘어 예언적인 의미가 있다는 것을 알려준다. 소돔과 고모라의 심판은 재림에 대한 그림이다(눅 17:28-30). 따라서 현재 읽고 있는 본문은 대환란 기간 동안, 모세, 엘리야, 그리고 144,000명이 전파하는 것과 관계가 있다(계 11장). 더 자세한 내용을 보려면 마태복음 10:23의 주석을 참조하라.

『**심판 날에 소돔과 고모라가 그 성읍보다 더 견디기 쉬우리라**』(11절).

이 말에 포함된 내용을 모두 알지 못할 수 있으나, 정죄를 말하는 것만큼은 알 수 있을 것이다. 창세기 19장에서 하나님께서 심판하신 성왜곡자들은 여전히 불타고 있다.

『**소돔과 고모라와 또 그 같은 방식을 따르는 그 주위의 성읍들까지도 자신들을 음행에 내어주어 다른 육체를 따라가다가 영원한 불의 형벌을 받음으로 한 본보기가 되었느니라**』(유 1:7).

예수 그리스도께서 말씀하시는 것은 소돔과 고모라에서 범죄한 성도착자들은 지옥에 있는데 이들이, 그리스도의 날에 예수 그리스도를 거부한 자들보다 더 낫다고 말씀하시는 것이다. 따라서 지옥과 불못에는 형벌을 받는 등급들이 있다. 그것을 결정하는 요인은 당신이 거부한 빛이다.

예수 그리스도께서 말씀하셨다. 만일 소돔 사람들이 예수 그리스도께서 카퍼나움에서 행하신 『**능력 있는 일들**』을 보았다면 그 성 도착자들은 올바로 되었을 것이라고 말이다. 카퍼나움에 있었던 유대인들은 소돔 사람들보다 더 많은 빛을 가졌건만, 그리스도를 거부했다. 그 죄가 소돔 사람들이 범한 죄보다 더 크다. 빛을 거부하면 번개를 맞는다.

당신은 아프리카, 인도, 아마존의 가장 깊고 어두운 곳에서 살다가 지옥으로 가는 것이, 플로리다의 펜사콜라, 테네시의 채터누가, 사우스캐롤라이나의 그린빌, 미시간의 그랜드래피즈, 인디애나의 해몬드, 플로리다의 잭슨빌, 조지아의 애틀랜타, 텍사스의 댈러스와 같은 장소에서 살다가 지옥으로 가는 것보다 더 나을 것이다. 왜냐하면 미국에서는 다른 장소들보다 더 많은 교회, 기독교 라디오, 성경, 복음 전도지, 개인 전도자가 있으며 그로 인해 미국에서 그리스도를 받아들일 기회가 더 많기 때문이다. 이런 상황이 더 큰 파멸을 초래한다.

12절에서 전파한 사도들의 메시지에 대해서는 1:15에서 살펴보았다. 그 메시지는 다음과 같다. "올바로 되라. 왕이 이 곳에 계시기 때문이다." 그러나 이 메시지는 부활 후에 전파된 메시지가 아니다.

회개에 있어서 가장 중요한 것은, 마음의 변화와 생각의 변화이다. 구약에서 하나님께서 『**돌이키시니라**』고 말할 때(창 6:6, 출 32:14, 판 2:18, 삼상 15:35, 삼하 24:16, 시 106:45, 욘 3:10 등) 하나님께서 특정한 죄를 짓는데서 멈추신다는 말이 아니다. 하나님께서 어떤 것에 대해, 어떤 사람에 대해, 행하시고자 하셨던 어떤 행위에 대해 마음을 바꾸시는 것을 말한다.

예수님께서 『**모든 민족 가운데 그의 이름으로 회개와 죄사함이 선포되어야 하리라**』(눅 24:47)고 말씀하셨을 때 당신의 죄가 용서받을 수 있기 전에, 당신이 죄짓는 것을 멈추라고 말씀하신 것이 아니다. 만일 그런 경우라면, 우리는 모두 어려움에 처하게 된다(요일 1:8). 예수님은 우리 자신의 의(롬 10:3)에 관하여 마음과 생각의 변화에 관하여 말씀하시는 것이다. 예수님께서 말씀하시는 것은 하나님에 관하여 마음과 생각의 변화에 관하여 말씀하시는 것이다(살전 1:9, 행 14:15; 26:18). 그리고 『하나님**께 대한 회개**』에는 항상 『**우리** 주 예수 그리스도**에 대한 믿음**』이 동반된다(행 20:21). 구원받은 후에 『**회개에 합당한 일**』(행 26:20)이 따른다(벧전 2:9-12). 당신은 구원받기 위해 이런 행위들을 행하지 않는다(엡 2:8-10, 딛 3:5).

마가복음 6장으로 가자. 13절의 첫 부분에 대해서는 1:28에서 설명하였다. 13절에 나오는 기름의 사용법에 대해서 주목하라. 바로 사도들의 표적인 치유를 실행하는 데 기름이 사용된다. 이것에 대해서는 유대인에게 적용되는 야고보서 5:14,15에 한 번 더 나온다(2:5의 주석 참조).

6:14 (주의 이름이 널리 알려졌기 때문에) 헤롯왕이 그에 관하여 듣고 말하기를 "침례인 요한이 죽은 자들로부터 살아났으므로, 그의 안에서 능력 있는 일들이 나타나는 것이라."고 하더라.

15 어떤 사람들은 말하기를 "그는 엘리야라." 하고, 또 어떤 사람들은 "그는 선지자이거나 선지자들 가운데 한 사람과 같다."라고 말하더라.

16 그러나 헤롯이 이 말을 듣고 말하기를 "그는 내가 목을 벤 요한이라. 그가 죽은 자들로부터 살아났느니라."고 하더라.

예수님의 명성이 마침내 헤롯에게까지 전해지자, 헤롯은 그것이 『**침례인 요한이 죽은 자들로부터**』 살아났다고 생각한다(14절). 왜 그렇게 생각했을까? 바로 그의 양심이 찔렸기 때문이다. 헤롯은 전에 요한을 처형하도록 명령했다(16절).

셰익스피어는 그의 희곡 햄릿에서 "양심이 우리 모두를 비겁자로 만든다"라고 썼다. 다시 말해, 때때로 우리가 옳은 일을 하지 않는 이유는 나쁜 양심을 감추려 하기 때문이며, 사람들에게 우리의 "숨겨진 죄"가 드러나는 것을 원하지 않기 때문이다. 성경은 『**사람을 두려워하면 덫에 걸리나**』라고 말한다(잠 29:25). 그러므로 헤롯은 『**사람을 두려워**』함으로 인해 양심이 더럽혀진 사람에 대한 좋은 연구 대상이며, 우리는 이 본문을 살펴보면서 그 부분을 다루게 될 것이다.

이제 14,15절 사이에서 군중이 예수님에 대해 가지고 있던 세 가지 일반적인 견해를 볼 수 있다(8:28 참고). 사람들은 예수님이 기적을 행하는 침례인 요한이 죽은 자들로부터 살아난 것이라고 생각했거나, 혹은 『**주의 크고 무서운 날이 오기 전에**』(말 4:5) 나타나기로 된 엘리야라고 여겼거나, 아니면 구약의 선지자들 중 한 명과 같다고 여겼는데, 마태복음 16:14에서는 그 선지자가 예레미야라고 언급된다. 그러나 이러한 견해들 중 어느 것도, 부드러운 긴 옷을 휘날리며 입에서 꿀이 흐르듯 "화평케 하는 자들은 복이 있나니 그들이 하나님을 볼 것임이요"라고 말하는 자유주의자들의 "예수"와는 일치하지 않는다.

그 선지자들은 성경에서 가장 거친 인물들이었다. 침례인 요한은 자기가 침례 주는 것을 보러 나온 바리새인들 앞에 서서 이렇게 말했다. "수풀 속에 숨어 있는 이 뱀들아! 하나님께서 너희를 끓어버려 불태우시기 전에 회개하는 편이 나을 것이다"("원문"은 눅 3:7-9 참고).

엘리야는 바알을 섬기는 제사장들이 염주를 돌리며 "주기도문"과 "마리아 성모송"을 외우는 것을 조롱했다(왕상 18:26,27). 다른 사람의 종교를 비웃는 설교자를 상상해 보라! 그것이 바로 엘리야였다.

예레미야는 유대인들에게 이렇게 외쳤다. "느부갓넷살이 이곳에 쳐들어올 것이며, 그가 오면 여자나 아기들이나 노인들을 결코 살려두지 않을 것이다. 그는 네 자녀들을 네 눈앞에서 죽일 것이며, 죽이지 않은 자들은 사슬에 묶어 바빌론으로 끌고 갈 것이다. 그는 이 성을 폐허로 만들고 성전을 불태울 것이다." 이 사람이 바로 "눈물의 선지자" 예레미야였다.

나는 선지서들에서 이런 내용을 읽은 적이 있다. 한 제사장이 아모스에게 와서 "너는 하나님의 집(벧엘)에서 지금처럼 설교하지 않는 게 좋을 거야. 여기는 『**왕의 예배당**』이니까"라고 말했다(암 7:13). 그러자 아모스는 그 사람을 똑바로 쳐다보며 말했다. "저기 당신 아내 보이오? 주께서 그녀를 거리의 여자로 만드실 것이오. 하나님께서 앗시리아 사람들을 이 땅에 들여보내실 텐데, 그들이 당신 자녀들을 죽일 것이오. 그리고 결정적으로, 하나님께서 이 땅에 쓰레기와 더러움을 쏟아 부으실 것이며, 당신은 그 속에서 죽게 될 것이오."(암 7:17). 이 사람이 바로 아모스인데 – 그는 『**선지자들 가운데 한 사람**』이었다.

구약의 마지막 선지자가 무엇을 기록했는지 읽어본 적이 있는가? 그는 이렇게 썼다. 『**보라, 내가 너희의 씨를 썩게 하고 너희 얼굴에는 똥...을 바르리니**』(말 2:3). 현대 성경 번역본들이 이 단어를 더 낫게 번역했으리라 생각하는가? 『**나는 그렇게 생각하지 아니하노라.**』 하나님께서는 말라키를 통해 이렇게 말씀하셨다. "내가 너희 얼굴에 똥거름으로 문지를 것이다." 바로 그런 선지자들과 예수님이 비교된 것이다 ─ 『**선지자들 가운데 한 사람**』으로 말이다. 그것이 흔히 생각하는 "온유하고, 부드럽고, 친절한" 예수님처럼 들리는가?

밥 존스 시니어는 이렇게 말했다. "구약의 선지자들은 '달콤한 막대사탕'이 아니었다. 그들에게는 짠맛이 있었다." 소금은 상처에 들어가면 쓰리고 아프다. 예수님은 바로 그런 선지자들과 비교되신 분이다. 그런데 밥존스대학교의 창립자인 밥 존스 시니어가 세상을 떠난 후 수년이 지나, 그 대학교 성경학부 학장 스튜어트 커스터(Stewart Custer)가 뭐라고 썼는지 아는가? 그는 「〈킹제임스성경 논쟁〉에 관한 진실, *The Truth About the King James Version Controversy*」(Bob Jones University Press, 1981, p.30)이라는 글에서 이렇게 썼다. "예수 그리스도의 말씀에는 결코 신랄함이나 불친절함이 조금도 없다." 정말 그런가?!

『**너희 뱀들아, 독사들의 세대야, 어떻게 너희가 지옥의 저주에서 피할 수 있겠느냐?**』(마 23:33)

『**내버려 두라. 그들은 소경이 되어 소경을 인도하는 자들이라. 소경이 소경을 인도하면, 둘 다 구덩이에 빠지리라**』(마 15:14).

『**너희 어리석고 눈먼 자들아**』(마 23:17,19).

『**너 눈먼 바리새인아**』(마 23:26).

『**가서, 그 여우에게 말하라**』(눅 13:32).

『**너희는 너희 아비 마귀에게서 나와서 너희 아비의 정욕을 행하고자 하는도다**』(요 8:44).

그것이야말로 이른바 "경건한 학교"(그것이 무엇이든 간에)의 교사가 하는 말인데, 그는 마치 구원받지 못한 자유주의자처럼 말하고 있다. 스튜어트 커스터는 짠맛 나는 선지자를 조엘 오스틴 같은 "달콤한 막대사탕"으로 바꾸려고 했던 것이다.

16절은 침례인 요한이 엘리야의 예표라는 또 하나의 증거이다. 침례인 요한은 목 베임당해 죽었는데, 엘리야도 재림 직전에 그렇게 될 것이다(계 11:7. 계 20:4 참고). 헤롯은 침례인 요한이 『**죽은 자들로부터**』 살아났다고 생각했는데, 바로 그것이 엘리야에게도 재림 전에 일어날 일이다(계 11:11). 환란 성도들은 성전 제단에서 순교당해 죽을 것인데(계 6:9), 그들은 마치 희생 제물로 드려지는 양과 같다(시 44:22). 그리고 레위기에서 보면, 그 양과 염소, 그리고 소들도 목이 베어졌다(레 1:8,12). 더 깊이 공부하고 싶다면 시편 16:4과 이사야 6:13을 참고하라.

6:17 헤롯이 그의 아우 빌립의 아내 헤로디아를 위해 친히 사람을 보내어 요한을 붙잡아 감옥에 가둔 적이 있었으니, 이는 그가 그 여인과 혼인하였음이며

18 요한이 헤롯에게 말하기를 "당신이 당신 아우의 아내를 취한 것은 부당하도다."라고 말하였기 때문이라.

19 그리하여 헤로디아가 요한에게 원한을 품고 죽이려고 하였으나 할 수 없었으니

17,18절은 요한이 1:14에서 『**감옥에 갇힌**』 이유를 보여준다. 헤롯은

아우 빌립의 아내와 결혼함으로써 간음하고 모세의 법을 어겼다(레 18:16; 20:21). 그리고 요한은 그에 대해 강하게 꾸짖어 경고했다.

17절과 19절에서 볼 수 있듯이, 문제의 『**아내**』인 헤로디아가 침례인 요한과 갈등을 겪고 있다. 그녀는 헤롯이 헤롯 대왕의 왕위 계승 1순위였기 때문에 그의 "수레"에 "자신의 말을 매었다." 이제 그 어떤 설교자도 그녀의 야망을 꺾을 수는 없었다.

많은 여자들이 남자를 지옥으로 떨어뜨리거나 그의 삶에서 하나님의 뜻을 벗어나게 한 경우가 많다. 구약의 아합에게도 그런 일이 일어났다. 이세벨이 그를 부추겨 북이스라엘의 왕들 중 가장 악한 왕이 되게 했다(왕상 21:25). 나는 많은 기독교 청소년 캠프에 참석했었다. 그곳에서 한 젊은이가 찔림을 받아 막 예수 그리스도를 영접하려는 순간, 그의 옆에 앉아 있던 여자 친구가 그의 무릎에 손을 얹는다. 그러면 그 젊은이는 그녀의 "메시지"를 알아차린다. 무슨 메시지인지 당신은 알 것이다.

많은 남자들이 성경침례교회의 예배에 참석하여 인생에서 처음으로 진정한 설교와 성경 교리를 들었다. 그들은 더 많은 것을 듣고 싶어 했지만, 아내는 그 남성적이고 "마초적"이며 "남성 우월적인" 접근 방식을 견딜 수 없었다. 아내는 남편에게 분명한 말로 자신과 설교자 중에서 하나를 선택해야 한다고 알렸다. 그래서 그들은, 아내가 가족을 이끌도록 하는 방법을 가르치는 "설교자"가 있는 "적응하기 쉽고 나누는" 근처 교회로 간다.

6:20 이는 헤롯이 요한을 의롭고 거룩한 사람으로 알고 두려워하며,

그를 주목하였고, 또 그의 말을 듣고서 많은 일을 하였으며 기쁘
게 들었기 때문이라.
21 그런데 마침 적절한 날이 왔으니, 헤롯이 그의 생일에 그의 고관
들과 군 지휘관들과 갈릴리 유지들에게 연회를 베풀었더라.
22 그때 앞서 말한 헤로디아의 딸이 나와서 춤을 추어 헤롯과 또 그
와 함께 앉아 있는 사람들을 기쁘게 한지라, 왕이 그 소녀에게
말하기를 "무엇이든지 네가 원하는 것을 나에게 구하라. 그러면
내가 너에게 그것을 주리라."고 하고
23 또 그가 그 소녀에게 맹세하기를 "무엇이든지 네가 나에게 구하는
것을 네게 주리라. 내 왕국의 절반까지라도 주리라."고 하니라.
24 그 소녀가 가서 자기 어미에게 말하기를 "내가 무엇을 구하리이까?"
라고 하니, 그녀가 말하기를 "침례인 요한의 머리라."고 하더라.
25 그러자 그 소녀가 곧 왕에게 황급히 와서 구하여 말하기를 "왕께
서 지금 침례인 요한의 머리를 쟁반에 담아서 나에게 주시기를
원하나이다."라고 하더라.
26 왕은 심히 난처하였으나, 자기가 한 맹세와 또 자기와 함께 앉아
있는 사람들 때문에 그 소녀의 청을 거절하고 싶지 아니한지라.
27 왕이 즉시 사형집행인 한 명을 보내어 요한의 머리를 가져오라고
명령하니 그가 가서 감옥에서 요한을 목베어
28 그의 머리를 쟁반에 담아다가 그 소녀에게 주니, 소녀가 그것을
자기 어미에게 주더라.
29 요한의 제자들이 그 소식을 듣고 가서 그의 시체를 가져다가 무
덤에 장사하니라.

전에 언급했듯이, 헤롯은 양심을 공부하기 위한 좋은 대상이다. 20절에서 헤롯의 양심은 깨어 있었다. 헤롯은 침례인 요한의 말을 『**기쁘게**』 들었고 요한이 행하라고 하는 『**많은 일**』을 행하였다. 그러나 22절에서 헤롯의 양심은 한 번의 춤판으로 화인 맞았다. 빌라도가 최종적으로 예수 그리스도를 헤롯에게 보냈을 때 주께서는 그에게 단 한마디도 말씀하지 않으셨다(눅 23:8,9). 예수님께서는 헤롯과 같이 자신의 양심을 죽인 자들에게는 아무 말씀도 하지 않으신다.

빌라도와 같이 헤롯은 도덕적 원칙을 지키기 위해 필요한 용기를 내지 못하는 도덕적 겁쟁이였다. 자신의 죄에 대한 찔림에 대해 어떤 반응도 할 수 없는 용기가 전혀 없는 사람이었다. 모든 종류의 육신적 용기가 있는 사람도 도덕적으로는 전혀 용기가 없는 사람들이 많이 있다. 심지어 다윗과 같은 사람도 쉽게 도덕적 겁쟁이가 되었다. 그는 한 때 필리스티아인 왕을 두려워하여 미친 척 한 적이 있었다(삼상 21:12-14). 엘리야는 이세벨을 무서워하여 살기 위해 도망쳤다. 그 사람은 450명의 바알 선지자를 죽인 동일 인물이었다. 요한복음 9장에서 안식일에 예수님께서 치유해 준 소경의 부모는 바리새인들이 자신들을 『**회당에서 출회**』시킬까 봐 아들을 위해 증거하기를 두려워했다(요 9:22).

이런 이유로 성경에서 그렇게 많이 『**두려워 말라.**』라고 말씀하시는 것이다. 사람이 두려워하면 옳은 일을 하지 못한다. 요한계시록 21:8에서 불못의 거주자들을 언급하는 중에, 『**두려워하는 자들**』이 제일 먼저 나온다. 심지어 『**가증스런 자들**』(동성연애자들), 살인자들, 음행하는 자들, 우상 숭배하는 자들보다 먼저 나온다. 만일 어떤 카톨릭교인이 카톨릭 묘지에 묻히지 못하는 것을 두려워하는 이유로 그리스도를 영접하지 않는다면 그는 지옥으로 향한다. 어떤 유대인이 유산을 잃어버리는 것을 두려워하는 이유로 그리스도를 거부한다면 그는 불못으로 향한다. 마호메트를 믿는 자가 만일 예수 그리스도를 믿을 경우 자신의 가족이나 친구가 자신에게 행할 일을 두려워하여 예수 그리스도를 믿지 않는다면 그는 자신의 "선지자"와 함께 불타게 된다.

헤롯의 문제점은 무엇이었는가? 두려워한 것이었다. 사람을 평가할 때 두 가지 고려사항이 있다. 그가 진실로 사랑하는 것과 진실로 두려워하는 것을 알면 그 사람의 진위를 평가할 수 있다. 이것은 마음의 문제이지 머리의 문제가 아니다. 지성인들은 그것을 포함시키지 않는다. 성경은 사람에 대해 이렇게 말한다. 『**이는 그가 마음에 생각하는 대로 그도 그러한즉**』(잠 23:7). 이런 이유로 세상에서 가장 지혜로웠던 사람은 다음과 같이 말했다. 『**열심을 다하여 네 마음을 지키라. 이는 삶의 문제들이 거기서 나옴이라**』(잠 4:23). 예수 그리스도를 믿는 구원받는 믿음은 마음으로부터 온다(롬 10:9,10).

헤롯은 자신의 양심을 두려워했다(14절 주석 참고). 격언에 다음과 같은 말이 있다. "선한 양심은 폭풍 속에서도 잠자게 할 수 있다." 바울은 양심에 관해 이렇게 말했다. 『**선한 양심**』(행 23:1, 딤전 1:5,19), 『**하나님과 사람 앞에 항상 거리낌이 없는 양심**』(행 24:16), 『**약한 양심**』(고전 8:12), 『**순수한 양심**』(딤전 3:9, 딤후 1:3) 『**화인**』 맞은 양심(딤전 4:2), 『**더럽혀**』진 양심(딛 1:15), 『**악한 양심**』(히 10:22).

그리스도인으로서 양심이 올바르게 되기를 원한다면 마틴 루터가 한 말을 되새겨볼 필요가 있다. 그는 "성경에 묶여 있는" 양심에 대해 말했다. 어떤 최종권위도 없는 사람이라면 어떤 것에도 양심은 묶여 있지 않다. 그러면 그는 범법자이고 무정부주의자이다. 만일 하나님의 책이 당신의 양심을 통제할 수 없다면 하나님의 법을 범한 것이며 당신은 그 어떤 규칙보다 자신의 기분, 변덕을 우위에 두는 무정부주의자이다.

둘째로, 헤롯은 요한을 두려워하였다. 『**헤롯이 요한을... 두려워하며**』(20절). 헤롯에게는 "책 공포증"이 있었다. 헤롯은 성경을 두려워하였다. 진리를 두려워하였다(요 17:17). 그는 개혁하였으나 구원받지는 못했다. 구원 없는 개혁은 저주이다. 헤롯은 요한을 『**주목**』하였다. 그는 『**기쁘게**』 요한의 말을 들었다. 심지어 요한이 자신에게 행하라고 말한 『**많은 일**』을 행하였다. 그러나 헤롯은 올바로 되지 않았다.

헤롯은 자신의 아내를 두려워했다. 이런 이유로 요한을 체포했다.

어린 소년이 한번은 아빠에게 물었다. "아빠, 아빠는 공룡을 무서워해?" "아니." "코끼리는?" "아니." "사자는?" "아니." "그럼 코딱지 곰은?" "물론 아니지." "그럼 아빠, 엄마 말고는 아무것도 무섭지 않아?"

한 남자가 아내와 큰 싸움을 한 후 친구에게 말했다. "아내가 결국 무릎을 꿇고 나에게 다가왔어." 친구가 물었다. "그녀가 뭐라고 했어?" 남자가 대답했다. "'그 침대 밑에서 나와, 비겁한 놈아.'라고 말했어."

한 남자가 친구의 아름다운 아내를 칭찬했다. "너처럼 그런 아내가 있다면 매일 밤 집에 있을 거야." 친구가 대답했다. "당연히 그럴 거야. 그렇지 않으면 그녀가 너를 여기서 일요일까지 두들겨 패겠지."

"그가 성의 왕이라는 걸 내가 알게 된 것은 그의 아내가 그에게 왕관 씌우는 걸 봤기 때문이야."

"그가 바지를 입고 있다는 걸 내가 알게 된 것은 그의 바지가 그의 앞치마 밑으로 보였기 때문이야."

한 무리의 남자들이 아내들과 함께 "진주 문"에 도착했다. 성 베드로가 나와서 말했다. "자, 집안을 잘 운영한 남자들은 이쪽으로 오고, 그렇지 않은 남자들은 그대로 있으시오." 한 남자가 그쪽으로 걸어갔다. 성 베드로는 당황해서 말했다. "정말로 당신이 집안을 운영했단 말이오? 아내가 운영하지 않고?" 남자가 대답했다. "아내가 했죠. 하지만 아내가 여기로 가라고 하더라고요. 그렇지 않으면 안 된다고요."

헤롯은 또한 여론을 두려워했다. 이런 이유로 헤롯이 처음에는 요한을 죽이지 않았다. 사람들은 요한이 선지자라고 믿었다. 만일 헤롯이 드러내 놓고 요한을 죽였다면 여론은 헤롯을 반대했을 것이다. 제사장들과 장로들이 가지고 있었던 문제가 바로 이것이었다(11:32).

여론은 어떤 가치도 없다. 사람들은 변덕스럽다. 그들은 꾸준히 견해를 바꾼다. 사도행전 14장에서 바울이 절름발이 한 사람을 고쳐 준 후에 루스트라 사람들은 바울과 바나바를 신들이라고 추켜세웠다(행 14:12). 그런데 바울과 바나바가 설교를 끝내자 그 동일한 사람들은 바울에게 돌을 던져 죽였다(행 14:19). 사도행전 28장에서는 바울이 독사에게 물리자 멜리데 사람들은 "파선에서는 살아남았어도 이런 일이 그에게 일어나는 것을 보니 그는 틀림없는 살인자구나."라고 말했다(행 28:5). 그러나 물린 곳이 부어오르지 않고 죽지 않자, 그들은 "그는 분명 신이다."라고 말했다(행 28:6).

건전한 충고를 해 주겠다. 군중에 놀아나지 말라. 군중은 고려할만한 가치가 전혀 없다. 사람들이 당신에 대해 나쁘게 말하는 것들을 믿지 말라. 사람들이 당신에 관해 좋게 말하는 것도 믿지 말라.

정치꾼이 되는 것은 끔찍한 일이다. 정치인들은 항상 뉴스 매체가 자신에 대해 어떻게 평가하는가에 대해 늘 걱정해야만 한다. 뉴스 매체가 여론을 형성하기 때문이다. 모든 정치인들은 옳은 근거에서 순수한 법의 기반 위에서 결정하지 않는다. 이들이 결정하는 근거는 다수의 의견이다.

26절에서 헤롯이 걱정한 것은 자기편 사람들이 생각하는 여론이었다. 헤롯의 생일 파티는 흥겹게 진행되어 갔다. 그 중간에 헤롯의 의붓 딸(요세푸스에 의하면 그녀의 이름이 살로메이다)이 들어와 헤롯 앞에서 성적으로 미혹적인 춤을 추어 욕정에 불을 붙였다. 이런 이유로 그의 양심이 죽었다.

바로 그때 헤롯은 자신의 생애 가운데 가장 어리석은 말을 했다. 『**무엇이든지 네가 원하는 것을 나에게 구하라. 그러면 내가 너에게 그것을 주리라… 무엇이든지 네가 나에게 구하는 것을 네게 주리라. 내 왕국의 절반까지라도 주리라**』(22,23절). 이는 아하수에로가 에스더에게 한 말과 같다(에 5:3,6; 7:2). 그러나 그것은 남편으로서 아내를 향한 사랑의 제안이었다. 헤롯은 "더러운 늙은이"로 알려져 있다. 그는 의붓딸을 많은 돈을 주고 산 "거리의 여자"로 취급했다.

살로메는 엄마에게 가서 말한다. "무엇을 요구해야 하나요?"

"침례인 요한의 머리를 쟁반에 달라고 해라."

"그러나 엄마, 그것은 구역질나요, 나는 그걸 원하지 않아요."

"나를 위해 그렇게 해야 한다. 그러면 네가 원하는 것은 무엇이든지 사 주마." 헤로디아가 말한다.

이윽고 살로메는 헤롯에게 가서 원하는 것을 말한다. 『**왕께서 지금 침례인 요한의 머리를 쟁반에 담아서 나에게 주시기를 원하나이다**』(25절).

헤롯은 그러고 싶지 않았다(26절, 『**왕은 심히 난처하였으나**』). 그러나 지금 그의 양심은 타격을 받아 부패했고, 화인 맞아 수선 불가능 상태에 있다. 그가 생각한 모든 것은 "저 사람들이 나를 어떻게 생각할까? 한다고 했다가 안 한다면 나를 바로처럼 보겠지."였다.

성경은 다음과 같이 말한다. 『**어리석은 자들의 친구는 멸망하리라**』(잠 13:20). 『**악한 사귐**[당신이 교제하고 있는 친구들]**은 좋은 행실**[당신의 좋은 생활 방식]**을 부패시키느니라**』(고전 15:33).

한 번은 그리스도인 어린 자매가 춤추러 가려 했었다. 그녀는 그것이 잘못된 일이라는 것을 알았지만, 그리스도인 아버지의 반대에도 불구하고 가기로 결심했다. 그러나 가기 전에 아버지는 딸에게 그녀가 잊지 못할 교훈을 주고 싶어 했다.

그는 그녀에게 벽난로에서 석탄 하나를 가져오라고 요청했다. 그녀는 벽난로를 바라보았고, 며칠 동안 불이 지펴지지 않아 차가운 상태임을 알았다. 두려움 없이 그녀는 차가운 석탄을 집어 들고 아버지에게 말했다. "보세요, 저는 불에 데지 않았어요." 그러자 아버지가 말했다. "하지만 네 손을 봐라." 그녀는 자신의 손을 내려다보았고, 석탄의 그을음으로 손이 검게 된 것을 보았다. 아버지는 말했다. "봐라. 나쁜 친구는 항상 너를 더럽힐 거란다."

이것이 오늘날 기독교 신앙의 문제다. 지도자들이 좋지 않은 사람들과 어울리고 있다는 것이다. 이는 현대주의자와 자유주의자에게 뿐만 아니라 근본주의자와 보수주의자들에게도 해당된다. 기독교 대학의 교수들은 동료들에게 학문적으로 인정받기를 갈망한다. 나는 이를 "학자 연합"이라고 부른다. 그들은 모두 학문이 성경보다 우선시되어야 한다는데 동의한다. 따라서 교수나 교사가 성경(AV 1611)을 비판하지 않으면 "인정"을 받지 못한다.

그렇지 않으면 훌륭한 지도자들도 그 책(성경)의 권위 문제에 있어서는 겁쟁이가 되어버린다. 리 로버슨(Lee Roberson), 커티스 허트슨(Curtis Hutson), 심지어 잭 하일스(Jack Hyles)조차도 한동안은, 그리스도의 심판석보다 "형제들"이 자신들에 대해 뭐라고 할지를 더 두려워했다.

이안 페이즐리(Ian Paisley)처럼 강경한 인물조차도 그런 식이었다. 그는 유럽 의회에서 교황을 적그리스도라고 공개적으로 말하는 것을 두려워하지 않을 정도로 담대했지만, 밥 존스 주니어(Bob Jones Jr.) 앞에서는 토끼처럼 소심해졌다. 뷰쉠 빅(Beauchamp Vick)의 손자들인 바틀렛(Bartlett) 형제들이 한 번은 울스터에서 이안 페이즐리와 함께 있었는데, 그에게 이렇게 물었다. "럭크만 박사님의 저서를 읽어보신 적 있으신가요?" "오, 물론이지." 페이즐리 형제가 투박한 스코틀랜드 사투리로 대답했다. "그렇다면 〈킹제임스성경〉에 대한 그의 입장에 대해 어떻게 생각하십니까?" "그 사람 말이 전적으로 옳아." 페이즐리가 말했다. "하지만 내가 그렇게 말했다고 밥 박사한테는 말하지 말게나."

문제가 뭐였을까? 사람을 두려워하는 마음이었다. 페이즐리는 자기 친구인 밥 존스 주니어를 두려워했던 것이다. 만약 페이즐리가 〈킹제임스성경〉에 대해 확고한 입장을 취했다면, 밥 존스 주니어는 더 이상 그를 밥존스대학교에서 설교하지 못하게 했을 것이다. 페이즐리에게는 그 학교에 다니는 딸이 있었고, 그는 "배를 흔들고" 싶지 않았던 것이다.

헤롯은 『**그의 고관들과 군 지휘관들과 갈릴리 유지들**』 앞에서 자신의 체면을 잃을 것을 두려워하였다(21절). 이는 동양 문화권에서 일어날 수 있는 가장 나쁜 것 가운데 하나다. 또래들 사이에서 존중받지 못한다는 것은 소속된 사회에서 특권과 입지를 잃는 것이다. 헤롯은 자신의 평판을, 옳은 일을 행하는 것보다 훨씬 더 중요하게 생각했다.

주일 학교에서 있었던 이야기다. 한 작은 소녀가 자신을 가르치는 교사에게 물었다. "헤롯은 자신이 원하지도 않으면서 왜 요한을 죽였나요?" "음," 선생님이 대답했다. "그는 그 소녀에게 자기 왕국의 절반이라도 주겠다고 약속했고, 그 많은 중요한 사람들 앞에서 그 약속을 깨는 것이 두려웠단다." 그러자 그 어린아이는 순진하게 물었다. "그럼 왜 요한이 있는 절반은 못 준다고 말하지 않았어요?"

정말 그렇지 않은가? 만약 헤롯이 열왕기상 2:20-24절에 나오는 솔로몬처럼 행동했다면, 그는 자기 나름대로 강력한 지도자로 남았을 것이다. 하지만 그는 여자의 유혹과 자기 욕심에 쉽게 조종당한 나약한 겁쟁이로 기억될 뿐이다. 헤롯은 자기 신념에 따를 용기가 없었다. 배짱이 없었던 것이다.

6:30 그후 사도들이 예수**께로 함께 모여서 그들이 행한 일과 가르친 일을 모두 주께 말씀드리니,**

31 그들에게 말씀하시기를 "너희는 따로 외딴 곳으로 나와 잠시 쉬어라."고 하시더라. 이는 많은 사람이 오가므로 그들이 음식 먹을 시간조차도 없었음이라.

32 그러므로 그들이 배를 타고 따로 외딴 곳으로 가니라.

33 무리가 그들이 떠나는 것을 보고 또 다른 많은 사람들도 주를 알

아보고 모든 성읍들에서 그곳으로 달려나와 도보로 앞서 가서 주께로 함께 나오더라.

34 **그때** 예수**께서 나오셔서 많은 무리를 보시고 가엾게 여기시니, 이는 그들이 목자 없는 양과 같았기 때문이라. 그리하여 그들에게 많은 것을 가르치기 시작하시더라.**

본문은 오천 명을 먹이신 기적의 서막이다. 침례인 요한의 죽음에 대한 삽입구의 이야기에 앞서, 주께서 제자들을 전파하러 보내신 것을 기억할 것이다(12절). 이제 그들의 전도 여행이 끝났고, 그들은 예수님께 돌아와 자신들의 사역에 대해 보고하고 있었다.

하지만 문제는 3:20에서와 마찬가지였다. 『**이는 많은 사람이 오가므로 그들이 음식 먹을 시간조차도 없었음이라**』(31절). 그래서 예수님께서는 제자들에게 지치기 전에 『**외딴 곳으로**』 나오라고 초청하셨다. 이 말씀에서 사역자가 배울 수 있는 중요한 실천적 교훈은, 사역자에게도 휴식이 필요하다는 점이다.

그렇다고 해서 사역이 여유로움으로 특징지어지는 것은 아니다. 진정한 『**섬기는**』 일에 참여해 본 사람은 그것이 『**일**』이라는 것을 잘 안다(엡 4:12). 말씀을 공부하고 설교나 강의를 준비하는 데는 시간이 요구된다. 병원 심방을 가야 하고, 가정 심방도 해야 하기에, 시간이 끊임없이 요구된다. 만약 당신이 사역을 이제 막 시작했거나 작은 교회를 맡고 있다면, 교회 건물을 청소하거나, 잔디를 깎거나, 화장실 용품을 채워 넣는 일까지도 당신이 직접 해야 할 수도 있다. 그렇기 때문에 때때로 쉬고 "재충전"할 시간이 꼭 필요하다.

내가 사역하는 동안 큰 도움이 되었던 한 가지는 매일 낮잠을 자는 것이었다. 매일 점심을 먹고 난 후, 전화기를 꺼 놓고 클래식 음악을 틀어 놓은 채 바닥에 누워 한 시간 정도 "정신을 잃을 정도로" 푹 잤다. 어떤 목회자들은 골프를 치며 휴식을 취하고, 또 어떤 이들은 낚시를 하며 쉼을 갖는다. 합리적이고 적절한 범위 안에서 무엇이든 자신에게 휴식을 줄 수 있는 시간을 가지라. 그런 후 다시 일어나 주님을 위한 사역을 행하라.

우리는 이미 1:45에서 광야인 『**외딴 곳**』의 정의에 대해 살펴보았으니 참고하라. 만약 예수님께서 말씀하신 광야가 모래로 이루어진 사막이 아니라는 사실에 대해 의심이 든다면, 39절을 보라. 31절에서 말한 『**외딴 곳**』에는 『**푸른 풀**』이 있었다. 요한복음 6:10에서는 그곳에 『**풀이 많더라.**』라고 덧붙이고 있다.

이 『**외딴 곳**』은 갈릴리 바다 북쪽을 가로질러 조금만 가면 되는 짧은 길이었다. 누가복음 9:10은 그 성읍의 이름이 벳새다라고 알려 주며, 그 주석을 통해 두 개의 벳새다가 있다는 사실을 살펴보았다. 예수님과 제자들이 어디로 가고 있는지는 사람들에게 분명히 보였기 때문에, 무리는 육로로 그들보다 먼저 달려가 그곳에 도착했다(33절).

34절은 『**무리**』를 보시고 반응하시는 예수님의 전형적인 반응이다(마 9:36). 예수님께서는 그들에게 동정심이 있으셨다. 그들을 불쌍히 여기셨다. 그들에게 관심을 가지셨다. 이것이 『**가엾게**』 여기는 뜻이다. 그리스도로부터 이 연민을 일으킨 것은 이 유대인들이 그들을 올바로 인도해 줄 사람이 없었기 때문이다. 『**이는 그들이 목자 없는 양과 같았기 때문이라.**』 문제는 종교 지도자들인 바리새인들, 사두개인들, 서기관들이었다. 그들은 전통을 하나님의 말씀과 대체시켰다(7:7-13).

예레미야는 다음과 같이 썼다. 『**내 백성이 잃어버린 양이 되었도다. 그들의 목자들이 그들을 곁길로 가게 하였으며 그들을 산지로 돌이키게 하였으니 그들이 산에서 작은 산으로 가며 그들의 쉬는 곳을 잊었도다**』(렘 50:6).

그러므로 백성들을 돌보지 않은 『**목자들**』, 곧 그들의 목회자들에 대한 예레미야서의 지적들(렘 2:8; 10:21; 12:10; 23:1,2)을 고려할 때, 그 백성을 가엾게 여기시는 그리스도의 마음은 어떻게 나타났는가? 그것은 바로 『**그들에게 많은 것을 가르치기 시작**』하신 것이었다. 물론 그분께서 백성을 가엾게 여기시는 것은 병 고침이라는 눈에 보이는 방식으로도 나타났지만(마 14:14), 주님께서 무리를 가엾게 여기시는 것에 대한 가장 중심적인 방식은 진리를 선포하신 것이었다. 예수 그리스도께서는 제자들에게 사람들의 육체적 문제만 해결해 주고 영적인 해답은 제시하지 않는 "사회 복음"을 전하라고 결코 명하신 적이 없다. 내가 가난하고 굶주린 아프리카 사람에게 음식을 주고, 옷을 입히고, 돈을 주고(혹은 더 나은 방법으로는 일자리를 주고), 교육까지 시켜줄 수는 있지만, 그가 복음을 듣지 못하고 예수 그리스도를 믿지 않는다면 그는 결국 지옥에 가게 된다.

나는 그리스도인이 가난한 자를 무시해야 한다고 말하는 것이 아니다. 배고픈 자, 집 없는 자, 중독자, 미개한 자를 무시해야 한다고 말하는 것이 아니라 그 문제들을 풀어주는 것이 죄 문제를 해결하는 것과는 전혀 무관하다는 것을 말하는 것이다. 복음 전파와 모든 『**하나님의 계획**』(행 20:27)을 선포하는 것이 궁극적인 목표가 되어야 한다. 그 이외의 것들은 이 두 가지 목적을 이루는데 도움이 되는 수단이 되어야 한다. 그 위치를 서로 바꾸지 말라. 하나님의 말씀을 선포하고 가르치는 것과 사회적인 문제 사이에 선택해야만 할 경우, 매 순간마다 하나님의 말씀을 선포하는 것이 더 낫다.

누군가에게 성경을 말해주어야 하는 경우가 생길 때마다 그 기회를 이용하라. 그것에 대해 상식을 이용하라. 그렇게 하지 못하게 될 때 너무 기분 나빠하지 말라. 일해야 할 때 당신을 고용한 고용주의 시간을 훔치지 말라. 그러나 누군가가 홀로 있을 때 성령께서 그 기회를 주실 때 무언가를 해 줄 수 있다. 『**한 번 죽는 것은 사람들에게 정해진 것이요 그 뒤에 심판이 정해진 것같이**』(히 9:27) 그렇게 행하는 그 사람이야말로 항상 예의 바른 사람이다.

6:35 날이 이미 저물었을 때 제자들이 주께 나와 말씀드리기를 "이곳은 외딴 곳이요 이미 때도 저물었으니

36 무리를 보내어 근처 시골과 마을들로 가서 빵을 사먹게 하소서. 그들에게는 먹을 것이 아무것도 없나이다."라고 하니라.

37 주께서 대답하여 그들에게 말씀하시기를 "너희가 그들에게 먹을 것을 주라."고 하시니, 그들이 주께 말씀드리기를 "우리가 가서 이백 데나리온어치의 빵을 사서 그들에게 먹으라고 주리이까?"라고 하니라.

38 주께서 말씀하시기를 "빵이 몇 덩어리나 있는지 가서 알아보라." 고 하시니, 그들이 알아보고 말씀드리기를 "빵 다섯 덩어리와 물

고기 두 마리가 있나이다."라고 하더라.

39 주께서 제자들에게 명하여 사람들을 모두 떼를 지어 푸른 풀밭에
앉게 하시니

40 그들이 백 명씩, 혹은 오십 명씩 떼를 지어 앉더라.

41 주께서 빵 다섯 덩어리와 물고기 두 마리를 가지고 하늘을 바라
보시며 축복하신 후, 빵을 떼어 제자들에게 주시며 사람들 앞에
놓게 하시고 물고기 두 마리도 그들 모두에게 나누어 주시니

42 모두가 먹고 배불렀더라.

43 그후에 그 조각들과 물고기들을 거두니 열두 광주리에 가득 찼
더라.

44 빵을 먹은 사람들은 남자가 약 오천 명이더라.

『**날이 이미 저물었을 때**』(35절). 사실은 저녁때이다. 『**저녁이 되자**』(마 14:15). 저녁 식사 시간이 지나 버렸다. 대략 오후 7시경이었다. 아마도 여름철이었을 것인데, 사람들이 마을로 가서 먹을 것을 구할 수 있는 낮 시간이 충분했기 때문이다(36절).

주께서 제자들에게 말씀하신다. 『**너희가 그들에게 먹을 것을 주라**』(37절). 문제는 먹을 것을 줄 사람들의 수였다. 44절은 『**빵을 먹은 사람들은 남자가 약 오천 명이더라.**』라고 한다. 여기에는 여자들과 아이들은 포함되지 않았다. 『**음식을 먹은 사람들은 여자들과 아이들을 제외하고도 약 오천 명이더라**』(마 14:21). 의심의 여지없이, 제자들은 음식을 먹일 10,000명에서 15,000명의 사람들을 쳐다보고 있었을 것이다. 제자들 가운데 몇이 묻는다. 『**우리가 가서 이백 데나리온어치의 빵을 사서 그들에게 먹으라고 주리이까?**』(37절). 한 데나리온은 성경 시대에 하루 품삯이다(마 20:2). 따라서 200데나리온은 많은 돈이다. 그러나 빌립은 그마저도 충분하지 않다는 사실을 알고 있었다(요 6:7).

따라서 예수님께서 말씀하신다. 『**빵이 몇 덩어리나 있는지 가서 알아보라**』(38절). 제자들이 그 빵을 어떻게 발견했는지에 대해 마가는 기록하지 않으나 요한은 기록한다. 안드레가 한 소년을 발견했다. 『**여기 한 소년이 보리빵 다섯 덩어리와 작은 물고기 두 마리를 가지고 있나이다**』(요 6:9). 이것이 중요한 이유는 자유주의자들이 이 기적을 억지로 설명하기 때문이다. 군중이, 이 소년이 자신의 점심을 예수 그리스도께 드리는 것을 보자 모든 이들이 지금까지 아꼈던 각자의 음식을 나누었다는 것이다. 이런 말도 안 되는 소리!

예수님은 사람들이 무엇을 가지고 있는지, 무엇을 가지고 있지 않은지 알고 계셨다. 만일 사람들이 실제로 음식을 갖고 있었다면, 배가 고팠을 때 꺼내 먹었을 것이다. 사람들이 음식을 가지고 있었다면 처음부터 문제 될 것이 없었다. 사람들에게 음식이 있었다면, 예수님께서는 사도들에게 이렇게 말씀하셨을 것이다. “자, 기도하고 사람들이 가지고 온 음식을 먹게 하자.”

조사한 결과, 수 천 명의 사람들 가운데 단 한 명만이 음식을 가지고 있었는데 한 소년이었다. 그 소년은 가장 값싼 빵인 『**보리빵 다섯 덩어리**』를 가지고 있었다. 그리고 물고기 두 마리도 있었는데 『**작은**』 물고기였다. 만일 『**이백 데나리온어치의 빵**』도 군중을 먹이기에 모자라다면 어떻게 값싼 빵 다섯 덩어리와 "정어리" 같은 작은 물고기 두 마리가 충분하겠는가?

이제 예수님께서는 그 큰 무리를 먹이기 위해 "횡렬 종대"로 편성하신다. 『**백 명씩**』 그리고 『**오십 명씩**』 떼를 지어 앉히신다(40절). 따라서 10,000명에서 15,000명이 앉을 수 있는, 수많은 백 명 단위의 횡렬과 오십 명 단위의 횡렬이 있었다. 백 명씩 앉았을 때 그 횡렬이 적어도 150줄은 넘었을 것이고 오십 명씩 앉았다면 훨씬 더 많았을 것이다. 대충 최소한 200줄을 넘은 사람들이 풀 위에 앉았을 것이다. 예수님께서는 그들 모두를 단지 빵 다섯 덩어리와 물고기 두 마리로 먹이셨다.

내가 놀라는 것은 그곳에 있었던 사람들이 그 기적을 보았는데도 그들 중 많은 사람들이 여전히 예수 그리스도를 믿지 않았다는 것이다. 예수 그리스도께서 그분의 능력과 신성을 나타내는 것에 관해 말할 때 이 기적 말고 또 무엇을 말하겠는가? 그러나 이들 사람들 가운데 많은 사람들이 음식을 보았지, 기적을 본 것이 아니었다(요 6:26). 본문의 사건이 일어난 후, 그 다음 날(요 6:22) 예수님의 전체 사역을 따르던 많은 사람들이 예수 그리스도를 따르는 데서 이탈하였다(요 6:66). 그 이유는 무엇인가? 예수님의 말씀에 거침이 되어 걸려 넘어졌기 때문이다(요 6:60,61).

이런 이유로 "사회 복음"이 위험하다는 것이다. "빵과 물고기"를 준다면 사람들은 모이게 되어 있다. 그 사람들을 모아놓고 말씀을 전하려 하면 그 말씀을 받지 않고 자신들이 믿고 있었던 이전의 종교로 되돌아간다. 그 이유는 비록 그들의 배가 채워졌다 하더라도 (혹은 옷, 집에 필요한 가재도구, 자녀 교육의 필요 등이 채워졌다 해도) 마음에는 아무 변화가 없기 때문이다.

이 소년이 자신의 점심을 예수 그리스도께 드린 것은 주께 드릴 때 어떤 일이 일어나는가를 설명하는데 있어서 아주 훌륭한 그림이 된다. 그 소년은 자신이 가지고 있는 것을 예수 그리스도께 드렸고 이어 자신이 가지고 있었던 것보다 훨씬 더 많은 것을 다시 받았다(43절). 이는 추수의 법칙의 한 부분이다. 언제나 심는 것보다 더 많이 거둔다. 기꺼이 주께 드릴 때 주시는 하나님의 약속은 다음과 같다. 『하나님**께서는 너희에게 모든 은혜를 넘치게 하실 수 있나니 모든 것을 언제나 너희가 필요한 대로 가질 수 있게 하심으로 모든 선한 일에 넘치게 하시려는 것이라**』(고후 9:8).

그 소년은 자신의 점심을 예수 그리스도께 드리지 않아도 되었다. 많은 젊은이들이 자신의 삶을 내던지는 것처럼, 던져 버릴 수도 있었다. 많은 사람들이 가장 중요하게 여기는 것을 간직하는 것처럼, 자신이 먹기 위해 가지고 있을 수도 있었다. 제자들이 물었을 때 자기에게는 먹을 것이 아무것도 없다고 거짓말할 수도 있었다. 오늘날 미국에서 전투적으로 여자들이 남자인 체하고 남자들이 여자인 체하는 운동이 일고 있다. 성경은 그와 같은 사람들을 위선자라고 말한다. 그들은 거짓말쟁이들이다(계 21:8).

나는 남부에서 자란 두 소년을 알고 있다. 두 사람 모두 하나님께로부터 놀라운 재능을 받았지만, 그들이 그 재능을 어떻게 사용했는지는 완전히 달랐다. 한 소년은 미시시피의 한 성결교 가정에서 자랐다. 그 소년은 고등학교에서 미식축구를 하고 싶어 했지만, 예쁜 머리를 자르지 않겠다고 고집해서 결국 뛰지 못했다. 그때 어떤 신인 발굴 담당자가 흑인처럼 노래할 수 있는 백인을 찾고 있었는데, 바로 그 소년을 발견했다. 그 아이는 평생 자신이 만든 음악으로 사람들의 이목을 끌며 살았다. 사람들은 그를 “왕”이라 부르기까지 했다. 그러나 그는 50세도 되기 전에 세상을 떠났다. 다섯 가지 처방 약을 세 번씩 복용해, 약물과다 복용으로 죽었다. 그에게 약을 처방했던 의사는 그를 “걸어 다니는 약국”이라고 말했는데, 이는 돌려서 말한 “약물 중독자”라는 뜻이다. 그 소년은 바로 엘비스 프레슬리(Elvis Presley)였다. 그는 하나님께서 주신 것을 자신만을 위해 낭비해 버린 사람이다.

다른 한 소년은 앨라배마에서 자랐다. 그는 땅콩 농장에서 성장했다. 그의 어머니는 침례교인이었고, 아버지는 감리교인이었다. 그는 감리교 목사로 안수받았지만, 침례교에서 침례를 받았다. 그가 열 살이 되었을 때, 깊은 생각이 그의 마음에 떠올랐다. “내가 영원히 살게 된다면 (그는 이미 구원받은 상태였다.) 어떻게 살아야 하는지를 배워야겠다.” 이 생각은 그의 평생을 움직인 위대한 동기였다. 그는 옛날식 감리교 복음 전도자가 되었고, 아마도 50만 명이나 되는 사람들을 그리스도께로 인도하는 데 쓰임 받았다. 그가 세운 학교는 잘 알려진 밥존스대학교이다. 밥 존스 시니어는 자신의 “도시락”을 주님께 드렸고, 하나님께서는 그것을 놀랍게 사용하셨다.

잃어버린 세상은 그리스도인이 자신들에게 생명의 빵을 주기를 고대하고 있다. 『**너희가 그들에게 먹을 것을 주라.**』 그러나 스스로의 능력과 가지고 있는 자산으로는 불가능하다. 그 소년이 군중을 스스로의 힘으로 먹이고자 했다면 극히 소수의 사람들에게만 줄 수 있었을 것이다. 그 소년은 자신이 가지고 있는 것을 예수 그리스도께 드려 주께서 그것을 축복하심으로(41절) 많은 군중을 먹이실 수 있도록 하였다.

『모두가 먹고 배불렀더라. 그후에 그 조각들과 물고기들을 거두니 열두 광주리에 가득 찼더라』(42,43절).

예수 그리스도의 사역 가운데 행해졌던 가장 위대한 기적들 가운데 하나이다. 사복음서 모두에 기록된 사건은 그리 많지 않은데, 이 기적은 위대한 기적이어서 사복음서 모두에 기록되어 있다(마 14:13-21, 막 6:32-44, 눅 9:10-17, 요 6:5-13). 게다가 4,000명을 먹이시는 사건이 다시 한번 나온다(막 8:1-9). 사실이 그렇다면, 이 기적에 관하여는 아주 중요한 무언가가 있는 것이다. 하나님께서는 중요한 것을 반복하시기 때문이다(창 41:32).

요한복음 6:30,31에서 예수 그리스도의 메시아이심에 의심을 품는 사람들의 생각에 떠오르는 구약의 기적이 있었는데, 그 기적은 이스라엘이 광야에서 사십 년간 방황할 때 하나님께서 이스라엘을 만나로 먹이신 기적이었다. 그 일이 역사적으로, 실재적으로 일어났는데, 주께서는 시 78:2에서 그 기적은 『**비유**』로 기록되었다고 말씀하신다. 이는 역사적인 사건보다 그 위에 중요한 무언가가 있음을 우리에게 가르치시고자 함이다(시 78:24,25).

이 경우 그 가르침은 재림에 관한 예언적 가르침으로 밝혀진다. 미카 7장은 대환란 가운데 있을 이스라엘에 관한 예언이다. 미카 7:12에 있는 적그리스도의 침공을 유의해 보라(사 10:5 참고). 그리고 미카 7:17에 있는 재림을 유의해 보라(계 6:15-17 참고). 적그리스도가 올 때, 마태복음 24:15,16에 있는 예수 그리스도의 말씀을 믿는 유대인들은 『**산**

들로 도망』간다. 그 산들이 위치한 곳은 미카 7:14에 나와 있는데 그곳은 하나님께서 『**옛날**』에 자신의 백성들을 먹이신 곳이다. 어떤 『**옛날**』인가? 미카 7:15이다. 『**이집트 땅에서 네가 나오던 날들과 같이 내가 그에게 놀라운 일들을 보여 주리라.**』 하나님께서는 적그리스도로부터 도망한 그 유대인들을 만나로 먹이실 텐데(계 12:6) 이는 이집트의 파라오로부터 도망갔던 그 유대인들을 먹이셨던 것과 같다(시 105:38-40).

이것이 마귀가 예수 그리스도를 광야에서 돌들로 빵을 만들라고 시험했던 이유이다. 마귀는 예수 그리스도께서 재림 때 행하실 일을 행하시도록 애썼는데, 잘못된 시간에 행하도록 시도한 것이다. 마귀는 교활하다(창 3:1). 마귀가 당신을 잘못된 것을 행하게 하는데 실패했다면, 그 다음으로 시도하는 것은, 마땅히 행해야 하는 것이지만, 그 시간을 하나님보다 앞서 행하게 하는 것이다. 즉 정확한 때에 행하지 못하도록 하는 것이다.

6:45 그리고 나서 곧 주께서 제자들을 재촉하여 배에 타게 하시되, 먼저 벳새다로 가서 건너편으로 가게 하시고, 그 동안 주께서는 무리를 흩어 보내시더라.

46 그들을 보내신 후, 주께서는 따로 기도하러 산으로 가시더라.

47 저녁이 되니 배는 바다 가운데 있으나, 주께서는 육지에 홀로 계시더라.

48 그때 바람이 거슬러 불므로 주께서는 제자들이 노 젓느라 애쓰는 것을 보시고 밤 사경쯤 되어 바다 위를 걸어 제자들에게로 와서 그들을 지나쳐 가려고 하시더라.

49 그러나 그들은 바다 위로 걸어오는 그를 보고 유령인가 생각하여 소리지르니

50 이는 그들이 모두 주를 보고 불안해 함이더라. 그때 주께서 곧 그들과 말씀을 나누셨는데, 말씀하시기를 "기운을 내라. 나니 두려워 말라."고 하시고

51 그들에게로 가서 배에 오르시니 바람이 그치더라. 그러자 그들은 속으로 너무 놀라서 기이히 여기더라.

52 그들이 빵의 기적도 이해하지 못하였으니 이는 그들의 마음이 완악해진 연고니라.

군중이 실컷 먹고 남은 조각들을 거둘 때 땅거미가 지고 있었다. 예수님께서는 제자들을 미리 보내셨는데 배로 갈릴리 서쪽에 있는 다른 벳새다로 보내신다(눅 9:10 주석 참고). 주님께서는 뒤에 남아 계시다가 『**기도하러 산으로**』(46절) 올라가신다.

이 설명에 숨겨진 것은 그리스도의 재림의 시간이다. 예언적으로 이스라엘을 광야에서 기적을 통하여 먹이셨다. 그 다음에 48절에서 주님께서 다시 오신다. 『**산**』은 예표적으로 문자적인 산을 가리키는데 바로 위에 있는 시온 산이다(히 12:22-24). 바로 지금 주께서는 그 위에서 자신의 백성들을 위해 기도하고 계신다. 바로 지금 그리스도의 몸(롬 8:34)과 대환란에 있게 되는 유대인들(히 7:25)을 위해 기도하신다.

주님께서 다시 오실 때, 위에 있는 물을 통과하여 오셔야만 한다. 이 부분에 대해서는 1:16,17에서 살펴보았다. 이런 이유로 제자들은 『**바다 가운데**』 있게(47절) 된다. 이 그림은 여기 아래 있는 성도를 말하는데,

창공 아래 있는 물들과 창공 위에 있는 물들 사이에 있는 성도를 가리킨다. 이는 이스라엘이 출애굽기에서 홍해를 건널 때의 그림이기도 하다(고전 10:1,2).

왜 거의 대부분의 성경 지도들이 출애굽의 경로를 홍해를 건너는 대신 갈대 바다를 건너는 것으로 그렸는지 그 이유를 아는가? 누군가 피의 속죄를 부인하고자 하기 때문이다. 그 자신이 이를 깨달았든지 혹은 그렇지 못하든지 사실이다. 누군가가 그를 조종하고 있는 것이다.

피의 속죄를 우리를 위한 것으로 하기 위해 그리스도께서는 『**하늘**』에 있는 『**실물**』인 『**성소**』로 들어가셨다(히 9:24). 『**자신의 피로**』(히 9:12) 그렇게 하셨다. 주님께서 그렇게 행하셨을 때 주님께서는 알파 드라코니스 위에 있는 물들을 통과하셨는데 그 물들은 하나님의 영원한 피로 염색되었다. 그 피는 십자가에 못 박하시기 전 주님의 순환 체계를 통과해 흐르던 피였다(행 20:28). 그 피로 물이 착색되어 홍해가 되었다. 이를 나타내 주는 그림이 모세가 이집트의 물들을 피로 바꾼 것이고 대환란 동안 땅에 있는 물들이 피로 바뀌는 것이다(계 8:8; 16:3,4). 이런 이유로 그리스도의 첫 번째 공개적인 기적이 물을 자신의 피를 상징하는 유형으로 바꾼 것이었다(요 2:1-11). 따라서 어린양의 피가 적용될 때, 문의 『**양쪽 문기둥**』에만 피를 바르는 것이 아니라 문 『**윗기둥**』에다 뿌려야 했다. 따라서 이 땅에 있는 모든 믿는 자들은 문자적으로 "피 아래" 있게 된 것이다. 따라서 그리스도의 피를 영적으로 적용할 때 당신은 어떤 한 몸의 한 부분이 된 것이다(고전 12:13, 엡 5:30). 그 몸의 한 부분은 영원하신 하나님의 피로 문자적으로 씻겨진 것이다(계 1:5).

이에 대해 더 자세히 공부하려면 히브리서 9:11-14 주석을 참조하라.

『**그때 바람이 거슬러 불므로 주께서는 제자들이 노 젓느라 애쓰는** (toiling) **것을 보시고**』(48절). 따라서 당신이 이곳 아래에 『**바다 가운데**』 있는 동안 당신은 고생스럽게 일하고 있을 것이다. 그리스도인으로서 마땅히 해야 할 일을 하고 있다면 말이다. "toil"은 "어려운 육체적인 일"이다. 바울 서신의 용어로는 『**수고**』(labour, 고전 15:58, 고후 5:9)이다.

게다가 그 애쓰는 것은 전투에서 애쓰는 것이다. 『**바람이 거슬러 불므로**』 따라서 바울이 말한 『**동역자**』는 자신의 『**전우**』(빌 2:25)였다. "전투하는 교회"에 관하여 말하곤 했던 옛 성도들은 이 땅에서 세상, 육신, 마귀를 거슬러 싸우는 전쟁에 가담한 그리스도의 몸을 두고 한 말이었다. 그리고 "승리한 교회"라고 말하곤 했던 것은 하늘에서 그들의 노고로부터 쉬고 있는 하늘에 있는 그리스도의 몸을 말하는 것이었다.

『**밤 사경**(watch)**쯤 되어 바다 위를 걸어 제자들에게로 와서**』(40절). 여기에 재림의 날짜가 나온다. 그리스도께서는 자신의 재림을 자기 집을 떠나 멀리 여행을 하면서 자기 종들에게 일을 맡기고 떠난 집주인과 연관시키셨다(막 13:34). 남기고 간 제자들에게 행하라고 명령하신 명령은 다음과 같다.

『**그러므로 깨어 있으라**(Watch). **그 집주인이 언제 올는지, 저녁일는지**[이는 한 경점(watch)이다.], **밤중일는지**[이는 경점(watch)이다.], **닭이 울 때일는지**[이는 경점(watch)이다.], **아니면 아침일는지**[이는 경점(watch)이다.] **너희가 모르기 때문이라**』(막 13:35).

누가복음 12:38의 병행 구절은 이 문제를 분명하게 해 준다. 『**또 주**

인이 제이경(watch)**이나 제삼경**(watch)**에 올지라도 그렇게 하고 있는 종들을 보리니 그런 종들은 복이 있도다.**』

이 문맥은 의심의 여지 없는 재림 문맥이다.

『**그러므로 너희도 준비하고 있으라. 너희가 생각지 않은 시간에** 인자 **가 오리라**』(눅 12:40).

마가복음 6:48이 말하는 것은 정확하게 주님께서 어떤 "경점"에 오실 것인가 하는 것이다. 그 경점은 『**밤 사경**』이다. 이는 마가복음 13:35에서 말하는 『**아침**』 경점이다. 예수 그리스도의 재림은 아침에 떠오르는 태양과 연관이 있다. 말라키 4:2은 "주의 날"(말 4:1)과 관련하여 다음과 같이 말한다. 『**그러나 내 이름을 두려워하는 너희에게는 의의** 태양**이 그의 날개에 치유를 가지고 솟아오르리니**』. 베드로는 그리스도께서 변형되신 것(막 9:1, 이는 재림의 모습이다.)에 관해, 다음과 같이 말했다. 『**날이 새어**(day dawn) **샛별**(day star)**이 너희 마음에 떠오르기까지**』(벧후 1:19). 이와 동일한 내용을 사무엘하 23:4, 이사야 60:1,2,19,20, 호세아 6:3, 시편 19:4-6; 89:36, 마태복음 13:43에서 발견할 수 있다.

이는 교회 시대가 밤 시간과 연관되어 있음을 의미한다. 만일 재림의 날짜를 계산하기 원한다면 예수님께서 규정해 놓으신 경점과 관련된 성경의 일곱 체계를 공부하면 된다. 그러면 재림이 언제 일어나는지 알게 될 것이다. 2:27,28에서 살펴보았듯이, 안식일은 이 땅의 천년 안식을 보여주는 그림이다. 따라서 베드로후서 3:8에 있는 천년과 날들의 연관성을 이용해 볼 때 창세기 1장(B.C. 4004)으로부터 흐른 시간이 6,000년임을 계산할 수 있다. 이는 천년왕국의 안식의 시작을 대략 A.D. 2000년으로 둘 수 있다. 그런데 예수 그리스도께서는 2000년에 오지 않으셨다. 따라서 알 수 있는 것은 하나님께서는 어떤 특정 기간에 대해서는 셈하지 않으셨다는 것이다(욥 3:6). 이에 대한 좋은 예를 보고 싶다면 마태복음 1장을 보라. 마태복음 1:8에서 성령께서는 왕들의 세대들 가운데 세 세대를 셈하지 않으시고 건너뛰신다. 유다 왕들의 계보에 스며들게 한 아합의 죄 때문이다(이에 대한 주석 참고).

사실이 그러하기에 사도행전 2장과 교회의 휴거 사이에 있는 시간은 밤 시간에 연관된다(요 9:4,5. 살전 5:10 참고). 그 저녁 시간은 각각 세 "시간들"로 이루어진 네 경점으로 나뉘어진다(막 13:35. 요 11:9 참고). 아침 경점은 오전 3시부터 오전 6시까지이다. 이는 우리가 사는 현재 시점이 시계가 여섯 시를 치기까지 불과 몇 분 남지 않았음을 의미한다. 안전 벨트를 확인하는 것이 좋을 것이다. 테이블을 원래 위치로 세우고 고정하는 것이 좋을 것이다. 곧 이륙할 것이다.

48절로 돌아가자. 『**그들을 지나쳐 가려고 하시더라.**』 얼마나 무심한 말인지 살펴보라. 마치 4:35-41처럼 예수님께서는 폭풍에 무관심하신 것처럼 말이다. 예수님께서는 제자들을 그 호수의 『**건너편으로**』 보내셨다. 그리고 주님께서는 그들이 그곳에 도착했을 때 그들을 만나기 위해 그곳으로 방향을 향하셨다.

예수님께서 이런 방식으로 행동하신 또 다른 시간이 있었는데 부활하신 후였다. 누가복음 24장에서 부활하신 그리스도께서 엠마오로 가던 두 제자들을 만나셨으나 자신의 신분을 그들에게 숨기셨다. 예수님이 받으셔야 할 고난과 영광에 대해 구약 성경을 통해 성경 공부를 가르치신 후에 시간을 더 내셨다. 『**그는 더 가실 것같이 하시더라**』(눅 24:28).

주님께서 알기 원하셨던 것은 이 제자들이 하나님의 말씀에 더 배고파하여 주님과 계속하여 교제를 하기 원하는가 하는 것이었다.

본문 마가복음 6:48에서 예수님께서는 분명 다음과 같은 사실을 숨기지 않으셨다. 즉 주님께서는 제자들이 탄 배를 지나 물 위를 걷고 계신다는 사실이다. 그분께서 혹시 제자들이 자기를 배 안으로 초대하길 원하셨던 것은 아닐까 하는 생각이 들게 한다.

이제 제자들이 보인 반응을 이해할 수 있을 것이다. 가장 어두운 밤한 가운데 폭풍이 한창일 때, 그들을 지나쳐 물 위를 걸으시는 주님을 본 제자들의 반응 말이다. 그들은 자신들이 단지 유령을 본 것이라고 생각했다(49절). 그리하여 그들은 불안해 하여(50절) 소리 질렀다(49절).

이 모든 것이 부활하신 예수님을 보았던 제자들의 반응과 얼마나 흡사한가! 예수님께서 누가복음 24장에서 다락방에 있는 그들에게 나타나셨을 때 『**그들은 놀라고 무서워서 어떤 영을 보고 있다고 생각**』했다(눅 24:37,38). 그들이 그렇게 놀라고 무서워했던 까닭은 어떤 영을 보고 있다고 생각했던 것이다. 주님께서는 자신이 나타났을 때 본 여인들에게 『**두려워 말라.**』라고 말씀하셨다(마 28:10).

이것 역시 주님의 재림을 가리킨다. 그 제자들에게 나타나신 동일한 부활하신 그리스도께서는 다시 오실 동일한 그분이시다(행 1:11). 자신의 몸의 지체들을 하늘로 데려가기 위해 오신다(살전 4:16,17). 그리고 이 땅의 나라들을 마귀로부터 취하시기 위해 능력 가운데 오실 것이다(계 19:11-21, 슥 14:1-4). 이 두 가지를 행하시기 위해 다시 오실 것이다.

51절을 설명하기 위해 4:39-41을 살펴보아야 한다. 마가복음 4장에서보다 놀라운 사실은 본문에서 예수님께서는 심지어 배 안에 그들과 함께 하지 않으셨다는 사실이다. 주님께서는 폭풍을 잠잠케 하셨을 뿐 아니라 아주 쉽게 물 위를 걸으셨다. 은사주의자들 가운데 아무도 이런 시도는 하지 않는다. 아무리 요한복음 14:12을 많이 인용하고 주장한다 해도 말이다.

52절은 믿기 어려운 내용이다. 그들이 모든 것들을 목격한 후에, 제자들이 『**너무 놀라서**』(51절) 기이히 여길 이유가 전혀 없다. 그들은 예수님께서 문둥병자를 고치는 일, 다리 저는 사람을 고치는 일, 마귀들로 가득 찬 미친 사람을 고치신 일, 자연을 향해 권위를 행사하신 일, 죽은 소녀를 살리신 일을 보았을 뿐 아니라, 아무것도 없는 상황에서 음식을 창조하시는 것을 목격했다. 제자들의 입장이 되어 보라. 예수님께서 열두 사람들 사이에서 빵 다섯 덩어리와 물고기 두 마리를 나누어 주게 한 후, 제자들은 기다리고 있는 사람들 가운데 그 대열의 첫 번째 사람에게 나누어 주었다. 그러나 그들이 얼마나 많이 나누어 주었든지 간에 빵은 결코 고갈되지 않았다. 어떻게 그것이 가능한가? 광야에서 2백만 명의 유대인을 먹이실 수 있는 분은 40년간 매일 빵을 만드시고 물고기를 요리하셔서 이른 여름 저녁 10,000명에서 15,000명을 먹이셨다. 예수님께서 행하신 일 중 어떤 것도 제자들에게는 더 이상 놀랄 일이 없었다.

그렇다면 무엇이 문제인가? 『**이는 그들의 마음이 완악해진 연고니라**』(52절). 이는 믿지 않는 불신자인 파라오 같은 사람을 말하는 것이 아니다(출 8:15,19). 이 사람들은 그리스도를 가장 가깝게 따른 사람들이었다. 한술 더 떠서 4,000명을 먹인 후에(8:17-21) 그 잘못을 다시 반복하였다. 이런 이유로 그들은 부활에 대해 들었을 때 부활을 믿지 않았다(16:14). 민수기 13,14장에 있었던 유대인들은 『**믿음 없는 악한 마음으로**』 그리고 『**죄의 속임수에 빠져**』(히 3:12,13) 자신들의 마음을 완악하게 하였다. 예수님께서는 자신의 가장 가까운 측근들도 악한 인간의 본성을 지녔다는 사실을 당연하게 여기신다(마 7:11, 눅 11:13). 지금까지 살았던 가장 위대한 그리스도인은 다음과 같이 말했다. 『**내 안에 (곧 내 육신 안에는,) 선한 것이 거하지 않는 줄을 내가 아노니 원함은 내게 있으나 선한 것을 어떻게 행하는 것인지는 알지 못하노라**』(롬 7:18). 그리스도인이여, 만일 당신이 자신의 마음과 생각을 지키지 않는다면 구원받지 못한 사람이 저지를 수 있는 어떤 죄도 다 저지를 수 있다. 예수님께서는, 회개를 전파하고, 마귀들을 쫓아내고, 약한 자들을 고쳐 주었던 사도들이, 주를 믿지 않았던 잃어버린 유대인들처럼 완악한 마음을 지닐 수 있음을 말씀하셨다(요 12:37-40).

6:53 그후 그들은 바다를 건너서 게네사렛 땅에 이르러 해변에 배를 대니라.

54 그들이 배에서 내리자 사람들이 곧 주를 알아보고,

55 온 지방을 두루 뛰어다니니 주께서 계시다는 곳으로 병자들을 침상째로 메고 나아오기 시작하더라.

56 또 주께서 마을들이나 성읍들이나 시골이나 들어가시는 곳마다 그들은 거리에 병자들을 내려놓고 주의 옷자락만이라도 만지기를 주께 간구하더라. 주를 만지는 사람들은 다 온전해지더라.

『**게네사렛**』(53절)은 히브리어 이름 『**킨네렛**』의 헬라어 표기이다. 이 성읍은 갈릴리 바다 서쪽 해안에 위치한 납탈리 지파의 성읍이었다(수 19:32,35). 갈릴리 바다는 그 성읍의 이름을 따서 불리게 되었으며, 성경에서는 때때로 이 바다를 『**킨네렛 바다**』(수 13:27) 혹은 『**게네사렛 호수**』(눅 5:1)라고도 불렀다.

『**그들이 배에서 내리자 사람들이 곧 주를 알아보고**』(54절). 이것은 재림을 예표하는 또 하나의 유형이다. 그리스도께서 재림하실 때, 적그리스도의 박해와 공격 속에서 살아남은 모든 유대인들은 예수님을 보고 그분이 자기들의 메시아이심을 알아보게 될 것이다. 그리고 온 민족이 단 하루 만에 회심하게 될 것이다.

『**또 내가 다윗의 집과 예루살렘의 거민들 위에 은혜와 간구의 영을 부어 주리라. 그러면 그들은 그들이 찔렀던 나를 쳐다볼 것이며, 그들이 그를 위하여 애통하리니, 마치 어떤 사람이 자기 외아들을 위하여 애통함같이 할 것이요, 그들이 그를 위하여 비통에 잠기리니 마치 어떤 사람이 자기 첫아들을 위하여 비통에 잠기듯 하리라**』(슥 12:10).

『**그리하여 온 이스라엘이 구원을 받으리라. 기록된 바** "구원자**가 시온에서 와서 야곱에게서 경건치 아니한 것을 제거하리라**』(롬 11:26).

55절과 56절은 별다른 설명이 필요 없다. 마가복음에서 우리가 여러 번 읽어왔던 전형적인 장면들이다(1:32-34,45; 2:1-3; 3:7-10; 5:24-29). 56절에서 주목할 점은 예수님께서 사역하신 장소들이다. 『**성읍**』들은 큰 도시들이었고, 『**마을**』들은 오늘날 우리가 말하는 "교외 지역"에 해당하며, "시골"은 1:45와 6:31,32에서 언급된 것처럼 광야의 "외딴 곳"이었다.

바울은 펠릭스와 아그립파에게『**이 일이 한쪽 구석에서 일어난 것이 아니기에**』라고 말했다(행 26:26). 예수님께서 사역을 마치셨을 즈음에는 갈릴리나 유대 온 지역에 예수님에 대해 모르는 유대인은 한 명도 없었을 것이라고 감히 말할 수 있다.

마가복음 7장

7:1 그후 예루살렘에서 온 바리새인들과 서기관들 몇 사람이 함께 주
께로 와서
2 제자들 가운데 몇 사람이 더러운 손, 곧 씻지 아니한 손으로 음식
을 먹는 것을 보고 흠을 잡더라.
3 이는 바리새인들이나 모든 유대인이 장로들의 전통을 지키어 자주
손을 씻지 않고서는 먹지 아니하기 때문이라.
4 또 시장에서 돌아온 후 씻지 않고는 먹지 아니하며 그 외에도 여
러 가지 받아서 지켜 온 것이 있었으니, 잔과 단지와 놋기명을 씻
고 식탁을 닦는 것이라.
5 그때 그 바리새인들과 서기관들이 주께 묻기를 "어찌하여 당신의
제자들은 장로들의 전통을 따라 행하지 아니하고 씻지 아니한 손
으로 음식을 먹나이까?"라고 하니

6 주께서 그들에게 대답하여 말씀하시기를 "너희 위선자들에 관하여
이사야가 잘 예언하였도다. 기록된 바와 같으니 '이 백성이 입술로
는 나를 공경하여도 그들의 마음은 내게서 멀도다.
7 그러면서도 사람들의 계명들을 교리들로 가르치니, 그들이 나를
헛되이 경배하는도다.'
8 너희가 하나님의 계명을 버리고 사람들의 전통을 지키니, 단지와
잔을 물로 씻는 것과 이와 같은 여러 가지 다른 일을 자행하는도
다."라고 하시니라.
9 또 주께서 그들에게 말씀하시기를 "너희 자신의 전통을 지키기 위
해 너희가 하나님의 계명은 쉬 버리는도다.
10 모세가 말하기를 '네 아버지와 네 어머니를 공경하라.'고 했고, 또
'아버지나 어머니를 저주하는 자는 죽이라.'고 하였거늘
11 그러나 너희는 말하기를 '어떤 사람이 자기 아버지나 어머니에게
말하기를 나로 인하여 당신이 유익을 받게 될 것은 무엇이든지 코
르반, 즉 예물이라고 하면 그만이라.'고 해서
12 '자기 아버지나 어머니에게 더 이상 아무것도 하지 아니하여도 무
방하다.' 하였으니
13 너희는 너희가 전수한 너희의 전통으로 하나님의 말씀을 폐기하느
니라. 또 이와 같은 많은 일을 자행하고 있도다."라고 하시더라.

다시 한번 예수 그리스도는 그 당시의 학자 연합과 충돌한다. 즉 당시의 서기관들과 바리새인들이다(2:16,24; 3:6). 이번에 그들은 제자들이 음식을 먹기 전에 손을 씻지 않은 것에 관하여 문제를 삼는다. 이들

은 정작 자신들은 마음이 더러움과 악으로 가득 찬 것을 숨기면서 겉으로 사람이 어떻게 깨끗해지는가에 대해 관심을 갖는다(마 23:25). 요한복음 18:28에서 그들은 빌라도의 재판정에 들어가지 않는데, 자신들이 더럽혀져 유월절을 지킬 수 없음을 걱정하기 때문이었다. 그런데 이들은 내내 예수 그리스도를 죽이는 공범자들이었다(행 7:52).

얼마나 많은 사람들이 더러운 손을 가지고 있으면서 깨끗한 마음을 가지고 있는지, 그리고 얼마나 많은 사람들이 깨끗한 손을 가지고 있으면서 더러운 마음을 가지고 있는지 놀라울 뿐이다. 빌라도는 예수 그리스도를 군중들에게 넘겨주어 죽게 한 죄를 씻고자 애썼으나(마 27:24) 소용없었다(행 4:27,28). 물은 당신이 저지른 죄의 더러움을 해결해 주지 못한다(이에 대해서는 벧전 3:21 주석 참고).

3절에서 손을 씻는 행위는 성경에서 온 것이 아니라 전통에서 왔다. 레위기에 나온 법 전체를 통하여 손을 씻는 부분은 발견되지 않는다(예를 들어 레 15장 참고). 손을 씻는 것은 하나님께서 말씀하신 것에 어떤 것을 더한 것이다. 그것은 그리스도인들이 조심해야 하는 "빅 3" 가운데 하나로 『**사람의 전통**』(골 2:8)이다. 나머지 두 가지는 『**철학**』(골 2:8)과 『**과학**』(딤전 6:20)이다. 이 세 가지 모두는 성경에 대한 믿음을 파괴시키고자 계획되었다. 모두 사탄이 이용하는 세 가지이다.

언제나 그렇듯이, 스스로는 아무것도 독창적으로 만들어내지 못하는 마호메트는 여기서도 탈무드 유대교를 모방하고 있다. 모슬렘은 기도 전에 팔꿈치까지 손을 씻고, 발목까지 발을 씻어야 한다. 병이 있거나 여행 중이거나, 화장실에 다녀왔거나, 여성을 접촉했을 경우, 그는 온몸을 씻어야만 알라가 그를 "정결케" 할 수 있다고 한다. 마호메트는 기도

전에 자신의 모든 아내들과 관계를 가졌다고 주장했는데, 여섯 살 때 결혼하여 아홉 살 때 혼인을 완성한 그의 총애받는 아내 아이샤에 따르면 그는 마법에 걸려 있었다고 한다(하딧, 부카리, 제7권, 658-661번). 만약 씻을 물을 찾을 수 없다면, "순수한 흙"(그게 무엇이든 간에)을 얼굴과 손에 문질러야 알라 앞에 "정결"하게 되어 알라가 모슬렘에게 온전한 호의를 베풀 수 있게 된다고 한다. 이 내용은 코란 수라 5:6에서 읽을 수 있다.

그 터무니없는 주장에 더해, 모슬렘은 아침 기도 전에 코로 물을 세 번 들이마셔야 한다고 한다. 그 이유는 하룻밤 사이에 사탄이 코에서 잤기 때문이라는 것이다(하딧, 부카리, 제1권 462번). 부카리 하딧 제4권 516번의 각주에 따르면, 모슬렘은 이 말을 믿어야만 한다고 되어 있다. 이는 알라가 코란에 언급하기를 잊은 내용임에도 불구하고, 마호메트의 말을 그대로 믿어야 한다는 것이다. 사도행전 15:9, 디도서 2:14, 히브리서 9:14, 베드로전서 1:22, 요한일서 1:7 말씀보다 그것을 더 우선시해야 한다는 것이다.

이것은 어떤 사람이 만든 전통인데, 그 사람은 성 중독에 빠지고, 글을 읽지 못하며, 간질병을 지닌, 잔인하고 복수심에 불타는 마귀 들린 사람이다.

주 예수께서는 그런 『**전통**』에 대해 어떻게 생각하실까? 『**너희 위선자들에 관하여 이사야가 잘 예언하였도다**』(6절). "왜 당신의 제자들은 식사 전에 손을 씻지 않습니까? 그것은 전통인데도 말입니다." "너희의 정체가 무엇인지 말하겠다. 너희는 위선자들이다." 이것이 성경의 예수 그리스도시다. 성경의 예수 그리스도는 스튜어트 커스터나 조엘 오스틴이 말하는 것과 같은 예수 그리스도가 아니다.

서기관들과 바리새인들은 누구인가? "...인 체 하는 사람들"로서 연극하는 배우들이다. 위선자는 이들을 말한다. 실제로는 아닌데, 그런 척하고, 그런 척 행동하는 것이다. 하나님을 공경하는 척 하지만 실제로는 전혀 아닌 것이다.

『**이 백성이 입술로는 나를 공경하여도 그들의 마음은 내게서 멀도다**』(6절). 그들은 "말 따로, 마음 따로"이다. 규칙의 기본은 『**이는 마음에 가득한 것을 입이 말하기 때문이라.**』(마 12:34)이다. 보통의 경우, 마음에 있는 것이 입으로 나온다. 그러나 이 사람들은 연극을 하고 그런 체한다. 그들은 마치 하나님께서 모세를 통하여 말씀하신 것을 아는 것처럼 행동하나(요 9:29) 모세가 누구에 관하여 썼는지에 대해서는 무지하다(요 5:45,46). 그들은 아브라함의 자손인 체한다. 진리와 충돌할 때는 언제나 아브라함이 행했던 것과 반대되는 짓을 하고도 말이다(요 8:39,40).

지금까지 아무것도 변한 것이 없다. 사도 바울은 『**마지막 날들**』에 관하여 썼는데 그 날들의 특징 가운데 하나는 사람들이 『**경건의 모양은 있으나 경건의 능력은 부인**』하는 것이다(딤후 3:1,5). 그리고 다음과 같은 사람들도 있다. 『**그들이** 하나님을 **안다고 고백하나 행위로는 부인하나니, 가증한 자요, 불순종하는 자요, 모든 선한 일에 버림받은 자들이라**』(딛 1:16).

7절로 돌아가자. 『**그러면서도 사람들의 계명들을 교리들로 가르치니, 그들이 나를 헛되이 경배하는도다.**』 예수 그리스도께서 하신 말씀을 적용하기 전에, 부패한 현대 역본들이 어떻게 『**교리들**』이라는 말을 다루었는지 살펴보자. 지금까지 마가복음에서 『**교리**』(doctrine)라는 단어가 나올 때마다 세 번(1:22,27; 4:2) 모두 "가르침"(teaching)으로 바꿨던 그들이, 이제는 "가르침들이라는 가르침"이라고 번역하면 얼마나 우스꽝스럽게 들릴지를 직면하게 되자, 갑자기 원래 단어 교리를 그대로 남긴다. 그것이 바로 ASV, NASV, RSV, ESV(RSV의 "보수적" 번역본), NRSV, 그리고 NKJV의 경우이다. 반면 NIV는 일관되게 "가르침들"이라는 단어를 사용하지만, 그것은 그들이 이 구절을 굳이 번역하려 하지 않고 넘어가기 때문이다. 대신, 그리스도의 말씀들을 의역하여 [이를 "역동적 등가 번역"(dynamic equivalence)이라고 불러서 독자들이 무슨 일이 일어나고 있는지를 눈치 채지 못하게 한다.] "그들의 가르침들은 단지 인간의 규칙일 뿐이다."라고 번역한다.

다른 말로 6절의 『**위선자들**』을 지적할 때, 성경을 고치고 부정하는 근본주의자들과 보수주의자들도 반드시 포함시켜야 한다. 그들은 〈킹제임스성경〉의 번역자들이 번역에 있어서 "일관"되지 않았다고 불평하면서도, 정작 자신들의 목적에 부합할 때는 똑같이 그렇게 한다. 그들은 위선자들이다!

7절은 탈무드 유대교뿐만 아니라 성경적 가르침을 벗어난 카톨릭, 개신교, 근본주의 및 복음주의 대학과 신학교의 교수들과 교사들, 은사주의자들, 몰몬교도들, 여호와의 증인들, 제칠일안식일예수재림교인들, 크리스천 사이언스 실행자들, "목적이 이끄는 삶," "구도자 중심," "이머징 처치" 운동을 따르는 자들, 그리고 모슬렘들 모두를 포함한다. 이 구절은 하나님의 말씀의 권위를 사람의 권위로 대체하는 모든 자들(조셉 스미스, 교부들, 엘렌 G. 화이트, 메리 베이커 에디, 교회 공의회, "학자들의 합의," 하디스, 찰스 테이즈 러셀, 브리검 영, "초기 성도들," 교황들, 기독 대학교 총장들과 학장들, 그리고 "선하고, 경건하며, 헌신된" 사람들)이 포함된다.

『**그들이 나를 헛되이 경배하는도다**』(7절). 교회 가는 것이 효력이 없고, 하나님을 섬기는 것처럼 행동하는 것이 아무 효력이 없다. 사람들의 계명들을 지키는 한, 모든 종교 행위와 종교 의식은 헛된 것이 된다. 그 이유는 『**사람들의 전통**』은 직접적으로 사탄의 통제 아래 있는 잃어버린 세상의 기본적인 원리에 연합되어 있기 때문이다(『**세상의 유치한 원리**』, 골 2:8,20–22). 거기에는 속박과 구원받지 않은 본성의 풍조가 포함된다(갈 4:3, 엡 2:2). 이는 자기 의를 이루는 체제이고 자기만족의 체계인데, 하나님의 말씀 안에서 계시된 계시와는 무관한 것이다.

바리새인들과 서기관들은 하나님께서 하나님의 책에 말씀하신 것에 다른 것을 더함으로 하나님보다 앞서 나간다. 그들은 하나님께서 말씀하신 것으로부터 벗어나 『**자기들의 의를 세우려**』한다(롬 10:3). 이는 처음부터 끝까지 사탄의 역사인 것이다. 창세기 3장으로 돌아가 보면 마귀는 이브가 죄를 짓게 하는데, 하나님께서 말씀하신 것으로부터 삭제하게 함으로 죄를 짓게 하고(창 2:16에서 말씀하셨던 『**마음대로**』를 삭제하였다. 창 3:2 참고) 하나님께서 말씀하신 것에 첨가시켜 (창 2:17의 말씀에 『**만지지도 말라.**』를 첨가. 창 3:3 참고) 죄를 짓게 하였다. 이마저도 안 되었다면, 그 다음으로는 하나님께서 말씀하신 것을 문맥에서 벗어나게 하였을 것이다.

8,9절에서 다시 주목해야 할 것은, 전통을 위해 성경에 대한 다른 이

름인 『하나님의 계명』을(시 19:7-8; 119:6,10,19,21,32,35,47,48)을 버리고 거부했다는 것이다. 이는 중요한 사실인데 전통을 정당화하기 위해 그리스도인에게 주어진 최종권위로서의 성경을 배제시키기 때문이다. 카톨릭은 데살로니가후서 2:15과 3:6을 들어 전통을 하나님의 기록된 말씀과 동일한 권위로(말씀과 전통이 서로 충돌할 때 전통을 더 우위에 둔다는 것을 의미한다.) 정당화한다. 물론 사도 바울이 언급한 전통들은 아기들에게 물 뿌리는 것, 로사리, 면죄부, 독신주의, 연옥, 화체설, 교황의 무오한 권위, 죽은 자들을 위한 기도, 유물 성상 숭배, 사제에게 죄를 고백하는 것, 등과는 아무 관련이 없다. 바울이 언급한 전통들은 그리스도인의 삶을 위해 일하는 것과 게으르지 않는 것과 관련이 있다(살후 3:10). 그 전통들에는 이방인 회심자들을 위한, 예루살렘에서의 사도들과 장로들의 판결이 포함되는데 음행을 삼가고 피를 먹는 것을 금하고(카톨릭 미사에서는 피를 마신다) 목매어 죽은 것을 먹는 것을 금하는 것이 포함된다(행 15:20). 전통들에는 교회에 맡겨주신 율례들(주의 만찬)이 포함되고(고전 11:2) 바울이 교회를 시작할 때 지역 교회들에게 가르친 교리들도 포함된다(롬 16:17). 전통들은 이미 계시된 성경과 상충되지 않는 것은 명백한 사실이다(딤후 3:15-17, 벧후 1:19-21). 구주에 따르면 『**하나님의 계명**』은 『**사람들의 전통**』을 이긴다. 최소한 『**영과 진리로**』 하나님을 경배하고자(요 4:24, 고전 2:13, 요 17:17) 한다면 말이다.

여기에 어떤 교회의 증거가 있다. 주 예수 그리스도에 따르면 하나님을 경배하는 데 있어서 절대적으로 『**헛되이**』 경배하는 교회가 있다. 다음은 카톨릭의 공식 출판물과 지도자들로부터 가져온 것이다.

다음은 제임스 카디널 기봉스(James Cardinal Gibbons)가 1876년에 말한 내용인데 그는 발티모아의 대주교였다. "그러므로 성경만으로는 충분한 신앙의 길잡이나 규칙이 될 수 없다고 결론을 내야 한다. 왜냐하면 성경만으로는 모든 탐구자들에게 믿음에 관한 것들을 항상 제공될 수 없기 때문이다. 또한 성경 그 자체로는 심지어 가장 중요한 문제에서도 명확하게 이해하기 쉽지 않으며, 구원에 필요한 모든 진리를 포함하고 있지 않기 때문이다."(The Faith of Our Fathers, John Murphy Company, 1917, pg. 73)

다음은 듀보이스(DuBois)라는 한 신부의 말이다. "오늘날 우리(로마카톨릭)는 십분의 일에 해당하는 성경과, 십분의 구에 해당하는 전통을 통해 살아가고 있다. 성경에는 모든 필수적인 진리가 담겨있지 않다. 전통은 성경의 말씀보다 더 중요하다."

"피의 메리 여왕" 시대에 캔터베리 대주교였던 레지널드 폴(Reginald Pole) 추기경은 이렇게 말했다. "우리의 예배와 우리의 신념은 전적으로 전통에 의존한다."[〈휴거와 적그리스도, *The Rapture and the Antichrist*〉(Russel and Colin Standish, Hartland Publications, 2004, p.161)에서 인용]

예수회 소속인 헌터(Hunter) 신부는 그의 저서 〈교리 강좌, *Outlines of Dogmatic Theology*〉(Vol. I, pp. 153-155)에서 다음과 같이 썼다. "교회는 성경 없이도 대처할 수 있지만 전통 없이는 대처할 수 없다. 전통은 더 광범위하고 더 필수적이다."

헨리 우즈(Henry Woods)는 자신의 책 우리의 귀중한 유산(Our Priceless Heritage)에서 개혁주의에 항거한 이탈리아 예수회 소속 로베

르토 벨라르미네(1542-1621) 추기경의 말을 인용했다. "우리는 고대의 전통대로 하나님을 섬겨야 한다. 성경에 없는 많은 것들도 복종하는 믿음으로 받아들여야 한다."

최초의 원본만이 『**영감으로 주어진 것**』으로 여기는 근본주의자들의 전통은 로마의 전통과 마찬가지로 지옥 같은 전통이다. 이 전통은 성경의 영감에 관한 성경의 말을 무시하고 〈킹제임스성경〉을 없애기 위해 지켜진다. 어떤 언어, 어떤 번역에서도 "최초의 원본"만이 『**영감으로 주어진 것**』이라는 내용을 지지해주는 구절이 하나도 없다. 이는 하나님께서 자신의 말씀을 당신에게 당신의 언어로 주셨다는 말씀을 없애기 위한 전통이다.

10-12절에서 예수 그리스도께서는 한 전통을 말씀하시는데 그 당시 모세의 율법에 반하여 행해지고 있었던 전통이었다. 즉 출애굽기 20:12, 신명기 5:16에 나와 있는 모세의 율법을 범하는 전통이었던 것이다. 성경은 부모를 공경하지 않는 자를 죽이라고 명령한다(출 21:17, 레 20:9, 신 27:16). 또한 잠언에서도 같은 경고를 한다(잠 20:20; 30:17). 예수 그리스도께서 예를 든 부분은 바리새인들을 가장 아프게 하는 곳을 찔렀다는 사실을 알 것인데, 그것은 그들의 돈 지갑이었다(딤전 6:10).

그 경우는 다음과 같다. 어떤 사람이 자신의 부모가 늙었을 때 공경하는데 얼마만큼의 돈이 드는지 알았다. 그는 탐심이 있었기에, 돈이 그런 식으로 낭비되는 것을 원하지 않았다. 그래서 그는 랍비에게 가서 그 돈을 헌금으로서 여호와 하나님께 바쳤다. 부모를 돌보아야 할 때가 왔을 때 그는 자신이 가지고 있었던 돈을 주께 헌금한 것으로서의 『**코르반**』에 해당하기에 돈이 없어 부모를 봉양하지 못한다고 말할 수 있었다. 그 부모는 정상적으로 돌봄을 받지 못하고 죽게 되어도 아들은 죄책감을 갖지 않는데, 돈을 하나님께 드렸기 때문이다.

구약에서는 하나님께 바친 것을 다시 사려고 하면 되돌려 받을 수 있는데, 레위기 27장에서 읽을 수 있다. 어떤 예물을 되받기 위한 기준이 되는 수수료에 해당하는 돈은 그 가치에 5분의 1인 20%가 더해진 것이다. 그래서 제사장들과 랍비들은 그 돈이 자신들의 수중에 들어와 있는 동안에 그 돈을 사용할 수 있었고 그 돈을 되돌려 줄 때 수수료도 받을 수 있었다. 그러면 그 아들은 자신의 돈을 되돌려 받을 때 자신의 돈의 일부분을 챙길 수 있고 그의 부모는 기만당한 것이다.

그런 다음 예수 그리스도는 위대한 구절과 함께 전통에 관한 강론을 마치셨다. 이는 『**살아 있고 능력이**』(히 4:12) 있는 어떤 책을 어떻게 취했는데도 그 책을 받는 자가 어떻게 절대적으로 무익하게 되는지를 말해 준다. 『**너희는 너희가 전수한 너희의 전통으로** 하나님**의 말씀을 폐기하느니라**』(13절).

하나님의 말씀은 전통을 통하여 무효하게 되어 폐기될 수 있다. 이런 일이 카톨릭 전통, 프로테스탄트 전통, 근본주의 전통, 복음주의 전통, 침례교 전통을 통하여 나타난다. 사람이 만든 전통은 거룩한 하나님의 말씀인 성경과 충돌될 때 거룩한 하나님의 말씀보다 전통을 더 우위에 둔다. 그래서 말씀을 듣든지, 말씀을 읽든지 그 말씀이 당사자에게는 무익하여 아무 효력을 발휘하지 못하게 된다. 『**사람들의 계명**』은 진리로부터 벗어나게 만든다. 그 사람들의 계명에 귀를 기울여 주의하게 된다면 말이다. 『**유대인들의 꾸며 낸 이야기와 진리에서 벗어난 사람들의 계명들에 귀를 기울이지 못하게 하라**』(딛 1:14).

7:14 그리고는 모든 무리를 불러 말씀하시기를 너희는 모두 내게 경청 하고 깨달으라.

15 사람 몸 밖에서 그 안으로 들어가는 것은 아무것도 그 사람을 더 럽힐 수 없으나, 사람 안에서 밖으로 나오는 것들은 그 사람을 더 럽히느니라.

16 누구나 들을 귀 있는 자는 들을지어다라고 하시더라.

『**내게 경청하고 깨달으라**』(14절). 주목할 것은 이것은 단순히 그리스도께서 말씀하신 것을 듣는 것이 아니라, 그 말씀을 이해하며 듣는 것이라는 점이다. 그래서 『**누구나 들을 귀 있는 자는 들을지어다.**』(16절)라고 말씀하신 것이다. 이는 하나님의 말씀을 단지 듣는 귀로 들을 뿐 아니라, 하나님의 말씀을 사람의 말이 아닌 하나님의 말씀으로 받아들이라는 것이다(살전 2:13, 고전 2:13).

주께서 여기서 깨닫게 하시려는 핵심은, 죄의 근원은 외부가 아니라 내부에 있다는 것이다(15절). 만일 어떤 사람이 자신을 더럽히는 것(술, 담배, 마약 등)을 몸 안으로 들여보낸다면, 그는 그것을 들이기 전부터 이미 더럽혀진 상태였던 것이다. 죄는 외부에서 시작된 것이 아니라, 그 사람 마음속에서 비롯되어 겉으로 드러난 것이다. 마음속 깊은 곳에서 마약을 하고 싶은 욕망이 없다면, 그는 그것을 몸에 투약하지도 않았을 것이다.

죄의 근원은 우리 자신이다. 우리를 넘어뜨리는 것은 외부의 유혹이 아니라, 우리 마음속에서 죄를 지을 여지를 받아들이는 것이다. 밥 존스 시니어는 이렇게 말했다. "모든 인격의 비극 뒤에는 오래도록 이어진 악한 생각의 과정이 있다." 다시 말해, 사람이 자신의 삶을 외적으로 망치기 전에, 그 죄를 마음속에서 토론하고, 받아들이고, 묵상하고, 숙고하고, 곱씹는 과정을 먼저 거친다는 것이다. 결국 그렇게 하다 보면 그 죄를 실제로 행하게 된다.

성경은 다음과 같이 말한다. 『**마음은 만물보다 거짓되고 심히 악하니 누가 그것을 알 수 있으리요?**』(렘 17:9) 모든 사람의 마음의 상상의 결과는 오직 악할 뿐이라고 하나님께서는 평가하신다. 『**그 마음의 생각의 모든 상상이 계속해서 악할 뿐임을 보시고**』(창 6:5). 그리고 그 악한 생각은 어릴 때부터 시작된다. 『**이는 사람의 마음의 상상이 어려서부터 악함이라**』(창 8:21). 사람은 "본래 선하다가" "환경 때문에" 타락한다는 말은 전혀 사실이 아니다. 사람은 어린아이 때부터 악하다(시 51:5).

이제는 공립학교에서 어떤 아이에 대해서도 훈육할 수 없다. 그렇게 했다가는 "아동 학대"로 몰린다. 아이들은 원래 악하기에 그 본능을 통제해야 할 필요가 있다고 말했다가는 사이코로 몰린다.

7:17 그후에 주께서 무리를 떠나 그 집으로 들어가시니, 제자들이 그 비유에 관하여 주께 묻더라.

18 주께서 그들에게 말씀하시기를 "너희도 그렇게 깨닫지 못하겠느냐? 무엇이나 밖에서 사람 안으로 들어가는 것은 그 사람을 더럽힐 수 없다는 것을 알지 못하겠느냐?

19 이는 그것이 사람의 마음 속으로 들어가는 것이 아니기 때문이라. 배로 들어가서 뒤로 나오는 모든 음식은 깨끗하지 아니하냐?"

고 하시더라.

20 또 말씀하시기를 "사람에게서 나오는 것이 그 사람을 더럽히느니라.

21 이는 속에서, 즉 사람들의 마음에서 나오는 것은 악한 생각과 간음
과 음행과 살인과

22 도둑질과 탐욕과 악의와 사기와 방탕과 악한 눈과 하나님을 모독
함과 교만과 어리석음이기 때문이니,

23 이런 모든 악한 것은 속에서 나와, 그 사람을 더럽히느니라."고 하
시더라.

그들이 4:10에서 행했듯이, 제자들은 예수 그리스도께서 제자들과만 있을 때, 말씀을 해석해 달라고 요청했다. 『**제자들이 그 비유에 관하여 주께 묻더라**』(17절). 그러나 예수 그리스도는 15절에서 어떤 비유도 말씀하지 않으셨다. 1-16절을 다시 읽어 보라. 그 말이 비유였다고 생각하는가? 그 어떤 비유도 없다.

제자들은 카톨릭이 성경을 해석하는 데 있어서 가지고 있는 동일한 문제를 가지고 있었다. 카톨릭은 성경에서 비유를 말하는 부분에 대해서는 문자적으로 취하고(요 6:51-63), 성경에서 문자적으로 말하는 곳에서는 비유적으로 해석한다(마 16:18).

『**너희도 그렇게 깨닫지 못하겠느냐?**』(18절). 예수님께서는 그들에게 화를 내셨다. 14절에서 『**모든 무리를 불러 말씀하시기를 "너희는 모두 내게 경청하고 깨달으라.**』라고 명령하셨다. 이 명령은 모든 사람들에게 주어졌고, 가장 주의하였어야 하는 대상들은 제자들이었는데 그들은 그렇게 하지 않았다.

지금 이야기되고 있는 더러움이란 하나님 앞에서의 도덕적인 더러움을 말하고 있다. 몸의 더러움을 말하고 있는 것이 아니다. 사람이 자신을 더럽히는 것을 말하고 있다(20절). 사람이 먹는 음식이 그를 더럽히지 않는다. 『**이는 그것이 사람의 마음 속으로 들어가는 것이 아니기 때문이라**』(19절). 음식은 몸의 소화기관을 거쳐 배설기관을 통해 밖으로 나온다.

19절에 나오는 『**뒤**』(draught)라는 단어는 열왕기하 10:27에 나오는 『**변소**』(draught house)의 축약형이다. 이는 밖에 따로 마련된 변소, 즉 화장실을 의미한다. 그 의미는 음식이 몸을 통과한 후 결국 변기로 가게 된다는 것이다. 이 단어는 누가복음 5:4절에서는 다르게 쓰였는데 거기에서는 "끌어올리다, 끌어당기다"의 의미로 사용되었다.

유대인들은 구약에서 어떤 고기는 하나님의 명령에 의해(레 11장) 가증스런 것으로 여겼다. 그러나 그 고기들을 먹는 것은 도덕적으로 아무 관계가 없다. 그런 음식에 관한 법은 유대인을 이방 민족으로부터 분리시키기 위함이었다(신 14:2). 사실 이 부정한 음식은 잃어버린 이방인들을 그림으로 보여주는 것이었다. 하나님께서 이 이방인들을 예수 그리스도의 희생적인 죽음으로 깨끗하게 하셔서 그 이방인들이 아들을 믿는 믿음을 통하여 구원을 위해 나올 수 있도록 하셨을 때, 주께서는 그 음식들 역시 깨끗하게 하셨다(행 10장). 이런 이유로 바울은 다음과 같이 말한다. 『**내가** 주 예수 **안에서 알고 또 확신하는 것은 아무것도 그 자체가 부정한 것은 없으나**』(롬 14:14). 그리고 다음과 같이 말하였다. 『하나님**께서 지으신 것은 모두 좋은 것이요, 감사함으로 받으면 아무것도 버**

릴 것이 없으니』(딤전 4:4).

무엇이 사람을 더럽게 만드는가? 그것은 『**사람들의 마음**』(21절)이다. 문제는 그 사람이 무엇을 사랑하느냐이다. 이런 이유로 그리스도인은 악한 세상 제도를 사랑하지 말라는 명령을 받는다(요일 2:15. 갈 1:4 참고). 만일 당신이 육신의 정욕을 사랑하고, 안목의 정욕과 생의 자랑을 사랑하면 당신은 하나님을 사랑하는 것이 아니다(요일 2:15,16).

예수님께서는 『**사람들의 마음에서 나오는 것**』(21절)이 무엇인지 열거하시는데 그 가운데 어떤 것도 선한 것이 없다. 모두 13가지의 죄들이다(13이라는 숫자에 유의하라. 창13:13 참고). 다음은 사람의 마음에 있는 것들이다.

1. 『**악한 생각**』. 인류는 B.C. 3000 이래 아무것도 변하지 않았다. 『**그 마음의 생각의 모든 상상이 계속해서 악할 뿐임을 보시고**』(창 6:5). 하나님께서는 다음과 같이 말씀하셨다. 『**주께서는 사람의 생각을 아시나니 그것들은 허무하도다**』(시 94:11). 하나님께서 미워하시는 『**여섯**』 가지 것들 가운데 하나는 『**악한 계획들을 꾸미는 마음**』(잠 6:18)이다. 『**불의한 사람**』들에게 다음과 같이 명령하신다. 『**악인은 자기의 길을, 불의한 사람은 자기 생각들을 버리고 주께로 돌아오라**』(사 55:7). 신약에서 그리스도인들에게 『**여러 가지 구상과** 하나님을 **아는 지식을 거역하여 스스로 추켜세운 모든 높은 것들을 무너뜨리며 모든 생각을 사로잡아서** 그리스도**께 복종케**』(고후 10:5)하라고 명령하신다. 이 말은 정복한 군대가 사슬에 묶인 사람들을 세게 끌어당기는 모습을 그려주는데 앗시리아인들이 북쪽의 열 지파를 사로잡아갔던 것과 느부캇넷살이 유다와 베냐민 지파를 사로잡아갔던 모습이다.

2. 『**간음**』. 이는 육체적으로 결혼 서약을 깨뜨리는 것만을 말하는 것이 아니라(롬 7:2,3) 음욕을 말하는 것이고(마 5:28) 영적 간음을 말하는 것이다. 구약에서 간음은 우상 숭배였다(겔 6:9). 하나님께서는 이를 다른 신들을 좇아 『**음행**』하는 것이라고 부르셨다(출 34:15,16, 신 31:16, 판 2:17, 대상 5:25). 신약에서 간음은 그리스도인이 악한 세상 제도와 『**친구**』가 되는 것과 연관이 있다(약 4:4).

3. 『**음행**』. 이는 모든 성적인 죄를 포함하는 말이다. 즉 근친상간, 동성애, 짐승과의 수간(레 18장) 등이다. 음행은 죄성으로 이루어진 육신의 주요 부분이고 본질적인 부분이다(갈 5:19, 골 3:5). 그리스도인은 음행을 피해 삼가해야 한다는 명령을 받는다(살전 4:3). 그리고 음행을 『**피하라**』라고 명령하신다(고전 6:18).

4. 『**살인**』. 이는 로마카톨릭에서 말하는 두 가지 "대죄"로, 다른 하나는 간음이다. 죄인이 자신의 의를 의지하여 자신을 정당화시키기를 원할 때 "나는 결코 누군가를 죽이지 않았다."라고 말한다. 이 말은 자신의 죄가 예수 그리스도를 십자가에 못 박았다는 사실(벧전 2:24)을 회피하려는 자의 반응이다. 예수 그리스도에 따르면 『**까닭없이**』 형제에 대해 화를 내는 것은 (현대 역본들은 이 말을 삭제함으로 하나님의 아들을 죄인으로 만들었다. 막 3:5) 살인하는 것과 같다. 또한 형제를 미워하는 것 역시(요일 3:15) 살인하는 것과 같다. 성경에 따르면, 살인은 채워지지 않은 정욕의 결과물이다(약 4:2).

5. 『**도둑질**』. 이는 말 그대로 도둑질로, 계명에 『**너는 도둑질하지 말지니라**』(출 20:15)고 기록되어 있다. 대부분의 사람들은 자신들이 도둑질하는 것과 무관하다고 말한다. 이는 자신이 훔쳤다고 여기지 않는 작

은 사소한 것이라고 여겨지는 것을 간과하기 때문이다. 내 말이 맞는지 증명해 보겠다. 나는 청중에게 일어서 달라고 요청한 후 이렇게 말한다. "이웃의 동의 없이 이웃 집 나무에서 사과나 체리를 따본 적이 있다면 앉으십시오." 미국 남부에서는 이렇게 말한다. "남의 밭에서 수박을 훔쳐 본 적이 있다면 앉으십시오." 그러면 항상 10명 중 9명은 앉는다. 그리고 나는 이렇게 말한다. "보시다시피, 나는 지금 『**강도들의 소굴**』에 와 있습니다(마 21:13)."

어쩌면 당신은 앞에서 말한 작은 시험은 통과했을지도 모른다. 하지만 이런 생각은 해보았는가? 직장에서 시간을 훔쳐본 적은 없는가? 고용주는 당신에게 여덟 시간 어치 임금을 지불했지만, 당신은 하루 종일 이리저리 시간을 흘려보내며 15분씩 허비하진 않았는가? 당신의 잘못된 삶의 방식 때문에 어머니와 아버지의 생애에서 근심해야 했던 수년을 훔쳐간 적은 없는가? 순결함으로 빛나던 한 젊은 소녀의 뺨에서 그 꽃 같은 순수를 빼앗아본 적은 없는가? 나는 이 말을 감옥에서 설교 중에 한 적이 있었는데, 그 자리에 있던 어떤 재소자가 자신은 도둑이 아니라고 (큰 소리로!) 주장하다가 이렇게 말했다. "그렇게는 생각해 본 적 없었습니다." 글쎄, 이제는 생각해 봐야 할 때이다.

당신은 혹시 자신이 또 다른 존 딜린저(John Dillinger)나 제시 제임스(Jesse James)는 아니라고 확신하는가? 당신은 이렇게 말할지도 모른다. "당연하죠, 럭크만 목사님! 전 그런 사람 아니에요." 그럼 이 말은 어떤가? 『**진실로 진실로 내가 너희에게 말하노니, 양우리에 문으로 들어가지 아니하고 다른 길로 넘어 들어가는 자는 <u>도둑</u>이요 <u>강도</u>라**』(요 10:1). 만약 당신이 예수 그리스도 외의 다른 방법으로 하늘나라에 가려고 믿고 있다면(요 10:9), 당신은 부치 캐시디(Butch Cassidy), 보니와 클라이드(Bonnie and Clyde), 프리티 보이 플로이드(Pretty Boy Floyd), 베이비 페이스 넬슨(Baby Face Nelson)과 조금도 다를 바 없는 도둑이요 강도인 것이다.

6. 『**탐욕**』. 바울에 따르면, 탐욕은 우상숭배의 한 형태이다(골 3:5). 예수 그리스도께서는 탐심을 조심하라고 말씀하셨다(눅 12:15). 하나님께서 당신에게 주신 것들로 만족함으로 당신의 삶에서 탐심을 없애야 한다(히 13:5). 심지어는 이름조차 부르지 말아야 한다(엡 5:3). 『**음행과 온갖 더러운 것과 탐욕은 너희 가운데서 이름조차 부르지 말라.**』

7. 『**악의**』. 이는 일반적으로 마귀처럼 사는 것이다. 악의는 의에 대하여 일반적으로 무시하는 것이다. 그리스도인도 어떤 잃어버린 죄인과 같이 악의적일 수 있다(고전 5:13. 벧후 3:17 참고).

8. 『**사기**』. 사기에 대해 성경은 다음과 같이 말한다. 『**마음은 만물보다 거짓되고 심히 악하니 누가 그것을 알 수 있으리요?**』(렘 17:9) 구원은 옛 아담의 본성을 바꾸는 것이 아니다. 옛 사람 아담은 여전히 『**기만의 욕망에 따라 썩어진 옛 사람**』(엡 4:22)으로 부패해 있다.

9. 『**방탕**』. 방탕은 통제되지 않은 욕심이고 무절제한 욕심과 악이다. 이에 대해서는 베드로전서 4:3,4에 잘 설명되어 있다. 방탕은 모든 도덕적 통제를 던져버린 구원받지 못한 이교도들의 특징이다. 그리스도인은 이렇게 살 수 없다고 생각할지 모르나 그렇지 않다(고후 12:21). 그리스도인이 성경을 읽지 않고, 기도하지 않고, 하나님의 말씀을 듣는 시간을 확보하지 못하면 잃어버린 죄인이 지을 수 있는 그 어떤 죄라도 지을 수 있다.

10. 『**악한 눈**』. 누군가가 당신을 눈여겨보아 당신이 안 좋게 되는 어떤 미신적인 것을 말하는 것이 아니다. 악한 의도를 가지고 악한 정욕을 가지고 누군가를 바라보거나 어떤 것을 바라보는 것을 말한다(신 15:9; 28:54,56, 잠 23:6; 28:22). 요한일서 2:16에서는 『**안목의 정욕**』이라고 부른다. 그리스도인은 보는 것에 유의해야 할 뿐 아니라(시 101:3) 어떻게 보는가(어떤 의도를 가지고)에도 주의해야 한다.

11. 『**하나님을 모독함**』. 그리스도인이라면 『**너희 입에서 나오는 추잡한 말**』과 더불어 벗어 버려야 하는 것들 가운데 하나이다(골 3:8). 나는 이 문제로 인하여 어려움을 겪었었다. 내가 구원을 받은 지 한 달 쯤 되었을 때, 나보다 먼저 구원을 받은 그리스도인 친구 한 명과 대화를 하게 되었다. 대화 중 그가 "피트, 그거 없어져야 돼."라고 말했다.

"뭐가 없어져야 돼?"라고 물었다. 나는 그가 무슨 얘기를 하는지 몰랐다.

"그 말, 피트, 그 말이 없어져야 돼!"

아직 무슨 말인지 모르겠어서 "어떤 말?"이라고 물었다.

"저주, 지옥, 그리고 비열한 놈들, 이런 말들 말이야, 피트, 그런 말들, 그거 없어져야 돼!"

정말로 나는 내가 무슨 말을 하는지 생각조차 하지 않은 채 말하였다. 훈련 교관으로 병사들을 꾸짖던 경험, 바에서 술을 확인하던 경험, 댄스 밴드에서 드럼을 치던 경험(구원받기 전 시절의 직업들) 덕분에 저주하는 언어는 나에게 자연스러운 것이 되어 있었다.

나는 실제로 그 언어를 사용하고 있다는 사실에도 의식조차 하지 못했다. 그 언어를 어휘에서 제거하는 데는 꽤 오랜 시간이 걸렸지만, 결국 없어졌다. 그러나 고백해야 할 것은 때로는 그 옛날 익숙한 단어들이 떠오르기도 했고, 그중 몇 번은 표현이 되기도 했다. 사실 사도 바울처럼 때로는 『**내가 원하는 것은 행하지 아니하고 오히려 내가 미워하는 것을 행함이라.**』(롬 7:15)라고 고백할 수밖에 없다.

12. 『**교만**』. 교만은 죄의 시작인 원죄이다(겔 28:12-15, 사 14:12,13). 교만은 실재 자신에 대해 『**마땅히 생각**』해야 하는 것보다 『**그 이상의 생각**』으로 더 높게 생각하는 것이다(롬 12:3).

교만은 마귀의 자녀의 특징을 나타내는 죄이다(욥 41:34). 하나님의 자녀에게 하나님 앞에서 겸손하라고 명령하신다. 그래야 은혜를 받을 수 있고 자신의 손으로 직접 자신을 높이는 것이 아니라, 주께서 주의 손으로 높여주실 수 있기 때문이다(벧전 5:5,6).

13. 『**어리석음**』. 하나님께서는 왜 어리석음을 죄라고 말씀하셨는가? 우리가 피해야 하는 것은 더러운 말 뿐 아니라 『**어리석은 말**』과 『**합당치 않은 농담**』이다(엡 5:4). 이는 어떤 의미도 없는 그저 웃기기 위한 말장난이다. 이것이 반복되면 언어의 질이 떨어져 마치 코미디언처럼 억지로라도 무엇인가를 말해야 하는 지경에까지 이르는데 그쯤 되면 웃기기 위해 상스럽고 더러운 말을 하게 된다. 그 이야기의 끝은 『**사악한 광기**』이다(전 10:13).

성경은 다음과 같이 말한다. 『**어리석은 생각은 죄요**』(잠 24:9). 어리석은 사람은 선한 감각(good sense)이 없는 사람이다. 어리석은 생각은 적절하지 못한, 무의미한, 악하고, 분별이 없는 육신적인 생각들이다. 하나님께서는 누가복음 12:20에서 부자를 『**어리석은 자**』라고 부르셨는데 이는 그가 영원에 관한 생각이 없었기 때문이다. 예수 그리스도께서는 누가복음 24:25에서 제자들을 『**어리석은 자들**』이라고 말씀하셨는데 이는 그들이 언급된 예언들을 모두 믿지 않았기 때문이었다. 『**오 어리석은 자들아, 선지자들이 말한 <u>모든 것</u>을 마음에 더디 믿는 자들아**』. 이런 것들이 어리석은 것들이다. 어리석음은 사람을 부패하게 만든다. 그 사람이 구원받았건, 그렇지 않건 부패하게 만드는 것이다.

이제 이 13가지 것들을 보라. 그것이 바로 하나님께서 당신처럼 착하고 훌륭하다고 스스로 여기는 사람들을 어떻게 보시는가 하는 것이다. 이는 아담의 성품으로, 구원받지 못한 사람 안에 있는 것처럼 구원받은 사람 안에도 있다. 그 두 사람 사이의 유일한 차이는 구원받은 사람에게는 옛 사람과 대조되는 『**새 사람**』(엡 4:24, 골 3:10)이 있다는 것이다. 당신이 구원받아 당신 안에 성령께서 내주하신다면, 당신은 당신을 더럽히는 이 열세 가지 죄를 이길 수 있는 능력을 가지고 있는 것이다.

선교사가 구원받은 인디언에게 믿는 자 안에 거하는 두 성품에 대해 말할 수 있느냐고 물었다. 그가 그 교리를 잘 이해하고 있는지 알기 위함이었다. 그 인디언이 말했다. "내 안에 흰 개와 검은 개가 있는데 이 둘은 항상 싸운다." "그렇다면 어떤 개가 이기는가?" 선교사가 물었다. "내가 '물어!'라고 말한 개가 이긴다." 로마서 6장에서는 당신의 지체를 『**의의 병기**』로 하나님께 드리라고 말한다(롬 6:13).

이에 더하여 어떤 "개"가 이기는지 다른 방법으로 설명해 주겠다. 바로 최선을 다하여 잘 먹이는 개가 이긴다. 만일 검은 개에게 영화, TV, 나쁜 교제, 록 음악, 잡지, 신문, 인터넷, 포르노 등으로 먹인다면 검은 개가 이긴다. 만일 흰 개에게 성경 읽기, 기도, 그리스도인의 교제, 좋은 설교, 찬송 등으로 먹인다면 흰 개가 이긴다. 새로운 본성을 먹이고 옛 본성을 굶겨 죽이라.

7:24 그후 주께서 거기서 일어나 투로와 시돈의 경계로 가시니라. 그리
고 어떤 집으로 들어가셨을 때 아무도 모르기를 바랐으나 숨길
수 없더라.

25 어떤 여인에게 더러운 영이 들린 어린 딸이 있었는데, 주에 관한
소문을 듣고, 와서 주의 발 앞에 엎드리니,

26 그 여인은 헬라인이요, 수로페니키아 종족이라. 그녀가 주께 자
기 딸에게서 그 마귀를 쫓아내어 달라고 간청하더라.

27 그러나 예수께서는 **그녀에게 말씀하시기를 "자녀들을 먼저 배불리**
먹여야 하느니라. 그 자녀들의 빵을 가져다가 개들에게 던져 주
는 것이 옳지 않도다."라고 하시니

28 그녀가 대답하여, 주께 말씀드리기를 "그러하옵니다, 주님, **그러**
나 식탁 밑의 개들도 자녀들이 버린 부스러기를 먹나이다."라고 하
더라.

29 그러자 주께서 그녀에게 말씀하시기를 "네가 이 말을 하였으니,
가라, 마귀가 네 딸에게서 나갔느니라."고 하시니라.

30 그녀가 자기 집으로 가서 보니, 마귀가 나갔고 그녀의 딸은 침상
에 누워 있더라.

이제 예수님께서는 이스라엘 땅 북쪽 멀리 계신다. 이방인의 영역을 넘지 않는 한도에서 끝까지 가셨다. 주님은 제자들에게 전파하라고 보내실 때 다음과 같이 말씀하셨다. 『**이방인들의 길로도 가지 말고, 또 사마리아인의 성읍에도 들어가지 말고, 다만 이스라엘 집의 잃어버린 양에게로 가라**』(마 10:5,6). 따라서 주님께서는 엄밀한 의미에서 투로와 시돈으로 가신 것이 아니다. 그곳은 『**이방인들의 길**』이기 때문이다. 주님께서는 그 경계 위까지 올라가셨고 그때 한 이방인 여인을 만나셨다.

『**숨길 수 없더라**』(24절). 위대한 선언이다. 역사가 나타나는 역사적 문맥을 초월하는 위대한 설명이다. 당신은 예수 그리스도와 같은 분을 숨길 수 없다. 너무 능력이 뛰어나시기 때문이다. 죽은 사람을 무덤에서 일으키시는 분을 무슨 수로 숨길 수 있겠는가? 아무것도 없는 데서 5,000명을 먹이신 분을 어떻게 숨길 수 있겠는가?

예수님께서 누군가에게 "내가 네게 행한 일에 대해 아무것도 말하지 말라."고 말씀하실 때마다 예수님에 관련된 뉴스는 들불처럼 온 지역으로 퍼져 나갔다. 예수님께서는 예수님 주변의 사람들로부터 벗어나기를 종종 원하셨다. 사역을 시작하실 때 항상 제자들과만 있을 쉬는 시간을 찾으셨으나 그러지 못하였다. 만일 그리스도께서 오늘날 누군가에게 숨겨진다면 그것은 마땅히 주님에 대해 말해야 하는 것을 말하지 않았기 때문이다. 바울이 어떤 지역에 갔을 때 사람들에게 주 예수 그리스도에 대해 말하지 않을 수 없었다. 그 지역에 있는 모든 사람들이 예수님에 대해 다 들을 때까지 계속 말하였던 것이다(행 19:10; 20:31).

『**어떤 여인에게 더러운 영이 들린 어린 딸이 있었는데, 주에 관한 소문을 듣고, 와서 주의 발 앞에 엎드리니**』(25절). 이는 자연적으로 흔히 있는 일이었다. 사람들은 항상 무언가 도움을 받기 위해 예수님께 다가왔다(마 4:24). 그러나 『**헬라인**』인 이 여인은 이방인이었다(갈 3:28, 골 3:11). 『**수로페니키아 종족**』인 이 여인은 시리아 지방의 페니키아 출신이었다. 알렉산더 대왕이 중동의 그 지역을 정복했을 때 그 지역 전체를 시리아에 포함시켰다. 그 지역은 레바논(페니키아)과 이스라엘을 포함했다. 그러나 민족적으로 이 여인은 카나안인이었다(마 15:22). 왜냐하면 시돈인들은 함의 아들 카나안으로부터 내려왔기 때문이다(창 10:15).

비록 이 여인이 이방인이었고 우상숭배자였다 하더라도 그녀는 자기 딸을 위해 도움을 얻기 위해 개종하였다. 25절에서 『**주의 발 앞에 엎드리니**』라는 표현은 경배의 행위이다(마 15:25). 28절을 보라. 그녀는 예수님을 『주님』이라고 부른다. 그 이방 여인은 바리새인들과 사두개인들이 믿지 못했던 것을 믿었다. 바로 예수 그리스도께서 육신으로 오신 전능하신 하나님이라는 사실을 믿은 것이다.

마가는 예수님께서 이 이방 여인을 만나신 것을 간략하게 기록한다. 전체 설명은 마태복음 15:21-28에 나와 있다. 거기에서 예수님께서 그 집에 숨으실 수 없었던 이유를 알게 되는데 이 여인이 예수님께서 그곳에 계시다는 사실을 알았을 때 그녀가 단지 조용히 찾아와 정중하게 요청하지 않았기 때문이다. 그녀는 바디매오가 마가복음 10:46-48에서 행했던 것처럼 『**주께 소리질러**』(마 15:22) 말하였기 때문이다. 예수님께서 이 여인을 무시하셨을 때 그녀는 제자들을 쫓아다녔다(마 15:23). 다른 말로 하면, 그녀는 모든 사람의 주의를 끌 때까지 야단법석을 떤 것이다.

예수님께서 이 여인을 무시함으로 무례하게 대하셨을 뿐 아니라, 예수님께서 그녀에게 답을 하실 때 그녀를 얼마나 무례하게 바라보셨는지 보라. 『**자녀들을 먼저 배불리 먹여야 하느니라. 그 자녀들의 빵을 가져다가 개들에게 던져 주는 것이 옳지 않도다**』(27절).

자녀들은 물론 유대인들을 말한다. 그들은 구약에서 체결된 언약과 약속이 주어진 『**왕국의 자녀들**』이다(마 8:12. 롬 9:4 참고). 문제는 다수의 『**왕국의 자녀들**』이 자신들의 왕을 거부한 것이다. 따라서 그 왕을 자신들의 구주로 영접한 이방인들 무리가 천국에서 『**하나님의 아들들**』(요 1:12)로서 마무리 짓는다. 왕을 거부한 『**왕국의 자녀들**』이 지옥에서 끝나는 동안에 말이다(마 8:11,12).

여기에서 『**개들**』은 시편 22:16, 빌립보서 3:2, 요한계시록 22:15에 있는 것처럼 잃어버린 이방인들을 말한다. 따라서 이 여인을 향한 첫 번째 모욕은 다음과 같은 것이다. "너는 유대인이 아니다. 버스 뒤로 가서 네 차례를 기다리라." 로자 파크(Rosa Parks), 마틴 루터 킹(MLK), 미국 흑인 지위 향상 협회(NAACP)는 발작을 일으킬 것이다! 여기에 어떤 민족 전체를 모욕하는 예수 그리스도께서 계시다. 마치 바울이 디도서 1:12에서 동일한 무리들에 대해 행한 것처럼 말이다.

그러나 예수 그리스도께서는 단지 그녀의 민족만을 모욕한 것이 아니다. 주님께서는 그녀의 성을 모욕했다. 주님은 여성에 대한 성차별주의자시다. 여기에 한 여인이 있는데 그녀를 가리켜 개라고 부르신다. 암캐에 대한 말이 무엇을 뜻하는지 알고 있는가? 어떻게 이렇게 무례할 수 있는가? 예수님께서는 이방인 백부장에 대해 마태복음 8:5-10에서 이렇게는 대하지 않으셨다.

이제 이 이방 여인은 바리새인들과 사두개인들이 할 수 없었던 일을 행하려 한다. 주님께서 말씀하신 말씀들에(막 12장) 대해 예수 그리스도를 붙잡는 것이다. 그녀는 예수님께서 하신 말씀에 동의하는 것으로 이를 행한다.

구원을 위해서는 회개가 필요하다. 여기에 구원 얻는 데 필요한 회개에 대한 모든 것이 나와 있다. 회개가 무엇인지 말해주겠다. 회개(repentance)는 어떤 것에 대해 마음과 생각을 바꾸는 것이다. 즉 마음과 생각에 대한 변화이다. 하나님께서는 존재하시는 동안, 결코 죄를 지은 적이 없다. 그러나 하나님께서는 분명 어떤 것들에 대해 돌이키셨다(repent 창 6:6, 출 32:14, 판 2:18, 삼상 15:35 등). 즉 하나님께서는 어떤 것에 대해 마음을 변경시키셨는데, 행하셨던 어떤 것이나 행하고자 의도하셨던 것을 바꾸신 것이다. 당신은 모든 종류의 죄들을 멈추고도 여전히 지옥에서 마무리 지을 수 있다. 당신은 당신의 잃어버린 상태에 대해 당신의 마음을 변화시킬 필요가 있고 하나님께서 당신을 구원하시려는 것에 대해 동의해야 할 필요가 있다.

영국 극작가 올리버 골드스미스가 썼듯이 "그녀는 수치를 무릅쓰고 목적을 달성했다." 이 여인은 예수님께서 말씀하신 내용에 대해 핏대를 세우지 않았다. 그녀는 자신의 딸이 구원받기를 원했다. 그녀의 딸이 마귀로부터 구원받는 것이라면 어떤 모욕이라도 받을 준비가 되어 있었다.

그녀는 말한다. "옳습니다. 저는 개입니다. 저는 단지 더럽고 불결한 이방인 개입니다." 그녀는 자신의 위치에 섰는데, 그 장소는 『**왕국의 자녀들**』이 부스러기를 떨어뜨려 줄 때를 기다리는 주의 탁자 밑이었다.

그녀가 행한 것 한 가지를 더 말해 주겠다. 그녀는 주님께 자신을 돌보실 것을 강제하였다. 마태복음 15:27을 보라. 『**그 여인이 말하기를 "그러하옵니다, 주여, 그러나 개들도 그들 주인의 식탁에서 떨어지는 부스러기를 먹나이다."라고 하니**』.

그 이방 여인은 다음과 같이 말한 것이다. "옳습니다. 주님, 저는 개입니다. 그러나 저는 당신의 개입니다. 만일 제가 당신의 개라면 당신은 저를 돌보아야만 합니다."

이것이 당신이 주님의 말씀 안에서 주님을 붙잡는 방법이다. 주님께서 당신에게 말씀하신다. "너는 지옥에 갈 더러운 죄인일 뿐이다." 당신은 이렇게 대답해야 한다. "예 맞습니다, 주님. 그러나 주님께서 말씀하셨습니다. 만일 제가 주님의 아들을 신뢰한다면 주님께서는 제가 지은 모든 죄를 용서하실 것이고 저를 깨끗하게 하실 것이라고 말입니다. 따라서 저는 무엇이든지 주님께서 말씀하신 것을 믿을 것입니다." 당신은 주님께서 말씀하신 것을 들을 것이고, 그것을 믿을 것이며 그러면 당신은 주님의 말씀으로 주님을 붙잡는 것이다.

예수님께서는 그녀가 말한 것으로 논쟁하실 수 없다. 따라서 주님은 여자가 탄원하는 것을 들으신다. 그 여인의 딸은 구원받았다. 비록 그녀가 유대인이 아니었을지라도 구원받았다. 그녀는 기도하는 데 있어서 끈질겼다(눅 11:8). 그녀는 겸손하였고, 믿음이 있었다. 그녀는 원하는 대로 되었다.

7:31 주께서 다시 투로와 시돈 지경을 떠나 데카폴리 지경의 중간을
통과하여 갈릴리 바다로 가시니
32 사람들이 귀먹고 말도 더듬는 한 사람을 주께 데리고 와서 그에
게 안수하여 주시기를 간구하더라.
33 주께서 그 사람을 무리에게서 따로 떼어 데리고 가시어 손가락을
그의 두 귀에 넣고 침을 뱉어 그 사람의 혀에 대신 후
34 하늘을 바라보고 신음하시며 그 사람에게 말씀하시기를 "엡파

다." 하시니, 그것은 "열리라."는 말이라.

35 그러자 즉시 그의 귀가 열리며, 혀를 묶은 것이 풀리니, 그가 분
명하게 말하더라.
36 그후 주께서 그들에게 아무에게도 말하지 말라고 당부하셨으나
주께서 그들에게 당부하면 할수록 소문을 더 많이 퍼뜨리더라.
37 사람들이 무척 놀라며 말하기를 "그가 모든 일을 잘 행하셨도다.
귀머거리도 듣게 하고 벙어리도 말하게 하신다."라고 하더라.

예수 그리스도는 『**투로와 시돈 지경**』을 떠나셔서(31절) 갈릴리 바다의 동쪽 편으로 가신다. 그곳은 데카폴리의 경계이다(그곳은 가다라의 마귀 들렸던 자를 구원해 주신 곳과 가깝다. 막 5:20). 그곳에서 사람들은 듣지 못하고 듣지 못하기에 말하지 못하는 한 사람을 예수 그리스도께 데려온다.

예수 그리스도께서는 여기에서 매우 이상한 행동을 하신다. 사람들은 예수 그리스도께 안수하여 듣지 못하는 자를 치유해 주시기를 요구한다. 그러나 예수 그리스도는 손을 얹는 것 이상의 행위들을 하시는데 손가락을 그 사람의 귀에 찔러 넣으신다. 그리고 침을 뱉어 그의 혀에 대신다. 예수 그리스도께서 그 사람의 혀에다 침을 대셨다고 추측할 수도 있다. 8:23에 보면 예수 그리스도는 소경의 눈에 침을 발라 고치신다. 그런 후 하늘을 바라보시고 숨을 쉬시며 『**엡파다**』(34절)라고 말씀하신다. 이 말은 아람어이다(5:41 주석 참고). 그 뜻은 『**열리라**』이다.

다시 예수 그리스도의 말씀들이 치유하는 데 영향을 끼쳤다(1:41 주석 참고). 예수 그리스도는 그를 치유하기 위해 만져야 할 필요가 없으셨다. 그러나 예수 그리스도는 이런 행위들을 하셨기에 유대인들은 다른 어떤 것을 볼 수 있었다(요 4:48에서 예수 그리스도께서 하신 말씀 참고).

2:12의 중풍병자처럼 이 사람은 『**즉시**』 치유받았다. 그는 들을 수 있었고 말할 수 있었다. 이는 이사야 35:5,6의 성취이다.

『**그때에 소경의 눈이 뜨이며 귀머거리의 귀가 뚫리리라. 그때에 절름발이가 사슴처럼 뛰고 벙어리의 혀는 노래하리라.**』

36절은 1:44,45과 5:43에서 보았던 장면이다.

『**사람들이 무척 놀라며**』(37절). 1:27; 2:12; 5:42에서처럼 본문에서도 마찬가지였다.

『**그가 모든 일을 잘 행하셨도다**』(37절). 이 말은 이 땅 위에 있는 그 어떤 남자, 여자, 아이들을 향해서도 할 수 없는 말이다. 마호메트가 "모든 일을 잘 행하였다"고 생각하는가? 그는 아홉 살짜리 여자아이를 중년 남자인 자신이 취하였다. 또한 아들의 아내를 훔쳐 놓고는 "알라"가 자신에게 그것이 잘못된 것이 아님을 말했다고 주장했다. 자신을 조롱하는 자들을 죽이라고 명령했다. (그 죽이는 방법 가운데는 너무나 끔찍스런 것들이 있다.) 그런 짓들에 대해 『**모든 일을 잘 행하셨도다.**』라고 말할 수 있겠는가?

부처는 『**모든 일을 잘 행하셨도다.**』라고 말할 수 없다. 부처는 30년간이나 아내를 떠나 보리수라는 나무 아래 있었다. 그 게을러빠진 자는 자신의 생애 가운데 단 하루라도 결코 어떤 일을 해본 적이 없다. 그는 특권층인 왕자의 자리로부터 출가하여 어떤 일도 해 보지 않은 게으른

거지가 되었다.

『**귀머거리도 듣게 하고 벙어리도 말하게 하신다**』(37절). 그리고 죽은 자를 살리신다. 어떤 약도 없었고, 어떤 방사선 치료도 없었고, 어떤 외과 수술도 없었고 어떤 치료법도 없었다. 예수 그리스도께서는 말씀하셨고 말씀하신 대로 되었다.

구원에 있어서, 예수 그리스도는 『**모든 일**』을 행하셨을 뿐 아니라 모든 일을 『**잘 행하셨다.**』 예수 그리스도는 살인을 일삼는 하나님을 모독하는 자를 받으셔서 가장 위대한 사역자로 만드실 수 있으셨다(바울). 예수 그리스도는 마귀 들린 창녀를 취하셔서 예수 그리스도의 은혜를 찬양하는 빛나는 트로피로 만드실 수 있으셨다(막달라 마리아). 그리고 예수 그리스도는 욕하고 음행하고 자만하고 거들먹거리고, 술에 찌든 보병 출신이자 댄스 밴드 드러머였던 자를 깨끗하게 하셔서 그 책을 주셨고 복음을 전파하는 설교자로 만드실 수 있으셨다(바로 나다!). 『**그가 모든 일을 잘 행하셨도다.**』

마가복음 8장

8:1 그 무렵 무리의 수가 크게 늘어났으나 먹을 것이 없으므로, 예수께
서 제자들을 불러 말씀하시기를
2 "내가 무리를 가엾게 여기노라. 그들이 나와 함께 있은 지 이미 사
흘이 되었으나 그들에게는 먹을 것이 없도다.
3 만일 내가 그들을 굶겨서 집으로 보내면 그들이 도중에 기진하리니,
그중에는 멀리서 온 몇몇 사람들도 있기 때문이니라."고 하시니,
4 제자들이 주께 대답하기를 "여기 광야 어디에서 누가 빵으로 이
사람들을 배부르게 할 수 있겠나이까?"라고 하니라.
5 주께서 그들에게 "빵이 몇 덩어리나 있느냐?"고 물으시니, 그들이
말씀드리기를 "일곱 덩어리니이다."라고 하더라.
6 주께서 무리를 땅에 앉으라 명하시고, 빵 일곱 덩어리를 가지고 감
사를 드린 후에 떼어 제자들에게 주시어 무리 앞에 놓게 하시니,

그들이 무리 앞에 놓더라.
7 또 그들에게 작은 물고기 몇 마리가 있었는데, 축복하시고 그들 앞에 놓으라고 명령하시니라.
8 그리하여 그들이 먹고 배불렀으며 남은 조각들을 일곱 광주리나 거두었으니
9 먹은 사람들은 약 사천 명이더라. 그리고 나서 그들을 보내시니라.

무리를 먹이시는 일은 6장에도 나오는데 본문은 6장과는 다른 본문이다. 두 번째 먹이시는 장면으로 이번에는 주님께서 남자들만 사천 명을 먹이신다(9절).

오천 명을 먹이신 일은 사복음서에 모두 기록되었으나 사천 명을 먹이신 일은 본문과 마태복음에만(마 15:32-39) 기록되었다. 6:42,43에서 이미 설명한 것처럼 본문은 대환란에 광야에서 이스라엘의 남은 자들을 3년 반 동안 주님께서 먹이실 것을 나타내는 유형이다(계 12:14). 성경은 항상 주 예수 그리스도의 초림보다 재림에 관련하여 일어날 사건들에 더 많은 관심을 두고 있다. 물론 우리는 초림으로 인하여 하나님께 감사드려야 한다. 초림이 없었다면 지금의 내가 없기 때문이다. 그러나 아버지 하나님께서는 아들 하나님이 마땅히 받아야 하는 것을 받을 재림의 그 날에 더 많은 관심을 가지고 계신다. 악한 자들이 예수 그리스도를 거부하고 살해했던 초림의 그 날보다는 말이다. 대환란 때에 주께서는 자신이 선택한 백성인 남은 자들을 구하실 것이다. 그리고 신, 구약에 나와 있는 것처럼 자신의 백성을 기적적인 방법으로 먹이실 것이다.

위에서 말한 것처럼 무리를 먹이신 일은 오천 명이 첫 번째이고 이번이 두 번째이다. 이 둘 사이의 차이를 알아야 하는데, 이 무리는 예수 그리스도를 『**사흘**』 동안 따라다녔다. 6장에서는 하루에 일어난 사건이다. 이들은 소풍 도시락으로 시작했을지 모르나 삼 일째 되는 날에는 음식이 떨어졌다. 그들 가운데 많은 사람들이 멀리서 왔기에 주님께서는 그들이 자기들의 집에 도착하여 무언가를 먹기도 전에 기진하여 쓰러질 것을 염려하셨다.

5절에서 주님께서는 6:38에서 물으셨던 것처럼 그들에게 물으신다. 『**빵이 몇 덩어리나 있느냐?**』 그러나 이번에는 그들은 답하기 위해 『**가서**』 알아볼 필요가 없다(6:38). 본문에서 나오는 이 빵 덩어리는 요한복음 6:9에서처럼 다른 사람으로부터 나온 것이 아니라 제자들로부터 나온 것이다.

또 다른 점은 예수님께서 무리를 먹이신 음식의 양이다. 전에는 『**보리빵 다섯 덩어리와 작은 물고기 두 마리**』(요 6:9)였다. 본문에는 전체가 빵 일곱 덩어리이다. 7절에서 더해지는 내용은 『**작은 물고기 몇 마리**』이다. 따라서 비록 예수님께서 기적을 일으키신 최초의 음식이 전보다는 많다 하더라도 인간의 기준으로 볼 때 거기에 있는 무리를 먹일 수는 없다.

오천 명을 먹인 것에 대한 설명과는 다르게 50명씩 100명씩 줄을 지어 앉으라는 주님의 명령은 없다. 6절은 간단하게 말한다. 『**주께서 무리를 땅에 앉으라 명하시고**』. (마 15:35도 마찬가지이다.)

오천 명을 먹이실 때 남은 음식이 열두 광주리였는데 본문에서는 일곱 광주리만 남았다. 그러나 광주리라는 단어에 해당하는 헬라어가 각각 다르게 쓰여 본문에 쓰인 광주리는 큰 광주리이기에 본문에서 남은 음식이 더 많다. 6:43에서는 『**광주리**』라는 단어로 코피노스(kophinos), 즉 작은 바구니가 사용되었다. 반면 본문 8절에서의 『**광주리**』는 스퓌리스(spuris)로 이는 큰 광주리를 의미한다.

하지만 예수 그리스도께서 다시 한번 음식의 양을 창조적으로 늘리셨다는 사실을 의심의 여지없이 확신하는 데에는 굳이 헬라어를 몰라도 충분하다. 원래는 열두 명 정도도 조금밖에 먹을 수 없는 양이었는데, 그것으로 4,000명이 넘는 사람들을 먹이고도 일곱 개의 큰 광주리에 음식이 남았다는 것은 기적이 아닐 수 없다.

이미 이 기적을 한 번 보았는데도 제자들이 4절에서 제시한 질문은 제자들을 도저히 이해할 수 없게 만든다. 『**여기 광야 어디에서 누가 빵으로 이 사람들을 배부르게 할 수 있겠나이까?**』 똑같은 장소에서, 똑같은 분이 바로 두 장 전에 같은 일을 행하지 않으셨는가? 제자들이 이처럼 믿음 없는 것은 그들의 마음이 완악하다고 밖에 설명할 길이 없다(17절).

9절에서 무리들이 『**사천 명**』이었으나, 오천 명을 먹일 때와 같이 그 숫자는 『**여자들과 아이들**』이 제외된 숫자였다(마 15:38). 따라서 의심의 여지 없이, 그 전체 숫자는 8,000명에서 12,000명 사이였을 것이다.

본문으로부터 얻을 수 있는 영적 교훈은 그 무리가 먹기 전에 빵은 쪼개져야 한다는 것이다(6절). 2장에서 중풍병자가 치유되기 전에, 지붕이 부서져야 했다(2:4). 감송향유가 예수님의 머리 위에 부어지기 전에 그 향유를 담고 있던 병은 깨뜨려져야 했다(14:3).

메시지의 내용을 알았는가? 만일 주님께서 당신을 사용하시고자 한다면 당신으로부터 열매를 거두기를 원하신다면, 당신은 먼저 부서져야 한다. 사도 바울을 하나님께서 쓰시고자 하는 대로 사용하실 수 있었던 이유들 가운데 하나를 알고 있는가? 하나님께서는 바울을 부수셨다. 다마스커스로 가는 길에서 바울을 떨어뜨려 눕히셨고 눈멀게 하셨다. 그런 다음 바울에게 『**육체의 가시**』를 주셨다(고후 12:7).

형제들이여, 나도 그대들이 육체의 가시를 원치 않는 것만큼이나 원하지 않는다. 그러나 만일 『**인내**』가 『**온전하고 잘 갖추어져 아무것도 부족함이 없게**』 하는 것이라면(약 1:4) 어떤 『**환난**』들(롬 5:3)은 통과해야만 한다. 그리스도를 위해 열매를 맺으려면 정결하게 되어야만 한다(요 15:2).

8:10 그후 주께서는 곧 제자들과 함께 배를 타고 달마누다 지방으로 가시니라.

11 그러자 바리새인들이 나와서 주와 논쟁하기 시작하였으며, 또 주를 시험하여 하늘로부터 온 표적을 구하더라.

12 그러므로 주께서 자신의 영으로 깊이 탄식하시며 말씀하시기를 "어찌하여 이 세대가 표적을 구하느냐? 진실로 내가 너희에게 말하노니 이 세대에게 줄 표적은 아무것도 없느니라."고 하시고

13 그들을 떠나시어 다시 배를 타고 건너편으로 가시더라.

오천 명을 먹이신 곳은 갈릴리 바다 북쪽이었고, 사천 명을 먹이신 곳은 갈릴리 바다 동쪽 해변의 데카폴리 지역이었다(7:31). 데카폴리에서 삼 일 동안 예수님을 따르던 무리들은 가다라에서 마귀 들린 사람을 예수님께서 고쳐 주신 것을 목격한 결과라고 추측할 수 있겠다(5:20).

『**그러자 바리새인들이 나와서 주와 논쟁하기 시작하였으며, 또 주를 시험하여 하늘로부터 온 표적을 구하더라**』(11절). 유대인들은 표적을 구한다(고전 1:22). 그들 민족이 표적과 더불어 시작되었기 때문이다(출 4:8). 그러나 본문의 바리새인들은 예수 그리스도를 믿고자 예수님으로부터 표적을 구하는 것이 아니다. 그들이 표적을 구하는 것은 예수님을 시험하고자 함이다. 그들은 예수님의 말씀에 트집을 잡으려 하는 것이다. 『**그의 말씀에서 트집을 잡으려 하더라.**』(12:13. 12:15 참고).

재미있게도, 이는 오천 명을 먹이신 후에도 동일한 일이었다(요 6:30 참고). 그때 주님께서는 그들을 거침이 되게 하는, 그들이 필요로 하는 모든 말씀을 하셨다. 그 결과 그들은 떠났다(요 6:60-66). 결국 그들은 예수 그리스도의 사역 가운데 행하셨던 가장 위대한 기적들 가운데 하나를 보았음에도 그 "표적"은 그들에게 충분하지 않았다.

마가복음에서 예수님께서는 마귀들을 쫓아내고, 수백 명(수천 명이 아니라면)을 고쳐 주셨고, 폭풍을 잠잠케 하셨으며 죽은 자를 일으키셨고, 난데없이 광야에서 음식을 창조하셨다. 그것도 두 번이나! 그런데도 이들이 『**하늘로부터 온 표적**』을 구한다? 도대체 어떻게 이들을 이해해야 하는가? 예수님께서 이들은 어떤 기적도 얻지 못할 것이라고 말씀하신 것은 전혀 의아스럽지 않다(12절). 그들은 자신들이 받은 모든 표적들을 거부하였다.

성경을 어떻게 해석해서는 안되는가라는 문제에 대해 12절은 아주 완벽한 예가 된다(10:11과 더불어서). 마가복음 8:12은 예수님께서 말씀하신 전체의 내용이 아니다. 성경 해석의 규칙 가운데 하나는 결코 불완전한 문장으로 완전한 문장을 해석하지 않는다는 것이다. 반대로 항상 완전한 문장으로 불완전한 문장을 해석해야 한다.

완전한 문장은 마태복음 16:4에 나와 있다. 『**선지자 요나의 표적밖에는 줄 표적이 없도다.**』 이는 예수 그리스도의 죽으심, 묻히심, 부활하심을 언급한다(마 12:39,40).

예수님께서 행하신 모든 다른 기적들 위에 뛰어난 기적은 죽은 지 삼일 낮 삼일 밤 후에 자신 스스로 무덤에서 나오신 것이었다. 구원받지 못한 종교인들이 가지고 있는 문제는 아무리 많은 표적을 보아도 예수 그리스도의 말씀을 거부한다면 그 어떤 사람도 확신을 갖지 못한다는 것이다(요 12:37,38). 어떤 죄 없는 남자가 무덤으로부터 일어났을 때 그들은 그 사실을 비방하여 말했다(눅 2:34). 그리고 그 사실을 거짓으로 조작하기 위해 사람들을 고용했다(마 28:11-15). 따라서 유대인들이 적그리스도를 영접할 때가 오면(요 5:43), 하나님께서 이들에게 어떤 일을 행하시는지 아는가? 사탄이 그들을 속이는 것을 허락하시는데 사탄이 『**표적들과 거짓 이적들**』을 행하도록(살후 2:9) 허락하신다. 그리고 심지어 그들에게 『**강력한 미혹을 보내시어 거짓말을 믿게**』 하신다(살후 2:11). 왜 그런가? 그들이 어떤 한 표적을 거부했기 때문인데 그 표적은 그들에게 확신을 주어 그들을 구원에 이르게 할 수 있는 표적이었다(롬 6:3-11).

이런 것을 숙고하시면서 그리스도께서는 『**그들을 떠나시어 다시 배를 타고 건너편으로 가시더라**』(13절). 이 경우 『**건너편**』은 갈릴리 바다 북동쪽에 있는 『**벳새다**』로 판명되는데(22절) 오천 명을 먹이신 곳 근처이다(눅 9:10).

『**그들을 떠나시어**』(13절). 물론 이 말은 다른 곳으로 가는 물리적인 행위에 관해 말하는 것이다. 그러나 이 장에서 일어나는 사건들 전에 주께서는 이미 제자들에게 바리새인들에 관해 말씀하셨었다. 『**내버려 두라. 그들은 소경이 되어 소경을 인도하는 자들이라**』(마 15:14). 구약으로 돌아가 하나님께서는 북쪽의 열 지파에게 말씀하셨다. 『**에프라임이 우상들과 연합하였으니 그를 내버려 두라**』(호 4:17).

다른 말로 하면 하나님께서 말씀하신 것을 거부하는 죄인에게 하나님께서 행하실 수 있는 가장 최악의 일은 그 죄인을 자신의 결정에 내버려 두시는 것이다(시 81:11,12, 롬 1:24-27). "왜 나를 가만 내버려 두지 않으시는 것입니까, 하나님?" "좋다. 심판 때 보자." 성령께서는 더 이상 죄인을 다루시지 않는다. 더 이상 그리스도인들을 그에게 보내시어 증거하게 하지 않으신다. 책자도, 설교도, 성경도 없다. 하나님께서는 그 죄인이 하고자 하는 대로 내버려 두신다. 그가 죽어 지옥에 가기까지 그렇게 하시는 것이다.

이 바리새인들은 진리를 원하지 않았다. 그들이 진리를 만났다 하더라도 이들은 진리를 영접하지 않았을 것이다. 만일 그들이 진리를 만났다면 그 진리를 제거할 길을 찾았을 것이다. 그래서 예수님께서는 그들을 떠나셨다. 그리고 제자들에게 말씀하신다. 『**내버려 두라.**』 그리고 그들을 더 이상 다루지 않으신다.

이것이 지금 미국에서 일어나고 있는 일이다. 이 나라는 공립학교에서 하나님을 차 버렸다. 이 나라는 학교 교목들에게 예수 그리스도나 성경에 대한 주제에 대해서는 입을 다물라고 다그쳤다. 하나님의 법을 우습게 처리했다. 그래서 하나님께서는 서서히 성경대로 믿는 그리스도인들을 거두어 가시고 대신 가려운 귀나 즐겁게 해 주고 사람들이 얼마나 근사한지 말해주는 교사들과 설교자들로 대체시키셨다. 성경 출판 시장에 323가지 이상의 배교한 성경들로 넘쳐나게 허락하셨다. 이 성경들은 더 이상 하나님의 말씀이 아니다. 이런 일이 벌어진 것은 하나님께서 이 나라를 내버려 두셨기 때문이다. 그 결과 이 나라는 스스로 저주해 버렸다. 본문에서 말하는 진실은 아직 죽지 않고 여전히 적용된다. 그러나 죄인이 진리를 찾으려면 진지해야 하고 부지런해야 한다.

8:14 제자들이 빵을 가져오는 것을 잊어버렸기에 배 안에 있는 것이라고는 빵 한 덩어리뿐이더라.

15 그때 주께서 그들에게 당부하여 말씀하시기를 "주의하라, 바리새인들의 누룩과 헤롯의 누룩을 조심하라."고 하시니

16 그들이 서로 의논하여 말하기를 "이는 우리에게 빵이 없음이로다."라고 하더라.

17 예수**께서 그것을 아시고, 그들에게 말씀하시기를 "어찌하여 너희는 빵이 없으므로 의논하느냐? 너희는 아직도 알지 못하며 깨닫지도 못하느냐? 아직도 너희 마음을 완악하게 하느냐?**

18 눈이 있어도 보지 못하며, 귀가 있어도 듣지 못하고 또 기억하지도 못하느냐?

19 빵 다섯 덩어리를 오천 명에게 떼어 주었을 때, 남은 조각들을 몇 광주리나 채워 거두었느냐?"고 하시니, 그들이 말씀드리기를 "열둘이니이다."라고 하더라.

20 "또 빵 일곱 덩어리로 사천 명에게 나누어 주었을 때 남은 조각
들을 몇 광주리나 채워 거두었느냐?"고 말씀하시니, 그들이 말씀
드리기를 "일곱이니이다."라고 하더라.
21 또 주께서 그들에게 말씀하시기를 "어찌하여 너희는 깨닫지 못하
느냐?"고 하시니라.

제자들이 배에 올라 갈릴리 바다 북쪽 해안으로 향하던 중 그들 모두가 그 여행 동안 먹을 빵을 가지고 오지 않은 것을 알았다. 그들 열세 사람들이 가지고 있었던 것은 빵 한 덩어리뿐이었다(14절). 예수 그리스도는 이를 이용하여 제자들에게 경고하신다.

『**주의하라, 바리새인들의 누룩과 헤롯의 누룩을 조심하라**』(15절). 성경에서 『**누룩**』은 결코 어떤 좋은 것을 말하는 그림이 아니다. 따라서 누룩의 비유가 기록된 마태복음 13:33과 누가복음 13:21에서 누룩은 온 세상이 복음화 될 때까지 『**반죽**』을 통하여 퍼지는 복음이 아니다.

그 유대인들은 유월절과 무교절 동안 집에 있는 모든 누룩을 제거해야만 했다(출 12:15,19; 13:7). 그리고 어떤 누룩도 제단에서 드려지는 어떤 희생제물과도 관계가 없다(출 34:25, 레 2:11; 6:17). 왜 그런가? 누룩은 죄를 상징하기 때문이다(고전 5:6-8). 갈라디아서 5:4,9에서는 누룩이, 구원받기 위해 예수 그리스도의 대속적인 속죄를 믿음으로 얻은 예수 그리스도의 의에 자신의 의를 더하는 것을 말한다.

기본적으로 영적인 관점에서 『**누룩**』은 서로 속하지 않는 두 가지 것들이 섞여있는 것이다. 그에 대한 다른 말은 "섞음질을 하다"이다. 어떤 것이 섞여졌을 때, 본래의 것은 추가되어 섞여진 것으로 인하여 더 조

악하게 되고 열등하게 된다.

성경에서는 이를 간음이라고 한다. 한 남자가 결혼의 결속을 깨어, 다른 여자와 합할 때, 혹은 아내가 그녀의 몸을 다른 남자와 합할 때, 그 새로운 관계는 하나님께서 세워주신 남편과 아내와의 관계보다 더 열등해진다. 영적 간음 역시 마찬가지다(약 4:4). 그리스도인은 예수 그리스도와의 관계에 해를 입히지 않고, 이 세상의 것들과 하나님의 것들을 섞을 수 없다.

창세기 11장 이후로 이 세상의 역사는 서로 다른 국가들, 서로 다른 종교들, 서로 다른 종족들, 서로 다른 문화들을 서로 섞어 하나의 회색을 띠는, 잡종 덩어리로 만들고 있다. 그것이 바로 누룩이다. 그것이 바로 죄이다. 먼저 성경을 제거하지 않고서는 죄인들의 무리들과 함께 할 수 없다.

주께서는 다음의 사실을 알려 주신다. 즉 주께서 아마겟돈 전쟁에 오셔서 모든 타락한 쓰레기 더미를 파멸시킬 것을 생각하고 계시는데 이를 보여주시는 것이다. 그것이 하나님의 방식으로 말씀하시는 것이다. "너희는 나를 배제시키고는 함께 할 수 없다." 이에 대해 나는 말한다. 『**아멘. 그러하옵니다.** 주 예수**여, 오시옵소서**』(계 22:20). 나는 이 말씀이 빨리 이루어졌으면 좋겠다. 사실, 내가 의아해 하는 것은 왜 주께서 그리 더디 오시는가 하는 것이다.

예수 그리스도께서 바리새인들과 헤롯에게 경고하시는 말씀을 듣자, 제자들은 주께서 말씀하시는 것에 대해 이해하려 애를 쓴다. 그들이 7:17에서 예수 그리스도께서 문자적으로 말씀하신 것을 비유로 취했던 것과는 대조적으로, 여기서는 비유적인 의미로 말씀하신 것을 문자적으로 취한다(7:17 주석 참고). 『**그들이 서로 의논하여 말하기를 "이는 우리에게 빵이 없음이로다."라고 하더라**』(16절).

그들이 가지고 있던 문제는 6:52에서처럼 동일하게 그들의 완악한 마음이었다(17절). 예수 그리스도께서 빵 다섯 덩어리와 물고기 두 마리로 5,000명을 먹이신 후에, 빵 일곱 덩어리와 물고기 몇 마리로 4,000명이 넘는 사람들을 먹이신 것을 본 후에도, 어떻게 이 제자들은 빵 한 덩어리로 열 세 사람을 먹이는데 문제가 있을 수 있다고 생각할 수 있었는가(19,20절)? 이들은 마치 예수 그리스도께서 비유로 예수 그리스도의 교리를 숨기고자 했던 무리들과 같이 행동하였다(18절. 4:12 참고).

마가는 21절에서 예수 그리스도께서 제자들에게 말씀하신 것을 끝으로 결론을 맺는다. 그러나 12절에서 요나의 표적을 말씀하지 않은 것처럼 그 계시는 전체를 포함하지 않는다. 이렇게 말할 것이다. "왜 성령께서 그렇게 행하셨습니까?" 무엇이 사실이고 무엇이 사실이 아닌지 알게 하기 위해 성경을 상고하게 하기 위함이다(행 17:11). 성경을 올바로 나누어 주께 훌륭한 일꾼으로 자신을 입증하게 하기 위해 성경을 공부하게 하기 위함이다(딤후 2:15).

마가복음에서는 그리스도께서 말씀하신 『**바리새인들의 누룩과 헤롯의 누룩**』(15절)에 관해 말하지 않는다. 그러나 마태복음과 누가복음에서는 그것에 대해 말한다. 마태복음에서는 다음과 같이 설명한다. 『**그때** 예수**께서 그들에게 말씀하시기를 "바리새인들과 사두개인들의 누룩을 주의하고 조심하라."고 하시니**』(마 16:6). 이들은 종교 지도자들이었기에 제자들은 마침내 주께서 『**바리새인들과 사두개인들의 교리**』(마 16:12)에 관하여 경고하셨음을 이해했다.

사두개인의 교리에 무슨 문제가 있었는가? 그들은 자유주의 신학자들이었다. 『**이는 사두개인들은 부활도, 천사도, 영도 없다고 말하나 바리새인들은 다 있다고 시인함이라**』(행 23:8). 그들은 공공연하게 하나님의 말씀을 부인하였다.

그런데 그 문제는 바리새인들의 문제는 아니었다. 바리새인들은 부활, 천사, 영 모두를 믿었다. 그러나 그들은 자신들이 믿는다고 말하는 것에 대해 위선자들이었다(눅 12:1 주석 참고). 그들은 『**말만 하고 행하지**』 않는 자들이다(마 23:3). 그들은 성경을 무익하게 만드는 것들을 성경에 더한다(7:13). 그들은 오늘날의 카톨릭과 같다.

본문에서 누룩은 『**바리새인들의 누룩**』뿐 아니라 『**헤롯의 누룩**』이다. 헤롯이 가지고 있었던 문제는 무엇인가? 예수 그리스도께서는 그를 『**여우**』라고 하셨다(눅 13:32). 여우는 교활하고 비열한 짐승으로 알려졌다. 예레미야 시대의 유대인들처럼 헤롯은 『**악을 행하는 데는 현명하나 선을 행하는 데는 지식이**』 없었다(렘 4:22). 6장으로 되돌아가 보면 헤롯은 사람들을 두려워했고 회개나 구원 없이 개혁을 실행하였다(6:20).

따라서 예수 그리스도를 따르는 사람들은 자유주의 신학을 신봉하는 자들과 위선자들, 육신을 위해 사는 자들, 사람을 두려워하는 자들, 그리고 단순히 개혁에만 관심 있는 자들을 조심해야 한다. 이들에 더해, 빌립보서 3:2과 골로새서 2:8에서 말한 바울의 경고를 더할 수 있다.

8:22 그후 벳새다에 오시니, 사람들이 한 소경을 데려와 주께서 만져 주시기를 간구하더라.

23 이에 주께서 그 소경의 손을 붙잡고 그 고을에서 데리고 나와 그의 두 눈에 침을 바르시고 그에게 안수하시며 "무엇이 보이느냐?"고 물으시니

24 그가 쳐다보며 말씀드리기를 "사람들이 나무 같고, 걸어가는 것이 보이나이다."라고 하더라.

25 그후 주께서 다시 그의 두 눈에 안수하여 쳐다보게 하시니, 회복되어 모든 사람을 밝히 보더라.

26 주께서 그를 그의 집으로 보내시면서 말씀하시기를 "그 고을로도 가지 말고 그 고을에 사는 어떤 사람에게도 말하지 말라."고 하시니라.

마가복음에 치유받은 소경이 두 사람 나오는데 그중 한 명이다. 다른 소경은 10:46-52에 나오는 바디매오이다. 사복음서에는 예수 그리스도께서 소경을 치유하신 네 가지 설명이 자세하게 나온다. 각각의 사람마다 예수님께서 치유해 주신 방법이 다르다. 마태복음 9:27-30에서는 두 소경이 치유받았는데 예수님께서는 두 사람의 눈을 만지셨다. 이를 토대로 마가복음 8장에서 『**주께서 만져 주시기를 간구하더라.**』(22절)라고 사람들은 말한다. 다른 두 소경은 마태복음 20:29-34에서 치유받았는데 그 가운데 하나가 바디매오였다(눅 18:35-43. 막10:46-52 참고). 마태복음에서 예수 그리스도께서 그들을 치유시키실 때 그들의 눈을 만지셨다는 사실을 말하는 반면(마 20:34), 마가복음과 누가복음에서는 예수님께서 말씀하심으로(막 10:52, 눅 18:42,43) 치유가 온전히 이루어졌다는 사실을 강조한다. 요한복음 9:6,7에서는 흙에 침을 뱉어 진흙을 만드셔서 그 진흙을 소경의 눈에 바르신다. 그런 후 그 소경에게 『**실로암 못에서 씻으라.**』라고 말씀하신다. 본문 8:23에서는 예수님께서 소경의 눈에 침을 바르시고 예수님의 손을 그 사람에게 얹으신다. (『**마귀에게 사로잡혀 눈멀고 벙어리 된 사람**』이 치유받는 다섯 번째 설명이 마 12:22에 나오는데, 이 사람이 치유받은 자세한 설명은 나오지 않고 결과만 기록한다. 『**주께서 그를 고쳐 주시니라.**』)

나는 가끔 만일 예수님께서 눈을 뜨게 해주신 그 소경들이 서로 만나게 되었다면, 네 개의 교파로 나뉘었을 것이라고 생각한다. 손으로 만져주셔야만 된다는 "터치파", 말씀만으로도 고쳐 주실 수 있다고 주장하는 "말씀파", 침을 사용해야 한다고 믿는 "침파", 진흙을 강조하는 "진흙파"가 될 것이다. 이 모든 치유에 관련되어 중요한 사실은 어떻게 치유받았느냐가 아니라 누가 치유해 주셨는가 하는 것이다. 당신이 구원받았다면, 중요한 사실은 당신의 구원받은 경험이 아니라, 당신의 구주께서 당신을 구원하셨다는 사실이다. 모든 사람이 회심할 때 각자의 고유한 경험이 있을 것이다. 그러나 공통점이 하나 있는데 그들은 모두 동일한 구주를 믿었다는 사실이다. 구원에 관한 중요한 사실은 내가 구원받았을 때 내가 경험했던 것을 당신도 경험하였는가가 아니다. 중요한 사실은 구원받기 위해 주 예수 그리스도를 온전히 신뢰하고 성경에서 말하는 예수 그리스도의 죽으심, 묻히심, 부활하심을 온전히 믿었는가 하는 것이다. 그렇지 않았다면 아무리 눈물을 흘리고, 고함을 지르고, 발을 구르고, 방언으로 말하고, 행복감에 도취되었다 하더라도 구원받지 않은 것이다. 마귀는 당신이 원하는 느낌과 감정을 얼마든지 줄 수 있다. 당신이 진정으로 예수 그리스도를 믿지 않게 할 수 있다면 말이다.

이제 예수 그리스도는 이 소경을 손으로 붙잡아 인도하여 고을에서 데리고 나가신다. 그런 후 눈에 침을 바르신다(23절). "왜 그렇게 하셨죠, 럭크만 목사님?"하고 묻는다면 나도 모른다. 그 이유를 알게 될 때 내게도 가르쳐 달라.

형제들이여, 나는 그 책(성경)을 150번 이상 통독했다. (그 이후로는 세지 않았다.) 또 테이프와 CD로 수없이 반복해서 들었다. 하지만 그 책에는 내가 처음 읽었을 때 몰랐던 내용을 지금까지도 여전히 아무것도 모르는 부분들이 있다. 이것도 그중 하나이다.

침을 뱉는 것은 경멸을 상징한다(민 12:14, 신 25:9, 욥 30:10, 사 50:6). 예수 그리스도께서 이런 이유로 침을 뱉으셨다면 이는 수로페니키아 여인을 모멸하신 것과 같다(막 7:27). 예수님께서는 진정으로 이 사람이 치유받기를 원하시는가를 알고 싶어 하셨다. 10장에서 살펴볼 텐데 『**영생을 상속**』받기 위해 무엇을 해야 하느냐고 질문하는 한 사람(10:17)을 보게 된다. 예수님께서는 그 사람에게 모든 것을 다 팔아 가난한 자들에게 주고 예수 그리스도를 따르라고 말씀하셨는데 그 사람은 슬픔 가운데 떠났다. 이는 그 사람이 『**영생을 상속**』받기를 원하는 것보다 돈을 더 사랑했기 때문이다. 그는 자신이 원하는 것을 얻기 위해 행해야 하는 것에 신중하지 않았던 것이다. 예수님께서 행하신 일에 대해 나라면 기분이 상했을 텐데 이 소경은 그렇지 않았다. 그 소경은 그곳에 서 있었고 잠자코 예수님께서 행하시는 그 행위를 받아들였다.

예수님께서 그 소경의 눈에 침을 바르시고 난 후, 그에게 손을 얹어 『**무엇이 보이느냐?**』라고 물으셨다. 왜 그런가? 이 소경은 『**즉시**』 시력을 회복하지 않았던 것인가?(마 20:34, 막 10:52, 눅 18:43) 사실 이 소경은 즉시 볼 수 없었다. 무언가가 보이긴 보였는데, 분명히 보인 것이 아니다. 『**사람들이 나무 같고, 걸어가는 것이 보이나이다**』(24절). 온전하지 못한 치유이다. "불발"일 때, 날조된 은사주의 치유자들이 하는 변명이다. 물론 그 잘못을 낫고자 하는 사람의 믿음 없음으로 돌린다. "당신에게는 치유받을 만한 믿음이 없습니다." 물론 예수님께서는 이 소경을 이런 상태로 방치시키지 않았다. 치유의 일을 온전히 마치셨고, 이 소경은 재치유받기 위해 다음 천막 집회에 오지 않아도 되었다.

"왜 그 치유는 즉시로 이루어지지 않고, 점진적으로 진행되었나요?"라고 물을 수도 있겠다. 나도 모른다. 성경 말씀의 구절들에서 "왜 그런지" 혹은 "어떻게 그런지"를 잘 모르겠을 때, 당황하지 말라. 그냥 그 말씀을 믿고 받아들이며 계속 읽어 나가라. 그리고 그것에 대해 기도하라. 어쩌면 주님께서 그 답을 주실 수도 있고, 안 주실 수도 있다. 만약 주시지 않더라도, 그것이 그 구절이 온전하지 않은 진리라는 뜻은 아니다. 단지 당신이 성경의 모든 것을 다 이해하지 못하고 있다는 뜻일 뿐이다. 만약 당신이 성경의 모든 것을 이해할 수 있다면, 당신 정도의 이해력밖에 없는 누군가가 그 책을 썼다는 말이 될 것이다. (이 말은, 누군가가 성경의 모든 것을 이해하지 못하는 것에 대해 어떻게 생각하느냐고 물었을 때, 옛날 감리교 복음 전도자 샘 존스가 했던 말이다.)

『**사람들이 나무 같고**』(24절). 성령께서는 『**비유**』를 사용하셔서 무언가를 가르치신다(호 12:10). 하나님께서는 사람을 개에 연관시켜 말씀하신다(시 22:16, 사 56:10,11, 마 7:6; 15:26,27, 막 7:27,28, 빌 3:2, 계

22:15). 따라서 사람들에 관한 좋은 설교를 하고자 한다면 개들에 관하여 연구를 많이 하라. 하나님께서 사람을 개에 비유하는 비유를 사용하셔서 말씀하시기 때문이다.

여기서 사람은 나무에 비유되고 있다. 그래서 자신의 혈통과 친족 관계를 의미하는 "가계도"(family tree)라는 표현을 사용한다. 사람은 나무처럼 죽는다(사 1:30; 64:6). 그리고 나무처럼 부활을 경험하게 된다. 매겨울마다 나무는 "죽어" 잎을 모두 잃는다. 나무가 완전히 죽은 것처럼 보이나 봄이 오면 다시 싹이 트고 잎이 무성해진다. 이것은 죽음과 부활의 그림이다. 솔로몬의 노래 2:8–13은 그리스도께서 신부를 데리러 오시는 시기를 봄으로 묘사하고 있다(해당 주석 참고). 그 일이 일어날 때, 부활이 일어나는 것이다(살전 4:16).

사람은 나무처럼 좋은 열매든 나쁜 열매든 열매를 맺는다(마 7:15–18). 만일 나무가 좋은 열매를 맺지 않으면 찍혀 불 속에 던져지듯이(마 3:10; 7:19), 사람도 마찬가지이다(마 13:38–42 참고). 예수님께서는 나무가 가지치기를 통해 더 많은 열매를 맺듯이 그리스도인이 많은 열매를 맺게 하기 위해 정결하게 하신다고 말씀하셨다(요 15:2).

예수 그리스도께서 두 번째로 안수하신 후, 치유는 온전히 끝났다. 그 소경은 사람을 『**밝히**』 볼 수 있었다(25절). 예수님께서는 이 사람을 되돌려 보내시면서 그 고을로 돌아가 아무에게도 말하지 말라고 말씀하셨다. 마가복음에서는 그 사람이 예수님의 말씀을 따랐는지 여부를 말하지 않는다. 마가복음 다른 곳에서 일어났던 일들을 통해 본다면(1:45; 2:1,2; 5:43; 6:54–56; 7:36) 그 소경은 아마도 예수님의 말씀을 따르지 않았을 것이다.

8:27 그후 예수**께서 제자들과 카이사랴 빌립보의 여러 고을로 가시면 서 도중에 제자들에게 물어 말씀하시기를 "사람들이 나를 누구라 고 말하느냐?"고 하시니**

28 그들이 대답하기를 "침례인 요한이라고 하며, 또 어떤 사람들은 엘리야라고 하며, 또 어떤 사람들은 선지자들 가운데 한 사람이 라고도 하나이다."라고 하더라.

29 주께서 그들에게 말씀하시기를 "그러면 너희는 나를 누구라 말하 느냐?"고 하시니, 베드로가 대답하여 주께 말씀드리기를 "주님은 그리스도**시니이다."라고 하더라.**

30 그러자 주께서는 자기에 관하여 아무에게도 말하지 말라고 당부 하시니라.

31 또 인자**가 많은 고난을 받아야만 된다는 것과 장로들과 선임 제 사장들과 서기관들에게 배척을 받고 죽임을 당하게 되며, 삼 일 후에 다시 살아나실 것을 그들에게 가르치기 시작하시니라.**

32 그 말씀을 드러나게 하시니, 베드로가 주를 붙들고 말리기 시작 하더라.

33 그러나 주께서 돌아서서 제자들을 보시고 베드로를 꾸짖어 말씀 하시기를 "사탄아, 내 뒤로 물러가라. 너는 하나님**의 일들을 생각 하는 것이 아니라 사람들의 일들을 생각하는도다."라고 하시니라.**

카이사랴 빌립보는 한 성읍인데 헬몬산 기슭에 있는 북이스라엘 쪽으로 가는 길에 있다. 그 성읍은 티베리오 카이사와 트라코니티 지방의 영주 빌립(눅 3:1)의 이름을 따라 지었다. 27절에서 말하는 『**고을**』은 성벽 밖에 있는 마을들을 일컬을 것이다. 여호수아 15장과 19장 전체를 읽을 때 발견된다. 마태복음 16:13에서는 그 고을들은 『**카이사랴 빌립보 지경**』이라고 말한다. 오늘날로 말하면 "교외"지역 정도 될 것이다.

27절에서 『**여러 고을로 가시면서 도중에 제자들에게 물어 말씀하시기를**』이라고 되어 있다. 다른 말로 하면 그들은 공공도로가 있는 어느 곳으로 벗어난 것이다. 마가는 왜 이들이 길을 가다가 벗어났는지 말해주지 않는다. 그러나 누가는 그 이유를 말해준다. 『**그후 주께서 혼자 기도하고 계실 때**』(눅 9:18).

어느 시점에 예수님께서는 기도하다 마시고 제자들에게 질문하신다. 『**사람들이 나를 누구라고 말하느냐?**』(27절) 이 질문은 사실을 알기 위해 하신 것이 아니다. 사람들이, 제자들이 주를 생각하는 것과 대조하여 어떻게 말하느냐고 묻는 것이 아니다(29절).

제자들이 한 대답은 오늘날 예수 그리스도를 바라보는 자유주의자들과 근본주의자들의 견해와 비교해 볼 때 매우 극명한 대조를 이룬다. 이 대답에 대해서 더 자세한 설명은 6:14,15에 나와 있다. 여기에서 내가 지적하고자 하는 것은 예수 그리스도의 사역을 눈으로 목격한 사람들이 예수 그리스도께서 누구신가를 아는 것은 각종 신학대학에 있는 온실이나 인큐베이터에 있는 어린아이들보다 훨씬 더 잘 알고 있다는 사실이다. 예수 그리스도를 보고 들었던 사람들에게 예수님께서 마지막으로 각성시켜 주신 것은 부드럽고, 우아하고, 약한 남자 같은 것이었다. 주님께서는 어떤 교황이나 회중 교회 교구 목사가 아니었다. 주님께서는 결코 "경건한 기관"을 당황케 하는 말이나 행동을 해본 적이 없는 세계적으로 유명한 대학의 교수들과 같지 않으셨다. 예수님께서는 표를 얻을 목적으로 행동하는 정치 운동을 하는 정치인과 같지 않으셨다.

예수 그리스도께서는 자신에 대해 개인적으로 들은 사람들에게 성경에서 가장 거친 사실을 가르치시고 설교하셨다. 만일 당신이 스튜어트 커스터, 교황 요한 바오로 2세, 조엘 오스틴, 릭 워렌, 노만 빈센트 필, 로버트 슐러와 같다면 당신은 그리스도를 닮은 사람이 아니다. 예수 그리스도를 잘 따르도록 당신에게 모본으로 삼기 위해 하나님께서 보내신 사도(딤전 1:16, 고전 11:1)가 말할 때, 듣는 사람들이 그의 말이 무례하고 서툰 말이었고(고후 11:6) 경멸을 받을 만한 하찮은 언변이라고 말했다(고후 10:10). 이것이 당신이 따라야 하는 "예수 그리스도의 부드러운 영"이다.

6:14,15에서는 예수 그리스도께서 누구신가에 대해 사람들이 가지고 있는 인기 있는 견해가 나온다. 본문에서 예수님께서는 사람들의 그 견해에 대해 제자들을 코너로 몰아가신다. 만 삼 년이나 예수 그리스도를 따른 후에 누가 예수님께서 누구였는지 생각했는가? 베드로가 그들 모두를 위하여 답하였다. 『**주님은** 그리스도**시니이다**』(29절). 헬라어 『그리스도』는 메시아에 대한 말로(요 1:41) 하나님께서 기름부으신 자인데 구주와 이스라엘의 왕이 되게 하기 위해 기름부으신 자이다. 이것이 베드로가 처음으로 요한복음 1:41에서 예수님께 소개되었을 때 들은 말이다. 삼 년간 예수님과 동행하는 동안 그 부분에 있어서는 조금도 약화되지 않았다.

누가는 좀 더 자세히 기록한다. 베드로는 『하나님**의** 그리스도**시니이다.**』(눅 9:20)라고 말했다고 기록한다. 왜 이것이 중요한가? 예수 그리스도에 따르면 하나님의 그리스도가 아닌 『그리스도들』이 있기 때문이다(마 24:5,24). 사탄의 거짓 그리스도는 적그리스도이다. 사도 요한에 따르면 그의 "선두주자들"은 『**지금도**』 이곳에 있고 『**많은**』 적그리스도가 있다고 한다(요일 2:18). A.D. 300년 이후로 한 교회에서만 233명의 적그리스도들이 있었다(교황들).

마태복음 16:16에서는 베드로의 고백에 『**살아 계신** 하나님**의** 아들』이라는 말을 더한다. 이는 예수님께서 강론 중에 자신이 살아있는 생명의 빵이라고 말씀하시자 예수 그리스도를 따르던 많은 자들이 떠난 후에 베드로가 고백한 동일한 고백이다(요 6:66-69). 베드로와 다른 사도들은 예수 그리스도께서 『그리스도, **곧 살아 계신** 하나님**의** 아들』이심을 단지 믿는 것이 아니라 "확신"했다. 그들의 마음이 완악함으로 믿음이 흐려지는 동안에도 그들은 예수 그리스도만이 『**영원한 하나님의 말씀들**』을 가지고 계셨음을 온전히 알았다.

주 예수 그리스도에 따르면 이 고백은 하나님 아버지로부터 온 하나님의 계시였다(마 16:17). 이는 바울이 하나님으로부터 직접 받은 계시와 같은 계시였다(갈 1:15,16, 행 9:19,20). 그럼에도 불구하고 이것은 독특하게 베드로나 바울에게만 계시된 것이 아니다. 영원한 생명을 얻고자 예수 그리스도를 신뢰하는 모든 죄인에게도 적용되는 유용한 계시이다(요일 4:2,13-15; 5:1,9-13).

『**그러자 주께서는 자기에 관하여 아무에게도 말하지 말라고 당부하시니라**』(30절). 즉 예수님께서 그리스도, 메시아이심을 말하지 말라는 것이었다(마 16:20, 눅 9:21). 왜 말하지 말라는 것인가? 로마에 대항하는 반역으로 여겨져 왔기 있기 때문이다. 그리스도라는 직책의 이름은 정치 용어이다. 현자들이 예루살렘에 나타났을 때 『**유대인의 왕으로 태**

어나신 분이 어디 계신가?』(마 2:2)라고 물었다. 이런 이유로 헤롯은 예수 그리스도를 죽이려 했다. 유대인들이 예수 그리스도를 빌라도 앞으로 데리고 와 고소했을 때 그 고소의 내용은 예수 그리스도께서 『그리스도 왕』(눅 23:2)이라고 주장했다는 것이었다. 그리고 빌라도가 예수님께 던진 질문도 『**네가 유대인의 왕이냐**』(요 18:33)였다. 빌라도가 예수 그리스도를 놓아주려 했을 때 유대인 지도층은 다음과 같이 말함으로 빌라도를 협박했다. 『**당신이 이 사람을 놓아주면 당신은 카이사의 친구가 아니니이다. 자신을 왕이라고 하는 자는 누구나 카이사를 대적하여 말하는 것이니이다**』(요 19:12).

따라서 예수 그리스도께서는 제자들이 돌아다니며 예수 그리스도의 메시아, 그리스도이심을 선포하는 것을 원하지 않으셨다. 그렇게 되면 로마에 대항하여 정치적으로 반대하는 자들이 일으키는 소요를 진압하려 점령군이 나타나기 때문이다(행 5:36,37). 예수 그리스도께서 자신의 메시지를 전파하라고 임명하신 사도들이 행했던 증거는 군중들이 가지고 있던 견해보다 더 권위가 있는 증거로 받아들여졌을 것이다.

『**그들에게 가르치기 시작하시니라**』(31절). 그리스도의 사역에서 처음으로 예수님께서는 그리스도의 『**고난**』이라 불리는 것에 대해 자세하게 계시하신다(행 1:3). 즉 주님의 죽으심, 묻히심, 부활하심을 둘러싼 사건들에 대해서다. 인간의 관점에서 보자면 주어진 계시는 절대적으로 놀라운 일이다. 여기에 한 사람이 있다. 자신의 죽음에 대해 아주 구체적으로 여섯 가지 예언을 할 수 있는 한 사람이다. 그 여섯 가지는 모두 정확하게 성취되어야 한다. 누가복음 18:32에서는 본문에 나와 있지 않은 다섯 가지가 더 추가되어 있다. 당신이라면 그렇게 할 수 있겠는가? 만일 당신이 자살한다면 그렇게 할 수 있을 것이다. 그러나 그 이상을 할 수 없을 것이다. 많은 사람들이 자살을 시도하지만 적지 않은 경우 실패한다. 설령 성공한다 하더라도 그 죽음은 "자신이 스스로 성취하는 예언"에서 벗어나지 못한다. 당신 스스로가 그 사건을 일어나게 한 것이다.

예수 그리스도께서는 지상 삶의 끝에 있을 구체적인 열한 가지의 일들에 대한 예언을 하셨다. 그 일들을 인간의 관점에서 본다면 주님께서 어떤 통제도 하지 않으셨다. 자신의 미래를 정확하게 예언하셨다. 이것이 참된 예언에 대한 표시이다(신 18:22 참고).

마호메트는 자신이 가야 하는 길을 예언할 능력이 전혀 없었다. 한 유대인 여인의 남편과 가족을 마호메트가 살해하였는데 그녀가 그에게 독약을 넣었다. 그는 이 일이 다가오리라고 전혀 예상하지 못했다. 닥치고 나서야 알았던 것이다. 그는 치유를 위해 기도했고, "가브리엘"에게 알라께 자신의 치유를 위해 기도해 달라고 부탁했으며, 자신의 몸에 "치유의 손"을 얹었고, 자신이 아는 최고의 약도 복용했지만, 결국 죽고 말았다.

마호메트는 전혀 선지자가 아니다. 어떤 여인이 자신을 독으로 죽이려 한다는 사실을 예언할 수 없었다. 그 독으로 자신의 건강이 이 년간에 걸쳐 악화된다는 사실을 예언할 수 없었다. 어떤 약도 자신을 치유할 수 없고, 자신의 치유에 대한 간구를 알라는 들을 수 없다는 사실을 예언할 수 없었다. 마호메트는 자신에게 무슨 일이 닥칠지, 자신의 미래에 대해 전혀 까막눈이었다. 그러나 모세는 자신의 때가 다 되었음을 알았다(신 31:14). 여호수아도 자신의 때를 알았고(수 23:14), 엘리야도 본향에 갈 때와 가는 방법에 대해 알았다(왕하 2장). 바울은 자신이 죽을 때를 알았다(딤후 4:6). 베드로도 자신의 죽을 때를 알았고 죽는 형태도 알았다(벧후 1:14). 궁극적으로 모세, 여호수아, 엘리야, 바울, 베드로, 그리고 예수 그리스도는 모두 하나님의 선지자들이었다. 이에 비하면 마호메트는 어림도 없다.

나는 누군가가 믿는다고 해서, 누군가가 종교를 가졌다고 해서 그 영향으로 성경을 믿지는 않는다. 내가 성경을 믿는 것은 과학적이고 수학적인 사실로 인해 믿는다. 전에 여러 번 언급한 것이지만 충분히 반복할 가치가 있는 것이 있다. 성경은 수학적 법칙에 의해 입증된 책인데 그 법칙은 통계적 확률의 법칙이다. 휘튼 대학의 수학 교수 피터 스토너(Peter Stoner)는 자신의 연구실에서 48가지 예언에 관하여 통계적 확률을 계산하였다. 그 예언들은 400-1,500년 전에 기록된 것으로 마지막 한 가지까지 그대로 성취되어야 한다. 피터 스토너와 그의 연구자들은 구약에서 예수 그리스도의 초림에 관한 48가지의 예언을 취하여 그 48가지가 모두 성취될 수 있는 경우의 수를 발견했다. 그 수는 10의 157승분의 1이다. 이는 자연에서 일어날 수 있는 일은 아니다. 자연적으로는 불가능한 일이다. 어떤 경우의 수가 10의 50제곱분의 1을 넘을 경우 그 사건은 자연에서는 결코 일어나지 않는다. 사실 우리의 우주 안에는 전자의 수가 10의 157제곱 개가 되지 않는다. 성경의 예언이 성취되는 것에 대해 자연적으로 설명할 길이 없다. 앞으로도 그럴 것이다. 우리는 역사 안에서 성취된 예언에 관해 말하고 있는 것이지, 시간이 더 이상 존재하지 않는 마지막 심판에 관해 말하는 것이 아니다.

31절로 돌아가자. 『**삼 일 후에 다시 살아나실 것을**』 사람이 만든 종교와 참된 신앙을 구분 짓는 대목이다. 마호메트는 죽을 채로 머무를 수 있어도 그를 믿는 모슬렘 교도들에게 어떤 영향도 미치지 않는다. 마호메트가 죽은 자들로부터 일어나지 않아도 모슬렘은 훌륭한 모슬렘이 될 수 있다. 부처가 죽은 채로 누워 있어도 불교를 믿는 사람은 여전히 훌륭한 불교도가 될 수 있다. 마리아가 죽었다고 해서 어떤 카톨릭 교도도 고통받지 않는다. (나는 교황 피오 12세가 마리아가 승천했다고 칙령을 내렸으나 카톨릭은 그 칙령이 내려지기 이전 1,400년간 그 사실을 믿지 않았다는 사실을 알고 있다.) 그러나 만일 예수 그리스도께서 죽은 채로 있다면 어떤 누구도 훌륭한 그리스도인이 될 수 없다.

『**그러므로 우리가 죽음 안으로 침례를 받아 그와 함께 장사되었으니 이는** 아버지**의 영광으로 인하여** 그리스도**께서 죽은 자들로부터 일으켜지심과 같이 우리도 또한 생명의 새로움 가운데서 행하게 하려 함이니라**』(롬 6:4).

부활이 없다면 어떤 『**생명의 새로움**』도 없다. 부활이 없다는 것은 당신이 여전히 지옥으로 가고 있다는 의미다.

『**만일** 그리스도**께서 일으켜지지 못하셨다면 너희의 믿음도 헛되고 너희가 여전히 너희 죄들 가운데 있는 것이라**』(고전 15:17).

그리스도인의 상황은 독특하고 특별하다. 그리스도인의 믿음은 그 종교의 창시자가 살아 계신 것에 근거를 둔다.

예수님께서 제자들에게, 앞으로 자신에게 일어날 일에 대해 말씀하신 후 『**베드로가 주를 붙들고 말리기 시작**』한다(32절). 마가는 베드로가 무슨 말을 했는지 기록하지 않으나 마태는 기록한다. 『**주여, 그럴 수 없나이다. 이런 일이 결코 주께 있어서는 아니되옵니다**』(마 16:22).

베드로는 선의를 가지고 있다. 가장 좋은 의도를 가지고 있는 것이다. 무슨 다른 목적을 가지고 예수 그리스도의 속죄 사역을 멈추고자 하는 것이 아니다. 그는 자신의 주님이 잘 되기를 바라는 것이다. 그는 예수님을 사랑했고 주님께서 고난받는 것을 보기를 원하지 않았다. 그러나 베드로는 그가 말할 때 사탄이 주는 영감을 받았다. 이는 "하나님은 사랑이시라."고 말하는 은사주의자들이나 현재의 성경 번역자들에게도 마찬가지다.

베드로에게는 아주 나쁜 버릇이 하나 있다. 성경과 자신의 감정이 충돌할 때면 성경을 부인하는 버릇이다. 마지막 만찬에서, 예수님께서 제자들에게 말씀하셨다. 『**너희는 모두 오늘 밤 나로 인하여 실족하게 될 것이라. 기록되기를**』(막 14:27). 그런 후 스카랴 13:7에서 말하는 말씀을 들려주셨다. 성경의 예언에 대한 베드로의 반응은 "주님, 저는 성경에서 그런 예언이 있다는 사실을 알고 있습니다. 그러나 원래 그 의미는 모든 사람에게는 다 일어나도 제게는 일어나지 않을 것입니다."(『**비록 모두 다 실족할지라도 나는 그렇지 아니하겠나이다.**』 - 14:29)라고 말하는 것이다. "주님께서 고난당하시고, 죽으시고, 다시 일어나실 것을 말씀하신 것을 제가 압니다. 그러나 그런 일은 일어나지 않을 것입니다." 무슨 말을 하는 것인가? 이는 성경과 충돌하게 하는 마귀가 하는 짓이다. 『**참으로** 하나님**께서... 하시더냐?**』(창 3:1)

로마카톨릭과 관련하여 33절에 내포되어 있는 사실은 카톨릭을 처절하게 파괴시킨다. 로마카톨릭이 시몬 베드로의 반석 위에 세워진 것이라면 (카톨릭은 마 16:18을 그렇게 해석한다.) 카톨릭은 사탄 위에 세워진 것이다. 마태복음 16:18의 문맥은 그렇다(마 16:23). 만일 시몬 베드로가 최초의 교황이라면 교황의 무오성에 관한 교리는 개가 웃을 일이다. 시몬 베드로는 교리에 있어서 얼마든지 틀릴 수 있다. 그리고 한 번 이상으로 교리적인 오류를 범했다(갈 2:11-14).

문제의 사실은 사탄은 허락받는다면 그리스도인에게서 유익을 취할 수 있다는 사실이다(고후 2:11). 성령께서 그리스도인을 채울 수 있는 것처럼(엡 5:18) 사탄도 그리스도인을 채울 수 있다(행 5:3). 그리스도인은 마귀에게 "**틈**"을 줄 수 있다(엡 4:27). 그리스도인은 『**마귀의 정죄함**』에로 빠질 수 있다(딤전 3:6). 그리고 『**비방과 마귀의 올무에**』 빠질 수 있다(딤전 3:7). 그리스도인 안에 성령께서 계시다는 이유만으로(요일 4:4) 『성령 **안에서**』 행하지 않는다면(갈 5:16) 그리고 성령께 복종하지 않고(롬 6:13), 마귀를 『**대적**』하지 않는다면(약 4:7) 마귀가 계략한 대로 무슨 일이든 다 일어나는 것이다.

『**너는** 하나님**의 일들을 생각하는 것이 아니라 사람들의 일들을 생각하는도다**』(33절). 사탄은 『**이 세상의 신**』이다(고후 4:4). 그러므로 『**세상에 있는 모든 것**』(요일 2:16)에 관여를 한다. 그것이 무엇인가? 『**육신의 정욕, 안목의 정욕, 생의 자랑**』(요일 2:16)이다. 그런 것들은 『**아버지께 속한 것이 아니라, 세상에 속한**』(요일 2:16) 것이다. 이 세 가지 모두는 『**사람들의 일들**』이지 『하나님**의 일들**』이 아니다.

8:34 주께서 무리를 제자들과 함께 불러 말씀하시기를 "누구든지 나를 따라오려거든 자기를 부인하고 자기 십자가를 지고 나를 따르라.

35 누구든지 자기 생명을 구하고자 하면 잃을 것이요, 누구든지 나
와 복음을 위하여 자기 생명을 잃으면 구하리라.
36 사람이 온 세상을 얻고도 자신의 혼을 잃는다면 무슨 유익이 있
겠느냐?
37 또 사람이 자기 혼을 무엇과 바꾸겠느냐?
38 그러므로 누구든지 이 음란하고 죄 많은 세대에서 나와 내 말들
을 부끄럽게 여기면, 인자**도 거룩한 천사들과 함께 자기** 아버지**의**
영광으로 올 때 그 사람을 부끄럽게 여길 것이라."**고 하시더라**.

31-33절 이후에 이어지는 내용을 주의하라. 제자들에게 죽임당하실 것을 말씀하신 후, 그리고 베드로가 예수님께서 말씀하신 것에 반대한 후, 예수님께서는 그들에게 말씀하셨다. 『**누구든지 나를 따라오려거든**』(34절). 이는 바로 제자들을 향해 말씀하신 것이다. 그리고 십자가 이후에 예수 그리스도를 따르려 하는 사람들을 향한 것이다.

말의 순서에 유의하라. 『**나를 따라오려거든**』(COME after me)에서 말하는 것처럼 예수 그리스도 앞에 다가와 따르는 것이 먼저이지 "나를 따르라."(follow after me)처럼 예수 그리스도를 뒤따르는 것이 먼저가 아니다. 이는 제자들을 향한 것이기도 하고, 주님의 죽으심, 부활하심 이후에 예수님을 따르는 사람들을 향한 것이기도 하다. 『**십자가**』는 자신이 어떻게 죽으실 것인지를 가리킨다.

34절에서 그리스도의 제자들이라면 해야 하는 세 가지가 나온다.

1. 『**자기를 부인하고**』. 이는 예수님께서 말씀하신 것과 같다. 『**내 뜻대로 하지 마옵시고 아버지의 뜻대로 하옵소서**』(눅 22:42). 이는 이 세

상 철학에서는 결코 없는 일이다. 여기에 전형적인 네 가지 인본주의에 입각한 실례들이 있다.

A. 고대 아테네의 동성애자로, 어린 소년들을 희롱하던 소크라테스의 말 : "너 자신을 알라."

B. 마귀 들린 간질병자이자 아홉 살 소녀와 함께 잠자기를 좋아했던 군사 독재자 마호메트의 말: "자신을 아는 것이 곧 하나님을 아는 것이다."

마귀에게 점유당한 마호메트가 말한 "자아를 아는 것이 하나님을 아는 것이다."

C. 윌리엄 셰익스피어의 햄릿: "네 자신에게 진실하라."

D. 자유주의성향인 국가교회협의회(National Council of Churches)의 자유주의자 랄프 소크맨(Ralph Sockman)의 말: "모든 기독교인은 자신의 진정한 자아를 발견해야 한다."

이런 말들 뒤에는 이렇게 써도 된다. "엉터리 헛소리!" 당신이 "자신을 알고," "진정한 자아를 발견하고," 그 "자아에 충실하고," 그 "자아를 따르게" 된다면, 결국 무엇을 알게 되는지 아는가? 바로 이것이다.

『**내 안에 (곧 내 육신 안에는,) <u>선한 것이 거하지 않는 줄</u>을 내가 아노니 원함은 내게 있으나 선한 것을 어떻게 행하는 것인지는 알지 못하노라**』(롬 7:18).

자신을 안다는 것은 하나님을 전혀 모른다는 것이다. 당신 자신을 안다면 하나님은 전혀 모르는 것이다. 당신이 아는 모든 것은 단지 옛 사람 아담일 뿐이다. 육신적인 생각은 사망이고(롬 8:6), 육신적인 생각은 하나님과 원수이다(롬 8:7). 그리고 육신적인 생각은 하나님을 기쁘시게 할 수 없다(롬 8:8). 당신은 새로운 출생을 통해 창조되는(요 3:6,7, 롬

8:9-11) 당신 안에 있는 새 사람이 필요하다(고후 5:17).

그리스도인은 『**자기를 부인**』해야 한다. 그리스도인은 『**불경건과 세상 정욕들**』을 거부해야 한다(딛 2:12). 그리스도인은 자신을 기쁘게 하지 말아야 한다(롬 15:1). 현대인들이 주장하는 자기 사랑, 자기 존중 등은 예수님께서 우리를 부르신(딤후 3:2, 빌 2:3) 자기 부인의 삶과는 반대의 삶이다.

2. 『**자기 십자가를 지고**』. 이는 주님께서 당신 개인에게 얹혀주시는 어떤 "부담"같은 것이 아니다. 이는 자아에 대해 죽는 것이며 육신의 욕망에 대해 죽는 것이다. 『**십자가**』는 처형 도구이다. 당신은 몸의 행실들을 죽여야 한다(롬 8:13, 골 3:5). 당신 자신을 죄에 대해 죽은 것으로 여겨야 한다(롬 6:11). 이를 실행할 수 있는 이유는 위치적으로 옛 죄의 성품은 그리스도와 함께 십자가에 처형되었기 때문이다(롬 6:6, 갈 2:20). 이런 이유로 예수님께서 마가복음 8:34에서 십자가를 언급하신다. 죄에 대해 승리하기 위해서는 그와 같은 행동이 이루어져야 함을 믿어야 한다(갈 5:24). 그리고 이를 매일 실행해야 한다. 이는 한 번의 행동으로 이루어지는 것이 아니기에 누가는 본문의 병행구절인 누가복음 9:23에서 『**날마다**』라는 말을 추가시킨다. 바울은 『**나는 매일 죽노라.**』라고 말했다(고전 15:31). (나는 개인적인 경험에서 추가시킬 내용이 있다. 때때로 당신은 매 시간마다 죽어야 하고, 때로는 매 분마다 죽어야 한다.) 당신이 위치적으로(positionally) 확보된 것을 실행에 옮겨야만 한다. 그러면 당신이 처하는 상태(state, 그리스도인의 삶에서 순간적으로 주어지는 당신의 상태)는 당신이 서 있는 것(standing, 교리적으로 그리스도 안에서의 당신의 위치)과 조화를 이룰 것이다.

3. 『**나를 따르라.**』 이는 그들이 이전에 행했던 것보다 더 깊은 헌신을 말한다. 마가복음 10:28에서 베드로는 『**우리는 모든 것을 버려 두고 주님을 따랐나이다.**』라고 말했다. 베드로는 수입이 되는 수단들을 버린 것을 언급했고(1:17) 가정과 식구들, 토지(10:29)를 버린 것을 언급했다. 이런 모든 것들은 물질적인 것들이다. 이는 그리스도를 따르기 위해 당신 자신의 뜻을 버리는 것이며 욕망을 버리는 것이다. 이는 심지어 당신 자신의 생명보다도 더 그리스도를 사랑하는 것이다(눅 14:26,27).

여기까지 제자들은 어떤 그리스도를 따랐는데 그들이 믿는 그 그리스도는 어떤 정복하는 왕이었다. 그들이 그렇게 생각하는 것은 당연하고 그렇게 생각할 권리를 가졌었다. 왜냐하면 구약의 예언이 그렇기 때문이다(1:15에서 물리적인 왕국인 천국에 대한 주석 참고). 그러나 여기까지는, 그들은 아마도 이사야 53장에 있는 고난받는 종에 대해서는 고려하지 않았을 것이다. 이런 이유로 베드로는 주님께서 『**선임 제사장들과 서기관들**』로부터 고난당하고 죽임당할 것에 대해 말씀하셨을 때(31,32절) 주님을 말렸던 것이다. 그러나 지금은 제자들에게 주님께서는 죽으실 것이고 제자들도 같은 운명을 맞을 것에 대해 준비하는 것이 필요하다고 말씀하신다. 주님은 제자들에게 요한복음 15:20에 있는 말씀을 말씀하신다. 『**'종이 자기 주인보다 더 위해하지 못하다'고 너희에게 일렀던 나의 말을 기억하라. 만일 사람들이 나를 박해하였다면 너희도 박해하리라.**』 이것이 바로 제자들이 어떻게 주님을 따라야 하는지를 알려주는 말씀이다.

『**그러므로 우리도 그의 수치를 짊어지고 진영 밖에 있는 그에게로 나아가자**』(히 13:13).

마가복음 8장으로 돌아가자. 『**누구든지 자기 생명을 구하고자 하면 잃을 것이요**』(35절). 이는 자기를 부인하지 않은 결과이다. 이는 당신 자신의 십자가를 지지 않은 결과이고, 비난, 박해를 두려워하여 예수 그리스도를 따르지 않은 결과이다. 당신은 오직 자기 자신만 챙기고 있고, 그 결과 모든 것이 완전히 망가지고 있다. 당신의 삶을 폐허 가운데 마치기를 원한다면 자아를 위해 살고, 육신을 위해 살라. 모든 사람과 잘 어울리고 예수 그리스도와 성경에 대해 반감을 가진다면 그리스도인으로서 당신이 취할 수 있는 패망의 길임을 확신하라.

『**누구든지 나와 복음을 위하여 자기 생명을 잃으면 구하리라**』(35절). 이는 위대한 역설이다. 내용은 모순이나 그럼에도 불구하고 진리이다. 근육을 키우는 방법은 운동으로 근육을 손상시키는 것이다. 돈을 버는 방법은 현명하게 돈을 투자하는 것이다. 바울이 말한 것처럼 『**영원한 생명**』을 붙잡으려면(딤전 6:12,19) 즉 다가오는 세상에서 하나님께서 당신에게 주시는 상을 원한다면(빌 3:14), 이곳에서의 생을, 육신이 갈망하는 것을 포기하고 그 고삐를 주님께 넘겨드려야만 한다. 생명을 얻기 위해서는 생명을 잃어야 한다.

나는 구원받고 약 9개월쯤 되었을 때 그 결정과 정면으로 마주하게 되었다. 그 당시 나는 밥존스대학교에 다니고 있었고, 1학년이었다. 아는 아내와 어린 딸과 함께 트레일러에서 살고 있었고, 새 아이가 태어날 예정이었다.

어느 날 밤 캠퍼스에서 열린 저녁 예배를 마치고 트레일러 주차장으로 돌아가던 중에, 나는 무릎 꿇고 기도하라는 마음의 인도를 받았다. 그때 주님께서 내게 이렇게 물으시는 것 같은 느낌이 들었다. "내가 너를 설교하라고 부르면, 너는 설교하겠느냐?"

나는 이렇게 말씀드렸다. "아, 그럼요. 뭔가 해야죠. 나는 27년 동안 마귀처럼 살았어요. 그냥 죽어서 하늘나라에 가고, 아무도 데려가지 못한 채 가고 싶지 않아요. 누군가는 꼭 함께 데려가고 싶어요."

그때 주님께서 내게 또 이렇게 다가오셨다.

"너, 나를 위해 해외에 나가서 설교할 수 있겠느냐?"

그 질문에 나는 잠시 망설이게 되었다. "무슨 뜻이죠?" 내가 물었다.

"내가 너를 일본으로 다시 보내면, 갈 수 있겠느냐?"

나는 말했다. "주님, 저 거기로 다시 가고 싶지 않아요. 저는 이미 태평양을 네 번이나 건넜고, 다시는 가고 싶지 않아요."

"그러나 나를 위해서라면, 할 수 있겠느냐?"

나는 말했다. "좋아요, 주님. 주님을 위해서라면 가겠습니다."

그다음 주님의 질문은 이랬다. "내가 너에게 혼자 그곳에 가라고 하면, 그래도 가겠느냐?"

나는 말했다. "하지만 주님, 저에겐 가족이 있습니다."

"그래도 내가 혼자 가라고 한다면, 너 혼자라도 가겠느냐?"

나는 다시 말했다. "좋습니다." 그리고 일어서려는데, 주님께서는 아직 나를 놓지 않으셨다.

"만약 내가 너에게 거기 가서 단 한 사람도 구원받지 못하게 할 거라고 한다면, 그래도 가겠느냐?"

나는 그때까지만 해도 윌리엄 캐리나 아도니람 저드슨 같은 선교사들이 7년 동안 열매 없이 사역한 이야기를 읽어본 적이 없었다. 그래서 나는 주님께 솔직하게 말했다. "그건 안 됩니다. 저는 이미 너무 많은 시간을 허비했습니다. 꼭 누군가는 구원받는 걸 보고 싶습니다."

나는 누군가를 그리스도께 인도하지 못한 채 죽게 될까 봐 두려웠다. 군사 훈련 교관이자 댄스 밴드 드러머로서 나는 이미 많은 젊은이들을 지옥으로 내몰았고, 그런 삶을 보상하지 못한 채 죽고 싶지 않았다.

그러자 주님께서 다시 물으셨다. "그래도 나를 위해서라면 하겠느냐?"

"네, 주님, 네..." 그리고 나는 다시 일어서려 했다. 그때 나는 이제 헌신했다고 생각했지만, 주님은 아직 하실 말씀이 남아있었다.

"만약 내가 너에게 그곳에 가서 죽으라고 하면, 그래도 가겠느냐?"

당신은 구원받은 죄인들이 어떤지 알지 않는가. 나는 이렇게 말했다. "예... 그런데 빨리 끝내 주세요." 나는 고통스러운 죽음의 수많은 예들을 알고 있었고, 그 어떤 것도 직접 겪고 싶지 않았다.

"만약 그게 빨리 끝나지 않는다면?"

그렇게 나는 그날 주님과의 대화를 작은 언약으로 마무리 지었다. 인간적인 관점에서 보면 언젠가 후회하게 될지도 모르지만, 그 언약을 깨지는 않을 것이다. 나는 주님께서 원하시는 것은 무엇이든, 아무리 끔찍하더라도 하겠다고 결심했다. 그 기도회에서 나는 완전히 무너진 상태에서 일어났다. 내가 주님께 속히 오시기를 기도하라고 권할 때, 그 안에는 솔직히 말해 어느 정도 이기적인 동기도 섞여 있다. 솔직히 나는 내 목숨을 보존하고 싶은 것이다. 하지만 만약 주님이 오시지 않고, 내가 상상할 수 있는 가장 끔찍한 일들을 주님을 위해 겪어야 한다면, 그렇게 되더라도 괜찮다. 나는 말씀드린 내 결심을 저버릴 생각이 없다.

생명을 얻기 위해 생명을 잃는 것에 관해 살펴보아야 할 중요한 문제는, 어떤 이유로 당신의 생명을 잃는가 하는 것이다. 당신의 생명을 국가를 위해 잃었다면 그것은 고귀한 것이나, 다가오는 세상에서 아무것도 얻지 못한다. 당신의 생명을 "자유"를 위해 잃는다면 어떤 의미를 지니겠지만, 결과 없이 사람들이 음행할 수 있는 여건을 마련해 주고 죽는 것이다. 당신이 누군가를 구하기 위해 죽는다면 그 죽음은 고귀하고 훌륭한 죽음이지만 올바른 이유에서 하지 않은 것이라면(고전 13:3) 아무 의미가 없다. 당신이 하고 있는 일이 구주와 복음을 위한 것이라는 확신을 갖는 것이 좋다. 물론 본문에서 말하는 『**복음**』은 오늘날 우리가 전파하는 복음으로 제한시킬 필요는 없다(1:15 주석 참고). 그러나 바울 서신에 입각하여 영적인 적용을 얼마든지 할 수 있다.

36,37절은 그 대상이 제자들에서 일반 사람으로 바뀐다. 언급되는 대상은 제자가 아니라 일반 『**사람**』임에 유의하라. 이 대상에는 구원받지 못한 잃어버린 자까지도 적용될 수 있다는 사실에 유의하라. 왜냐하면 본문에 나오는 『**사람**』은 자신의 혼을 잃어버릴 위험에 놓여 있기 때문이다(36절).

예수 그리스도께서 물으시는 두 가지 질문이 있다.

1) 『**사람이 온 세상을 얻고도 자신의 혼을 잃는다면 무슨 유익이 있겠느냐?**』(36절)

2) 『**또 사람이 자기 혼을 무엇과 바꾸겠느냐?**』(37절)

이 질문들은 무슨 답을 원하는 질문이 아닌, 수사학적 질문이다. 그 답은 분명 "아무것도 없다."이다. 인기 있는 공포 이야기 주제는, 원하는 것을 얻기 위해 자신의 혼을 마귀에게 파는 것이다. 이런 구성의 이야기는 자연스럽게 성경에서 취한 것이다. 여기 본문과 누가복음 4:5-7이다. 당신에게 전해줄 소식이 있다. 당신이 예수 그리스도를 당신의 구주로 믿지 않는다면 마귀는 당신의 혼을 살 필요가 없다. 마귀는 이미 당신의 혼을 소유하고 있기 때문이다(엡 2:1-3). 그러나 마귀는 『**잠시 동안 죄의 낙을 누리는 것**』(히 11:25)을 당신에게 미끼로 주어 당신이 예수 그리스도께로 나아가지 못하게 한다.

기억해야 하는 중요한 점은 세상을 얻는 것에 있어서 마귀는 결코 넘겨주지 않는다는 사실이다. 온 세상을 얻기를 원했던 사람들 가운데 어떤 사람도 세상을 얻지 못했다. 알렉산더 대왕은 제법 큰 세상을 얻었지만 세상 전체를 얻지는 못했다. 그는 술 취해 죽었는데, 더 이상 정복할, 알려진 세상이 없다고 한탄하며 죽었다. 징기스칸도 제법 큰 영역을 얻었다. 그러나 그도 세상 전부를 얻지는 못했다. 나폴레옹도 큰 영역을 얻었다. 그러나 이집트에 있는 대 피라미드에서 얼마의 시간을 보낸 뒤, 러시아를 침공하여 의미 없는 생을 마감했다. 히틀러의 외침은 다음과 같았다. "오늘은 독일, 내일은 세계." 히틀러가 프랑스를 침공했을 때 그는 홀로 나폴레옹이 앉았던 의자에 앉아 시간을 보냈다. 그 후 나폴레옹처럼 러시아를 침공했고, 나폴레옹처럼 모든 것을 잃었다.

마귀는 결코 자신이 한 약속을 지키지 않는다. 마귀는 그리스도를 영접하지 않게 하기 위해 원하는 것은 무엇이든지 얻을 수 있다고 약속할 것이다. 그러나 결코 그 약속을 이루지 않는다. 단지 당신을 저주하기 좋을 만큼만 실행한다. 원하는 만큼 약물을 복용할 수 있다고 약속해 준다. 원하는 여자들을 다 얻을 수 있다고 약속한다. 원하는 만큼 돈을 모을 수 있다고 약속한다. 원하는 모든 인기를 누릴 것이라고 약속한다. 그런 후 나이 오십도 되기 전에 죽여 버린다. 엘비스 프레슬리나, 존 레논과 같은 사람들처럼 말이다.

만일 당신이 세상을 얻기 위해 당신의 혼을 팔아버린다면 자신을 너무 값싸게 판 것이다. 당신은 당신의 전 재산을, 망하기로 예정된 어떤 집을 사는데(벧후 3:10) 전부 투자한 것이기 때문이다.

『**세상도, 세상의 정욕도 사라지지만** 하나님**의 뜻을 행하는 자는 영원히 거하느니라**』(요일 2:17).

혼에 관한 한, 나는 여기 미국에 있는 어떤 성경학자도 혼에 관하여 쓴 글도 읽어보지 못했다. 해외에서도 혼에 관해 설명하는 어떤 책도 읽어보지 못했다. 인간의 혼은 몸으로부터 분리되어 있고, 영으로부터 분리되어 있다(살전 5:23). 만일 사람의 혼이 온 세상보다 더 가치가 있다고 여긴다면 그 사람은 혼이 무엇인지 알기 위해 하나님의 말씀을 공부한다고 고백하는 사람일 것이다. 그러나 아무도 그런 것 같지 않다.

"혼"은 무엇인가? 오래 전부터 혼은 작은 공과 같다고 전해왔다. 어떤 사람은 혼이 심장의 좌심실에 있다고 말한다. 어떤 사람은 두개골 밑에 있다고도 말한다. 암흑시대로 돌아가면 그때의 의사들은 죽어 가는 사람의 체중을 달았는데 죽고 난 후 혼이 몸에서 떠났을 때 차이가 있는지 알아보려 했던 것이다. 그들이 알기 원했던 것은 죽을 때 혼이 측정 가능한 물질인가 하는 것이었다(참고 창 35:18).

성경에서 말하는 혼은 살과 뼈로 이루어진 육체의 몸 안에 있는 개별적이고 영적인 몸이다. 누가복음 16장에서 지옥에 있는 부자는 볼 수 있는 눈이 있었다(눅 16:23). 뜨거움을 느낄 수 있는 혀가 있었다(눅 16:24). 그 위 낙원에는 아브라함에게 품이 있었는데 그 품에 나사로를 품을 수 있었다(눅 16:23). 나사로에게는 물을 적실 수 있는 손가락이 있었다(눅 16:24). 위에 언급한 지체들은 물리적인 몸을 가진 지체들이 아니다. 그들의 물질적인 몸은 땅 위 어딘가에 있는 무덤에서 썩어가고 있었다.

요한계시록 6:11을 보라. 그 『**혼들**』은 요한계시록 6:9에 있는 『**제단 밑에**』 있는데 그 혼들은 『**흰 옷**』을 입을 수 있다(계 6:11). 만일 혼이 지극히 가벼운 영과 같은 것이라면 옷을 입을 수 없다. 그러나 혼이 사람의 몸과 같은 몸의 형태라면 무엇과 같은지 아는가? 꼬마 유령 캐스퍼와 같은 것으로 천을 쓴 유령과 같은 것이다. 사람들이 얼마나 노력하느냐와 관계없이 성경적 진리를 없앨 수는 없다.

바울이 셋째 하늘로 끌려 올라갈 때 무엇이라고 말했는지 아는가(고후 12:2)? 『**그가 몸 안에 있었는지 몸 밖에 있었는지 나는 말할 수 없지만**』(고후 12:3)이라고 말했다. 무슨 말인가? 바울의 물리적인 몸은 돌에 쌓여 루스트라 밖의 땅에 있었으나(행 14:19), 바울은 자신이 볼 수 없는 몸을 가지고 위의 하늘에 서 있었던 것이다. 바울은 고린도후서 5:1에서 말한다.

『**우리가 아는 것은 만일 땅에 있는 우리의 장막 집이 무너지면**』(물리적인 몸, 벧후 1:13,14), 『하나님**께서 지으신 큰 집, 즉 손으로 짓지 아니한 하늘들에 있는 영원한 집**[영적인 몸, 이 몸은 부활 때 영광스러운 몸을 기다리고 있다. 빌 3:21]**이 있다는 것이라.**』

혼이 무엇인지 알기 원한다면 하나님을 보라. 하나님은 한 몸을 가지고 계시는데 그 몸은 이 땅에 계실 때 볼 수 있었다. 바로 예수 그리스도의 몸이다. 예수님께서 말씀하셨다. 『**나를 본 자는** 아버지를 **보았느니라**』(요 14:9). 동시에 하나님께서는 볼 수 없는 혼을 가지고 계신다. 성경은 말한다. 『**아무도 어느 때나** 하나님을 **본 사람이 없지만**』(요 1:18).

즉 아무도 하나님의 본질인 하나님의 혼을 보지 못했다는 말이다. 즉 인격으로서의 아버지 하나님을 보지 못했다는 말이다.

"나를 보았다면 당신은 피터 럭크만을 본 것이다. 그러나 아무도 진짜 피터 럭크만을 보지 못한다." 무슨 말인가? 내 몸을 보았다면 당신이 볼 수 있는 나의 모든 것을 본 것이나, 내 몸이 곧 "진짜 나"는 아닌 것이다. 실재 럭크만은 당신이 눈으로 볼 수 있는 럭크만의 물리적인 몸 안에 있다(마 6:22, 눅 11:34). 이 관계는 아들 하나님과 아버지 하나님과의 관계에서도 동일하다. 이 땅 위에서 예수 그리스도를 보았던 사람들은 (우리 그리스도인들은 휴거 때 주를 볼 것이다.) 하나님의 모든 것을 본 것인데 보여주신 모든 것을 본 것이다. 『아버지**의 품 안에 계신 독생자, 그가** 하나님**을 분명히 밝히셨느니라**』(요 1:18).

혼이 물리적인 몸 안에 있는 몸의 형태를 지닌 것이라면 혼을 잃는다는 것은 무슨 말인가? 우선, 예수님께서 시편 22:6에서 다윗을 통하여 예언적으로 말씀하신 내용을 살펴보자. 『**그러나 나는 벌레요, 사람이 아니라.**』 이는 예수님께서 십자가에 달리셨을 때를 말한다. 예수 그리스도께서 십자가에 달린 자신을 무엇에 연결시켰는지 아는가?

『**모세가 광야에서 뱀을 들어올린 것같이** 인자**도 그렇게 들려올려져야만 하리니**』(요 3:14).

그 『**뱀**』은 『**마귀**』인데(계 12:9) 주 예수 그리스도께서 십자가 위에서 사탄처럼 되는 것을 말한다. 이는 예수 그리스도께서 당신을 위해 죄가 되시는 것이다(고후 5:21). 이것이 『**사람이신** 그리스도 예수』(딤전 2:5)의 혼인데 사람의 형태인 몸의 형태를 잃어버린 혼이다. 지옥에서 죄인을 대신한 결과 자신의 혼을 잃어버린 것이다(사 53:10. 마 26:38 참고). 마가복음 9:44,46,48을 보라.

『**그들의 벌레도 죽지 않고, 불도 꺼지지 아니하느니라.**』

여섯 구절에 걸쳐 세 번씩이나 반복하신 예수님의 말씀이기에 그 중요성은 말할 것도 없다. 불못에 있는 죄인의 혼은 더 이상 사람이 아니라 자신의 아버지인 마귀와 같은(요 8:44) 뱀과 같은 붉은 구더기가 되는 것이다. 지옥은 다윈의 주장과 거꾸로 가는 곳이다. 사람으로 시작하여 『**본성이 잔인한 짐승**』(벧후 2:12, 계 9:7,8)으로 타락하여 마침내 그들의 첫 번째 상태로 끝나는 것이 죄인들이다. 현미경으로 사람의 씨를 본 적이 있는가? 그것은 마치 벌레와 같다. 따라서 죄인이 불못에서 끝장을 볼 때, 그는 사람으로서의 몸의 형태를 잃는 것이다. 팔도 없고, 발도 없고, 눈도 없고, 귀도 없는 어떤 피조물로서 끝을 맺는 것이다. 단지 극심한 고통으로 몸을 비틀고 고통을 느끼기에 몸을 꿈틀거리고 있을 뿐이다.

이것이 당신이 원하는 영원인가? 그렇지 않다면 당장 믿음으로 예수 그리스도께 나아오라(고후 6:2). 그것이 하나님의 아들(요 1:12)이 될 수 있는 길이고, 당신의 구주와 함께 결론에 다다를 수 있는 길이다(롬 8:29, 빌 3:21, 요일 3:1,2).

『**그러므로 누구든지 이 음란하고 죄 많은 세대에서 나와 내 말들을 부끄럽게 여기면,** 인자**도 거룩한 천사들과 함께 자기** 아버지**의 영광으로 올 때 그 사람을 부끄럽게 여길 것이라."고 하시더라**』(38절). 다시 제자의 신분(discipleship)에 대해 말한다. 마태복음 10:32,33에 있는 관련 구절은 사람들 앞에서 예수 그리스도를 시인하는 것을 부끄러워하는 것을 다룬다. 확실한 태도를 취하지 않을 수 없다. 만일 당신이 주님을 고백하지 않는다면 당신은 주님을 부인하는 것이다. 그리스도인은 잃어버린 세상이 자신의 구주를 부인하라는 협박에 겁을 먹을 수 있다. 14:66-72에 있는 베드로를 보라. 그러나 그가 그렇게 한다고 해서 구원을 잃어버리는 것이 아니다. 디모데후서 2:12,13을 보라.

『**우리가 참으면 우리도 그와 함께 다스릴 것이요 우리가 그를 부인하면 그도 우리를 부인할 것이라.**』 우리의 무엇을 부인하시는가? 우리의 아들 됨을 부인하시는가? 물론 아니다. 계속 읽어 보자. 『**우리가 믿지 아니하여도 그는 항상 신실하시니, 그는 스스로를 부인하실 수 없음이라.**』 예수 그리스도께서는 당신이 하나님의 아들임을 결코 부인하지 않으신다. 하나님께서 당신 안에 계시고 당신이 하나님 안에 있기 때문이다. 그러나 하나님께서는 당신을 부인하실 수 있는데 디모데후서 2:12에 있는 『**다스릴 것**』을 부인하실 수 있다.

이런 이유로 예수 그리스도께서 재림하실 때 당신을 부끄러워하실 수 있다. 그러나 그때는 재림 때이지 큰 백보좌 심판 때가 아니다. 주님께서는 자신을 부끄러워한 믿는 자들을 지옥에 보내지 않으신다. 자신의 왕국에서 자신과 함께 통치하는 것을 부인하시는 것이다. 그리스도인으로서 『**자기 아버지의 영광으로 올 때 그 사람을 부끄럽게 여길**』(38절) 대상이 되지 않기를 바란다면 교제라는 의미에서(요일 1:6,7) 주님 안에 거할(요일 2:28) 필요가 있다. 그 부분에 대해 예수 그리스도를 목소리를 높여 말해야 한다. 예수 그리스도를 적대시하는 세상 앞에서 부끄러워하지 않는 것이다.

본문을 마치기 전에 부끄러워해서는 안 되는 대상이 예수 그리스도뿐 아니라 그분의 『**말씀들**』이라는 사실을 주지시키고자 한다. 오늘날에는 특히 각별하게 적용해야 하는 부분이다. 성경이 몰몬교에 대해, 카톨릭에 대해, 모슬렘에 대해, 동성연애자들에 대해, 마약 중독자들에 대해, TV에 대해, 록 음악에 대해, 술, 포르노, 낙태에 대해 무엇이라고 말하는지 소리 높여 외친다면 잃어버린 세상으로부터 더 강한 압력과 협박을 받게 될 것이다. 이미 대법원은 동성연애자들의 결혼을 합법화했기에 거기에 동의하지 않는 그리스도인들은 투옥되었고, 많은 벌금을 물었다. 개인적으로 그런 죄들에 동의할 수 없다고 말하는 직장인들이 해고되었는데 심지어 일하는 시간에 그런 말을 한 것도 아니었다.

미국에 새로운 운동이 오바마, 힐러리, 민주당에 의해 일어나는데 종교의 자유(원하는 것을 믿을 수 있고 그 종교를 실행할 수 있다.)를 "경배"의 자유(원하는 종교를 믿을 수 있고 실행할 수 있는데, 단지 교회 건물 안에서만 그렇게 할 수 있다.)로 바꾸려는 운동이다. 마귀는 당신이 입을 다물고 있는 한, 무엇을 믿든지 전혀 상관하지 않는다. 입을 열어 증거하지 말라. 전도지를 나누어 주지 말라. 거리에서 설교하지 말라. 누군가를 걸리게 만드는 그 어떤 내용도 성경에서 말하지 말라. 그러면 마귀와 잘 지낼 것이고 세상과 잘 지낼 것이다.

성경의 말씀들을 부끄러워하지 말라. 성경은 당신의 혼을 구원할 수 있는 유일한 책이고 말씀이 존재하는 한 당신을 살게 해주는 유일한 책이다(벧전 1:23-25).

마가복음 9장

9:1 또 주께서 그들에게 말씀하시기를 "진실로 내가 너희에게 말하노니, 여기 서 있는 자들 가운데 몇 사람은 하나님**의 나라가 권능으로 임하는 것을 볼 때까지 죽음을 맛보지 아니하리라."고 하시더라.**

이 구절은 앞으로 이어질 2-4절에 대한 전주곡으로 서론에 해당된다. 예수 그리스도의 말씀에 따르면 예수님의 영광스러운 변모는 재림의 모습이다. 베드로는 이것을 베드로후서 1:16,17에서 다시 한번 증거했다. 주목할 점은, 이것이 "물리적인 형태로 나타나는 영적인 왕국"인 『하나님**의 나라**』라는 것이다(막 1:14 주석 참고). 이는 두 왕국의 왕께서 말 그대로 "영광스러운 거룩함을 미리 경험"하게 하시는 순간이다(막 8:38 참고).

본문에서 『**여기 서 있는 자들 가운데 몇 사람은 하나님의 나라가 권**

능으로 임하는 것을 볼 때까지 죽음을 맛보지 아니하리라.』에 해당하는 사람은 베드로, 야고보, 요한이다. 그러나 요한에게 특별히 적용되는 것은 그에게 요한계시록이 주어졌을 때, 성령에 의해 미래의 어느 시점인 주의 날로 이끌린 것이다(계 1:10 주석 참고).

요한복음 21:22에서 예수님은 요한에 대해 말씀하셨다. 『**내가 올 때까지 그를 머물게 하고자 한들 그것이 너와 무슨 상관이냐?**』 그 말씀으로 인해 1세기의 믿는 자들 사이에 요한이 죽지 않을 것이라는 소문이 돌았다. 그러나 예수님께서는 그렇게 말씀하지 않으셨다(요 21:23). 요한은 성령께서 그에게 재림을 보여줄 수 있을 만큼 충분히 오랜 시간을 살게 되었다. (그는 열두 제자 중 마지막으로 죽었다.) 그런 다음 그는 자신이 살던 시간으로 돌아가서 다른 사람들과 마찬가지로 죽었다. 요한은 죽기 전에 유형으로만 본 것이 아니라 진짜 일어날 일들을 보았다.

9:2 **엿새 후에** 예수**께서 베드로와 야고보와 요한을 데리고 따로 떨어져 있는 높은 산으로 올라가시고, 그들 앞에서 변형되시더라.**
3 **그의 옷이 눈처럼 아주 희게 빛이 나는데, 이 세상에서 빨래하는 어떤 사람도 그처럼 희게 할 수는 없을 것 같더라.**
4 **거기에 엘리야와 모세가 그들에게 나타나서** 예수**와 함께 이야기하더라.**

2절은 재림이 언제 일어나는가에 대한, 재림의 시간적 요소를 제공한다. 마가는 『**엿새 후에**』라고 말한다(2절). 누가는 『**약 팔일째 되는 날**』

이라고 말한다(눅 9:28). 그러면 엿새 후와 약 팔일째 사이는 어떤 날인가? 물론 일곱째 날이다.

이것은 내가 성경의 "일곱 체계"("Seven Sevens" system)라고 부르는 것이다. 하나님은 여섯 날들을 운영하시고 그 다음 일곱 번째 날을 특별히 다루시는데 바로 안식일이다(레 23:3). 초실절 후 일곱 주를 지나 그 주들의 일곱 번째 안식일 다음 날이 오순절이다(레 23:15,16). 일곱 번째 달은 유대인 달력에서 특별한 달인데 그 이유는 그 달에 세 명절, 즉 나팔절(레 23:24), 속죄일(레 23:27), 장막절(레 23:34)이 있기 때문이다.

그 유대인들은 자신의 땅에서 육 년 동안 일할 수 있었고, 일곱 번째 해는 땅을 위한 안식년으로 취급해야 했다(레 25:3,4). 그런 안식년들이 일곱 번 지나면(전체 49년이 됨), 50번째 해는 모든 빚이 사라지고 노예들이 해방되는 환희의 해가 되었다.

베드로후서 3:8에 있는 내용을 알고 있는가? 그 내용은 당신이 몰라서는 안 되는 중요한 내용이라고 말하는데 그것은 『**주께는 하루가 천 년 같고 천 년이 하루 같은 이 한 가지**』 사실이다. 그 문맥은 어떤 것인가? 창세기1:2의 우주적인 홍수 후에 창조된 재창조(벧후 3:5-7)와 재림 이후에 있게 될 재창조(벧후 3:10)를 말하는 문맥이다. 이는 곧 창세기 1장의 창조 기간인 여섯 날들은 창조로부터 천년왕국 안식일까지의 세계 역사의 그림이라는 뜻이다. 창조 넷째 날에 무엇이 등장하는지 아는가? 바로 태양인 해인데(창 1:14-19) 이는 예수 그리스도를 가리키는 그림이다(말 4:2, 시 19:4,5). 예수님은 창조 이후 4,000년이 지나 처음 오셨다.

이 말의 의미는 성경에 기록된 일곱 체계에 근거할 때, 재림은 A.D.

2000년에 일어났어야 했다는 것이다. 하지만 분명히 그때 일어나지 않았다. 그럼 무엇이 문제인가? 우리가 사용하고 있는 달력이 틀렸을 가능성이 충분히 있다는 것이다. 나는 1950년대, 60년대, 70년대, 80년대, 그리고 90년대에 "일곱 체계"에 관해 설교할 때마다, 주님께서 2000년에 다시 오신다는 말에 항상 이렇게 덧붙였다. "만일 우리의 달력이 정확하다면 말이다." 그리고 물론 주님께서 어떤 해들은 계산에 포함하지 않으신다는 사실도 있다(6:48 주석 참고). 그러나 주님께서 다시 그분의 시계를 작동시키실 때는, 그분의 말씀에 계시된 일정과 정확하게 맞아떨어질 것임을 확신할 수 있다.

변화산의 위치는 레바논 국경 근처의 헤르몬산이나 갈릴리의 타볼산으로 추측되어 왔다. 하지만 이것은 전통일 뿐이지 성경이 말한 것은 아니다. 이 장면은 재림의 그림자이기 때문에, 우리는 그 사건과 연결된 산을 찾아야 한다. 자, 예수 그리스도께서 구름 가운데 그 산 위로 막 내려오시려는 장면이다(7절). 이에 대한 원형(prototype)은 출애굽기 19:16에 있는데, 하나님께서 시내산에 내려오신 장면이다. 드보라의 예언적인 노래에서, 시내산은 예수 그리스도께서 재림하시어 예루살렘으로 향하실 때 지나가시는 경로 중 하나이다(판 5:5 주석 참고). 시내산은 구약에서 『**거룩한**』 산으로 간주된 두 산 중 하나이며(시 68:17, 출 3:5), 다른 하나는 예루살렘에 있는 시온산이다(사 27:13). 베드로는 변화산 사건이 『**거룩한 산**』에서 일어났다고 말한다(벧후 1:18). 그런데 예수님은 예루살렘에서 변형되지 않으셨다.

엘리야와 모세가 그리스도와 함께 변형산에 나타난다(4절). 시내산은 이 두 사람이 공통적으로 관련된 산이다(출 3:1-4, 왕상 19:9-12). 구약의 마지막 장에서는 그리스도의 재림과 관련된 네 이름이 등장하는데, 그것은 모세, 엘리야, 주님, 그리고 시내산(『**호렙**』, 말 4:4,5)이다. 변형산은 의심의 여지없이 헤르몬산이나 타볼산이 아니라 시내산이다.

『**변형되시더라.**』라는 말은 어떤 사람이나 사물의 외형이 변한다는 뜻이다. 누가복음 9:29은 『**그의 용모가 변하며**』라고 말한다. 예수 그리스도의 『**옷이 눈처럼 아주 희게 빛이**』 났다(3절). 마가는 그것이 『**눈처럼 아주 희게**』 되었다고 말하고, 마태는 『**그의 옷은 빛처럼 희어지더라.**』라고 말하며(마 17:2), 누가는 『**그의 옷은 희고 빛이 나더라.**』라고 기록한다(눅 9:29). 이것은 영광 중에 나타나실 예수 그리스도의 모습이다(단 7:9 참고).

3절에 나오는 『**빨래하는... 사람**』은 양모 옷감을 희게 만드는 사람이었다. 그들은 표백토(fuller's earth)라는 점토를 사용해 옷감을 문질러 닦았고, 『**표백하는 자의 비누**』(말 3:2 참고)라 불리는 식물 재료에서 만든 알칼리성 비누를 사용했다. 오늘날로 말하면 "세제"에 해당된다. 표백토는 오늘날 아칸소주에서 채굴되며, 가장 강력한 비누 중 하나를 만드는 데 사용된다. 말라키 3:2의 『**표백하는 자의 비누**』는 그리스도의 재림, 즉 『**그가 오는 날**』과 연관되어 있다는 점에 주목하라.

이제 여기에서 나타난 그리스도의 모습이 성경의 어떤 장면들과 일치하는지를 주목해야 한다. 주의 천사가 나타날 때, 그의 옷차림은 영화롭게 된 그리스도의 모습과 일치한다(마 28:3, 행 10:30). 마태복음 17:2에서는 그리스도의 『**얼굴은 해처럼 빛나고**』라고 말한다. 이와 동일한 표현이 요한계시록 10:1에서 『**힘센 천사**』가 내려올 때에도 사용된다. 그래서 사탄은 자신을 『**자신을 빛의 천사로 가장**』한다고 한다(고후

11:14). 하지만 그는 진짜 빛의 천사가 아니다(겔 28:14, 계 12:9). 어떤 천사가 마치 10,000와트 전구의 빛을 가지고 나타난다고 해서 그것이 하나님의 천사라는 보장은 없다. 심지어 천사조차 아닐 수도 있다. 『**모든 영을 다 믿지 말고 그 영들이** 하나님**께 속하였는지 시험하라.**』(요일 4:1)라고 명령하신다.

이제 당신이 영화롭게 변형되신 그리스도의 임재 안에 들어가기만 하면, 그분의 얼굴빛을 취하게 될 것이다. 당신이 어린 양의 피로 씻겨지면(계 1:5), 깨끗하게 된다(요일 1:7). 그래서 영적으로는 『**눈같이 희게**』 되는 것이다(사 1:18). 출애굽기 34장에서 모세가 주님의 임재 가운데 그분과 대화했을 때, 『**그의 얼굴 피부에서 빛이**』 났는데(출 34:29-35) 이와 같은 일이 그리스도께서 다시 오실 때 하나님의 모든 성도들에게 일어날 것이다(마 13:43, 단 12:3). 휴거 때, 그리스도인은 부활하신 구주처럼 영광스러운 몸을 받게 될 것이다(빌 3:21, 요일 3:2). 마가복음 9:3에서 당신이 읽고 있는 장면은, 언젠가 당신이 얻게 될 모습의 예시이다.

『**거기에 엘리야와 모세가 그들에게 나타나서** 예수**와 함께 이야기하더라**』(4절). 이것이 구약 성경을 이해하고, 앞으로 다가올 일들을 이해하는 열쇠다. 구약은 두 가지 기본적인 부분으로 나뉘어 있다. 『**율법과 선지서들**』(마 7:12; 22:40, 눅 16:16, 행 13:15, 롬 3:21)이다. 모세는 율법을 대표하고, 엘리야는 선지서들을 대표한다. 2절에 대한 설명에서 말했듯이, 구약 성경은 세 사람의 이름으로 끝난다. 모세, 엘리야, 그리고 주님(말 4:4,5)이다. 스카랴의 두 올리브 나무 환상(슥 4장)은 요한계시록 11장에서 다시 등장하는데, 그 묘사는 모세와 엘리야를 가리킨다(계

11:4-6). 그리스도처럼(계 5:6), 모세와 엘리야는 주의 임재 앞에 서 있는 자들이다(출 33:21, 왕상 17:1). 이런 이유로 야고보와 요한은 그리스도의 왕국에서 오른편과 왼편 자리를 얻지 못한 것이다(10:37,40 참고). 그 자리는 모세와 엘리야를 위한 자리이기 때문이다.

모세와 엘리야는 둘 다 시내산에서 하나님의 음성을 들었다(출 3:1-4, 왕상 19:9-12). 그리스도처럼(눅 4:2), 그들 둘 다 40일 밤낮으로 금식했다(출 24:18, 왕상 19:8). 예수님께서 『**예루살렘에서 이루시려고 하는 주의 죽음에 관하여 이야기**』 하시고자 하셨을 때, 그분은 모세와 엘리야와 함께 그것을 논의하기로 선택하셨다(눅 9:30,31). 세 사람 모두 기적적으로 음식을 공급하였다(출 16장, 왕상 17장, 막 6,8장), 그리고 모두 기적적으로 물을 건넜다(출 14장, 왕하 2장, 막 6장). 세 사람 모두 하늘로 들려 올라갔다(왕하 2장, 행 1장, 유 1:9, 계 11장). 모두 자연 요소들에 대한 초자연적인 권능을 가지고 있었다(출 5-10장, 약 5:17,18, 막 4:41). 모두 자신들의 후계자를 직접 선택했다(신 34:9, 왕상 19:16, 행 9:15,16. 갈 1:15,16 참고). 모두 불로 자기 원수들을 멸했다(민 16:31-35, 왕하 1:9-12, 시 97:3; 18:8; 21:9. 살후 1:8 참고).

바로 이런 이유로 모세와 엘리야가 변형산에 나타나는 것이다. 그들은 그리스도의 재림과 연결되어 있다.

9:5 베드로가 대답하여 예수께 **말씀드리기**를 "선생님, **우리가 여기 있는 것이 좋사오니, 장막 셋을 짓되 하나는 선생님을 위하여, 하나는 모세를 위하여, 또 하나는 엘리야를 위하여 지었으면 하나이**

다."라고 하더라.

6 그는 무슨 말을 할지 몰랐으니 이는 그들이 너무 무서웠기 때문이라.

방금 읽은 본문은 재림의 정확한 달과 정확한 주에 대한 정보를 제공해준다. 5절의 『**장막**』은 장막절에 이스라엘 자손들이 만들어 그 안에서 칠 일간 살아야 하는 임시로 지은 오두막(booth)이다(레 23:39-42).

일곱 째 달에 있는 장막절은 우리 달력에서 9,10월에 해당한다. 그 달은 세 가지의 명절이 열리는 중요한 달이다. 왜냐하면 그 달이 바로 재림의 달이기 때문이다.

스카랴 14장으로 가서 다음 문맥을 주목하라. 『**주의 날**』(슥 14:1). 이 날은 재림을 말한다. 그 일 후 매 해마다 모든 민족에게 무엇이 요구되는지 살펴보라.

『**예루살렘을 치러 온 모든 민족들 가운데서 남아 있는 자도 각기 그 왕, 만군의 주께 경배하러, 또 장막절을 지키려고 해마다 올라올 것이라**』(슥 14:16).

천년왕국에서 장막절은 유월절을 대신하는데 장막절은 이스라엘에서(그리고 세계에서) 가장 중요한 명절이 될 것이다. 이는 이방 민족들을 정복하기 위해 능력 가운데서 예수 그리스도께서 돌아오심을 기념하는 명절이기 때문이다.

장막절은 천년왕국에서 그리스도의 재림을 되돌아보게 할 뿐 아니라, 하나님께서 사람들과 영원히 함께 거하실 영원을 바라보게 한다.

『**또 내가 들으니, 하늘에서 큰 음성이 나서 말하기를 "보라, 하나님의 성막(tabernacle)이 사람들과 함께 있어 그분께서 그들과 함께 거하시**

리니, 그들은 그분의 백성이 되고 하나님**께서는 친히 그들과 함께 계셔서 그들의** 하나님**이 되시리라**』(계 21:3).

장막절이 가리키는 것은 완전한 화평, 완전한 행복, 완전한 하나님과의 교제이다. 이는 이 땅에 살았던 모든 사람들이 그렇게 원하였던 것들이다. 이를 받아들이든지 그렇지 않든지 말이다(계 21:4).

이제 베드로, 야고보, 요한은 잠들어 있다(눅 9:32). 그들은 잠에서 깨어 예수 그리스도께서 해처럼 희고 빛나는 것을 볼 것이다(마 17:2). 그뿐 아니라 그들 앞에 구약의 두 영웅이 서 있는데 모세와 엘리야이다. 이로서 왜 베드로가 다음과 같이 말하였는가를 설명해 준다. 『**그는 무슨 말을 할지 몰랐으니**』(6절). 베드로가 무엇을 해야 할지 모를 때 그는 입을 열어 헛소리를 한다(8:32; 14:29 참고). "심지어 물고기도 그 입을 닫기만 한다면 곤란을 피할 수 있을 텐데"라는 옛 속담이 있다(잠 21:23; 10:19; 13:3 참고).

『**이는 그들이 너무 무서웠기 때문이라.**』 그들이 무서워했다고 기록한다. 성경에서 누구든 영광 가운데 있는 예수 그리스도를 보았다면 더 이상 예수 그리스도를 "친구"로 대하거나 친밀감을 갖지 못한다. 전형적인 반응은 두려워하는 것이다. (이는 "경외하는 신뢰, 경건한 신뢰"를 말하는 것이 아니다.) 이사야는 다음과 같이 말했다. 『**내게 화로다! 내가 끊어졌도다. 이는 내가 불결한 입술을 가진 사람이며**』(사 6:5). 이 땅에 있을 때 예수 그리스도와 가장 가까운 관계에 있었던 사도는 우리의 대제사장인 예수 그리스도를 영광 중에 보았을 때 죽은 자처럼 예수 그리스도의 발 앞에 쓰러졌다. 『**내가 그를 보자 죽은 것처럼 그의 발 앞에 엎드러지니**』(계 1:12-17).

9:7 이에 구름이 그들 위를 덮고, 구름에서 음성이 있어 말하기를 "이
는 내 사랑하는 아들**이니 그의 말을 들으라."고 하더라.**
8 그들이 주위를 살펴보니 갑자기 아무도 보이지 아니하고 예수**만**
자기들과 함께 계시더라.

7절의 『**구름**』은 하나님의 영광의 구름이다(출 40:34, 왕상 8:11). 이것은 예수 그리스도의 재림과 관계가 있다(계 1:7). 예수 그리스도께서는 『**구름**』 속으로 올라가셨다(행 1:9). 그리고 돌아오실 때도 동일한 방법으로 오신다(막 13:26). 재림 뿐 아니라 휴거 때에도 마찬가지이다(살전 4:17).

『**이는 내 사랑하는** 아들**이니 그의 말을 들으라.**』 이것은 예수 그리스도께서 침례받으실 때 들었던 것과 동일한 음성이다(1:11). 이번에 아버지 하나님께서는 권고의 말씀도 하시는데 『**그의 말을 들으라.**』는 것이다. 베드로는 예수 그리스도를 두 죄인인 모세와 엘리야와 같은 등급으로 취급했다. 모세와 엘리야는 예수 그리스도와 동등한 존재로 거기에 있는 것이 아니라, 예수 그리스도께서 이루실 일에 대해 증거하기 위해 그곳에 있는 것이다(눅 9:30,31). 예수 그리스도의 부활 후에 예수 그리스도는 엠마오로 가는 두 제자들에게 말씀하셨다.

『그리스도**가 이러한 고난을 당하고서 그의 영광에 들어가는 것이 당연하지 않느냐?"고 하시며 모세와 모든 선지자들로부터 시작하여 <u>자신에 관하여</u> 모든 성경에 있는 것들을 그들에게 설명하시더라**』(눅 24:26,27).

예수 그리스도의 명령은 모든 새 성서들에서 변개되었기에 그것은 명령이라고 할 수도 없다.

『**성경을 상고하라. 이는 너희가 성경에 영생이 있다고 생각함이니, 그 성경은 나에 관하여 증거하고 있음이라**』(요 5:39).

같은 문맥에서 예수 그리스도는 말씀하신다.

『**너희가 모세를 믿었다면 나를 믿었으리니 이는 그가 나에 관하여 기록하였기 때문이라**』(요 5:46).

『**거룩한 성경**』, 즉 여기에서 모세와 엘리야로 상징된 『**그 성경은 너로** 그리스도 예수 **안에 있는 믿음으로 인하여 구원에 이르도록 지혜롭게 할 수 있느니라.**』(딤후 3:15)라고 말한다. 하나님께서 인간에게 계시하시는 최고 정점의 계시는 그의 아들 안에서 계시하시는 것이다(히 1:1,2).

예수 그리스도는 단순히 다른 종교의 창시자에 불과한 것이 아니다. 그는 베드로, 마리아, 교황들, 마호메트, 부처, 마르크스, 크리슈나, 달라이라마, 조로아스터, 그리고 공자와는 비교할 수 없을 정도로 너무나 뛰어넘어서 비교할 수조차 없다. 만약 당신이 아버지 하나님께 나아가고자 한다면, 그 아들을 통해야만 한다. 그렇지 않으면 나아가지 못한다(요 14:6, 행 4:12, 딤전 2:5).

그들 앞에서 변형되신 모습이 갑자기 나타났던 것만큼이나, 『**갑자기**』 사라졌다(8절). 구름은 사라졌다. 음성도 들리지 않았다. 모세와 엘리야도 없어졌다. 『**아무도 보이지 아니하고** 예수**만 자기들과 함께 계시더라.**』

믿거나 말거나, 마지막 문장에 나오는 『예수**만**』을, "예수 유일주의자들"(Jesus Onlyists)이 증거 구절로 택해 왔다. 이는 연합 오순절 교단(United Pentecostals)인 "사도적 거룩함"("Apostolic Holiness")의 가르침인데, 삼위일체가 없다고 가르친다. 아버지도 예수, 아들도 예수, 성령도 예수라는 것이다.

이는 문맥상 의미도 아니고, 성경이 계시하는 『**신격**』(행 17:29, 롬 1:20, 골 2:9)에 관한 모든 것을 무시하는 것이다. 삼위일체는 한 하나님이 서로 다른 세 부분에서 역사하는 것이 아니다. 마치 한 배우가 무대에서 세 인물을 번갈아 가며 세 역할을 하듯이 하는 것이 아닌 것이다. 한 하나님이 세 인격((Persons) 안에서 나타나시는데 각 인격은 다른 두 인격과 구별되지만 동시에 본질에 있어 하나로 존재하신다. 세 인격으로 계시는 한 분 하나님이시다. 하나님은 몸을 가지셨는데, 곧 아들 하나님이신 예수 그리스도시다. 하나님은 혼이 있는데 아버지 하나님이시다. 하나님께는 영이 있는데 성령 하나님이시다. 삼위일체의 각 위격은 단지 역할이 다를 뿐 아니라, 서로 구별된 개별적인 뜻, 의지(will)를 가지고 계신다. 예수께서 『**내 뜻**[한 분의 뜻]**대로 하지 마옵시고 아버지의 뜻**[동일한 분이 아닌, 또 다른 분의 뜻]**대로 하옵소서.**』(눅 22:42)라고 말씀하셨다.

이제 만약 여러분이 『예수**만**』에 해당하는 "예수 유일주의"라는 표현을 교리적으로 적용하고자 한다면, 그 의미는 이것이다. 즉 『**사람이신** 그리스도 예수』(딤전 2:5)는 하나님 아버지를 볼 수 있도록 육체로써 나타내신 유일한 분이라는 것이다(요 14:9). 제자들이 아버지를 볼 수 있는 유일한 방법은 예수님을 통해서였다(요 1:18). 예수님은 곧 『신격**의 모든 충만함이 몸의 형태로**』 거하시는 분이시다(골 2:9).

9:9 그후 그들이 산에서 내려올 때 주께서 당부하시기를 그들이 본 것을 인자**가 죽은 자들로부터 살아날 때까지는 아무에게도 말하지**

말라고 하시니라.
10 그들은 그 말씀을 자기들 속으로 간직하고 서로 묻기를 "죽은 자
들로부터 살아난다는 것이 무슨 뜻인가?"라고 하더라.

그리스도께서는 베드로, 야고보, 요한에게 자신의 변형된 모습을 본 것에 대해 아무에게도 말하지 말라고 당부하신다. 그 이유에 대해서는 8:30에서 살펴보았다. 그러나 이에 관하여 말할 수 있는 때가 있는데, 그때는 『인자**가 죽은 자들로부터 살아날 때**』(9절)라고 하신다. 예수님께서 자신의 부활에 대해 두 번째로 말씀하신 곳이다. 8:31,32에서 베드로는 예수님의 그 말이 실패자의 헛소리라고 생각했다. 그러나 여기에서 제자들은 『**"죽은 자들로부터 살아난다는 것이 무슨 뜻인가?"라고**』 서로 물었다(10절). 그들은 그 의미를 몰랐다.

9:31,32을 보라. 예수님께서는 세 번째로 자신의 부활에 대해 말씀하셨다. 그러나 그들은 여전히 이해하지 못했다. 사실 그들은 부활이 이루어진 후에도 이해하지 못했다. 요한복음 20:9을 보라. 그 문맥은 예수 그리스도께서 부활하신 아침이었다.

『**이는 그들이 주께서 죽은 자들로부터 다시 살아나셔야 한다는 성경을 아직 알지 못하였기 때문이라.**』

이는 요한복음 8:56에 상당한 빛을 비춰준다. 근본주의자들은 이 구절을 통해 아브라함이 십자가와 부활을 본 것이라고 말한다. 그래서 지금처럼 아브라함도 그리스도를 믿음으로 구원받은 것이라고 말한다. 구약에서 구원받는 것이나 신약에서 구원받는 것은 동일한 것이라고 생각하게 하는 것이다.

이 무슨 허튼소리인가! 아브라함은 이삭을 바칠 때 그것이 아버지 하나님께서 아들 하나님을 바치는 것에 대한 모형임을 알지 못했다. 아브라함이 믿었던 모든 것은 하나님께서 자신이 하신 약속을 이루시기 위해(히 11:17-19)이삭을 『**죽은 자들로부터**』 일으키실 수 있다는 사실이었다. 21세기를 사는 우리들이 이를 알 수 있는 유일한 이유는 완전한 성경을 읽을 수 있기 때문이다. 구약의 어떤 성경 기록자도 그런 일을 추측조차 할 수 없었다(벧전 1:11). 예수님께서 평범하게 말씀하시는 그 내용을 들은 제자들이 이해할 수 없었다면 제자들이 가지고 있었던 계시보다 훨씬 적은 계시를 가지고 있었던 아브라함이 어떻게 그 사실을 이해할 수 있었겠는가?

9,10절을 다시 읽어보자. 『인자**가 죽은 자들로부터**(from the dead) **살아날 때까지는**』(9절). 『**서로 묻기를 "죽은 자들로부터 살아난다는 것이 무슨 뜻인가?"라고 하더라.**』(10절) 모든 정통 유대인들은 『**죽은 자의 부활**』(resurrection of the dead, 행 23:6,8)을 믿었다. 그들은 『**마지막 날**』에 부활하는 전체적인 부활을 믿었다(요 11:24). 그 부활 뒤에 이어지는 심판도 믿었다. 이는 카톨릭과 모슬렘도 마찬가지다. 그들이 이해할 수 없었던 것은 "『**죽은 자들로부터**』의 부활"이었는데 이는 누군가가 전체적인 부활이 있기 전에 부활하여 다시는 죽지 않는 것이다.

예수님께서 마르다에게 말씀하셨다. 『**나는 부활이요, 생명이니 나를 믿는 자는 죽어도 살 것이며**』(요 11:25). 그때 주님께서는 구원을 위해 주님을 믿는 사람은 "마지막 날"이 오기 전에 일어날 것이라고 말씀하신 것이다. 왜 그런가? 주님께서 죽으신 후에 일어나셨기 때문이다.

『**잠시 후면 세상이 더 이상 나를 보지 못하리라. 그러나 너희는 나를**

보리라. 이는 내가 살고 너희도 살겠음이라』(요 14:19).

사실 2천 년 전에 예수 그리스도께서 부활하지 않으셨다면 아무도 어떤 부활에서도 일어나지 못한다.

『**사망이 사람으로 말미암은 것같이** 죽은 자의 부활**도 사람으로 말미암는도다. 이는 아담 안에서 모든 사람이 죽은 것같이** 그리스도 **안에서** 모든 **사람을 살게 하려 함이라. 그러나 각자 자기의 서열대로 되리니** 그리스도**가 첫열매들이요**,[〈킹제임스성경〉의 이 부분에 세미콜론(;)이 있음] **그 다음은** 그리스도**께서 오실 때 그분께 속한 사람들이라. 그후에는 끝이 오리니 주께서 모든 정사와 모든 권세와 능력을 폐하시고 그 왕국을** 하나님, **곧** 아버지**께 바칠 때라**』(고전 15:21-24).

이 구절에서 부활의 순서에 주의하고 구두점, 즉 세미콜론(;)에서 시간 차이가 있음을 주의하라. 그리스도의 부활이 첫 번째이다. 그런 후 그리스도 안에서 죽은 자들의 부활이 있다(살전 4:16 참고). 고린도전서 15:23에 있는 세미콜론에 의해 최소 2천 년의 간격이 주어진다. 이 부활이 요한계시록 20:5에서 말하는 『**첫 번째 부활**』로서 첫 번째 두 부분이다. 이어지는 고린도전서 15:23에 주어진 유사점은 그리스도께서 부활의 『**첫열매들**』이 되신다는 것이다. 그리고 휴거 때 그리스도의 몸인 교회가 "추수"된다. 대환란의 끝에 재림에 앞서 일어나는 휴거가 있는데 "환란 성도의 휴거"이다. 이 휴거는 "이삭줍기"에 해당한다.

천년왕국 끝에 "전체적인 부활"이 있다. 모든 시대의 구원받지 못한 자들이 부활하고 대환란 성도들과 천년왕국 『**성도들**』도 이 부활에 참여한다. (이 부활에 구약 시대의 구원받은 이방인들도 포함될 수 있다.)

이것이 『**죽은 자의 부활**』이다. 당신은 이 부활에 나오기를 원치 않을 것이다. 그러나 당신이 이 부활 때 나오게 될지 아닐지는 이 시대에 결정된다(요 3:18). 당신은 거룩하신 하나님께 저지른 죄들에 대해 형을 선고받을 것이다. 구원받지 않고 이 시대에 죽은 자들은 이 『**죽은 자의 부활**』 때 나오게 되는데 『**사망과 지옥**』으로부터 나온다(계 20:13). 이것이 의미하는 것은 그들은 그리스도 없이 자신들의 죄 가운데서 죽었고, 그들에게 내려지는 『하나님**의 진노**』와 더불어(요 3:36) 죽었다는 의미이다. 그들은 자신들의 행위에 따라 불못에서 합당한 형벌을 받기 위해 올라올 것이다(계 20:12-15).

이 시대에 구원받은 자들은 『**첫 번째 부활**』 때, 즉 『**죽은 자의 부활**』보다 천 년도 더 전에 일어났다(계 20:5). 『**첫 번째 부활**』 때 일어난 사람들에 대해 『**복되고 거룩하도다.**』라고 묘사되는데 『**둘째 사망이 그들을 다스리는 권세가**』 없기 때문이라고 말한다(계 20:6). 따라서 당신에게 어느 정도 지각이 있다면 『**죽은 자의 부활**』 때 부활하기를 원치 않을 것이다. 『**죽은 자의 부활**』은 모든 구원받지 않은 종교인, 죄인들이 경험하는 부활이다. 구원을 위해 갈보리에서 완성하신 예수 그리스도께서 십자가에서 완성하신 일을 신뢰하는 대신, 자기 의, 교회 출석, 헌금, 최초의 증거, 표적들, 기적들, 성사들, 침례, 교제를 의지하는 구원받지 못한 유대교인, 카톨릭, 모슬렘 등 모든 종교인들이 경험하는 부활이다. 당신은 『**죽은 자들로부터의 부활**』을 원할 것이다. 이 부활은 예수 그리스도를 믿는 믿음과 당신을 위해 주님께서 행하신 일을 믿을 때에 참여하게 되는데, 주님께서 당신에게 『**성령의 보증**』을 주시며(고후 1:22; 5:5), 당신이 『**죽음 안으로 침례를 받아 그와 함께**』 장사되고(고전

12:13, 롬 6:4), 『**죽은 자들로부터**』 일으켜져 『**생명의 새로움 가운데서**』 행하게 하신다(롬 6:4).

9:11 또 그들이 주께 물어 말씀드리기를 "어찌하여 서기관들은 엘리야
가 먼저 와야 한다고 말하나이까?"라고 하니
12 주께서 대답하여 그들에게 말씀하시기를 "과연 엘리야가 먼저 와
서 모든 것들을 회복시키느니라. 또 인자가 많은 고난을 받고 멸
시를 받아야 된다고 기록되어 있느니라.
13 그러나 내가 너희에게 말하노니 엘리야가 정녕 왔으나 그들은 그
에 관해서 기록된 바와 같이 그들 마음대로 그를 대하였도다."라
고 하시니라.

문제점이 하나 있다. 그리스도께서는 막 제자들에게 자신이 『**죽은 자들로부터**』(9절) 일어날 것이라고 말씀하셨다. 주님께서 의미하시는 것을 이해하지 못한(10절) 제자들은 예수님께서 『**주의 크고 무서운 날**』(말 4:5. 사 26:19, 단 12:1-3 참고)과 연관된 부활에 관하여 말씀하시는 것으로 생각한다. 왜 그런가? 그들이 알고 있었던 계시의 내용 전체가 그것뿐이기 때문이다.

형제들이여, 지금 현재 당신이 알고 있는 지식은 완전한 계시이다. 이는 벌링거, 라킨, 스코필드, 펨버, 펜테코스트 등과 같은 사람들이 열심히 일했기에 그 위에 형성된 것이다. 당신은 교회 시대도 알고, 휴거, 대환란, 재림, 천년왕국, 백보좌 심판, 새 하늘과 새 땅에 관한 지식이 당신을 위해 펼쳐져 있다. 게다가 당신 안에 내주하시는 성령님께서 진리를 가르쳐 주신다(요 16:13).

그러나 제자들은 이 모든 지식을 다 가지고 있지 않았다. 그들이 가지고 있었던 지식의 전부는 구약 성경이었다. 성령께서는 아직 내려오시지 않았다(요 7:39). 그들이 구약을 읽을 때 종종 초림과 재림이 교회 시대의 구분 없이 바로 함께 있는 것을 읽는다(눅 4:18,19 주석 참조). 때로는 두 오심이 심지어 거꾸로 기록되기도 했다. 게다가 주의 날은 여러 다른 사건들을 언급하는 것일 수도 있었다(욜 1:15 주석 참조). 신약의 계시가 없었다면 그리고 성령님의 인도하심이 없었다면 전체의 내용은 매우 혼란스러웠을 것이다.

이 사실을 염두에 둔다면, 11절에 있는 제자들의 질문을 이해할 수 있을 것이다. 『**어찌하여 서기관들은 엘리야가 먼저 와야 한다고 말하나이까?**』 다른 말로 하면, "만일 '부활'이 곧 일어날 것이라면 서기관들이 말라키 4:5,6에서 가르친 것처럼 왜 엘리야는 오지 않은 것입니까?" 심지어 베드로, 야고보, 요한조차도 변형산에서 엘리야가 나타난 것은 말라키 4:6에 예언된 엘리야의 공개적인 사역의 성취가 아니었다는 사실을 알았던 것이다.

주님께서 주신 대답은 주님의 초림의 본질을 계시한다. 앞에서도 말했듯이, 복음서에서 예수 그리스도의 사역이 시작될 때 모든 것이 이미 설정되어 있었고, 초림과 재림도 둘 다 설정이 되어 있었던 것이다(1:3 주석 참고). 예수님의 답변은 이렇다. 『**과연 엘리야가 먼저 와서 모든 것들을 회복시키느니라... 그러나 내가 너희에게 말하노니 엘리야가 정**

녕 왔으나』(12-13절). 다른 말로 하면 엘리야는 올 것이다(미래). 그러나 엘리야는 이미 왔다(과거). 마태복음 17:13에서는 다음의 내용을 추가시킨다. 『**그때서야 제자들은 주께서 자기들에게 침례인 요한에 관하여 말씀하신 것임을 깨닫더라.**』

예수 그리스도에 의하면 침례인 요한은 재림 전에 나타나는 엘리야에 관한 예언의 성취였다. 그러나 침례인 요한에 의하면 그는 엘리야가 아니었다. 『**그들이 묻기를 "그러면 네가 무엇이냐, 네가 엘리야냐?"고 하니 그가 말하기를 "나는 아니라."고 하자**』(요 1:21). "이봐 요한, 네가 엘리야야?" "아니!"

이제 충분히 "모순"이라고 여겨지는 부분까지 왔다. 예수님은 요한이 엘리야였다고 말씀하셨으나 요한은 아니라고 말했다. 누구의 말이 옳은가? 둘 다 옳다. 누가복음 1:17에서는 요한이 『**엘리야의 영과 능력을 가지고**』 왔다고 말한다. 그리고 예수 그리스도께서 오시기 전에 있을 엘리야의 사역에 관련된 말라키 4:6의 예언을 말한다.

그러나 침례인 요한이 그 예언을 성취하는 것은 조건에 달려있다. 그 조건은 무엇인가? 요한이 예수 그리스도에 관해 말한 것을 이스라엘이 받아들이느냐에 달려 있다(마 11:14). 만일 이스라엘이 국가적으로 예수 그리스도에 관한 요한의 증거를 받아들인다면 초림과 재림은 모두 복음서와 사도행전에서 일어났을 것이다. 로마인들은 그리스도를 죽였을 것이나 유대인들은 그에 대해 전혀 공모하지 않았을 것이다. 휴거는 사도행전 7장에서 일어났을 것이고(행 7:56 설명 참조) 다니엘의 70째 주는 그 때 그곳에서 일어났을 것이다. 그러나 유대인들은 그리스도를 자신들의 메시아로 받아들이지 않았다. 따라서 침례인 요한은 엘리야가 아니었고 말라기 4:5,6은 여전히 미래에 성취될 예언으로 남아 있다.

이 부분은 칼빈주의를 엉망으로 만든다. 하나님께서는 자신의 목적을 한 가지 방법으로든 다른 방법으로든 성취하실 것인데, 하나님의 설정에서는, 당신이 어느 길로 가든지 상관없이 말씀하신 것을 자신에 대해 전혀 모순되지 않게 이루어 나가신다. 하나님께서는 당신이 당신의 자유의지를 사용하도록 허락하신다. 그러나 여전히 하나님의 목적을 달성하신다.

12절로 돌아가자. 『또 인자**가 많은 고난을 받고 멸시를 받아야 된다고 기록되어 있느니라.**』 시편 22편, 이사야 53장에 나와 있는 고난받는 종에 대한 예언을 언급하신 것이다. 구약에서 예수 그리스도에 대한 위대한 예표가 요셉인데 (요셉은 153가지의 독특한 예표들을 가지고 있다.) 파라오 밑에 있는 두 번째 통치자의 위치까지 높여지기 전에 노예로서 고난받았고, 이집트에 있는 감옥에 갇혔다. 다윗은 이스라엘의 왕이 되기 전에 망명 생활을 했다. 『그리스도**의 고난들**』은 『**다가올 영광**』(벧전 1:11)에 앞선다. 십자가 없이 영광은 없다.

『**멸시를 받아야 된다**』(be set at nought)에서 "nought"는 "아무것도 없음"(nothing)을 뜻하는 고어이다. 〈킹제임스성경〉에서는 "naught"와 "nought" 둘 다 사용되는데, "naught"는 naughty(못된, 악한)의 축약형으로서 "나쁜"을 의미한다(왕하 2:19, 잠 20:14. 잠 6:12; 17:4, 렘 24:2 참고). 『**멸시를 받아야 된다**』(be set at nought)는 유대인들이 예수 그리스도의 메시아와 하나님의 아들이라는 주장들을 무시하고 멸시했다는 뜻이다(시 22:16, 사 53:3).

13절에 나오는 『**그들 마음대로**』인 "Whatsoever they listed"는 "그들

이 원하는 대로," "그들이 기뻐하는 대로"라는 뜻의 고어이다. 바리새인들과 사두개인들 같은 지도자들이 기뻐한 것은 요한의 설교를 『**마귀들렸다**』(마 11:18)라고 비난하며 무시하는 것이었다(막 11:31). 『**그에 관해서 기록된 바와 같이**』(as it is written of him)는 분명히 열왕기상 19:10,14에서 엘리야가 했던 하나님을 향한 일반적인 불평과 관련이 있다. 비록 요한을 죽인 헤롯처럼 엘리야를 죽인 사람은 없었지만, (적그리스도는 미래에 그렇게 할 것이다. - 계 11:7) 죽이려는 시도는 있었다(왕상 18:10; 19:2).

9:14 주께서 제자들에게로 오시니, 큰 무리가 그들을 에워싸고 있으며, 서기관들이 그들과 논쟁하는 것을 보시니라.

15 모든 무리가 주를 보자 몹시 놀라며 곧장 주께로 달려와 인사를 드리니라.

16 그때 주께서 서기관들에게 물으시기를 "너희가 그들과 무엇을 논쟁하느냐?"고 하시니

17 그 무리 가운데 한 사람이 대답하여 말씀드리기를 "선생님, 내가 벙어리 영을 지닌 내 아들을 선생님께 데려왔나이다.

18 그 영이 어디서든지 그를 붙잡기만 하면 그에게 발작을 일으키고 그는 거품을 내고 이를 갈며 초췌해지나이다. 그래서 내가 선생님의 제자들에게 그 영을 쫓아내어 달라고 말하였으나 그들은 쫓아내지 못하였나이다."라고 하더라.

19 주께서 그에게 대답하여 말씀하시기를 "오 믿음이 없는 세대여,

언제까지 내가 너희와 함께 있어야 하겠느냐, 언제까지 내가 너
희를 참아야 하겠느냐? 그를 내게로 데려오라."고 하시니
20 그들이 그를 주께 데려오더라. 그가 주를 보자 즉시 그 영이 그
에게 발작을 일으키니, 그가 땅바닥에 넘어져 구르며 거품을 흘
리더라.
21 그때 주께서 그 아이의 아버지에게 "언제부터 이렇게 되었느냐?"
고 물으시니, 그가 말씀드리기를 "어릴 때부터니이다.
22 그 영이 그를 죽이려고 종종 불에도 던지고, 물에도 던졌나이다.
그러나 주께서 무언인가를 하실 수 있다면, 우리를 가엾게 여겨
도와 주소서."라고 하니라.
23 예수**께서 그에게 말씀하시기를 "네가 믿을 수만 있다면, 믿는 사**
람에게는 모든 것이 가능하니라."고 하시니
24 곧 그 아이의 아버지가 울부짖으며 눈물로 말하기를 "주여, 내가
믿나이다. 나의 믿음 없음을 도와주소서."라고 하더라.
25 예수**께서 무리가 함께 달려오는 것을 보시고, 그 더러운 영을 꾸**
짖으시며 그에게 말씀하시기를 "벙어리이며 귀먹은 영아, 내가 너
에게 명하노니 그에게서 나와 다시는 들어가지 말라."고 하시자
26 그 영이 소리지르고 그에게 심한 경련을 일으키며 나오더라. 그
때 그가 죽은 자같이 되었으므로 많은 사람이 말하기를 "그가 죽
었다."고 하니라.
27 그러나 예수**께서 그의 손을 잡아 일으키시니 그가 일어나더라.**

비록 마가복음과 마태복음에서는 1-13절에서 일어난 일과 14절 사이에 있는 시간 요소에 대해서 말을 하지 않으나 누가복음에서는 그 시간을 말하는데 『**그 다음 날**』(눅 9:37)이라고 말한다. 마가는 『**서기관들**』이 예수님께서 뒤에 남겨 놓으셨던(14절) 제자들과 『**논쟁**』한다는 사실을 말한다. 이 내용은 마태복음과 누가복음에는 설명되어 있지 않다.

15절을 주의해 보아야 하는데 14절의 『**큰 무리**』가 『**주를 보자 몹시 놀라며**』라고 기록되어 있다. 왜 그런가? "잔류 효과" 때문이었는지 모른다. 시내 산에서 하나님과 말한 후 모세의 얼굴이 빛났듯이(출 34:30) 예수님의 얼굴에 나타났던 변형산의 잔류 효과 때문이었을 것이다.

『**논쟁하는 것**』(14절)은 왜 제자들 모두가 다 합쳐도 마귀 들린 아이로부터 마귀를 쫓아내지 못하느냐 하는 것이었다(18절). 이 마귀는 『**벙어리 영**』(17절)인 영이었다. 즉 소년이 말하지 못하도록 방해하는 악한 영이었다. 그 악한 영은 그 불쌍한 소년을 마음대로 끌고 다녀 발작을 일으키게 하고 입에 거품을 물게 하고 사람들에게 이를 갈게 하고 초췌하게 되어 거의 죽게 한다. 그 소년의 아버지는 22절에서 다음의 내용을 더한다. 『**그 영이 그를 죽이려고 종종 불에도 던지고, 물에도 던졌나이다.**』 이 부분에 대해서는 마가복음 5:1-5에서 마귀의 가학증 등 마귀 들린 자의 특징에 대해 이미 설명하였다. 그 아이의 아버지는 자신의 아들을 예수님께서 남겨 놓으신 아홉 명의 제자들에게 데려왔다. 그러나 그들은 아이를 낫게 할 수 없었다. 그들이 가지고 있었던 사도들의 표적은(3:15) 더 이상 작동이 안 되었다.

성경대로 믿는 사람들은 학자들이 마귀 들린 아이의 경우를 어떻게 다루는지 알아야 한다. 병행 구절인 마태복음 17:15에서 아버지는 아들이 『**미쳐서**』(lunatick)라고 말했는데 이 말은 "정신이 이상해진"(moonstruck)

이라는 뜻이다. 단순하게 표현하면 미쳤다(mad, crazy)고 말할 수 있겠다. 그러나 NCC의 자유주의자들은 RSV에서 그 구절을 "an epileptic"(간질)으로 고쳤다. "그들은 성경을 믿지 않는 자유주의자들이니 그렇다."라고 말할는지 모르나, 보수주의자들도 RSV를 개정한 ESV에서 동일한 짓을 저질렀다. NIV를 펴낸 복음주의자들도 마찬가지이다.

이 변개된 성경들을 믿을 경우 어떤 결론에 도달하는지 아는가? 간질이라는 질병이 마귀 들린 것이라고, 그래서 간질은 신체적인 장애가 아니라 영적인 문제가 있는 것이라고 결론을 내게 한다. 게다가 마태복음 4:24(성경에서 "lunatick"이라는 말이 나오는 두 곳 중 나머지 한 곳)에 보면 예수님께서 미친 것에 대해 치료 이외에 어떤 것을 하셨다는 내용은 없다.

이 "정신 이상"(광기)의 문제에 대해 말할 때, 마태복음 4:24과 마태복음 17:15를 비교하면, 어떤 정신 이상은 영적 구원이 필요한 영적 상태이며, 다른 경우에는 의학적이거나 심리적 장애로서 약물이나 상담이 필요하다. 어떤 것인지를 구별할 수 있는 영적 분별력이 필요하다. 중세 시대에는 카톨릭 교회가 모든 정신이상자를 마귀 들린 것으로 다루었지만, 오늘날에는 반대로 아무도 마귀 들린 현상은 없다고 말한다. 양 극단 모두 옳지 않다. 어떤 정신 이상은 화학 성분의 불균형이나 외상적 사건에 의해 발생하지만, 많은 경우에는 죄로 말미암아 마귀에게 자리를 내주어 발생한다.

마가복음 9장으로 돌아가자. 『**오 믿음이 없는 세대여**』. 누구를 가리켜 말씀하시는 것인가? 바로 주님의 제자들이다. 마태복음 17장에서 제자들이 주님께 왜 자신들은 마귀를 쫓아내지 못하였는가를 물었을 때 『**너희가 믿지 않기 때문이라**』(마 17:19,20)라고 말씀하셨다. 마태복음과 누가복음은 19절에서 예수 그리스도께서 하신 말씀에 『**비뚤어진**』이라는 표현을 첨가했다(마 17:17, 눅 9:41). 따라서 그들은 믿지 않았을 뿐 아니라, 그들은 악했던 것이다. 한번은 예수님께서 제자들에게 『**너희가 악하다 할지라도**』(마 7:11, 눅 11:13)라고 말씀하셨다. 만일 그것이 예수님께서 자신을 따름으로 교회의 지도자가 될 사람들을 인격적으로 선택하신 사람들에 대한 평가라면 우리는 어떻게 되는가? 사도 바울은 자신에게 선한 것이 없다는 사실을 당연하게 받아들였다(롬 7:18).

19절의 『**참아야 하겠느냐**』에서 사용된 "suffer"와 12절의 『**많은 고난을 받고**』에서 사용된 "suffer"의 차이에 주목하라. 12절에서는 우리가 오늘날 일반적으로 사용하는 의미로 사용되었는데, 곧 "고통스럽거나 나쁜 일을 겪다"는 의미이다. 하지만 19절에서의 사용은 어떤 사전에서 말하듯 "구식"일 수는 있지만, 결코 "고어(archaic)"는 아니다. 거기서는 "참다" 혹은 "용납하다"는 뜻이다. 읽기만 한다면, 문맥만으로도 그 의미를 충분히 파악할 수 있었을 것이다. 그런 사소한 것 하나 때문에 성경을 64,000군데나 변개시킬 필요는 전혀 없었다. 본문의 권위를 무너뜨려 독자가 하나님께서 주신 책에 대한 믿음을 잃게 만들 필요 없이, 단지 여백에 주석 하나만으로도 충분했을 것이다.

예수 그리스도께서 19절에서 말씀하신 것은 다음과 같다. "그들의 마음이 완고하고 악하여 내가 한 말을 믿지 못하는 이 사람들에 대해 내가 얼마나 더 기다려야 하고 참아야 하느냐?" 주께서는 오래 참으실지 모르나, 어리석음에 대해서는 영원히 참지 않으신다(민 14:11–35 참고).

『**그러나 주께서 무엇인가를 하실 수 있다면, 우리를 가엾게 여겨 도와주소서**』(22절). 그 아버지가 절망한 것이 무엇인지 그가 요구한 내용을 보면 명백하다. 그는 자신의 아들과 함께 고통받고 있었다. 『**우리를 가엾게 여겨 도와주소서**』(22절). 그는 예수님이 마가복음에서 많은 다른 이들에게 보여주신 것처럼 그리스도께서 『**가엾게**』 여겨 주시기를 바라며 "동정심"을 원한다(1:41; 5:19; 6:34; 8:2). 일부 코란의 번역본들의 시작 부분에서 말하는 것처럼, 만일 알라를 사람들을 가엾게 여기는 "자비로운 이"라고 한다면, 알라는 결코 실질적인 방법으로 사람들을 가엾게 여겨 자비를 보여주지 않는다. 예수님은 가엾게 여기는 마음으로 치유하셨고, 동정심으로 구원하셨으며, 동정심으로 가르치셨고, 동정심으로 양식을 주셨다. 성욕에 빠져 마귀에게 사로잡히고, 복수심이 강하며, 살인적인 낙타 기수로부터 군사 독재자가 되었다는 사람에게 코란을 주는 것이 알라의 "동정심"의 표시라면, 그것은 그냥 별 것 아닌 것이다.

23절에서 예수 그리스도께서 그 아버지에게 답하신 것에 주목하라. 『**네가 믿을 수만 있다면, 믿는 사람에게는 모든 것이 가능하니라.**』 예수 그리스도께서 이 남자에게 요구하신 것은 제자들이 가지고 있지 않았던 믿음인데, 제자들은 그 소년이 구원받을 수 있다고 충분히 믿을 믿음이 없었다.

물론 예수님이 약속하신 『**모든 것**』이 믿는 자에 대한 하나님의 뜻과 하나님의 목적에 달려 있다는 사실을 이해해야 한다. 바울은 『**육체에 한 가시, 즉 사탄의 사자**』가 치유될 수 있다는 믿음을 가지고 있었으나 주께서는 세 번이나 거절하셨다(고후 12:7,8). 왜 그런가? 그것은 분명 바울의 믿음이 부족해서가 아니었다. 바울이 영광 중에 보았던 것으로 인하여(고후 12:1-7) 교만해지지 않도록 하기 위함이었다. 그래서 하나님의 능력이 바울의 연약함 가운데서 온전하게 되었다(고후 12:9). 마가복음 9:23, 요한복음 14:13,14과 같은 약속들은 주님으로부터 무엇이든지 얻을 수 있다는 백지 위임장이 아니다. 정욕에 쓰기 위해 무엇이든 원하는 대로 얻을 수 있는 자유를 주신 것이 아니다. 『**구하여도 받지 못함은 너희 정욕에다 쓰려고 잘못 구하기 때문이라**』(약 4:3).

이 아버지가 가지고 있는 어느 정도의 불신을 볼 수 있는데, 『**그러나 주께서 무엇인가를 하실 수 있다면**』이라고 말한 대목이다. 제자들이 실패한 후, 그 아버지의 마음속에 그들의 선생조차 그들이 하는 것보다 과연 더 할 수 있는 것이 있겠는가 하는 의심이 있었던 것이다. 그렇다면 그의 요청은 받은 것으로 되지 않을 것이라고 생각할 수 있다. 이에 대해 야고보는 다음과 같이 썼다.

『**오직 믿음으로 구하고 아무것도 의심하지 말라. 의심하는 자는 마치 바람에 밀려 요동하는 바다 물결과 같으니 그 사람은 주께로부터 어떤 것이든 받으리라 생각하지 말라**』(약 1:6,7).

비록 그 아버지는 자신의 믿음이 연약함을 깨달았지만, 위대한 선언을 한다. 『**주여, 내가 믿나이다. 나의 믿음 없음을 도와주소서**』(24절). 당신이 받는 것에 대해 믿기 어렵다고 여겨지는 것에 대해 기도할 때 믿지 않으면서도 믿는 체 하지 말라. 믿을 수 있는 만큼 믿고, 하나님께 믿을 수 없는 것에 대해 도와주시라고 하나님께 도움을 요청드리라.

24절은 우리의 기도 생활에서 믿음 부족을 다루는 방법에 대한 위대한 진술일 뿐만 아니라 주 예수 그리스도의 신성을 명백히 증언하는 것이다. 부패한 번역본들인 ASV, NASV, RSV, ESV, NIV, New Living Translation, Good News for Modern Man과 같은 버전들은 모두 여호와의 증인의 〈신세계역〉과 함께 이 절에서 『주』라는 말을 제거한다. 〈뉴킹제임스성경〉("New" King James Version, 실제로는 전혀 King James Version이 아님)은 여기에서는 그렇게 하지 않지만 다른 66곳에서 『주』라는 말을 제거한다. 다시 말해, 〈"뉴" 킹제임스성경〉을 가지고 있다면, 그것은 어떤 판이든 〈킹제임스성경〉이라고 할 수 없다!

종교 분야에서 마귀들을 쫓아내는 것이 "구마 의식"(exorcism)으로 알려져 있다. 이 용어는 성경에서 단 한 번 나오는데 사도행전 19:13의 『**돌아다니며 귀신을 쫓아낸다고 하는 어떤 유대인들**』이라는 부분이다. 예수 그리스도와 사도들이 "귀신을 쫓아내는 자"(exorcist)로 불리지 않는 까닭은 구마 행위(exorcism)에는 종교 의식에 의해 악령들을 쫓아내는 것이 포함되기 때문이다.

그 유대인 귀신 쫓는 자들은 예수의 이름을 마법 주문처럼 다룰 수 수 있다고 생각했다. 그리스도인은 그런 식으로 『**모든 이름 위에 있는 한 이름**』(빌 2:9)을 다루지 않는다. 당신이 예수 그리스도를 개인의 구주로 알지 못하면서, 그 이름을 마귀들을 쫓아내는 데 사용한다면 그 마귀들은 자칫하면 당신 위에 올라타 당신을 찢어 놓는다(행 19:15,16). 본문에서 이 악령은 예수 그리스도를 공격할 수 없었기에 그 아이를 공격했다. 『**그 영이 소리지르고 그에게 심한 경련을 일으키며 나오더라**』(26절).

여기에서 은사주의자들이 행하는 소위 "성령 안에서 죽기, 기절하기"가 나왔다. 『**그때 그가 죽은 자같이 되었으므로 많은 사람이 말하기를**

"그가 죽었다."고 하니라.』 유일한 문제는 이 아이를 성령께서 죽인 것이 아니라는 것이다. 이는 악령이 행한 일이다. 나는 구원받은 이후 67년의 생애 동안, 이 마귀 들린 아이에게 행하는 모든 은사주의 행위들(즉 은사주의 모임, 부흥 집회 등)을 지켜보았는데, 사람들을 물에 던지거나 불에 던지지는 않는다. 은사주의 집회의 "성령의 나타남"에서는 구원의 확신이나 죄에 대한 승리를 경험하는 사람은 없었다. 90년대 후반 펜사콜라에서 일어난 "브라운즈빌 부흥"이라고 불리는 것에서는 많은 이들이 이른바 "회심"을 했지만, 그중 일부는 신앙 고백을 하고 구원받기 위해 몇 번이나 반복하여 제단에 나갔다. 당신은 〈현대 은사주의 부흥 교리의 실체, *Modern Charismatic Revival Doctrines Examined*〉(이전 제목은 〈브라운스 빌 축제, *The Clownsville Carnival*〉)에서 사탄이 혼란시켜 놓아 엉망진창으로 만든 은사주의 교리의 실체에 대한 성경적 비평을 읽을 수 있다.

9:28 그후 주께서 그 집에 들어가시니 제자들이 은밀히 주께 묻기를
"어찌하여 우리는 그 영을 쫓아내지 못하였나이까?"라고 하니
29 그들에게 말씀하시기를 "이런 종류는 기도와 금식에 의하지 않고
는 아무것으로도 내보낼 수 없느니라."고 하시더라.

제자들은 그 아이에게서 마귀를 쫓아낼 수 없는 것에 대해 당혹스러워했다. 그래서 그들은 도대체 무엇이 잘못되었는지 알아보려고 그들만 예수 그리스도와 함께 있게 될 때까지 기다렸다. 예수 그리스도는 『**그**

들에게 더러운 영을 다스리는 권세』를 주셨었다(6:7).

예수 그리스도의 답변을 통하여 몇 가지 사실을 알 수 있다. 첫째로, 마귀들에는 여러 종류가 있다는 것이다. 모든 마귀는 동일하게 창조되지 않았다. 마귀들은 악한 정도에 있어서 서로 다르다(마 12:45, 눅 11:26). 그리고 능력에 있어서 권세에 있어서 서로 다르다(엡 6:12, 골 1:16). 둘째로, 어떤 마귀들에 대해서는 단지 『**기도**』하는 것만으로는, 즉 예수 그리스도의 이름을 부르는 것만으로는 쫓아낼 수 없다. 당신 자신으로부터 무언가를 박탈하는 것이 필요하다. 이 경우에는 하나님의 능력을 얻기 위해 당신이 먹는 음식을 박탈하는 것으로 『**금식**』이다. 그렇다면 "뉴 에이지 성경 역본들"(New Age Bible versions)은 사탄을 위해 무엇을 감추어 주었는가? 이들은 29절에서 『**금식**』이라는 단어를 제거했다. 이것은 근본주의자들이 사용하는 ASV와 NASV, 자유주의자들의 RSV와 NRSV, 복음주의자들의 NIV와 ESV, 그리고 신복음주의자들이 주로 보는 New Living Translation과 Good News For Modern Man 등의 성서들에서 공통적으로 나타난다. 또한 카톨릭에서 사용하는 New American Bible과 New Jerusalem Bible도 마찬가지이다. 사탄은 "하나님께서 당신에게 누군가의 손아귀에서 해방시키기 위해 주신 중요한 도구"를 없애 버리려 했다. 단순히 기도만으로는 충분하지 않다. 『**기도와**(and) **금식**』이 함께 있어야 가능한 것이다.

금식은 단지 구약에서만 실행하던 것이 아니다. 안티옥 교회(제자들이 처음으로 『**그리스도인**』이라고 불렸던 곳 – 사도행전 11:26)의 지도자들은 성령께서 첫 사역자들을 부르셨을 때 금식했다(행 13:2,3). 바울도 금식했다(고후 6:5; 11:27). 그리고 남편과 아내가 결혼 문제가 생겼을 때 금식하라고 명하였다(고전 7:5). 그리스도인이 중요한 문제에 있어서 하나님을 대면하기 위해 기도뿐 아니라, 금식해야 할 때가 종종 있다.

9:30 그후 그들은 그곳을 떠나 갈릴리로 지나갔으나, 주께서는 아무도
아는 것을 원치 아니하셨으니
31 이는 주께서 제자들을 가르치시며 그들에게 말씀하시기를 "인자
가 사람들의 손에 넘겨지며, 또 그들이 그를 죽이리라. 그러나 인
자**가 죽은 후 셋째 날에 살아날 것이라."고 하심이라.**
32 그러나 그들은 그 말씀을 깨닫지 못하였으며, 주께 묻는 것도 두
려워하더라.

예수님과 제자들은 마귀에게 사로잡힌 아이를 회복시켜 준 그곳을 떠나 카퍼나움으로 가는 여정에(33절) 갈릴리를 통과한다. 예수님은 여전히 여행 중에 자신을 드러내는 것을 원치 않으셨다. 그래서 제자들에게 다가오는 예루살렘에서 자신이 죽을 것과 부활할 것에 대해 더 가르치실 수 있었다. 마가복음 8:31,32; 9:9,10에서처럼 제자들은 예수님의 가르침에 대해 이해할 기본이 없었다. 그래서 제자들은 주님께 묻는 것을 두려워했다. 잘못 물었다가는 마가복음 7:17,18; 8:16-18,33에서처럼 책망당할까 봐 두려웠던 것이다.

9:33 주께서 카퍼나움에 오셔서 집에 계실 때 그들에게 물으시기를

"도중에 너희끼리 무엇에 관하여 다투었느냐?"고 하시나
34 그들은 잠잠하더라. 이는 그들이 도중에 누가 가장 큰 사람인가로 서로 다투었음이라.
35 주께서 앉으신 후 열둘을 불러 그들에게 말씀하시기를 "만일 누구든지 첫째가 되고자 하면 모든 사람의 끝이 되고 모든 사람의 종이 될지니라."고 하시니라.
36 그리고 한 어린아이를 데려다가 그들 가운데 세우시고 팔로 안으시며 그들에게 말씀하시기를
37 "누구든지 내 이름으로 이런 어린아이 하나를 영접하면 나를 영접함이요, 또 누구든지 나를 영접하면 나를 영접하는 것이 아니라 나를 보내신 분을 영접하는 것이니라."고 하시더라.

제자들 사이에 논쟁이 있었는데 이 논쟁은 마지막 만찬 때까지 계속된다(눅 22:24). 마가복음 본문에서는 두 번 나오는데, 본문과 10:35-37에서이다. 두 번 다 예수 그리스도께서 자신의 죽음과 부활에 관하여 제자들에게 말씀하신 후 곧바로 다툼이 벌어진다(9:31; 10:34). 예수님께서 자신이 낮아지시는 겸손에 관해 말씀하시는데(빌 2:8) 제자들은 자신들이 높아지는 것에 대해 논쟁한다. 예수님께서 이들을 보시고 (그리고 우리들에게도 - 롬 3:19) 『**악하다**』고 말씀하시는 것(눅 11:13)이 그리 놀랍지 않다.

물론 예수님께서는 그들이 말씀드리지 않았다 하더라도 무엇에 관하여 논쟁하는지 알고 계셨다. 『**그들 마음의 생각**』을 아셨기 때문이다(눅 9:47). 그들의 질문에 대한 예수님의 반응은 올라가려면 내려가라는 것이다. 『**만일 누구든지 첫째가 되고자 하면 모든 사람의 끝이 되고 모든 사람의 종이 될지니라**』(35절). 예수님 자신은 이 부분에 대해 위대한 본이 되신다(눅 22:27).

이를 설명하시기 위해 예수님께서는 어린아이 하나를 데려오신다. 『**그리고 한 어린아이를 데려다가 그들 가운데 세우시고**』(36절). 십자가 사건 이후에 살고 있는 사람들에게 이 말씀을 적용하자면, 죄인이 회심하려면 그는 어린아이와 같은 믿음으로 그리스도께 나아와야 한다는 것이다(마 18:3). 물론 이는 37절의 교리적 적용과는 전혀 무관하다.

『**누구든지 내 이름으로 이런 어린아이 하나를 영접하면 나를 영접함이요**』(37절). 이 말이 요한이 요한복음 1:12에서 말한 그 뜻인가? 이 말이 바울이 골로새서 2:6에서 말한 그 뜻인가? 당신은 그리스도의 이름으로 어린 아이들을 영접함으로 구원받았는가? 여기에 당신의 영원한 혼의 운명을 걸지 말라. 최소한 휴거를 휴거 이전에서는 그렇지 않다.

이어지는 41절을 보라. 『**누구든지 너희가 그리스도께 속한 자라 하여 내 이름으로 너희에게 마실 물 한 잔이라도 주면, 진실로 내가 너희에게 말하노니, 그는 자기 상을 잃지 아니하리라.**』

요한복음 13:20에서도 예수님께서 제자들에게 말씀하셨다. 『**내가 보내는 사람을 영접하는 자는 나를 영접하는 것이요**』 예수님께서 처음에 전파하라고 제자들을 보내실 때로 돌아가면 제자들에게 다음과 같이 말씀하셨다. 『**너희를 영접하는 사람은 곧 나를 영접하는 것이며**』(마 10:40)

그런 후 곧바로 『**냉수 한 잔**』에 관해 말씀하셨다(마 10:42).

이 말씀은 제자들이 그들의 믿음과 겸손에 있어서 어린 아이들과 같아야 한다는 사실을 말해 준다. 만일 그렇다면 그들을 향해 베푼 친절한 행위들은 그리스도를 향하여 베푼 친절한 행위로 간주된다는 것이다. 그 결과 친절을 베푼 사람은 구원받게 된다. 그러나 이것은 바울을 통하여 계시된 교회 시대의 구원의 방법이 아니다. 가장 작은 자 가운데 하나에게 행한 것으로 구원받는 때는 대환란 동안(마 25:31)이다. 『**여기 내 형제들 가운데 가장 작은 자 하나에게 한 것이 곧 나에게 한 것이니라**』(마 25:40).

대환란에서는 박해받는 유대인들이 있는데 이들은 표를 받지 않고, 그리스도 자리에 서 있는 적그리스도의 형상에 절하지 않는 자들이다. 그리스도께서 영광 가운데 돌아오셔서 민족들을 심판하실 때에 이방 민족들의 살아남은 자들은 유대인들을 어떻게 대우하였는가에 따라 심판받는다. 만일 그들이 유대인들이 어려움에 처하고 박해받는 대환란 때 그들을 올바로 대우하고 그들 편에 섰다면 그들은 양으로 구원받을 것이나, 그렇지 않았다면 구원받지 못한 염소 민족이 될 것이다. 마태복음 25:31-46에서는 그리스도의 완성된 일을 믿음을 통하여 은혜로 구원받는다는 단 한 마디의 말도 들어보지 못할 것이다. 거기에서 말하는 구원은 온통 행위들뿐이다. 왜 그런가? 그때에는 친절 가운데 유대인을 영접하는 것이 곧 그리스도를 영접하는 것이기 때문이다.

이렇게 말할 것이다. "마가복음 9:36,37에 나오는 어린아이는 어디에서 오는 것인가?" 구약으로 되돌아가 『**이스라엘 <u>자손</u>**』(the <u>children</u> of Israel)에 관해 읽어 보지 못했는가? 새 성경들에서는 "children"이라는 말을 "people"이나 "sons"로 바꾸어 관련 구절을 잃어버리게 만들었다. 그들은 감추어진 개 꼬리만큼이나 구부러졌다.

더 자세한 공부를 하려면 마태복음 25:31-46의 주석을 참고하라.

9:38 요한이 주께 대답하여 말씀드리기를 "선생님, 우리를 따르지 않는 어떤 사람이 주의 이름으로 마귀들을 쫓아내는 것을 보았는데, 우리를 따르지 않는 사람이기에 못하게 하였나이다."라고 하니

39 예수께서 말씀하시기를 "그를 막지 말라. 내 이름으로 기적을 행하고 쉬 나를 비방할 자가 없느니라.

40 우리를 반대하지 않는 사람은 우리 편이니라.

41 누구든지 너희가 그리스도께 속한 자라 하여 내 이름으로 너희에게 마실 물 한 잔이라도 주면, 진실로 내가 너희에게 말하노니, 그는 자기 상을 잃지 아니하리라.

여기 『**천둥의 아들들**』(3:17) 중 한 사람이, 그리스도의 이름으로 『**마귀들을 쫓아내는**』 누군가를 시기하고 있다. 앞서 25절에 대해 설명할 때 보여준 것처럼, 사도행전 19:13-16에는 어떤 유대인들이 그리스도의 이름으로 귀신을 쫓아내려다 오히려 악령에게 당한 장면이 나온다. 그들은 그리스도를 알지 못했기 때문이다. 그러나 여기 등장하는 이 사람은 다르다. 그는 그리스도에 대해 알고 있으며, 그분을 대적하지 않는다. 『**우리를 반대하지 않는 사람은 우리 편이니라**』(40절). 이 말은, 비록 이 사람이 제자들과 함께 있지는 않지만, 여전히 자신의 방식대로 예수님을 따르고 있다는 것을 암시한다. 그래서 예수님께서는 『**그를 막지 말라.**』(39절)라고 말씀하신 것이다.

이것이 민수기 11:26-29에 언급된 모세의 태도였다. 『**모든 주의 백성이 선지자들이기를 바라며, 주께서 자기의 영을 그들 위에 주시기를 원하노라!**』(민 11:29) 이는 또한 빌립보서 1:18에 언급된 바울의 태도이기도 했다. 『**가식으로나 진실로나 무슨 방법으로 하든지 전파되는 것은 그리스도니 이것으로 내가 기뻐하며 앞으로도 기뻐하리라.**』

그것이 바로 나의 태도이기도 하다. 밥존스대학교나 〈주의 칼, *The Sword of the Lord*〉이 나를 싫어하든 말든 나는 신경 쓰지 않는다. 존 R. 라이스(John R. Rice), 커티스 헛슨(Curtis Hutson), 쉘턴 스미스(Shelton Smith)가 주님께 인도한 모든 혼들에 대해 나는 기뻐한다. 내가 그들을 비판하는 부분은 성경을 왜곡시켜, 그로 인해 성경에 대한 그리스도인들의 믿음을 파괴시키는 점에 대해서다. 그 점을 제외하고는, 그들이 나를 어떻게 생각하든 간에 나는 그들에게 아무런 개인적인 감정이 없다.

『**내 이름으로 기적을 행하고 쉬 나를 비방할 자가 없느니라**』(39절). 그러나 이 말씀은 마치 백지 수표처럼 해석할 수 있는 말씀이 아니다. 예수 그리스도의 이름으로 무엇이나 간구한다고 다 이루어진다는 약속의 말씀(요 14:13; 15:7,16; 16:23)은 아무 조건 없이 적용되는 것이 아니다. 이러한 말씀들에는 반드시 조건이 따른다. 본문의 경우, 그 조건은 당신은 반드시 성경이 증거하는 예수 그리스도를 알아야 하며(고후 11:4 참고), 예수님도 당신을 아셔야만 한다(마 7:22,23). 또한 절대로 잊지 말아야 할 것은, 사탄도 『**모든 능력과 표적들과 거짓 이적들**』(살후 2:9)을 가지고 올 수 있다는 사실이다. 그러므로 누군가가 "예수"를 말하고, "예수님을 사랑한다"고 하며 기적을 행한다고 해서, 무턱대고 그 사람을 따라가서는 안 된다. 성경은 『**모든 영을 다 믿지 말고 그 영들이 하나님께 속하였는지 시험하라.**』(요일 4:1)고 명령하고 있으며, 이는 거짓 그리스도를 전파하는(마 24:5,24) 거짓 선지자들(마 24:11)을 따르지 않기 위해서이다.

41절의 교리적 적용에 대해서는 37절에서 다루었다. 하지만 이 구절이 그리스도인에게 주는 실제적 적용을 그냥 지나치고 싶지는 않다. 41절에서 주목할 것은 바로 『**상**』에 대한 약속이다. 이 말씀은 예수 그리스도를 대표하는 제자들에게 적용된다. 그리고 그 적용은 그리스도의 몸 안에서는 훨씬 더 강력하다. 왜냐하면 주님께서 실제로 우리 안에 거하시기 때문이다(골 1:27). 신약의 믿는 자들에게 사도 바울은 『**성도들의 필요에 서로 나눠 주고 대접하기에 힘쓰라.**』(롬 12:13)고 명령한다. 또한 사도 베드로도 『**불평하지 말고**』, 『**사랑**』으로 행하라고 덧붙인다(벧전 4:9). 이러한 삶을 실천하면, 당신에게는 반드시 보상이 주어진다(고후 9:6-8).

형제들이여, 설교자, 선교사, 복음 전도자에게 물질적으로 후원할 때, 사역에 동참하게 되는 것이며, 따라서 상급에도 함께 참여하게 되는 것이다. 구약에서도 전쟁터에 나가지 않고 진영을 지킨 자들이 전쟁터에 나갔던 자들과 함께 노획물을 나누는 것이 율법이었다(민 31:27, 삼상 30:24). 복음 사역에 헌금할 때, 주님께서는 그것을 『**너희의 회계에 풍성한 열매**』(빌 4:17)로 여기시며, 『**이는 향기로운 냄새요, 받으실 만한**

희생제요, 하나님을 **참으로 기쁘시게 하는 것**』으로 여기신다(빌 4:18).

9:42 또 나를 믿는 이런 어린아이들 가운데 하나를 실족케 하는 자는
연자 맷돌을 그의 목에 걸고 바다에 빠지는 것이 더 나으니라.
43 네 손이 너를 실족케 하거든 잘라 버리라. 두 손을 가지고 결코
꺼지지 않는 불 속인 지옥에 들어가는 것보다 불구자로 생명에
들어가는 것이 더 나으니라.
44 그곳에는 그들의 벌레도 죽지 않고, 불도 꺼지지 아니하느니라.
45 네 발이 너를 실족케 하거든 잘라 버리라. 두 발을 가지고 결코
꺼지지 않는 불 속인 지옥에 던져지는 것보다 절름발이로 생명에
들어가는 것이 더 나으니라.
46 그곳에는 그들의 벌레도 죽지 않고, 불도 꺼지지 아니하느니라.
47 네 눈이 너를 실족케 하거든 뽑아 버리라. 두 눈을 가지고 지옥
불에 던져지는 것보다는 한 눈으로 하나님**의 나라에 들어가는 것**
이 더 나으니라.
48 그곳에는 그들의 벌레도 죽지 않고, 불도 꺼지지 아니하느니라.

『**나를 믿는 이런 어린아이들 가운데 하나**』(42절). 실제 어린아이들에게도 적용될 수 있다(36절). 예수님은 아이가 가지고 있는 예수 그리스도와 성경에 대한 믿음을 파괴하는 것보다는 연자 맷돌을 목에 매고 바다에 던져지는 것이 더 낫다고 말씀하셨다. 이 연자 맷돌의 무게는 50kg에서 700kg에 이를 수 있다.

사실이 그렇다면 연방(공립) 학교들과 전국교육협회(National Education Association)는 어떤 입장에 있는 것인가? 이들 모두는 하나의 종교, 즉 세속적 인본주의를 추진하고 있다. 이는 무신론의 완곡한 표현이다. 1961년 토르카소(Torcaso) 대 왓킨즈(Watkins) 사건에서, 미국 대법원의 한 판사는 "하나님의 존재에 대한 믿음을 가르치지 않는 종교들 중에는 세속적 인본주의가 있다."라고 말했다. 이후 하급 법원들은 무신론을 법적으로 보호받는 종교로 인정하기 시작했다(1965년, 1970년, 1977-79년, 그리고 2005년에 내려진 판결들).

1962년, 미국 대법원은 공립학교에서의 기도를 금지했다(Engel 대 Vitale 사건). 1963년에는 성경 읽기를 공립학교에서 금지시켰다(Abington School District 대 Schempp 사건). 1980년에는 학생들이 "십계명을 읽고 묵상함으로써 성경을 존중하고 따르게 할 수도 있기 때문에, 이는 허용될 수 없는 목적"이라며 십계명을 학교에서 금지시켰다(Stone 대 Graham 사건). 1987년에는 정부가 운영하는 학교에서는 기원의 이론 중 하나만 가르칠 수 있다고 판결했고, 그 유일한 이론은 진화론이어야 한다고 했다. 창조론은 세속적인 목적이 부족하다는 이유로 금지되었다(Edwards 대 Aguillard 사건).

공립학교 전체 시스템은 그리스도인 어린이들을 모욕하고 그들의 성경에 대한 믿음을 파괴할 목적으로 법적으로(위에서 언급한 판결들을 보면 알 수 있듯이) 설계되어 있다. 아이들은 사람이 규칙을 만들고, 사람이 자유를 창조하며, 사람이 만물의 척도라고 배우게 된다. 하나님은 단지 무시되거나 간과되는 것이 아니라, 적극적으로 반대의 대상이 된다. 정부는 "성경이 틀렸다"고 (처음엔 창조에 관한 것이었지만, 이제는 성적 일탈에 관한 것까지도) 노골적으로 주장하는 교육 프로그램들에 자금을 지원한다. 그러나 성경이 옳다고 말하는 어떤 프로그램에도 자금을 지원하는 것은 "위헌"으로 간주된다.

아이들은 "자유 시간"에 자기 성경을 읽는 것조차 금지당했다. 그들의 성경은 압수되었고, 어떤 경우에는 쓰레기통에 버려지기까지 했다. 아이들은 예수 그리스도를 자신의 본보기나 "영웅"으로 삼아 글을 쓰는 것도 금지당했다. 점심을 먹기 전에 하나님께 감사 기도를 드리는 것조차 금지되었다. 학급 친구들에게 복음을 전했다는 이유로 학교 버스에서 쫓겨난 일도 있었다. 아동 학대에 대해 말한다면 바로 이것이야말로 아동 학대이다! 이것은 구원받았든 그렇지 않았든, 미국의 건국자들이 이 나라를 위해 의도했던 모든 것에 정면으로 반하는 일이다. 이런 엉망진창을 만들어낸 교장, 교사, 버스 운전사, 판사, 정치인, 관료들은 자신들이 저지른 일에 대해 심판을 받아야 하며, 응당한 대가를 치러야 한다. "그게 누구 기준"이냐고? 예수 그리스도의 기준이다!

그러나 42절에는 또 하나의 적용이 있으며, 이것을 간과해서는 안 된다. 신약 성경에서는 그리스도 안에 있는 새로 믿게 된 자들을 그들의 실제 나이와는 상관없이 『**어린 자녀들**』이라고 부른다(요 13:33, 갈 4:19, 요일 2:1,12,13,18; 3:7,18; 4:4; 5:21). 그러한 그리스도 안에 있는 젊은 성도들의 믿음은 파괴될 수 있는데 그 믿음을 무너뜨리는 데 책임이 있는 자들은 기독교 교육자들, 곧 기독교 대학, 신학교, 신학대학원의 교수들과 교직원들이다. 젊은이들은 성경을 믿는 상태에서 그런 학교들에 입학하지만, 졸업할 때에는 성경을 고치는 사람으로, 하나님께서 말씀하신 것에 의심하는 사람으로 그 학교들을 나오게 된다. 보수주의자들과 근본주의자들은 신복음주의자나 자유주의자들만큼 자주 고치거나 의심하지는 않을 수 있지만, 그들 역시 결국에는 성경을 고치고 의문을 제기하게 된다.

이에 대해 반론을 제기하려 하지 말라. 내가 먼저 말하겠다. 내가 구원받은 지 1년도 채 되지 않아, 저는 사우스캐롤라이나 주 그린빌에 있는 당시 최대의 근본주의 고등교육기관인 밥존스대학교에 입학했다. 수업을 시작한 지 일주일도 채 되지 않아, 교수들이 내 성경을 고치기 시작했다. 이레니우스, 유세비우스, "더 나은 번역은... 이다", RSV(1950년 당시 교내 서점에서 판매 중이던 신약 성경), 가장 오래되고 가장 좋은 사본들, 권위 있는 학자들, ASV, "역사적인 입장" 같은 것들을 근거로 말이다. 나는 찰스 브로큰셔 박사(Dr. Charles Brokenshire)와 충돌했다. 그는 여덟 개의 언어를 읽고, 말하고, 쓸 수 있는 사람이었다. 내가 "부자와 나사로의 이야기"를 왜 자꾸 비유라고 하냐고 따지자, 그는 갑자기 화를 내며 발을 구르고 소리치기 시작했다. "자네, 헬라어나 히브리어를 공부해 본 적은 있나?" 내가 "아니요, 교수님."이라고 대답하자, 그는 이렇게 쏘아붙였다. "그럼 자네가 무슨 말을 하고 있는지 알게 될 때까지 조용히 있는 게 좋겠군!" 그는 밥존스대학교 역사상 가장 뛰어난 교수 중 한 명이었지만, 그리스도께서 그 이야기를 비유(parable)라고 하신 적이 없는데 왜 자꾸 비유라고 부르냐는 1학년 신학생의 질문에 성경으로 답하지도 못했다. 그 교수는 자신의 학식으로 다른 모든 신학과 학생들을 압도했고, 그들 모두가 성경의 명백한 말씀을 의심하고 서로 모순되게 만들었다.

보수적으로 말하자면, 1950년 이래로, 미국 전역의 모든 기독교 학교들에서 성경을 의심하는 목회학 전공 졸업생들이 7,000명 이상 쏟아져 나왔다. 그리고 그 졸업생들은 자신이 맡은 교회 회중들에게 성경을 의심하는 법을 가르쳤다. 그 결과, 전체 회중의 무려 95%가 어떤 "성경"도 오류 없는 하나님의 말씀이라고 믿지 않게 되었다. 당신의 구주에 의하면, 그러한 성경에 대한 불신을 초래한 교수들과 교사들은 무게 500kg의 시멘트 덩어리를 목에 매고 수영을 하러 가는 편이 나았을 것이다. 그것이 바로 성경에 나오는 예수 그리스도이다. 스튜어트 커스터, 릭 워렌, 조엘 오스틴 같은 사람들은 그분이 직접 그들 문 앞에 나타나셔도 알아보지 못할 것이다.

마가복음 9:43-48은 지옥에 관한 내용을 다룬다. 현대의 거의 모든 부패한 번역본(ASV, RSV, NASV, NIV, ESV, NLT)은 44절과 46절을 제거하면서 48절에 동일한 진술을 남겨둔다. NASV는 이 구절들을 괄호 안에 넣어 실제로는 있어서는 안 된다고 표시하지만 (왜냐하면 그것들이 "초기 사본들" 즉, 바티칸 사본과 시내 사본에 없기 때문이다.) NIV, RSV, 그리고 그 "보수적인" ESV는 이 구절들을 완전히 제거하면서도 〈킹제임스성경〉의 절 번호 체제를 유지한다. 그래서 NIV, NLT, RSV, ESV 위원회의 학자라면 43,45,47,48절, 이런 식으로 절을 센다. 로마나 메카 출신이 아닌 한 이들보다 더 큰 위선을 가진 사람들을 만나본 적이 없을 것이다. 현대 번역본의 개정자들과 번역자들에 비하면 마피아는 훌륭한 사람들이다.

신약 성경에서 『**지옥**』(hell)이라는 단어는 23번 등장한다. 다음 구절들에 나온다. 마태복음 5:22,29,30; 10:28; 11:23; 16:18; 18:9; 23:15,33, 마가복음 9:43,45,47, 누가복음 10:15; 12:5; 16:23, 사도행전 2:27,31,

야고보서 3:6, 베드로후서 2:4, 요한계시록 1:18; 6:8; 20:13,14. 그러나 새로운 번역본들은 마태복음 11,16장, 누가복음 10,16장, 사도행전 2장, 요한계시록 1,6,20장에서 이 단어를 번역하지 않는다. 그 이유는 학자들이 하데스와 게헨나(지옥을 나타내는 두 헬라어 단어) 사이에 의미 없는 구분을 만들려고 하기 때문이다. 두 단어 모두 불과 고통의 장소를 의미한다(눅 16:23,24. 계 14:10,11 참고). 또한 요한계시록 20:14에서 지옥(하데스)이 불못(게헨나)에 던져진다.

친구여, 만약 당신이 죽어서 영원히 타는 곳에 간다면, 하데스나 게헨나 같은 용어에 대해 논쟁할 필요는 없을 것이다. 당신은 지옥에 있을 것이고, 그것이 "일시적인" 지옥(하데스)이든 "영원한" 지옥(게헨나)이든 상관없다. 그곳은 여전히 "지옥"이다. 예수 그리스도 없이는 당신은 태워지기 위해 지옥에 갈 것이고, 지옥에서 불태워질 것이다. "게헨나"가 아니다. 현대어 성경을 원한다면 "하데스"라고 적힌 성경은 피하라. 술집, 건설 현장, 경기장, 무도회장, 성매매업소, 군대, 또는 워싱턴 D.C.에서 아무도 "하데스로 가라"고 말하지 않는다. 항상 "지옥으로 가라"고 한다. 새로운 번역본들이 지옥이라는 단어를 번역하지 않는 이유는 〈킹제임스성경〉이 지나치게 직설적이기 때문이다. 민감한 감성을 가진 정치적으로 올바름에 민감한 독자들에게는 너무 직설적이기에 쉽게 상처받아 실족하기 때문인데, 그들 중 많은 사람들이 지옥에 갈 것이기 때문이다.

이제 『**나를 믿는 이런 어린아이들 가운데 하나**』를 실족하게 하는 것에 대한 그리스도의 말씀 뒤에, 자신의 몸의 일부가 자신을 실족하게 할 경우 어떻게 해야 하는지에 대한 세 가지 연속적인 언급이 나온다.

『**네 손이 너를 실족케 하거든 잘라 버리라**』(43절), 『**네 발이 너를 실족케 하거든 잘라 버리라**』(45절), 『**네 눈이 너를 실족케 하거든 뽑아 버리라**』(47절). 왜 그럴까? 왜냐하면 『**결코 꺼지지 않는 불 속인 지옥**[47절에서는 『**지옥불**』이라고 말한다.]**에 들어가는 것보다 불구자로 생명**[7절에서는 『**하나님의 나라**』라고 말한다.]**에 들어가는 것이 더**』 낫기 때문이다(43,45,47절).

이 구절을 교리적으로나 영적적으로 설명하기 전에 잠깐 멈추고 자신에게 질문해 보자. "이것이 지옥에 가지 않기 위한 바울의 교리인가?" 만약 당신의 지체 중 하나를 잘라낸다고 해서 지옥에 가지 않을 수 있을까? 이집트 알렉산드리아에 있었던 첫 번째 기독교 학교의 교장은 그렇게 생각했다. 오리겐(Origen A.D. 184-253)은 현대 성경 번역의 기초 본문을 만든 사람인데, 그는 성적인 문제 때문에 자신의 성기를 거세했다. 그는 "실족하게 하는 지체"를 잘랐다.

그러나 신약 성경에 따르면 십자가 이후에, 예수 그리스도의 복음을 믿는 것이 지옥에서 벗어나는 길이다(롬 1:16, 고전 15:1,2, 엡 1:13; 3:6). 예수 그리스도를 영접하지 않으면 몸의 일부를 잘라내어 피를 흘린다 하더라도 지옥에 떨어진다. 따라서 실질적이고 경건하며 영적인 관점에서, 예수님은 과장법(hyperbole)이라는 수사법을 사용하여 중요한 메시지를 전달하고 있다고 할 수 있다. 여기서 강조하고자 하는 점은 그리스도를 구세주로 믿는 것을 방해하는 신체의 일부를 제거하는 것이, 두 손, 두 발, 두 눈을 가지고 지옥에 가는 것보다 낫다는 것이다. 그러나 교리적으로는, 여전히 대환란 기간의 구원 문제를 다루고 있으며(37절과 41절에서도 언급됨), 이는 구원에 영향을 미치는 행위의 요소가 포함된다는 것을 의미한다(계 12:17; 14:12 참고).

예수님께서 지옥에 대해 강조하시는 부분을 보라. 이는 예수님이 설교하실 때 자주 다루시는 주제 중 하나이다. 사실 『**지옥불**』이라는 표현 – 자유주의자들과 신흥 교파들이 그토록 싫어하는 지옥불과 저주 설교는 예수님의 독특한 표현이다(마 5:22; 18:9, 막 9:47). 새로운 성경 번역본들이 44절과 46절을 삭제하는 것이 잘못되었다는 이유는 성령의 삼중 증언을 제거하기 때문이다(신 19:15, 마 18:16, 고후 13:1). 이 구절들은 43절과 45절에 나오는 예수님의 말씀에 자연스럽게 이어진다. 이러한 반복은 흔한 히브리 문학적 도구이다(창 41:32 주석 참고).

44,46,48절은 이사야 66:24절에서 인용된 것이다. 이는 천년왕국 동안 에돔 땅에 있을 불못을 언급한 것이다(사 34:5–10 참고). 지옥을 의미하는 헬라어 단어 "게헨나"가 여기에서 사용된 이유는, 예수님께서 예루살렘 남쪽에 있는 『**힌놈의 아들의 골짜기**』(수 15:8)를 지옥을 말해주는 "시각적 보조 도구"로 사용하고 있기 때문이다. 힌놈의 아들의 골짜기는 몰렉의 제사장들이 그들의 신에게 아기들을 희생 제물로 불태웠던 장소이다(왕하 23:10). 구약에서는 이곳을 『**토펫**』이라고 불렀는데(사 30:33, 렘 19:6), 이는 "북이 있는 곳"이라는 의미이다. 아기들이 불에 던져질 때 그들의 비명 소리를 상쇄시키기 위해 큰 북을 쳤기 때문에 그렇게 불렀다.

그곳은 "불타는 곳"으로 알려지게 되었는데, 이는 요시야 왕이 유다에서 우상 숭배를 제거했을 때, 토펫을 도시의 쓰레기 처리장으로 바꾸어 쓰레기와 폐기물이 계속해서 불타게 했기 때문이다(왕하 23:10). 예수님께서 유대인들에게 지옥이 어떤 곳인지 보여주고자 하셨을 때, 힌놈

골짜기를 가리키며 "저기를 보라. 저것이 바로 지옥과 같다. 쓰레기와 오물, 구더기들이 불타는데, 끊임없이 불타는 곳이다."라고 말씀하셨다. 지옥은 본질적으로 우주의 쓰레기 처리장이다(계 21:8).

최근 사무실에 걸려 있는 동기부여와 기분을 좋게 할 목적에서 붙인 포스터에서 유행하는 "나는 특별해, 왜냐하면 하나님은 쓰레기를 만들지 않으셨으니까"라는 말이 있다. 하지만 하나님은 당신이 죄인이 되도록 의도하지 않으셨지만, 당신은 아담 안에서 태어나(롬 5:12), 『**죄 아래**』 팔렸다(롬 7:14). 당신이 새로운 출생을 경험하지 못하고(요 3:3-7) 『**그리스도 안에 있는 새로운 피조물**』이 되지 않는다면(고후 5:17), 당신은 하나님의 쓰레기장으로 가고 있는 중이며, 거기서 빠져나올 수 없다. 당신이 하나님의 『**자손**』이라 할지라도(행 17:28,29) 그 사실은 변하지 않는다.

이제 44,46,48절에 나오는 『**벌레**』에 대해 살펴보라. 『**그들의 벌레**』라고 하지 않는가? 이사야 66:24에서도 마찬가지이다. 그러므로 이것은 어떤 일반적인 "벌레"가 아니다. 수년 전 인기 있었던 전도 영화 "타오르는 지옥"이 있었다. 그 영화는 사람들이 지옥에서 구더기에 묻혀 있는데 그들 위로 구더기가 기어 다니며 살아 있는 채로 먹히는 모습을 보여 주었다. 이는 지옥의 고통 중 하나에 대한 흥미로운 그림일 수 있지만, 당신이 읽은 구절들이 말하는 내용은 그렇지 않다. 그 구절들은 『**그들의 벌레**』라고 말한다. 『**그들의**』 - 이는 인격을 말한다. 『**벌레**』 - 이는 단수형이다. 이것은 불못에서 구더기가 기어 다니며 한 사람을 먹는 것에 대해 말하는 것이 아니라, 각 사람이 고유한 『**벌레**』(구더기)라는 사실을 말하는 것이다.

그로 인해 일부 주석가들은 이를 죄인의 기억이 그를 갉아먹는 것으로 해석하려 한다. 즉, 지옥에 있는 죄인이 그리스도를 영접할 기회를 모두 떠올리며 그 기억들이 그를 괴롭히고 있다는 것이다. 물론, 이는 헛된 말이다. 우리의 관례대로, 우리는 성경이 성경을 정의하도록 하겠다(고전 2:13) 그리고 개인적인 『**사사로운 해석**』을 하지 않을 것이다(벧후 1:20).

성경에서 『**벌레**』가 무엇을 의미하는지 알아보려면, 먼저 모세가 그 어떤 것도 쓰기 전에 기록된, 성경에서 가장 오래된 책인 욥기 17:14을 보라.

『내가 썩는 것에게 말하기를 '너는 내 아비라.' 했고 벌레에게 말하기를 '너는 내 어미요, 누이라.' 하였도다.』

욥은 자신이 벌레들로 이루어진 가족 안에 있다고 말한다. 위의 『**썩는 것**』은 죽어 썩게 되는, 사망의 썩는 것을 말한다(고전 15:52,53). 욥의 말을 다시 들어 보자. 욥기 24:20이다.

『태가 그를 잊어버릴 것이요, 벌레가 그를 달게 먹을 것이며 그가 다시는 기억되지 아니하리니 사악함이 나무처럼 꺾이리라.』

이것이 바로 구더기들이 있는 "불타는 지옥"이다. 욥기 21:26에서는 다음과 같이 말한다.

『그들이 다 같이 흙 속에 눕고 벌레들이 그들을 덮으리로다.』

따라서 당신이 죽을 때, 벌레들이 당신의 몸을 갖는다. 그러나 마가복음 9:43-48은 여호와의 증인들이 말하는 "무덤"과는 관련이 없다. 어떤 신체 부위를 절단하더라도, 죽음 이후에는 여전히 삽으로 묻힐 것이다. 마가복음 9장의 『**벌레**』는 단순히 무덤에서 시신을 갉아먹는 벌레보다 훨씬 더 의미가 있다. 욥기 25:6을 보라. 『**하물며 벌레인 사람은 어떠하며 벌레인 사람의 아들은 어떠하겠느냐?**』

우리가 마가복음 8:36에서부터 살펴보았던 것처럼, 죄인이 영원한 불속에서 혼을 잃는다는 것은 다윈의 역행이라고 할 수 있다. 영원한 불속에서 죄인은 그의 아버지와 같은 존재(요 8:44)로 퇴화하여 붉은 구더기가 된다(계 12:3,9 참고). 영원한 불못은 『**둘째 사망**』이라고 불린다(계 20:14). 첫째 사망에서는 벌레에게 먹힘으로써 육체적 형상을 잃게 된다. 둘째 사망에서는 혼적인 몸의 형상을 잃고 구더기가 되는 것이다.

지옥을 믿지 않는 여호와의 증인이나 제칠일안식교도들은 죄인이 지옥에서 영원히 불탄다는 구절을 보여 보라고 주장한다. 그 증거 구절은 여기 마가복음 9장 44절, 46절, 48절이다. 『**그들의 벌레도 죽지 않고**』. 그것이 지옥에 있는 죄인이다. 『**불도 꺼지지 아니하느니라.**』 그 벌레는 불타 없어져 소멸되지 않는다. 그것은 계속해서 불타고 있다.

혹시 이 글을 읽고 있는 불쌍하고 구원받지 못한 죄인이 있다면, 하나 묻고 싶다. 당신은 지옥에서 그렇게 끝나고 싶은가? 이렇게 말할지도 모른다, “난 그걸 믿지 않아요, 럭크만.” 당신이 믿든 말든 그건 상관없다. 그 일은 여전히 일어날 것이다. 당신이 중력의 법칙을 아무리 부정해도, 엠파이어 스테이트 빌딩에서 아무런 보호 장치 없이 뛰어내리면 결국 시멘트 바닥에 부딪혀 산산조각 나는 결과는 피할 수 없다. 당신이 그런 운명을 피할 수 있는 유일한 길은, 당신을 위해 죄가 되신 분, 그래서 당신이 그 안에서 하나님의 의가 될 수 있도록 하신 그분을 받아들이는 것뿐이다(고후 5:21).

9:49 모든 사람이 불로 소금치듯함을 받을 것이며, 모든 제물이 소금으로 소금치듯함을 받으리라.

50 소금은 좋은 것이라. 그러나 소금이 그 짠 맛을 잃으면 무엇으로 맛을 내리요? 너희 안에 소금을 두고 서로 화목하라."고 하시더라.

이제 49절과 50절은 이 시대 그리스도인의 몸에 어떤 방식으로도 성공적으로 적용된 적이 없다. 심지어 영적인 적용조차도 억지로 끼워 맞춰야 할 정도이다. 본문의 신비는 『**소금**』에 있다.

하나님께서 소돔과 고모라에 유황과 불을 비처럼 내리셨을 때(창 19:24), 롯의 아내는 『**소금기둥**』이 되었다(창 19:26). 그리고 그 내륙 호수는 소금 바다인 『**염해**』(창 14:3)로 변했다. 그것이 바로 사해이다. 그곳에는 너무나 많은 소금이 포함되어 있어서 물고기가 전혀 살 수 없다. 심지어, 더운 날씨에 그 위를 나는 새들도 소금기에서 올라오는 가스로 인해 하늘에서 떨어질 정도이다. 소금 농도가 너무 높아서, 뚱뚱하든, 말랐든, 무겁든, 가볍든 누구든지 물에 뜰 수 있다. 수영을 전혀 못해도 사해에서는 몸이 떠오른다. 그 소금 농도는 태평양과 대서양을 합친 것보다 더 짙다.

질문 : 그 많은 소금은 도대체 어디서 온 것일까? 요단강이 시작되는 헤르몬산에서 흘러내린 물이 아무리 많다 해도, 사해가 그렇게 짠 바다가 되기에는 소금이 턱없이 부족하다. 내가 말해주겠다. 그 소금은 불에서 온 것이다!

『**모든 사람이 불로 소금치듯함을 받을 것이며**』(49절). 여기서 말하는

『**모든 사람**』은 모든 시대의 모든 사람을 뜻하는 것인가? 그렇다면 당신은 어떤가, 그리스도인인 당신도 『**불로 소금치듯함을 받을 것**』인가? 그리스도의 심판석에는 『**불**』이 있지만, 그것은 당신을 태우는 불이 아니라 당신의 행위를 태우는 불이다(고전 3:13). 그러므로 분명히 43-48절에서 말하는 『**불로 소금치듯함**』을 받는 자들은 결국 지옥에 떨어지는 자들이다. 당신이 그리스도를 믿었다면, 당신은 『**불로 소금치듯함**』이 필요가 없다. 왜냐하면 당신의 구주가 당신을 대신하여 『**소금치듯함**』을 받았기 때문이다. 그분은 십자가에서 당신을 대신해 지옥의 고통을 겪으셨다(시 57:4; 88:6,7 참고).

『**모든 제물이 소금으로 소금치듯함을 받으리라.**』 이것은 분명한 말씀이다. 구약의 제사들은 소금과 함께 드려야 했다(레 2:13). (천년왕국 때 드리는 제물들도 마찬가지이다 – 겔 43:24. 골 2:16,17 주석 참조). 제물에 넣는 그 소금은 하나님과 이스라엘 민족 사이의 영원한 언약을 상징하는 것이었다(민 18:19, 대하 13:5).

우리 죄를 위한 희생으로 십자가에 달리셨을 때, 예수 그리스도께서는 『**목마르다.**』고라 말씀하셨다(요 19:28). 소금의 특성 중 하나는 갈증을 유발한다는 것이다. 또한 주목할 점은, 하나님께서 『**소금의 언약**』을 맺으신 민족(민 18:19)이 대환란 기간 동안 제물처럼 제단 위에서 희생되고 먹히게 될 것이라는 사실이다(시 16:4, 사 6:13, 미 3:3, 슥 13:8, 계 6:9-11).

『**소금은 좋은 것이라**』(50절). 49절의 『**소금**』에는 아무 문제가 없다. 그러나 그 『**불**』은 또 다른 이야기다(1:8 주석 참고). 소금은 맛을 더해

준다. 소금은 소독 효과가 있다. 소금은 보존 기능이 있다. 소금은 필요할 때 따끔거리는 자극을 준다. 소금은 필요할 때 갈증을 일으키게 한다. 『**소금은 좋은 것이라.**』

『**그러나 소금이 그 짠맛을 잃으면 무엇으로 맛을 내리요?**』 사람들은 소금을 맛을 내는 데 사용한다. 그러나 소금이 그 『**짠맛**』, 즉 『**그 맛**』(눅 14:34)을 잃어버렸다면, 그 소금을 다시 맛있게 할 수 있는 것이 무엇이겠는가? 그 대답은 아무것도 없다는 것이다. 예수님께서는 마태복음 5:13에서 이렇게 말씀하셨다. 『**쓸모없어진 소금은 내어버려져 사람들의 발에 밟힐 뿐이니라.**』 이 구절에서 『**소금**』은 예수님의 제자들이다. 『**너희는 땅의 소금이라.**』 당신은 이 잃어버린 세상에 『**소금**』이 되어야 한다.

『**너희 안에 소금을 두고**』 나는 이 말씀을 완전히 이해하지는 못한다. 다만 바울이 이렇게 말한 것은 안다. 『**너희의 말이 항상 은혜와 더불어 있게 하고 소금으로 맛을 내듯 하라**』(골 4:6). 이것은 진리를 직설적이고 명확하게 말하라는 뜻이지, 『**순진한 사람들의 마음을 미혹**』하기 위해 『**정중한 말과 그럴듯한 언변**』으로 말하라는 것이 아니다(롬 16:18). 상처에 소금을 뿌리는 것처럼, 하나님의 말씀이 명확하고 직접적으로 선포될 때 그 말씀이 비록 아프게 할 수는 있지만 당신을 깨끗하게 해준다(요 15:3). 또한 내가 말할 수 있는 것은, 예수 그리스도께서 당신을 위해 불로 소금치듯함을 받았고, 그분의 희생 제물이 소금으로 소금치듯함을 받았다면, 『**너희 안에 계신** 그리스도**시요, 곧 영광의 소망**』(골 1:27)을 지닌 그리스도인으로서 『**너희 안에 소금**』을 두라는 것이다. 그 외의 것은, 이렇게 말할 수밖에 없겠다. “이히 바이스 니히트.”(Ich weiss nicht.) 이건 독일어로 "나는 모르겠다."라는 뜻이다.

『**서로 화목하라**』(50절). 이 말씀은 아무런 문제가 없다. 바울도 이렇게 명령했다. 『**가능한 한 너희 편에서는 모든 사람과 더불어 화목하게 지내라**』(롬 12:18). 『하나님**의 나라는... 화평**』이기 때문에(롬 14:17) 바울은 『**그러므로 화평을 위한 일과 서로를 세워 주는 일들을 따라야 할지니라.**』(롬 14:19)고 말한다. 그렇게 주 예수 그리스도를 섬기면 『하나님**께 기쁨이요, 사람들에게는 인정을**』 받는다(롬 14:18). 『**화평**』은 『**성령의 열매**』의 일부이기에(갈 5:22) 우리는 『**화평**』을 추구해야 한다(딤후 2:22).

본문의 마지막 부분을 그리스도의 몸 안에 있는 하나님의 자녀에게 적용하는 데에는 별 문제가 없다. 그러나 37절 이후의 말씀들은, 교리적으로 이 시대에 적용하기 어려운 말씀들이다. 그 구절들은 십자가 이전의 유대인 제자들이나, 교회가 휴거된 이후 대환란 기간에 남아 있는 유대인 제자들을 향한 말씀들이다. 여기서도 마찬가지다. 신약의 성도, 곧 그리스도 안에 있는 하나님의 자녀가 50절 끝부분에서 주님께서 하신 말씀을 영적으로나 실제 삶에 있어서 적용할 수는 있지만, 교리적인 대상은 아니다.

히브리서 – 이 책은 히브리인들을 대상으로 기록된 것이지, "그리스도인인 유대인들"을 대상으로 기록되지 않았다. – 에서는 이렇게 말한다.

『**모든 사람과 더불어 화평함과 거룩함을 추구하라. 이것이 없이는 아무도 주를 보지 못하리라**』(히 12:14).

그리스도의 몸 된 교회의 모든 지체들은 휴거 때 『**공중에서 주와**』 만날 것이기에(살전 4:17), 그리고 그분의 지상 재림 시에는 『**모든 눈이 그를 볼 것**』(계 1:7)이기에 히브리서 12:14은 대환란 시대에 구원받기 위해 『예수 그리스도**의 증거**』를 가졌을 뿐 아니라 『하나님**의 계명들**』을 지키는(계 12:17; 14:12) 유대인들에 대해 말하고 있다.

예수 그리스도의 증거뿐 아니라 하나님의 계명들을 지켜야만 하는 유대인들에 관한 말씀이다(계 12:17; 14:12 참조). 이에 대해 더 깊이 공부하고 싶다면, 히브리서 주석을 추천하고자 하는데 특히 히브리서 3:6,14; 4:1; 6:4-6,11; 10:26-29,38,39; 12:14,15의 주석을 공부하라.

마가복음 10장

10:1 주께서 그곳에서 일어나시어 요단 건너편 유대 지경으로 가시니
라. 무리가 다시 주께 나아오니 전에 하셨던 대로 그들을 다시
가르치시더라.
2 그때 바리새인들이 와서 주께 묻기를 "남편이 아내를 버리는 것
이 타당하니이까?"라고 하며 주를 시험하더라.
3 그러자 주께서 대답하여 그들에게 말씀하시기를 "모세가 너희에
게 무엇이라고 명령하였느냐?"라고 하시니
4 그들이 말하기를 "모세는 이혼증서를 써 주고 버리는 것을 허락
하였나이다."라고 하더라.
5 예수께서 대답하여 그들에게 말씀하시기를 "너희 마음의 완고함
때문에 너희에게 이런 명령을 기록하였으나
6 창조의 시작부터 하나님께서는 사람을 남자와 여자로 만드셨느니라.

7 **이런 까닭에 남자는 자기 아버지와 어머니를 떠나서 그의 아내와 합하여**
8 **그 둘이 한 몸이 될 것이니, 따라서 그들은 더 이상 둘이 아니요 한 몸이라.**
9 **그러므로** 하나님**께서 결합시켜 주신 것을 사람이 나누지 못하느니라."고 하시니라.**
10 **그후 집에서 제자들이 다시 그 일에 관하여 주께 물으니**
11 **주께서 그들에게 말씀하시기를 "누구든지 자기 아내를 버리고 다른 여자와 혼인하는 자는 그 아내에 대하여 간음하는 것이요**
12 **여자가 자기 남편을 버리고 다른 남자와 혼인하면 그 여자도 간음하는 것이라."고 하시니라.**

예수님께서 갈릴리의 카퍼나움을 떠나(9:33. 마 19:1 참고) 요단 동편의 유대 경계 지역으로 여행하셨는데, 그곳은 예수님께서 침례를 받으신 곳이다(1절. 마 19:1, 요 1:28 참고). 그곳은 여호수아가 요단강을 건넌 곳이기도 하다(수 2:7, 판 7:24 참고). 다윗이 압살롬을 물리치고 예루살렘으로 돌아갈 때 요단강을 건넌 곳이기도 하다(삼하 19:15,40). 또한 엘리야와 엘리사가 여호수아처럼 요단강을 마른 땅으로 건넌 곳이기도 하다(왕하 2:1-14). 이러한 사건들은 모두 예수님의 재림을 예표하는 것이다.

우리가 "재림의 여정"에서 논의한 것처럼 (그리고 합 3장과 판 5장에 대한 주석에서도 언급했듯이) 그리스도께서는 언약궤가 시내산에서 올라온 길을 따르실 것이다. 그리스도께서는 시내산에 도착하셔서 에돔을 통해 왕의 대로를 지나, 침례를 받으셨던 요단강을 건너, 올리브 산으로 향하시고(슥 14:4, 행 1:11,12) 예루살렘으로 가실 것이다. 그리스도께서는 근본주의자들이 말하는 것처럼 처음부터 올리브 산으로 오시는 것이 아니다.

이제 마가복음의 이 본문은 이혼과 재혼이 어떤 상황에서도 허용되지 않는다고 믿는 카톨릭, 성결교, 근본주의자들이 좋아하는 구절이다. 그 이유는 마가가 이 주제에 대한 온전한 기록을 남기지 않았기 때문이다. 먼저 2절의 질문을 주목하라. 『**남편이 아내를 버리는 것이 타당하니이까?**』 만약 마가복음 10:2만 가지고 있었다면, 바리새인들이 모세 율법 아래서 이혼이 허용되는지에 대해 묻고 있다고 생각했을 것이다.

하지만 마가복음 10:2는 전체적인 질문이 아니다. 마태복음은 완전한 질문을 기록한다. 『**사람이 무슨 사유로든지 자기 아내를 버리는 것이 타당하니이까?**』(마 19:3) 질문은 "사람이 아내와 어떤 이유로든 이혼할 수 있을까?"이다. 성경 해석의 한 가지 원칙은 언제나 완전한 진술의 본문을 토대로 불완전한 진술의 본문을 해석해야 한다는 것이다. 2절과 11절의 기록은 모두 불완전하므로, 마태복음 19:1-12의 더 완전한 기록에 의해 해석되어야 한다.

여기서(3,4절) 언급된 "법"은 실제로 신명기 24:1-4절에 있다. 그 구절은 남편이 『**그녀에게서 어떤 불결함을 발견**』했을 때(신 24:1) 이혼할 수 있다고 말한다. 다시 말해, 이혼 사유가 하나 이상으로 허용될 수 있다는 것이다. 신명기 24:1에는 특정한 죄가 언급되어 있지 않다. 실제로는 어떤 "죄"도 언급되지 않다. 아내가 "버림"을 받을만한 도덕적인 잘못을 저지르지 않아도 되었다.

또한, 이 문맥에서 재혼이 허용된다는 것에 주목하라. 신명기 24:2에는 『**그녀가 그 사람의 집에서 나간 후에는 그녀가 가서 다른 사람의 아내가 될 수 있느니라.**』라고 말한다. 근본주의자들은 즉시 마가복음 10:11,12로 가서 "아니, 그러면 안 된다. 그러면 그녀는 두 남편이 생겨서 간음을 저지르는 것이다."라고 말한다.

아내를 버린 분은 누구인지 아는가? 하나님이다(사 50:1, 렘 3:8). 하나님이 아내를 버리실 때 무엇이라고 말씀하셨는가? 『**이는 그녀가 내 아내가 아니고 나도 그녀의 남편이 아님이라**』(호 2:2). 다시 말해, 합법적인 이혼이 발생하면, 아내는 더 이상 남편과 결혼이 유지되지 않고, 남편 또한 아내와 결혼이 유지되지 않는다. 전능하신 하나님께서는 이에 대해 자신을 예시로 드셨다.

첫 번째 아내가 나를 버리고 이혼 소송을 제기한 후 (알라바마주는 배우자가 나를 버렸으며, 그녀가 1년 동안 완전히 사라졌던 사실을 기반으로 나에게 자동으로 이혼이 이루어졌음을 확인해 주었다.) 펜사콜라 크리스찬 대학은 내가 목회를 하던 브렌트침례교회의 재산을 탈취하려고 했다. 당시 호튼(Hortons) 가족은 밥존스대학교와 우호적이었기 때문에, 호튼 가족에게 교회를 팔게 만들기 위해 밥 존스 주니어에게 요청하여 나에게 사임을 요구하는 편지를 쓰게 했다. (내가 목사로 있는 브렌트침례교회는 계속해서 임대료를 지불하고 있었기 때문에, 나를 제거하여 교회가 재정적으로 어렵게 되면 호튼 가족에게 팔게 만들 생각이었다.) 밥 존스 주니어는 나에게 편지를 써서 "당신은 목사가 될 자격이 없소. 왜냐하면 『**감독**』은 반드시 『**한 아내의 남편**』(딤전 3:2)이어야 하기 때문이오. 당신은 결혼하지 않았으므로 자격이 없소."라고 말했다. 나는 그에게

"좋습니다. 결혼해서 자격을 갖추겠습니다."라고 답했다. 그는 다시 나에게 "당신은 그렇게 할 수 없소. 그렇게 되면 두 명의 아내가 생기기 때문이오."라고 말했다. 나는 그에게 "당신은 내가 아는 0+1=2라고 생각하는 유일한 대학 총장입니다."라고 말했다.

이제 성결교는 (그리고 근본주의자들도 따른다.) 이혼 후 재혼하면 간음을 저지르는 것으로 여기며, 그 상황을 되돌이켜 정정할 수 있는 유일한 방법은 처음 떠난 사람과 다시 함께 하는 것이라고 가르친다. 이것은 바로 하나님께서 율법 아래에서 허용하지 않았던 것이다. 신명기 24:3,4이다. 『**만일 그 나중 남편도 그녀를 미워하여 그녀에게 이혼증서를 써서 그녀의 손에 쥐어 주고 그의 집에서 내보냈거나 혹은 그녀를 아내로 취한 그 나중 남편이 죽었으면 그녀를 내보냈던 전 남편은 그녀가 더럽혀진 후에는 그녀를 자기 아내로 다시 취할 수 없나니, 이는 그것이 주 앞에 가증한 것이기 때문이라.**』

이제 예수님께서는 하나님께서 구약 시대에 이혼을 허용했지만, 그것을 승인하지 않았다는 것을 분명히 하신다(5절). 구약 시대에는 새로운 출생이 없었고, 성도 안에 그리스도께서 내주하지 않았으며, 모든 믿는 자에게 구원의 영원한 안전이 보장되지 않았다. 당신에게는 구약 성도가 가지지 못한 분명한 이점이 있다. 그 유대인들의 마음이 완악하였기 때문에 하나님께서는 이혼이나 일부다처제와 같은 어떤 부분을 허용하셨지만, 거듭난 하나님의 자녀들에게는 허용하지 않으신다.

이것이 하나님의 "허용하신 뜻"으로, 하나님의 "직접적인 뜻"과는 반대된다. 다시 말해, 하나님의 의도와는 달리 일부 사항을 허용하시기도 한다. 예를 들어, 바울이 사도행전 21장에서 예루살렘으로 가는 것은 하나님의 의도가 아니었으며, 그 장에서 여러 차례 가지 말라고 경고하셨다. 그러나 바울은 그럼에도 불구하고 그곳으로 갔고, 주님께서 그런 상태의 그를 보살펴 주셨다. 그러나 하나님의 "허용하신" 뜻에 따라 바울은 감옥에 갇혀 사역의 두 해를 잃었다. 그는 하나님께서 의도하신 대로 로마에 도착했지만(행 23:11), 그는 죄수로 난파된 배의 널판 위에서 떠 있어야 했다. 죄수로서가 아니라 최상의 편의 시설을 갖추고 일등 승객으로 도착할 수 있었음에도 말이다.

하나님께서는 야곱이 네 명의 아내를 가지도록 허용하셨는데, 그 결과 야곱이 한 명의 아내만 가졌다면 피할 수 있었던 문제들을 겪었다. 하나님께서는 유대인들이 어떤 이유로든 아내를 버려 이혼할 수 있도록 허용했지만, 그것이 그들을 곤경에 빠뜨렸다(말 2:14-16). 하나님의 방식대로 행할 수 있고, 자신의 방식대로 행할 수 있는 선택이 주어진다면, 하나님의 직접적인 뜻대로 행하는 것이 하나님의 허용하신 뜻을 행하는 것보다는 훨씬 더 많은 고통을 피할 수 있다.

이제 예수님은 바리새인들에게 하나님의 직접적인 뜻이 무엇인지를 보여주시는데, 그것은 이혼에 반대하는 것이다. 내가 그렇게 말한다는 것에 놀란 사람들이 있을 것이다, 아닌가? 당신은 사람들이 아무 근거없이 생각없이 떠들어대는 말을 들어왔을 것이다. 나는 이혼을 믿지 않고, 권장하지 않는다. 나는 결코 아내를 버리지 않았다.

"럭크만, 당신은 두 번 이혼했다고 했죠?" 그렇다, 그렇지만 어느 경우에도 제가 아내를 버림으로 이혼시키지 않았다. 나는 결혼 서약을 지키는 것을 믿는다. "더 좋을 때도, 더 나쁠 때도, 죽음까지, 서로를 부부로 여기겠노라." 그러나 지금 미국의 50개 주가 모두 "무과실 이혼 허용법"("no-fault" divorce laws)을 적용하고 있다는 것을 알고 있는가? 이것은 한 쪽이 결혼에서 벗어나고 싶을 때 다른 쪽이 그 이혼을 막을 수 없다는 것을 의미한다.

내가 첫 번째 결혼에서 배운 것은, 배우자가 결혼에서 벗어나기를 강력히 원한다면, 이를 중단시킬 다른 방법이 없다는 것이다. 주님께서 상대방의 마음에 개입하지 않는 한 막을 수 없다. 옛날 속담에 "춤을 추려면 둘이 필요하다"는 말이 있다. 결혼이 유지되려면 양측이 함께 남고 싶다는 합의가 있어야 한다. 그렇지 않으면 결국 파탄할 것이다. 따라서 나는 결혼 문제를 겪는 부부들에게 결혼을 유지하기 위해 가능한 모든 것을 해 보라고 권면한다.

결혼에 대한 하나님의 의도는 한 남자와 한 여자가 결혼하는 것이다. 미국 연방 대법원이 무슨 말을 하든 상관없이 말이다! 하나님께서 결혼 제도를 세우셨다(6절). 대통령도, 의회도, 연방 대법원도 아니다. 정부가 흑인을 백인으로, 여성을 남성으로, 어린이를 성인으로, 멕시코인을 미국 시민으로, 이슬람교도를 평화로운 종교로 선언할 수 있고, 두 명의 게이, 두 명의 퀴어, 두 명의 레즈비언 또는 한 명의 다이크(dyke)와 한 명의 부치(butch)가 결혼을 구성한다고 할 수 있지만, 그렇지 않다. 『**창조의 시작부터** 하나님**께서는 사람을 남자와 여자로 만드셨느니라**』(6절). 두 명의 게이, 두 명의 퀴어, 두 명의 레즈비언 또는 다이크와 부치가 아니다.

하나님의 아들의 말씀에 따르면 (당신의 생각이나 "느낌"이 무엇인지 상관하지 않는다.) 『**남자**』가 『**자기 아버지와 어머니**』를 떠나 『**그의 아내**』와 합한다(7절). 먼저, 어떻게 두 명의 게이나 두 명의 레즈비언 사이의 "결혼"에서 "남자"와 "그의 아내"가 될 수 있는가? 두 남자가 "결혼"

한다면, 그중 어느 한 명이 "아내"가 되는가? 둘 다 아니다! 두 레즈비언이 결혼한다면, 그중 어느 한 명이 "남자" 또는 "남편"이 되는가? 둘 다 아니다. 한 명이 "부치"라 할지라도 마찬가지다.

남자가 아니면서 남자인 척 하는 것(또는 여자가 아니면서 여자인 척 하는 것)은 오직 위선자가 되게 할 뿐이다. 위선자는 자신이 아닌 것처럼 행동하거나 속이는 사람이다. 남편은 여자가 아니며, 아내는 남자가 아니다. 누구의 말에 따르면 그러냐고 묻는다면 사전의 말에 따르면 그렇다. 당신이 "믿는다"는 것은 하나님이 말씀하신 것과 전혀 상관이 없고 그 말씀들의 의미와 전혀 상관이 없다.

사회가 자신들의 "성적 정체성"을 "해방"하려고 시도할 때, 하나님께서 그것을 불태우셨다(벧후 2:6), 그리고 그 성을 왜곡했던 자들은 오늘도 여전히 불타고 있다(유 1:7 - 『**영원한 불**』). 하나님께서는 그런 비행을 『**가증함**』이라고 부르셨다(레 18:22), 그것은 『**그 땅도 스스로 그 거주자들을 토해**』 내기까지 만든다(레 18:25). 신약에서도 그것은 변하지 않았다(롬 1:26,27). 당신은 미국이 소돔과 고모라가 받은 것과 정확히 같은 것을 받을 것이라고 기대할 수 있다, 카나안 사람들이 받은 것을 미국이 받을 것이며, 하나님의 택한 백성이 그 같은 죄를 저지른 것에 대해 받은 것을 읽어 보라(예레미야 애가).

8절에 나와 있는 결혼의 본질을 주목하라. 『**그 둘이 한 몸이 될 것이니, 따라서 그들은 더 이상 둘이 아니요 한 몸이라.**』 결혼에는 분명히 법적이고 사회적 측면이 있지만, 결혼은 본질적으로 남자와 여자를 결합시키는 육체적 행위이다. 바울은 에베소서 5:31에서 이를 재확인한다. 그것이 음행이 그토록 잘못된 이유이다. 창녀와 결합할 때 남자의 몸은 아내와 결합할 때와 똑같이 결합되기 때문이다(고전 6:16). 형제들 중 일부는 단지 결혼 증명서, 한 번의 결혼식, 결혼 반지만 갖고 있다고 해서 디모데전서 3:2의 자격을 충족한다고 생각한다. 하지만 사실을 말하자면, 그들은 지금 있는 사람과 결혼하기 전에 여섯 번 이상의 여성과 성관계를 가졌을 수도 있다. 한 명 이상 여러 명의 살아있는 아내를 갖고 있었다는 말이다!

8,9절의 맥락에서 "나누는" 것은 신명기 24:1의 『**이혼증서**』로 이루어지는 것이 아니다. 배우자가 아닌 다른 대상과 몸을 합칠 때 이혼은 이루어진다. 그러므로 11,12절에 해당하는 병행 구절에서 이혼은 『**음행**』의 경우에 허용된다(마 19:9). 그 『**음행**』은 근본주의자들이 당신을 믿게 하려는 것처럼 단지 "결혼 전 성관계"가 아니라, 모든 성적 죄 행위를 의미한다(고전 5:1; 10:8, 유 1:7), 그중에는 간음도 포함된다. 그러므로 간음 또는 음행의 경우 이혼이 허용된다. "이혼"은 배우자가 사망하는 경우 발생하며(롬 7:1,2), 남편이 죽은 아내나 아내가 죽은 남편은 더 이상 죽은 배우자에게 『**법으로 매여**』 있지 않게 된다(롬 7:1,2). 또한 배우자를 버리는 유기(desertion)가 있는 경우 이혼이 허용된다(고전 7:15), 왜냐하면 떠나는 당사자가 남아 있는 고립된 배우자에게 더 이상 『**합당한 애정**』을 주지 않고(고전 7:3) 결혼 결속이 깨졌기 때문이다. 그리고 합법적인 이혼이 발생하면(간음, 유기 또는 사망), "당하는" 당사자는 죄가 되지 않고 재혼할 수 있다(고전 7:27,28).

그러므로 디모데전서 3:2은 합법적인(즉, 성경적인) 이유로 이혼당한 남자와는 아무 상관이 없다. 만약 아내가 그 남자를 배신하였거나 아니면 떠나, 그러한 이유로 그가 법적으로 이혼이 된다면, 그는 그 아내에게 매여있지 않으며 그 결과 "두 명의 살아있는 아내"를 갖는 것이 아니다. 그에게는 그가 현재의 한 명의 아내가 있을 뿐이다. 그는 그녀에게 신실해야 한다. 디모데전서 3:2은 일부다처제 금지에 관한 것이며, 성경적 이혼과 재혼에 관한 것이 아니다.

이 구절을 떠나기 전에 다시 살펴봐야 할 두 가지가 있다. 첫 번째는 3절에 있다. 『**그러자 주께서 대답하여 그들에게 말씀하시기를 "모세가 너희에게 무엇이라고 명령하였느냐?"라고 하시니**』 당신의 구주이신 예수 그리스도에 따르면, 모세는 창세기, 출애굽기, 레위기, 민수기, 신명기를 썼다. 포로 사이 및 신구약 중간 시대에 살았던, 알려지지 않은 익명의 J, E, P, D, H 및 R 기록자들이 쓴 것이 아니다. 세상에서 모세의 권위를 없애려고 애쓰던 이들이 있었다. 그러나 그들이 잊고 있던 것은 우주에서 가장 높은 비평가께서 그들이 비평하는 성경을 쓰신 것이다. 하나님의 책은 그들이 그 책을 비판하는 동안 비판하는 그들을 비판한다(히 4:12). 그들이 없애려고 했던 저자는 심판 때 그들에 대해 증거할 것이다(요 5:45-47).

두 번째로 주목해야 할 점은 6절에 있다. 『**창조의 시작부터** 하나님**께서는 사람을 남자와 여자로 만드셨느니라.**』 그리고 다윈, 헉슬리, 라일, 호킹, 그리고 도킨스는 이런 말에 밀려나갔다. 하나님의 아들인 예수 그리스도에 따르면, 그 일이 벌어진 때 거기 있었던 분이 하나님이라는 것이다(요 1:1-3). 하나님께서 우주를 창조하셨다. 물질의 영원성도 없었고, "빅뱅"도 없었으며, 무작위적 우연, 자연 발생, "웅덩이에서 낙원까지," 고생대, 중생대, 트라이아스기, 쥐라기, 잃어버린 고리, 오스트랄로피테쿠스, "루시," 네안데르탈인, 베이징 원인, 자바 원인, 네브래스카

맨 따위도 없었다. 하나님께서는 지금 우리가 사는 이 세상을 여섯 날 동안 창조하셨고, 이는 모세가 B.C. 1500년에 기록한 그대로이며, 하나님께서는 사람을 『**남자와 여자**』로 여섯째 날에 창조하셨다. 하나님께서는 진흙탕에서 진화한 어떤 "유인원"들 중에서 한 쌍을 골라 "아담과 이브"로 지명하신 것이 아니다. 교황이 그렇게 말할지라도 말이다. 교황 요한 바오로 2세가 "창세기는 신화다."라고 말한 것(〈옴니, *Omni*〉, 1984년 12월호, p.68)과, 그 후 1996년 10월 23일 교황청 과학 아카데미 앞에서 그 발언을 다시 확인한 것은, 그가 자신이 대표한다고 주장하는 분, 곧 하나님과 정면으로 대치된 것이다. 예수 그리스도께서는 하나님께서 우주를 창조하셨으며, 하나님께서 사람을 창세기 1장에 모세가 기록한 그대로 창조하셨다고 확증하셨다.

10:13 그때 사람들이 어린아이들을 주께 데려오니, 이는 그들을 어루만져 주시기를 바람이라. 그러나 제자들이 아이들을 데려온 사람들을 꾸짖더라.

14 예수**께서 그것을 보시고 몹시 언짢아하시며 그들에게 말씀하시기를 "어린아이들이 내게 오는 것을 허락하고, 금하지 말라.** 하나님**의 나라가 이런 자들의 것이니라.**

15 진실로 내가 너희에게 말하노니 누구든지 하나님**의 나라를 어린아이처럼 영접하지 않는 자는 결코 그곳에 들어가지 못하리라." 고 하시고**

16 그들을 양팔로 안으시며 그들에게 안수하여 축복해 주시더라.

이 부분에 대해서는 이미 9:36,37,42에서 영적 적용에 관한 부분을 살펴보았다. "예수님께서는 어린 아이들을 사랑하신다."라는 말은 사실이지만 성인들이 이 노래를 자신에게 적용시키는 데 있어서는 조심해야 한다. 어린 아이가 『**선악 간**』(신 1:39)의 차이를 알 때까지는 그는 무죄한데, 그 이유는 『**율법이 없을 때에는 죄를 죄로 여기지 아니하였느니라.**』(롬 5:13)라는 말씀 때문이다. 그러나 양심에 새겨진 하나님의 법이 효력을 발생할 때는 그 하나님의 법이 어린아이에게 죄가 있다고 고소한다(롬 2:15). 그러다가 그 어린아이가 나이가 들면 들수록 고소의 건수들은 더 길어진다. 결국 그는 하나님의 진노 아래 죄인으로 여겨지고, 하나님의 원수로 여겨진다(롬 5:8-10). 어떤 성장한 사람이라도 자신의 올바른 마음속에 "예수님께서는 나를 사랑하신다. 이것이 내가 아는 사실이며, 성경은 나에 대해 그렇게 말한다."라고 말하지 않는다. 성경에 그렇게 말하는 곳은 없다. 성경은 다음과 같이 말한다.

『**아들을 믿는 사람은 정죄를 받지 아니하나 믿지 않는 사람은 이미 정죄를 받은 것이라. 이는 그 사람이** 하나님**의** 독생자**의 이름을 믿지 않았기 때문이라**』(요 3:18).

『아들**을 믿는 자는 영생을 가졌고 그** 아들**을 믿지 않는 자는 생명을 보지 못하고 오히려** 하나님**의 진노가 그 사람 위에 머물러 있느니라**』(요 3:36).

예수 그리스도께 속한 "어린아이"에게 해당하는 진실이 자신의 의로 인해 그리스도를 거부한 성인 죄인들에게는 진리가 아니다. 예수님께서 어린아이를 사랑하셨듯이 당신을 사랑해주시기를 바란다면 『하나님**의 나라를 어린아이처럼 영접**』(15절)해야 한다. 그리스도를 믿는 믿음을 통하여(요 3:15,16) 새로운 출생을 받아들임으로(요 3:3-7) 그렇게 해야 한다.

이런 이유로 많은 의사들, 법률가들, 은행가들, 사업가들, 정치인들, 주요 인물들이 구원받지 못한다. 그들은 믿음에 있어서 어린아이들과 같이 되기를 원치 않는다. 바울은 다음과 같이 말했다.

『**형제들아, 너희는 너희의 부르심을 보라. 부르심을 받은 자들은 육신을 따라 지혜로운 자가 많지 않고 권력 있는 자도 많지 않으며 좋은 가문에서 태어난 자도 많지 아니하니라. 그러나** 하나님**께서 세상의 어리석은 것들을 선택하심은 지혜로운 자들로 부끄럽게 하시려는 것이요,** 하나님**께서 세상의 약한 것들을 선택하심은 강한 것들을 부끄럽게 하시려는 것이라**』(고전 1:26,27).

성경에서 예수님께서 유일하게 『**기뻐**』하셨다고 기록된 곳은 아버지 하나님께서 어떤 것들을 『**지혜롭고 슬기로운 사람들에게는 숨기시고**』, 『**어린 아기들에게는 나타내신 것**』을 감사드린 때였다(눅 10:21). 따라서 당신이 구원받기를 원하고 하나님의 말씀을 깨닫기 원한다면 어린아이와 같은 수준으로 겸손해져야 한다.

10:17 그후 주께서 길에 나가시니 어떤 사람이 달려와서 주께 무릎을 꿇고 묻기를 "선한 선생님, **내가 영생을 상속받으려면 어떻게 하여야 하리이까?"라고 하니**

18 예수**께서 그에게 말씀하시기를 "어찌하여 네가 나를 선하다고 하느냐?** 하나님 **한 분 외에는 선한 이가 없느니라.**

19 **네가 계명들을 아나니 간음하지 말라. 살인하지 말라. 도둑질하 지 말라. 거짓 증거하지 말라. 속이지 말라. 네 아버지와 어머니 를 공경하라."고 하시니**

20 **그가 대답하여 말씀드리기를 "선생님, 이 모든 것은 내가 어려 서부터 지켜 왔나이다."라고 하더라.**

21 **그러자** 예수**께서 그를 쳐다보시고 사랑하시며, 그에게 말씀하시 기를 너에게 한 가지 부족한 것이 있으니, 가서 네가 가진 것은 무엇이든지 팔아 가난한 사람들에게 주라. 그리하면 하늘에 있 는 보물을 가지게 되리니 그런 후에 와서 십자가를 지고 나를 따르라고 하시더라.**

22 **그러나 그는 그 말씀에 슬퍼하고 근심하며 가니 이는 그가 많은 재산을 가졌기 때문이라.**

본문의 질문을 주목하라. 『**내가 영생을 상속받으려면 어떻게 하여야 하리이까?**』(17절) 이 질문은 신약에서 두 가지로 취할 수 있다. 하나는 천년왕국에서 받게 되는 유업을 언급하는 것일 수 있다(고전 6:9,10, 갈 5:19-21). 이는 영생을 얻는 것과 영생을 지키는 것과는 전혀 무관하다는 사실을 알고 있을 것이다. 왜냐하면 바울이 믿는 자들에게 그 유업을 잃을 수 있는 죄들에 관해 경고했기 때문이다(엡 5:5,6). 같은 사도가 다음과 같은 말을 했다. 『하나님**의 거룩한** 영**을 슬프게 하지 말라. 너희가 그로 인해 구속의 날까지 인치심을 받았느니라**』(엡 4:30). 그리스도인은 죄로 인해 육신이 멸망당할 수 있다. 그러나 그의 『**영**』은 『주 예수**의 날에 구원**』받을 것이다(고전 5:5).

그러나 이 유업은 영생 자체가 될 수 있다(벧전 1:4). 이것이 17절에서 언급하는 것이다(마 19:16 참고). 그런 경우, 당신이라면 이 질문에 어떻게 답하겠는가? 신약의 나머지 부분으로부터 구원에 관하여 알고 있는 상태에서 말이다.

『이는 그를 믿는 사람은 누구든지 멸망하지 않고 영생을 얻게 하려 함이니라. 하나님**께서 세상을 이처럼 사랑하셔서 그의** 독생자를 **주셨으니, 이는 그를 믿는 사람은 누구든지 멸망하지 않고 영생을 얻게 하려 하심이니라』**(요 3:15,16).

『내 양들은 내 음성을 들으며 나는 그들을 알고 그들은 나를 따르느니라. 내가 그들에게 영생을 주노니 그들은 영원히 멸망하지 않을 것이며, 또 아무도 나의 손에서 그들을 빼앗지 못할 것이니라』(요 10:27,28).

『이는 죄의 삯은 사망이요 하나님**의 선물은** 예수 그리스도 **우리** 주로 **말미암은 영원한 생명이기 때문이라』**(롬 6:23).

『또 증거는 이것이니, 하나님**께서 우리에게 영생을 주신 것과, 이 생명이 그의** 아들 **안에 있다는 것이라. 그** 아들**이 있는 자는 생명이 있고** 하나님**의** 아들**이 없는 자는 생명이 없느니라. 내가** 하나님**의** 아들**의 이름을 믿는 너희에게 이런 것들을 씀은 너희에게 영생이 있음을 알게 하려 함이며, 또한 너희가** 하나님**의** 아들**의 이름을 믿도록 하려 함이라』**(요일 5:11-13).

이상의 내용을 알았다면, 이 질문에 어떻게 답해야 하는지를 알 것이다. 나는 그에게 이런 바보 같은 말은 하지 않을 것이다. "회개하고, 믿고, 고백하고 침례를 받으라." 혹은 "성령 침례를 받은 최초의 증거를 받으라." 혹은 "그리스도께서 세우신 교회를 찾아 그 교회에 다니고 성사를 받고 은혜의 상태에서 죽으라." 이런 모든 것은 "어쩌면 영생을 상속받을 수도 있을 것이다."로 끝난다. 이런 것들을 통해서는 구원의 확신을 가질 수 없다. 이에 대해 의심이 간다면 이 주장들을 하는 사람들을 붙들고 자신이 죽을 때 하늘나라에 갈 수 있다는 확신을 가질 수 있느냐고 물어보라. 그들 중 아무도 답하지 못할 것이다. 내가 직접 물어봤기 때문에 안다. 캠벨파(Campbellite) 신자는 이렇게 말할 것이다. "내가 구원받았기를 바랍니다." 은사주의자는 이렇게 말할 것이다. "그러기를 바랍니다." (즉, 만약 자기가 "용서받을 수 없는 죄"를 짓지 않는다면 말이다. - 3:28-30 주석 참고). 이에 대해 카톨릭 신자는 아무도 죽기 전까지는 알 수 없다고 말할 것이다.

성경은 구원받은 사실을 확신할 수 있다고 말한다(요일 5:13). 당신은 그 사실을 알고 있는가, 아니면 모르고 있는가? 예수 그리스도께서 완성하신 일 외에 다른 것을 의지한다면 구원의 확신을 가질 수 없다.

예수 그리스도께서는 이 사람에게 『주 예수 그리스도를 **믿으라. 그리하면 너와 네 집안이 구원을 받으리라.**』(행 16:31)와 같은 말로 답하지 않으셨다. 예수님께서는 그에게 믿음에 관하여, 은혜에 관하여, 복음에 관하여 단 한 마디도 말씀하지 않으셨다. 처음부터 끝까지 행위들만 말씀하셨다.

이것이 구약의 구원과 신약의 구원의 차이점이다. 이 둘은 같지 않다. 예수님께서는 이 사람에게 "앞으로 올 십자가를 바라보라."고 말씀하지 않으셨다. "이것을 행하지 말고"(19절), "이것을 행하라"(21절)고 말씀하셨다. 오늘날 이렇게 설교한다면 하나님으로부터 저주를 받는다(갈 1:6-9). 이런 이유로 성경을 올바로 나누어야만 하는 것이다(딤후 2:15).

본문에 나와 있는 이 사람은 율법 아래 있는 유대인이다. 예수님께서는 아직 그 누구를 위해서도 죽지 않으셨다. 『하나님**의 은혜의 복음**』(행 20:24)은 아직 그 누구에게도 계시되지 않았다. 바울은 이때 구원조차 받지 않았으며 여전히 율법 아래 있는 바리새인이었다(빌 3:5, 행 23:6; 26:4,5). 그리스도의 죽으심, 묻히심, 부활하심 이전으로 율법이 효력을 발휘하고 있었다. 따라서 본문을 구약의 관점에서 읽어야 한다. 구원에 행위가 포함되는 구약의 관점에서 읽어야 하는 것이다. 이에 대해 한 가지 예를 제시하겠다.

에스겔 18:4-9을 읽어 보라. 근본주의자들은 4절 마지막 부분 『**범죄하는 혼은 죽으리라.**』를 『**죄의 삯은 사망**』(롬 6:23)을 입증하기 위해 인용한다. 그런 다음 그 문맥의 나머지 부분을 무시한다. 에스겔 18:5은 『**그러나 만일 사람이 의로워서 합법적이고 옳은 것을 행하고**』라고 말한다. 그런 후 6-9절에서는 그것들이 행위들이라고 말한다. 이 문맥에서는 믿음이나 은혜에 대해서 단 한마디도 말하지 않는다. 18:9은 『**그는 의인이니 그가 반드시 살리라.** 주 **하나님이 말하노라.**』로 끝난다. 그 근거는 무엇인가? 그 근거는 행위들이다.

이제 에스겔 18:21을 보라. 어떤 악한 사람이 구원받을 수 있다. 어떻게? 하나님을 믿음으로? 그리스도를 영접함으로? 전혀 그렇지 않다.

『**그러나 만일 악인이 자기가 범한 모든 죄들로부터 돌이켜서 나의 모든 규례들을 지키고 합법적이고 옳은 것을 행하면 그는 반드시 살 것이며 죽지 아니하리라.**』

행위들이다! 처음부터 끝까지 행위들이다. 게다가 어떤 의로운 사람은 구원을 잃어버릴 수도 있다. 『**그러나 의인이 돌이켜 자기 의에서 떠**

나 죄악을 범하여 악인이 행한 모든 가증함대로 행하면』(겔 18:24). 구원을 잃는 것이다. 이것이 신약의 구원인가? 물론 아니다! 그러니 다음과 같은 바보같은 말을 하지 말라. "성경에는 오직 한 가지 구원의 길밖에 없다." 혹은 "구약 시대 사람들은 앞으로 다가올 십자가를 바라보고 구원받았고 신약 시대 사람들은 뒤에 있는 십자가를 바라보고 구원받는다."

본문에서 『**영생을 상속받으려면**』 어떤 선한 일을 해야 하느냐고 묻는 이 사람은 "젊은 부자 관원"으로 알려져 있다. 누가복음 18:23에서는 『**큰 부자**』였다고 말하고 마태복음 19:20에서는 『**청년**』이라고 말하고 누가복음 18:18에서는 『**어떤 관원**』이라고 말하기 때문이다. 이 젊은이는 그리스도를 존경하며 『**선한** 선생님』(17절)이라고 부른다.

그러나 그리스도께서는 이 찬사를 거부하신다. 『**네가 나를 선하다고 하느냐?** 하나님 **한 분 외에는 선한 이가 없느니라**』(18절). 예수님께서는 『**선하다**』(good)라는 말을 바울의 교리의 관점에서 말씀하신다(롬 3:12). 죄가 없다는 이미에서 선하다는 것이다. 하나님의 아들에 따르면 아담 이래로 예수 그리스도 밖에서 『**선한**』 사람은 없다. 사람들이 성경을 좋아하지 않는 까닭은 성경이 인간 본성에 대해 어떤 것도 선하다고 말하지 않기 때문이다.

예수 그리스도께서 하신 말씀을 예수님께 적용시켜 볼 때 다음과 같은 사실이 명백하다. 즉 만일 예수님께서 하나님이 아니라면 그는 선하지 않다. 그러면 그는 모세, 조로아스터, 마호메트, 부처, 공자, 달라이 라마, 교황, 스피노자, 칸트, 막스, 니체, 그리고 다양한 대학 교수들보다 더 나을 것이 없다. 즉 그는 다른 사람들과 마찬가지로 죄인인 것이다. 만일 예수 그리스도가 하나님이 아니었다면 그는 선한 선생님이 아니었다. 그는 하나님을 모독하는 거짓말쟁이였거나 정상이 아닌, 망상에 빠진 미치광이였지, 결코 선한 선생님이 아니었다. 그러나 예수님께서 자신이 말씀하신 대로 하나님이었다면 그는 단지 "선한 선생님" 정도가 아니었다. 그는 『**육신으로**』 나타나신 전능하신 하나님이셨다(딤전 3:16, 요 1:14). 모든 증거들이 이를 지지한다(4:41; 8:31 주석 참고).

19절에서 예수님께서 이 부자 청년에게 무엇을 말씀하셨는지 그리고 무엇을 말씀하지 않으셨는지를 주목하라. 『**네가 계명들을 아나니**』(19절) 뒤따라오는 내용은 십계명을 언급한다. 그러나 그 계명들 가운데 빠져 있는 내용을 주목하라. 십계명은 둘로 나뉘어진다. 첫 번째는 하나님께 대한 당신의 사랑을 말하고 두 번째는 이웃에 대한 당신의 사랑을 다룬다(12:30,31). 예수님께서는 하나님을 다루는 첫 네 계명을 전혀 말씀하지 않았다. 우리들 가운데 그 누구도 마음을 다하여, 혼을 다하여, 힘을 다하여, 지성을 다하여 하나님을 사랑하지 않는다. 당신 자신에게 정직하다면 하나님 앞에 자신을 먼저 놓았을 때가 있었음을 알 것이다. 그것이 우상숭배이다. 십계명 가운데 첫 번째 계명을 어긴 것이다. 예수님께서는 이 젊은이에게 중요한 것을 가르치는 데 있어서 하나님과 관련된 계명들을 다 생략하셨다. 그는 마음을 다하여, 혼을 다하여, 힘을 다하여, 지성을 다하여 하나님을 사랑하지 않았다. 우리는 이 젊은이의 마음 안에 우상이 있음을 곧 발견하게 된다. 그 우상은 물질적인 것이다.

이것은 그리스도께서 생략하신 두 번째 것으로 우리를 인도한다. 바로 탐심에 관한 계명이다. 사도 바울에 따르면 『**탐심은 우상 숭배**』이다(골 3:5). 따라서 이 젊은이는 마땅히 사랑해야 하는 하나님을 사랑하지 않는 것이며, 마땅히 사랑해야 하는 이웃도 사랑하지 않는 것이다. 왜냐하면 그는 탐심의 사람이기 때문이다. 주 예수께서는 이 젊은이의 죄를 드러내기 위해 율법을 사용하고 계신다. 『**계명에 의한 죄가 심히 죄 많게 되게 하려는 것이라**』(롬 7:13). 이것이 율법의 용도 가운데 하나이다. 즉 죄를 드러내고 죄에 대한 찔림을 주는 것이다. 다른 두 가지는 죄악 된 세상에 질서를 가져오는 것이며(딤전 1:9,10), 죄인을 율법을 지킬 수 있는 유일한 분께 인도하여 그분의 의를 죄인에게 줄 수 있게 하는 것이다. 그분은 바로 예수 그리스도시다(갈 3:24).

19절에 나와 있는 계명들에는 주목해야 하는 두 가지가 있다. 첫 번째는 『**살인하지 말라.**』이다. 이는 자유주의자들과 불신자들이 항상 지겹도록 지껄이는 말이다. 왜냐하면 하나님께서 이스라엘에게 『**너는 살인하지 말지니라.**』(출 20:13)라는 명령을 주신 후에 이스라엘에게 구약에서 살인을 명령하시기도 하셨기 때문이다. 감상주의자들은 사형제도에 대해 반대한다. 살인이라는 이유이기 때문이다. "평화주의자들"도 같은 이유로 전쟁을 반대한다. 그 이유는 그들이 미국 연방 대법원의 아홉 명의 판사(요즘은 여성들도 포함된다.)에게 허락한 특권을, 전능하신 하나님께는 허락해 드리지 않기 때문이다. 즉 하나님께서 자신의 말씀을 정의하고 해석할 수 있는 권리를 드리지 않은 것이다.

주님께서는 성경에 있는 『**너는 살인하지 말지니라.**』라는 말씀의 의미를 정확하게 설명해 주신다. 이 계명은 사형 제도와는 아무런 관련이 없다. 오히려 주님께서는 사형을 명령하셨다. 특히 살인자에 대해서는 더욱 그러하다(창 9:6). 이 계명은 전쟁과도 무관하다. 『**주는 전사**』시다(출 15:3). 주님께서는 전쟁을 심판의 도구로 사용하신다(출 17:14-16,

삼상 15:2,3). 주님께서는 "살인"을 구약(출 21:12–14, 신 19:11)과 신약(마 19:18 –『**살인하지 말라.**』) 모두에서 분명히 정의하셨다.

마가복음 10:19에서 주목해야 할 두 번째 계명은『**속이지 말라.**』라는 말씀이다. 이 명령은 십계명의 일부는 아니지만, 레위기 19:11–13절에서 여덟 번째와 아홉 번째 계명(『**너는 도둑질하지 말지니라.**』,『**너는... 거짓 증거하지 말지니라.**』)의 정의들 가운데 하나로 제시된다. 예수님께서『**속이지 말라.**』라는 말씀을 덧붙이신 이유는 이 청년이 관원이었기 때문이다. 이스라엘을 다스리는 재판관들은 백성들을 속일 수 있는 위치에 있었기 때문이다(삼상 2:29,30, 참고 삼상 12:3,4).

이제 이 젊은이가 어떻게 주님께 답하고 그 답에 대해 주님께서 어떻게 반응하시는지 20절에서 보자.『**그가 대답하여 말씀드리기를 "선생님, 이 모든 것은 내가 어려서부터 지켜 왔나이다."라고 하더라**』(20절).『**그러자** 예수**께서 그를 쳐다보시고 사랑하시며, 그에게 말씀하시기를 "너에게 한 가지 부족한 것이 있으니**』(21절) 젊은이가 말한다. "예수님, 저는 이 모든 것을 다 지켰습니다." 그러자 예수님께서는 이 젊은이를 향하여 거짓말쟁이라고 말씀하지 않으신다. 이 사람은 결코 간음을 저지르지 않았다. 심지어 여자를 음욕으로 바라보지도 않았다(마 5:22). 자기 형제를 미워하지도 않았다(요일 3:15). 거짓말하지도 않았다. 부모에게 순종했다. 그야말로 선한 사람이었다. 그는 마태복음 23장의 바리새인들처럼 위선자가 아니었다.

예수님께서는 그 젊은이의 의와 신실함으로 인해 그를 사랑하셨다. 그러나 빠뜨리신 명령을 통해 이 젊은이를 시험하신다.『**가서 네가 가진 것은 무엇이든지 팔아 가난한 사람들에게 주라. 그리하면 하늘에 있**

는 보물을 가지게 되리니』(21절). 다른 말로 하면 너의 물건들을 사랑하는 것보다 가난한 네 이웃을 더 사랑하라는 말이다. 『**그런 후에 와서 십자가를 지고 나를 따르라.**』 예수님께서는 "나는 하나님이기에(18절) 네가 네 자신을 사랑하는 것보다, 네가 원하는 것을 사랑하는 것보다 나를 더 사랑하라."고 말씀하시는 것이다.

물론 『**십자가를 지고**』라는 말은 이 젊은이에게는 8:34에서 제자들에게 말한 그 이상의 의미가 없었을 것이다. 예수님께서는 이 젊은이의 죄를 위해 십자가에서 죽으실 것에 대해 어떤 것도 말씀하지 않으셨다. 그러나 그 젊은이는 예수님께서 말씀하신 요지를 파악하였다. 즉 자아에 대해, 자신이 원하는 욕망에 대해 죽으라는 것임을 이해했다[『**자기를 부인하고**』(막 8:34)]. 여전히 행위를 말하고 있다. **따라서** 이 젊은이가 그리스도 밖에 있는 사람으로서 어떤 사람들처럼 선하다고 여겨져도 그는 여전히 그리스도 밖에 있는 것이다. "유업"을 상속받기 위해서는 즉 『**영생**』의 형태이든(17절), 천년왕국에서의 통치[『**하늘에 있는 보물**』(21절). 마 6:19-21]이든, 상속을 받기 위해서는 그는 여전히 예수 그리스도를 믿어야만 했고 예수 그리스도를 따라야만 했다.

여기서 우리가 보게 되는 것은, 완전한 구약의 문맥 안에서 주어진 신약의 구원의 그림이다. 이것이 모든 보수주의자들과 근본주의자들을 혼란스럽게 만드는 지점이다. 그들은 모형(type)을 실재(actuality)로 만들어 버린다. 그러나 그렇지 않다. 구약에서의 구원의 실재는 행위로 얻는 구원이고, 신약의 그림은 구원을 얻기 위해 예수 그리스도께 나아가는 것이다. 성경은 양날을 가진 면도칼과도 같아서, 조심스럽게 다루지 않으면 당신을 산산조각 낼 것이다. 그냥 무작정 달려들어서 성경 전체를 바울 서신들과 일치시키려 해서는 안 된다. 영적으로 적용할 수 있고, 경건한 삶을 위해 적용할 수 있는 부분이 있다고 해도, 그것이 교리적으로 당신에게 적용되지 않을 수도 아닐 수 있다.

이 젊은 부자 관원은 이 지점까지는 구약에서 말하는 관점에서 "구원"받았다고 여길 수 있겠지만, 예수 그리스도를 만난 후 구원을 잃어버린 채로 돌아갔다. 왜냐하면 그리스도께서는 『**영생의 말씀들**』(요 6:68)을 가지고 계셨기 때문이다. 이 유대인들은 영생을 얻기 위해 예수 그리스도께 와야만 했기 때문이다(요 5:40). 이 젊은이가 이를 깨달았건, 그렇지 못했건 간에 예수님께서 말씀하신 마지막 두 마디 말씀(『**나를 따르라.**』)은 그가 『**영생**』을 얻는데 있어서 시금석이었다. 여기까지 오는 동안 계시가 주어졌건, 아니건 간에 그는 그리스도로부터 떠나갔다. 『**슬퍼하고 근심하며 가니 이는 그가 많은 재산을 가졌기 때문이라**』(22절). 그는 『하나님**과 재물**』사이에서(마 6:24, 눅 16:13) 하나를 선택해야 했는데 승자는 재물이었다.

본문을 영적으로 적용해 본다면, 다음과 같다. 당신은 자신을 "선한" 사람이라고 여기는가? 선한 사람이라면 하나님께서 사람에 대해 평가한 사실에 대해 동의할 것이다(롬 3:10-23). "선한" 사람이라면 하나님의 의에 대해 고의적으로 무지한 상태에 머무르지 않을 것이다. 하나님의 의가 자신에게 값없이 주어졌다는 계시를 받았을 때 고의적으로 무지한 상태에 머무르지 않을 것이다(롬 10:3,4). 당신이 선한 사람이라면 당신을 위해, 당신 자신의 죄들을 위해 죽어 주시기까지 사랑하신 참된 선한 분을 향해 코를 치켜세우고 교만 떨지 않을 것이다. 선한 사람이라면 그런 분을 바라보고 그분의 의와 비교되는 자신의 의를 『**배설물**』로 여길 것이다(빌 3:8,9). 다른 말로 하면, 만일 당신이 『**정직하고 선한 마음**』(눅 8:15)을 가지고 있다면 당신에 관해 말씀하시는 하나님의 말씀을 들을 것이다. 당신 자신의 의와 예수 그리스도의 의에 대해 무엇이라고 말씀하시는지 그 하나님의 말씀을 들을 것이다. 그리고 예수 그리스도의 의를 받아들일 것이며, 그것을 사람의 말이 아닌, 하나님의 말씀으로 받아들일 것이다(눅 8:15. 살전 2:13 참고). 예수 그리스도를 거부한다면 나에게 자신이 선하다고 말하지 말라.

10:23 **그때** 예수**께서 주위를 둘러보시고 제자들에게 말씀하시기를 "재**
물을 가진 자들이 하나님**의 나라에 들어가는 것이 얼마나 어려**
운 일인가!"라고 하시니,
24 **제자들이 그의 말씀에 놀라더라. 그러자** 예수**께서 다시 대답하**
여 그들에게 말씀하시기를 "자녀들아, 재물을 신뢰하는 자들이
하나님**의 나라에 들어가는 것이 얼마나 어려운 일이냐!**
25 **낙타가 바늘귀로 들어가는 것이 부자가** 하나님**의 나라에 들어가**
는 것보다 더 쉬우니라."고 하시니
26 **그들이 몹시 놀라며 서로 말하기를 "그러면 누가 구원을 받을**
수 있는가?"라고 하더라.
27 **또** 예수**께서 그들을 주시하며 말씀하시기를 "사람들에게는 불가**
능하나 하나님**께는 그렇지 아니하니라. 이는** 하나님**께는 모든**
것이 가능함이라."고 하시니라.

젊은 부자 관원이 그리스도께서 하신 말씀으로 인하여 슬퍼하며 떠난다. 왜냐하면 그는 그가 가진 많은 소유를 사랑했기 때문이다(22절). 그러자 그리스도께서는 제자들을 향해 말씀하신다. 『**재물을 가진 자들이** 하나님**의 나라에 들어가는 것이 얼마나 어려운 일인가!**』(23절) 예수님께서는 여기에서 영적인 왕국을 다루고 계시기에, 우리는 신약의 구원에 적용한다. 구원을 위해 예수 그리스도께 나아오지 못하게 하는 것들이 있다. 바울은 이 세상의 지혜가 그것이라고 말했다(고전 1:21). 그리고 마가복음 4:19에서 『**재물의 속임수**』가 믿는 자들이 열매맺지 못하도록 할 수 있다는 사실을 배웠다. 부는 주 하나님과 경쟁하여 하나의 신으로 될 수 있다(눅 16:13). 부는 당신이 하나님을 신뢰하는 대신 부를 신뢰하게 할 수 있다. 이를 24절에서 살펴볼 것이다.

『**제자들이 그의 말씀에 놀라더라**』(24절). 왜 그런가? 구약에서 물질의 부요함은 올바로 행한 것에 대해 하나님께서 보상하시는 복이기 때문이다. 욥은 『하나님**을 두려워하고 악을 피하는**』 사람이었기에(욥 1:1-3) 부자였다. 아브라함은 하나님을 섬겼기에(창 13:2-4) 부자였다. "부"는 아브라함의 언약 가운데 한 부분이었다(창 27:28,39. 창 36:7 참고). 다윗은 하나님을 섬겼는데 이에 하나님께서는 다윗에게 부를 주셨다(대상 29:12,28). 솔로몬이 하나님께 주의 지혜를 구했을 때 하나님께서는 솔로몬에게 『**재물**』도 주셨다(왕상 3:11-13, 대하 1:11,12). 하나님께서는 여호사밧에게 재물을 주셨다(대하 17:5). 히스키야 역시 마찬가지였다(대하 32:27). 다윗은 시편 112:1,3에서 다음과 같이 말한다. 『**주를 두려워하고 그의 계명들을 크게 기뻐하는 사람은 복이 있나니... 부와 재**

산이 그의 집에 있을 것이며 그의 의가 영원히 지속되는도다.』

따라서 제자들이 왜 예수님께서 말씀하시는 것에 대해 충격을 받았는지 알 수 있다. 그 젊은 관원은 부를 가졌을 뿐 아니라, 그 부를 소유한 근거인 의도 가지고 있었다. 이 제자들은 분명하게 생각하기를 그 젊은 이야말로 영생을 얻기 위해 안성맞춤인 사람이라고 생각했다.

그러나 사람을 저주하는 것은 재물이나 돈 그 자체가 아니다. 돈은 『**모든 악의 뿌리**』가 아니다. 『**돈을 사랑하는 것**』이 모든 악의 뿌리다(딤전 6:10). 본문에서는 부유한 자가 『**하나님의 나라에 들어가는 것**』을 어렵게 하는 것이 재물 자체가 아니다. 그 재물을 신뢰하는 것이 하나님의 나라에 들어가는 것을 어렵게 하는 것이다(24절).

RSV, NRSV, 그리고 "보수적"인 성경이라고 하는 ESV, 그리고 NIV, NASV 등 변개된 성경들에서는 『**재물을 신뢰하는 자들이**』라는 말을 삭제시켰다. 그 결과 구원받는 것을 어렵게 만들어 버렸다. 그러나 결코 그렇지 않다! 구원 받는 것은 물을 마시는 것처럼 쉽다(계 22:17, 이 구절에서 『**값없이**』라는 말에 유의). 구원은 선물을 받는 것처럼 쉽다(롬 6:23). 그 선물은 로마서 5:15-18에서 『**값없는**』 선물이다. 구원은 은행에서 누군가가 당신에게 제공한 수표를 받는 것과 같이 쉽다(롬 3:24, 여기에서 『**값없이**』라는 말에 유의). 구원은 초청에 응하는 것처럼 쉽다(창 24:58, 마 11:28-30, 눅 14:16-24). 구원은 샤워하는 것이나 목욕하는 것처럼 단순하다(막 1:40-44). 구원은 누군가를 들어오게 문을 열어주는 것과 같이 단순하다(계 3:20). "하나님의 나라에 들어가는 것이 얼마나 어려운가?"라는 말이 도대체 무엇을 의미하는가? 그러나 사실 그것은 바라보는 것만큼이나 단순하다(요 3:14. 민 21:8,9 참고).

『**재물을 신뢰하는 자들이**』라는 구절이 석제된 필사본의 증거는 네 개의 헬라어 사본, 즉 시내 사본, 바티칸 사본, 델타 사본, 그리고 프시 사본이다. NIV와 ESV("보수적인" 양의 옷을 입은 RSV)의 이 구절 각주에는 이렇게 적혀 있다. "일부 사본에는 '재물을 신뢰하는 자들을 위하여'가 추가되어 있다." 그런데 오직 네 개의 사본만이 이 구절을 생략했다면, 〈킹제임스성경〉의 본문을 지지하는 사본이 그렇게 "일부"에 불과할 리가 없지 않겠는가? 설마 이 "위대하고, 경건하며, 헌신적인" 번역자들과 개정자들이 사본 증거에 대해 거짓말을 하겠는가? 분명 그들의 동기가 순수하지 않겠는가? 분명 그들도 하나님께서 실제로 말씀하신 것을 당신이 갖기를 원하지 않겠는가?

순진하게 이들을 전적으로 신뢰하지 말라. "일부 사본들"이라고 표현된 것들이 실제로는 무엇이냐 하면, 바로 "〈킹제임스성경〉 본문을 지지하는 모든 나머지 헬라어 사본 증거들, 헬라어 사본의 네 가지 계열 전체의 모든 번역본들, 심지어 〈구라틴역본〉과 〈라틴 벌게이트〉"까지 포함된다. 또한 이 구절을 인용한 유일한 교부인 알렉산드리아의 클레멘트도 이 본문을 지지했는데, 그는 〈바티칸 사본〉과 〈시내 사본〉이 만들어지기 무려 100년 전에 살았던 사람이다. 그러므로 "일부 사본들"이라고 한 것은 사실상 나머지 전부, 즉 압도적인 사본 증거들 전체를 의미하는 것이다. 이 자들은 정치인보다도 더 정직하지 못한 셈이다.

예수 그리스도께서 경고하신 내용은 『**재물을 신뢰**』하지 말라는 것이다. 이 경고는 성경 전체에 걸쳐 나온다. 욥은 그의 재물을 신뢰하지 않았다(욥 31:24,25). 다윗은 재물을 신뢰하는 사람은 하나님께 구속받지 못한다고 말한다(시 49:6,7). 하나님께서는 재물을 신뢰하는 자와 부를 신뢰하는 자를 멸하실 것이라고 말씀하신다(시 52:5–7). 이 세상에 살았던 가장 부유했던 사람인 솔로몬은 재물을 신뢰하는 것이 속는 것이라고 말한다(잠 18:11). 그 결과 몰락할 것이라고 말한다(잠 11:28). 사도 바울은 부자인 사람들에게 『**불확실한 재물을 신뢰**』하지 말 것을(딤전 6:17) 경고한다. 라오디케아 교회가 자신의 부와 재물들을 자랑할 때 주 예수께서는 그들이 『**비참하고, 가련하며, 가난하고, 눈멀고, 헐벗은**』 것이라고 말씀하신다(계 3:17). 구원을 어렵게 하거나 힘들게 하는 유일한 것은 구원을 얻기 위해 하나님을 신뢰하지 않고 하나님의 이외의 것을 신뢰하는 것이다.

『**낙타가 바늘귀로 들어가는 것이 부자가** 하나님**의 나라에 들어가는 것보다 더 쉬우니라**』(10절). 24절에서 재물을 신뢰하는 것에 대한 경고를 삭제해 버린 학자들은 25절에서 예수님 말씀에 담긴 과장법과 풍자를 이해하지 못한다. 그래서 그들은 하나님의 나라에 들어가는 것이 "어렵고 힘든" 일이긴 하지만 "행위"를 통해서 가능하다는 것을 당신이 확실히 알도록 만들기 위해, 25절에 나오는 예수님의 말씀을 완전히 왜곡한다. 그들은 『**바늘귀**』를, 마치 도시의 어떤 "바늘귀" 문으로 설명한다. 이 문은 낮에 사용되는 문이 닫힌 밤에 낙타가 무릎을 꿇고 기어야 겨우 통과할 수 있는 작은 문이었다고 주장한다. "어렵고 힘든" 일이지만 낙타가 어떻게든 통과할 수는 있었다는 말이다. 물론 이스라엘 땅 어디에서도 그런 바늘귀 문 같은 문은 발견된 적이 없다. 그러나 스스로 선한 행위로 하늘나라에 들어갈 수 있다는 걸 증명하려고 할 때, 그런 사실 여부는 이들에게 전혀 문제가 되지 않는다.

『**그들이 몹시 놀라며 서로 말하기를 "그러면 누가 구원을 받을 수 있는가?"라고 하더라**』(26절). 아니, 베드로, 야고보, 요한, 안드레, 마태, 도마 등이 왜 그렇게 놀라는 척을 하는 것인가? 잘 훈련된 낙타처럼 노력만 하면 누구든지 구원받을 수 있는 것 아니겠는가? 만약 정말로 "바늘귀" 문이 존재했다면, 낙타가 그 문을 통과하는 것은 꽤 흔한 일이었을 것이다. 그러므로 자기 의에 빠진 유대인, 카톨릭교도, 그리스 정교 신자, 성공회 신자, 루터교인, 감리교인, 침례교인, 장로교인, 오순절 교인, 그리스도의 교회 교인 등등 누구라도 스스로의 힘으로 구원받을 수 있을 것이다.

그런 경우라면 예수님께서는 『**사람들에게는 불가능하나**』(27절)라고 말씀하지 않으셨을 것이다. 25절의 낙타는 바늘귀를 통과할 수 없다. 그렇게 되기 위해서는 기적이 필요하다. 『하나님**께는 모든 것이 가능함이라**』. 예수님께서는 과장법을 사용하셨고 비아냥거리신 것이다. 낙타가 문자적인 바늘귀를 통과하는 유일한 방법은 하나님께서 낙타를 바늘 크기만큼 줄이시는 것이다. 그러므로 젊은 관원이 구원받을 수 있는 유일한 길은 하나님께서 기적을 일으키시는 것인데 그 기적은 예수님 안에서 새로운 출생을 하게 하시는 것이다. 자신의 재물을 의지하는 것을 멈추고 그리스도를 신뢰할 때 하나님께서 그에게 새로운 출생의 기적을 행하시는 것이다.

10:28 그때 베드로가 주께 말씀드리기 시작하기를 "보소서, 우리는 모든 것을 버려 두고 주님을 따랐나이다."라고 하더라.

29 예수**께서 대답하여 말씀하시기를 "진실로 내가 너희에게 말하노**
니, 누구든지 나와 복음을 위하여 집이나, 형제나, 자매나, 아버
지나, 어머니나, 아내나, 자식이나, 토지를 버린 사람은
30 현세에서는 집이나, 형제나 자매나, 어머니나 자식이나, 토지를
일백 배로 받되 박해와 더불어 받겠으며, 또 오는 세상에서는
영생을 얻으리라.
31 그러나 먼저 된 많은 사람이 나중 되고 나중 된 사람들이 먼저
되리라."고 하시니라.

늘 그렇듯이 베드로가 외친다. 주님과 제자들이 함께 있는 상황에서는 언제든지 베드로가 대개 먼저 입을 열어 실언을 한다. 그러나 비록 베드로가 8:32,33에서와 같이 큰 실수를 범할 때에도 그의 마음은 여전히 옳다.

베드로는 모든 제자들이 생각하고 있음직한 것을 나타낸다. 『**우리는 모든 것을 버려 두고 주님을 따랐나이다**』(28절). 베드로는 예수님께서 젊은 부자 관원에게 요구하신 모든 것을 베드로 자신과 나머지 열두 제자들이 행했음을 깨닫는다. 마태복음의 설명에 따르면 베드로의 말은 다음과 같은 질문이 이어진다. 『**우리가 무엇을 갖게 되겠나이까?**』(마 19:27) 다른 말로 하면 "우리는 모든 것을 남겨 두고 주님을 따랐습니다. 우리는 주님께서 그 젊은 부자 관원에게 요구하신 것을 행했습니다. 그러면 우리는 그와 같이 행한 것으로 인하여 무엇을 얻는 것입니까?"

29절에 있는 주님의 답변은 헌신의 수준을 보여 준다. 예수님께서 복음서에서 말씀하시는 제자들에게 요구하는 헌신의 수준을 보여주는 것이다. 그 원리는 누가복음 14:26에 나와 있다.

『**누구든지 자기 아버지나 어머니나, 아내나 자식이나 형제나 자매나, 정녕, 자기 목숨까지도 미워하지 않은 채 내게로 오면 그는 나의 제자가 될 수 없느니라.**』

예수님은 마태복음 10:37에서 "미워하다"라는 말을 정의하신다. 주님을 사랑하는 것보다 부모, 배우자, 자녀, 동기, 자기 자신을 더 사랑해서는 안 된다. 따라서 성경이 말하는 것과 부모가 말하는 것 사이에 논란이 일어날 때, 남편이나 아내가 말하는 것과 성경이 말하는 것 사이에 논란일 일어날 때, 자신이 말하는 것과 성경이 말하는 것 사이에 논란이 일어날 때 당신은 성경 편을 들어야 한다. 『**첫째며, 큰 계명**』(마 22:38)이 첫 번째로 와야 한다. 당신은 하나님을 사랑하되, 마음, 혼, 힘, 생각을 다하여 사랑해야 한다. 이웃을 자기 자신처럼 사랑하기 **전에** 하나님을 먼저 사랑해야 한다.

『**나와 복음을 위하여**』(29절). 우리는 이미 8:35에서 믿는 자의 동기에 대해 살펴보았다. 따라서 본문은 그 구절을 참조해야 한다.

『**현세에서는 집이나, 형제나 자매나, 어머니나 자식이나, 토지를 일백배로 받되 박해와 더불어 받겠으며, 또 오는 세상에서는 영생을 얻으리라**』(30절). "번영 신학"으로 먹고 사는 사람들은 이 구절의 일부를 좋아한다. 하나님을 섬기면 자동적으로 건강하게 될 것이고 부유하게 될 것이라고 설명한다. 그러나 이 구절에서는 이것만 말하고 있지 않다. 『**박해와 더불어 받겠으며**』가 이 구절에 포함되어 있다.

약속은 이것이다. 『**그러나 나의** 하나님**께서** 그리스도 예수를 **통하여**

영광 가운데서 그의 풍요함을 따라 너희의 모든 필요를 채워 주실 것이라』(빌 4:19). 『하나님**께서는 너희에게 모든 은혜를 넘치게 하실 수 있나니 모든 것을 언제나 너희가 필요한 대로 가질 수 있게 하심으로 모든 선한 일에 넘치게 하시려는 것이라**』(고후 9:8). 주님께서는 당신이 성취하고자 하는 것에 필요로 하는 것은 무엇이든 주신다. 즉 하나님께서 당신을 부르셔서 행하라고 하신 것, 그것을 완성하는 데 필요한 것은 주시는 것이다. 그러나 그 과정에서 경을 치게 된다. 『**실로** 그리스도 예수 **안에서 경건하게 살고자 하는 모든 사람은 박해를 받을 것이라**』(딤후 3:12).

『**또 오는 세상에서는 영생을 얻으리라**』(30절). 또다시 본문을 신약적 구원에 영적으로 적용할 수 있다. 그러나 분명한 사실은, 예수 그리스도의 죽으심, 묻히심, 부활하심 이전에 영생을 얻는 것에는 행위가 포함된다는 사실이다. 그러나 반드시 알아야 하는 사실이 있다. 죄인을 그리스도 안에 있는 영생을 얻게 할 목적으로 믿음으로 인도하기 위해 쓰여진 요한복음과는 달리(요 20:31), 마태복음, 마가복음, 누가복음에서는 종종 『**영생**』(마 19:29)은 그리스도의 천년왕국 통치에서 받게 되는 유업과 동등시된다. 병행 구절은 마태복음 19:27-30인데 28절을 유의해 보라.

『예수**께서 그들에게 말씀하시기를, "진실로 내가 너희에게 말하노니, 나를 따르는 너희들은** 인자**가 자기 영광의 보좌에 앉을 새 세대에, 너희도 열두 보좌에 앉아 이스라엘 열두 지파를 심판하리라.**』

따라서 이 구절을 살펴볼 때는 유의해야 한다. 교리적으로 구별 짓는 것이 있는데, 갈보리 이후 그리스도의 피의 속죄와 부활을 믿는 믿음으로 상속받는 영생과 그리스도의 천년왕국 동안에 하나님의 나라가 보여질 때 받는 상속 사이에 차이가 있는 것이다. 이 차이는 구약의 율법 아래 있는 유대인에게는 구분이 없다. 즉 그리스도의 죽으심, 묻히심, 부활하심 이전에 율법 아래 있었던 유대인들에게는 이를 구별할 수 없는 것이다. 그들에게 『**죽은 자들로부터의 부활**』이 알려지지 않은 것처럼 말이다(9:9,10 주석 참조). 이 유대인들이 알고 있는 것은, 만일 그들이 하나님께서 의도하시는 대로 올바른 마음과 태도를 가지고 율법을 지킨다면(삼상 15:22, 사 1:11-17, 미 6:8, 마 9:13; 12:7) 그들은 마지막 날에 이르러 영생을 얻게 될 텐데, 주님께서 자신의 왕국을 이 땅에 세우실 그때에 영생을 얻게 될 것이라는 것이다. 그들은 유대인들과 이방인들로 구성되는 그리스도의 몸에 대해서는 결코 아무것도 모른다. 야곱의 고난의 때(렘 30:7) 이전에 있게 되는 성별 될 몸의 휴거에 대해 전혀 모른다. 또한 예수 그리스도의 완성된 사역만을 믿는 믿음으로 말미암아 은혜로 구원받는 구원에 대해 전혀 모른다.

『**그러나 먼저 된 많은 사람이 나중 되고 나중 된 사람들이 먼저 되리라."고 하시니라**』(31절). 이 말씀은 마태복음 19:30의 병행 구절에서도 주어졌고, 마태복음 20:16에 나오는 포도원 일꾼의 비유에서도 다시 등장한다. 그 의미는 이렇다. 지금 그리스도의 재림 직전에 살고 있는 당신도, 사도들과 초기 그리스도인들이 믿음을 위해 고난과 순교를 겪으며 받을 그리스도의 왕국에서의 보상을 동일하게 받을 수 있다는 것이다(약 1:12, 계 2:10). 물론 이것은 그리스도의 몸에 대한 영적 적용이다. 만약 이 구절을 교리적으로 엄밀히 적용하려 한다면, 그것은 아마도 『예수**에 대한 증거**』로 인하여 『**목베임을**』 당할 환란 성도들(계 20:4)에게 적용될 것이다.

10:32 그후에 그들이 예루살렘으로 올라가는 길에 예수**께서 그들 앞에 가시니, 그들이 놀라 따라가며 두려워하더라. 또 열둘을 다시 데리고 자기에게 일어날 일들을 말씀하기 시작하시니라.**
33 말씀하시기를 "보라, 우리가 예루살렘으로 올라가면 인자**가 선임 제사장들과 서기관들에게 넘겨지리니, 그들이 그에게 사형을 선고하여 이방인들에게 넘겨줄 것이며**
34 그들은 그를 조롱하고 채찍질하며 침을 뱉고 죽이리라. 그러나 셋째 날에 그가 다시 살아나리라."고 하시더라.

32-34절은 예수님께서 8:31에서 행하신 일을 반복하는 부분이다. 예수님께서는 자신의 죽음에 대해 예언으로 구체적인 내용을 말씀하고 계시며, 이에 대한 설명은 8:31에서 볼 수 있다. 여기서 예수님은 자신의 죽음에 대해 열 가지 세부 사항을 말씀하셨다. 이것은 마치 내가 "2018년 6월 23일, 펜사콜라 시내를 걷고 있을 때, 차 한 대가 인도로 돌진해 나를 치게 될 것이다. 나는 랄프라는 이름의 운전사가 모는 구급차에 실려 병원으로 급히 옮겨질 것이다. 병원에 도착하기 2분 전, 나는 사망할 것이다. 내 장례식 비용은 2만 달러가 들 것이며, 그 다음 주 화요일 오전 11시에 펜사콜라 메모리얼 가든에서 닫힌 관으로 장례식이 치러질 것이다." 라고 말하는 것과 같다. 이 모든 세부사항을 확실히 예측하고, 전부 정확히 맞출 수 있는 방법은 없다. 마호메트, 부처, 공자, 조로아스터, 조

셉 스미스, 엘렌 G. 화잇, 메리 베이커 에디 같은 이들은 이런 예언을 결코 시도조차 하지 않았다. 하지만 예수 그리스도께서는 그렇게 하셨고, 그분이 말씀하신 모든 것은 말씀하신 그대로 성취되었다.

사람들이여, 이 세상에 존재하는 책들 중에서 그 책(성경)만이 할 수 있는 일이 있다. 성경은 미래에 일어날 역사를 미리 기록한다. 미국 의회도서관에 있는 2천 3백만 권의 책들 중, 성경을 제외한 그 어떤 책도 이런 일을 할 수 없다. 나는 지금 죽음 이후나 영원이 시작된 후에 일어날 일들을 말하는 것이 아니다. 검증 가능한 개인과 민족들의 삶 속에서 일어날 구체적인 사건들을 말하는 것이다. 또한 마호메트가 한 번의 전투 결과를 운 좋게 추측했던 것 같은 이야기를 하는 것도 아니다. 인위적으로 "설정"할 수 없고, 인간의 힘으로 보장할 수 없는 세부 사항들에 대해 말하는 것이다. 그래서 "고등비평가들"은 성경 각 책들의 기록 연대를 가능한 한 늦게 잡으려고 그렇게 애쓰는 것이다. 즉 예언이 성취된 후에야 기록된 것처럼 보이게 하려는 것이다. 하지만 증거는 그들의 주장을 반박한다. 성경은 역사서이다. (성경의 사건들은 실제로 일어났으며, 단순히 도덕적 교훈을 주기 위해 만들어낸 "전설"이나 "우화"가 아니다.) 성경은 또한 예언서이다. (사건들이 일어나기 전에 그 사건이 일어날 것이라고 말한다.) 예언은 신성을 입증하는 표지이다(사 41:22-23; 42:9; 44:7; 46:9,10). 또한 예언은 영감받은 말씀임을 증명한다(벧후 1:19-21). 주님께서는 이미 우리에게 예언들이 성취되는 것을 충분히 보여주셨다. 그래서 우리는 성경에 기록된 나머지 예언들도 반드시 성취될 것임을 확신할 수 있다. 예수 그리스도의 재림에 관한 예언만 해도 약 400개가 있으며, 이 모든 예언들은 기록된 그대로 성취될 것이다.

10:35 세베대의 아들 야고보와 요한이 주께 나와서 말씀드리기를 "선
생님, 우리가 구하는 것은 무엇이든지 우리를 위하여 해주시기
를 바라나이다."라고 하니
36 주께서 그들에게 말씀하시기를 "내가 너희를 위해 무엇을 해주
기를 바라느냐?"라고 하시니라.
37 그들이 말씀드리기를 "주님의 영광 가운데서 우리 중의 하나는
주의 오른편에, 하나는 왼편에 앉게 해주소서."라고 하더라.
38 그러나 예수**께서 말씀하시기를 "너희는 너희가 구하는 것을 모**
르는도다. 내가 마시는 그 잔을 너희가 마실 수 있으며, 또 내가
받는 그 침례를 너희가 받을 수 있느냐?"고 하시더라.
39 그들이 주께 말씀드리기를 "우리가 받을 수 있나이다."라고 하
니, 예수**께서 그들에게 말씀하시기를 "참으로 내가 마시는 잔을**
너희가 마시고 또 내가 받는 침례를 너희가 받으려니와
40 나의 오른편과 왼편에 앉는 것은 내가 주는 것이 아니요, 예비
된 자들에게 주실 것이라."고 하시니라.

35절은 성경에서 모순되는 구절 중 하나로 받아들이곤 한다. 본문에서는 『**야고보와 요한**』이 묻지만, 병행 구절인 마태복음 20:20에서는 이들의 어머니가 묻기 때문이다. 물론 마태복음 20:20에서도 『**그때에 세베대의 자녀들의 어머니가 자기 아들들과 함께 주께 와서 경배하며 무엇인가를 그에게 구하더라.**』라고 말한다. 어머니와 아들들이 함께 물었을 수도 있다. 예수님께서는 이들 모두에게 답하셨다. 혹은 아들들이 어머니를 통하여 물을 수도 있었다(마 8:5, 눅 7:3-6 참고). 이는 누구나가 추측할 수 있는 문제이다.

야고보와 요한은 마음속에 분명한 목적을 가지고 예수님께 백지 수표를 요구한다. 『**선생님, 우리가 구하는 것은 무엇이든지 우리를 위하여 해주시기를 바라나이다**』(35절). 이 『**천둥의 아들들**』(3:17)은 유대인 표현으로 "후츠파"를 가진 자들이었다. "후츠파"는 후안무치, 파렴치, 뻔뻔함이라는 뜻이다.

그러나 다음 장에서 예수님께서는 모든 제자들에게 야고보와 요한이 본문에서 행한 것을 행하라고 명령하신다. 『**그러므로 내가 너희에게 말하노니, 너희가 기도할 때에 바라는 것들은 무엇이나 받은 것으로 믿으라. 그리하면 너희 것이 되리라**』(11:24). 물론 내가 전에 지적한 바와 같이 그 약속에는 조건이 따른다(약 4:3 참고). 본문에서 두 형제가 요구한 내용은 이기적일 뿐 아니라 하나님의 뜻과 목적에서도 벗어난 것이다. 그들은 자신들이 요구한 것을 받지 못할 것인데 하나님께서 다른 사람들에게 주시기로 의도하셨기 때문이다.

그 요구는 이렇다. 『**주님의 영광 가운데서 우리 중의 하나는 주의 오른편에, 하나는 왼편에 앉게 해주소서**』(37절). 그 『**영광**』은 재림 때 주님께서 세우실 천년왕국을 말한다(마 25:31). 따라서 그들은 왕국에서 오른편과 왼편의 자리를 요구하는 것이다.

물론 야고보와 요한은 자신들이 요구하는 것을 이해하지 못했다(38절). 예수님께서는 막 자신의 죽음, 묻힘, 부활에 대해 말씀하셨지만 그들은 믿지 않았다. 그들은 여전히 이제 곧 주님께서 왕국을 세우시리라 생각했다. 그러나 주님께서는 그렇게 하지 않으셨다. 그러나 주님께서 십자가에 달리셨을 때 머리 위에 『**유대인의 왕**』(15:26)이라고 써 있었다는 사실을 아는가? 이것은 절대적으로 옳다. 그러나 주님께서는 그 왕관을 그때 받지 않으셨다. 그러나 주님께서는 십자가에 달리셨을 때 오른편과 왼편에 각각 누군가를 두셨다. 『**주와 함께 강도 두 명을 십자가에 못 박으니, 한 사람은 주의 오른편에, 또 한 사람은 주의 왼편에 있더라.**』(15:27). 야고보와 요한이 이 사실을 알았더라면 그렇게 급하게 자신들의 요구를 구하지 않았을 것이다.

"그것은 왕국과 관련이 없습니다."라고 말할지 모르나, 왕국과 관련이 있다. 강도들 가운데 하나가 다음과 같이 말했다. 『**주여, 주께서 주의 왕국에 임하실 때 나를 기억하소서**』(눅 23:42). 예수님께서 십자가에 달려 어떤 왕관도 없고 어떤 보좌도 없는 처절한 죽음에 처해 있을 때 어떻게 이것이 가능한 것인가? 그러나 한 강도는 그리스도의 머리 위에 있는 글을 보았고 그 글의 내용을 믿었다. 따라서 『**그리스도께서 우리의 죄들로 인하여**』(고전 15:3) 죽으셨을 때도 여전히 주요 강조점은 왕국이다.

38,39절의 『**그 잔**』과 『**그 침례**』는 예수님께서 제자들에게 적용시키기 위해 일반화시킨 것이다. 구체적으로 말해 그리스도 외에는 아무도 그 잔을 마실 수 없고 그 침례를 받을 수 없다. 이 둘은 모두 하나님의 진노와 관계가 있는 것이기 때문이다. 이는 십자가에서 예수님께서 담당하셔야 하는 것들이다. 예수님께서 『**그러나 나에게는 받을 침례가 있으니, 그것이 이루어지기까지 내가 답답함을 어찌 견디어 내리요!**』(눅

12:50)라고 말씀하셨을 때 이 침례는 물 침례와는 전혀 무관하다. 주님께서는 이미 물 침례를 받으셨기 때문이다(눅 3:21). 이는 캠벨파에서 주장하는 침례에 의한 중생과 대조적으로 물 침례는 실재가 아니라는 것이다. (물 침례를 통하여 실제적인 일이 일어나지 않는다.) 본문에서 물 침례는 하나의 모형이다. 구원을 나타내는 모형인 것이다(롬 6:3,4). 침례는 잠기는 것이다. 그리스도께서 십자가에서 받으신 침례는 하나님의 진노에 잠기는 것이다(시 69:1,2,14; 88:7, 욘 2:2,3). 이 모든 구절들은 지옥을 말해 주는데 지옥은 물의 홍수로 사람을 익사시키는 그림으로 설명된다.

『**그 잔**』도 마찬가지로, 그리스도의 경우, 존 R. 라이스가 말하는 것처럼 단지 죽음만을 말하는 것이 아니다(14:36). 그 잔은 죄에 대한 하나님의 진노의 잔이다(렘 25:15, 시 75:8, 사 51:22). 사정이 그러하므로 야고보나 요한이 그 같은 의미에서 그 잔이나 그 침례에 참여할 수 있는 방법은 없다. 따라서 굳이 적용을 한다면 일반적인 고난에 대해 적용할 수 있을 뿐이다. 특별히 그리스도를 위해 받는 고난에 적용할 수 있다. 예수님께서는 세상이 예수님을 미워한 것처럼 제자들을 미워할 것이라고 말씀하셨다. 세상이 예수님을 박해했던 것처럼 제자들을 박해할 것이라고 말씀하셨다(요 15:18-21).

『**참으로 내가 마시는 잔을 너희가 마시고 또 내가 받는 침례를 너희가 받으려니와**』(39절). 구전된 역사에 따르면, 열 둘 모두 (유다 이스카리옷의 자리는 맛디야가 대신하였다. 행 1장) 순교를 당하였다. 야고보는 첫 번째 순교자였다(행 12:2). 그리고 요한은 열 두 사도들 가운데 마지막으로 박해를 당하였다(계 1:9).

야고보와 요한은 예수님의 왕국에서 오른편과 왼편에 앉지 못한다. 그 두 자리는 이미 정해져 있기 때문이다. 『**예비된 자들에게 주실 것이라**』(40절). 모세와 엘리야가 그 자리에 앉을 것이다. 이 부분에 대해서는 9:4에서 살펴보았다. 스카랴 4장 전체에 걸쳐 두 올리브 나무를 보는데 하늘에 있는 금 촛대 오른편과 왼편에 있다. "메노라"는 성령에 대한 그림이다(계 4:5). 그리고 『**세상의 빛**』(요 8:12)으로서의 예수 그리스도에 대한 그림이다. 두 올리브 나무는 요한계시록 11:4-6에서 모세와 엘리야로 밝혀진다.

"이들은 엘리야와 에녹이 되어야 하는데 그 이유는 구약에서 죽지 않고 올라간 사람들이기 때문이다."라고 말하는 이들이 있는데 결코 에녹이 될 수 없다. 대환란을 통과하여 천년왕국에 들어가 오랜 기간 동안 산 후에 죽는 사람들이 있다(사 65:20). 엘리야는 이들을 예표한다. 대환란에서 죽어 환란 후 휴거 때 하늘로 올라가는(사 26:29) 환란 성도들이 있다. 구주와 같이 영광스런 몸을 받는(빌 3:21) 그리스도 안에 있는 교회 시대 성도와는 달리 이 환란 성도들은 보통 몸을 갖는다. 즉 나사로, 야이로의 딸, 나인의 과부의 아들처럼 말이다. 이들은 천년왕국에 들어가 긴 기간 동안 살다가, 죽는다. 누가 이들을 예표하는가? 모세다. 모세는 신명기 34장에서 죽었다가 부활하였고(유 1:9) 대환란 때 돌아와 다시 죽는다(계 11장). 만일 에녹을 요한계시록 11장의 모세 대신 두 번째 증인으로 놓는다면 결코 죽지 않고 앞으로도 결코 죽지 않을, 휴거 때 살아있을 교회 성도에 대한 예표를 없애버리게 된다(고전 15:51-53, 살전 4:17).

10:41 열 명의 제자가 이 말을 듣고 야고보와 요한에게 매우 화를 내
기 시작하더라.
42 그때 예수**께서 그들을 불러 말씀하시기를 "너희는 이방인을 주**
관한다고 여기는 자들이 백성에게 주권을 행사하고, 또 그들의
고관들이 백성 위에서 권세를 행사하는 줄을 아느니라.
43 그렇지만 너희 가운데서는 그래서는 아니되느니라. 너희 가운데
누구든지 크게 되고자 하는 자는 너희를 섬기는 자가 되고
44 너희 가운데 누구든지 으뜸이 되고자 하는 자는 모든 사람의 종
이 될지니라.
45 인자**도 섬김을 받으러 온 것이 아니요, 섬기러 왔고, 또 많은 사**
람을 위하여 자기 생명을 몸값으로 주려고 온 것이라."고 하시
니라.

예수 그리스도의 왕국에서 누가 가장 큰 자인가를 논쟁하는 두 번째 경우이다(막 9:33,34 주석 참고). 『**열 명**』은 『**야고보와 요한에게 매우 화를 내기 시작**』하였다(41절). 왕국에서 요직을 차지하려고 하는 것에 대해 화를 낸 것이다. 야고보와 요한은 자신들이 요구하는 데 있어서 오만하고 교만했다. 그러나 열 명 역시 마찬가지다. "우리는 마땅히 그 자리를 차지해야 합니다. 왜냐하면 충분히 노력했기 때문입니다." 그들은 단지 야고보와 요한이 첫 번째 자리에 대해 선수를 쳤기에 화가 났던 것이다.

42절은 전형적인 이방인의 제도를 말한다. 느부캇넷살로부터 오바마에 이르기까지 그렇다(단 2장). "거물들"은 권력을 휘두르고 아래 사람들에게 명령한다. 그러나 그리스도의 왕국에서는 (물리적인 왕국이든 영적인 왕국이든) 올라가는 길은 내려가는 것이다. 권세를 얻으려면 종이 되어야 한다. 43절의 『**섬기는 자**』는 행 6:1-3에서 말하는 "식탁을 시중드는 자"이다. 바로 "디아코노스"로서 "집사"를 말한다. 44절의 『**종**』은 바울이 자신에 대해 로마서 1:1에서 말한 "둘로스"로, 노예 시장에서 낙찰된 노예를 말하는 것으로, 하나님께서 자신을 섬기게 하실 목적으로 값 주고 사신 노예를 말한다(고전 6:20).

예수님 자신이 43,44절에서 말씀하신 것에 대해 본이 되신다. 『**인자도 섬김을 받으러 온 것이 아니요, 섬기러 왔고, 또 많은 사람을 위하여 자기 생명을 몸값으로 주려고 온 것이라**』(45절). 마지막 만찬에서 주님께서는 제자들 앞에서 무릎을 꿇으시고 그들의 더러운 발을 씻기심으로(요 13:5) 그들을 위해 본을 세우셨다(요 13:15).

그리스도인 "사역자"는 그의 주인의 본을 따라야 한다. 그는 『**하나님의 양무리**』(벧전 5:2)를 먹임으로 식탁을 돌보아야 한다. 비록 그가 먹이는 양무리를 감독해야 하는 "감독"이라 하더라도(행 20:28) 『**하나님께서 맡겨 주신 자들**』(벧전 5:3)을 지배해서는 안 된다. 근본주의 침례교회가 가지고 있는 오늘날의 "목사의 권위"에 대한 입장은 "목사가 책임자이므로, 회중 모두에게 무엇을 하라고 말하면, 회중은 이를 따라야 한다."는 것인데, 이는 마귀적인 것이다. 나는 당신이 가지고 있는 문제의 답을 알 수도 있고 모를 수도 있다. (혹은 최소한 그 답을 얻으려면 어디로 가야 하는지 말해 줄 수 있다.) 그러나 나는 당신에게 무엇을 하라고 말할 수도 없고 말하지도 않을 것이다. 나는 그 상황에 대해 성경은 무엇이라고 말씀하고 있는지 당신에게 말해 줄 수 있다. 그러나 당신이 누구와 결혼했으면 좋겠는지, 어느 직장에 가는 것이 좋겠는지, 어디에서 살았으면 좋겠는지, 어떤 차를 사야 하는지 등에 대해 알기를 원한다면 나의 답은 『**나를 용서해 주게**』(눅 14:18-19)이다. 목사에게 주어진 권위는 영적인 권위이지, 물리적이거나 사회적인 권위가 아니다. 목사가 가지고 있는 모든 권위는 성경으로부터 나왔다. 어떤 목사도 믿는 자에게 있어서 최종 권위가 되지 못한다. 성경만이 최종 권위이다.

『**또 많은 사람을 위하여 자기 생명을 몸값으로 주려고 온 것이라.**』 『**몸값**』(ransom)이라는 말은 어떤 값을 요구하며 누군가를 인질로 잡아두는 것을 암시한다. 이것이 구속에 대한 교리이다. 즉 팔린 것을 "다시 사오는" 것이다. 문제는 "죄인을 누구로부터 되사오는 것인가?", "누구에게 몸값을 치러야 하는 것인가?"이다. 많은 그리스도인들이 이 점에 대해 혼란스러워하고 있다. 『**몸값**』은 마귀에게 지불되는 것이 아니다. 『**마귀**』가 『**죽음의 세력**』을 가지고 있는 것이 사실이나(히 2:14), 그 세력은 하나님께서 마귀에게 지명하여 주신 세력이다. 구약의 희생 제물들은 하나님께 드려졌다. 주께서는 출애굽기 12:13에서 말씀하신다. 『**내가 그 피를 보면 너희를 지나칠 것이며**』 하나님께서는 자신의 아들의 희생 제물에 대해 만족해 하셨다(사 53:11). 이를 신약에서는 『**화목제물**』이라고 한다(롬 3:25, 요일 2:2; 4:10).

45절의 『**많은 사람**』은 디모데전서 2:6에 있는 『**모든 사람**』이다. 즉 예수 그리스도께서는 단지 "선택된" 사람들보다 더 많은 사람을 위해 죽으셨다. 주께서는 우리의 죄들로 인한 화목제물이실 뿐 아니라, 온 세상의 죄들을 위한 화목제물이기도 하시다(요일 2:2) 『**그는 우리**[즉 믿는 자들]**의 죄들을 위한 화목제물이시니, 우리뿐만 아니라 <u>온 세상의 죄들</u>**

을 위한 것이니라.』 구원을 위해 예수 그리스도를 믿는 자들만을 위한 화목제물이라고 생각한다면 베드로후서 2:1을 보라. 지옥으로 가는 구원받지 못한 거짓 교사들을 위해서도 죽으셨다는 사실을 알게 될 것이다. 구원받지 못한 자들이 예수 그리스도께서 자신들을 위해 치러주신 대가를 받아들이지 않았다는 사실 만으로 예수님께서 치르신 그 대가가 그들을 위한 것이 아니라고 여겨서는 안 된다. 칼빈의 "제한된 속죄"는 허튼 소리이다.

10:46 그리고 그들이 여리코에 갔더라. 주께서 제자들과 많은 무리와 함께 여리코에서 나가실 때, 디매오의 아들 소경 바디매오가 대로에 앉아서 구걸하더라.
47 마침 그가 나사렛 예수**라는 말을 듣고, 소리지르기 시작하여 말하기를 "다윗의** 아들 예수**여, 나에게 자비를 베푸소서."라고 하니**
48 많은 사람이 그에게 잠잠하라고 꾸짖더라. 그러나 그는 더 크게 소리질러 "다윗의 아들**이여, 나를 불쌍히 여기소서."라고 하더라.**
49 예수**께서 멈추어 서서 "그를 부르라."고 명하시니, 제자들이 그 소경을 불러 말하기를 "안심하고 일어나라. 주께서 너를 부르신다."고 하니**
50 그가 겉옷을 던져 버리고 일어나 예수**께로 오더라.**
51 예수**께서 그에게 대답하여 말씀하시기를 "내가 너에게 무엇을 해주기를 원하느냐?"고 하시니, 그 소경이 말씀드리기를** "주여, **내가 보기를 원하나이다."라고 하더라.**

52 예수**께서 그에게 말씀하시기를 "가라, 네 믿음이 너를 낫게 하였느니라."고 하시니, 그가 즉시 보게 되고 그 길로** 예수**를 따르더라.**

우리는 이제 소경 바디매오에 관한 설명에 이르렀다. 마태복음에서는 두 명의 소경이 나오는 반면(마 20:30), 마가복음에서는 한 명의 소경에 대해 매우 자세하게 기록한다(5:2 참조). 성경의 모순 운운하는 자들이 들고 나오는 것은 마태복음과 마가복음에서는 예수님께서 여리코를 떠나는 것으로 말하는데(마 20:29, 막 10:46) 누가복음에서는 여리코로 들어오신다고 말한다는 것이다. 이는 쉽게 해결될 수 있는 것이, 두 개의 여리코가 있다는 사실이다. 하나는 여호수아가 멸망시키고 아합의 통치 기간에 재건한(왕상 16:34) 유대인 성읍이고, 다른 하나는 그 거리에서 약 1마일 정도 내려온 곳에 있는 헤롯이 건설한 로마 성읍이다. 예수님께서는 유대인 성읍인 여리코를 떠나(마태복음과 마가복음) 바디매오를 만나셨을 때 로마 성읍인 여리코로 들어가셨다(누가복음).

이 그림은 구원을 설명하는 아름다운 그림이 된다. 재림 때 유대인이 받는 구원에 관하여, 그리고 교회 시대 동안에 죄인이 받는 구원에 대한 아름다운 그림인 것이다. 47절에서 사용된 메시아 호칭인 『**다윗의** 아들』에 유의하라. 따라서 소경 바디매오는 예수께서 이스라엘의 메시아이심을 알았다.

이는 예수 그리스도께서 재림하실 때 이스라엘이 그리스도께로 돌이킴을 그려주는 그림이다. 지금 이스라엘은 하나의 민족으로서 소경의 상태이다(롬 11:25). 물론, 교회 시대에 유대인 개별적으로는 그리스도께 나아올 수 있다. 이를 로마서 11:25에서 이스라엘의 소경됨이 『**일부**』로서 그렇다고 묘사한다. 그러나 재림 때에는 이스라엘은 자신의 메시아를 인식하고(슥 12:10) 그 전체 민족은 그리스도께로 돌아온다(롬 11:26).

그러나 영적 의미에서 보면, 바디매오는 이 시대에 잃어버린 죄인의 유형이다. 『**이 세상의 신**』이 눈을 멀게 한 죄인이다(고후 4:4). 그리고 자신의 의인 더러운 걸레로 옷 입은 죄인을 말한다(50절, 사 64:6). 바디매오는 그분이 예수님인 것을 들었다. 『**마침 그가 나사렛** 예수**라는 말을 듣고**』(47절), 누군가가 말했다. 증거란, 단순하게 말해 한 거지가 다른 거지에게 어디에 가면 먹을 것을 얻을 수 있는지 말해 주는 것이라고 말이다.

『**나에게 자비를 베푸소서.**』 세리가 누가복음 18:13에서 했던 말이다. 『하나님**이여, 죄인인 저에게 자비를 베푸소서.**』 소위 "죄인이 하는 영접 기도"의 근거이기도 하다. 근래에 성경대로 믿는 침례 교도들 사이에 어떤 움직임이 있었다. 자신들의 사역을 통해 아무도 구원받는 것을 보지 못하는 사람들(구원의 열매가 없는 사람들)이, "죄인의 기도"를 했던 사람은 구원받지 못했다고 주장하는데, 만일 누군가가 "죄인의 기도"를 했다면 결코 구원받지 못한 것이라는 것이다. 그 이유는 그렇게 기도했다는 자체가 "행위"이기에 행위를 통해서는 구원받지 못했다는 것이다(엡 2:8,9).

물론 기도 자체만으로 어떤 사람이 구원받을 수 있는 것이 아님은 분명한 사실이다. 그러나 무엇을 기도하느냐는 천국과 지옥을 가르는 차이를 만들 수 있다.

만약 "주기도문"이나 "성모송"(Hail Mary)을 외우는 것에 의존하고 있다면, 당신은 지옥으로 가는 길에 있다. "식사 감사 기도"나 "취침 전 기도"를 구원의 수단으로 삼고 있다면, 『**너희가 여전히 너희 죄들 가운**

데 있는 것』(고전 15:17 참고)이다. 그러나 만약 당신이 그리스도를 영접하기 위해 기도했다면, 당신은 하늘로 가는 길에 있는 것이다.

로마서 10:13에서 "주의 이름을 부르는 것"은 구원을 위해 그리스도의 의를 믿는 죄인이 내면의 믿음을 밖으로 표현한 것이다(롬 10:9,10). 이는 자연스러운 일로서, 무언가를 구할 때 일어나는 자연스런 일인 것이다. 마가복음 1:40에 나오는 문둥병자는 깨끗해지기를 구했다. 수로페니키아 여인은 예수님께 자신의 딸을 구원해 주시라고 구했다(7:26). 소경 바대매오는 자신에게 자비를 베풀어 달라고 구했다. 기도가 구원을 위해 필수적인 것은 아니나, 구원을 원하는 자에게 있어서 기도는 자연스러운 것이다.

당신은 정말로 하나님께서 기도로 자신에게 다가오는 죄인을 거부하신다고 생각하는가? "주님, 저는 제 자신이 지옥에 갈 수 밖에 없는 죄인임을 알고 있습니다. 저는 저를 하늘나라에 가게 하기 위해 예수님께서 십자가에서 저의 죄들을 대신해 죽으시고 부활하셨음을 믿습니다. 저는 예수 그리스도만이 저를 구원하실 수 있음을 믿습니다. 예수님을 위해 저의 죄들을 용서해 주시겠습니까?" 하나님께서는 이런 기도를 하는 죄인을 물리치신다고 생각하는가? 『**내게 오는 자는 내가 결코 내어 쫓지 아니하리라**』(요 6:37).

나는 몇몇 형제들이 구령 숫자를 늘릴 목적으로 이를 남용하고 있다는 사실을 알고 있다. (구원받은 성도의 구원을 의심하게 하여 구원 초청에 다시 나와 영접기도를 하게 하는 것을 말한다.) 정규적인 구원 초청에서 구원받는 사람을 볼 수 없다고 해서 회중들의 구원 상태를 "후퇴"시킬 이유는 없다. 그러잖아도 오늘날의 그리스도인들은 목사들이 그들의 구원을 흔들어 놓음으로 인하여 혼란스러워하고 있다.

『**많은 사람이 그에게 잠잠하라고 꾸짖더라. 그러나 그는 더 크게 소리질러**』 어떤 사람이 구원받기를 원하자마자 그는 세상으로부터 반대에 부딪친다. 그러나 바디매오는 수로페니키아 여인과 같았다. 그는 자신의 요청이 받아들여질 때까지 끈질기게 요구했다. 『**끈질긴**』 기도로 알려진 기도이다(눅 11:8). 바디매오는 세상으로부터 부스러기를 구걸하여 얻는 것을 멈추고 자신을 도우실 수 있는 분께 다가갔다.

『예수**께서 멈추어 서서 "그를 부르라."고 명하시니… "안심하고 일어나라. 주께서 너를 부르신다."고 하니**』(49절). 이번에는 칼빈주의가 얻어맞는다. 소위 그들이 말하는 "무조건적인 선택" 교리 때문이다. 예수님께서는 자신을 부르는 어떤 사람을 먼저 부르신다. 칼빈주의자들은 에베소서 1:4로 가서 선택이 『**세상의 기초를 놓으시기 이전**』이었다고 주장한다. 그러나 바로 그 구절에서 『그리스도 **안에서**』라는 말은 빼 버린다. 창세기 1:1 이전에 아무도 그리스도 안에 있지 않았다. 죄인이 그리스도 안에 들어오는 시점은 구원받을 때 성령께서 그를 그리스도 안으로 넣어 주시는 때이다(고전 12:13). 그리고 죄인이 구원받는 때는 그리스도를 신뢰할 때이다(롬 10:9,10, 엡 2:8,9). 선택에는 조건이 있는데 그것은 미리 아심이다. 그리고 그 미리 아심은 성령께서 당신을 거룩하게 하시는 것에 기초한다. 당신이 복음에 순종하여 그리스도의 피의 속죄가 당신에게 적용될 때이다(벧전 1:2).

바디매오는 예수께 『**겉옷을 던져 버리고**』(50절) 왔다. 이는 죄인이 『예수 그리스도**를 믿음으로**』, 『하나님**의 의**』를 받아들이기 위해(롬 3:22)

자기 의를 버리는 것을 그려주는 그림이다(사 64:6). 51절에서 바디매오가 예수 그리스도를 『주』로 인식했다는 사실에 유의하라. 거기에 그의 믿음이 있었다(52절). 전에 지적한 바와 같이 사람을 구원하는 것은 믿음 자체가 아니다. 믿음의 대상이 되는 분을 믿을 때 구원받는다. 바디매오는 자신이 보게 되리라는 것을 믿는 것으로는 충분하지 않았다. 그는 치유해 주실 수 있는 그리스도를 믿어야만 했다. 구원받기 위해 하나님을 믿는 것만으로는 충분하지 않다(약 2:19). 하나님께서 당신을 구원해 주실 목적으로 보내신 분을 믿어야만 구원받을 수 있다(요 3:16).

『**그가 즉시 보게 되고**』(52절). 즉각적인 치유를 말한다. 기분을 좋아지게 만드는 어떤 오르간 음악도 필요 없다. 손바닥의 불룩한 부분으로 이마를 치는 연극도 필요 없다. 은사주의자들이 병을 고친답시고 요구하는 다양한 행위들도 필요 없다. 단 번에 즉각적인 치유만이 있을 뿐이다. 바디매오는 즉시로 치유받았다. 구원은 어떤 과정을 통하여 받는 것이 아니다. 당신이 그리스도를 믿을 때 즉시로 구원받는다. 거룩하게 되는 것은 일생을 통하여 이루어지지만, 구원은 즉시로 이루어진다.

『**그 길로** 예수**를 따르더라.**』 바디매오는 젊은 부자 관원이 할 수 없었던 것을 행할 수 있었다(21,22절). 어떤 차이가 있는가? 바디매오가 버려야만 했던 모든 것은 더럽고 오래 된 거지가 입는 옷이었기 때문이다. 그 부자 청년 관원은 자기에게 유익한 수준을 넘을 정도로 많은 재산을 가지고 있었고, 결국 그 모든 소유물이 그를 멸망시키고 말았다.

내가 구원받았을 때, 나는 좋은 것이 무엇인지 바로 알아보았다. 내가 포기한 것은 일찍 무덤으로 가게 만들던 술주정뱅이의 삶과, 가정을 파괴하고 있던 간음과 음행의 삶이었다. 내가 댄스 밴드에서 드럼을 치며 다니던 술집, 허름한 바, 지저분한 곳들에는 붙잡고 있을 만한 가치 있는 것이 아무것도 없었다. 내가 입교 과정을 받고 있던 카톨릭 교회도 전혀 도움이 되지 않았다. 도덕적인 삶, 학력, 돈을 잘 버는 것, 좋은 집과 차, 그리고 "아메리칸 드림" 같은 것들은 오히려 그리스도께 나아오는 데 큰 방해물이 될 수 있다.

마가복음 11장

11:1 그후 그들이 예루살렘에 가까이 와서 올리브 산 근처 벳파게와
베다니에 이르렀을 때 주께서 제자들 가운데 둘을 보내시며,
2 그들에게 말씀하시기를 "너희 맞은편 마을로 가라. 마을에 들어
서자마자 아무도 타보지 않은 매여 있는 나귀 새끼 한 마리를 보
리니 풀어서 끌고 오너라.
3 만일 누가 너희에게 말하기를 '어찌하여 이렇게 하느냐?'고 하면
'주께서 그것을 쓰신다.'고 말하라. 그러면 즉시 그 사람이 그것을
여기로 보내리라."고 하시더라.
4 그리하여 그들이 가서, 사거리 문 밖에 나귀 새끼가 매여 있는
것을 보고 그것을 풀더라.
5 그때 거기에 서 있던 몇 사람이 그들에게 말하기를 "너희가 나귀
새끼를 푸니 무슨 짓이냐?"고 하자,

6 **제자들이 예수께서 일러주신 대로 그들에게 말하니, 그들이 허락 한지라,**

7 **제자들이 그 나귀 새끼를 예수께 끌고 와서 그 위에 자기들의 겉 옷을 펴니 주께서 그 위에 타시더라.**

본문은 예수 그리스도의 "승리의 입성"으로 알려져 있다. 예수 그리스도께서는 유대인의 왕으로 예루살렘에 들어오신다. 이것은 스카랴 9:9에 예언된 메시아 예언의 성취이다(마 21:5, 요 12:14,15). 다시 한번 살펴보지만, 복음서에서는 초림과 재림이 함께 나와 있으며, 사도행전 7장 이후에야 각각의 분리되어 계시된다.

창세기 49:11을 보라. 이는 스카랴 9:9이 예언되기 1,170년 전에 주어진 예언이고, 마가복음 11장이 기록되기 1,722년 전에 기록되었다.

『**그의 어린 나귀를 포도나무에 매고 그의 나귀 새끼를 선별한 포도나무에 매며,**[영어 본문 이 부분에 세미콜론(;)이 있음]』(창 49:11). 바로 스카랴 9:9에 있는 『**나귀의 새끼인 어린 나귀**』인데 이는 예수 그리스도의 승리의 입성에 대한 예언이다. 그러나 그 구절의 나머지를 보라.

『**그의 옷들을 포도주로 빨고 그의 의복을 포도의 피로 빨았도다.**』 이는 재림 때의 예수 그리스도시다. 재림 때 예수 그리스도의 옷은 적들이 흘린 피로 얼룩진다. 이는 마치 『**포도즙틀을 밟는 자**』 같다(사 63:1-3).

두 번의 오심이 함께 나오는데 단지 세미콜론 하나로 분리된다. 만일 유대인들이 그들의 메시아를 영접했다면, 즉 지도자들과 백성들이 모두 예수 그리스도를 영접했다면, 재림은 승리의 입승 이후 7년 내에 이루어질 수 있었다.

스카랴 9:9은 예수 그리스도를 묘사하는데, 예수 그리스도 자신이 마태복음 11:29에서 자신을 『**겸손**』한 자로 묘사한 것처럼 묘사한다. 비록 예수 그리스도 당시에는 나귀나 노새가 짐을 나르는 데 있어서 낮은 짐승으로 여겨졌으나, 구약의 경우에는 다르다. 나귀나 노새는 이스라엘에 있는 왕이나 재판관들이 타는 짐승이었다(판 10:4; 12:14, 삼하13:29, 왕상 1:33,38,44). 따라서 주께서 타고 가실 것을 선택하신 것은 상징적이었는데, 이는 성경을 성취하는 것으로, 이스라엘의 왕이 왕국을 제시하기 위해 오는 것임을 사람들에게 알리기 위함이었다.

『**벳파게와 베다니**』(1절)는 예루살렘 동쪽에 있는 올리브 산 위에 있는 마을들이었다. 이 곳은 유대인이 안식일에 다닐 수 있도록 허용된 거리의 끝이었다(눅 24:50. 행 1:12 참고). 베다니는 마리아, 마르다, 나사로의 고향이었다(요 11:1). 『**올리브 산**』은 재림에 적용될 문맥임을 일깨워 준다. 그곳은 문자적으로 예수 그리스도께서 오실 때, 민족들로 이루어진 군대로부터 예루살렘을 해방시키는 곳이기 때문이다(스카랴 14:1-4).

재림의 예표와 조화를 이루어, 『**제자들 가운데 둘을 보내시며**』(1절)라는 말에 유의하라. 여기에 예표로서, 요한계시록 11장에 나오는 두 증인이 나오는데 이들은 9장에서 예수 그리스도께서 변형되실 때 나타났다.

1,2절에서 예수 그리스도께서 자신의 신적인 속성인 "전지하심"을 발휘하시는 것에 주목하라. 버논 맥기(J. Vernon McGee)는 예수 그리스도의 전지하심이 나타난 것임을 인정하면서도, 즉시로 돌이켜 청중들의 마음에 의심을 던진다. 바로 그들에게 전체적인 일이 "미리 계획된" 일이었을 수 있다고 말함으로 의심을 불어넣는 것이다. 그는 "여기에서 자연스런 설명이 적절할 때는 기적으로 읽을 필요가 없어 보인다."라고 말

했다. 그가 얻은 "자연스런 설명"은 어디에서 얻었는가? 성경 어디에도 없다. 자신의 머리에서 나온 것이다.

왜 어떤 사람이 마가복음 8:31과 9:31을 읽고도 그리스도의 지식을 "자연적 설명"으로 받아들이려 하겠는가? 만약 그렇게 한다면, 그것은 바로 RSV를 발행한 국가교회협의회(National Council of Churches)에 소속된 번역자들만큼이나 자유주의적이기 때문이다. "그렇다면 당신은 버논 맥기가 자유주의자라고 말하는 겁니까, 럭크만?" 전혀 아니다. 나는 맥기가 구원받은, "선하고," "경건하며," "헌신된" 보수적 근본주의자라고 말한다. 다만 그가 때때로 구원받지 않은 자유주의자처럼 말했던 것을 지적하는 것이다. 이 부분에 관해서는 커스터(Stewart Custer)도 마찬가지였다(6:14-15 주석 참고).

"기적으로 읽을 필요가 없어 보인다"고? 이에 대해 나는 밥존스대학교에서 나를 가르쳤던 한 교수에게 했던 말과 똑같이 대답하고 싶다. 그 교수는 백보좌 심판(계 20:12)에서 언급된 『**책들**』이 꼭 실제 책일 필요는 없다고 비슷한 취지로 말했다. 그때 나는 이렇게 말했다. "꼭 실제 책이 아닐 이유도 없잖습니까?"

혹시 이런 점을 눈여겨본 적이 있는가? 하나님과 그리스도와 성경을 높이는 선택과 그들을 깎아내리는 선택 사이에서 선택할 때, 학자들이 얼마나 자주 후자를 택하는지 말이다. 사도행전 4:27,30에서 헬라어 단어 "파이스"가 "아들" 또는 "종"을 의미할 수 있을 때, 번역자들은 그리스도의 성육신 교리를 약화시키는 쪽을 선택한다. [〈킹제임스성경〉에서는 "child"로, 〈한글킹제임스성경〉에서는 『**아들**』로 번역되었다.] 다니엘 3:25에서는 히브리어 문법 규칙상 『하나님**의** 아들』로 번역해야 함에도 불구하고, 번역자들은 느부카넷살이 무엇을 알았는지에 대한 자기들의 판단에 따라 "신들의 아들"이라고 번역하기를 택했다(다니엘 3:25 주석 참고). NIV를 펴낸 복음주의자들과 NASV를 펴낸 근본주의자들이 이사야 14:12을 번역할 때도, 그들은 사탄을 예수 그리스도와 동일시하는 번역을 선택했다(계 22:16 참고). 맥기 역시 그리스도의 신성과 인성 가운데 어느 쪽을 가리킬지를 선택할 때, 자신의 주관적 의견만을 근거로 주님의 인성 쪽을 선택했다.

이 구절을 통하여 주님께서 잃어버린 죄인을 구원하고 그를 사용하는 훌륭한 그림을 볼 수 있다. 이 나귀 새끼에 대해 첫 번째로 주목해야 할 점은 그 나귀는 『**아무도 타보지 않은 매여 있는 나귀 새끼 한 마리**』(2절)로 길들여지지 않았다는 사실이다. 그래서 이 어린 나귀 새끼는 야생 상태로 아직 길들여지지 않았다. 성경은 구원받지 못한 사람을 『**사람이 들나귀 새끼같이 태어나도**』(욥 11:12)라고 말한다. 따라서 이 나귀는 구원받지 못한 사람을 보여주는 그림이다. 타본 적이 없으므로, 아직 길들여지지 않았음을 의미한다.

앨라배마 윙(Wing)에 사는 한 농부가 야생 나귀가 세상에서 가장 고집스러운 동물이라고 말해준 적이 있다. 이들은 밤에 숲 속을 돌아다니며, 그들의 어미 중 일부는 야생이다. 나귀는 타기 전까지는 길들여질 수 없으며, 완전히 길들여지기 전에는 왜 맞는지 매질을 이해하지 못한다. 구원받지 못한 사람들은 고집이 세다(롬 1:32, 살후 2:12). 그들은 『**그들의 행위가 악하기 때문**』에 『**빛보다는 오히려 어두움을 더 사랑**』한다(요 3:19). 그들은 "야생"인데, 이는 그들의 어머니가 "야생"이기 때문이다(시 51:5; 58:3, 욥 15:14, 요 3:6). 구원받지 못한 사람은 주님께서

"타기" 전까지는 "길들여질" 수 없다. 즉, 주님께서 들어오셔서 그를 통제하셔야 한다(엡 2:12-19). 그리고 구원받지 못한 사람은 주님의 징계를 이해할 수 없다, 왜냐하면 그는 아들이 아니기 때문이다(히 12:5-8).

『**풀어서**』(2절). 이 어린 나귀는 『**매여**』 있었고, 그리스도께서 사용하시기 전에 풀어져야 했다. 예수님께서는 구원받지 못한 사람은 『**죄의 종**』이라고 말씀하셨다(요 8:34). 그는 죄에 "**종**"으로 속박되어 있다(롬 8:15 참조). 그는 오직 『그리스도 예수 **안에 있는 생명의** 성령**의 법**』에 의해 죄로부터 자유로워질 수 있다(롬 8:2). 『**그러므로 만일** 아들**이 너희를 자유롭게 하면 참으로 너희가 자유롭게 되리라**』(요 8:36).

『**끌고 오너라.**』 마태복음 21:2에는 『**내게로**』라는 말이 추가되어 있다. 구원받지 못한 사람은 2장의 중풍병자처럼 예수 그리스도께로 데려와야 한다. 베드로가 구원을 받은 방법도 그의 형제 안드레가 데려온 것이다. 『**그가 시몬을** 예수**께 데려오니**"(요 1:42). 구원받은 사람으로서 우리의 역할은 죄인들을 그리스도께로 데려오는 것이다. 『**내게 증인이 되리라**』(행 1:8). 누가복음 14:16에서 주인이 『**성대한 저녁**』을 마련하였을 때, 그는 종들에게 명령했다, 『**빨리 성읍의 거리와 골목에 가서 가난한 사람들과, 불구자들과 저는 자들과 소경들을 <u>이리로 데려오라</u>... 대로와 산간마을로 가서 사람들을 <u>억지로라도</u> 오게 하여 내 집을 채우도록 하라**』(눅 14:21,23).

마가복음 11장으로 돌아가자. 『**만일 누가 너희에게 말하기를 '어찌하여 이렇게 하느냐?'고 하면 '<u>주께서 그것을 쓰신다</u>.'**(the Lord hath need of him.)**고 말하라**』(3절). 참으로 놀랍지 않은가? 왜 하나님은 길들여지기 전은 물론이고 길들여진 후에도 어리석고 고집스러운 동물을 필요로 하실까?

『'**주께서 그것을 <u>쓰신다</u>.'고 말하라.**』 하나님의 위대한 속성 중 하나는 그분의 필요를 스스로 채우시는 자족하심(self-sufficiency)이다. 우리는 하나님 없이는 한 순간도 살아갈 수 없지만, 하나님은 우리 없이도 잘 지내실 수 있다. 만약 주님이 내일 모든 것을 없애 버리신다 해도, 그것은 하나님께 전혀 영향을 미치지 않을 것이다. 그분은 여전히 하나님으로서 존재하실 것이다.

그렇다면 하나님께서 왜 당신이나 나 같은 경건치 않은 타락한 자들을 "필요로" 하시겠는가? 하나님께서는 구약 시대 유대인들에게 이렇게 말씀하셨다. 『**내가 설령 굶주릴지라도 네게 말하지 않으리니 이는 세상과 거기 충만한 것이 내 것이기 때문이라**』(시 50:12). 그러니까 신학적으로 보면, 주님께서는 정말로 우리를 "필요로" 하시는 것은 아니다. 그러나 주님께서는 고집스럽고 어리석은 우리 같은 사람들을 사용하시는 데까지 낮아지신 것이다. 형제여, 이것이 바로 은혜다. 이것은 결코 우리의 공로나 지능, 힘, "인맥"이나 그 어떤 다른 것과도 관련이 없다.

하나님께서 우리를 생각해 주신 것(시 8:4)이 얼마나 자비롭고 세심한 일인가? 하나님께서는 우리를 이 세상에 소망도 없고 하나님도 없는 자로, 언약과 약속들에서 분리된 타국인으로 그냥 내버려두실 수도 있었지만(엡 2:12), 대신에 성령을 통해 우리에게 내려오셔서 말씀하셨다. "너, 바로 너를 내가 원한다." 솔직히 말해, 나는 그것을 다 이해할 수는 없다. 그럼에도 나는 그에 대해 하나님을 마음 깊이 찬양한다.

주님께서는 그 비천한 짐승을 취하여 전쟁과 심판의 도구로 변화시키실 수 있다. 솔로몬의 노래 6:13에서는 주님께서 재림하실 때 자신을 따르는 자들을 이렇게 묘사하신다. 『**그것은 마치 두 군대를 합친 것 같도다.**』 이 두 군대 중 하나는 『**흰 말들**』을 탄 그리스도의 신부들이고(계 19:14), 다른 하나는 『**흰 나귀들**』을 탄 구약 성도들이다(판 5:10).

사랑하는 성도들이여, 성경은 이렇게 말한다. 『**피조물이 간절한 기대를 가지고 하나님의 아들들이 나타날 것을 기다리고 있으니**』(롬 8:19). 지금은 당신이 별로 대단해 보이지 않을지 몰라도, 언젠가 당신은 당신의 구주와 똑같이 될 것이다(요일 3:2, 롬 8:29). 지금은 "나귀"일지 몰라도, 언젠가는 전쟁에 쓰이는 군마가 될 날이 올 것이다.

4절을 주목해 보라. 『**사거리 문 밖에 나귀 새끼가 매여 있는 것을 보고**』. 이것이 얼마나 많은 교훈을 주는지 모른다. 예수님께서는 『**멸망으로 인도하는 문은 넓고 그 길이 광대하여 그리로 들어가는 사람이 많으나**』(마 7:13)라고 말씀하셨다. 구약에서는 그 길에 대해 이렇게 말씀한다. 『**사람에게 옳게 보이는 길이 있으나 그 끝은 죽음의 길들이니라**』(잠 16:25). 이것이 대부분의 사람들이 가고 있는 한 길이다. 이 길은 아주 넓어서 무신론, 불교, 카톨릭, 힌두교, 그리스 정교, 개신교, 진화론, 이슬람, 도덕주의자들, 타락한 자들, 중산층, 상류층, 무계급자, 교육받은 사람, 문맹자 등 자기 자신의 의에 의지해 살아가는 사람이라면 누구든 포함된다.

그리고 또 하나의 길이 있다. 이 길은 영생으로 인도하지만, 『**협소**』한 길이어서 그 길을 찾는 이가 적다고 말씀하셨다. 『**생명으로 인도하는 문은 좁고 그 길이 협소하여 그것을 찾는 자가 적음이니라**』(마 7:14). 이렇게 찾는 이가 적은 이유는, 사람들이 자신의 의를 버리고 다른 이의 의를 받아들여야 하기 때문이다(롬 10:3,4, 딛 3:5). 이 길은 매우 좁아서 단 한 사람, 오직 한 사람을 통해서만 갈 수 있다(딤전 2:5). 마리아나, 마호메트나, 교황이나, 베드로나, 달라이 라마나, 마더 테레사나, 조로아스터나, 부처나, 그 어떤 "신"을 통해서는 갈 수 없다. 오직 하나님의 아들 예수 그리스도를 통해서만 하나님께 나아갈 수 있다. 그렇지 않으면 절대 나아갈 수 없다(요 14:6).

그 두 길은 『**문**』앞에서 만난다. 예수님께서 『**나는 그 문이라. 누구든지 나를 통하여 들어가면 구원받을 것이며**』(요 10:9)라고 말씀하셨다. 그리고 다른 어떤 방법으로 들어가려 하면 『**도둑이요 강도**』라고 하셨다(요 10:1).

셀마 행진(Selma March) 당시, 카톨릭 교회의 검은 긴 옷을 입은 몇몇 인사들이 흑인들을 이용해 보려는 의도로 내려온 적이 있었다. 그중 한 신부가 오랫동안 침례교회 집사로 섬겨온 경건한 흑인 노인에게 다가와 이렇게 물었다. "어느 교회에 다니십니까?"

그 흑인 집사는 대답했다. "나는 침례교인입니다."

그러자 그 카톨릭 신부가 말했다. "당신은 잘못된 교회에 다니고 계십니다. 예수님께서 시몬 베드로에게 열쇠를 주셨기 때문에, 열쇠를 가진 교회에 들어오셔야 합니다."

그러자 그 나이 많은 흑인 그리스도인이 이렇게 대답했다. "에이, 신부 양반, 난 그런 열쇠는 필요 없어요. 난 "문"을 가졌거든요!"

나는 카톨릭 교회가 가지고 있다는 어떤 "열쇠"도 필요 없다. 나는 문 자체를 가졌다. 나는 이미 『**들어가며 나오며**』『**초장**』을 발견했지만(요 10:9), 그 신부는 여전히 열쇠를 더듬고 있을 것이다.

『**제자들이 그 나귀 새끼를** 예수**께 끌고 와서... 주께서 그 위에 타시**

더라』(7절). 이것이 바로 "목표"이다. 예수님께서 주도권을 가지시는 것이다. 그분께서 고삐를 잡으시고, 우리를 그분이 원하시는 곳으로 이끄셔야 한다. 휴 파일(Hugh Pyle) 목사는 이렇게 말하곤 했다. "거주자(Resident)는, 반드시 대통령(President)이 되셔야 한다." 당신 안에 『그리스도**시요, 곧 영광의 소망**』(골 1:27)이신 분이 계시다면, 당신 마음의 보좌에 당신이 아닌, 그분께서 앉으셔야 한다. 휴 파일 목사는 자신의 요점을 이렇게 설명했다. "당신 마음 안에는 보좌와 십자가가 있습니다. 당신이 그 보좌에 앉아 있을 때는 그리스도께서 십자가에 달리시고, 그리스도께서 보좌에 앉아 계실 때는 당신이 십자가에 달려 있게 됩니다." 당신이 십자가에 달려 있어야 한다(막 8:34 주석 참고). 예수 그리스도께서 운전석에 앉아 계셔야 하는 것이다.

11:8 많은 사람이 자기들의 겉옷을 길에 펴고, 또 어떤 사람들은 나뭇가지를 꺾어서 길에 깔더라.

9 사람들이 앞서 가고 뒤따르며, 소리질러 말하기를 "호산나, 주의 이름으로 오시는 분은 복이 있도다.

10 주의 이름으로 오는 우리의 조상 다윗의 왕국은 복이 있도다. 지극히 높은 곳에서 호산나."라고 하더라.

8절의 『**겉옷을 길에 펴고**』는 직설적으로 두 가지를 나타낸다. 첫째는 존경받는 고귀한 인물을 환영하는 것이다. 오늘날 "레드카펫"을 깔아 대우하는 경우이다. 이는 어떤 사람의 높은 지위나 사회적 위치를 인정하는 것이다. 이 유대인들은 즉시 스가랴 9:9의 왕이 예루살렘에 들어오는 것을 인식했다.

이 시점에서 대부분의 해설가들과 주석가들은 “판을 뒤집어” 다음과 같이 가정한다. 즉 예수 그리스도께서 자신의 왕국을 세우지 않으셨기에, 유대인들은 예수님께서 예루살렘에 입성하실 때 그 의도를 오해했다고 가정하는 것이다. 전천년주의자들은 이것을 그분의 초림으로 제한하는 반면, 무천년주의자와 후천년주의자는 이를 재림에까지 확장하여 두 번의 오심 모두에 적용한다. 그 마지막 주장은 성경의 4분의 3을 부정하는 것이다. 구약의 주제는 왕과 왕국이다. 예수님께서 초림 때 성취한 예언마다, 재림 때 성취될 예언이 최소한 네 가지는 더 있다. 그러한 예언들을 영적으로 해석하여 교회에 적용하는 것은 성경을 왜곡하여 자신의 파멸을 초래하는 것이다(벧후 3:16).

사도행전 7장까지는 두 번의 오심이 함께 성취될 수 있도록 모든 것이 준비되어 있다. 모든 것이 “유동적”이다. 왕이 왕국을 제안한 것은 정당했다. 핵심은 유대인들이 그들의 왕을 어떻게 대할 것인가에 달려 있다(마 23:37, 눅 13:34, 요 19:14,15, 마27:22). 복음서에서 유대인들이 그분을 거절했을 때, 예수 그리스도는 아버지께 그들의 무지를 용서해달라고 요청한다(눅 23:34). 그래서 그들은 사도행전 2-7장에서 두 번째 기회를 얻는다. 산헤드린이 스테판을 죽였을 때, 왕국의 제안은 나중으로 연기되었다. 이 사실을 알 수 있는 방법 중 하나는, 유대인과 이방인이 구원을 위해 예수 그리스도를 신뢰하면 동일한 영적 몸에 속하게 된다는 『그리스도**의 신비**』가 사도행전 7장 이후에 계시된 사실을 아는 것이다(엡 3:3-6).

이런 이유로 베드로와 다른 사도들이 오순절에 설교할 때 『**우리의 죄들**』(고전 15:3-4 참고)과 관련하여 예수 그리스도의 죽음, 묻힘, 부활에 관한 메시지를 발견할 수 없는 것이다. 그 이유는 이스라엘 민족의 죄들은 예수 그리스도의 재림 때 그들의 『**죄들이 지워**』질 것이기 때문이다(행 3:19-21). 그들의 죄들은 갈보리에서 지워지는 것이 아니고, 갈보리에서 구원받는 것도 아니다(골 2:11-14). 이런 이유로 죄들에 대한 속죄가 처음 전파된 때는 사도행전 7장 이후였던 것이다(행 8:28-35. 사 53:10 참고).

『**겉옷을 길에 펴고**』의 두 번째 상징은 왕에게 복종하는 것이었다. 유대인들은 그들을 외부 요소로부터 보호해 주는 옷을 벗어 땅에 깔아 왕이 지나가도록 했다. 이는 그들의 굴욕을 상징하는 것이다. 그러나 유대인들은 그리스도 앞에 그들의 옷을 길에 폈을 뿐만 아니라, 『**나뭇가지를 꺾어서 길에 깔더라**(strawed)』(8절). "strawed"라는 단어는 사람들이 가지들을 길에 흩뿌려서 도로를 덮을 때 사용된 말이며, 더 현대적인 철자는 "strewed"이다. 요한복음 12:13은 그 『**가지들**』이 『**종려나무 가지**』이었음을 알려준다. 따라서 "종려주일"(Palm Sunday)이라는 이름이 "부활절" 전 주일을 가리키게 된 것이다. 종려나무 가지는 승리를 상징하여(계 7:9), 재림과 관련이 있다(레 23:40. 스카랴 14:16-18 참고). 그래서 유대인들은 예루살렘으로 들어오시는 예수 그리스도를 정복하는 왕으로 환영하고 있는 것이다.

9,10절은 시편 118:25,26의 인용이다. 『**호산나**』는 시편 118:25의 『**지금 구원하소서**』이다. 유대인들은 이 구절을 메시아를 언급하는 구절로 인식했다. 사람들은 예수 그리스도께서 왕국을 제시하는 것임을 명백히

알았다(『**주의 이름으로 오는 우리의 조상 다윗의 왕국은 복이 있도다**』(10절). 눅 1:32 참고).

그러나 그 구절을 인용할 때 빠져 있는 내용이 무엇인지 주목하라. 그 빠진 내용은 시편 118:25에서는 『**오 주여, 내가 주께 간구하오니 지금 번영케 하소서.**』이고 시편 118:26에서는 『**우리가 주의 집에서부터 너희를 축복하였도다.**』이다. 시편 118:25의 『**번영**』에 대해서는 그리스도께서 누가복음 19:42에서 『**너의 화평에 속한 일들**』이라고 부르셨다. 예수 그리스도께서는 『**그러나 이제는 그것들이 너의 눈에서 감추어졌느니라.**』(눅 19:42)고 말씀하셨다. 그 이유는 무엇인가? 승리의 입성에서 모두 "왁자지껄"하는 중에도 불구하고 하나의 민족으로서의 유대인들은 그리스도의 『**날개**』아래 모이기를 거부했다(마 23:37). 그들은 『**주의 집에서부터**』(시 118:26) 그리스도를 축복하지 않았다. 제사장들과 서기관들은 예수 그리스도를 쫓아냈는데 예수 그리스도께서 그들의 비둘기 파는 자들, 돈 바꾸는 환전상들을 쫓아 버리신 이후에 그렇게 했다(15-18절). 성전은 그분의 집에서(17절) 그들의 집으로 바뀌고(마 23:38), 비록 사람들이 『**주의 이름으로 오시는 이**』를 축복했음에도 불구하고, 그들이 그분을 믿었더라면 가져왔을 왕국은 연기되었다. 그들이 재림 때 『**주의 이름으로 오시는 이는 복이 있도다.**』(마 23:39)라고 말할 때까지 그들은 예수 그리스도를 보지 못한다.

11:11 예수**께서 예루살렘에 들어오셔서 성전으로 들어가 모든 것을 둘러보시고 나니 저녁 때가 된지라, 주께서 열둘과 함께 베다니로**

가시더라.

12 그 다음 날 그들이 베다니에서 나왔을 때에 주께서 시장하신지라

13 저쪽에 잎이 있는 한 무화과나무를 보시고 거기에 무언가 있을

까 하여 가 보셨으나 잎사귀 외에는 아무것도 찾지 못하셨으니

이는 무화과의 때가 아직 아니기 때문이라.

14 예수께서 대답하여 무화과나무에게 말씀하시기를 "이후로는 영

원히 네게서 아무도 열매를 먹지 못하리라."고 하시니 제자들이

그 말을 듣더라.

11,12절은 각각의 복음서가 왜 중요한가를 보여준다. 마가복음에 있는 많은 부분은 마태복음에도 나와 있다. 그러나 마가복음이 없다면 그리스도의 "고난 주간"(Passion Week)의 정확한 시간의 흐름을 알 수 없다. 마가복음을 제외하고는 다른 복음서들에서는 십자가에 못박히기까지의 고난 주간의 각각의 날들에 무슨 일들이 일어났는지에 대해 말해주지 않는다. 마가복음은 "성 금요일"(Good Friday)이 얼마나 너털웃음에 불과한 것인지 알려준다.

1. 그리스도께서는 일요일에 예루살렘으로 들어가셨다. 성전에 가셔서 둘러보시고 그날 밤을 베다니에서 보내기 위해 떠나신다(11절).

2. 그리스도께서는 월요일에 다시 예루살렘으로 돌아오신다(12절). 돌아오시는 중에, 무화과나무를 저주하신다(14절). 예루살렘에 계시는 동안, 성전을 깨끗하게 하신다(15절). 예수님께서는 월요일 저녁에 예루살렘을 떠나신다(19절).

3. 예수님께서는 화요일 아침에 예루살렘으로 돌아오신다(20절). 11장

의 나머지 전체, 그리고 12,13장은 화요일에 일어난다. 14장은 다음과 같이 시작한다. 『**이틀 후면 유월절과 무교절이라**』(14:1). 이는 수요일이 『**안식일 전날인 예비일**』(15:42)이 되게 하는데 이 날은 유월절 어린양이 죽는 때이다(14:12). 그러므로 15:42의 『**안식일**』은 정규적으로 돌아오는 안식일이 아니라 『**큰 날**』이다(요 19:31. 레 23:5-7 참고). "좋은 금요일"(Good Friday)은 실재로는 "나쁜 수요일"(Bad Wednesday)가 되어야 한다.

11절과 19절을 보면 예수님께서는 저녁에 예루살렘을 떠나신다. 그 밤을 베다니에서 마리아, 마르다, 나사로와 보내셨거나(11절. 요 12:1 참고), 아니면 야외에서 올리브 산에서 주무셨을 것이다(눅 21:37). 예수님께서 그 밤을 예루살렘에서 보내셨다는 기록이 복음서들에는 없다. 이는 천년왕국이 되어서야 일어난다(사 12:6,23, 렘 3:17, 슥 2:10). 그때 그 성읍은 "여호와 샴마" - 『**주께서 거기 계시다.**』가 될 것이다(겔 48:35).

『**저쪽에 잎이 있는 한 무화과나무를 보시고 거기에 무언가 있을까 하여 가 보셨으나 잎사귀 외에는 아무것도 찾지 못하셨으니**』(13절). 여기에서 내가 "무화과나무 잎사귀 인자"(fig leaf factor)라고 부르는 것을 보게 된다. 이는 "실재로는 없으면서 있다고 고백하는 것"이다. 여기에서 예수님께서는 사람으로서, 하나님의 전지하심을 사용하지 않으신다. 무화과나무에 다가가시면서, 배고픔을 해결해 줄 기대를 가지신 것이다. 비록 『**무화과의 때가 아직 아니**』라 하더라도 기대하셨다. 비록 여름 무화과나무의 때가 아니라 하더라도 때때로 팔레스타인에서는 덜 익은 가을 무화과나무가 겨울을 무사히 견뎌내어 봄에 열매가 익기도 한다. 다른 가능성은 겨울 무화과의 마지막이었을 수 있는데 그때 열매들은 대개 3월에 수확한다. 어느 쪽이든 잎사귀가 있었다는 것은 열매가 있다는 것을 예상할 수 있다. 불링거가 지적했듯이, 무화과 열매는 잎사귀가 나기 전에 혹은 잎사귀가 나면서 맺기 때문이다. 그러므로 예수님께서는 그 나무에서 열매를 기대할 권리가 있으셨다.

이에 대한 영적 적용은 예수님께서 누가복음 13:6-9에서 해 주신다. 알다시피, 에덴동산으로 돌아가 보면 무화과 잎사귀는 자기 의를 나타낸다(창 3:7 주석 참고). 이스라엘은 의를 소유하지 않았으면서도 의를 고백했다(롬 10:3). 주께서는 백성 가운데서 의를 찾으셨으나 아무에게서도 발견하지 못했다. 『하나님**의 의**』가 나타났을 때(롬 10:3,4) 그들은 하나님의 의인 예수 그리스도를 십자가에서 죽였다. 그러므로 주께서는 그 민족을 저주하셔서 또 다른 2000년간 열매를 맺지 못하도록 하셨다. 이스라엘은 민족으로서 열매를 맺지 못할 것이다. 주께서 재림하셔서 이스라엘에게 부활을 주실 때까지 그렇게 될 것이다(솔 2:10-13. 겔 37:1-14 참고).

11:15 그들이 예루살렘에 오자, 예수**께서 성전으로 들어가셔서 성전에서 팔고 사는 사람들을 내어쫓기 시작하시고, 환전상들의 상과 비둘기 파는 자들의 자리를 뒤엎으시더라.**

16 또 누구든지 성전 안에서 어떤 기물도 옮기지 못하게 하시고

17 가르쳐 그들에게 말씀하시기를 "'내 집은 모든 민족들에게서 기도의 집이라고 불리리라.'고 기록되지 아니하였느냐? 그런데 너

희가 강도들의 소굴로 만들었도다."라고 하시니

18 서기관들과 선임 제사장들이 그 말을 듣고 어떻게 그를 죽일까 하고 기회를 엿보더라. 그들이 주를 두려워함은 모든 백성이 주의 교리에 놀랐기 때문이라.

19 저녁이 되자 주께서 성읍 밖으로 나가시더라.

이것은 두 번째로 성전을 정결케 한 사건이다. 첫 번째는 요한복음 2:13-16에서 일어났다. 따라서 성전을 정결케 한 것이 두 번 있는데 이는 그리스도의 두 번의 오심을 나타낸다. 예수님께서는 첫 번째 성전을 정결케 하심을 초림에 연결시키고(요 2:19-21), 두 번째 정결케 하심은 재림에 연결시키는데 마가복음 11장 본문에 명확하게 나타난다. 예수님께서 왕국을 가져오시는 것에 관한 말라키의 예언을 보라.

『**그러나 그가 오는 날**[재림]**에 누가 거할 수 있겠느냐? 그가 나타날 때 누가 서겠느냐? 이는 그가 정련하는 자의 불과 같고, 표백하는 자의 비누 같음이라.** [누군가가 깨끗해지려 하고 있다.] **또 그는 은을 정련하고 제련시키는 자같이 앉아서 레위의 아들들**[성전에서 섬기는 제사장들]**을 깨끗게 하고, 그들을 금과 은처럼 깨끗게 하여 그들로 의로운 제물을 주께 드리게 하리라**[구약의 희생제사가 다시 회복된다. - 골 2:16,17. 겔 40-46장 참고]. **그때에 유다와 예루살렘의 예물이 지난날들과 옛적처럼 주께 기쁨이 되리라**』(말 3:2-4).

15절에서는 사람들이 그렇게 좋아하는 "점잖고 부드럽고 온유한 예수"를 볼 수 있다. 예수님께서는 성전에 있는 이 장사꾼들을 취하여 술집에서 난봉꾼을 몰아내듯 강제로 쫓아내신다. 주님께서는 『**환전상들의**

상』을 뒤엎으신다. 그리고 비둘기 파는 자들의 자리를 발로 차 버리신다. 만일 당신이 성전에서 무엇을 사서 수레에 담아 당신의 집으로 옮겨가고자 애쓴다면 그것은 그날 당신에게 매우 나쁜 일이 된다. 『**또 누구든지 성전 안에서 어떤 기물도 옮기지 못하게 하시고**』(16절)라고 말씀하시기 때문이다. 당신도 더 예수 그리스도를 닮은 그리스도인답게 살고 싶지 않은가? 다른 사람들이 "당신 안에 계신 그리스도"를 보게 하고 싶지 않은가?

내가 한번은 라디오에서, 성경에 나오는 "주를 두려워함"이 우리에게 가져다주는 열두 가지 유익한 점에 대해 가르친 적이 있었다. 그런데 정말이지, 그 방송이 끝나고 이어서 나왔던 프로그램(아마도 "루터교 시간"이었던 것 같다)에서 그 진행자가 처음 5분 동안 세 번이나 "구원이나 그리스도를 섬기는 일에는 두려움이 전혀 없다."라고 말했다. 마귀는 참으로 손이 길지 않은가?

본문을 보라. 이것이 대부분의 미국인들이 인식하고 있는 그리스도인가? 어떤 설교자가 당신의 교회를 방문했을 때, 모든 집사들을 몸으로 밀쳐대고, 주의 만찬 상을 뒤엎고, 연주자들이 앉아 있는 자리에서 그들을 걷어찬다면 당신은 이에 대해 어떻게 생각하겠는가? 그런 짓을 한 그를 다음 번 부흥회 때 다시 초청하겠는가? 그리고 그를 다른 교회에 추천하겠는가? 왜 서기관들과 선임 제사장들이 예수 그리스도를 죽이려 했는지 이해가 가는가? 『**서기관들과 선임 제사장들이 그 말을 듣고 어떻게 그를 죽일까 하고 기회를 엿보더라**』(18절). 예수 그리스도는 데일 카네기의 "어떻게 친구를 얻고 사람들에게 영향력을 줄 것인가?"를 따라가지 않으셨다. 예수님께서는 아버지의 성품에 관해 더 관심을 기울이셨다. 아버지의 말씀과 성경의 본질에 대해 더 관심을 기울이신 것이다. 다른 사람들이 어떻게 느끼든지 전혀 상관하지 않으셨다.

17절에서 예수 그리스도께서는 이사야 56:7을 인용하셨다. 그 예언이 기록된 문맥은 천년왕국이다. 그것은 민족들이 주의 산, 야곱의 하나님의 산으로 올라가는 것이었다. 『**우리가 주의 산에, 야곱의** 하나님**의 전에 올라가자**』(사 2:3). 그때는 모든 이방인들이 주께 기도를 드릴 때이다(말 1:11).

17절의 『**강도들의 소굴**』 역시 구약 예레미야 7:11의 인용이다. 마가복음 11장의 본문을 예레미야 7장과 비교해 보면 하나님의 관점에서는, 하나님의 의보다 우리의 의를 높이는 것은 훔치고, 도둑질하고, 간음하고, 욕하고, 우상 숭배하는 것만큼이나 나쁜 것이다(렘 7:9 참고).

이 서기관들과 선임제사장들은 성전 안에 벼룩시장을 세웠다. 하나님의 사람들로부터 돈을 벌기 위해서다. 그것은 탐심이고 성령께서는 『**탐심은 우상숭배**』라고 말씀하셨다(골 3:5). 우상은 바알이 아니라 재물(mammon)이었다(마 6:24, 눅 16:13).

『**서기관들과 선임 제사장들이 그 말을 듣고 어떻게 그를 죽일까 하고 기회를 엿보더라**』(18절). 이것이 3:6이후로 그들이 계속하고자 했던 것이다. 그 이유는 무엇인가? 『**그들이 주를 두려워함**』 때문이었다. 이분은 소유주의 아들로서, 그들로부터 『**포도원**』을 취하기 위해 오시는 분이시다(12:1-12).

『**그들이 주를 두려워함은 모든 백성이 주의 교리에 놀랐기 때문이라.**』 또다시 사역의 초기 때부터 있었던 상황이 반복된다(1:22 참고).

이는 예수 그리스도께서 서기관들이나 선임 제사장들이 가지고 있지 않은 권위를 가지고 계셨기 때문이다. 즉 하나님으로부터 오는 최종권위를 가지고 계셨던 것이다. 이 서기관들, 바리새인들, 사두개인들은 하나님의 말씀을 무익하게 만들었다. 하나님의 말씀에 자신들의 생각, 전통을 섞었기 때문이다. 그들에게 있어서 권위는 자신의 의견이었다. 자신의 의견보다 더 높은 권위는 그들에게 없었다(7:6-13). 오늘날 기독교 학자들에게도 마찬가지다.

11:20 아침에 그들이 지나갈 때에 그 무화과나무가 뿌리로부터 말라 버린 것을 보고
21 베드로가 기억이 나서 주께 말씀드리기를 "선생님, 보소서, 선생님께서 저주하신 그 무화과나무가 말라 버렸나이다."라고 하니
22 예수**께서 대답하여 그들에게 말씀하시기를** "하나님을 **믿으라.**
23 진실로 내가 너희에게 말하노니, 누구든지 이 산더러 '옮겨져 바다에 빠지라.'고 말하고, 그의 마음에 의심하지 않으며, 그가 말한 것들이 이루어지리라고 믿으면 말한 것은 무엇이든지 이루어지리라.
24 그러므로 내가 너희에게 말하노니, 너희가 기도할 때에 바라는 것들은 무엇이나 받은 것으로 믿으라. 그리하면 너희 것이 되리라.

예수님과 제자들이 화요일 아침에 예루살렘으로 돌아올 때, 그들은 예수님께서 하루 전 저주하셨던 무화과나무가 이제 『**뿌리로부터 말라**

버린』 것을 보았다(20,21절). 그것은 이스라엘 민족을 상징한다(14절 주석 참고). 이스라엘은 하나님께서 자신의 백성으로 선택하신 민족이다. 그 민족이 부활하신 예수님을 믿지 않는다면 열매를 맺을 수 없도록, 결정하신 것이다. 예수님께서는 A.D. 70년에 티투스를 보내셔서 그들이 여호와 하나님께 희생 제사를 드릴 수 있었던 유일한 장소를 파괴하게 하셨다(신 12:5-14). 하나님께서는 B.C. 586년에 유대인의 왕을 빼앗으셨고, A.D. 70년에 그들의 희생 제사를 빼앗으셨다(호세아 3:4). 그들은 복음서에서 그들이 거절했던 분이 권세를 가지고 다시 오실 때까지, 왕도 희생 제사도 되찾지 못한다. 그때까지 이 민족은 『**뿌리로부터 말라 버린**』 상태로 남아 있게 된다(겔 17:2,9-10 참고).

이 시대와 관련하여 예언이 어떻게 이스라엘에게 적용되는지를 살펴보시는 대신에, 예수님께서는 제자들에게 믿음과 기도에 관한 실재적인 가르침을 주시기로 선택하셨다. 물론 이 구절을 해석하는 데 쉽지는 않을 것이다. 은사주의자들은 정확한 관점에서 가장 가깝게 이 구절에 다가갔으나 그 후 적용하는 데 엉망이 된다.

이 구절들은 그 자체로 하나님의 "백지 수표"와 같다. 『**그가 말한 것들이 이루어지리라고 믿으면 말한 것은 무엇이든지 이루어지리라**』(23절). 『**바라는 것들은 무엇이나 받은 것으로 믿으라. 그리하면 너희 것이 되리라**』(24절). 23,24절의 조건은 "믿음"과 "의심하지 않음"이다. 그래서 은사주의자들은 믿음을 가장하고, "구하는 것을 이름을 불러 말하고 그것이 이루어질 것을 주장하라"는 신학을 가지고 있다. 이것은 "긍정적 고백"(positive confession)이나 "말씀-믿음 운동"(Word-Faith movement)으로도 알려져 있다. "하나님의 믿음을 가지고 그것을 말로 표현하여 존재하게 하라"는 식의 혼란스러운 가르침이다.

이제 23절에서 믿음과 기도를 통해 무엇이 가능한지를 보여주는 예를 살펴보라. 『**누구든지 이 산더러 '옮겨져 바다에 빠지라.'고 말하고.**』 이것은 그리스도의 재림 때 일어난다(사 40:3,4, 슥 4:7, 계 6:14). 만약 예수님께서 그들이 방금 떠나온 올리브산을 언급하신 것이라면(눅 21:37), 그 또한 재림 때 문자 그대로 일어난다(슥 14:4). 따라서 이 구절에 대한 문자적인 성취는 대환란 중 사도들의 사역에 해당할 수 있다(마 10:23과 그 주석 참고).

물론 누구든지 이 부분을 영적으로나 경건하게 적용할 수 있다. 예수님께서 과장법을 사용하시고 인생의 어려운 일들에 대해 비유적으로 말씀하셨다고 말할 수도 있다. 그러나 만약 단지 충분한 믿음이 있기만 하면 기도하는 모든 것에 "예"라는 응답을 받을 것이라고 생각한다면, 다시 생각해 봐야 한다. 신약에서 가장 위대한 그리스도인조차도 기도에서 구한 모든 것을 받은 것은 아니다(고후 12:7-9). 자신에 대한 하나님의 목적과 계획을 고려하지 않는 그리스도인은 큰 실망을 겪게 될 것이다.

어린이들에게 들려주는 이야기 중에 인도의 소녀들을 대상으로 선교하던 에이미 카마이클(Amy Carmichael)이라는 선교사에 관한 이야기가 있다. 이 소녀들은 힌두 사원에서 제사장들에게 성노예로 제공되곤 했다. 에이미가 어렸을 때, 그녀는 갈색 눈을 가지고 있었지만 파란 눈을 원했다. 그래서 어린아이 같은 믿음으로 하나님께 파란 눈을 달라고 기도했다. 물론 그녀는 파란 눈을 갖지 못했다. 그 당시 그녀는 왜 하나님께서 그녀의 기도에 응답하지 않으셨는지 이해하지 못했지만, 인도에서 선교사로 활동하면서 그 이유를 알게 되었다. 서양인으로서 그녀는 힌두 사원에 들어가 부모들이 제사장들에게 팔아넘긴 어린 소녀들이 어떻게 되는지 알아낼 수 없었다. 그래서 그녀는 얼굴을 커피로 얼굴색을 위장하여 인도 여성처럼 보이게 했다. 만약 그녀가 파란 눈을 가졌다면, 그녀의 "위장"이 들통 났을 것이다. 하나님은 그녀가 보지 못했던 수년 뒤의 상황을 미리 보고 계셨던 것이다.

아무도 23,24절의 약속을 주장하는 것에서 낙심하지 않기를 바란다. 만약 주님께서 인간의 관점에서 보면 불가능해 보이는 무언가에 대해, 믿을 수 있는 믿음을 주신다면, 그것을 믿고 나아가라. 그런 기도에 때로는 하나님께서 "예"라고 응답하실 때도 있다. 제2차 세계대전 후, 이라는 영국인 선교사 아이린(Miss Irene)이 미군 병사들과 일본 여성들 사이에서 태어난 버려진 아이들을 위한 고아원을 세웠다. 그녀는 그 소녀들에게 그리스도를 전하고 성경을 가르쳤다. 그곳에 병으로 인해 누워 있어야만 했던 한 소녀가 있었다. 본문 구절에 대한 수업을 들은 후, 그 소녀는 바다의 경관을 가리는 산을 하나님께서 옮겨주시길 기도했다. 다른 소녀들이 해변에 갈 때, 그녀는 병 때문에 갈 수 없었기에 적어도 바다를 볼 수 있도록 산을 없애 달라고 기도한 것이었다.

아이린은 그 소녀에게 예수님께서 실제 산을 말씀하신 것이 아니라고 설명하려 했지만, 그 작은 아픈 소녀는 계속해서 기도했다. 그녀는 기도에 너무도 끈질겨서 고아원에 있던 다른 소녀들까지도 그녀와 함께 기도하기 시작했다. 어느 날, 그 선교사가 영국에서 휴가를 마치고 돌아온 후, 그 병든 소녀의 창가에 모든 소녀들이 모여 있는 것을 보았다. 놀랍게도 산이 사라졌고, 그 병든 소녀는 바다를 명확하게 볼 수 있게 되었다. "산이 어떻게 된 거니?" 그녀가 물었다. "사람들이 불도저를 가지고 와서 산을 옮겼어요." 소녀들이 대답했다. 그 산이 사라진 이유는 해안선이 침식되었기 때문에 마을에서 해안을 메우기 위해 그 산의 흙을 사용했기 때문이었다. 지진, 눈사태, 다이너마이트, 불도저 등으로 산이 옮겨지는 일은 언제나 일어난다. 누가 그 일이 바로 그 일본의 고아들이 드린 기도의 응답이 아니라고 할 수 있겠는가? 만약 주님께서 당신에게 그런 믿음을 주신다면, 그리고 그 응답을 하나님의 영광(이것을 잊지 말라!)을 위해 사용할 것이라면, 그렇다면 기도하라.

11:25 너희가 서서 기도할 때에 만일 어떤 사람과 적대 관계에 있다면 그를 용서하라. 그러면 하늘에 계신 너희 아버지**께서도 너희 허물을 용서하시리라.**

26 그러나 만일 너희가 용서하지 아니하면 하늘에 계신 너희 아버지**께서도 너희 허물을 용서하지 아니하시리라."고 하시더라**.

이제 중요한 한 가지 질문에 답해 보라. 이것이 바울 신학처럼 들리는가? 물론, 그리스도께서 당신을 용서하신 것처럼 다른 사람들을 용서하라는 용서의 원칙이 바울 서신에 있다(엡 4:32, 골 3:13). 하지만 그것이 당신의 죄가 용서받는 방법인가? 당신의 죄는 그리스도와 그분의 피의 속죄를 믿음으로 용서받지 않는가?(행 13:38, 골 1:14, 요일 1:7; 2:12) 그럼, 당신이 그리스도를 믿었을 때 당신은 얼마나 많은 죄들이 용서받았는가? 전부 용서받지 않았는가? 그렇다면 여기 25,26절은 어떻게 이해해야 하는가?

말씀을 올바로 나누지 않을 때(딤후 2:15) 이 성경에서 얼마나 많은 혼란이 초래될 수 있는지 아는가? 하나님께서는 시대와 경륜에서 사람들을 다르게 대하신다. 이것은 피할 수 없는 사실이다. 예수 그리스도께서 당신을 용서하신 것처럼 당신이 다른 사람을 용서하는 것은, 믿는 자로서 하나님과의 교제에는 필요하지만, 구원받을 때 죄가 용서받는 것과는 관련이 없다. 그것은 십자가와 부활 이전에 해당되었다(마 18:23-25 참고).

물론 기도에 대한 실제적인 적용을 할 수 있다(25절). 씁쓸하고 복수심에 불타며 용서하지 않는 영은 기도가 응답받는 것을 막을 수 있다. 하지만 그렇다 하더라도 구원받은 상태라면 지옥에 갈 일은 없다. 형제들이여, 당신의 혼은 그리스도를 믿을 때 구원받지만, 당신의 몸은 구원받지 않으며, 휴거 때가 되어서야 구원받는다. 당신은 몸에 지은 죄에 대해 몸에서 거두게 될 수도 있다(갈 6:7,8). 이는 당신에게 해를 끼친 다른 사람들을 용서하지 않는 것까지 포함된다.

11:27 그들이 다시 예루살렘에 왔더라. 주께서 성전에서 거니실 때에
선임 제사장들과 서기관들과 장로들이 주께 와서
28 말하기를 "무슨 권세로 당신은 이런 일들을 행하느뇨? 누가 당
신에게 이런 일들을 행할 권세를 주었느뇨?"라고 하니
29 예수께서 대답하여 그들에게 말씀하시기를 "나도 너희에게 한
가지 묻겠노니 내게 대답하라. 그러면 내가 무슨 권세로 이런
일들을 행하는지 말해 주리라.

30 요한의 침례가 하늘로부터 온 것이냐? 아니면 사람에게서 온 것
이냐? 대답하라."고 하시더라.
31 그들이 서로 의논하여 말하기를 "만일 우리가 하늘로부터라고
말하면 그가 말하기를 '그렇다면 어찌하여 너희는 그를 믿지 아
니하였느냐?'라고 할 것이요
32 우리가 사람으로부터라고 말하면 어떨까?"라고 하였으나 그들이
백성을 두려워하였으니 이는 모든 사람이 요한을 참 선지자로
여기고 있음이더라.
33 그들이 대답하여 예수**께 말하기를 "우리가 말할 수 없노라." 하**
니, 예수**께서도 대답하여 그들에게 말씀하시기를 "나도 무슨 권**
세로 이런 일들을 행하는지 말하지 아니하겠노라."고 하시더라.

예수님과 제자들이 성전에 들어오는 이때는 화요일 아침이다. 그들에게 『**선임 제사장들과 서기관들과 장로들이**』(27절) 다가온다. 여기까지, 이 사람들은 스스로를 하나님의 원수요, 진리를 대적하는 자들임을 입증해왔다. 그런 지위(제사장, 서기관, 장로)를 가지고 있는 것에는 아무 잘못이 없다. 하나님께서는 레위 지파 안에서 아론의 제사장직분을 제정하셨다. 하나님께서는 모세로 하여금 장로들 가운데 70명을 뽑아 모세처럼 하나님의 영을 받게 하셨다. 모세를 도와 이스라엘을 인도하는데 담당해야 하는 모세의 짐을 덜게 하기 위함이었다(민 11:16,17). 에스라는 『**모세의 율법에 익숙한 서기관**』이었고 하나님께서는 왕으로 하여금 에스라의 요구를 다 허락하게 하셨다(스 7:6).

문제는 그 위치가 아니었다. 그 위치에 있는 사람들이 문제였다. 당신 자신은 어떤 위치나 상태에 있다고 해서 변하지 않는다. 당신이 교회 건물 안으로 들어올 때, 당신은 교회 오는 내내 방금까지 차 안에서 아내와 야단법석을 떨었던 동일한 바로 그 인물이다. 당신의 성격은 단지 주일 학교에서 학생들을 가르친다고 해서 변하지 않는다. 이 제사장들, 서기관들, 장로들은 자신들이 경멸했던 세리들과 창녀들보다 내면적으로 더 악해져만 간다(마 23:25-28. 눅 19:10-14 참고).

『**무슨 권세로 당신은 이런 일들을 행하느뇨? 누가 당신에게 이런 일들을 행할 권세를 주었느뇨?**』(28절) 이 질문들은 중요하게 보이지 않을지 모르나 창세기 1장부터 요한계시록 22장까지의 모든 것을 요약하는 것이다. 이것은 우주적인 문제이다. 다음과 같은 질문으로 요약된다. "누가(무엇이) 책임지고 있는가?" 루시퍼가 이사야 14:13,14에서 자신을 높이고자 시도했던 때부터 우주의 역사는 투쟁이었는데 누가 누구를 다스리는가에 대한 투쟁이었다. 가정에서는 누가 책임자인가? 남편인가, 아내인가? 교회에서는 누가 책임자인가? 정부에서는 누가 책임자인가? 모든 민족들에 대해서는 누가 책임자인가? 누가 스탠리컵을 받을 것인가? 누가 슈퍼볼에서 우승자가 될 것인가? 누가 월드 시리즈에서 우승할 것인가? 누가 핵 비축량을 통제할 것인가? 어떤 종교가 세상을 지배할 것인가? 누가 승자가 될 것인가? 누가 일인자가 될 것인가?

일부 형제들은 나를 "이단"의 지도자라고 생각한다. 하지만 이단이란 하나님의 말씀보다 다른 것이나 다른 사람을 최종 권위로 높인다. 나는 내 교회나 우리 학교의 졸업생들에게 있어서 어느 누구의 최종 권위도 아니다. 나의 졸업생들 중 누구도 어떤 일에 대해 교회나 학교에 다시 연락해서 지시를 받을 필요가 없다. 펜사콜라성경신학원를 졸업한 젊은 이는 졸업할 때 자기 손에 최종 권위를 쥐고 떠나는데 그것은 〈킹제임스성경〉이다. 나의 가르침을 따르는 누구에게든 최종 권위는 내가 아니라 그 성경이다.

이제 만약 당신이 정말 "이단"을 보고 싶다면, 하나 보여 줄 수 있다. 이것은 기독교 안에 있는 보편적인 이단으로 교파나 신학 노선을 초월해 퍼져 있다. 이 이단은 교회사 전반에 걸쳐 성령께서 증거하신 본문보다 변질된 본문을 더 높인다. 그리고 성경 본문보다 기독교 "학자"들의 의견을 더 높인다. 나는 이 이단을 "알렉산드리아 이단"이라고 부른다. 왜냐하면 이것은 이집트 알렉산드리아에 있었던 최초의 기독교 학교에서 비롯되었기 때문이다. 이 이단은 미국, 유럽, 선교지에 있는 모든 주요 기독교 고등 교육 기관의 교수진과 직원들을 장악하고 있다. 그 추종자들은 근본주의, 보수주의, 복음주의, 신복음주의, 자유주의, 현대주의, 이머징(신자유주의), 은사주의 할 것 없이 거의 95% 이상의 지역 교회 강단을 차지하고 있다. 이 이단은 한 사람이 자기 판단이나 다른 사람의 판단에 따라 성경을 바꾸거나 고칠 수 있다고 가르친다. 성경이 그 사람에게 맞추어야지, 그 사람이 성경에 복종할 필요는 없다고 말한다. 그것은 몰몬교, 여호와의 증인, 제칠일안식일예수재림교에서 볼 수 있는 어떤 교리만큼이나 이단적이다.

『예수**께서 대답하여 그들에게 말씀하시기를 "나도 너희에게 한 가지 묻겠노니 내게 대답하라**』(29절). 12장에서 보겠지만 예수님께서는 자신에게 질문하는 어떤 질문에 대해서도 성공적으로 답하신다. 그러나 자신에게 질문하는 그 질문의 형세를 역전시키실 때, 그들은 예수님의 질문에 답을 하지 못한다. 이것은 끔찍한 사건이 있을 것임을 예상하게 하는데 마지막 심판에서의 예상이다. 당신이 죽을 때, 당신은 최종 권위와 만난다. 그때 당신은 하나님께 묻고자 하는 모든 질문을 할 수 있다. 그러면 하나님께서는 그 모든 질문에 대해 성경으로 답을 하실 것이다(롬 3:2-4). 그렇게 끝마쳤을 때, 이제는 하나님께서 당신을 향해 질문하실 것이다. 그러면 당신은 아무 말하지 못한 채 남아 있어야 한다(롬 3:19). 이를 통해 누가 과연 참된 권위자인가를 보여 준다.

이제 정직한 사람과 본문에 나오는 이 자들과의 차이를 알기 원한다면 다음을 비교해 보라. 즉 이 위선자들이 예수님께 31-33절에서 답한 내용을 들어 보라. 예수님께서 베드로에게 물으셨다. 『**시몬아, 너는 어떻게 생각하느냐? 세상의 왕들이 누구에게서 관세와 정세를 걷느냐? 그들의 자손들에게서냐, 아니면 타인들에게서냐?**』(마 17:25). 베드로는 자신의 생각으로 "글쎄요, 만일 내가 '이렇다'고 말한다면 주님께서는 '저렇다'고 말씀하실 것이고, 만일 내가 '저렇다'고 말한다면 주님께서는 '이렇다'고 말씀하실 것입니다."라는 혼자만의 생각에 잠길 필요가 없었다. 베드로는 예수님께 즉시로 답했고 정직하게 답했다. 『**타인들에게서니이다**』(마 17:26). 그로 인해 베드로는 주님으로부터 복을 받았다. 그가 내야 하는 세금을 물고기의 입을 통하여 치르게 하셨다(마 17:27).

그러나 마가복음 11장에 있는 이 위선자들은 함께 모여 가능한 한 자신들에게 유리한 최선의 답을 궁리해 내야만 했다. 이 자들은 매우 왜곡되어 나사 소켓을 아침 내내 돌려야만 했다.

『요한의 침례가 하늘로부터 온 것이냐? 아니면 사람에게서 온 것이냐?』(30절) 시몬 베드로가 답한 것처럼 답하라. 최소한 베드로는 정직한 반응으로 답을 하였다. 베드로가 질문에 답을 하는 데는 2초가 걸리지 않았다. 베드로는 주저함 없이 "『**하늘로부터**』입니다."라고 답하였을 것이다. 설령 그가 잘못된 생각을 가졌을지라도, 때때로 그러하였듯이(막 8:32,33의 주석 참고) 즉시로 "『**사람에게서**』입니다."라고 답하였을 것이다. 왜 그런가? 왜냐하면 자신의 입지를 살리고자 조금도 망설이지 않기 때문이다.

이 선임 제사장들과 서기관들은 요한의 침례가 『**하늘로부터**』 온 것임을 믿지 않았다(마 21:32). 그러나 그들은 그들이 진짜로 생각하는 것을 말하기를 두려워했다. 왜냐하면 『**그들이 백성을 두려워하였으니 이는 모든 사람이 요한을 참 선지자로 여기고 있음이더라**』(32절). 이에 대해 성경은 말한다. 『**사람을 두려워하면 덫에 걸리나...**』(잠 29:25). 이 자들은 다른 사람들을 두려워하는 두려움에 얽혀있어 사람들이 자신들을 정죄할까 두려워한다.

『그들이 대답하여 예수께 말하기를 "우리가 말할 수 없노라." 하니』(33절). 거짓말이다! 그들은 말할 수 있었다. 그들은 요한이 선지자임을 믿지 않았다. 그렇지 않았다면 요한의 침례에 순종하였을 것이다(31절). 그들이 거짓말하는 이유는 그들이 사람들을 두려워했기 때문이다. 법칙은 이렇다. 만일 어떤 사람이 하나님을 두려워한다면 그는 사람들을 두려워하지 않을 것이다. 만일 어떤 사람이 사람들을 두려워한다면 그는 하나님을 두려워하지 않을 것이다. "그 사람이 실제로 어떤 사람인가?"

를 규정짓는 것은 "그 사람이 무엇을 두려워하고, 무엇을 사랑하는가?" 이다. 그것이 사람을 측정하는 잣대이다. 그의 지적 능력, 수입, 사회적 신분은 그 사람을 알아보는 것과 아무 상관이 없다.

이 종교 위선자들에게 답을 하시면서 예수님께서 말씀하신다. "글쎄, 만일 너희가 말할 수 없다면, 나도 너희에게 말하지 않을 것이다. 그럼, 이만 다음에 보세!" 이 제사장들은 자신들의 기만적인 묵인으로 인하여 계시를 놓쳐 버렸다. 교훈은 다음과 같다. 만일 하나님으로부터 오는 계시를 원한다면, 하나님께 정직하라. 심지어 하나님께 동의하지 못한다 하더라도 그분께 정직하라. 하나님을 향한 쓴 뿌리를 가지고 있음에도 불구하고, 욥과 요나는 본문에 있는 이 자들보다 하나님으로부터 나오는 계시를 더 많이 받았다. 그들은 주께 열려져 있고 주께 정직했던 것이다. 당신은 하나님으로부터 어떤 것도 숨기려 해서는 안 된다(요 2:24,25, 히 4:13). 따라서 테이블 위에 52개의 카드 모두를 앞면이 보이도록 펼쳐 놓는 것이 더 낫다.

마가복음 12장

12:1 주께서 비유로 그들에게 말씀하기 시작하시더라. "어떤 사람이
포도원을 만들어서 그 주위에 울타리를 두르고 즙 짜는 통 놓을
곳을 파고 망대를 세워 그것을 농부들에게 세로 주고 먼 나라로
떠났는데,
2 추수 때가 되어 그 농부들에게 한 종을 보내어 그들에게서 포도
원의 소출을 받아오라고 하였더니
3 그들이 그를 붙잡아서 때린 후 빈손으로 보냈더라.
4 그리하여 주인이 다시 다른 종을 보냈더니, 그들이 그도 돌로 쳐
서 머리에 상처를 내고 또 모욕을 주어서 보냈더라.
5 그후에 그 주인이 다시 다른 종을 보냈더니 그들이 그를 죽였더
라. 그리하여 다른 많은 자들을 보냈더니 더러는 때리고 더러는
죽였더라.

6 그 주인에게는 아직 한 아들이 남아 있는데, 그가 지극히 사랑하는 자라. 그가 그를 마지막으로 그들에게 보내면서 말하기를 '그들이 내 아들은 존중하리라.'고 하니라.

7 그러나 그 농부들이 상의하기를 '이 사람은 상속자니, 자, 그를 죽이자, 그러면 그 유산이 우리 것이 되리라.'고 하고

8 그를 붙잡아서 죽여 포도원 밖에 내어던졌느니라.

9 그러므로 포도원 주인이 어떻게 하겠느냐? 주인이 와서 그 농부들을 죽이고 그 포도원을 다른 사람들에게 주리라.

10 너희는 이 성경을 읽어 보지 못하였느냐? 곧 '건축자들이 버린 돌이 모퉁이의 머릿돌이 되었도다.

11 이것은 주께서 하신 일이니, 우리 눈에 기이한 것이로다.' 하였느니라."고 하시니라.

12 그들은 주께서 그들에 대하여 비유를 말씀하신 줄 알고 그를 붙잡고자 하였으나 군중이 두려워 그를 그대로 두고 가 버리니라.

다음은 포도원 비유에 관한 내용이다. 이 비유는 세 개의 "공관복음"(마 21:33-46, 막 12:1-12, 눅 20:9-19)에 모두 나와 있지만, 어느 기록에서도 이 비유가 천국 혹은 하나님의 나라에 관한 비유라고 언급되지는 않았다. 이 비유는 유대인과 이방인 모두를 포함하여 온 세상에 관한 것으로, 요한복음 1:10,11에 그 내용이 나와 있다. 이 비유는 창세기 3장 이후로 인류 전체가 직면해 온 근본적인 문제, 즉 모든 정부, 종교, 교육 체계가 하나님의 창조물을 그분으로부터 빼앗아 자신들이 스스로 운영하려는 시도를 다루고 있다.

이 비유는 구약성경 두 곳에서 묘사되고 있다. 첫 번째로, 요셉이 이 비유의 예로 제시된다. 요셉은 153가지 그리스도의 모형을 가지고 있다. 요셉은 야곱의 사랑받는 아들이었다. 야곱은 세겜에서 자신의 양 떼를 돌보도록 요셉의 형들에게 맡기고, 요셉을 보내 그들을 점검하도록 했다(창 37:12-14). 이와 마찬가지로, 이 비유의 포도원 주인도 자신의 종들을 보내 포도원 관리인들을 점검하도록 한다. 또한 이 비유에서처럼 요셉의 형제들은 그가 맡은 권한을 빼앗기지 않기 위해 그를 죽이려고 했다(창 37:18-20). 만약 르우벤과 유다가 없었다면 그들은 정말로 요셉을 죽였을 것이다(창 37:21-27).

두 번째는 본문의 비유와 더 직접적으로 연관된다. 열왕기상 21:1-16에서 아합 왕은 나봇의 포도원을 원했지만, 나봇은 그것을 그에게 주지 않았다. 그래서 아합의 아내 이세벨을 통해 거짓 증인들의 증언으로 나봇을 신성 모독죄로 고발하고 처형한다(막 14:57-64 참고). 아합은 포도원이 이제 자신의 것이라고 생각했지만, 실상은 그렇지 않았다(왕상 21:19-22). 따라서 이 비유는 인간의 반역을 설명하는 극적인 주석이라 할 수 있다.

『**어떤 사람이 포도원을 만들어서 그 주위에 울타리를 두르고 즙 짜는 통 놓을 곳을 파고 망대를 세워**』(1절). 이 비유가 향하고 있는 서기관들(12절 참조)은 이 이미지에 익숙했을 것이다. 왜냐하면 예수 그리스도께서 이 이미지를 이사야 5:1-7에서 가져오셨기 때문이다. 거기서 『**포도원**』은 『**이스라엘 집**』으로 정의되는데, 포도원을 만든 『**어떤 사람**』은 『**만군의 주**』이다(사 5:7).

이 비유에 나오는 『**농부들**』은 종교 지도자들을 가리킨다(12절). 그들의 임무는 단순히 율법을 필사하는 것뿐만 아니라, 주님의 사자들로서 율법을 가르치는 것이었다(말 2:7). 그러나 이 대제사장들, 서기관들, 바리새인들은 『**그 길에서 떠났고**』 사람들을 율법에 걸려 넘어지게 했다(말 2:8). 그들은 하나님께서 구약에 말씀하신 것에 인간의 『**전통**』과 『**계명**』을 더했다(막 7:6-13). 전능하신 하나님께서는 그러한 자들, 즉 『**선생과 학자**』를 『**끊어**』 버리겠다고 말씀하셨으며, 제사장들 또한 그러할 것이라고 하셨다(말 2:12). 이것이 바로 이 비유에서 이 농부들에게 일어나는 일이다(9절).

이제 포도원을 만든 사람이 『**먼 나라**』로 떠났다고 한다. 누가복음 19:12의 므나의 비유에서처럼, 이 『**먼 나라**』는 하늘을 의미한다. 주님께서 이스라엘을 세우시고, 제사장들과 레위인들에게 율법을 지키고 가르치라는 책임을 맡기셨다. 그러나 이후 어떤 일이 일어나는지 보라.

『**추수 때가 되어 그 농부들에게 한 종을 보내어 그들에게서 포도원의 소출을 받아오라고 하였더니**』(2절). 이 사람은 포도원을 만들었고, 그로부터 열매를 기대할 권리가 있었다. 그러나 농부들은 열매를 주인에게 넘기기 싫어했고, 그 종을 때리고 빈손으로 돌려보냈다.

이는 구약에서 하나님께서 이스라엘에게 보낸 선지자들과 사자들을 이스라엘이 어떻게 대했는지를 보여주는 그림이다. 그들은 일부를 때리고, 일부를 돌로 치며, 일부를 모욕하고, 일부를 죽였다. 예수님께서 마태복음 23장에서 바리새인들과 서기관들에게 이렇게 말씀하셨다.

『**오 예루살렘아, 예루살렘아, 선지자들을 죽이며 너에게 보낸 사람들**

을 돌로 치는 자야, 마치 암탉이 자기 병아리들을 날개 아래 함께 모으듯이 내가 얼마나 자주 네 자녀들을 모으려고 하였더냐? 그러나 너희가 원치 아니하였도다!』(마 23:37)

주인이 보낸 종들을 농부들이 거절하자, 그 주인은 마지막으로 『**한 아들**』, 『**지극히 사랑하는 자**』를 보냈다(6절). 이 아들이 누구인지에 대해서는 전혀 의심의 여지가 없다(1:11; 9:7). 예수 그리스도께서 『**마지막으로**』 보내졌다(히 1:1,2).

『**그들이 내 아들은 존중하리라**』(6절). 그들은 그 아들을 "존중해야" 했지만(요 5:23), 그렇게 하지 않았다 (요 1:11; 8:40-42; 15:18-25).

『**이 사람은 상속자니, 자, 그를 죽이자, 그러면 그 유산이 우리 것이 되리라**』(7절). 이것은 땅의 왕들과 통치자들이 주의 기름부음받은 자에 대항하여 반역을 음모하는 장면을 나타낸다(시 2:2,3. 행 4:26-28 참고). 그들은 상속자를 제거하면 포도원의 소유권이 자동으로 자신들에게 넘어올 것이라고 생각했다. 그러나 비유 속의 농부들에게 그것이 통하지 않았고(9절), 실제로도 유대인들에게 통하지 않았다. 상속자는 다시 돌아왔다! 그는 죽음에 머무르지 않았다. 그는 『**먼 나라**』로 떠났고, 그의 아버지처럼 자신의 종들을 보내 포도원의 열매를 거두려 했으며, 그 종들은 동일한 방식으로 대우받았다(마 23:34). 그는 언젠가 다시 돌아와서 "포도원"에서 "그 집을 깨끗하게" 할 것이다(시 110편, 슥 14장, 계 19장).

『**포도원 밖에 내어던졌느니라**』(8절). 이는 예수 그리스도가 『**성문 밖**

에서』 고난을 당하신 것을 의미한다(히 13:12). 즉 예루살렘 밖에서 십자가에 못박히신 것이다. 예수님께서는 그 종교 지도자들에게 자신들이 그에게 무엇을 할 것인지 정확히 말씀하셨고, 그들은 실제로 그렇게 했다. 그들은 의도치 않게 그리스도의 말씀을 성취하였으며, 그가 하나님의 사랑하는 아들이라는 사실을 입증했다. 당신이 아무리 노력해도 성경의 말씀을 피해갈 수 없다.

『**주인이 와서 그 농부들을 죽이고 그 포도원을 다른 사람들에게 주리라**』(9절). 하나님께서는 오늘날 "팔레스타인"이라고 불리는 땅이 그분의 땅이라고 말씀하셨다(대하 7:20, 사 14:25, 렘 2:7; 16:18, 겔 36:5; 38:16, 욜1:6; 3:2). 그리고 그 땅 주인이 어느 날 그 땅을 직접 차지하러 사람으로 오셔서 불법 점유자들을 추방하실 것이다. 그때는 정말 큰일이 날 것이다!(살후 1:7-9).

그날이 바로 내가 기대하는 날이며, 보고 싶은 날이다. 내 구주께서 "그분께 정당하게 돌아가야 할 것"을 받으시는 모습을 보고 싶다. 다음 번에는 채찍, 가시관, 십자가, 창이 아니다. 그때에는 그분의 발 앞에 엎드려 입을 맞추거나 그렇지 않거나 선택해야 한다(시2:12; 72:9), 그때 『**많은 왕관**』(계 19:12), 『**철장**』(시 2:9, 계 2:27; 12:5; 19:5), 『**그의 조상 다윗의 보좌**』(눅 1:32)이 등장하고 『**이 세상의 나라들이 우리 주와 그의 그리스도의 왕국들이 되어서 그분이 영원무궁토록 통치하시리라.**』(계 11:15)는 말씀이 이루어진다.

『**너희는 이 성경을 읽어 보지 못하였느냐?**』(10절) 하시며 예수님은

10,11절에서 시편 118:22,23을 인용하신다. 그 구절은 처음 보면 별로 특별하지 않게 보일지 모르지만, 그것은 우주의 본질과 미래 사건들에 대한 올바른 관점을 제공한다.

모퉁잇돌은 건물의 『**머릿돌**』이 아니다. 『**머릿돌**』은 건물이 그 주위에 세워지는 첫 번째 돌이다. 하지만 이 경우는 다르다. 이 돌은 『**건축자들**』이 『**버린**』 돌이다. 따라서 이 돌은 마지막으로 놓이는 돌이 된다. 이 돌은 건물을 밑에서 위로 쌓는 대신 위에서부터 아래로 건축되도록 하는 것이다. 그래서 11절에서 『**이것은 주께서 하신 일이니, 우리 눈에 기이한 것이로다.**』라고 말하는 것이다.

사람이 건축하는 구조물 중에 모퉁잇돌이 머릿돌인 것은 오직 하나밖에 없는데, 그것이 바로 피라미드이다. 그렇다면 당신이 1달러 지폐에서 무엇을 발견할 수 있는지 아는가? 피라미드가 있고, 그 구조물과 분리된 꼭대기의 머릿돌이 있다. 그 그림을 만든 사람이 누구든 (일루미나티든 아니든) 그 꼭대기 돌이 살아 있는 사람임을 알고 있었다. 왜냐하면 그 돌 위에 눈이 있기 때문이다(슥 3:9 주석 참고). 당신이 누구든 성경을 벗어날 수 없다. 그 책은 침례교인, 감리교인, 장로교인 뿐만 아니라 무신론자, 불가지론자, 사탄주의자도 통제할 것이다.

그렇다면 이것이 우주의 본질과 어떤 관련이 있는가? 에베소서 3:18에서 바울은 『**모든 성도들과 함께 그 너비와 길이와 깊이와 높이가 얼마인가를 깨달을 수 있게 해주시며**』라고 기록하며 이 말씀을 이해하기를 바랐다. 네 가지 차원이 있다. 그것은 에베소서 3:19에서 언급된 『그리스도**의 사랑**』에 관한 설명이 아니다. 그것은 별개의 것이다. 너비, 길이, 깊이, 높이는 물리적 구조물의 물리적 차원들이다. 그 구조물은 피라미드이다. 우주는 피라미드 구조로 배치되어 있으며, 그 꼭대기에는 하나님이 계신데, 『**유리 바다**』에 의해 그 구조물의 나머지 부분과 분리되어 있다(계 4:6).

10절의 『**모퉁이의 머릿돌**』(벧전 2:6,7)은 『**손으로 다듬지 아니한 돌**』(단 2:34)인 초자연적인 돌로서, "치는 돌"이다(마 21:44). 이 돌은 하늘에서 내려와 이방 왕국들(적그리스도의 왕국)의 형상의 발을 친 것이지, 예수 그리스도의 초림 때 로마 제국의 철 다리를 친 것이 아니다. 따라서 무천년주의(영적인 왕국이 유일한 왕국이며, 갈보리에서 시작하여 천천히 세상을 장악해 간다는 견해)는 맞지 않다! 그 치는 돌은 지상에 세워질 하나님의 왕국을 위에서부터 아래로 세운다(단 2:35,44,45). 따라서 후천년주의도 맞지 않다! 어떤 교회, 종교, 정치인, 또는 정부도 예수 그리스도가 다시 오시기 전에 천 년간의 평화를 가져오지 않는다. 미래 왕국에 대한 유일한 성경적 관점은 전천년주의이다. 예수 그리스도께서는 이 땅에 세워질 천년왕국 이전에 돌아오신다. 이러한 내용들이 10,11절의 배경에 있다.

비유를 들은 후, 서기관들과 대제사장들은 예수님께서 자신들을 겨냥하고 계신다는 것을 정확히 알았다!(12절) 다시 한번 그 종교 지도자들을 지배하고 있는 것이 "사람을 두려워하는 것"임을 알 수 있다(11:32 주석 참고). 그들이 사람을 두려워하기 때문에 하나님을 두려워하지 않았다. 그것이 그들이 상속자를 죽이려 하는 이유이다.

이 구절은 불길한 어조로 끝난다. 『**그를 그대로 두고 가 버리니라.**』 물론 우리는 이후에 일어날 일들을 통해 그들이 예수님의 말씀에서 실수를 찾으려고 어떻게 할지 궁리하러 떠났음을 이해할 수 있다. 그러나 방금 읽은 것의 영적 의미를 고려해 보라. 예수님께서는 그들에게 그들이 무엇을 할 것인지와 그 결과에 대해 말씀하셨다. 그들이 그 운명을 피하기 위해 회개하며 그를 믿었는가? 물론 아니다. 그들은 예수님을 떠나 자신의 길을 갔다. 멸망으로 가는 넓은 길을 갔다(7:13). 예수님께서는 『**나와 함께하지 않는 자는 나를 반대하는 자요, 또 나와 함께 모으지 않는 자는 흩뜨리는 자니라.**』(마 12:30)라고 말씀하셨다. 당신이 예수님을 떠날 때, 중립에 머무르지 않는 것이다. 그분의 길에 있든, 당신의 길에 있든 하는 것이다. 그 외의 다른 길은 없다. 영생으로 가는 주님의 길을 택하든지, 아니면 영원한 저주의 길로 가는 당신 자신의 길을 택하든지 해야 한다. 그 외의 다른 길은 없다.

12:13 그후 그들은 바리새인들과 헤롯 당원 몇 사람을 주께 보내어 그의 말씀에서 트집을 잡으려 하더라.

14 또 그들이 와서 주께 말씀드리기를 "선생님, 우리는 당신께서 진실하시고 또 아무도 개의치 않으시는 것을 아나이다. 이는 당신이 사람들을 외모로 보지 않으시고 진리로 하나님의 도를 가르치시기 때문이니이다. 카이사에게 세금을 내는 것이 옳으니이까? 옳지 아니하나이까?

15 우리가 세금을 내야 하리이까? 내지 말아야 하리이까?"라고 하더라. 그러나 주께서는 그들의 위선을 아시고 그들에게 말씀하시기를 "어찌하여 너희가 나를 시험하느냐? 데나리온 한 닢을 가져오라. 내가 좀 보리라."고 하시니

16 그들이 가져오더라. 주께서 그들에게 말씀하시기를 "이 형상과 새겨진 글이 누구의 것이냐?"고 하시니, 그들이 말씀드리기를 "카이사의 것이니이다."라고 하더라.

17 예수**께서 그들에게 대답하여 말씀하시기를 "카이사의 것은 카이사에게,** 하나님**의 것은** 하나님**께 바치라."고 하시니, 그들이 주를 보고 놀라더라**.

우리는 이미 바리새인들과 헤롯 당원들이 어떻게 연합하는지 3:6에서 살펴보았다. 여기에서 이들은 예수 그리스도를 진퇴양난에 빠뜨리게 하고자 한다. 예수님으로 하여금 신명기 17:14,15의 모세의 법(유대인들은 하나님께서 선정하신 유대인 왕 이외에 어떤 왕도 둘 수 없다.)에 불순종하여 세금을 내라고 말씀하시는 것과, 세금을 내지 말라고 말씀하시고 자신도 탈세자가 되심으로써 로마에 항거하도록 선동한 책임을 지는 것 사이에서 딜레마에 빠지게 한다.

이 바리새인들과 헤롯 당원들이 예수님께 다가와 수술하기 전에 마취를 시키고자 한다. 그들은 예수님께 아첨하여 "파멸에" 이른다(잠 26:28). 그러나 그렇게 함으로 그들은 진리를 말하게 되는데, 그들이 믿지 않는 진리를 말하게 되는 것이다(요 8:45).

『**선생님, 우리는 당신께서 진실하시고... 진리로 하나님의 도를 가르치시기 때문이니이다**』(14절). 이것이 요한복음 3:2에서 니코데모가 한 말과 얼마나 닮았는지 보라. 니코데모와 이 작자들과의 차이는 니코데모는 진지하게 물어보았으나 이 종교 위선자들, 정치 위선자들은 『**그의**

말씀에서 트집을 잡으려』(13절) 질문하였다.

여기에서 이들은 육신으로 나타나신 진리를 향하여 말하고 있다(요 14:6). 그분께서 하시는 모든 말씀은 진리이다(요 17:17; 18:37). 진리를 가르치고 전파할 때 예수님께서는 아무도 개의치 않으시고 사람을 외모로 보지 않으신다는 사실은 절대 진리이다(신 16:19, 삼하 14:14, 대하 19:7, 잠 24:23; 28:21). 그들은 과연 자신들이 방금 말한 것을 믿었는가? 물론 아니다!(요 8:44-47)

『**카이사에게 세금을 내는 것이 옳으니이까? 옳지 아니하나이까? 우리가 세금을 내야 하리이까? 내지 말아야 하리이까?**』(14,15절) 바리새인들은 예수님께서 『**세금을 내야**』하는 것으로 말씀하시기를 바랐다. 그러면 예수님께서 과대망상에 빠져 이방 우상 숭배자를 따른다는 이유로 사람들이 예수님을 거부할 것이기 때문이다. 반면 헤롯 당원들은 예수님께서 세금을 『**내지 말아야**』하는 것으로 말씀하시기를 바랐다. 그러면 그들이 예수님을 반역자로 체포할 수 있기 때문이다.

그러나 예수 그리스도를 속일 수는 없다. 예수님께서는 사람의 마음에 무엇이 들어 있는지 알고 계신다(요 2:24,25). 『**그러나 주께서는 그들의 위선을 아시고**』(15절). 당신이 성경을 알고 있다면, 마태복음에서 이 이후에 어떤 내용이 나오는지 알고 있을 것이다. 『**그러나 위선자인 서기관들과 바리새인들아, 너희에게 화가 있으리라!**』(마 23:13-15,23,25,27,29) 주께서는 종교 위선자들에게 말씀하신 가장 통렬한 말씀을 남겨두셨다(눅 20:20 주석 참고).

『**어찌하여 너희가 나를 시험하느냐?**』 그들이 자신들의 아비를 따르기 때문이다(요 8:44. 마 4:3 참고).

『**데나리온**(penny) **한 닢을 가져오라.**』 여기 본문에서의 페니는 오늘날의 페니가 아니다. 오늘날의 페니는 거의 아무런 가치가 없다. (다만 누군가가 "계약금으로 단돈 1페니만!" 이런 식으로 말할 때나 쓸모가 있다.) 초림 당시에서는 데나리온, 즉 페니는 하루 품삯이었다(마 20:2). 따라서 이 유대인들은 로마 화폐를 사용하는 데 있어서 어떤 문제도 없었다는 사실을 곧바로 알 수 있다. 식품을 사거나 비용을 지불하는 데 있어서 어떤 문제도 없었다. 그들은 좋아하든 그렇지 않든 간에 이미 카이사에게 굴복하고 있었다.

사실을 말하자면, 이 유대인들은 로마에 노예로 묶여 있는 것이다. 하나님께서 그들의 죄로 인하여 노예로 파셨기 때문이다(신 32:30). 하나님께서 보내신 그리스도와 카이사 사이에 누구를 선택하느냐 하는 선택이 주어졌을 때 그들은 카이사를 선택하였다(마 27:25. 요 19:15 참고). 따라서 그들은 실제로는 세금에 관하여 말하거나 불평을 토로할 여지가 전혀 없는 것이다.

『**이 형상과 새겨진 글이 누구의 것이냐?"고 하시니, 그들이 말씀드리기를 "카이사의 것이니이다."라고 하더라**』(16절). 따라서 예수님의 답변은 기본적으로 다음과 같다. "좋다. 그렇다면, 그 동전에 카이사의 형상과 카이사의 글이 있다면 그 동전은 카이사에게 속해야만 한다. 만일 카이사가 그 돈을 돌려받기를 원한다면 그 동전을 그에게 주라."

『**카이사의 것은 카이사에게,** 하나님**의 것은** 하나님**께 바치라**』(17절).

이 바리새인들과 헤롯 당원들은 예수님께서 답변으로 세금을 내라고 할 것이냐, 아니면 내지 말라고 할 것이냐를 기다렸지만, 그들은 예수님의 이러한 답변에 대해서는 아무런 준비도 하지 못했다. 『**그들이 주를 보고 놀라더라.**』 그들은 예수님께서 말씀하시면 즉시로 받아칠 준비가 되어 있었으나, 정작 예수님의 답변을 들었을 때 그들은 사람들 앞에 서 있을 뿐이었다. 사람들은 이들이 무엇을 할까 하고 기다리고 있었으나 이들이 할 수 있는 것은 아무것도 없었다. "카이사에게 속한 것은 카이사에게 주라. 그리고 하나님께 속한 것은 하나님께 바치라." 이 말을 들은 이들은 할 수 있는 것이 아무것도 없었던 것이다. 조용히 자신들을 변명하고 군중 속으로 사라진다.

문제는 무엇인가? 그들은 정작 하나님께 속한 것을 하나님께 바치지 않았다.

『**위선자인 서기관들과 바리새인들아, 너희에게 화 있으리라! 이는 너희가 박하와 아니스와 커민의 십일조는 바치면서 율법과 공의와 자비와 믿음의 더 중요한 것을 빠뜨렸기 때문이라. 너희는 이것들도 마땅히 행하고 또 저것들도 저버리지 말아야 하리라**』(마 23:23).

그들은 『**공의와** 하나님**의 사랑**』을 지나쳤다(눅 11:42). 그들은 가능한 한 빨리 그곳에서 빠져 나왔다(마 22:22). 그 이유는 그들은 더 이상 대화가 이어지기를 원하지 않았기 때문이다. 카이사에게 세금을 내는 주제에서 그들이 하나님께 바쳐야 하는 것을 바치지 않는 주제로 넘어가는 것을 원하지 않았기 때문이다.

여기에서 앞으로 더 나아가기 전에, 오늘날 세금 거부 운동하는 것에 관하여 예수님께서 하신 말씀에 고려해 보아야 할 것이 있다. 소득세가 당신이 원하는 모든 헌법에 위배되는 것이라고 불평할 수 있다. 그러나 세금 내는 것을 거부할 경우, 정부가 규정한 바에 따라 당신이 하는 모든 것은 교도소에서 끝나게 되어 있다. 몇 년마다 몇몇 그리스도인들이 세금 거부 운동이라는 강단에 올라서서 강력하게 외치다가 결국은 체포되고, 벌금을 물고, 감옥에 갇힌다. 나는 이런 일을 여러 번 반복하여 보아 왔다. 훌륭한 그리스도인들이 일을 잘해 놓고도, 반복하여 이 문제로 자신들이 사역을 망친다. 결국 그들이 하는 모든 것은 예수 그리스도와 사도 바울이 말한 성경의 말씀들을 거부하는 것이다.

『**그러므로 모든 사람에게 의무를 다하되 국세를 낼 자에게 국세를 내고 관세를 낼 자에게 관세를 내며 두려워할 자를 두려워하고 존경할 자를 존경하라**』(롬 13:7).

한번은 로마 세금 징수자가 시몬 베드로에게 와서 물었다. 『**너희 선생은 세금을 내지 아니하느냐?**』(마 17:24) 이 질문에 주저하지 않고 베드로는 『**내신다**』고 답하였다(마 17:25). 만일 예수 그리스도께서 티베리오 카이사 같은 마귀 같은 자에게 세금을 내셨다면 당신은 클린턴이나, 부시, 오바마, 혹은 후에 누가 백악관에 들어설지 모르나, 그런 자들에게 세금을 내는 것은 그다지 어려운 일이 아닐 것이다.

솔직하게 말하자면, 나도 다른 사람들처럼 세금 내는 것을 좋아하지 않는다. 얼핏 생각에 돈을 대통령이나 상하원 의회에게 주는 것보다 그 돈을 훨씬 더 잘 쓸 수 있는 사역들이 열두 개는 떠오른다. 나는 내가 애국자이기에 또는 "훌륭한 그리스도인"이기에 세금 내는 것이 아니다. 나는 감옥에 가고 싶지 않아 세금을 낼 뿐이다. 나는 노상 도가 내게 총을 들이밀며 "돈이냐, 생명이냐" 물을 때 나는 지갑을 그에게 주어야 하

는 같은 이유로 세금을 낸다. 국세청이 특수기동대를 동원하여 당신 문
을 부수기를 원하지 않는다면, 세금을 내는 것이 더 낫다.

**12:18 그후에 부활이 없다고 말하는 사두개인들이 주께 와서 물어 말
씀드리기를**
**19 "선생님, 모세가 우리에게 기록하기를 '어떤 사람의 형이 죽어
그의 아내를 남겨 놓고 자손을 남겨 놓지 않았다면, 그의 아우
가 형의 아내를 취하여 자기 형을 위하여 씨를 세우라.'고 하였
나이다.**
**20 일곱 형제가 있었는데 첫째가 아내를 취하였다가 씨가 없이 죽
으니**
**21 둘째도 그녀를 취하였으나 그도 씨가 없이 죽고 셋째도 그렇게
하여**
**22 그 일곱이 그녀를 취하였으나 씨가 없었고, 마침내 그 여인도
죽었나이다.**
**23 그러므로 그 일곱이 그 여자를 아내로 삼았으니, 부활 때에 그
들이 살아나면 그 여자는 그들 가운데 누구의 아내가 되겠나이
까?"라고 하니**
24 예수께서 **대답하여 그들에게 말씀하시기를 "너희가 성경도,** 하
나님**의 능력도 모르므로 오해한 것이 아니냐?**
**25 그들이 죽은 자들로부터 살아나면 장가가고 시집가는 것이 아니
라 하늘에 있는 천사들과 같이 되느니라.**

26 그러나 죽은 자의 살아남에 관하여 너희는 모세의 책 중 가시덤 불에서 하나님**께서 그에게 어떻게 말씀하셨는지 읽어 보지 못하였느냐? 말씀하시기를 '나는 아브라함의** 하나님**이요, 이삭의** 하나님**이요, 야곱의** 하나님**이라.'고 하셨으니,**

27 그분은 죽은 자들의 하나님**이 아니요, 산 자들의** 하나님**이시니라. 그러므로 너희가 크게 오해하였도다."라고 하시니라.**

지금까지 종교적 보수주의자들과 정치적인 자유주의자들은 예수님을 공격하는 데 전력을 다하였다. 이제는 종교적인 현대주의자들이 공격할 차례이다. 이들은 사두개인들이다. 이들은 부활의 교리를 가지고 예수님께 올가미를 씌우려 한다. 왜냐하면 그들은 부활을 전혀 믿지 않기 때문이다(18절). 그들은 영들도 믿지 않고 천사들도 믿지 않는다(행 23:8). 이들은 그들이 인용한 바로 성경을 대적한다(레 19:31; 20:6,27 신 18:11; 21:17; 22:11,15; 24:7,40; 31:11; 48:16, 출 3:2; 14:19; 23:20,23; 32:34; 33:2, 민 22:22-27,31,32,34,35). 부활의 문제가 나올 때면, 사두개인들은 정통 유대인들이 믿는 것을 거부한다(요 11:24). 그러나 구약 성경은 죽은 자들이 부활한다고 가르친다(욥 19:25-27, 사 26:19, 겔 37:12, 단 12:2).

19절에 인용된 율법은 신명기 25:5이다. 이것이 잘 설명된 예가 룻기이다. 거기로부터 시작하여 그들은 그 법에 기초하여 말도 안 되는 불가능해 보이는 한 가지 상황을 만들어 냈다. 한 여인이 아이를 갖지 못하고 일곱 형제를 다 거쳐 갔다는 이야기다. 이들이 예수 그리스도께 올가미를 씌우고자 하는 제시한 질문은 『**부활 때에 그들이 살아나면 그**

여자는 그들 가운데 누구의 아내가 되겠나이까?』(23절)이다. 이것은 명백히 한 여자에게 여러 살아 있는 남편이 있다는 문제를 제기한다(막 10:5–12 주석 참고). 왜 우리가 "이혼"에 대해 말할 때 성경적 근거로 죽음을 포함시키고 있는지 이제 알겠는가? 죽음은 결혼의 의무를 끝낸다. 이것은 모든 사람이 이해한다(롬 7:2,3). 이 질문은 가장 좋게 말해준다 해도 "터무니없는 질문"이다.

이런 종교적으로 무식한 자들에게 답을 하시는 데 있어서, 예수님께서는 한 번 더 "그리스도의 온유한 영"을 나타내신다. "주 예수 그리스도의 말씀 안에는 어떤 쓴 뿌리나 불친절의 요소도 없다." (6:15을 설명할 때의 스튜어트 커스터가 한 말을 살펴보라.) 『**너희가 성경도,** 하나님**의 능력도 모르므로 오해한 것이 아니냐?**』(24절) 27절에서 다음의 내용을 더하신다. 『**그러므로 너희가 크게 오해하였도다.**』

이 "총명한 지성인들"은 하나님의 말씀과 하나님의 능력을 다루는 곳에서는 어리석은 돌대가리들로 이루어진 무리들이다. A.D. 33년부터 지금까지 변한 것이 없다. 현대 학자들은 성경이 나오는 곳에서는 돌무더기가 들어있는 상자처럼 멍청하다. 이런 이유로 그들은 성경을 고친다. 성경을 자신들의 무지의 수준으로 끌어내리는 것이다. 이들이 신학 대학의 교수진들이고 경영자들이며 관리자들이다.

『**그들이 죽은 자들로부터 살아나면 장가가고 시집가는 것이 아니라 하늘에 있는 천사들과 같이 되느니라**』(25절). 예수님께서는 사두개인들이 부인하는 두 가지 교리의 관점을 가지고 이 사두개인들에게 답을 하심으로 이들을 부숴 버리신다. 바로 부활의 교리와 천사에 관한 교리이다. 먼저 부활에 관한 교리이다. 『**그들이 죽은 자들로부터 살아나면**』(For when they shall rise from the dead). 만일(if)이 아니다. 부활은 확실하다. 그 다음 천사에 관한 교리이다. 『**하늘에 있는 천사들과 같이 되느니라.**』 천사들은 존재하고 실재한다. 이 답변으로부터 영들도 실재한다고 결론지을 수 있다(욥 1:6. 왕상 22:19-22 참고).

25절에서 예수님께서 『**죽은 자들로부터**』의 부활을 다루시는 것에 유의하라. 이는 일반적인 부활을 말하는 것이 아니라, 천년왕국 전에 있게 되는 구원받고 죽은 자들의 부활을 말한다(9:9-10 주석 참고). 이 부활을 요한계시록에서는 『**첫 번째 부활**』이라고 말한다(계 20:5,6). 그것이 사실임을 알 수 있는 길은 어떤 구원받지 못한 사람도 『**죽은 자들로부터 살아**』나지 못하기 때문이다. 그들이 백보좌 심판으로 소환될 때, 어떤 땅으로부터 일어나 살아나는 것이 아니다(계 20:11,12).

스코필드는 25절을 들어 천사들은 성이 없다고 말한다. 그 이유는 『**장가가고 시집가는 것이 아니라**』고 말한 것 때문이다. 따라서 스코필드가 창세기 6:1-4의 『하나님**의 아들들**』로 건너갈 때 이들을 "셋의 경건한 계보"가 "카인의 경건하지 않은 계보"와 결혼하는 것으로 만들어 버린다. 왜냐하면 천사들은 성이 없고 결혼할 수 없기 때문이다. 이보다 더 말도 안 되는 아야기도 없다.

1. 성령께서는 『하나님**의 아들들**』이 구약에 나온다고 말씀하시고 이들은 결코 "셋의 경건한 계보"가 아니라고 말씀하신다(그 정체가 무엇이었든지 간에). 이 『하나님**의 아들들**』은 하나님께서 아담을 지으시기 전에 주변에 있었다(욥 38:4-7). 그리고 이들은 사탄과 함께 주 앞에 나타날 수 있었다. 『**하루는** 하나님**의 아들들이 와서 주 앞에 섰고 사탄도 그**

들 가운데 왔더라』(욥 1:6; 2:1). 이래도 어떤 "경건한 계보"가 지켜졌다고 보는가?

2. 성경에 나오는 어떤 천사도 "성이 없는" 것이 아니다. 성경에 나오는 모든 천사는 다 남성이다(창 32:25, 수 5:13,14, 판 13:3,6,8-11, 단 8:16; 9:21, 눅 1:9, 계 21:17).

3. 창세기 6장에서 『**사람의 딸들**』과 결혼한 이 『하나님**의 아들들**』은 『**하늘에 있는** 하나님**의 천사들**』이 아니었다(25절. 마 22:30). 그들은 『**죄를 지은 천사들**』이었고(벧후 2:4), 『**자기들의 처음 지위를 지키지 아니하고 자신들의 처소를 떠난 천사들**』(유 1:6)이었다.

이제 왜 어떤 『**하늘에 있는 천사**』도 "부활하여 위로 올라간 성도"도 결혼하지 않는지 알았는가? 그들 모두는 남성이기 때문이다. 하나님께서는 결코 "같은 성의 결혼"을 인정하지 않으신다. 연방법원의 판결이 어떻든 무관하다. 하늘에 머무르는 천사들은 결혼하지 않는다. 여자 천사들이 없기 때문이다. 모든 천사들은 『하나님**의 아들들**』이다(위의 설명 1,2 참고). 신약의 믿는 자들에게도 같은 용어가 주어진다(요 1:12, 요일 3:1). [24절의 『하나님**의 능력**』(the power of God)이 요 1:12에 나타나는데 이는 당신을 하나님의 아들로 만들어주는 능력이다.] 당신이 부활 때에 올라가면 당신은 하나님의 아들(The Son of God)의 형상에 일치된다(롬 8:29). 부활하셨을 때의 『**그와 같이**』 된다(요일 3:2, 빌 3:21). 당신의 주님께서 무덤으로부터 나오셨을 때, 당신의 구주는 어떤 모습으로 나오셨는가? 그는 33세 반의 남성이셨다. 그것이 바로 당신이 부활할 때의 모습이다. 성경을 고쳤던 어떤 자도 이 사실을 얻지 못했다. 왜 그런가? 그들은 『**성경도,** 하나님**의 능력도 모르므로 오해**』했기 때문이다.

마가복음 12장으로 돌아가자. 『**그러나 죽은 자의 살아남에 관하여 너희는 모세의 책... 읽어 보지 못하였느냐?**』(26절) 이 사두개인들은 모세의 기록을 이용하여 예수님을 올가미를 씌우려 하였다. 그래서 주께서는 그들에게 모세가 기록한 것을 인용하신다. 주께서 사용하신 본문은 출애굽기 3:2-6이다. 거기에서 하나님께서는 다음과 같이 말씀하셨다. 『**나는 네 조상의** 하나님**이니**[I am, 현재 시제], **곧 아브라함의** 하나님, **이삭의** 하나님, **야곱의** 하나님**이라.**』 이 세 족장은 수 세기 전에 죽었다. 그러나 주께서는 그들이 여전히 옆에 있는 것처럼 말씀하신다. 그들은 여전히 살아 있다(눅 16:22-31).

따라서 예수님께서 십자가에서 죽으실 때, 주님께서 주님의 왕국에 임하실 때 자신을 기억해 달라고 요청한 강도에게 다음과 같이 말씀하셨다. 『**오늘 네가 나와 함께 낙원**[하늘이 아님]**에 있으리라.**』(눅 23:42,43). 구원받은 강도는 주님께서 죽으신 이후 계속 살아 있다. 그러나 그는 아래로 내려간 것이지 위로 올라간 것이 아니다. 그는 예수님께서 죽으셨을 때 가셨던 곳인 『**땅의 더 낮은 부분들로**』 갔다(엡 4:9). 예수님께서 부활의 『**첫열매들**』이 되기 위해 무덤으로부터 나오셨을 때(고전 15:20,23) 『**사로잡힌 자를 사로잡아**』(엡 4:8) 땅의 심장에 있는 낙원에 있는 모든 자들을 위로, 즉 하늘로 데려가셨다(고후 12:4, 계 2:7). 주님께서 행하신 이 사실을 예루살렘에 있는 이 유대인들에게 증거로 보이기 위해, 예수 그리스도께서 부활하신 후에 예루살렘에서 부활 사건이 일어났다(마 27:52,53). 구약 성도들 가운데 일부가 "전체적인 부활"이 일어나기 3,000년 전에 먼저 부활한 것이다. 구약 성도들의 모든 혼은 "아브라함의 품" 안에서 여전히 살아 있어 부활을 기다리고 있는데, 구원받지 못한 사람들의 부활 이전에 일어날 부활을 기다리고 있다.

『**그분은 죽은 자들의** 하나님**이 아니요, 산 자들의** 하나님**이시니라**』(27절). 신약의 믿는 자들에 대해서는, 구주의 부활을 통하여 가능해졌다. 즉 신약의 믿는 자는 『예수 그리스도 **우리** 주로 **말미암아 하나님께는 산 자**』들이다(롬 6:11). 그의 『**생명이** 그리스도**와 함께** 하나님 **안에 감추어**』졌다(골 3:3). 그러므로 이에 대한 약속은 『**내**[예수 그리스도]**가 살고 너희도 살겠음이라.**』(요 14:19)이다.

12:28 그러자 서기관들 가운데 한 사람이 와서 그들이 함께 토론하는
것을 듣다가 주께서 그들에게 대답을 잘하신 것을 알고 주께 묻
기를 "모든 계명 중에 첫째가 무엇이니이까?"라고 하니
29 예수**께서 대답하시기를 "오 이스라엘아, 들으라, 모든 계명들 중**
의 첫째는 이것이라. 주 **우리** 하나님**은 한 분** 주**시니**
30 너는 네 마음을 다하고, 혼을 다하고, 생각을 다하고, 힘을 다하
여 주 **너의** 하나님**을 사랑하라. 이것이 첫째 계명이니라.**
31 둘째는 이와 같으니, 곧 네 이웃을 네 자신과 같이 사랑하라는
것이라. 이들보다 더 큰 다른 계명은 없느니라."고 하시더라.
32 그 서기관이 주께 말씀드리기를 "선생님, 옳소이다. 선생님은 진
리를 말씀하셨나이다. 하나님**은 한 분이시요, 그분 외에 다른 이**
는 없나이다.

33 **또 마음을 다하고, 지성을 다하고, 혼을 다하고, 힘을 다하여, 그**
분을 사랑하고 또 자기 이웃을 자신과 같이 사랑하라는 것은 모
든 온전한 번제와 희생제보다 더 크니이다."라고 하니,
34 예수**께서 그가 지혜롭게 답변하는 것을 보시고, 그에게 말씀하**
시기를 "네가 하나님**의 나라에서 멀리 있지 아니하도다."라고 하**
시니라. 그후에는 감히 묻는 자가 없더라.

여기까지, 예수님께서는 종교적인 보수주의자들(바리새인들, 13절)에게, 정치적인 자유주의자들에게(헤롯 당원들, 13절), 그리고 종교적인 자유주의자들에게(사두개인들, 18절) 시험을 당하셨다. 그 가운데 마지막 집단에게 예수님께서 『**너희가 성경도... 모르므로**』라고 말씀하셨다(24절). 그런데 여기에 한 사람이 나오는데 이 사람은 성경을 아는 사람이다. 왜냐하면 그는 생업으로 성경을 복사하는 집단에 속한 사람이기 때문이다. 그는 서기관이다. 마가는 이 서기관이 예수님께 질문을 제기하는 것이 우연인 것으로 들리는 것처럼 기록한다(『**그러자 서기관들 가운데 한 사람이 와서 그들이 함께 토론하는 것을 듣다가**』 - 28절). 그러나 병행 구절인 마태복음에서는 그가 주를 "시험"하고자 했다고 기록한다(마 22:34,35). 그러나 이 서기관은 자신보다 앞에 나왔던 바리새인들, 헤롯 당원들, 사두개인들과는 달랐다. 그에게는 다른 사람들에게는 없었던 정직함이 있었고, 진지함이 있었고, 위선적인 부분이 거의 없었다. 예수님께서는 이를 아셨다(34절).

예수님께서 자신에게 올가미를 씌우고자 질문한 그 질문들에 답변을 잘 하셨을 때, 이 서기관은 주를 시험하기 위해 정직한 질문을 하였다.

『모든 계명 중에 첫째가 무엇이니이까?』(28절) 잠시 생각해보자. 만일 구약에서의 구원이 믿음으로 말미암아 은혜로 받는 구원이라면 왜 이런 계명들을 강조하는 것인가? 구약에서는 많은 믿음의 예들이 발견되는데 구약에서 믿음이라는 말이 몇 번 나오는지 아는가? 단 두 번 나온다. 신명기 32:20(여기에서는 그마저도 **『믿음이 없는』** 누군가를 말한다.)과 하박국 2:4이다. 이를 신약에서 245번 나오는 것과 비교해 보라. 이런 불균형이 있는가라는 생각이 안 드는가? 만일 구약의 구원이 믿음으로 말미암는 은혜로 받는 구원이라면, 그 구약에 대해 어떤 기독교 대학이나 신학교의 교수보다도 더 많이 알고 있었던 사람들을 납득시키기에는 분명히 그 근거가 충분하지 않았을 것이다.

랍비 유대교에 따르면 토라(모세의 다섯 권의 책)에는 613가지의 계명들이 있다. 이 모든 계명들에 "십계명"이 포함된다. 서기관의 질문은 이 613개의 계명들 가운데 어느 것이 가장 중요한 첫 번째냐는 것이다. 즉 어느 계명이 다른 모든 계명들보다 위에 있느냐 하는 것이다. **『사람들의 계명』**을 『하나님**의 계명**』에 첨가하는(7:7-13) 바리새인들과 서기관들과는 달리 예수님께서는 성경만으로 답하시는데, 신명기 6:4,5과 레위기 19:18을 인용하신다.

본문 마가복음 12장에 있는 30,31절은 십계명에 대한 요약일 뿐 아니라, 구약 전체를 요약한 것이다(마 22:40). 십계명은 두 부분으로 나뉜다. 처음 네 계명은 하나님에 대한 사람의 관계를 다룬다. 나머지 여섯 계명은 사람에 대한 사람의 관계를 다룬다. 여기 마가복음 12:30은 첫 네 계명을 요약하고, 31절은 나머지 여섯 계명을 요약한다.

『모든 계명들 중의 첫째는』(29절) 사람을 다루는 것이 아니라 하나님을 다룬다는 사실을 아는 것은 매우 중요하다. 첫 번째 계명은 "당신의 이웃을 사랑하라. 그리고 만일 당신이 당신의 이웃을 사랑한다면 당신은 하나님을 사랑하는 것이다."가 아니다. 이는 자유주의자들이 하늘에 가기 위해 하는 짓이다. 모든 구원받지 못한 자유주의자들과 이 땅위에 왕국을 건설하고자 하는 왕국 건설자들의 특징은 두 번째 계명을 첫 계명 앞에 놓는다는 것이다. 이들 모두는 (카톨릭, 공산주의자들, ACLU, 지역사회조직가, NCC) 하나님께 복종하는 것에 반대하는 법을 제정한다. 사람을 돌보는 것보다 더 우선적으로 하나님의 법에 순종하는 자들을 대항하여 소송하고 그 법들을 제거하고자 한다. 왜냐하면 만일 당신이 마땅히 해야 하는 것처럼 하나님을 사랑한다면 동료를 사랑하는 당신의 사랑이 간섭받는 때가 있기 때문이다. 하나님을 증오하는 잃어버린 세상에 의해 그렇게 되기 때문이다(눅 14:26. 마 10:37 참고). 유다 이스카리옷은 돈을 가난한 자(사람)에게 쓰는 대신 예수님(하나님)을 위해 쓰는 것에 대해 분개하였다. 이는 그가 특별히 가난한 자들을 사랑해서가 아니라 "공동 기금 모금"에서 공금을 횡령했기 때문이다(요 12:3-6). 다른 말로 하면, 하나님 앞에 사람을 놓는 사람을 유의하는 것이 좋다는 것이다. 이런 자들은 온통 "사랑, 사랑, 사랑" 말하는데 그가 사랑하는 모든 대상은 결국 자기 자신이기 때문이다.

구원받지 못한 사람들은 온갖 종류의 혹독한 일들에 두 번째 계명을 사용한다. 나를 믿지 못하겠거든, 단지 그들에게 물어보라. 그들은 모두 세상을 더 살기 좋은 곳으로 만들기 위해 노력한다. 히틀러가 왜 6백만 명의 유대인들을 죽였는지 아는가? 그는 그 민족을 정결케 하기 위해 애쓸 만큼 인류를 사랑하였다. 스탈린이 왜 자기 민족을 5천만 명이나 죽였는지 아는가? 누군가가 이렇게 썼다. "그는 러시아와 세계를 향한 비전을 가지고 있었다." 그는 물론 5천만 명을 아사시키고 죽이는 데 있어서 좋은 동기를 가지고 있었다. 최선을 다한 것이다. 힐러리 클린턴에 의하면 "성을 왜곡"시키는 권리는 인간의 권리이다. 따라서 정부는, 동성애는 『**가증함**』이라고(레 18:22) 자유롭게 말하는 것과 그 사람이 가지고 있는 종교의 자유를 박탈해야 한다. 그런 사람들에게 세금을 가중시키고 감옥에 보내어 손을 보아야 한다. 왜 그런가? 성 왜곡자에 대한 사랑이 하나님의 거룩하신 말씀에 대한 사랑을 더 우선시하기 때문이다. 그것이 이유이다. 첫 번째 계명 앞에 두 번째 계명을 놓든지, 아니면 첫 번째 계명 대신 두 번째 계명을 놓는 것이다.

예수 그리스도에 따르면 "큰 계명"은 자신처럼 이웃을 사랑하는 것이 아니다. 큰 계명은 마음을 다하여 혼을 다하여 힘을 다하여 생각을 다하여 하나님을 첫 번째로 사랑하는 것이다(마 22:37,38). 이웃을 사랑하는 것은 하나님을 사랑하는 것에 비해 부차적인 것이다. 이웃을 사랑하는 것과 하나님을 사랑하는 것이 충돌될 때, 종종 그럴 것이지만, 이웃 사랑보다, 배우자, 자녀, 부모, 친척, 친구, 지역사회, 국가, 그리고 당신 자신을 사랑하는 것보다 하나님을 사랑하는 것, 그리스도를 사랑하는 것, 성경을 사랑하는 것을 선택해야 한다(눅 14:26).

다음에 주의해야 할 사항은 이 계명들은 행위들이라는 사실이다. 즉 30,31절은 이 시대의 죄인을 위한 구원 계획(엡 2:8,9, 딛 3:5)이 아니다. 이 시대에는 하나님에 대한 당신의 사랑이 구원해 주는 것이 아니다. 반대로 당신을 위한 하나님의 사랑이 당신을 구원한다.

『**우리가 아직 죄인이었을 때 그리스도께서 우리를 위하여 죽으심으로**

써 하나님**께서는 우리를 향한 그의 사랑을 나타내셨느니라**』(롬 5:8).

『**우리를 향한** 하나님**의 사랑이 이렇게 나타났으니, 곧** 하나님**께서 그의** 독생자를 **세상에 보내신 것은 우리로 그를 통하여 살게 하려 하심이라. 여기에 사랑이 있으니, 우리가** 하나님**을 사랑한 것이 아니요 그분이 우리를 사랑하시고 그의** 아들을 **우리 죄들을 위하여 화목제물로 보내신 것이라**』(요일 4:9,10).

당신이 하나님을 조금이라도 사랑한다면 그것은 하나님께서 먼저 당신을 사랑하셨기 때문이다(요일 4:19). 그리고 하나님께서 그 사랑을 보여주신 분을 받아들이지 않는다면, 당신은 하나님을 사랑하는 것이 아니다. 당신에게 주신 하나님의 사랑의 선물(요 3:16)을 거부하면서 하나님을 사랑한다고 말하지 말라. 당신 자신의 의를 위해 하나님의 아들의 의를 거부하고서 하나님을 사랑한다고 말하지 말라.

이제 아무도 첫째 계명을 제대로 지키지 못한다는 것이 분명해졌을 것이다. 당신은 마음을 다해 하나님을 사랑하라는 명령을 받았는데 이는 애정으로 사랑하라는 말이다. 그런데 당신은 배우자를 사랑해야 하지 않는가? 형제들도 사랑해야 하지 않는가? 그렇다면, 어떻게 마음을 모두 다해 하나님만을 사랑할 수 있겠는가?

마땅히 지켜야 하지만 어느 누구도 첫 번째 계명을 지키지 못한다는 사실은 너무나 명백하다. 마음을 다하여 하나님을 사랑하라는 계명을 받았는데, 이는 애정을 가지고 하나님을 사랑하라는 계명이다. 당신은 마음을 다하여 배우자를 사랑하거나, 마음을 다하여 형제를 사랑하지는 못하지 않는가? 그렇다면 어떻게 마음을 다하여 하나님을 사랑하는 것이 가능할 수 있겠는가?

당신은 하나님을 온 혼과 온 힘을 다해 사랑해야 한다. 이는 당신의 존재 전체와 당신이 쏟는 모든 노력까지 포함된다. 당신은 정말 그렇게 해왔다고 정직하게 말할 수 있는가? 혹시 자신을 위해 따로 남겨둔 작은 부분은 없었는가? 당신이 하는 모든 일이 정말 『하나님**의 영광을 위하여**』(고전 10:31) 이루어지고 있는가?

당신은 혼을 다하여 힘을 다하여 하나님을 사랑해야 한다. 혼과 힘은 당신 자신이고 당신이 쏟아내는 모든 노력이다. 정직하게 말해 그렇게 하고 있다고 말할 수 있는가? 상당히 많은 부분을 당신 자신을 위해 행하는 것이 아닌가? 당신이 하는 모든 것은 『하나님**의 영광**』(고전 10:31)을 위한 것인가?

당신은 생각을 다하여 하나님을 사랑해야 한다. 당신이 생각해야 하는 모든 것이 이것이어야 한다. 오 주님 어떻게 인간이 이렇게 행할 수 있습니까? 면도할 때마다, 이를 닦을 때마다, 화장실을 사용할 때마다, 설거지할 때마다, 빨래할 때마다, 차에 기름을 넣을 때마다, 청구서를 지불할 때마다, 쇼핑할 때마다, 아이들을 학교에 데려줄 때마다, 저녁을 준비할 때마다, 옷을 입을 때마다 주를 생각하라고 말하는 의미인가? 나는 당신이 하루 종일 주를 생각한다는 사실을 알고 있다. 그러나 매 순간마다 그러한가? 차 키를 어디에 두었는지 기억해야만 할 때 주에 대해 생각하지는 않는 것이다.

알다시피 사람들은 생각하지 않는다. 거의 생각하지 않고 말한다. 그들이 주께 드리는 노력은 충분하다고 생각하나 그렇지 않다. 예수 그리스도는 이 세상에서 첫 번째 계명을 지키신 유일한 분이시다. 그분은 다음과 같이 말씀하실 수 있으셨다. 『**이는 내가 언제나 그분을 기쁘게**

하는 일들을 행하기 때문이라』(요 8:29). 이것을 하나님께서 음성으로 확인해 주셨다(막 1:11, 마 17:5). 예수님께서 계명을 지키셨다는 증거는 주님께서 죽은 채로 머물러 계시지 않는다는 것이다(행 17:31; 2:24, 롬 1:4).

『**둘째는 이와 같으니**』(31절). "이와 같으니"(like)라는 말은 첫 번째와 같다(same)는 말이 아니다. 이웃을 사랑하는 것은 분명 믿는 자로서 하나님을 사랑한다는 사실을 나타내는 것이다(약 2:8-17. 요일 3:17-19 참고). (그러나 잊지 말아야 할 것은, 구원받지 못한 자들도 얼마든지 사람들에게 친절하고, 부드럽게 대할 수 있다는 사실이다.) 그러나 그것만으로는 하나님을 사랑하는 것이라고 말할 수 없다. 이웃 사랑은 하나님 사랑에 뒤따라오는 것이다. 이웃 사랑이 하나님 사랑보다 앞서는 것이 아니다. 이웃 사랑은 하나님을 사랑하는 사랑을 대체해서는 안 된다. 그리고 이웃 사랑은 성경의 지배를 받아야 하지 그 반대가 되어서는 안 된다. 두 번째 계명을 지키기 위해 첫 번째 계명을 범해서는 안 된다.

『**그 서기관이 주께 말씀드리기를 "선생님, 옳소이다. 선생님은 진리를 말씀하셨나이다**』(32절). 그런 후 그 서기관은 예수님이나 모세도 말하지 않은 중요한 사실을 말했다. 『하나님**은 한 분이시요**』 이 말은 너무나 훌륭한 말이나, 이는 예수님께서 인용하신 신명기 6:4에는 없는 말이다. 그 구절은 실제로는 이렇게 말한다. 『**오 이스라엘아, 들으라. 주 우리** 하나님**은 한 분 주시니**』(신 6:4). 당신은 "그것이 무슨 차이가 있습니까?"라고 물을 것이다. 큰 차이는 이 구절에서는 마호메트가 믿는 것처럼 단지 "유일신"인 사실만을 말하는 것이 아니라는 것이다. 단지 『하나님**은 한 분**』(32절)이심만을 믿는 것이 아니다. 마귀들도 그 사실을 믿는다(약 2:19). 참된 믿음은 『**유일하시고 참** 하나님』을 믿는 것이며 그분의 아들이 그분이시라는 사실을 믿는 것이다(요 17:8. 요일 5:20 참고).

신명기 6:4은 단순히 한 하나님이신 『하나님**은 한 분**』에 대해 말하는 것이 아니라, 바로 그 『하나님』이 누구신지를 밝히고 있는데 그분은 여호와(『**주**』) 하나님이시다. "알라"가 아니다. 마호메트가 주장한 "일신론"은 완전히 허튼소리이다. 만약 당신이 믿는 『하나님**은 한 분**』이 참 하나님이 아니라면, 말 그대로 경마장에 있는 거위처럼 완전히 길을 잃은 상태이다. 당신이 아무리 하나님을 사랑하고, 진실하고, 경건하다 해도, 그 "하나님"이 곧 『하나님, **곧 우리** 주 예수 그리스도**의** 아버지』 곧, 『예수 그리스도**의 부활로 인하여, 우리를 거듭나게 하사 산 소망을 갖게**』 하신(벧전 1:3) 하나님이 아니라면, 그것은 아무 소용이 없다.

서기관에 대해서 한 가지 말할 것이 있다. 그는 RSV, NRSV, ESV(이건 "보수주의자들"이 펴낸 똑같은 쓰레기이다.), ASV, NASV, 그리고 남침례교의 Holman Christian Standard Bible 번역 위원회에 참여한 번역자들과 개정자들보다 훨씬 더 분별력이 있었다. 이 모든 성경 번역본들은 『하나님』(God)이라는 단어를 빼고, 그 자리에 뉴에이지식 표현인 "One"을 집어넣었다. (자세한 내용은 게일 립링거의 저서 〈뉴에이지 성경 역본들〉을 보라.)

네슬(Nestle)은 너무도 부정직해서, 어떤 필사본 증거도 제시하지 않은 채 자기 본문에 변경을 가해 놓았다. 빈센트(Vincent)의 "Word

Studies"에서 당신이 얻을 수 있는 것은 단 하나, "모든 최고의 본문들(BEST texts)이 '하나님(God)'을 생략한다"는 식의 수수께끼 같은 진술뿐이다. 그러나 그는 도대체 어떤 본문들을 "최고"(best)라고 여기는지에 대해서는 전혀 밝히지 않는다.

결국 밝혀진 바에 따르면, 그들이 말하는 "최고의 본문들"이란 알렉산드리아 사본(Alexandrinus), 바티칸 사본(Vaticanus), 시내 사본(Sinaiticus)과 대문자 사본 K, L, 036, 038 등을 말하는 것이다. 그런데 바티칸 사본과 시내 사본은 복음서에서만도 서로 3,000군데 이상 다르고, 표준원문(Received Text)과는 무려 13,281군데에서 차이를 보인다. 과연 이런 것들을 "최고의 본문들"이라고 부를 수 있는가?!

〈킹제임스성경〉의 『하나님』(God)이라는 본문을 반대하고 〈바티칸 사본〉과 〈시내 사본〉(Sinaiticus)의 편을 드는 쪽에는 〈페쉬타〉, 〈라틴 벌게이트〉, 〈페르시아어역본〉 및 〈에티오피아어역본〉이 있다. 반면 수세기에 거쳐 수많은 그리스도인들에게 널리 받아들여졌다는 의미에서의 〈표준 원문〉과 다수의 헬라어 사본들과 함께하는 편에는, 대문자 사본 D와 E, 〈구라틴역본〉, 〈시나이어역본〉(Sinaitic), 〈큐레토니안 시리아어역본〉(Curetonian Syriac) 및 〈팔레스타인 시리아어 역본〉(Palestinian Syriac), 그리고 이집트에서 나온 〈사히딕역본〉(Sahidic)과 〈보하릭역본〉(Boharic), 〈아르메니아역본〉 및 〈조지아역본〉 등이 있다. 〈킹제임스성경〉 본문을 지지하는 필사본 증거는, 반대하는 필사본 증거보다 못하지 않을 뿐만 아니라 오히려 더 낫다고도 할 수 있다. 아마 그래서 네슬은 그 부분을 편리하게 생략해 버렸던 것이다. 이 자들은 개의 뒷다리처럼 비뚤어진 자들이다.

『**그후에는 감히 묻는 자가 없더라.**』 예수님을 올가미 씌우고자 예수님의 말씀에서 틈을 노린 후에 (그 동기가 정직한 것도 있었고 정직하지 못한 것도 있었다.) 예수님께서는 모든 질문에 답을 하셨고, 그 결과 시험한 자들은 할 말이 없었다(마 22:22,23). 이 서기관들, 바리새인들, 사두개인들, 헤롯당원들은 예수님을 시험하기 위해 감히 더 이상 질문을 하지 못한다. 이제는 예수님께서 그들에게 질문을 하실 텐데 그들이 대답하지 못하는 질문을 하신다.

이것이 백보좌 심판에서 일어날 장면이다. 백보좌 심판에서 죄인들은 하나님께 질문을 함으로 자신들을 정당화하고자 한다. 하나님께서 답을 하지 못할 질문들이라 생각하는 그런 질문들을 한다. 주께서는 그런 모든 질문들에 대해 일일이 성경으로 답하신다. 그리고 나면 이제는 주님께서 질문하실 차례이다. 주께서 질문하실 것이고 구원받지 못한 잃어버린 죄인들은 그곳에 서서 아무 답도 못할 것이다. "그런 말이 어디 있습니까?"라고 물을 것이다. 로마서 3장에 있다.

『**결코 그럴 수 없느니라. 실로,** 하나님은 **참되시나 사람은 모두 거짓말쟁이라. 기록된 바 "이는 주께서 주의 말씀에**[『**하나님의 말씀들**』 - 롬 3:2] **의롭다 함을 얻으시고 판단받으실 때에 이기려 하심이라."고 함과 같으니라**』(롬 3:4). 사람들이 하나님을 심판하고 정죄하려 하는데 이 모든 것은 성경으로 반박당한다. 그러나 로마서 3:19을 보라.

『**이제 율법이 말하는 것은 무엇이나 율법 아래 있는 사람들에게 말하는 것인 줄 우리가 아노니 이는 모든 입을 막고 온 세상이** 하나님 **앞에 죄가 있게 하려 함이니라.**』 하나님께서는 성경으로 죄인들이 입을 막으신다. 이것이 예수님께서 35,36절에서 막 행하시고자 하는 것이다.

12:35 **그후** 예수**께서 성전에서 가르치실 때에 대답하여 말씀하시기를**
"어찌하여 서기관들이 '그리스도는 **다윗의** 아들**이라.'고 말하느냐?**
36 **다윗 자신도** 성령**에 의하여 말하기를 '주께서 내** 주께 **말씀하시**
기를 내가 네 원수들을 네 발판으로 삼을 때까지 너는 나의 오
른편에 앉아 있으라고 하셨나이다.'라고 하였느니라.
37 **그러므로 다윗 자신도 그를** 주**라고 부르는데, 어떻게 그가 다윗**
의 아들이 되겠느냐?"고 하시니, 일반 백성이 그가 하신 말씀을
기쁘게 듣더라.

이제 상황이 바뀌었다. 종교지도자들은 교활한 질문을 함으로 예수님께서 대답하실 때 그 말씀에서 올가미를 씌우려 하였으나 실패하였다. 이제 주님의 차례이다. 이들을 패배시키는 데는 단 한 가지 질문이면 된다. 비록 그 질문이 두 부분으로 나누어지지만 여전히 한 질문이다. "왜 서기관들은 『그리스도는 **다윗의** 아들**이라.**』고 말하느냐? 다윗은 그를 『주』라고 부르고 아버지는 결코 자신의 아들을 『주』라고 부를 수 없는데 말이다." 열쇠는 제시하는 표현 방식에 달려 있었다.

『**어찌하여 서기관들이** '그리스도는 **다윗의** 아들**이라.'고 말하느냐?**』 (35절) 이는 수사적인 질문이다. 서기관들이 그렇게 가르쳤는데 구약이 그렇게 말하기 때문이었다(삼하 7:16, 대상 17:14, 시 89:3,4,29,35-37, 사 9:7, 렘 23:5,6; 33:17-26). 이 명제는 참된 것으로 받아들여지도록 의도되었다. 그러나 논쟁의 다음 부분인 36절과 비교되어진다.

36절은 시편 110:1의 인용이다. 이 『**원수들**』이 그리스도의 『**발판**』이 될 것임을 모를 수 없다. 이는 재림에 대한 언급으로 그 시편 전체의 주제이다.

알아야 할 두 번째 것은 그 구절에 "주"가 둘 있다는 것이다. 29절과는 달리 번역자들은 시편에 나와 있는 그대로 정확하게 그 구절은 제시하기로 선택하였는데 주(Lord)를 대문자로 나타낸 것이다. 이는 신약에서 인용할 때 매 번 있는 현상이다(마 22:44, 본문, 눅 20:42, 행 2:34). 왜 그렇게 하였는가? 시편 110:1은 명백하게 그리스도의 신성을 선포하기 때문이다.

『**주**(The LORD)**께서**』(36절). 어떤 여호와의 증인이라도 이 말은 여호와를 말하는 것이라고 말할 것이다. 정확히 맞다. 그러나 그는 두 번째 Lord를 어떤 "열등한 하나님"으로 만들려 애쓸 것이다. (이 여호와의 증인의 교리를 뒷받침해 주는 NASV의 요 1:18을 보라. 거기에는 두 하나님이 나오는데 하나는 독생한 하나님이고 또 하나는 독생하지 않은 하나님이다.)

『**주**(The LORD)**께서 내** 주(Lord)**께 말씀하시기를**』 두 번째 나오는 주(Lord)는 히브리어로 Adon인데, Adonai의 축약형으로 사용되었다. 이는 명백하게 예수 그리스도에 대한 언급이다. 다음에 이어 나오는 말로 알 수 있다. 『**너는 나의 오른편에 앉아 있으라**』(막 16:19, 행 2:33, 롬 8:34, 엡 1:20, 골 3:1, 히 1:3,13; 10:12; 12:2, 벧전 3:22 참고). 여호와의 증인은 여호와와 아도나이 사이에 차별을 두고자 애를 쓰는데 성경에는 그런 차이가 없다. 사실, 그와는 반대로 여호와와 아도나이는 동일한 하나님을 언급한다.

시편 8:1 『**오 주 우리 주여**』(LORD our Lord)

시편 8:9 『**오 주 우리 주여**』(LORD our Lord)

신명기 10:17 『**이는 주**(LORD) **너희 하나님은 신들의 하나님이시며 주들의** 주(Lord)**시며 위대하신 하나님이시며**...』

시편 136:1-3 『**오, 주**(LORD)**께 감사하라.... 오, 신들의** 하나님**께 감사하라... 오, 주들의** 주(Lord)**께 감사하라.**』

창세기 15:2 『**아브람이 말씀드리기를...** 주(Lord, 아도나이) **하나님**(GOD, 여호와)**이여**』

창세기 18:26,27 『**주**(LORD)**께서 말씀하시기를... 아브라함이 대답하여 말씀드리기를... 내가** 주(Lord)**께 감히 말씀드리나이다.**』

출애굽기 4:11,13 『**주**(LORD)**께서 그에게 말씀하시기를... 그가 말하기를 "오 내** 주(Lord)**여**"』

따라서 명백하게 시편 110:1에 있는 것은 삼위일체 가운데 한 분께서 삼위일체의 다른 분께 말씀하시는 것이다. 같은 것을 시편 45:6,7에서 보라(히 1:8 참고). 구약의 가르침은, 메시아는 육신으로 오신 하나님이었다는 사실이다(사 7:14; 9:6, 미 5:2 참고). 그러나 이 구약의 가르침을 랍비들은 거부하려 애썼는데 유대인들이 그리스도를 거부한 때로부터 계속되었다.

따라서 첫 번째 명제는 그리스도께서 『**다윗의** 아들』이어야 한다는 것이었다. 그리고 두 번째 명제는 다윗은 그리스도를 『**나의** 주』라고 부른다는 것이었다. 이 결정타는 어떻게 그리스도께서 다윗의 아들이 될 수 있는가 하는 것이었다. 만일 다윗이 주님을 『주』라고 부른다면(37절) 말이다.

이제 마지막 부분을 이해하려면 동양인의 사고방식을 이해해야 한다. 동양인은 서양인과 다르다. 그들은 서로 다르다. 어떤 이들은 이것을 "인종차별"이라고 여길 수도 있겠지만, 그것은 분별력이 없기 때문이다. "유리 변기"(TV)와 너무 많은 시간을 보내서 그렇다. 만약 어떤 사람이 인종 간의 차이를 인정하지 않는다면, 그는 만화보다 더 말도 안 되는 사람이며, 정신이 완전히 나간 사람이다.

그 유대인들은 셈족, 즉 동양인이었다. 동양인들은 노인들과 조상들을 매우 존경하며, 때로는 그 존경이 우상 숭배 수준에 이르기도 한다(예를 들어 일본의 경우). 어떤 동양인도 자기 자식을 『주』(Lord)라고 부르지 않는다. 그런 일은 상상도 못할 일이다. 만약 누군가를 "주"라고 부른다면, 그 대상은 아들이 아니라 아버지일 것이다. 그런데 다윗이 자기 아들을 『주』(Lord)라고 부르고 있다면, 그 이유는 그 아들이 다윗보다 더 이전에 있던 조상이었기 때문이다. 사실상 그 조상은 창세기 1:1 이전까지 거슬러 올라간다(미 5:2, 요 1:1-3).

유대 지도자들이 인정하기를 원치 않았던 사실은 예수님께서 그리스도이시라는 것이었다. 왜냐하면 만약 그들이 그것을 인정한다면, 그것은 포도원 주인이 와서 포도원을 되찾으려 한다는 뜻이었고, 그들은 그 포도원을 넘겨줄 준비가 되어 있지 않았기 때문이다(6-8절). 그 유대인들은 예수님께서 자신이 누구라고 주장하시는지를 완벽히 이해했고, 그것이 너무도 마음에 들지 않았던 것이다(요 10:30-33). 만약 당신의 목사, 교회, 교단, 이단, 혹은 종교가 지옥으로 향하는 길 잃은 유대인들만큼의 분별력도 없다면, 그것은 그들의 문제이다. 예수 그리스도는 육신으로 오신 하나님이라고 분명히 주장하셨다!

『**일반 백성이 그가 하신 말씀을 기쁘게 듣더라**』(37절). 문제는 결코 평균적인 평범한 유대인들에게 있지 않았다. 그들은 그리스도의 말씀들을 듣기를 열망하였다(눅 19:48). 왜냐하면 그들은 바리새인, 사두개인, 서기관들에게서 발견하지 못한 권위를 예수님으로부터 발견했기 때문이다(마 7:28,29).

12:38 또 그들에게 그의 교리로 말씀하시기를 "서기관들을 조심하라. 그들은 긴 옷을 입고 다니기를 좋아하며, 시장에서 문안받는 것과
39 회당에서는 가장 좋은 좌석과 잔치에서는 최상의 자리를 좋아하고
40 또 과부들의 집을 삼키며, 가식으로 길게 기도하니, 이러한 자들은 더 큰 심판을 받으리라."고 하시니라.

본문은 마태복음 23장에서 종교 지도자들을 향하여 경고하셨던 그리스도의 경고를 간략하게 축약시켜 놓은 내용이다. 누가복음 20:45-47에서처럼 본문에서도 주의 말씀들이 서기관에게 향하는 말씀이나, 마태복음에서는 바리새인들도 포함된다(마 23:2). 이 구절들은 37절의 마지막 진술에 이어 하시는 말씀이다. 즉 예수님께서는 자신의 설명을 "일반 백성"에게 하셨다.

이제 여기에서 그리스도의 말씀은 A.D. 33년에 적용되었던 것처럼 오늘날에도 그대로 적용된다. 검은 옷과 같은(눅 20:46) 긴 옷을 입고(38절) 주변을 어슬렁거리는 제사장이나 "교구 목사"같은 사람을 주의

하는 것이 좋을 것이다. "아버지"처럼 인사받기 좋아하는 종교 지도자들을 조심하는 것이 나을 것이다(38절. 마 23:9 참고). 재앙과 같은 교회를 피하는 것이 좋을 것이다. 과부에게 미사에 참석하게 하여 "길게 하는 기도"가 죽은 남편을 존재하지도 않는 곳(연옥)으로부터 빼 내올 것이라고 믿게 만드는 교회 말이다. 알다시피 바리새인들과 서기관들은 1세기에 모두 죽은 것이 아니다. 단지 종교가 바뀌었을 뿐이다. 그들은 여전히 로마카톨릭으로서, 성공회로서 돌아다닌다.

39절에 대해서는, 누가복음 14:8-11의 주석을 참고하면 된다. 교훈은 다음과 같다. "겸손하라 그렇지 않으면 넘어지게 될 것이다."

『**이러한 자들은 더 큰 심판을 받으리라**』(40절). 이 구절은 명백하게 지옥에서의 형벌에 등급이 있음을 가르친다. 지옥에 간다면 매춘, 창녀, 마약상, 마피아 단원, 청부 살인자, 알콜 중독자, 건물 외벽을 타고 들어오는 도둑, 타락한 정치인으로 지옥에 가는 것이 낫다. 카톨릭 사제, 감독, 추기경, 교황으로 있다가 지옥에 가는 것보다 말이다. 이런 형태의 사람들은 거짓 교리와 거짓 실행으로 수백만의 혼들을 저주하는 사람들로, 여기에는 거짓 종교 지도자들도 해당한다. TV에 출현하여 많은 사람을 기독교라는 이름으로 현혹시키느니 차라리 아돌프 히틀러, 징기스칸, 토막 살인자로 지옥에 가는 것이 더 낫다.

12:41 **예수께서 연보궤 맞은편에 앉으시어 무리가 연보함에 어떻게 돈을 넣는가를 보고 계시는데, 많은 부자들이 돈을 많이 넣더라.**
42 **그때 한 가난한 과부가 와서 두 렙돈, 곧 한 고드란트를 넣으니라.**

43 주께서 제자들을 불러 그들에게 말씀하시기를 "진실로 내가 너희에게 말하노니 이 가난한 과부가 연보궤에 넣는 모든 사람들보다 더 많이 넣었도다.

44 그들은 모두 자기들의 풍족한 데서 넣었지만 그 여인은 자신의 빈궁한 처지에서 가진 것 모두, 심지어 생계비 전부를 넣었느니라."고 하시니라.

40절에서 종교 지도자들이 『**과부들의 집**』을 삼키는 내용을 살펴보았다. 이에 대해 성령께서는 "시청각 교재"로 본문을 제시하신다. 한 과부가 마지막 남은 두 동전을 하나님께서 버리신 건물을(13:1, 눅 21:5. 마 23:38, 눅 13:25 참고) 장식하는 비용으로 드린다.

41절의 내용은 열왕기하 12:9에서 시작된다. 열왕기하 12장에서 바알 숭배자 두 명이 나오는데 아하시야와 아달랴이다(왕하 10,11장). 이들 때문에 성전은 수리 불가능한 상태에 놓여 있었다. 여호아스가 보좌에 올랐을 때, 바알 숭배를 제거하고 성전을 수리하기 시작하였다. 이를 위한 돈을 모금하는 것을 돕고자 제사장 여호야다는 성전 출입구에 뚜껑에 구멍을 뚫은 한 궤를 놓았다. 유대인들이 경배하러 올 때마다 성전을 수리하기 위한 돈을 그 궤에 넣었다.

이런 배경에서 본문이 진행된다. 이 돈은 성전을 수리하기 위한 돈일 뿐이었다. 그런데 이 돈이 샹들리에를 달고, 휘황찬란한 강단을 만들고, 올림픽 사이즈의 수영장을 만들고, 스케이트 링크와 볼링장을 만드는데 쓰인다. 그 성전은 『**우아한 돌들과 예물로 단장**』되었다(눅 21:5).

부자들이 성전에 들어와서 많은 액수를 넣었다. 그 가운데 가난한 한 과부가 있었다. 『**그때 한 가난한 과부가 와서 두 렙돈, 곧 한 고드란트를 넣으니라**』(42절). 그 과부가 『**두 렙돈**』을 낸 것은 인색했기 때문이 아니라 그것이 가지고 있는 전부였기 때문이다(44절). 그 돈은 하루 품삯도 되지 않았다(마 20:2). 그녀가 그 돈을 넣었을 때 남은 것은 아무것도 없었다. 『**심지어 생계비 전부를 넣었느니라.**』

41절의 표현을 주의하여 어떤 단어가 기록되었는지 살펴보자. 『예수**께서 연보궤 맞은편에 앉으시어 무리가 연보함에 어떻게 돈을 넣는가를 보고 계시는데**』. 주님께서는 사람들이 얼마나 많은 돈을 넣는가에 관해서는 관심이 없으셨다. 어떻게 헌금하는가에 관심을 두셨다. 나에 대해 오해하지 말아야 할 것은 나는 십일조를 드려야 한다고 믿는다. 그러나 신약에서 수입의 십분의 일을 헌금하라고 명령하는 곳은 없다. 신약에서 드리는 것의 규칙은 고린도후서 9:7에 있는데 드리는 자의 마음의 태도를 다룬다. 즉 어떻게 드리냐를 다루는 것이다.

『**각 사람은 미리 마음속에 정한 대로 할 것이요, 인색함이나 억지로는 하지 말아야 하리니 이는** 하나님**께서는 기쁨으로 드리는 자를 사랑하심이니라.**』

예수님은 이 과부의 예를 들어 그녀를 칭찬하시는데 그녀가 희생적으로 드렸기 때문이다. 그녀는 부자들처럼 『**풍족한**』 데서(44절) 드리지는 않았다. 그녀는 몹시 궁핍한 가운데서 드렸다(『**가난한 가운데서**』 - 눅 21:4). 이는 형편이 안 되는데도 한 달 치 월급을 헌금한 것과 같다. 나는 이를 "용기 있는 드림"이라고 말한다.

나는 많은 돈을 기꺼이 헌금한 사람들에 대해 감사한다. 그리스도인이 하는 사역에는 기부자들이 필요하다. 그 하나님의 일에는 "단장"하는 것은 포함되지 않는다. 선교사들의 생계비를 지원해야 하고 인쇄해야 할 전도지가 필요하고, 배포해야 할 성경이 필요하다. 필요하다면 라디오 방송도 필요하다. 이 모든 사역에는 돈이 드는데 그것도 많은 돈이 든다. 그러나 하늘에서 드린 것에 대한 보상은 드린 액수에 따라 받는 것이 아니다. 그리스도의 심판석에서 상 받는 사람들 중에 고정 수입에 의존해 살았던 많은 과부들과 노인들이 있을 것이다. 그 곁에서 많은 부자들이 축하를 하지만, 정작 상을 거의 받지 못하는 부자들도 있을 것이다. 복음에 대해 무심하여 희생적으로 드리지 않았기 때문이다. 주님은 이것을 말씀하고 계신 것이다.

존 웨슬리는 다음과 같이 말했다. "가능한 한 돈을 많이 벌라. 가능한 한 돈을 많이 저축하라. 가능한 한 돈을 많이 드리라." 이는 어떤 경제 상황에 처해 있든지 그리스도인들에게 주는 좋은 충고의 말이다. 드릴 수 있을 때, 드릴 수 있는 것을 드리라. 그리고 기꺼이 자원하는 마음으로 드리라.

마가복음 13장

13:1 주께서 성전에서 나가실 때, 제자들 가운데 한 사람이 주께 말씀
드리기를 "선생님, 이 얼마나 거대한 돌들이며 건물들인지 보소
서."라고 하니,
2 예수께서 대답하여 그에게 말씀하시기를 "너희가 이 거대한 건물
들을 보느냐? 돌 위에 돌 하나도 남지 않고 다 무너지리라."고 하
시니라.

이는 사람이 한 일을 가지고 창조주(요 1:1-3)를 감동시키고자 애쓰는 장면이다. 그 성전은 시내 산에서 하나님께서 모세에게 보여주신 양식을 따라(히 8:5) 지어졌다. 하늘에 있는 실재를 보고 그 모습을 따라 사람이 만든 것을 보시고 하나님께서 감동받으시리라 생각하는가? 이는 엠파이어 스테이트 빌딩을 지은 건축가에게 그 빌딩을 본 따 부엌에서 만든 작은 레고 장난감을 가지고 감동을 주고자 애쓰는 것보다 못하다.

구약에서 하나님께서는 이 유대인들에게 말씀하셨다. 『**하늘은 나의 보좌요, 땅은 나의 발판이라. 너희가 나에게 지어 준 집이 어디 있으며, 나의 안식할 곳이 어디 있느냐?**』(사 66:1) 이는 스데판이 산헤드린에서 설교할 때 인용했던 구절인데 다음의 내용을 이어 말했다. 『**이 모든 것들을 나의 손으로 만들지 아니하였느냐?**』(행 7:50)

한 제자가 육신으로 나타나신 하나님께 말하고 있다. "이 대리석을 보십시오, 주님. 이와 같은 것을 전에 보신 적이 있습니까? 이 전체가 금으로 덮여 있는 것을 보십시오. 그리고 거기에 박혀있는 보석을 보십시오." 내 생각에는 예수님께서 하품을 하시고 자신에게 이렇게 말씀하셨을 것 같다. "그래, 그래 알아, 내가 이 모든 것을 만들었을 때를 기억하지." 그 제자는 그 건물에 동원된 모든 재료들을 통해, 그리고 그 건물은 지은 사람들을 통해 감명을 주고자 애쓰고 있다.

1절에 나오는 제자는 의심의 여지없이 유다 이스카리옷이다. 그는 탐심이 있었고(요 12:6) 예수님을 습관적으로 『**선생님**』이라고 불렀다. 마지막 만찬 때 예수님은 『**너희는 나를** 선생**이라 또 주라 부르니**』(요 13:13)라고 열두 명에게 말씀하셨다. 그 만찬에서 누가 예수 그리스도를 『선생』이라 부르고 누가 예수 그리스도를 『주』라고 불렀는가? 예수 그리스도께서 그들에게 그들 중 하나가 자신을 배반할 것이라고 말씀하셨을 때 그들 중 열 한 명은 예수 그리스도를 『주』라고 불렀다(마 26:22, 요 13:25). 그러나 유다는 예수 그리스도를 『**선생님**』이라고 불렀다(마 26:25). 이는 정확하게 유다가 예수 그리스도를 배반할 때 예수 그리스도를 불렀던 호칭이다(마 26:49, 막 14:45). 예수님께서는 재림하시기 전에 이들에 관하여 중요한 예언을 강론하시려 한다. 그리고 고의적으로 강론 전에 유다가 자리를 떠나기를 기다리신다(3절).

2절은 A.D. 70년에 로마 장군 티투스에 의해 성전이 멸망될 것에 대한 예언이다. 이 예언을 들은 제자들은 크게 놀랐는데 그 성전은 로마가 유대인들을 달래기 위해 46년에 걸쳐(요 2:20) 건설한 "건축 프로그램"으로 지어진 성전이었기 때문이다. 게다가 요세푸스에 의하면 티투스가 마지막으로 그 성읍을 차지했을 때 성전 자체만은 실재로 그냥 놔두려 했다. 그러나 그의 군대들이 성전으로 가는 길에서 전투할 때 성소로 숨어들어간 셀롯 당 사람들로 인하여 통제할 수 없는 분노를 느꼈다. 티투스의 명령에 반대하여 성전을 불태웠다. 그래서 그 성읍을 정복한 후, 티투스는 서 있는 세 개의 탑과 성전 산의 서쪽 벽만을 제외하고 그 성읍을 완전히 쓸어버리라고 명령하였다. "묻혀진 보물들"을 찾아내고자 하는 열심이 성전의 모든 돌들을 해체시키고 땅을 갈아엎었다(렘 26:18 참고). 아무도 그곳에 성전이 있었다고 말할 수 없을 정도가 될 때까지 그렇게 하였다.

예수님께서 말씀하신 것이 그렇게 될 것이라고 말씀하신 내용 그대로 정확하게 일어났다. 성경과 다른 종교 서적들, 의회 도서관에 있는 2천3백만 권의 책을 포함한 모든 책들을 구분 짓는 특징은 성취된 예언이다. 성경에서 어떤 일이 일어날 것이라고 말할 때, 그 일이 일어날 것에 모든 것을 걸어도 된다. 아무리 그 일이 일어나지 않을 것처럼 보여도 말이다.

예루살렘에 있는 성전에 일어났던 일은 모든 건물에도 그대로 일어난다. 2천만 달러가 들어간 각종 휘황찬란한 캠퍼스 건물들, 초대형 교회 건물들은 불 탈 것이다. 투자된 모든 것들은 연기가 되어 올라갈 것이다(벧후 3:10-12). 도서관, 종탑, 행사 무대, 기숙사, 크리스탈 샹들리에, 오디토리엄, 스포츠 경기장 등은 마치 존재하지 않았던 것처럼 없어질 것이다. 사람들의 혼에 투자한 것만이 영원히 남을 것이다.

13:3 그후 주께서 성전 건너편 올리브 산 위에 앉아 계실 때에 베드로와 야고보와 요한과 안드레가 따로 주께 묻기를
4 "우리에게 말씀하여 주소서. 언제 이런 일들이 있겠으며, 이 모든 일이 이루어질 때 어떤 표적이 있겠나이까?"라고 하니,

"올리브 산 설교"로 알려진 설교가 어떻게 시작되었는지 소개하는 내용이다. 올리브 산 설교는 재림에 관한 가르침이다. 예수님께서는 올리브 산에 가시려고 그 성읍을 떠나신다. 성전이 보이는 언덕 편에 계신다. 『**성전 건너편 올리브 산 위에 앉아 계실 때에**』(3절). 올리브 산에서 설교하신 이유는 주께서 능력으로 돌아오실 때 오시는 곳이 올리브 산이기 때문이다(슥 14:4. 행 1:11,12 참고).

이 설교는 열두 제자들에게 일반적으로 주어지지 않았다. 이 설교는 개인적으로 주님의 최측근들에게만 들려졌다. 베드로, 야고보, 요한에게 『**따로**』 들려 주셨는데 여기에는 베드로의 형제 안드레도 있었다. 예수님의 주의를 성전 건물과 그 장식들에 끌게 한 제자인 유다 이스카리옷은 그 자리에 없었다(1절 주석 참고). 멸망의 아들(요 17:12. 살후 2:3 참고)에게는 이 계시가 주어지지 않은 것이다.

제자들은 두 가지 질문을 하였다. 1) 『**언제 이런 일들이 있겠으며**』,

2) 『**이 모든 일이 이루어질 때 어떤 표적이 있겠나이까?**』였다. 그리스도의 재림에 관한 예언들이 A.D. 70년의 예루살렘 멸망 때 모두 성취되었다고 가르치는 과거주의자(preterist)들은 다음의 사실들을 주장한다. 즉 첫 번째 질문은 2절에 있는 그리스도의 말씀들을 다루고 있는 것이어서, 두 번째 질문도 결국 같은 내용을 묻는 것이라는 것이다. 그러나 다시 한번, 마가는, 모든 것을 다 말하지 않았다는 사실을 알아야 한다. 때때로 마가는 어떤 사건을 자세하게 말한다. (가다라의 마귀들린 사람의 경우와 소경 바디매오의 경우가 그렇다.) 그리고 때때로 그렇게 하지 않을 때도 있다(8:12; 10:2). 온전한 설명을 알기 위해서는 병행 구절인 다른 성경을 참조하여, 성경을 성경으로 비교해야 한다.

4절의 『**표적**』은 예루살렘 멸망과 아무 관계가 없다. 베드로, 야고보, 요한, 안드레는 그리스도께서 오실 표적과, 세상 끝의 표적들이 무엇이냐고 물었다. 『**주께서 오실 표적과, 세상 끝의 표적이 어떤 것인지 우리에게 말씀하여 주소서**』(마 24:3). 따라서 올리브 산 설교에서 역사적으로 A.D. 70년에 있었던 티투스에게 적용할 것이 일부 있다 하더라도 주요 적용, 즉 교리적 적용은 예언을 다루는 예언적 적용으로, 마지막 때를 다루고 있다(7,13절). 우리는 마가복음 13장 전체를 살펴보는 동안 이중 적용(double applications)에 주목할 것이다.

물론 제자들이 표적을 물어본 것은 유대인은 『**표적**』을 구하기 때문이다(고전 1:22). 이스라엘 민족은 표적과 더불어 시작했다(출 4장). 하나님께서 유대인들을 다루시는 한, 주께서는 그들에게 표적을 주신다(막 16:17-20, 행 2:22, 고후 12:12). 하나님께서 한 민족으로서 유대인들을 다루시는 것을 멈출 때 표적은 그친다(딤후 4:20 주석 참고). 그러나 교회를 이 땅에서 불러내신 후에, 대환란에서 주께서는 다시 이스라엘을 다루기 시작하신다. 따라서 표적들은 다시 돌아온다(계 11:5,6).

본문에서 주어진 표적들은 그리스도의 재림에 관한 표적들이지 휴거에 대한 표적이 아니다. 그러나 설령 그 표적들이 당신을 위한 것이 아니라 하더라도 여전히 표적들을 읽을 수 있다. 짐 화이트(JIm White)는 오하이오 밀포드(Milford)에 있는 자신의 집으로 가기 위해 I-75 도로로 운전해 가는 것을 예로 들곤 했다. 그는 밀포드를 향하고 있는 중에 데이턴(Dayton)이 몇 마일 남았다는 표지판을 보곤 한다. 그러나 그가 데이턴에 더 가까워질수록 밀포드에 더 가까워진다는 사실을 알고 있다. 왜냐하면 밀포드는 데이턴보다 35마일 전에 있기 때문이다. 마찬가지로 재림에 관한 어떤 표적을 본다면 휴거는 모든 면에서 훨씬 가까워졌다는 사실을 알 수 있다. 왜냐하면 교회의 휴거는 대환란 전에 먼저 일어나고, 재림은 대환란의 끝이기 때문이다. 따라서 비록 표적들이 그리스도인에게 주어지지 않았다 하더라도 그 표적들은 여전히 당신에게 격려를 줄 수 있다.

13:5 예수**께서 그들에게 대답하여 말씀하기 시작하시더라. "아무도 너희를 미혹하지 못하도록 주의하라.**

6 **많은 사람이 내 이름으로 와서 말하기를 '내가** 그리스도**라.'고 말하며 많은 사람을 미혹하리라.**

7 **또한 너희가 전쟁과, 전쟁의 소문을 들을 때 걱정하지 말라. 그런 일이 반드시 일어나겠지만 아직 끝은 아니니라.**

8 민족이 민족을 대적하고, 나라가 나라를 대적하여 일어나겠으며,
또 여러 곳에서 지진이 날 것이요, 기근과 재난이 있을 것이니
이런 일은 고통의 시작일 뿐이라.

『**아무도 너희를 미혹하지 못하도록 주의하라**』(5절). 이 명령은 서신서들에서 강조하기 위해 반복한다(엡 5:6, 살후 2:3, 요일 3:7,8). 이 명령은 다음과 같은 명령들과 짝을 이루어야 한다. 『**속지 말라**』(갈 6:7, 고전 6:9; 15:53). 그리고 『**아무도 자신을 속이지 말라**』(고전 3:18)와 짝을 이루어야 한다. 미혹당하지 않기 위해 왜 주의하는 것이 필요한가? 왜냐하면 그리스도께서 오시기 직전의 날들에는 속이는 자들이 엄청나게 쏟아져 나오기 때문이다(딤후 3:13). 정신 차리고 지켜 보아야 하는 대상은 『**정중한 말과 그럴듯한 언변**』을 말하는 자들로 이들은 『**순진한 사람들의 마음**』을 미혹하기 위해 이런 말들을 사용한다(롬 16:18). 이들은 예레미야 때의 거짓 선지자들과 같은 자들로 듣기 좋은 말만 하고 부정적인 말은 한 마디도 하지 않는 자들이다(렘 23:16,17). 이들은 하나님의 말씀을 왜곡하는 자들이다(렘 23:36). 따라서 어떤 설교자가 지옥에 대해서나, 죄에 대해 전하지 않고 "가장 행복한 삶"에 관해서나 말하고 "긍정적 사고방식의 능력"에 대해, "적극적 사고방식"에 대해 말한다면 조심하는 편이 낫다. 그런 자는 속이는 자인데 이미 스스로 자신을 속였고, 당신도 속이려 하는 자이다.

사탄이 육신으로 나타날 때 그는 『**온 세상을 미혹**』하는 자이다(계 12:9). 사탄은 『**기적들**』을 통하여 온 세상을 미혹한다(계 13:14). 사탄은 『**거짓 이적들**』(살후 2:9,10)을 행한다. 사탄은 어떤 교회를 통하여 자신의 뜻을 이룰 텐데 그 교회는 성사들 안에서 흑마술을 실행하는 교회이다(계 18:23). 따라서 예수님께서 말씀하신 경고는 특히 대환란을 통과하는 유대인들에게 적용된다. 만일 그들이 주의하지 않는다면 미혹당할 가능성이 있고(마 24:24) 미혹 당하면 저주받는다.

제자들에게 미혹당하는 것에 대해 조심하라고 경고하시고 예수님께서는 이어서 무엇이 많은 이들을 미혹할 것인지 덧붙이시는데 그것은 거짓 그리스도들이다(6절). 이들은 거짓 선지자들과 함께 한다(22절). 따라서 대환란에서는 적그리스도와 거짓 선지자가 있을 뿐 아니라, 많은 거짓 그리스도들도 있고 거짓 선지자들도 있다.

이런 거짓 그리스도들과 거짓 선지자들은 그리스도의 부활 이후에 갑자기 일어나기 시작한다. 사도행전은 『**드다**』와 어떤 『**이집트인**』에 관해 말하는데, 요세푸스는 이들을 유대인들을 구원하기 위해 로마에 대항하여 반역하게 한 거짓 선지자들로 본다(행 5:36; 21:38). 예루살렘이 파괴되는 동안, 티투스가 유대인들에게, 성전을 보호할 것과 무기를 내려놓고 싸움을 멈추어 로마 군대로 투항한다면 살려 줄 것을 제안하자, 어떤 거짓 선지자는 반대로 만일 유대인들이 성전에 머무르며 로마와 계속 싸운다면 하나님께서는 기적적인 방법으로 구원하실 것이라는 약속을 하였다. 물론 그 결과가 어떻게 되었는가는 당신도 잘 알고 있을 것이다(2절).

그러나 진짜 거짓 선지자들이 쏟아져 나온 "대홍수"는 성전과 예루살렘이 멸망한 후에 시작되었다. A.D. 132년에 있었던 2차 유대인 반란 때에 시몬 바르 코크바(Simon bar Kokhba)가 있었다. 유대인 백과사전(1986판)은 다음과 같은 인물들을 나열한다. 크레테의 모세(Moses of

Crete, 유대인들이 신발을 적시지 않고 지중해를 건너 약속의 땅으로 들어갈 수 있도록 인도한다고 약속한 인물이다), 이삭 벤 야쿱(Ishak ben Yakub), 유드간(Yudghan), 세네네(Serene), 프랑스의 어떤 한 사람, 스페인 코르도바의 한 사람, 모로코 페즈의 한 사람, 다윗 알로이(David Alroy), 예멘의 한 사람, 아브라함 아불피아(Abraham Abulfia), 모세 보타렐(Moses Botarel), 아셰르 렘라인(Asher Lemmlein), 다윗 루베니(David Reubeni), 솔로몬 몰코(Solomon Molko), 이삭 루리아(Isaac Luria), 하임 비탈 칼라브레세(Hayyim Vital Calabrese), 아브라함 샬롬(Abraham Shalom), 인도 코로만델의 한 사람, 샤브타이 체비(Shabbethai Zebi), 야곱 케리도(Jacob Querido)와 그의 아들 브레키아(Berechiah), 미겔 카르도소(Miguel Cardoso), 모르드캐 모키아(Mordecai Mokiah), 로벨레 프로스니츠(Lobele Prossnitz), 이사야 하시드(Isaiah Hasid), 요나단 아이베슈츠(Jonathan Eybeschutz), 야곱 프랭크(Jacob Frank), 모세 루차토(Moses Luzzatto) 등이다. 그 나열은 18세기 와서도 끝나지 않는다. 슈크르 쿠하일 1세(Shukr Kuhayl I)가 있었고 19세기에는 유다 벤 샬롬(Judah ben Shalom)이 있었다. 20세기에는 모세 기보리(Moses Guibbory)와 메나헴 슈네르손(Menachem Schneerson)이 있었다.

이들은 모두 예수 그리스도를 거부한 것에 대해 유대인들이 받은 것이었다. 이것이 그렇게 비극적이지 않다면 우스운 일일 것이다. 이 자들 가운데 몇은 구약의 약속들을 주장하려 애썼고 그 약속들을 1급 해결책으로 삼고자 했다. 모슬렘들이 한 사람을 체포했는데 자신의 머리를 자르라고 요구했다. 그러면 자신의 주장을 입증할 것이라는 것이었다. 즉 잘라진 머리가 다시 붙을 것이라는 것이었는데 머리를 자르자 다시 붙지 않았다. 모세 보타렐(Moses Botarel)은 스페인의 카톨릭 교도들에게 자신을 용광로에 던지라고 도전하였다. 그러면 자신이 마치 사드락, 메삭, 아벳느고처럼 살아날 것이라는 것이었다. 그 결과는 바싹 구워졌다. 늙은 샤브타이 체비(Shabbethai Zebi)는 살기 위해 이슬람으로 개종했는데 자신을 따랐던 자들에게 자신이 이사야 53:12(『**그는 범죄자들과 더불어 헤아림을 받았으나**』)을 성취한 것이라고 말함으로 자신이 행한 행동을 정당화하였다. 그럴싸한 이야기다.

그러나 모든 것의 가장 비극적인 것은 이런 비상식적인 이십 세기를 통하여 유대인들이 지속적으로 한 채권자를 거부하는 것인데 이 채권자는 실재적으로 자신이 메시아라는 자신의 주장을 지지할 수 있었다. 그는 실재로 자신이 출생할 때 이사야 7:14과 미카 5:2의 말씀을 성취하였다. 하나님께서는 실재로 그분 앞에 선두주자를 보내셔서 말라키 3:1과 이사야 40:3을 성취하셨다. 그분께서는 단지 기적을 말로만 말한 것이 아니라, 지속적으로 기적을 행하셨다. 병든 자를 고치셨고, 보지 못하는 자를 보게 하셨고, 듣지 못하는 자를 듣게 하셨다. 마귀들린 자를 단지 말씀으로 고치셨고, 죽을 자를 살리셨다. 그리고 마침내 시기로 인하여 처형되셨을 때, 죽은 자들로부터 일어나셔서 일시에 500명이 넘는 증인들을 통해 자신의 부활을 입증하셨다(고전 15:6). 유대인들이 거부한 이 분은 불쌍히 여기는 마음과 사랑으로 이들을 자신의 날개 아래 품으려 하셨던 분이다. 과대망상 속에서 제정신이 아닌, 광기 어린 미친 다수의 종교인들을 품으려 하셨던 것이다.

그러나 이 비극은 절반에도 미치지 못한다. 가장 "최고"의 것은 아직

오지 않았다. 예수님께서 말씀하셨다. 『**내가 나의** 아버지**의 이름으로 왔으나 너희가 나를 영접하지 아니하는도다. 만일 다른 자가 자기 이름으로 오면 너희는 그를 영접하리라**』(요 5:43). 『**많은**』 유대인들이 대환란에서 거짓 그리스도들과 거짓 선지자들에게 미혹될 뿐 아니라 많은 유대인들이 메시아로서 육화된 마귀를 영접할 것이다. 이들은 하나님으로부터 온 기적들을 행하신 분을 거절하였다(요 5:36. 요 15:24 참고). 그래서 주께서는 마귀의 그리스도가 기적들과 속임수로 오는 것을 허락하셨다. 『**그 악한 자가 오는 것은 사탄의 역사에 따라 모든 능력과 표적들과 거짓 이적들과, 멸망하는 자들 안에 있는 모든 불의의 속임수로 오는 것이니, 이는 그들이 진리의 사랑을 받아들이지 아니하여 구원을 받지 못하였기 때문이라**』(살후 2:9,10). 주께서는 『**거짓 이적들**』과 『**거짓말을 믿게**』 할 『**강력한 미혹**』을 보강하셨는데 이는 그들이 하나님의 아들을 거부하였기 때문이다(살후 2:11,12). 중세와 현대에 걸쳐 이 거짓 메시아들이 단지 그들을 따르던 자들을 멸망과 죽음으로 이끌었던 반면 『**장차 올 그 통치자**』는 예루살렘과 재건된 성전을 멸망시킬 것이고(단 9:26), 자신을 보고 자기들이 메시아라고 주장했던 바로 그 사람들을 몰살시키려 시도할 것이다(계 12:13-15, 단 8:24). 하나님께서 모세와 엘리야를 그들에게 보내셔서 선포하게 하심으로 바로잡지 않으신다면(말 4:4-6, 계 11:3-7), 그리고 주께서 그들을 위해 싸우지 않으신다면(슥 12,14장), 다니엘의 칠십 째 주의 끝에 살아남을 유대인은 아무도 없을 것이다.

그리스도의 오심을 인도할 다음의 서곡은 『**전쟁과, 전쟁의 소문**』(7절)이다. 조간 신문에서 읽었던 내용과 저녁 뉴스에서 들었던 기사들이 아닌가? 북한이 전쟁을 준비하는 것과 ISIS가 자신들의 칼리프(caliph)가 다스리는 지역을 창조하고자 계속 전투를 벌이는 것 아닌가? 시리아는 자국민을 대상으로 전쟁을 벌이고 있고, 러시아는 우크라이나를 상대로 전쟁을 벌이고 있고, 이란은 이스라엘과 전쟁하려고 핵무기를 개발하고 있고, 탈레반은 파키스탄과 아프카니스탄에서 게릴라 전쟁을 수행하고 있고, 미국은 선전포고 없이 치르는 전쟁들에 참여하고자 곳곳에 군대를 파견하여 세계 경찰이 되려 애쓰고 있다. 이는 끊임없이 일어나는 『**민족이 민족을 대적하고, 나라가 나라를 대적**』(8절)하는 소식들이다.

"전쟁은 항상 계속 있어왔지 않습니까? 럭크만?"하고 물을지 모른다. 지난 120년간에는 그렇지 않았다. 1900년 전에는 미국이 참여한 피흘리는 전쟁은 내전이었다. 양쪽에서 사상자는 전체가 191,963명이었다. 1900년 이후에 우리는 잇달아 네 번의 전쟁에 참여했는데 사상자의 총수는 그때까지 미국이 참여했던 전쟁에서 죽은 사상자보다 훨씬 더 많다. 1차 세계대전에서 53,402명, 2차 세계대전에서 291,557명, 한국 전쟁에서 33,741명, 베트남 전쟁에서 47,424명이다. 우리는 1991년 이후로 모슬렘을 상대로 계속 싸우고 있다. (페르시아만, 아프카니스탄, 이라크, 리비아, 시리아, 알카에다, ISIS, 이제 곧 이란과도 전쟁을 벌일 것이다.) 그러나 어떤 만족스런 결과도 없다.

A.D. 90년부터 1900년 사이에 전쟁에서 죽은 숫자보다 20세기에 전쟁에서 죽은 숫자가 훨씬 더 많다. "지금까지 도래하지 못했던 위대한 평화의 기간"으로 인도하기 위해 세워진 UN이 창설된 이후로 세계적으로 177번의 무력 분쟁이 있었고 20세기에 자신들의 정부에 의해 7천만 명이 죽었다(집단 학살).

그러나 예수님께서 『**아직 끝은 아니니라.**』(7절)고 말씀하셨다. 가장 큰 전쟁은 아직 일어나지 않았다(계 6,19,20장). 요한계시록 9:15-18에서는, 세계 인구의 삼분의 일이 한 군대에 의해 죽는다. 오늘날의 통계로 본다면, 24억 명 쯤 되는데 여기에는 요한계시록 6:8에서 죽은 17억 5천 만 명이 포함되지 않았다. 재림 전에, 지구상의 인구 중 절반 이상이 전쟁으로 인하여 죽는다.

『**또 여러 곳에서 지진이 날 것이요**』(8절). 『**여러**』에 해당하는 영어 “divers”라는 말은 물론 스쿠버 다이버(SCUBA divers)나 깊은 바다를 잠수하는 다이버들(divers)과는 무관하다. 이는 diverse의 옛 철자로, “다양한” 혹은 “매우 다른”의 의미이다. 간단하게 말하면, 전반적으로 모든 곳에서 지진이 일어날 것이라는 뜻이다.

다시 말하지만, 이것은 단순히 지진이 항상 발생해 왔다거나 지진을 기록하는 더 나은 방법이 생겼다는 문제만은 아니다. 미국 지질 조사(U.S. Geological Survey)의 탐 파슨(Tom Parsons)과 에릭 지스트(Eric Geist)에 따르면 리히터 규모 7.0 이상의 큰 지진들은 1979년 이후로 증가했다고 한다. 게다가 그 지진들은 특정 지역의 한 지점에 연결되는 것이 아니라, 작은 지진들이 서로 무리를 이루어 일어나는 것처럼 일어난다. 그 지진들은 그야말로 여러 곳에 흩어져 있는 것이다.

그러나 지진에 관한 한, “큰 것”은 캘리포니아 절반을 태평양에 가라앉게 할 그런 지진이 아니다. 요한계시록 세 곳에서 성령께서는 엄청난 『**큰 지진**』에 대해 말씀하시는데 대환란 기간에 일어날 지진이다(계 6:12; 11:13; 16:18-20). 그 지진은 예루살렘의 『**십분의 일**』을 파괴시켜

7천 명을 죽이고(계 11:13) 바빌론을 『**세 부분으로**』 갈라놓는다(계 16:19). 그 지진은 세계의 모든 주요 도시들을 파괴시킨다(계 16:19). 그리고 모든 섬들이 가라앉고 모든 산들의 높이가 같아진다(계 16:20). 받아들여야 하는 것은 그 지진은 특별한 지진이라는 것이다. 세상은 결코 이제껏 그런 것을 본 적이 없다. 그 지진은 1964년에 있었던 알래스카 지진보다 더 큰 지진이고 1906년에 있었던 샌프란시스코 지진보다 더 큰 지진이고, 1811년(그리고 1812년)에 있었던 미주리 지진보다 더 큰 지진이다. 이 지진은 2010년의 아이티 지진, 2004년의 인도네시아 지진, 2015년의 네팔 지진을 합친 것보다 더 엄청난 큰 지진이다.

『**기근과 재난이 있을 것이니**』(8절). 성경의 예언을 부인하는 자들은 이 주장을 논박한다. 그러나 사회주의자들, 우익 진영의 사람들, "하늘이 무너질 것"이라는 기후 변화 지지자들, 지질학자들(미국 지질 협회), 그리고 인본주의 집단들은 모두 기근이 최근에(21세기) 늘어났다고 말한다. 61번의 큰 기근이 발생했는데(2013년 현재) 이는 1900-1999년까지 37번 있었던 기근과, 1800-1899년 사이에 27번 있었던 기근과 대조적이다. 지구 상에 아홉 명 가운데 한 명은 영양이 부족한 상태이고 이들은 아시아에 있는 제3국가 국민들로서 세계 전체 인구의 거의 13%에 해당한다. 아시아에 있는 인구의 3분의 2는 굶주리고 있고 아프리카는 1인당 가장 높은 영양실조를 가지고 있는데 네 명 가운데 한 명이 영양실조이다. 매년 3백만 명이 넘는 아이들이 영양실조로 죽고 1억 명의 아이들이 심한 저체중이다.

그러나 이 모든 것은 단지 오케스트라를 조율하는 것에 불과하다. 요한계시록 6:5,6에서 검은 말 탄 자가 하루에 꼭 필요한 에너지를 위한 양식에 해당하는 밀과 보리만을 측정한다. 그렇다고 치더라도 그 가격은 하루 품삯 전체이다(한 데나리온). 오늘날의 경제로 환산하면 밀가루 3분의 1파운드나 보리 가루 1파운드 당 60달러를 내야 한다. 1파운드 가루로 빵 한 덩어리를 만들기에 대환란 때의 사람들은 하루 온종일 일하여 보리 빵 한 덩이(가장 싼 것)를 얻는다. 아니면 밀가루로 만든 빵 삼분의 일 덩이를 얻는다. 한 가족을 생각해 볼 때 대충 계산해 보면 빵 한 덩이를 24조각 내어(각 조각마다 70칼로리인데), 먹는다 해도 4명의 식구는 기아 배급(제2차 세계대전 동안 하루에 1,100칼로리를 제공한 게토에서의 배급)에도 못 미치는 양을 먹는다. 이것은 대환란에서의 어떤 지역에서 국한되는 기근이 아니다. 세계적인 기근이다.

8절의 『**재난**』(troubles)은 인생을 살아가면서 겪는 보통의 어려움을 말하는 것이 아니다. 그리스도의 오심과 연관하여 이 재난은 경험해 보지 못한 재난들이다. 구약에서는 이 대환란을 고난의 때라고 묘사한다. 『**또 고난의 때가 있으리니, 그것은 민족이 생긴 이래로 그때까지 결코 없었던 것이라**』(단 12:1. 마 24:21 참고). 이는 분명 A.D. 70년의 예루살렘 멸망을 가리키는 것도 아니고 지금 현재의 재난들을 말하는 것도 아니다.

어떤 성경을 가르치는 교사나 설교자가 지금 현재 우리는 대환란으로 들어가고 있다고 말하는 것을 들을 때, 그래서 교회의 환란 후 휴거를 기다리고 있다고 말할 때, 다음과 같은 구절들을 숙고하라. 요한계시록 6:12,13; 8:7-11; 9:1-12; 16:2-11,21. 이런 것들은 모두 대환란에서 일어날 『**재난**』들인데 이제껏 일어난 적이 없다. 별들이 하늘로부터 떨어지지 않았다. 태양이 검게 변하지 않았다. 달이 핏빛으로 변하지 않았다

[개기월식 때 달이 붉게 보이는 피의 달(blood moon)을 말하는 것이 아니다]. 나무의 삼 분의 일과 모든 식물이 다 타버리지 않았다. 바다에 사는 생명의 삼분의 일이 죽지 않았다. 선박들의 삼분의 일이 가라앉지 않았다. 물이 피로 변하지도 않았고 운석에 의해 독이 되지도 않았다. 마귀적인 메뚜기들이 구렁으로부터 나와 다섯 달 동안 사람들에게 고통을 주지도 않았다. 짐승의 표를 받은 사람들이 전 세계적으로 문둥병에 걸리는 일이 발생하지도 않았다. 23킬로그램의 무게가 나가는 우박이 하늘에서 떨어지지도 않았다. 전 세계적으로 태양이 사람들을 태우지도 않았다. 적그리스도의 수도에 고통스런 흑암도 없었다. 이 모든 것은 사람들이 대환란 때 겪을 『**재난**』들이다.

8절의 『**고통**』(sorrows)은 출산의 고통과 연관된다(사 13:8, 렘 30:6,7, 호 13:12-14, 살전 5:3). 거짓 그리스도들, 전쟁들, 지진, 기근, 재난들은 재림 때 마지막으로 끝나게 될 "진통들"이다. 스코필드는 "이 시대의 죽음의 고통은 다음 시대의 출산의 진통이다."라고 말한다.

13:9 너희는 스스로 주의하라. 이는 사람들이 너희를 공회들에 넘기고 회당들에서 매질할 것이기 때문이라. 또 나로 인하여 너희가 총독들과 왕들 앞에 불려가서 그들에 대하여 증언하리라.

10 그리하여 먼저 복음이 모든 민족 가운데 선포되어야만 하리라.

11 그러나 사람들이 너희를 끌고 가서 넘겨줄 때에도 무슨 말을 할까 미리 염려하거나 생각해 놓지 말고, 그 시각에 너희에게 주시는 대로 말하라. 이는 말하는 이는 너희가 아니라 성령**이심이라.**

12 형제가 형제를, 아비가 아들을 죽음에 넘겨주며, 또 자식들이 부
모를 대적하여 일어나서 그들을 죽게 하리라.
13 또 너희는 내 이름으로 인하여 모든 사람에게 미움을 받으리라.
그러나 끝까지 견디는 자는 구원을 받으리라.

본문을 어느 정도는 사도행전에 있는 초기 그리스도인들과 사도들의 사역에 실재적으로 적용할 수 있다. 그들은 분명 사도행전에서 공회에 넘겨졌다(행 4:1-21; 5:26-40; 6:12-15; 23:1). 그들은 분명 그리스도를 위하여 『**총독들과 왕들 앞에**』(9절) 불려갔다(행 12:1-3; 16:19,20; 24:1; 25:1-23). 그들은 그리스도를 거부하는 사람들 앞에서 증거했다(행 7:51-53; 8:20-23; 13:8-11,45-51; 18:5,6; 28:23-28). 그러나 사도행전은 본문을 진술하는 문맥이 아니다. 재림이 본문이 말하는 문맥이다.

본문은 교리적으로 두 가지 가능성이 있다. 첫 번째 것은, 예수 그리스도께서 사도들에게 실재로 말씀하시는 것이, 예언적으로 대환란에서 144,000명에게 말씀하시는 것일 수 있다(계 7:1-8). 그러나 또 다른 가능성이 있는데 "열 두 명"이 "재림"하여 대환란 동안 그들만이 하는 그들 자신의 사역을 하는 것이다. 결국 모세와 엘리야가 다시 온다(말 4:4-6. 계 11:3-6 참고). 유다가 다시 온다(요 17:12. 살후 2:3, 계 9:11 참고). 예수 그리스도께서 다시 오신다(요 14:3). 그리고 사도 요한도 다시 올 가능성이 있다(계 10:11).

마태복음 10:23에서 예수님께서는 사도들에게 『인자**가 올 때까지 너희가 이스라엘의 성읍들을 다 다녀 보지 못하리라.**』고 말씀하셨다. 이는 초림 때 일어나지 않았다. 왜냐하면 예수님께서 이스라엘에 있는 모든 성읍을 다 방문하지 않으셨기 때문이다. 이 구절은 미래에 성취될 것을 기다린다. 따라서 "열두 사도들"은 144,000명의 예표이거나 아니면 그들이 다시 올 것이다. 만일 시몬 베드로가 로마에 있는, 자신을 계승했다고 하는 자신의 "계승자"를 대면한다면 어떻겠는가? 그들이 하는 대화는 흥미있을 것이다.

10절은 사역에 대한 놀라운 도전을 준다. 성경을 인쇄하고 배포하고 전도지를 나누어주고 책을 쓰는 사역에 놀라운 도전을 주는 것이다. 그러나 물론, 이런 것은 본문과는 무관하다. 마가복음 13장에는 그리스도의 몸의 휴거에 관한 것은 아무것도 없다. 존재하는 유일한 그리스도의 몸은 올리브 산에 앉아 있는 물리적인 몸이다. 그리스도 안에서 유대인들과 이방인들 둘로 이루어지는 영적인 몸은 아직 존재하지도 않는다. 그 몸은 갈보리에 가서야 존재한다(엡 2:16). 예수님께서는 율법 아래 있는 유대인 제자들을 다루고 계신다. 이들은 『하나님**의 은혜의 복음**』에 대해서는(행 20:24) 아무것도 모르고 있다.

1:1,14,15에서 살펴보았듯이, 이 복음은 『**왕국 복음**』이다. 그리고 이 왕국 복음은 병행구절인 마태복음 24:14에서 증명된다. 그러나 이는 마가복음에 나와 있는 또 다른 한 예인데, 즉 마가복음에 나오는, 완전한 설명이 아닌, 불완전한 설명임을 불 수 있는 또 하나의 구절인 것이다(10:2,11 주석 참고).

이는 교회가 지상 명령을 완수하기 위해(막 16:15) 분투하지 않아도 된다는 것을 의미하지 않는다. 만일 그리스도를 영접한 모든 그리스도인들이 최소한 한 명의 혼을 그리스도께로 인도했다면 전 세계는 수 세기 전에 복음화 되었다. 이 지구상에 아직도 예수 그리스도의 이름을 들어보지 못한 사람들이 있다는 사실은 교회의 수치이다. 한 번도 전도지를 본 적이 없는 사람들, 그들 자신의 언어로 성경 구절 한 구절도 본 적이 없는 사람이 있다는 것은 그야말로 교회의 수치이다. 그러나 모든 "민족 집단"마다 이루어지는 자생적인 교회가 있어야만 휴거가 일어나는 것은 아니다. 휴거는 하나님의 때에 일어난다. 그러나 재림은 대환란에서 모든 민족들에게 『**왕국 복음**』이 전파된 후에 일어난다.

『**왕국 복음**』은 바울이 전파한 『하나님**의 은혜의 복음**』(행 20:24)이 아니다. 이를 알 수 있는 것은 대환란에서의 구원에는 믿음과 행위가 모두 포함되기 때문이다(계 12:17; 14:12). 그 구원은 당신이 받은 구원이(엡 2:8,9, 딛 3:5) 아니다. 대부분의 근본주의 침례교 목사들이 두 복음이 같은 것이라고 말한다 하더라도 말이다. 대환란에서 구원받은 성도들은 『**한 몸**』 안에 있지 않다(계 7장. 고전 12:13, 엡 4:4 참고). 그리고 그들은 당신이 죽은 후에 가게 되는 그곳에 가지 않는다(계 6:9). 근본주의 침례교도들은 지금은 올바른 구원을 소유할는지 모른다. 그러나 그들은 성경이, 자신들이 가르치는 내용을 말하지 않을 때 성경을 창밖에 던져버린다.

다시 11-13절은 분명 교회 시대에 실제적으로 적용할 수 있다. 하나님의 거듭난 자녀는 분명 성령께서 자신에게 주신 것들을 말할 수 있다. 왜냐하면 성령께서는 자신 안에 사시기 때문이다(고전 2:4,13). 그리스도께서는 믿는 자가, 주님을 믿지 않는 식구들과 『**대적하게**』 하기 위해 오셨다. 그들은 친척이라 하더라도 그리스도인과 원수인 것이다(마 10:35,36). 잃어버린 세상은 분명 하나님의 사람들을 사랑하지 않는다(요 15:18,19; 17:14, 요일 3:13). 그럼에도 불구하고 본문은 여전히 예언적으로 대환란에 있는 유대인들을 향한다.

이를 분명하게 알 수 있는 것은 13절의 마지막 부분과 다음 문맥인 14절 때문이다. 13절의 『**끝**』은 어떤 사람의 인생의 끝과는 전혀 상관이 없다. 이 끝은 재림 직전의(7절) 어떤 기간의 끝을 말하는데 대환란이다. 이에 이어서 14절로 연결된다. 성전이 재건된 때이고, 적그리스도가 희생제물을 바치는 것을 금하는 때이고, 자신의 형상을 세우는 때이다(단 9:17; 12:11, 계 13:14,15, 살후 2:3,4). 그래서 다시 한번 대환란에 있는 유대인을 다루고 있는 것이다.

대환란 때 유대인 회당에서 『**왕국 복음**』을 전파하는 유대인들(부활한 사도들이거나 혹은 144,000이거나 혹은 이 둘 다)이 있다. 그들과 그들로 회심한 자들은, 그들의 동료 유대인들로부터 박해를 받는다. 그들의 가족들로부터 배신을 당한다. 그들은 『**총독들과 왕들 앞에**』 끌려오는데 메시지를 전한 것 때문에 처형당하기 위해서다. 그 메시지는 왕이 오시기 때문에 똑바로 살라는 것이다.

『**그러나 끝까지 견디는 자는 구원을 받으리라**』(13절). 이 선언은 현재의 어떤 그리스도인과도 무관하다. 즉, 행위로 구원을 유지하려 하고, "은혜에서 떨어지지" 않으려 하며, 구원을 잃지 않으려 애쓰는 사람들과는 무관한 말이다. 『**끝**』은 어떤 개인의 생애의 끝을 말하는 것이 아니다. 마가복음 13장에는 어떤 그리스도인도 없다. 예수님께서는 십자가에 달리시기 전에, 대환란에 있게 될 유대인들에 관해 유대인들에게 말씀하고 계신다. 게다가 그리스도 안에 있는 믿는 자는 약속이 주어지는데, 그리스도께서 돌아오실 때 『**끝까지**』 확고하게 지키시어 우리 주 예수 그리스도의 날에 『**책망할 것이 없게**』(고전 1:7,8) 하실 것이라는 약속이다. 성령께서 그를 그 시간까지 인쳐 주셨다(엡 4:30). 그리스도인은 주께서 자신이 하신 약속을 『**완성**』하실 것이라는 확신을 가지고 있다(빌 1:6). 따라서 본문의 이 말씀은 어떤 개인이 구원을 잃어버릴 수 있다는 것을 의미하는 것이 아니다.

근본주의 침례교도들은 구원의 영원한 보장이라는 교리를 완벽히 숙지하고 있다. 그러나 모든 세대에 있어서 구원받는 방법은 동일하다는 주장에 대해서는 잘 설명을 해야만 한다. 즉 자신이 알고 있는 사실에 대한 그리스도의 말씀은 교회 시대에 해당하는 말씀인 것이다. 따라서 그는 13절의 구원을 육체적 구원으로 만들어 버려, 하나님께서는 대환란에 살아남는 모든 사람의 생명을 아끼신다고 말한다.

그런 종류의 해석은 텅 빈, 의미 없는 해석일 뿐이다. 그것은 다음과 같이 말하는 것과 같다. "만일 당신이 죽지 않는다면 당신은 살 것입니다." 요한계시록 6:9에 있는 『**제단 아래**』에는 『하나님**의 말씀과 그들이 가진 증거 때문에 죽임당한 자들의 혼들**』이 있는데 그 혼들이 『**구원**』받지 않았다고 생각하는가? 그들은 부활했고, 복을 받았고, 거룩하며, 천년왕국에서 그리스도와 함께 통치하는 통치권이 주어졌다(계 20:4-6). 이런 사람들이 『**구원**』받지 않았다고 말할 수 있겠는가?

대환란 때 구원받기 위해 무엇이 필요한 것인지 그 관련 구절들을 이미 제시하였다. 그때의 구원은 값없이 주시는 선물로서 믿음으로 말미암아 은혜로 받는 구원이 아니다. 『예수**의 증거**』가 있어야 하며 **그리고** 『하나님**의 계명들**』을 지켜야 한다(계 12:17). 병행 구절인 요한계시록 14:12을 찾아보았는지 모르겠다. 찾아보았다면 주요한 사실을 발견했어야 했다.

『**여기에 성도들의 인내가 있으며 여기에** 하나님**의 계명들과**(and) 예수**의 믿음을 지키는 자들이 있느니라.**』

환란 성도들이 "지켜야"만 하는 것이 두 가지 있다는 사실을 알았는가? 그들은 『하나님**의 계명들**』을 지켜야 할 뿐 아니라 또한 『예수**의 믿음**』을 지켜야만 한다. 이는 바울이 자신의 삶의 마지막에 『**믿음을 지켰으니**』(딤후 4:7)라고 말한 것과 같지 않다. 바울이 그렇게 말한 것은 하늘에 있는 보상과 관계가 있는 것이지, 자신의 구원과 관계가 있는 것이 아니다(딤후 4:8). 요한계시록 14:12이 이 시대의 구원을 말하는 것이 아니듯이, 히브리서에 기록되어 있는("히브리인들"은 "그리스도인인 유대인들"이 아니다.) 다음의 구절들이 이를 입증해 준다. 지금이 아닌 대환란의 구원에서 명확하게 제시하는 구원의 조건들을 살펴보라.

『그리스도는 **자기 자신의 집을 맡은 아들이니, 만일 우리가 확신과 소망의 기쁨을 끝까지 굳게 붙들면 우리가 그의 집이라**』(히 3:6).

『**이는 우리가 처음의 확신을 끝까지 견고하게 붙들면** 그리스도**께 참여한 자가 되기 때문이라**』(히 3:14).

『**이는** 하나님**께서는 너희의 행위와 사랑의 수고를 잊으실 만큼 불의하지 아니하심이라. 그 사랑은 너희가 성도들을 섬겼고 또 지금도 섬김으로써 그분의 이름을 향해 보인 것이라**(마 25:34-40, 약 2:14-17 참고). **우리는 너희 각자가 끝까지 소망의 온전한 확신을 향하여 같은 부지런함을 보여 주기를 바라노니**』(히 6:10,11).

『**끝까지**』, 『**끝까지**』, 『**끝까지**』, 누군가는 자신이 가지고 있는 확신을 예수 그리스도께서 재림하실 때까지 붙들고 있어야 한다. 그러나 그것은 당신이나 내게는 해당하지 않는다. 왜냐하면 『**우리가 믿지 아니하여도 그는 항상 신실하시니, 그는 스스로를 부인하실 수 없음이라**』(딤후 2:13)고 하셨기 때문이다. 당신이 구원을 위해 예수 그리스도를 믿었다면 그리고 그 다음에 그 믿음이 소멸되었다 하더라도 그것이 어떤 면에 있어서든 당신의 구원에 영향을 미치지 않는다. 당신의 구원은 구원의 확신을 얼마나 확신있게 붙들고 있느냐에 달려 있는 것이 아니다. 구원은 누가 당신을 붙들고 있느냐에 달려 있다(벧전 1:5). 『하나님**의 사랑 안에서 너희 자신들을**』 지키는(유 1:21)것과는 무관하다. 왜냐하면 아무도 『**우리를** 그리스도 예수 **우리** 주 **안에 있는** 하나님**의 사랑에서 떼어놓을 수**』없기 때문이다(롬 8:38,39).

따라서 13절의 구원은 육체의 구원 그 이상이다. 그 구원은 대환란에서 예수 그리스도를 믿는 어떤 유대인들과 관계가 있다. 그들은 구약의 계명들을 지키고 구원의 확신을 그리스도를 위하여 죽을 때까지 붙잡고 있어야 하는 사람들이거나(계 12:11), 그렇지 않으면 재림 때에 예수 그리스도께서 오실 때까지 붙잡고 있어야 하는 사람들이다. 만일 (자신의) 『**믿음의 고백을 흔들림 없이 굳게**』 붙잡지 않으면(히 10:23), 『**진리의 지식을 받고 난 후에도 고의적으로 죄를**』 지을 수 있고(히 10:26), 그리고 자신의 『**확신을**』 버릴 수 있어(히 10:35), 그러면 『**뒤로 물러나서 멸망**』하게 된다(히 10:39).

대환란에서 만일 어떤 유대인이 그리스도를 믿고 그 다음에 표를 받는다면 그는 저주를 받아 영원한 안전을 보장받지 못한다. 주의 손에 있기에 안전하기는커녕(요 10:28,29) 『**살아 계신** 하나님**의 손 안으로 떨어지는 것은 두려운 일**』이 된다(히 10:31). 왜냐하면 주께서 『**자기 백**

성을 심판』하실 것이고(이는 "그리스도인"을 의미하지 않는다. 히브리서에서 하나님의 백성은 "유대인들"이다. 성경의 사분의 삼이 이들을 다룬 것과 마찬가지다.) 그들에게 복수하실 것이기 때문인데(히 10:30) 이는 전에 신명기 32:35,36에서 행하신 것과 같다. 당신이 고집부리고 있는 사실에 성경이 따라오게 하기 위해 성경을 온통 교회 시대에 구겨 넣을 수는 없다. 성경은 그리스도의 몸에 대해 기록된 것보다 훨씬 더 많은 다른 사람들을 위해 기록되었다.

대부분의 이단들은 진리를 잘못된 상황에 둔 것이다. 제칠일안식일예수재림교의 안식일에 대한 가르침은 옳은 가르침이다. 단지 지금은 아닐 뿐이다. 대환란에서의 그들의 안식일에 대한 가르침은 옳은 것이다. 거의 대부분의 교단에서 침례교도들과 장로교를 제외하고, 그리스도인이 구원을 잃어버릴 수 있다고 믿는다. 그런데 그들은 그 사실을 어디에서 얻었는가? 성경으로부터다! 성경은 단지 그리스도의 몸 안에 있는 거듭난 믿는 자들만을 향한 것이 아니다. 이들은 구약에 있는 누군가를 향해 기록된 구절들, 대환란이나 아니면 천년왕국에 있는 누군가를 향해 기록된 구절들을 집어내어 신약의 그리스도인들에게 억지로 적용시킨다. 따라서 침례교도들과 장로교도들은 다른 방식으로 반응을 보이는데, 교회 시대에 해당하는 구절을 성경의 나머지 부분에 억지로 적용시키는 것이다. 둘 다 틀렸다. 성경을 올바로 나누어야 한다. 그렇지 않으면 갑자기 망한 자신을 발견하게 될 것이다.

13:14 그러나 너희가 선지자 다니엘이 말했던 멸망의 가증한 것이 서

지 못할 곳에 서 있는 것을 볼 때면 (읽는 자는 깨달으라.) 유대
에 있는 자들은 산으로 도망하라.
15 지붕 위에 있는 사람은 집으로 내려오지 말고, 집에 무엇을 가
지러 들어가지도 말라.
16 또 들에 있는 사람은 겉옷을 집으려고 뒤로 다시 돌아서지 말라.
17 그 날들에는 아이를 밴 자들과 젖 먹이는 자들에게 화 있으리라!
18 너희는 피난하는 일이 겨울에 일어나지 않도록 기도하라.

본문은 다시 한번 올리브 산 설교의 배경을 확정 지어준다. 그 대상은 이스라엘 땅에 있는 누군가이다. 거기에는 재건된 성전이 있고 그 성전에서 희생제물이 드려진다. 누군가 그 유대 성전으로 들어와 그 희생제물을 금지한다. 그리고나서 그곳에 가증스런 것을 세운다. 이 이유로 정통 유대인들은 그 자리를 버리고 그곳을 황량하게 내버려둔다. 요한계시록 11:1,2에 따르면(이는 예루살렘 멸망 후 20년이 지난 후에 기록되었다.) 이는 여전히 미래의 성취를 기다리고 있는 것이지(단 9:13) 교회 시대가 될 수 없다. 여러 번 반복하여 말했듯이, 올리브 산 설교는 신약의 믿는 자에게 교리적으로 적용되지 않는다. 그리스도께서는 대환란 가운데 있는 유대인들에게 말씀하시는 것이다.

『**선지자 다니엘이 말했던 멸망의 가증한 것**』(14절)에 대한 적합한 설명은 다니엘 주석을 참조해야 한다. 그중에서 다니엘 8:13; 9:27; 11:31; 12:11의 설명을 참조하라. 여기에서는 이것이 마카비 시대 동안에 성전에서 돼지를 죽였던 안티오쿠스 에피파네스를 말하는 것도 아니고, 티투스가 제물을 주피터에게 바쳤던 로마가 아니라는 것을 말하는 것으로 충분할 것이다. 이 사건들이 어떤 예표를 지니고 있고 어떤 상징을 의미하는지에 무관하게 진짜 사건은 적그리스도 아래에서 대환란 때 일어날 것이다. 여기에서 간단하게 14절에서의 사건이 어떻게 일어나는지 살펴보면,

1. 예루살렘에 있는 성전 산 위에 유대 성전이 재건될 것이다.

2. 유대인 제사장이 다시 한번 희생제를 드릴 것이다. 2016년에 예루살렘에 있는 성전 연구소(Temple Institute)는 모든 기명들을 다 준비했고, 섬길 제사장의 옷들도 다 마련했다. 그리고 레위인들이 확인되었고, 제사에 관련된 모든 사항들을 훈련하였다.

3. 적그리스도는 예언의 한 주 동안(7년) 유대인들과 언약을 확정 지을 것이다(다니엘 9:27). 전 3년 반이 지난 후, 적그리스도는 그 언약을 깰 텐데 매일 드리는 희생제사를 금지함으로 그렇게 할 것이다.

4. 적그리스도는 성전에 들어가 자신이 육화된 하나님이라고 말할 것이다. 그리고 자신을 경배의 대상으로 세울 것이다(살후 2:3,4).

5. 이 경배에는 자신의 살아있는 형상이 포함될 것이고(계 13:15), 인간 제물이 바쳐져, "미사"를 통해 인간 제물의 살과 피를 제사장들이 먹고 마실 것이다(계 6:9; 20:4, 사 6:13, 시 14:4; 16:4).

『**유대에 있는 자들은 산으로 도망하라**』(14절).이것이 마귀를 피하기 위해 광야로 도망가는 이스라엘이다(계 12:6). 그들은 남쪽에 있는 칼멜에 있는 산들로 도망한다. 북쪽에 있는 에프라임으로 도망하고, 요단 동쪽의 바산과 길르앗으로 도망한다. 그곳에서 하나님께서는 그들을 기적적으로 먹이시는데 마치 출애굽기와 민수기에서 기적적으로 그들을 먹

이셨던 것과 같다(계 12:6, 미 7:14-16, 렘 50:19,20).

15,16절은 아주 정확하게 위에서 살펴보았던 적그리스도의 계획을 알려 준다. 어떤 유대인들이 표를 받지 않고 적그리스도에게 희생제물로 자신들의 머리가 잘려지는 것을 원치 않는다면 형상이 들어서는 순간 그 성읍에서 나가야 한다. 옷을 가지러 다시 집으로 들어가거나 음식이나 다른 것들을 위해 집으로 다시 들어가지 않는 편이 낫다. 단지 도망가야 한다.

그때는 특히 아이가 있는 여자들에게 아주 나쁜 상황이 펼쳐진다. 먹을 것이 충분하지 않아 아이에게 먹일 젖이 말라버린다. 예레미야는 느부캇넷살에 의해 예루살렘이 포위 되었을 때 다음과 같이 말했다.

『젖먹이의 혀가 목마름으로 인하여 입천장에 붙었으며 어린아이들이 빵을 구하나 그들에게 떼어 주는 사람이 없도다』(애 4:4).

하나님께서는 이런 엄마들 가운데 얼마는 포위되었을 때 아이를 먹을 것이라고 말씀하셨다. 그 일은 열왕기하 6:28,29, 예레미야 애가 2:20에서 일어났고 A.D. 70년에 예루살렘이 멸망 당할 때도 일어났다. 예수님께서는 다음과 같이 말씀하셨다. **『보라, 그 날이 오면 그들이 말하기를 '잉태할 수 없는 자와 아이를 낳아 본 적이 없는 태와 빨려 본 적이 없는 젖이 복이 있도다.' 하리라』**(눅 23:29). 왜 그런가? 그 여자들은 아이들이 굶어 죽어가는 것을 염려할 필요가 없거나, 아니면 자신들이 굶어 죽어야 할 때 아이들을 먹어야 하는 시험에 들 염려도 없기 때문이다.

성경에서 유일하게 결혼하지 말라는 명령을 받은 사람은 예레미야였다(렘 16:2). 그 이유는 느부캇넷살(적그리스도의 예표)이 쳐들어와 아이들과 함께 엄마 아빠들을 죽일 것이기 때문이었다. 그들이 포위되어 굶어죽지 않았다면, 칼이 그들을 죽인다(렘 16:3,4). 이것이 대환란 때 유대인들에게 일어날 일이다.

그런데 두 단락 위에 제시된 누가복음 23:29의 문맥을 알고 있는가? 그것은 요한계시록 6:16로(참고 눅 23:30) 대환란이다. 이를 티투스에 의해 예루살렘이 멸망한 것일 수 있다고 말할 수 있는 근거는 없다. 이를 주장하는 존 브레이같은 과거주의자들은 온전한 정신이 아니다.

다음으로, 예수님께서 무슨 말씀을 하셨는지 이해하고 싶다면, 나치가 유대인 아기들과 어린아이들을 어떻게 다뤘는지를 공부해 보라. 아이들은 죽음의 표적이 되었고, 백만 명이 넘는 아이들이 학살당했다. 아기들은 어머니에게서 떼어내어 즉시 살해당했는데, 어떤 아기들은 물에 빠뜨려 죽였고, 어떤 아기들은 방치되어 죽도록 내버려졌다. 어머니들은 아이들과 함께 가스실로 가도록 강요당하며 모욕을 당했고, 자신의 아이들의 시체를 태우지 않으면 죽이겠다는 위협까지 받았다. 어린아이들은 산 채로 불태워지고, 독살되고, 목이 졸리고, 실험 대상이 되었다. 이것이 바로 대환란 때에 유대인 어머니가 겪게 될 일들이다. 이것은 위협이나 사디스트적인 자극을 위해 말하는 것이 아니다. 이것은 경고의 말씀이다. 『**그 날들에는 아이를 밴 자들과 젖 먹이는 자들에게 화 있으리라!**』(17절), 『**그 날들**』을 피할 수 있는 유일한 길은 **지금** 그리스도를 믿는 것이다(고후 6:2). 그렇지 않으면, 어머니들이여, 당신은 아기가 굶어 죽게 내버려둘지, 아니면 먹을 것을 사기 위해 짐승의 표를 받고 그 결과로 영원히 정죄를 받을지를 선택해야 할 것이다(계 14:9-11).

『**너희는 피난하는 일이(flight) 겨울에 일어나지 않도록 기도하라**』(18절). 『**피난하는 일이(flight)**』은 물론 14절에서 말하는 『**산으로 도망**』

하는 것이다. 예언을 연구하는 설교자들이, 유대인들이 기도해야 하는 것은 그들의 도망가는 것이(flight) 『**안식일**』이 되지 않도록(마 24:20) 하는 것이라고 하며, 그 이유는 비행기가 이스라엘에서는 유대 안식일을 지키는 것으로 인해 토요일에는 뜨지 않기 때문이라고 말한다. 이렇게 설명하는 설교자들을 무천년주의자들이 조롱하는데, 이를 너무 심각하게 받아들여서는 안 된다. 알다시피, 요한계시록 12:14에 있는 날아가는 것은 문자 그대로 날아가는 것이다. 읽어 보라!

비록 팔레스타인의 겨울 기온은 비교적 온화하여 섭씨 약 6도에서 15도 사이이지만, 2015년에도 이스라엘은 섭씨 약 -14도까지 떨어지는 한파를 겪었고, 골란 고원에는 약 79cm의 눈이 내린 적도 있다. 『**도망**』이 『**산으로**』 향하는 것이기 때문에, 유대인들은 높은 지대에서는 훨씬 더 추워질 겨울에 그 일이 일어나지 않도록 기도해야 하는 것이다. 유대인들은 옷 한 벌 외에는 아무것도 없이, 먹을 것도 거의 없이 도망쳐야 하며, 그런 상황에서는 섭씨 약 4-6도의 기온도 건강에 큰 영향을 줄 수 있다.

위에서 살펴보았던 두 단락에서 지적했듯이 마태는 『**안식일에 일어나지 않도록**』이라는 말을 첨가시킨다. 무엇이 문제인가? 문제는 골로새서 2:16을 근본주의자들이 잘못 해석한 내용과는 상반되게 유대 안식일이 되돌아온다는 것이다(골 2:17). 안식일은 지금 그리스도의 몸에 영향을 미치지 못한다. 그러나 대환란에서는 그리스도의 몸이 하늘에 있고(계 5:9), 이 땅 위에 있는 유대인 성도들에게는 다시 계명들을 지키도록 요구된다(계 12:17; 14:12; 22:14). 이 유대인들은 『**안식일 날을 기억하고 그것을 거룩하게**』 지켜야 한다(출 20:8). 그리고 『**그 날에는 일하지**』 말아야 한다(레 23:3). 또한 『**안식일에 다닐 수 있는 거리**』 이상 다녀서도 안 되는 것이 포함되는데(행 1:12), 이는 약 1.45km에 해당한다(눅 24:50. 요 11:18 참고). 이것이 올리브 산 설교가 그리스도의 몸 안에 있는 거듭난 하나님의 자녀들에게 교리적으로 적용되지 않는다는 사실을 알 수 있는 또 하나의 이유이다. 당신은 네 번째 계명에 대해 염려하지 않아도 된다. 안식일은 교회에게 주어진 것이 아니라(골 2:16) 이스라엘에게 주어진 표적이기 때문이다(겔 20:12,20). 내가 감히 말하건대 이 글을 읽고 있는 99%의 그리스도인들은 일요일에 경배드리기 위해 1.6km 이상 이동할 것이다. 그런데도 당신은 안식일에는 어디로도 도망치지 못할까 봐 걱정해야 한다고 생각하는가?

13:19 그 날들에는 고난이 있으리니, 하나님**께서 창조하신 창조의 시작으로부터 지금까지 그와 같은 일이 없었으며 그후에도 결코 없으리라.**

20 만일 주**께서 그 날들을 단축시켜 주시지 않았더라면 어떤 육체도 구원받지 못할 것이나, 주께서 선정하신 그 택함받은 사람들을 위하여 그 날들을 단축하셨느니라.**

19절의 『**고난**』(affliction)은 대환란이다(마 24:21). 이 고난은 『**야곱의 고난의 때**』(렘 30:7. 단 12:11 참고)이지 교회의 고난의 때가 아니다. 그리스도인은 분명 이 세상에서 『**고난**』(tribulation)을 겪을 것이다(요 16:33, 롬 5:3; 12:12, 고후 1:4; 7:4, 살전 3:4, 계 1:9). 그러나 이

고난은 분명 대환란이 아니다. 하나님께서 잃어버린 세상에 자신의 아들을 거부한 것에 대해 갚아주시는 대환란이 아니다(살후 1:6-8).

19절에는 중요한 것 두 가지가 있다. 첫 번째는 『하나님**께서 창조하신 창조의 시작**』인데 이에 대해서는 10:16의 설명을 참조하라. 예수 그리스도께서는 창조론자셨다. 요한 바오로 2세, 베네딕트 16세, 프란시스처럼 유신론적 진화론자가 아니셨다.

그 다음으로, 대환란의 혹독함이다. 『**창조의 시작으로부터 지금까지 그와 같은 일이 없었으며 그후에도 결코 없으리라**』(19절). 마태는 이에 『**지금까지 없었으며, 또 결코 없을 것이기 때문이라.**』(마 24:21)라고 덧붙인다. 그렇다면 이는 A.D. 70년에 있었던 예루살렘 멸망이 아니다. 로마 티투스에 의해 자행되었던 것들보다 훨씬 더 끔찍하고 잔인무도한 행위들이 있었기 때문이다. 단지 예레미야 52장과 예레미야 애가에서 느부캇넷살이 예루살렘을 정복했을 때의 일들을 읽어보라. 모슬렘 폭군 타메를란(Tamerlane)은 자신이 정복한 성읍들에 있는 모든 남자, 여자, 아이들의 목을 베었다. (어디에서든 한 번에 7만 - 10만 명을 죽였다.) 그런 다음 죽은 두개골들로 탑을 쌓았다. 훌륭한 모슬렘이었던 그는 살아남은 여자들을 병사들에게 성 노예들로 팔았다.

폴 포트(Pol Pot)는 1975년에서 1979년 사이에 2백만 명이 넘는 캄보디아인들을 죽였다. 그는 마을 사람들을 산 채로 파묻기도 했고 목까지 묻고는 패 죽였다. "드라큘라"(Vlad the Impaler)는 도시를 완전히 불태운 후에, 한 번에 3만 명의 사람을 산 채로 꼬챙이로 찔러 죽였다. 바실 2세(Basil II)는 정복한 불가리아인들의 눈을 뽑았다. 한 번은 14,000명의 남자의 눈을 뽑기도 했다. 따라서 로마가 A.D. 70년에 유대인들에게 행했던 일은 창세기 1장부터 지금에 이르기까지 가장 잔인한 일이 아니었다.

두 번째로 대홍수를 생각하라. 전능하신 하나님께서는 방주에 탄 사람들만 제외하고 온 세상에 있는 사람들을 익사시키셨다. 로마가 한 짓이 이 사건에 비교나 되겠는가? 알다시피 사람들은 성경을 진지하게 받아들이지 않는다. 그들은 A.D. 70년에 있었던 끔찍한 일들을 읽고는 "저런 끔찍한!"이라고 생각한다. 포도원을 탈취하여 장악하려는 시도(12:1-11) 가운데, 그들은 이 무시무시한 것들이 요한계시록의 성취라고 만든다. 올리브 산 설교나 요한계시록 6-19장의 어떤 것도 문자적으로 A.D. 70년에 성취되지 않았다. 대환란에서 성취될 것이며 그 때를 하나님께서는 창세기 1:2에 있는 지구의 상태와 비교하신다.

『내가 땅을 보았더니, 보라, 형체도 없고 공허하며 하늘들에는 빛도 없더라』(렘 4:23).

대환란에 관한 여러 영화들이 있었다. (괜찮은 것들도 있었고, 그렇지 않은 것들도 있었다.) 그러나 그 어떤 것들도 그리스도인이 만들었든, 할리우드에서 만들었든 간에 하나님의 심판이 얼마나 혹독하게 지구를 완전히 파괴시킬 것인지에 대해서는 충분하게 담지 못했다. 7절에서 언급했던 것과 같이, 최소한 40억의 인구가 죽을 것으로 예상할 수 있다. 최소로 어림잡아 홍수 이전 이 땅에 있었던 사람들은 3억 명 정도였다. 죽은 숫자가 그것이 다라고 해도 대환란에서 죽을 숫자는 그보다 10배는 더 넘는다.

20절에서 그 날들이 단축된다는 말은 대환란에서 지구의 자전이 빨라져서 하루의 길이가 24시간보다 짧다는 것을 말한다. 이사야 24:20에서는 『**땅이 술 취한 사람같이 비틀거리며**』라고 말한다. 그래서 『**그때에 달이 치욕을 당하고, 태양도 부끄러워하리라**』(사 24:23). 아모스 8:9에서 하나님께서는 『**그 날에는 내가 정오에 해를 지게 하며 대낮에 땅을 어둡게 하리라.**』고 말씀하신다. 천체 현상에 대해서는 24,25절을 설명할 때 더 자세히 할 것이다.

마가복음 13:20로 돌아가자. 『**주께서 선정하신 그 택함받은 사람들을 위하여**』 무천년주의자들이나 역사적 전천년주의자들은 『**택함받은**』(elect)이라는 말을 A.D. 70년에 적용시킨다. 이런 적용은 문맥을 무시하는 것일 뿐 아니라 그 "택함"이라는 말이 성경 전체에서 쓰인 용례도 무시하는 것이다. 그 말은 『**선정하신**』(chosen)이라는 뜻으로 20절에 분명히 나와 있다. 그러나 그 말은 하나님께서 임의적으로 어떤 사람을 선정하거나 어떤 것을 선정하는 것을 결코 의미하지 않는다. 하나님의 선택은 항상 조건적이다(벧전 1:2). 칼빈의 튤립의 두 번째 꽃잎은 원래 있었던 퇴비 더미에 던져 버려야 한다.

『**택함받은**』(elect)이라는 말은 천사들을 언급할 수도 있고(딤전 5:21). 이스라엘을 언급할 수도 있고(사 45:4), 예수 그리스도를 언급할 수도 있다(사 42:1, 벧전 2:6). 그리고 거듭난 하나님의 자녀를 언급할 수도 있다(롬 8:33, 골 3:12, 딤후 2:10, 딛 1:1). 마가복음 13장의 문맥에서, 위의 대상들 가운데 예수님께서 언급한 대상은 누구라고 생각하는가? 그리스도 자신은 아닐 것이다. 스스로 미혹에 빠지는 위험을 감수하지 않으실 것이다(22절). 천사도 아니다. 27절에서 천사들은 택함받는 자들을 모으기 위해 보냄받는다. 그 다음으로 중요한 것은 이 대상은 그리스도의 몸 안에 있는 어떤 누구도 아니라는 사실이다. 마가복음

13장에는 어떤 그리스도인도 없다. 그리스도인은 사도행전 11:26까지는 등장하지 않는다. 이 『**택함받은**』 자가 누구였든지 간에 그들은 유대에 살고 있고 성전에서 경배하며 미래에 성취될 『**가증한 것**』을 볼 사람들이다. 이 사람들은 그리스도께서 돌아오실 때 구원받는 이스라엘의 남은 자들이다(롬 11:25-28).

13:21 그때 누가 너희에게 말하기를 '보라, 그리스도가 여기 있다.' 혹은 '보라, 저기 있다.'하여도 믿지 말라.

22 거짓 그리스도들과 거짓 선지자들이 일어나서 할 수만 있다면 택함받은 사람들까지도 미혹하려고 표적들과 이적들을 보여 주리라.

23 그러므로 너희는 주의하라. 보라, 내가 모든 것을 너희에게 미리 말하였노라.

21,22절에 대해서는 6절을 살펴볼 때 광범위하게 충분히 살펴보았다. 21절을 그리스도인의 삶에 실재적으로 적용하자면, 어떤 그리스도인도 성경을 올바로 나누어 공부할 경우(딤후 2:15), 대디 그레이스(Daddy Grace, 자신을 하나님의 사자로 묘사하고 신격화된 존재처럼 여김, 역자 주), 레버런드 아이크(Reverend Ike, 번영복음을 강조한 설교로 유명, 역자 주), 파더 디바인(Father Divine, 자신이 하나님이라고 주장하며, 인종차별 반대와 공동체 생활을 주장, 역자 주) 또는 지난 2,000년 동안의 어떤 교황(이들 모두는 자신이 그리스도의 "대리자", 즉 그리스도를 대신하는 자라

고 주장했음)에게도 속을 필요가 없다고 말할 수 있다. 마찬가지로, 메리 베이커 에디(Mary Baker Eddy), 엘렌 G. 화잇(Ellen G. White), 조셉 스미스(Joseph Smith), 찰스 테이즈 러셀(Charles Taze Russell), 브리검 영(Brigham Young), 러더퍼드 판사(Judge Rutherford), 또는 마호메트(Mohammed)와 같은 사람들이 "그리스도인"을 속일 수 있는 유일한 방법은, 그 "그리스도인"이 그 책(성경)을 내려놓고 여호와의 증인의 워치타워 성서 책자 협회(Watchtower Bible and Tract Society), 제칠일안식일예수재림교회의 리뷰 앤 헤럴드 출판 협회(Review and Herald Publishing Association)와 퍼시픽 프레스(Pacific Press Publishing Association), 몰몬교(예수 그리스도 후기 성도 교회), 크리스천 사이언스 출판 협회(Christian Science Publishing Society), 이슬람의 코란과 하디스, 혹은 카톨릭의 어센션 출판사(Ascension Press), 아베 마리아 출판사(Ave Maria Press), 아워 선데이 비지터(Our Sunday Visitor) 등의 자료를 대신 집어 들었을 때뿐이다.

성경에 시간을 보내는 어떤 그리스도인도 형성된 구름 속에서 자신의 구주가 오기를 기다리지 않는다. 또르띠야 껍질이나 혹은 어떤 교령회나 혹은 어떤 "환상" 등으로 구주를 기다리지 않는다. 그리스도인은 하나님의 아들을 기다리는데 『**호령과 천사장의 음성과** 하나님**의 나팔 소리와 함께**』 하늘로부터 친히 내려오시는 하나님의 아들을 기다린다(살전 1:10; 4:16). 그때까지는 우리는 "예수님의 부르심"이나 혹은 교황의 권위의 말이나 혹은 어느 누구의 "성경을 여는 열쇠" "예수의 또 다른 증거" 혹은 성경 이외의 허튼 소리를 필요로 하지 않는다. 우리에게는 성령께서 영감을 통하여 주신 책이 있다. 그 책은 성령께서 우리 자신의 언어로 우리를 위해 완전하게 보존하셨다(AV 1611). 우리는 그리스도 안에 있고(고후 5:17) 그리스도께서는 우리 안에 계시다(골 1:27). 우리가 하나님을 더 잘 알기 원한다면 『그리스도**의 말씀이 모든 지혜로 너희 안에 풍성히 거하게**』 하면 된다(골 3:16). 진리에 대해(요 17:17), 하나님에 관해(롬 1:1, 딤후 3:15), 하나님의 말씀을 상고하고(요 5:39), 하나님의 말씀을 공부한다면(딤후 2:15) 하나님을 더 잘 알 수 있다. 우리가 따르고 있고 우리가 경배하는 예수 그리스도는 우리 자신이 만들고 상상하는 예수(WWJD)가 아니다. 성경에서만 발견되는 예수 그리스도이시다.

22절을 다루는 표준적인 근본주의적 칼빈주의 방식은 조건을 나타내는 말인 "if"를 강조하는 것이다. 『**할 수만 있다면**』(if it were possible), 『**택함받은 사람들까지도**』(even the elect) 『**거짓** 그리스도들**과 거짓 선지자들**』에 의해 미혹될 수 있다고 말씀하시는데, 그러나 이들은 "택함받은 자들"이 되면 "믿음 안에서 보존"되도록 보장받기에 미혹되는 것은 불가능하고 따라서 그들은 미혹되는 것에 대해 염려할 필요가 없다는 것이다.

그런 경우라면 신약에서 거짓 그리스도들, 거짓 선지자들, 거짓 교사들에 대한 모든 경고는 무엇 때문에 있는 것인가? 그리스도께서는 바로 지금 본문에서 제자들에게 경고하신다(23절). 이에 대해 생각해 보라. 그들에 의해 미혹당하고 속임당하는 것이 불가능하다면(마 24:24) 그렇다면 그것은 가능하지 않다. 그 일은 일어나지 않을 것이다. 역설적이게도 "택함받은 자들"은 거짓 그리스도들, 거짓 선지자들, 거짓 교사들에 의해 미혹되지 않는다고 가르치는 "영 분별 사역자들"은 자신의 말을 듣는 사람들에게 이 거짓 교사들, 거짓 선지자들에 대해 많은 시간을 쏟아 붓는다. 내가 생각하기에 그들의 말을 듣고 있는 사람들은 아마도 "택함받은" 사람들이 아닐 듯 싶다.

사실을 말하자면, "택함 받은 사람들"이 그리스도의 몸 안에 있는 거듭난 그리스도인이든, 아니면 대환란에 있는 유대인 성도들이든 상관없이 그들이 미혹되는 것은 언제나 가능하다. 그렇지 않다면 왜 성령께서 성경에 세 번씩이나 말씀하셨겠는가? 『**아무도 너희를... 속이지 못하게 하라**』(엡 5:6, 살후 2:3, 요일 3:7). 바울은 흉악한 이리들이 들어와 『**양 떼를 아끼지 아니할 것**』에 대해 경고하였다(행 20:29). 이리들은 양무리에서 "택함받지 않은 사람들"만 노리는 것인가? 누군가가 성령을 받아들인 갈라디아의 그리스도인들을 미혹하였다(갈 3:1,2). 미혹당한 그들이 "택함받지 못한 사람들"이었다고 생각하는가?

휴거 이전에 있는 성도와 대환란에 있는 성도의 차이점은 그리스도의 몸 안에 있는 지체가 된 구원받은 사람은 그가 미혹된다 하더라도 구원을 잃지 않는 것이다. 그러나 대환란에서는 다르다.

대환란에서는 하나님께 지역교회에 있는 『**종들**』이 있는데 여선지자에 의해 미혹당하는 종들이다. 『**그녀가 내 종들을 가르치고 유혹하여 행음하게 하고 우상에게 바친 제물을 먹게 하기 때문이라**』(계 2:20). 이들은 어떤 가짜 여자 선지자에 의해 미혹당하는 하나님의 종들인데 그 종들은 "택함받지 않은" 사람들이 아니다. 요한은 누군가에게 편지를 쓰는데 미혹하는 자들이 노리고 있는 사람들이다. 이들에게 영원한 생명을 얻는 것에 대해 조건을 말하고 있는데 방금 히브리서 3:6,14에서 읽은 것과 같은 내용이다.

『**그러므로 너희는 처음부터 들은 것을 너희 안에 거하게 하라. 너희**

가 처음부터 들은 것이 너희 안에 있으면 너희도 아들 **안에, 또** 아버지 **안에 계속 거하리라. 그가 우리에게 약속하신 약속이 이것이니, 곧 영원한 생명이니라. 너희를 미혹케 하는 자들에 관하여 내가 이런 것들을 너희에게 썼노라**』(요일 2:24-26).

이것은 당신에게 적용되는 조건이 "아니다." 당신은 영생을 얻기 위해 『아들 **안에... 계속**』 거할 필요가 없다. 당신은 예수 그리스도를 믿는 순간 영생을 얻은 것이고(요일 5:10-13) 그리스도를 믿는 순간, 성령께서 당신을 그리스도의 몸 안에 넣어주셔서(고전 12:13) 그분의 뼈 중의 뼈가 되고 그분의 살 중의 살이 된다(엡 5:30). 그러나 누군가는 영생을 얻기 위해 예수 그리스도 안에 계속 거해야 하는데 당신은 그 사람이 아니다. 그 사람은 『**구원을**』 받기 위해 『**끝까지**』 견뎌야 하는 사람이다(13절).

13:24 그러나 그 날들에 환란 후에는 해가 어두워지고 달은 그 빛을 내지 아니하며
25 또 하늘의 별들이 떨어지고 하늘에 있는 권능들이 흔들리리라.
26 그때에 사람들은 인자**가 큰 권세와 영광으로 구름을 타고 오는 것을 보리라.**
27 그리고 나서 주께서 자기 천사들을 보내어 땅의 맨 끝에서부터 하늘의 맨 끝까지 사방에서 그의 택함받은 사람들을 함께 모으시리라.

대환란이 끝에 가까워지면서 태양계에 이상이 생긴다. 태양 빛과 달 빛이 어두워질 것이라는 사실은 선지서들 가운데 여러 곳에서 기록된다. 이사야 13:10, 예레미야 4:23,28, 에스겔 32:7, 요엘 2:31, 아모스 5:20, 스바냐 1:15, 이 예언들의 성취가 요한계시록 6:12; 16:10에서 이루어진다.

무천년주의자들과 역사적 전천년주의자들은 베드로가 오순절 설교(행 2:19,20)에서 요엘 2:30,31을 인용한 것을 근거로 사용하지만, 요엘이 말한 어떤 것도 사도행전 2장에서 실제로 이루어지지 않았다는 사실은 결코 말해주지 않는다. 특히 『**모든 육체**』 위에 성령이 부어졌다는 내용조차도 말이다(행 2:17). 실제로 사도행전 2장에서 성령을 받은 사람들은 예수님의 제자들과, 자기들이 메시아를 십자가에 못 박은 것을 회개하고 그 증거로 침례를 받은 유대인들뿐이었다(행 2:36-38). 베드로가 말하고자 한 것은 단지 "요엘이 이렇게 말했었다"(행 2:16)는 것이며, 성령이 임하신 것과 관련하여 요엘의 말을 넓은 의미에서 비유적으로 연결시킨 것이었다. 진정으로 성령이 『**모든 육체**』 위에 부어지는 일은 예수 그리스도의 재림 때 일어나는 일이다(슥 12:10 주석 참고).

『**또 하늘의 별들이 떨어지고**』(25절). 태양과 같은 불타는 기체로 이루어진 거대한 불덩어리를 말하는 것이라면 이는 절대적으로 불가능하다. 그리스도께서는 시리우스(Sirius), 혹은 아르크투루스(Arcturus), 혹은 베텔게우스(Betelgeuse) 혹은 알파 켄타우루스(Alpha Centauri) 혹은 리겔(Rigel) 혹은 북극성 등을 말씀하신 것이 아니다. 만일 이런 별들 가운데 하나가 160만 킬로미터로 접근한다 해도 지구는 불타 버린다. 문자적인 별을 언급하는 것이 아니라면 무엇을 말하는 것인가? 요한계시록 9:1,2에서는 별 하나가 하늘로부터 떨어지는데 그 별은 하나의 인격적 존재이다(계 9:1 『**그가**』, 계 9:2 『**그가**』). 요한계시록 1:20에서는 그리스도의 손 안에 『**일곱 별**』이 있는데 그 별은 『**일곱 교회의 천사들**』이라고 정의된다.

현자들이 예루살렘에 나타나 아기 예수 그리스도를 찾을 때 그들이 한 말이다. 『**유대인의 왕으로 태어나신 분이 어디 계신가? 우리가 동방에서 그분의 별을 보고 그분께 경배드리러 왔노라**』(마 2:2). 그들은 이 사실을 어디에서 알았을까? 민수기 24:17에서다. 『**한 별이 야곱에게서 나올 것이며 한 홀이 이스라엘에서 일어나서**』(민 24:17) 그 『별』은 한 인격인 사람이고, 그 인격인 사람은 왕(『홀』)이다. 그 분은 『**빛나는 새벽별**』(계 22:16)로서의 하나님의 아들이다. 따라서 구약에서 피조된 『하나님**의 아들들**』(천사들)은 하나의 그룹으로서, 『**새벽별들**』(욥 38:7)로 불린다.

대환란에서는 천사들 가운데 삼분의 일이 마귀에 의해 이 땅에 던져진다(계 12:4, 단 8:10). 『**하늘에 있는 권능들**』(powers)은 에베소서 6:12의 『**권세들**』(powers)을 말하는데 이 권세들은 『**높은 곳들에 있는 영적 악**』과 연관되어 있다. 그 『**높은 곳들**』에 있는 존재들은 이 세상에 있는 "(지역에 정치적 영향력을 행사하는) 실세 유력 인사"(power broker)가 아니다. 그 존재들은 당신의 머리 위에 있는 높은 곳들에 있다. 따라서 재림 때 그리스도께서는 이들을 벌하시기 위해 오신다. 『**그 날에 주께서 높은 곳에 있는 높은 자들의 군대와 땅 위에 있는 땅의 왕들을 벌하시리라**』(사 24:21).

마가복음 13장으로 돌아가자. 26절에서는 예수님께서 자신의 이름인 『인자』를 자신의 재림을 언급하시며 사용하신다. 그 이름은 유대인 왕의 이름인데 지상에 있는, 눈에 보이고, 물리적인 유대인 왕국(마 19:28)을 통치하기 위해 오시는 유대인 왕의 이름이다. 이 이름은 이방인 교회들에게 보내는 바울 서신에서는 단 한 번도 사용되지 않았다. 바울은 예수 그리스도를 하나님의 아들로 불렀다. 그 이유는 신약의 그리스도인은 "왕이 오시는 것"을 기다리지 않고 하나님의 아들이 오셔서 이 엉망인 곳으로부터 자신을 데려가기를 기다리고 있기 때문이다(살전 1:10; 5:9).

26절의 『**구름**』은 첫째 하늘에 있는 비구름도 아니고 층운도 아니고, 적운도 아니다. 이 구름은 하나님의 영광의 구름이다. 하나님께서 출애굽기 19:9에서 시내 산에 내려오셨을 때 『**짙은 구름**』 가운데 오셨다. 모세가 성막을 세웠을 때 『**주의 영광**』이 구름 안에서 성막을 덮었다(출 40:34,35). 성전을 바쳤을 때도 마찬가지였다(왕상 8:10,11, 대하 5:13,14). 마가복음 9:7의 변형산에서 그 구름이 내려왔다는 사실을 기억하는가? 예수님께서는 구름 가운데서 이 땅을 떠나셨다(행 1:9). 돌아오실 때도 구름 가운데 돌아오실 것이다(행 1:11, 계 1:7). 예수님께서 추수한 것을 창고에 들이기 위해 나타나실 때(마 13:30) 구름 위에 앉으신다는 사실을 유념하라(계 14:14-16).

27절은 대환란 전에 있게 되는 교회의 휴거(계 4:1)와 전혀 상관이 없다. 20,22절에 있는 것처럼 27절의 『**택함받은 사람들**』은 유대인들이다. 이것이 유대인 성도들이 휴거되는 환란 후 휴거이다. "두 개의 휴거" 책자를 통하여 더 자세하게 공부할 수 있다.

『**사방에서**』(four winds)는 『**땅의 네 모퉁이**』와 연관된다(계 7:1). 이는 네 방향에 대한 쉬운 설명이다. 즉 북쪽, 남쪽, 동쪽 그리고 서쪽이다. 성경은 아주 쉬운 말로 기록되어 있어서 어떤 사람도, 어느 곳에 있어도, 이해할 수 있다. 자신들의 지성을 넘어서는, 지적으로 교육받은 자들이 쏟아내는 전문 용어가 아니어도 성경은 이해할 수 있다. 예수님께서 말씀하신 것을 이해할 수 있는 것이다. 이 땅의 가장 끝으로부터(『**땅의 맨 끝에서부터**』) 수평선에서 수평선까지(『**하늘의 맨 끝까지**』) 천사들이 유대인들을 모을 것인데 대환란 끝에 있을 휴거가 일어날 때에 구원받는 유대인들이다. 이 휴거는 재림 바로 직전 어느 때에 일어날 휴거이다. 유대인 성도들이 휴거되는 이 휴거와 그리스도의 재림 사이에 얼마만큼의 시간이 있는지는 분명하게 알려져 있지 않다. 대환란이 끝나고 재림이 이루어질 때와 관련해서는 어느 정도 시간의 "유동성"이 있다(이에 대해서는 마 24:22 주석 참고).

13:28 이제 무화과나무의 비유를 배우라. 가지가 이미 유연해지고 잎이 나오면 여름이 가까워진 줄 너희가 아나니
29 이와 같이 너희도 이런 일들이 일어나는 것을 보면 그 때가 가까이 곧 문들 앞에 가까운 줄 알라.
30 진실로 내가 너희에게 말하노니, 이 세대가 지나가기 전에 이 모든 일이 이루어지리라.

28절의 『**무화과나무**』에 대해서는 11:13에서 설명했다. 그 무화과나무는 자기 의로 가득 찬 이스라엘을 나타낸다. 정작 열매는 없으면서 열매가 있다고 거짓으로 고백하는 자기 의로 가득 찬 이스라엘이다. 그리스도께서는 11:14에서 그 나무를 저주하셔서 뿌리부터 말라 버렸다(11:20). 그래서 열매를 맺을 수 없다(11:14).

그러나 여기 13:28에서 『**무화과나무**』에 생명이 돌아온다. 『**가지가 이미 유연해지고 잎이 나오면**』, 여전히 열매는 없지만 생명이 다시 나타난 것은 열매를 맺는 과정임을 나타낸다. 『**여름이 가까워진 줄 너희가 아나니**』 솔로몬의 노래 2장에서 휴거가 봄에 있다. 그리고 그 휴거가 일어날 때 『**무화과나무는 푸른 무화과들을 내고**』(솔 2:13)라고 말한다. 따라서 휴거와 더불어 교회가 이 땅으로부터 불림을 받을 때 이스라엘은 다시 한번 한 국가가 될 것이고 한 국가로서 열매를 맺을 것이다. 단지 흩어진 민족으로서가 아닌 한 국가로서 말이다. 그래서 『**가지**』를 내고 『**잎**』이 나오는 『**무화과나무**』는 그리스도의 다시 오심을 준비하는 가운데 있는 한 국가로서의 회복된 이스라엘이다. 이 일은 1948년 5월 14일에 일어났다.

즉시로 배교한 학자들은 이 일을 엉망으로 만들기 위해 앞으로 나아가 정보를 제공한다. 멕지(J. Vernon McGee)같은 해석가들은 20세기에 이스라엘이 그 땅에 돌아오는 것은 구약에 예언된 이스라엘의 회복이 아니라고 말하는데 그 이유는 이스라엘의 대다수가 구원받지 못했기 때문이라는 것이다. 유대 랍비 추종자이거나 아니면 노골적인 불가지론자나 무신론자이든 마찬가지 주장이다. 이 견해가 가지고 있는 문제점은 이스라엘의 회복에 대해 세 번 예언된 것이 아니라 단지 두 번의 회복에 대해서만 예언되었다는 것이다(사 11:11). 에스라와 느헤미야에서 이스라엘이 첫 번째로 그 땅에 돌아왔을 때는 불신 가운데서 돌아왔는데 에스라 9,10장과 느헤미야 13장이 이를 입증한다. 그들이 돌아온 두 번째 역시 불신 가운데서 돌아오는데 이것이 『**이방인들의 충만함이**』 차고 난 후(롬 11:25. 눅 21:24 참고) 재림 때에(롬 11:26, 슥 12:10) 『**온**

이스라엘이 구원을』(롬 11:26) 받을 것이라는 사실에 의해 입증된다.

이제 그리스도께서는 무화과나무의 싹을 보는 것과 예수님께서 제자들에게 말씀하셨던 모든 것에 관한 것을 보는 것의 연관되는 유사성을 말씀하신다. 제자들이 『**전쟁과, 전쟁의 소문**』을 볼 때, 거짓 그리스도들과 거짓 선지자들, 지진, 기근, 『**왕국 복음**』이 모든 민족에게 전파되는 것을 볼 때, 믿는 자들에게 닥치는 대규모의 박해, 『**멸망의 가증한 것**』이 성전에 세워지는 것 등을 본다면 제자들은 주께서 『**가까이 곧 문들 앞에 가까운 줄**』(29절) 알 수 있다. 거기에 무화과나무의 싹이 포함된다. 이스라엘이 한 민족, 국가로서 회복되는 것이 포함되는 것이다(28절).

『**이 세대가 지나가기 전에 이 모든 일이 이루어지리라**』(30절). 문제를 일으키는 요소가 나온다. 만일 주께서 단지 5-25절로부터 모든 것에 관해 말씀하셨던 것이라면 그리 나쁘지 않다. 그러나 주께서는 이스라엘이 한 국가로 다시 회복되는 것을 본 세대를 포함시키신다. 즉 1948년으로부터 그것을 본 누군가는 그리스도께서 돌아오실 때 여전히 살아있을 것이라는 것이다. 2016년 현재로 그 사건이 일어난 지 68년이 지났다. 어느 정도 시간이 흘렀음을 인정해야 한다.

문제는 성경에서 한 『**세대**』가 몇 년이냐 하는 것이다. 성경에서 한 세대는 그리스도의 생애의 길이(사 53:8)인 33년일 수 있다. 그렇다면 재림이 1981년이 되기에 해당되지 않는다. 마태복음 1:17에 의해 한 세대를 계산하면 42년이 된다. 그러면 재림이 1990년이 되어 이것도 맞지 않는다. 모세는 시편 90:10에서 한 세대를 70년으로 보았다. 이 경우 재림의 날짜가 2018년이 된다. 그러나 설령 다니엘의 70째 주의 마지막 3년

반이 성취되었다고 보더라도 그러면 휴거가 2014년에서 2015년 사이에 일어났어야 하는데 일어나지 않았다. 한 세대를 시편 90:10에 있는 80년으로 잡으면 가능하기도 하다. 왜냐하면 그렇게 되면 재림이 2028년이 되기 때문이다. 이 경우는 가능성이 있다. 그러나 100년에 해당하는 세대가 발견되는데 창세기 15:13,16에서다. 이 기준이라면 늦어도 2048년까지는 재림이 이루어진다. 물론 그 전에 이루어질 수 있다. 나 또한 그렇게 되기를 소망한다. 휴거가 그렇게 멀리 떨어져 있지 않다는 것을 의미한다. 94세의 나이에 건강이 나빠지고 무덤을 바로 앞에 두고 있는 나는 볼 수 없겠으나 이 글을 읽고 있는 당신들 가운데 몇은 볼 수도 있을 것이다. 이제 위대한 구절이 나온다.

13:31 하늘과 땅은 없어져도 내 말들은 결코 없어지지 아니하리라.

알아들었는가? 예수님께서는 사상, 원리, 근본사항, 말씀(Word 혹은 word)을 말씀하신 것이 아니다. 『**말들**』(WORDS)을 말씀하셨다. 당신은 그 말씀들을 가지고 있는가?

나는 너무 오랫동안 배교자들 밑에 깔린 널빤지를 걷어차 왔기 때문에, 결국 그들은 자기도 믿지 않는 그 책에 대해 믿는다고 고백할 수밖에 없게 되었다. 그들은 말한다. "우리는 〈킹제임스성경〉이 보존된 하나님의 말씀이라고 믿습니다." 하지만 그들은 '말씀'(Word)이라는 신정통주의자들의 용어를 사용하여, 성경의 각 단어(word)가 『**영감으로 주어진 것**』으로(딤후 3:16), 그대로 보존되었다는 것을 믿지 않기 위한 우회로를 택하는 것이다. 그러나 하나님께서 약속하신 것은 어떤 모호한 메시지나, "성경의 생각"(테네시템플대학의 어떤 배교자가 그렇게 표현함), 또는 단순히 "본문"을 보존하시겠다는 것이 아니다. 하나님께서 약속하신 것은 자신의 말씀들(W-O-R-D-S)을 보존하시겠다는 것이었다. **『주의 말씀들은 순수한 말씀들이라... 주께서 이 말씀들을 간수하시리니 주께서 이 세대로부터 영원토록 그것들을 보존하시리이다』**(시 12:6,7). 하나님께서 자신의 **『모든 이름 위에 크게』** 하신 그 **『말씀』**(시 138:2)은 **『말씀들』**(시 138:4)로 이루어져 있다.

어느 날 당신이 보고 있는 모든 것들이 불에 탈 것이다. 자동차가 끌고 다니는 이동식 주택인 트레일러에서 살고 있는가? 곧 타버릴 것이다. 맨션에서 살고 있는가? 곧 타버릴 것이다. 큰 건물에서 살고 있는가? 곧 타버릴 것이다. 모든 빈민촌, 모든 주택 정책, 그 모든 것은 잿더미로 변할 것이다. 자동차들, 쇼핑몰, 식당, 비행기, 나무, 풀들, 사막들, 극지방의 빙원(만년설), 대양들, 강들, 별들, 행성들, 태양, 달 모두 불길 가운데 타 버릴 것이다.

『그러나 주의 날이 밤에 도둑같이 오리니 그 날에는 하늘들이 굉장한 소리를 내며 사라지고 우주의 구성 요소들이 맹렬한 불로 녹아내리며 땅과 그 안에 있는 일들이 타버릴 것이라』(벧후 3:10).

볼테르(Voltaire)는 백 년 안에 성경은 단지 박물관에서 발견될 것이라고 말했다. 그는 1778년에 죽었는데 성경은 2011년에 출간 400주년 기념행사를 가졌다. 최소 10억 권이 출간된 후이다. 사실 볼테르가 죽은 후 그가 살던 집은 제네바 성경 협회(Geneva Bible Society) 본부로 변했다.

1891년에 불신자 밥 잉거솔(Bob Ingersoll)은 십 년 안에 성경은 죽은 책이 될 것이라고 거들먹거렸다. 잉거솔은 8년 후에 죽었는데(1899) 성경은 여전히 산 채로 똑바로 가고 있다(히 4:12).

1920년대 후반에 소련의 교육부 수장이었던 알베르트 핀케비치(Albert Pinkevich) 교수는 "이 세상은 그 책을 담기에는 너무 좁아지고 있다. 그 책이 없어지든지, 아니면 세상이 없어지든지 해야 한다."고 말했다. 아멘! 이를 자라 말했다. 당신이 비록 공산주의자라 하더라도 당신이 옳다. 둘 중 하나는 사라져야만 한다. 어떤 것이 사라져야 하는지 나는 말해 줄 수 있다. 사라져야 하는 것은 세상이다(요일 2:17).

"우리가 그곳에 만 년을 머문다 해도, 해처럼 밝게 빛날 때," 펜사콜라(플로리다), 바퀴벌레들, 최저임금 일자리, 수도세, 전기세, 자동차라고 하기에도 민망했던 고철 더미, 그리고 그 온갖 복잡하고 지저분했던 일들을 다 잊어버린 지 오래되었을 때에도, 당신은 새 예루살렘에 있는 보좌 곁을 지나가며 그 책(성경)을 보고는 주일학교, 여름성경학교, 또는 성경 수업 시간에 배웠던 말씀들을 기억해 낼 것이다. 『**이는 모든 육체는 풀과 같고 사람의 모든 영광은 풀의 꽃과 같으며, 풀은 마르고 꽃은 져도 주의 말씀은 영원토록 남아 있음이라. 이것이 너희에게 복음으로 전해진 말씀이니라**』(벧전 1:24,25).

13:32 그 날과 시간에 관해서는 아무도 모르나니, 정녕 하늘에 있는 천사들도 모르고 아들도 모르며 오직 아버지만 아시느니라.

이는 예수님께서 한 인간으로서 말씀하신 것이다. 이 땅에 계시는 동안 11:13에서 살펴 본 것처럼 그리스도께서는 항상 신성의 능력을 사용하지 않으셨다. 물론 예수님께서 바로 그 때 분명하게 말씀하지 않으신 이유들 가운데 하나는 앞으로 되어질 일을 기다리신 것인데 유대인들이 사도행전 초반부에서 어떻게 행할는지 기다리며 보셨던 것이다. 여러 번 말한 것이지만 그리스도께서는 사도행전 7:56에서 서 계셨었는데 만일 산헤드린이 스테판의 메시지를 받아들인다면 이 땅에 돌아오실 준비를 하고 계셨던 것이다. 그러나 그들은 받아들이지 않았고 재림은 2천 년간 연기되었다.

그것이 바로 칼빈주의자들의 정신을 혼미하게 만드는 부분이다. 하나님께서는 사람에게 스스로 선택할 수 있는 자유를 주시는 동시에, 그 모든 과정 속에서도 여전히 하나님의 “섭리적인 뜻”이 이루어지게 하신다. 2천 년이 지난다 해도 하나님의 계획에는 아무런 혼란도 없고 어긋나지 않는다. 오히려 그 일에서 손해를 본 당사자는 유대인들이었고, 그것은 전적으로 그들 자신의 잘못이었다.

근본주의자들과 보수주의자들은 본문에 대해 두 가지 잘못을 저질러 엉망으로 만든다. 첫 번째, 그들은 본문을 교회의 휴거에 적용시킨다. 그러나 대부분의 내용은 그렇지 않다. 전체 문맥은 재림이다. 휴거의 시기에 대해 “날짜를 적용시키는 것”(date setting)에 다다를 때 바울은 자신의 때에 휴거가 일어날 것을 믿었다(살전 4:17). 성경이 말하는 것에 근거하여(그리고 내가 한 일은 오직 성경을 근거로 추측한 것뿐이다) 휴거가 언제 일어날 것인지에 대해 추측할 수 없다는 생각은 터무니없는 짓이다.

게다가 이 구절은 당신이 알 수 없는 것이 『**그 날과 시간**』(that day

and that hour)이라고 말하고 있다. 그러나 바울은 『**그 때와 시기**』(the times and the seasons)는 정확히 알 수 있다고 말한다(살전 5:1,2). 데살로니가전서 5:1의 문맥은 재림을 진통 중에 있는 여자에 비유한다(살전 5:3). 자기 아내가 언제쯤 아이를 낳을지 그 때와 시기를 모르는 남편이 있다면, 그는 아내의 상태에 대해 전혀 무지한 사람이다. 마가복음 13장에 있는 제자들과는 달리, 당신은 성경의 완전한 계시를 가지고 있다. 당신은 디모데전서 4장, 디모데후서 3장, 요한계시록을 읽을 수 있으며 그리스도께서 언제 오실 것인지를 충분히 파악할 수 있다.

13:33 너희는 주의하여 깨어 기도하라. 이는 너희가 그 때가 언제인지 모르기 때문이라.
34 이는 인자**가 마치 자기 집을 떠나 멀리 여행을 하면서 그의 종들에게 권세를 주어 각자에게 일을 맡기고 문지기에게는 깨어 지키라고 지시하는 사람과 같음이라.**
35 그러므로 깨어 있으라. 그 집주인이 언제 올는지, 저녁일는지, 밤중일는지, 닭이 울 때일는지, 아니면 아침일는지 너희가 모르기 때문이라.
36 그가 갑자기 와서 너희가 잠든 것을 보지 않도록 하라.
37 내가 너희에게 말하는 것은 모든 사람에게 말하는 것이니 깨어 있으라."고 하시더라.

올리브 산 설교에 대한 실제적 적용을 할 수 있는 곳이다. 제자들은 그리스도의 재림의 날과 시간을 알지 못했기에 그들은 주님께서 하신 말씀에 주의를 기울여야 했고 (『**주의하여**』, 33절) 깨어 기도해야 했다. 『**깨어 기도하라.**』고 말씀하신다. 무엇에 『**깨어**』 있어야 하는 것인가? 『**그 집주인이 언제 올는지**』(34-36절) 깨어 주목해야 한다. 무엇을 『**기도**』해야 하는가?

『**그러므로 깨어서 항상 기도하라. 그래야 장차 일어날 이 모든 일에서 피하고, 또** 인자 **앞에 서기에 합당하게 여겨질 것이라."고 하시더라**』(눅 21:36).

이 구절은 오순절파 사람들이 휴거가 나뉘어 일어난다고 가르칠 때 사용하는 대표 구절들 가운데 하나다. 당신은 대환란에서 『**장차 일어날 이 모든 일에서 피하고, 또** 인자 **앞에 서기에 합당하게**』 여겨지도록 기도해야만 하는가? 우선 살펴볼 것은 당신은 『인자』를 기다리는 사람이 아니다. 당신은 하나님의 아들을 기다리는 사람이다(26절 주석 참고). 두 번째로 당신이 휴거되어 공중으로 올라가는 것은 당신이 "합당한" 상태에 있는 것과 무관하다. 휴거되는 조건은 그리스도를 믿는 믿음이고 예수님 안에 위치한 당신의 위치에 달려 있다(살전 4:14-17). 당신이 구원받았다면, 당신은 올라갈 것이다. 구원받은 후 당신이 어떻게 살았든지 무관하게 올라갈 것이다.

그러나 대환란에서는, 유대인들은 깨어 있어 『**자기 옷**』을 지켜야 한다(계 16:15). 만일 그렇게 하지 않는다면 그는 주께서 환란 후 휴거로 오실 때(마 25:10-13) 올라가지 못한다. 사실, 34절의 『**종들**』이, 만일 주인이 자신들에게 준 『**권세**』를(눅 12:45,46) 남용한다면 지옥으로 가게 되어 있다. 그 권위를 주인의 이익을 위해 사용하지 않는다면 지옥으로 가게 되어 있다(마 25:26-30).

확실하게 알 수 있는 것은 본문은 그리스도의 신부가 휴거되는 것과 아무 상관이 없다는 사실이다. 왜냐하면 『인자』가 34절에 있는 대로 『**멀리 여행**』을 할 때 그 여행의 목적은 결혼을 위한 것이기 때문이다(눅 12:36). 주께서 남겨놓으신 종들은 주와 혼인하기 위해 기다리지 않는다(마 25:6 참고). 그들이 주를 기다리는 것은 신실하게 섬긴 것에 대해 주께로부터 상을 받기 위함이다(눅 12:37, 마 25:19-23). 이들이 기다리는 것은 그들이 서 있는 위치에 좌우되는 것이 아니라(그리스도의 신부의 휴거는 그 위치와 관련된다.) 보상과 관계가 있다. 당신이 구원받았다면 성령께서 당신을 그리스도의 몸 안에 넣어 주셨다(고전 12:13). 당신이 그리스도의 몸 안에 있다면, 당신은 예수 그리스도의 신부의 한 부분을 이룬다(엡 5:30-32). 이는 본문의 종들에게는 해당되지 않고 마태복음 25장의 처녀들에게도 해당되지 않는다.

34절의 『**집**』은 이스라엘 민족에 대한 언급이다. 이는 그리스도 『**자신의 집**』이다(히 3:6). 그때의 종들은 어떤 조건하에서 그 집의 한 부분이 된다. 『**만일 우리가 확신과 소망의 기쁨을 끝까지 굳게 붙들면**』(히 3:6). 이 사실은 마태복음 25:29과 누가복음 12:46에 의해 확정된다. 몇몇 종들은 그 집으로부터 던져져 『**믿지 않는 자들**』과 함께 고난을 받을 것이다(눅 12:46-48).

34절의 『**문지기**』는 성읍 문에 배치되어 문제가 일어날 때 경고하는 파수꾼에 대한 언급이다(겔 3:17; 33:2,6,7). 이 파수꾼은 이사야 21:11에서 『**밤**』에 대해 질문을 받는다. 그 파수꾼은 밤에 파수를 서 있기에 『**아침이 오나니 밤도 오리이다.**』라고 대답한다(사 21:12). 따라서 그는 밤중에 파수를 서고 있었다. 그러나 아침을 기다리고 있었다. 그러나 그 후에 다른 밤이 오고 있었다.

이를 통해 예언의 순서 배치를 알 수 있는데 그것은 교회 시대, 휴거, 대환란, 재림의 예언의 순서이다. 교회 시대는 밤으로(롬 13:12) 동이 트기를 기다린다(벧후 1:19). 그러나 그 후에 다른 밤이 오는데 대환란이다. 그리스도께서 돌아오시는 재림은 태양이 올라오는 것과 연관된다(말 4:2). 지구상에 펼쳐지는 엄청난 어두움의 시간 후에 태양이 솟아오르는 것이다(사 60:1-3).

35절에 대해서는 이미 설명하였다. 6:48에서 그 적용으로 교회의 휴거를 살펴보았다. 재림의 적용에 관련하여 그리스도께서 다시 오신다는 것을 제자들이 깨닫지 못한 이유는 제자들은 아직 성경의 완전한 계시를 가지고 있지 않았기 때문이다(32절 주석 참고). 그들이 가지고 있었던 것은 구약이었다.

물론 방금 읽은 본문을 교회 시대의 상황에 실제적으로 적용할 수 있다. 예수님께서 강론 끝에 『**내가 너희에게 말하는 것은 <u>모든 사람</u>에게 말하는**』(37절) 것이라고 말씀하셨다. 그리스도인은 "근무 중에 잠을 자서는 안 된다"(36절). 바울은 다음과 같이 말한다. 『**뿐만 아니라 우리가 그 때를 아노니 지금은 바로 잠에서 깨어나야 할 시간이로다. 이는 지금이 우리가 믿었던 때보다 우리의 구원이 더 가까워졌음이라**』(롬 13:11). 이는 휴거 때 몸이 구원받는 것을 언급한다. 또 다시 말한다. 그러므로 그가 말씀하시기를 『**잠자는 자여 깨어라. 그리고 죽은 자들로부터 일어나라. 그러면** 그리스도**께서 네게 빛을 주시리라."고 하셨느니라**』(엡 5:14) 이 말은 구원받지 못한 사람에게 쓴 것이 아니라 구원받은 사람들에게 쓴 것이다. 그리스도인은 운전 중에 졸아서는 안 된다. 왜냐하면 그리스도인은 낮의 자녀이지 밤의 자녀가 아니기 때문이다(살전 5:6–8).

그리스도인은 『**깨어 기도**』해야 한다(33절). 지속적으로 기도하고 감사함으로 깨어 있어야 한다. 『**꾸준히 기도하고 감사함으로 기도에 깨어 있으라**』(골 4:2). 휴거와 관련하여 그리스도인은 깨어 있어 정신을 차려야 한다. 『**그러므로 우리는 다른 사람들과 같이 자지 말고 깨어 있어 정신을 차리자**』(살전 5:6).

삶의 어느 영역에 우리는 깨어 있어야 하는가? 언어 생활에 있어서, 행동에 있어서, 생각에 있어서, 행위들에 있어서, 마음을 성찰하는데 있어서 깨어 있어야 한다. 그리스도인은 자신의 주님이 오시는 것에 대해 깨어 있어야 한다(딛 2:13, 빌 3:20). 우리는 적그리스도나 대환란이 오는 것에 대해 무지하지 않다. 그러나 그런 것들은 우리들이 기다리는 대상이 아니다. 우리는 우리 주님께서 다시 오셔서 우리를 여기서 데려가시는 것을 기다리고 있다(요 14:3).

나는 심지어 구원받지 않은 자들에게 그리스도의 다시 오심을 전파한다. 왜 그런가? 그 『**집 주인**』이 오시는 것을 준비하게 하기 위함이다. 결국, 주님의 집이 아니겠는가? 주님께서는 불법 거주자들이 점유한 집을 파멸시킴으로 내쫓으실 것이다. 이 불법 거주자들은 값을 지불하고 『하나님**의 종**』이 되는 편이 나을 것이다(롬 6:22). 주일학교에서 재림을 배울 때 어린 꼬마가 말했듯이 말하라. "예수님은 다시 오십니다." 그러나 그 아이가 말했다. "그런데 정말 화가 나셨어요!"

마가복음 14장

14:1 이틀 후면 유월절과 무교절이라. 선임 제사장들과 서기관들이 어
떻게 하면 간계를 써서 주를 붙잡아 죽일까 하고 강구하더라.
2 그러나 그들이 말하기를 "백성 가운데 소요가 일어나지 않도록
명절날에는 하지 말자."고 하더라.

『**유월절과 무교절**』은 이 구절에서는 하나이면서 그리고 같은 명절이다(12절 참고). 비록 세부적으로는 『**무교절**』이 유월절 다음 날 시작되지만 말이다(레 23:5,6). 이는 유월절을 누룩 없는 빵과 함께 먹었기 때문이다(출 12:8). 그리고 원래의 유월절에는 누룩 없는 빵을 먹는 그 날들이 포함되었다(출 12:18).

왜 이 문제에 대해 자세하게 다루는 것인가? 누가복음 22:7에서는 성경이 무교절(단수, the <u>day</u> of unleavened bread)과 무교절 기간(복수, the days of unleavened bread, 행 12:3)을 구분하기 때문이다. 성경은 유월절을 무교절이라고 부르기도 한다(눅 22:1). 그러나 성경은 결코 무교절을 유월절이라고 부르지 않는다. 이런 이유는 사람들이 알든 모르든 간에, 성령께서 AV 번역자들이 사도행전 12:4에 있는 『**이스터**』라는 말을 유지하게 하기 위해 번역자들을 인도하신 것이다. 그 말을 『**유월절**』(Passover)로 바꾸게 하는 대신 말이다. 무교절(the day of unleavened bread)인 유월절은 이미 왔다가 지나갔다. 그리고 유대인들은 유월절 뒤에 오는 무교절 기간(the days of unleavened bread)을 지킨다. 성경만큼 명확하게 가르치는 어떤 신학교도 없다.

여기서 다시 한번 1절에 주어진 "고난 주간"의 정확한 시간대에 대해 주목하라. 11:11을 설명할 때, 마가는 정확하게 일요일, 월요일, 화요일에 무슨 일이 일어났는지 그 사실을 제공하였음을 보여 주었다. "성 금요일"에 예수님께서 십자가에 처형되었음을 억지로 주장하기 위해 학자들은 1절의 『**이틀**』을 온전한 24시간의 두 날로 만들어야만 했다. 마태복음 12:40의 『**사흘 낮과 사흘 밤**』을 부인한 후에 말이다.

하루를 오후 6시부터 그 다음날 오후 6시까지 보는, 유대인들의 시간계산에 따르면(창 1:5 주석 참고) 마가복음 14:1은 화요일 오후 6시 이전에 주어진 것이고, 첫째 날이 수요일이 된다. 이때는 수요일 오후 6시 이후에 유월절 양을 먹기 위해 그 전에 유월절 양을 잡는 유월절 예비일(요 19:14)로, 유월절 양을 죽이는 때이다(12절). 이때는 유대 시간인 목요일로, 둘째 날이 시작된다. 예수님께서는 수요일 밤, 목요일 낮, 목요일 밤, 금요일 낮, 금요일 밤, 그리고 토요일 낮 동안 무덤에 계셨는데 바로 『**사흘 낮과 사흘 밤**』 동안 계셨다. 예수님께서는 토요일 오후

6시 이후에 무덤에서 나오셨는데 이 때는 유대인의 주의 첫날이 시작되는 때였다. “성 금요일”은 단지 로마카톨릭의 이교 전통에 불과한 허튼 소리다.

이제 종교 지도자들인 『**선임 제사장들과 서기관들**』(1절), 그리고 『**백성의 장로들**』(마 26:3)이 모여 『**간계를 써서**』, 즉 교묘한 방책을 써서(마 26:4) 예수님을 잡을 계획을 세우는데, 그 이유는 예루살렘에 유월절을 맞아 모인 모든 유대인들이, 그들이 예수님을 잡았다는 사실을 알지 못하게 하려는 것이었다. 왜 이들은 자신들의 행위를 사람들로부터 숨기기를 원했던 것인가? 백성들의 폭동을 부추기는 것을 두려워했기 때문이다(2절).

많은 유대인들이 예수님께서 병자들을 치유하시는 것을 보았고, 소경의 눈을 뜨게 하는 것을 보았고, 마귀들을 쫓아내는 것과 죽은 자를 일으키고, 문둥병자를 깨끗하게 하며, 기적적인 방법으로 수 천 명을 먹이시는 것을 보았다. 그 유대인들은 예수님께서 선지자이심을 확신했다. 만일 바리새인들과 사두개인들이 예수님이 가르치고 계실 때 공개적으로 잡으려고 했더라면, 많은 유대인들이 그들을 돌로 쳤을 것이다(눅 20:6 참조). 반면 어떤 유대인들은 예수님께서 자신이 육신으로 오신 하나님이라고 주장한 것으로 인하여(요 10:30-33) 예수님을 돌로 치려는 준비가 되어 있기에, 이들은 바리새인들과 사두개인들 편에 서서 예수님을 대적하려 하였을 것이다. 그렇게 될 때 수백만의 유대인들이 서로 싸우는 일이 벌어졌을 것이다. 그리되면 “팍스 로마나”(로마의 평화) 정책에 아주 좋지 않을 것이기에 빌라도는 로마 군대를 보내 질서를 바로잡아야 했을 것이다. 이런 상황을 유대 지도자들은 두려워하였기에(요

11:48) 모든 것을 비밀리에 진행하려 한 것이었다.

14:3 주께서는 베다니에 있는 문둥병자 시몬의 집에 계시더라. 주께서 앉아 식사하실 때, 한 여인이 매우 값진 감송향유가 든 옥합을 가지고 와서 그 병을 깨뜨려 주의 머리에 붓더라.

4 그러자 그들 가운데 몇몇 사람이 분노하여 말하기를 "어찌하여 이런 향유를 낭비하는가?

5 이것을 삼백 데나리온 이상에 팔아서 가난한 사람들에게 줄 수도 있었을 텐데."라고 하며 그 여자에게 투덜대더라.

6 그때 예수께서 **말씀하시기를 "그녀를 가만두어라. 어찌하여 그녀를 괴롭히느냐? 그녀는 나에게 좋은 일을 하였느니라.**

7 가난한 사람들은 항상 너희와 함께 있어 너희가 원할 때마다 그들에게 좋은 일을 할 수 있으나 나는 너희와 항상 함께 있지는 아니하느니라.

8 그 여인은 자기가 할 수 있는 일을 하였으니 내 몸에 향유를 부어 장사지내려고 미리 왔느니라.

9 진실로 내가 너희에게 말하노니, 온 세상에 이 복음이 전파되는 곳마다 그녀가 행한 이 일도 말하여 그녀를 기념하리라."고 하시니라.

본문은 2절과 10절 사이에 삽입된 부가적인 설명으로, 이는 요한복음 12:1을 볼 때 명백하다. 이 사건은 우리가 부르는 금요일 저녁, 유대인에게는 안식일이 시작되는 시점에서 일어났고, 종려 주일, 승리의 예루살렘 입성 이전에 발생한 일이다(요 12:12-15 참고).

3절에 언급된 식사는 예수님을 위한 특별한 만찬이다(요 12:3). 마리아, 마르다, 나사로도 참석했지만(요 12:2,3), 만찬은 그들의 집에서 열린 것이 아니라 『**문둥병자 시몬의 집**』에서 열렸다(3절). 이 시몬이 누구인지 정확히는 알 수 없으나, 그가 예수님의 사역 중, 예수님께 치유받은 많은 문둥병자 중 한 명임은 분명하다.

본문에 나오는 『**여인**』은 요한복음에 따르면 마르다의 자매, 그리고 나사로의 누이인 마리아로 확인된다(요 12:3). 『**옥합**』(3절)은 이집트에서 나는 돌로, 대리석과 비슷하게 생겼지만 훨씬 부드러운 소재이다. 이 돌은 향수병을 만드는 데 사용되었으며, 본문의 경우에는 상자 형태로 사용되었다. 『**감송향유**』는 히말라야 산맥에서 자라는 식물에서 추출한 향수이다. 성경 시대에는 『**매우 값진**』(3절) 향유로 여겨졌는데, 매우 비싸고 『**매우 값진**』 향유였기 때문이다(요 12:3). 이 감송향유 상자는 10개월 치 임금에 해당하는 가치를 지녔으며(『**삼백 데나리온**』 - 요 12:5, 마가복음에서는 그 『**이상**』이라고 언급한다 - 5절), 오늘날 경제로 환산하면 최소 1만2천 달러에 해당할 것이다. 이것은 마리아가 주님을 얼마나 귀하게 여겼는지를 보여준다. 그녀는 자신이 가진 가장 값비싼 것을 주님께 드렸다.

마리아는 자신이 가진 최고의 것을 주님께 드렸다. 그녀는 희생적으로 드렸다. 『**그 병을 깨뜨려**』, 이 표현은, 일부를 남겨 다른 때를 위해 아껴두는 것이 없었음을 의미한다. 주님께서 어떤 그리스도인을 사용하시려면 그가 주님에 의해 "깨어져야" 한다는 필요성에 대해 이미 8:6에서 살펴보았다. 나는 이를 "성령께서 행하시는 고통스런 일"이라고 부른다. 즉, 개인이나 교회가 부흥을 경험하려면 성령께서 몇 가지를 깨뜨리셔야만 한다.

마리아는 예수님의 머리에 향유를 부었는데(3절), 요한복음 12:3에는 그녀가 『예수**의 발에 붓고**』라고 덧붙인다. 이는 구약에서 대제사장에게 기름부었던(출 29:7, 레 8:12) 것이나, 왕에게 기름부었던 것과 같은 기름부음이다(삼상 10:1, 왕하 9:6). 본문의 경우에는 선자자에게 기름붓는 것으로, 그녀는 예수님의 몸을 장사 지내는 것에 앞서 미리 준비하는 기름을 부은 것이다(8절).

예수님께서 저녁 식사를 하시는 동안, 마리아가 손에 감송향유 한 상자를 들고 오는데, 그녀는 이 향유를 사기 위해 수년간 저축했을 것이다. 어떤 목적을 위해 아껴두었든지 간에, 이제는 그것을 구주를 향한 사랑의 표현으로 사용하고 싶어 한다. 마리아는 상자를 깨뜨려 예수님의 머리와 발에 향유를 붓고, 집 전체를 감송향유의 향기로 가득 채운다.

그러나 저녁 식사 자리에 있던 모든 사람이 마리아가 예수님께 행한 행동을 기뻐한 것은 아니었다. 『**그러자 그들 가운데 몇몇 사람이 분노하여**』(4절). 그들은 마리아가 주님께 이 값비싼 향유를 『**낭비**』하는 것처럼 보여 화를 냈다. 마가는 이들을 『**그들 가운데 몇몇 사람**』이라고 말했으며, 마태는 그들을 예수님의 『**제자들**』로 좁혀 말한다(마 26:8). 그러나 요한은 그 불만의 "주동자"의 이름을 구체적으로 언급하는데 그 사람은 바로 유다였다(요 12:4,5).

『**어찌하여 이런 향유를 낭비하는가?**』(4절) 여기서 유익한 "헬라어 표현"이 있다. 이 질문을 한 사람은 바로 『**멸망의 아들**』 유다였다(요

17:12). 『**멸망**』이라는 헬라어 단어는 “아폴레이아”(apoleia)로, 본문 마가복음 14:4의 『**낭비**』로 사용된 단어와 동일하다. 이는 요한계시록 9:11의 『**아폴루온**』과도 관련이 있다. 다른 말로 하자면, 예수 그리스도를 향한 희생적인 사랑의 행위는 마귀와 그의 무리들에게는 저주받을 낭비로 여겨진다는 의미이다.

그렇다면 유다가 마리아의 행위에 대해 불만을 가진 이유는 무엇이었을까? 『**이것을 삼백 데나리온 이상에 팔아서 가난한 사람들에게 줄 수도 있었을 텐데**』(5절). “아, 가난하고 억압받는 도시 저소득층의 소수자들!”, “아, 이 불쌍한 아이들이 중앙아메리카에서 도보로 먼 길을 온 것을 보라! 그들을 외면할 수 있겠는가?”, “고향에서 쫓겨난 이 수만 명의 시리아 모슬렘 난민들(그중 많은 이가 20세에서 40세의 젊은 남성으로, 전형적인 모슬렘 테러리스트 연령대이다)을 어떻게 외면할 수 있겠는가?” (한편으로 같은 지역에서 모슬렘들에게 박해당하고, 참수당하고, 성폭행당하는 “그리스도인 소수자들”은 외면하고 있다.)

유의해 보아야 할 사람들이 있는데 특히 정치인들 중에, 자신들은 한 번도 가난해 본 적이 없는데 항상 가난한 사람들에 대해 걱정하는 사람들이다. 힐러리 클린턴이나 오바마 같은 민주당 인사들이 “무료” 의료 서비스, “무료” 대학 등록금, “무료” 식권에 대해 이야기하는 것을 듣는다면, 그것은 “있는 자들”에게서 돈을 빼앗아 “없는 자들”의 표를 사려는 정부의 수작에 불과하다는 사실을 알아야 한다. 그들은 “가난한 사람들”에 대해 신경 쓰지 않으며, 오직 자신들의 권력 유지에만 관심이 있다. 이러한 사회주의자들은 가난한 사람들을 돕기 위해 자기 소득의 1%조차 기부하지 않지만, 필요하다면 강제로라도 당신의 돈을 빼앗아가도록 법을 통과시킬 것이다.

유다는 『**가난한 사람들**』에 대해 전혀 신경 쓰지 않았다. 그가 불평한 이유는, 『**그가 이렇게 말한 것은 가난한 사람들을 염려해서가 아니라 그가 도둑이며 돈주머니를 맡아 그 안에 넣은 것을 지니고 다니기 때문이라**』(요 12:6). 그는 공동 자금을 "슬쩍 가져가며" 횡령하고 있었다. 많은 자선 단체들이 모금한 자금의 10%도 본래의 목적에 사용하지 않는다. 즉, 암 기금, "경찰 후원 협회," 부상당한 퇴역 군인, 어린이 소망을 이루는데 돕는 "메이크 어 위시"(make-a-wish) 기금, 화상 클리닉, 실종 아동, "청소년 기금" 등 대부분의 기부금은 실제로는 해당 목적이 아닌 누군가의 주머니로 들어간다. 유다는 『**삼백 데나리온**』에서 자신이 빼돌릴 수 있는 것을 원했을 뿐, 『**가난한 사람들**』에 대해서는 전혀 관심이 없었다.

6절은 분명하다. 마리아가 행한 일은 『**낭비**』가 아니라 예수 그리스도께 행한 『**좋은 일**』이었다. 7절에서 『**첫째 계명**』이 어떻게 적용되는지 주목해 보라(12:30 주석 참고). 예수님께서는 "가난한 사람들에 대해서는 신경 쓰지 말고 나를 돌보아라"라고 말씀하시는 것이다. 만약 그분이 하나님이 아니셨다면, 이는 꽤 오만한 발언일 것이다. 오늘날 일부 사람들은 심지어 하나님께서 그런 말씀을 하시는 것도 오만하다고 생각할 수 있다. 이는 그들이 첫째 계명보다 둘째 계명을 더 중요하게 여기기 때문이다.

이제 당신은 예수님께서 이 구절의 마지막에서 말씀하신 상황에 처해 있다. 예수님께서 더 이상 이 땅에 계시지 않기에, 당신이 예수님을 위해 직접 몸소 무언가를 할 수는 없다. 오늘날 비용을 들여 그리스도께 무언가를 드리기 원한다면 그분의 사역에 드려 헌신해야 한다.

『**이는 성도들을 온전케 하며 섬기는 일을 하게 하고** 그리스도**의 몸을 세우게 하여**』(엡 4:12).

물론, 이 말씀은 예수님께서 하늘로 올라가실 때 교회에 주신 사역자들에 대해 말하는 것이지만, 당신이 헌금하는 이유에도 그대로 적용된다. 지역 교회에 드리는 헌금은 성도들을 온전하게 하는 일(제자로 훈련시키는 일과 교육), 사역을 수행하는 일(전도지를 구매하고 선교사들을 지원하는 것부터 전등과 화장지를 교체하는 것까지 포함), 그리고 교회의 지체들을 세우는 일에 사용되어야 하는데, 이에는 건전한 성경적 설교와 가르침을 위한 마이크, 음향 장비, 녹음 장비, 문서, 그리고 사용되는 시청각 장비와 물품 등이 포함될 수 있다.

물론, 주님께 드리는 모든 것이 돈으로만 이루어지는 것은 아니다. 감사와 찬양은 우리가 주님께 드릴 수 있는 희생이다(히 13:15). 복음을 전할 때, 우리는 마치 집 안에 퍼진 감송향유처럼 주님께 『**향기**』를 드리는 것이다. "성도들의 기도"도 하나님께 드리는 향기로운 향과 같다(계 5:8).

8절에는 위대한 말씀이 있다. 『**그 여인은 자기가 할 수 있는 일을 하였으니**』. 이것은 패니 크로스비의 묘비에 새겨진 글이다. 당신의 묘비에도 그 말을 새길 수 있을까? 누구를 정죄하고자 하는 것이 아니라, 만약 당신이 주님을 위해 할 수 있는 것을 했다면, 잘한 것이다. 그 일이 크든 작든 상관없다. 중요한 것은 그 일이 당신이 할 수 있었던 것인가 아닌가 하는 것이다. 성경은 다음과 같이 말한다. 『**먼저 할 마음만 있다면 사람이 가진 대로 받으실 것이며 없는 것을 받지는 아니하시리라**』(고후 8:12). 만약 당신이 어떤 일을 할 수 없거나 특정 금액을 드릴 수 없다면, 하나님은 그것에 대해 당신을 책망하지 않으신다. 주님께서 알고 싶어 하시는 것은, 당신이 가진 것을 그분께 드렸느냐 하는 것이다.

『**내 몸에 향유를 부어 장사지내려고 미리 왔느니라**』(8절). 그때 마리아는 제자들 중 아무도 알지 못한 것을 알게 되었다(8:31,32; 9:31,32 주석 참고). 내 견해로는 그녀는 예수님의 발 앞에 앉아 그분의 말씀을 듣고(눅 10:39) 그것을 믿음으로 얻었을 것이다(살전 2:13 참고).

9절은 수수께끼 같은 구절이다. 지금까지 마가복음에 있는 『**복음**』은 바울이 전한 복음이 아니었다(1:1,14,15; 13:10 주석 참고). 그러나 본문에서의 복음은 그리스도의 죽음과 장사, 그리고 그로부터 부활과 연결된다(8:31; 9:31; 10:34). 이는 분명히 그리스도의 사역 중에 전해졌던 복음이 아니었다. 그것이 복음이라고 생각할 수 있는 유일한 방법은 그 성경을 내려놓고 "경건한 근본주의자"가 되거나 "존경하는 성경학자"가 되는 것이다.

이 구절은 분명히 예언이지만, 이것이 이 시대의 복음에 대한 예언인지, 아니면 왕국의 복음에 대한 예언인지는 불분명하다. 만약 이것이 사도행전에서 전해진 복음이라면 (행 2장에서 베드로는 분명히 바울이 고전 15:1-4나 갈 3:14에서 전한 복음을 전하지 않았다. - 행 2:37-40 참고), 본문에 나오는 사건에 대해 그 누구도 언급하지 않았다. 바울은 자신의 어떤 서신에서도 그 사건에 대해 언급하지 않았고, 야고보, 베드로, 요한, 유다도 마찬가지였다. 나는 그 사건에 대해 설교한 적이 있으며, 다른 설교자들도 그렇게 한 적이 있다. 그러나 구원받은 모든 목회자가 강단에 서서 그 사건에 대해 계속 설교했을까?

이 사건이 마태복음, 마가복음, 요한복음에 기록되어 있으니, 그 부분이 포함된 성경이 번역되어 배포되고 읽혀지는 곳에서는 예수님의 말씀을 이루는 것이라고 말할 수 있을 것이다. 물론, 복음이 전해진 곳이 있지만, 그곳에 전해진 언어로 성경이 아직 번역되지 않은 곳도 있기 때문에, 그것 역시 문제이다.

물론, 예수님께서 마가복음 13:10의 "복음"을 언급하실 수도 있다. 그러나 만약 그렇다면, 요한계시록에는 그것이 이루어졌다는 것을 나타내는 것이 아무것도 없다. 그래서 성령께서 이 문제에 대해 더 많은 교리적인 빛을 주실 때까지 우리는 이 문제를 여기서 멈추겠다. 실천적 영역에서, 헌신의 영역에서, 본문은 사랑, 헌신, 드림, 그리고 주님께 주의 깊게 다가감을 주제로 훌륭한 설교를 할 수 있다. 나는 모든 설교자들에게 이 여인을 위한 "기념 예배"를 때때로 드릴 것을 권면하곤 한다(9절).

14:10 그때에 열둘 가운데 하나인 유다 이스카리옷이 선임 제사장들에게로 갔으니 그들에게 주를 넘겨주려 함이더라.

11 그들이 그 말을 듣고 기뻐하며 그에게 돈을 주기로 약속하더라. 그리고 그는 어떻게 하면 주를 용이하게 넘겨줄까 하고 기회를 엿보더라.

이 자는 하나님의 아들(the Son of God)을 배신하는 멸망의 아들(the Son of Perdition)이다. 『**육신으로**』 나타나신 하나님으로 예수님은 『**경건의 신비**』이다(딤전 3:16). 이와 마찬가지로 유다는 육화된 마귀로서(요 6:70,71) 『**불법의 신비**』(살후 2:3-7)이다. 유다는 외견상으로는 인간 아버지를 가지고 있다(요 12:4; 13:26). 그러나 『**멸망의 아들**』에서 말하는 『**멸망**』(perdition)은 어떤 상태를 말하는 것만이 아니라 어떤 인격(person)을 말한다(전에 4절에서 다룬 『**아폴루온**』과 『**멸망**』에 대한 설명을 참조하라). 유다는 적그리스도의 예표인 카인과 동일한 위치의 사람으로 『**그는 그 악한 자로부터**』(요일 3:12) 나왔으며, 예수 그리스도의 예표인(히 12:24) 자신의 동생 아벨을 죽인 자이다(요일 3:12). 유다는 일종의 "혼성체"(hybrid)인데 이는 마치 창세기 6:4에 나오는 『하나님**의 아들들**』이 낳은 자식과 같다. 유다의 "형제들" 가운데 일부가 가까운 미래에 곧 나타날 것이다(단 2:43 주석 참고).

10절에서 유다가 누구인지 주의해 보라. 『**열둘 가운데 하나**』이다. 이 말을 복음서 기록자들이 여러 번 사용한다(마 26:14,47, 막 14:43, 눅 22:3,47, 요 6:71). 이는 유다가 그의 동료들과 함께 나가(6:7) 마귀들을 쫓아내고 병자를 고쳐주며(6:13) 회개를 전파하였다는(6:12) 의미이다. 그렇다면 유다는 구원받았는가? "마귀"가 구원받을 수 없듯이, 유다는 구원받지 않았다(요 6:70,71). 유다는 성령의 능력으로 기적들을 행하였는가? 『**안네와 얌브레**』가 『**모세를 대적**』했을 때(딤후 3:8. 출 7:9-12,19-22; 8:5-7 참고) 성령의 능력으로 행한 것이 아닌 것과 같다. 유다는 두 번째 나타날 때 『**멸망의 아들**』로서 『**사탄의 역사에 따라**』, 『**모든 능력과 표적들과 거짓 이적들**』을 행할 것이다(살후 2:3-9). 은사주의자들과 같은 신뢰하지 못할 사람들이 "예수는 주시다!"라고 말한다고 해서, 예언을 할 수 있고, 마귀들을 쫓아내고, 천장에서 금 부스러기를 떨어뜨린다고 해서 그들 모두가 구원받았다는 것을 의미하지는 않는다(마 7:22,23). 이는 이웃 집 고양이가 구원받았는가 하는 질문과 같은 이치이다.

유다는 "침례교 신부주의자"(Baptist Brider)들을 난처하게 만든다. 특히 그들 가운데 구원의 영원한 보장을 믿는 자들에게 더욱 그렇다. 만일 신약에 나오는 유일한 교회가 지역 교회로, 침례를 통해 그리스도의 "몸" 안으로 들어가는 회원들로 이루어진 지역교회라면(모든 침례 교회주의자들은 고전 12:13을 물 침례를 통해 지역교회 회원이 되는 것으로 해석한다), 그리고 그 몸이 그리스도의 신부라고 할 때(엡 5:22-32에서 분명히 말하고 있다.) 그리스도의 신부 중 한 명이 지옥으로 갔다는 말이다.

이는 물론 예언의 성취인데(시 41:9; 55:12-14 참고), 선임 제사장들이 유다에게 주기로 약속한 돈의 양도 포함된다(마 26:15; 27:9, 슥 11:12). 유다가 성장하면서 시편, 스카랴에 있는 이 예언들을 얼마나 많이 들었겠는가? 그리고는 전혀 자신에게는 무관한 것이라고 생각하면서 읽었겠는가? 다시 한번, 우리는 무시무시하고 섬뜩한 진리를 대면하게 된다. 만일 자신이 잘못하면 하나님께서 어떻게 하실지 정확하게 그 사실을 알고 있으면서도 그 잘못된 일을 행할 수 있다(12:12 주석 참고).

만일 죄인이 하나님께서 자신에게 주시는 빛을 거부하면 그는 빛을 발견할 수 있는 능력, 이해할 수 있는 능력, 하나님께서 주시는 경고에 대처할 수 있는 능력을 잃는다. 바로 "빛을 거부하면 그 빛은 번개가 된다."는 말이다. 유엔이 그들에 대해 400년 넘게 계시된 내용을 거부하고(슾 3:8 주석 참고), 우주복도, 우주선도, 비행접시도, 재진입 캡슐도 필요 없이 몇 분 만에 470억 광년을 이동할 수 있는 외계에서 온 분(계 19:11)에게 맞서 무기를 들게 될 상황을 어떻게 설명할 수 있겠는가? 유엔은 하나님께서 정하신 운명대로 될 것이다. 그리고 그들은 "전적 타락", "유기" 또는 "제한된 속죄"와는 전혀 관계없이 그 일을 수행할 것이다. 그들은 하나님의 아들을 거부한 것에 기초하여 그렇게 할 것이다(살후 1:8; 2:10-13).

유다는 향유를 팔아 챙길 수 있었던 『**삼백 데나리온 이상**』(5절)을 훔칠 기회를 박탈당하자, 자신의 선생을 팔아 이익을 내기로 결심한다(13:1 주석 참고). 유다는 『**유대인의** 왕』(마 2:2. 막 15:26 참고)을 노예의 값(출 21:32) 또는 『**순전한 서원**』에 대한 『**정한 값**』으로 여겨진 20세에서 60세 사이 『**여자**』의 값(레 27:1-4)으로 팔았다.

『**돈을 사랑하는 것이 모든 악의 뿌리니**』(딤전 6:10). 나는 새로운 "성서들"이 그렇게 말하지 않는다는 것을 알고 있다. 하지만 그런 번역 및 개정 위원회의 보수주의자들, 근본주의자들, 자유주의자들, 현대주의자들은 절반의 시간 동안도 제대로 된 판단력을 갖고 있지 않다. 이 시대에는, (이 말은 교회 시대의 현재 시제로 주어진 진리이다. 사 14:12-14에 있는 이야기가 아니다.) 『**돈을 사랑하는 것이 모든 악의 뿌리**』이지, 성경을 변개시킨 왜곡된 번역들이 읽듯이 단순히 "모든 종류의" 악이 아니다. 유대인들의 시기와 빌라도의 예수 그리스도에 대한 비겁함은 유다의 탐욕 없이는 아무 결과도 맺지 못했을 것이다.

『**그들이 그 말을 듣고 기뻐하며**』(11절). 보라. 이는 누가복음 22:5에서도 반복되지만, 그리스도의 생애에서 이 바리새인들과 사두개인들이 그리스도의 사역에 대해 『**기뻐**』한 것은 이때가 유일하다. 그들은 죄를 용서하신 예수님을 하나님을 모독하는 자로 여겼다(2:7). 그분이 죄인들을 회개로 이끄는 것을 불평했다(2:16,17. 눅 15:2 참고). 예수님께서 사람들을 마귀들로부터 해방시켰을 때 그분을 마귀 들렸다고 비난했다(3:22). 또한 예수님께서 그들 가운데 한 마귀에게 사로잡힌 사람을 고치셨을 때, 마을이 평화롭고 안전하게 되는 것보다 오히려 자신들의 수입이 손해 보는 것을 더 중요하게 여겼다(5:14-17). 예수님께서 죽은 소녀를 살리셨을 때는 비웃었다(5:40-42). 그들은 그분의 가르침에 실족하였다(6:1-3). 그들은 예수님의 말씀보다 자기들의 전통과 계명을 더 높였다(7:1-13). 그들은 예수님을 시험하고자 했고(8:11; 10:2), 그분의 말씀에 트집을 잡으려 했다(12:13). 하지만 그들은 예수님께서 하신 어떤 선한 일에도 기뻐하거나 즐거워하지 않았다. 사실, 그들은 예수님이 나사로를 죽은 자들로부터 살리신 후 많은 사람들이 그 기적으로 인해 예수님을 믿게 되자 나사로를 죽이기를 원했다(요 12:10,11).

기록된 설명 가운데 "그들이 하루를 기쁘게" 한 유일한 일은 그리스도의 가장 가까운 제자들 가운데 하나가 예수 그리스도를 배신하여 죽음에 넘긴 것이었다. 그들이 어느 정도 위선자들이었느냐 하면 자신들이 깨끗해야 유월절 양을 먹을 수 있기에 이방인의 건물에 들어가지 않았지만(요 18:28) 예수 그리스도를 살해할 음모를 꾸미는 데 있어서는 아무 거리낌이 없었다.

『그리고 그는 어떻게 하면 주를 용이하게(conveniently) 넘겨줄까 하고 기회를 엿보더라.』(11절), "용이하다"(convenient)라는 단어는 성경에서 아홉 번 나오며, 부사 형태로는 여기 11절에서 한 번 나온다. 이 단어는 두 가지 기본적인 정의를 가지고 있다. 1) "적합한, 적절한, 올바른" 그리고 2) "용도나 필요에 맞춘 것"이다. 도덕적인 영역에 관해서는, 첫 번째 정의가, 옳고 그름의 절대적인 기준에 따라 판단되어야 한다는 것을 알 수 있다(예로 롬 1:28, 엡 5:4). 반면 두 번째 정의는 한 사람의 주관적 기분에 따른 실용주의이다. 이는 마가복음 6:21(헤롯), 사도행전 24:25(펠릭스), 그리고 본문 11절(유다) 경우에서 사용된다. 이는 자신에게 무엇이 맞고, 적절하며, 적합한 것인지에 관한 것이다. 현대 철학에서는 "진리는 당신에게 맞는 것이라면 무엇이든 진리이며, 다른 사람에게는 진리가 아닐 수도 있다"고 말한다. 물론, 다윈의 진화론에 근거한 "적자 생존"과 "자연 선택"의 정글에서는, 진리가 정치인, 입법자, 판사, 경찰, "정부 요원", 총알, 총, 탱크, 미사일, 로켓 추진 유탄, 군중 등을 가장 많이 가진 자에게 진리가 된다. "힘이 곧 정의"가 되는 것이다. 그들은 그것이 진리든 아니든, 효과가 있든 없든, 당신이 동의하든 말든 자신들의 "진리"를 당신에게 강제로 집행할 것이다. 그런 종류의 "진리"는 언제나 당신을 멸망에 이르게 할 것이다(요 14:6 참조).

14:12 무교절의 첫날, 즉 유월절 양을 잡는 날에 제자들이 주께 말씀드리기를 "주께서 유월절 양을 잡수실 수 있도록 우리가 어디에 가서 준비하기를 원하시나이까?"라고 하니

13 주께서 제자들 가운데 두 사람을 보내며 말씀하시기를 "성읍으로 들어가라. 그러면 물항아리를 지고 가는 사람을 만나리니 그를 따라가라.

14 그리고 그가 들어가는 곳으로 가서 그 집주인에게 말하기를 '선생님께서 말씀하시기를, 내가 제자들과 함께 이번 유월절 양을 먹을 객실이 어디냐고 하시더이다.'하라.

15 그러면 그가 잘 갖추어지고 준비된 큰 다락방을 보여 주리니 거
기서 우리를 위해 준비하라."고 하시니라.
16 제자들이 떠나 성읍으로 들어가서 주께서 자기들에게 말씀하신
대로 만나 유월절을 준비하더라.

12절은 화요일 저녁, 즉 오후 여섯 시 이후를 언급한다. 이때부터 유대인의 수요일이 시작된다. 본문은 그 저녁으로 이어지는 늦은 오후의 일을 다루고 있다.

수요일은 유월절 직전의 날로, 유월절은 수요일 저녁 6시에 시작된다. (이는 유대인의 목요일이 시작되는 시점이다.) 이날은 『**예비일**』(15:42)이었는데 유월절 만찬에 사용할 누룩 없는 빵을 굽고 유월절 어린양을 잡는 날이었기 때문이다(12절). 유월절 당일에는 이런 일을 할 수 없었는데 유월절은 특별한 안식일이었기 때문에(요 19:31), 어떤 육체적인 일도 해서는 안 되었기 때문이다(레 23:5-7). 카톨릭 신화를 받아들이는 대신 성경에 기록된 사실을 기록된 대로 믿을 수 있다면 예수 그리스도께서 언제 십자가에서 돌아가셨는지 아는 것은 어떤 어려움도 없다.

13절은 예수님께서 하나님의 속성인 전지하심을 발휘하시는 장면이다. 이는 예수님께서 11:2,3에서도 보이신 것과 같다(그 구절에 대한 주석 참고). 여기에서 맥기(J. Vernon McGee)는 다른 해석을 내놓는다. 13절은 부인할 수 없는 그리스도의 전지하심을 나타낸 것이라고 이해한다. 유월절 기간에 예루살렘은 약 300만 명의 사람들로 가득 차 있었다. 그 가운데 물 항아리를 지고 가는 바로 그 남자를 찾아, 그가 두 제자를 바로 그 집으로 인도하게 하는 일은 300만 분의 1의 확률에 해당한다.

예수 그리스도께서는 제자들을 정확히 어디로 누구에게 보내야 하는지 알고 계셨다.

그러나 맥기는 14,15절이 예수님과 『**그 집주인**』과 사전에 계획된 일이었다고 해석한다. 이는 라디오 방송에서 흥미로운 이야기 소재가 될 수 있겠지만, 본문의 핵심을 놓치는 해석이다. 예수님께서는 유월절 만찬을 예루살렘의 다른 모든 사람들보다 24시간 앞서 행하려 하셨다. 14절의 『**집주인**』은 화요일 저녁, 예수님과 제자들이 필요로 했던 시간에 맞춰 유월절 만찬을 위한 객실을 완전히 준비해 두었다. 이는 수요일 저녁, 다른 모든 사람들이 유월절을 준비하던 시간과는 다른 시간이었다. 이는 하나님께서 그 사람의 마음을 움직이신 결과이며, 그 사람은 자신이 왜 그런 일을 하는지 알지 못했다.

결국 예수님께서 말씀하신 모든 것이 그대로 이루어진다(16절). 예수님과 제자들은 유월절을 앞당겨 행하셨는데 이는 그 다음날 예수님께서 유월절 어린양이 되실 것이기 때문이다(고전 5:7).

14:17 저녁이 되자 주께서 열둘과 함께 오시니라.
18 그들이 자리에 앉아서 음식을 먹을 때, 예수께서 **말씀하시기를**
"진실로 내가 너희에게 말하노니, 너희 가운데 한 사람, 곧 나와
함께 음식을 먹고 있는 자가 나를 배반하리라."고 하시니
19 그들이 슬퍼하기 시작하며 한 사람씩 주께 말씀드리기를 "그가
나니이까?" 라고 하고, 또 다른 사람도 "나니이까?" 라고 하더라.
20 주께서 그들에게 대답하여 말씀하시기를 "열둘 가운데 하나, 곧

나와 함께 그릇에 손을 적시는 자니라.
21 **참으로** 인자는 **자기에 관하여 기록된 대로 가거니와** 인자를 **배**
반하는 그 사람에게는 화가 있으리라! 그 사람은 차라리 태어나
지 않았더라면 그에게 좋을 뻔하였느니라."고 하시더라.

이 장면은 흔히 "최후의 만찬"이라고 알려져 있으며, 레오나르도 다 빈치가 같은 이름의 유명한 그림으로 이를 기념했다. 하지만 다 빈치는 성경을 묘사하는 데 있어 철저히 무지했다. 그는 예수님과 제자들이 모두 긴 식탁 한쪽에 앉아 같은 방향을 바라보며, 창밖으로는 이탈리아 풍경이 보이는 모습으로 그림을 그렸다. 그러나 실제로는 그런 모습이 아니었다. 만약 그 방에 창문이 있었다면, 그 너머로 보이는 것은 예루살렘의 분주한 도시 풍경이었을 것이다. 아무도 의자에 똑바로 앉아 한쪽 방향으로만 바라보지 않았다. 당시에는 모두 낮은 『**침상들**』(에 1:5,6; 7:8, 겔 23:41, 암 6:4), 즉 거의 땅에 깔린 소파 같은 곳에 기대어 식탁(낮게 놓인 판) 주변에 둘러앉았다. 마지막 만찬에서도 이와 같은 방식이었음을 알 수 있는 이유는 요한이 예수님의 가슴에 기대어 누워 있었다는 기록 때문이다(요 13:25).

그들이 먹고 있을 때, 예수님께서 자신이 배반당할 것이라는 소식을 전하셨다. 물론 그 말은 그 만찬에 찬물을 끼얹는 것이었다. 그리고 그들은 슬픔에 잠기기 시작했다(19절). 그리고나서 한 사람씩 주님께 묻는다. 『**그가 나니이까?**』(19절) 그들은 죄책감, 양심의 가책을 가지고 있다. 적절한 환경만 주어지면 자신들이 배반할 수도 있다는 사실을 알고 있다. 한 사람만 제외하고 그들 모두는 그랬다. 단지 한 사람만이 그 문제에 대해 떳떳한 양심을 가지고 있었는데 바로 요한이었다. 그가 묻는다. 『주**여, 그가 누구니이까?**』(요 13:25)

이 부분에서 마가복음에 나오지 않는 내용이 있는데 마태복음에 기록되어 있는 이 소식에 대한 유다의 반응이다. 제자들 가운데 열 명은 『**그가 나니이까**』라고 물으면서 그리스도를 『주』라고 불렀으나 유다는 예수님의 말씀이 다 끝나기를 기다렸다가 물을 때 『**선생님**(주가 아니다), **그가 나니이까?**』(마 26:25)라고 묻는다.

그리스도께서는 그 배반자가 『**열둘 가운데 하나, 곧 나와 함께 그릇에 손을 적시는 자**』라고 알려 주신다(20절). 이는 유대인들에게 있어서 흔한 사례인데 심지어는 일반 식사를 할 때도 그렇다(룻 2:14 주석 참고). 그렇게 행한 것은 분명 장소가 협소해서가 아니다. 제자들 가운데 그 누구도 왜 예수님께서 유다에게 『**네가 하는 일을 속히 행하라.**』고 말씀하셨는지 알지 못했다(요 13:27,28). 그리고 유다가 주를 배반하기 위해 떠났을 때 다른 제자들은 재정 담당인 유다가 『**가난한 사람들에게 무엇을**』 주기 위해 간 것이라고 여겼다(요 13:29). 따라서 거의 대부분의 제자들은(제자들 모두가 아니라도) 만찬을 행하는 중에 예수님과 함께 『**그릇**』에 빵을 적셨다. 더 자세한 계시는 그 빵을 주는 것에 대해 요한에게만 계시되었다(요 13:25,26).

『**참으로** 인자**는 자기에 관하여 기록된 대로 가거니와**』(21절). 이 예언은 완전히 성취되었다. 부활 이후에 예수님께서는 엠마오로 가는 두 제자들에게 자신의 고난과 그 고난 뒤에 따라오는 영광에 관하여 구약을 통해 성경 개론강좌를 하셨다(눅 24:26,27. 벧전 1:10,11 참고). 만일 그 내용이 성경에 있다면 그 일은 낮이 지난 후에 밤이 오는 사실보다 더 분명하게 발생할 것이다. 그러나 낮 뒤에 밤이 오지 않을 날이 있다(눅 13:24 주석 참고).

그리스도인이여, 그런 사실로 인하여 힘을 내라. 당신이 기록된 그대로, 그 약속을 가지고 있다면 즉 그리스도를 당신의 구주로 믿는다면 아무것도 당신을 그리스도의 사랑에서 분리시킬 수 없다(롬 8:38,39). 성령께서는 당신을 인치셨는데 주께서 돌아오셔서 당신의 몸을 구속하기까지 당신을 인치신 것이다(엡 4:30). 그리고 그리스도 안에서 당신이 서 있는 위치는 당신을 본향으로 데려가시기 위해 오시는 날까지 『**책망할 것**』이 없다(고전 1:7,8). 당신은 절대적으로 그 사실을 『**확신**』할 수 있다(빌 1:6). 당신이 휴거 전에 죽는다면 당신은 몸으로부터는 『**떠나**』 있어도 『**주와 함께**』 있게 된다(고후 5:8). 당신이 구원받은 후 당신에게는 절대무오한 성경의 모든 권위를 가지고 있는 것이다. 당신의 구주에 따르면 성경은 폐기될 수 없다(요 10:35). 당신의 구원은 예수 그리스도께서 당신의 죄들을 위해 죽으시고 부활하신 사실만큼이나 분명하다. 당신은 하늘나라에 갈 수 있게 된 것이다. 그것을 믿든지 믿지 않든지 사실이다. 당신이 구원의 확신으로부터 오는 안전함의 느낌을 갖기 원한다면 성경에 있는 약속을 믿으면 그런 안전함의 느낌을 가질 수 있다(요일 5:13).

『인자**를 배반하는 그 사람에게는 화가 있으리라!**』(21절) 이는 유다에 관한 경고이다. 이 경고는 마태복음 18:7에서 먼저 경고되었다.

『실족케 하는 일로 인하여 세상에는 화가 있도다! 실족케 하는 일이 일어나는 것은 어쩔 수 없는 일이라 하여도 실족케 하는 그 사람에게는 화가 있도다!』

"하나님의 섭리적인 뜻"은 "인간의 자유의지"와 함께 더불어 작용한다. 하나님께서는 실족하게 하는 "섭리적인 뜻"이 있으나 당신이 꼭 그 섭리를 담당할 필요는 없다. 사람으로서[물론 유다가 『**마귀**』였다는 사실(요 6:70,71)과 『**멸망의 아들**』이라는 사실(요 17:12)을 조화시켜 이해하기 어렵다는 것을 나는 알고 있다]. 유다는 그리스도를 배반하지 않을 선택권을 가지고 있었다. 이는 『**사람이신** 그리스도 예수』(딤전 2:5)께서 마태복음 4장에서 시험을 이길 수 있는 선택권을 가지신 것과 동일하다. 그리스도처럼 유다에게는 두 본성이 있었다. 사람의 본성과 마귀의 본성이 있었던 것이다.

『**그 사람은 차라리 태어나지 않았더라면 그에게 좋을 뻔하였느니라**』(21절). 이는 욥이 고난 당할 때 욥이 바라던 것이었다(욥 3장). 그리고 예레미야의 한탄이었다(렘 20:14,15). 예수님께서는 대환란 중에 유대인 여자가 결코 아이를 가져본 적이 없다면 그것이 더 낫다고 말씀하신다(눅 23:29).

14:22 그들이 먹고 있을 때에, 예수**께서 빵을 가지고 감사를 드린 후**
떼어 그들에게 주시며 말씀하시기를 "받아 먹으라. 이것은 나의
몸이니라."고 하시고
23 또 잔을 가지고 감사를 드리신 후에 그들에게 주시니, 그들이 다
그것을 마시더라.
24 그리고 나서 그들에게 말씀하시기를 "이것은 많은 사람을 위하여
흘리는 나의 새 언약의 피니라.
25 진실로 내가 너희에게 말하노니, 내가 하나님**의 나라에서 새 것**

으로 마시는 그 날까지 포도 열매에서 난 것을 더 이상 마시지 아니하리라."고 하시니라.

26 그후 그들이 찬송을 부른 후에 올리브 산으로 가더라.

『**그들이 먹고 있을 때에**』(22절). 그 이후로 이어지는 장면이 바로 주의 만찬(communion)이다. 침례교 신부들(Baptist Briders)은 지역 교회가 그리스도의 몸이라고 말하는데 이 교리를 주장하기 위해 소위 "제한된 주의 만찬"(closed communion)을 행한다. 즉 특정한 회중의 구성원들만 주의 만찬에 참여할 수 있다는 것이다. 침례받아 지역 교회 회원이 된 유다 이스카리옷이 안고 있는 문제를 해결하기 위해(이에 대해서는 10절 주석 참고) 이들은 유다가 주의 만찬이 제정되기 전에 떠났다고 주장한다.

하지만 주의 만찬은 『**그들이 먹고 있을 때에**』 제정되었다. 유다는 만찬이 끝난 후에야 자리를 떠났다(요 13:2. 요 13:26-30 참고). 유다는 예수님께서 첫 만찬을 시작하실 때, 식탁에 있어 참여하였다(눅 22:20-22). 그는 만찬의 요소를 먹었다.

카톨릭 교회는 "미사"에 관하여 가르치는 데 있어서 이 점이 미친 영향을 결코 고려하지 않는 것이 분명하다. 만약 만찬을 이루는 요소가 예수 그리스도의 실제 몸과 피라면(이들은 요 6:55,56을 왜곡하고, 요 6:57은 무시한다), 그럼 멸망의 아들인 유다가 그리스도의 살을 먹고 그리스도의 피를 마시며, 그리스도 안에 들어가(요 6:56) 『**영원한 생명**』을 얻는 상황이 된다(요 6:54). 교황과 주교들의 가르침으로 "구원받은 마귀" 하나를 만들어냈다(요 6:70,71).

이번에는 화체설(transubstantiation)은 어떤가? 어쨌든 예수님께서는 빵을 『**이것은 나의 몸이니라.**』(22절)고 말씀하셨다. 그렇다면 실제 몸을 말씀하신 것인가? 카톨릭은 그렇다고 말한다. 그래서 로마카톨릭 미사에서는 "거룩한" 식인 행위와 "거룩한" 흡혈 행위(실제 피를 마시는)가 이루어지는 것이다. (결코 거친 표현이 아니다. 그리스도의 실제 몸을 먹고 실제 피를 마신다면 말이다.)

[참고로, 마술 주문인 "호커스 포커스"(hocus pocus)는 미사에서 사용되는 라틴어 표현 "Hoc est corpus meum"에서 유래했는데 이 말은 『**이것은 나의 몸이니라.**』는 뜻이다. 따라서 로마카톨릭 미사에서 벌어지는 것은 마치 주술사가 행하는 흑마술 의식과도 같은 것이다.]

결론은, 그것이 문자 그대로일 수 없다는 것이다. "왜 그렇죠?"라고 물을 수 있다. 그 이유는 간단한 것으로, 예수님의 문자적이고 물리적인 몸이 바로 그 자리에서 빵을 떼고 계셨기 때문이다. 그 몸의 혈관에는 여전히 피가 흐르고 있었고, 아직 한 방울의 피도 흘리시지 않았다. 또한 그것은 영적인 몸일 수도 없다. 왜냐하면 영적인 몸은 십자가에서 죽으실 때에야 비로소 나타나기 때문이다(엡 2:16). 그러므로 그것이 물리적인 실제 몸도 아니고 영적인 몸도 될 수 없다면, 그것은 예수님의 몸을 상징하는 비유일 수밖에 없다. 주님께서는 비유를 통해 어떤 진리를 보여주시고 계신 것이다.

성경 해석의 기본 규칙 중 하나는, 성경 구절이 문자적으로 받아들일 수 있다면 문자적으로 받아들여야 하고, 문자적으로 받아들일 수 없다면 비유적으로 받아들여야 한다는 것이다. 예를 들어, 목사로서 나는 『하나님**의 양무리**』를 치라(벧전 5:2)는 명령을 받았다. 하지만 내 교회 성도들은 양털로 덮인 네 발 달린 짐승들처럼 목초지에 내보내야 할 무리가 아니다. 여기서 『**양무리**』는 비유적인 용어이다.

주님께서 비유적인 언어를 사용하고 계신다는 점에 의문이 든다면, 바로 다음 두 구절을 살펴보라. 『**또 잔을 가지고... 그리고 나서 그들에게 말씀하시기를 "이것은... 나의... 피니라**』(23,24절). 뭐라고? 잔이라고? 말도 안 되는 소리 하지 말라. 그들은 잔을 마신 것이 아니라 잔의 내용을 마신 것이다. 이것은 수사법 표현 중 하나인 "제유법"(synecdoche)으로, 내용물을 그 담는 용기로 지칭하는 표현 방식이다. (그 외에도 여러 용례가 있다.)

이제 성경의 지식과 관련해서, 미국인들이 얼마나 무지한지 보여주기 위해(자칭 그리스도인들, 특히 카톨릭 신자들 포함), 거의 아무도 성경이 이 문제에 대해 뭐라고 말하는지 찾아보지 않는다는 사실을 지적하고 싶다. 즉 예수님께서 24절에서 자신의 문자적인 피에 대해 말씀하실 수 없다는 점을 이해하지 못하는 것이다. 성경에서는 세 번이나 피를 마시는 것이 죄라고 성령께서 말씀하신다. 율법 이전, 율법 아래, 그리고 "은혜" 아래에서의 교회 시대에서도 피를 마시는 것은 죄다.

율법 이전 – 『**그러나 고기를 그 생명과 더불어, 즉 그 피째 먹지 말지니라**』(창 9:4).

율법 아래 – 『**너희는 무엇이든지 피와 함께 먹지 말라. 너희는 마법을 사용하지 말며**[위에 언급한 hocus pocus에 대한 설명 참고] **때를 살피지 말라**』(레 19:26). (또한 레 3:17; 7:26; 17:10-14, 신 12:16,23; 15:23 참고)

신약의 "은혜" 아래 – 『**다만 그들에게 글을 보내어 우상으로**(마리아상, 십자가상, 성 크리스토퍼 메달, 피에타상, 성자들의 형상들, 등등) **더럽혀진 것과 음행과 목매어 죽인 것과 피를 삼가게 하자는 것이라』** (행 15:20).

이 마지막 구절은 그리스도의 몸 안에 있는 구원받고 거듭난 그리스도인들에게 주어진 것이다. 만약 예수 그리스도께서 제자들에게 자신의 문자적인 피를 마시라고 명령하셨다면, 그분은 세 가지 "언약"(testaments) 아래에서 하나님의 계명을 어긴 것이 되며, 죄인이 되셨을 것이다. 만약 미사에서 사용하는 그 발효된 술이 문자적인 피라면(물론 "피가 없는" 형태라 주장할지라도), 당신은 지옥으로 향하고 있는 것이다.

이런 "날조된 신화와 위험스런 사기"(영국 국교회의 39 신조 제 30항에서 인용한 인용구)가 빚는 실재적 사례들을 말하자면 정말 웃음을 자아낼 정도이다. 미사에 사용되는 포도주에 벌레나 거미가 발견되면, 사제가 그 벌레를 포도주와 함께 삼키거나, 아니면 그것을 꺼내어 미사에 사용되는 잔 위에서 씻어낸 뒤 태워야 했다. 만약 쥐가 미사용 빵(즉 성체)을 물고 달아나면, 사제는 "그리스도"를 쥐에게 빼앗긴 벌로 40일간 참회를 해야 했다. 암흑시대에는 사제가 성체를 토해내는 일이 발생하면, 그 토사물을 전부 먹어야 했다. 오늘날에는 성체를 린넨 천으로 집어 올려 물에 녹인 다음, "거룩한 싱크대"[농담이 아니라 실재로 "거룩한 성소"(sacrities sacrarium)라고 부른다]에 부어 배수구를 통해 땅으로 흘려보내는 것이 허용된다. 성체가 하수구로 버려지는 것이 왜 그렇게 큰 문제인지 의아할 뿐이다. 왜냐하면 예수님께서 『**모든 음식**』은 『**배로 들어가서 뒤로**』 나온다고 말씀하셨기 때문이다(7:19 설명 참조).

가끔 누군가가 포도주에 독을 타서 그 "보배로운" "피"가 얼마나 특별한지 시험해 보려고 하곤 했다. 그 결과, 그것을 마신 사람은 완전히 즉사했다. 만약 포도주 잔에서 "보배로운 피" 일부가 바닥에 흘러내렸다면, 미사에 참여한 사람이 바닥에 엎드려 혀로 핥아 마셔야 했다. 오늘날에는 사제가 린넨 천으로 닦아낸 뒤, 그 천을 물에 담가 헹군 다음 물을 "거룩한 싱크대"에 부어 땅으로 흘려보내는 것이 허용된다.

만약 "예수님"이 미사 참여자의 틀니에 끼었다면, 그 사람은 칼이나 손톱으로 "그리스도"를 긁어내어 물에 담가 헹군 뒤 그것을 마셔야 했다. 만일 "예수님"이 바닥에 떨어졌을 경우, 미사 참여자는 "5초 규칙"을 적용해 "그분"을 즉시 주워 먹어, "예수님"의 부스러기가 남지 않도록 해야 했다.

알렉스 던랩(Alex Dunlap)은 펜실베이니아에 있는 카톨릭 회심 센터(Catholic Conversion Center)를 운영하는데, 한 번은 어떤 에큐메니컬 종교 통합 모임에서 카톨릭 사제들과 대화를 나누고 있었다. 그는 항상 종교 용품점에서 구입한 로마카톨릭 성찬용 빵인 웨이퍼 상자를 가지고 다녔다. 대화 중에 그는 그 웨이퍼 하나를 꺼내더니 바닥에 떨어뜨리고는 "죄송합니다, 선생님"이라고 말했다. 그 자리에 있던 사제들은 분노로 가득 찬 얼굴로 앉아 있었다. 그들은 미신적이고 이교도 우상숭배자들이었다.

또 다른 자리에서는, 기독교 사업가 점심 모임에서, 한 카톨릭 사제가 자신의 "은사적" 체험에 대해 이야기하고 있었다. (이 시기는 카톨릭이 은사주의 운동에 침투하기 시작하던 때였다.) 알렉스 던랩은 자리에서 일어나 그 사제에게 구원의 간증을 전해 달라고 요청했다. 그 사제는 긴장하며 목을 가다듬더니 "여기 있는 누구도 그 이야기에 관심이 없을 겁니다"라고 말했다. 그러자 무료 점심을 먹으러 온 어떤 술 취한 세일즈맨이 외치며 "나는 그게 좋은 생각이라고 보는데요"라고 말했다.

다시 한번, 던랩은 성찬 웨이퍼 빵 조가리 하나를 꺼내 사제의 얼굴 앞에 들이밀며 이렇게 말했다. "이 사람들에게 진실을 말해 보시오. 이것이 당신의 하나님이 아닌가요?" 그 웨이퍼는 확실히 그들의 하나님이었다. (지금도 그렇다.) 미사에서 사제는 그 빵 쪼가리를 들고 『**나의** 주, **나의** 하나님』이라고 선언한다(요 20:28 참고).

사도 요한은 그러한 신성모독을 행하는 교회를 『**하나님을 모독하는 이름들로 가득**』한(계 17:3) 종교적 창녀로 묘사했고, 『**가증스런 것들과 그녀가 행한 음행의 더러운 것들로 가득**』찬(계 17:4) 교회라고 했다. 로마카톨릭 미사는 가증스러운 신성모독이며, 그리스도께서 여기 마가복음 14:22-24에서 세우신 것을 왜곡한 것이다. 사도 바울은 그것을 『**마귀들의 잔**』이자 『**마귀들의 식탁**』(고전 10:21)이라고 불렀다.

로마카톨릭 미사는 문자 그대로 피 흘리는 희생 제사라고 주장한다. (물론 자신들은 "피 흘리지 않는 방식으로" 드린다고 말한다.) 그러나 바울은 그것을 『**마귀들에게 하는**』 제사(고전 10:20)라고 불렀다. 어떤 그리스도인도 문자 그대로의 실제적 희생제사를 드리지 않는다. 그리스도인이 드리는 유일한 『**제물**』은 『**영적인 제물들**』 뿐이다. 이는 "초대 교황"의 권위로서(ex cathedra) 베드로가 베드로전서 2:5에서 선언한 말이다.

이방인 사도가 그리스도인이 참여하는 주의 만찬(communion)에 관하여 한 말을 들어보라. 『**우리가 축복하는 이 축복의 잔은** 그리스도의 **피의 교제(COMMUNION)가... 아니냐?**』(고전 10:16) 그것이 『그리스도**의 피**』 자체를 말하는 것인가? 아니다! 그것은 『**피의 교제**』이다. 주의 만찬은 같은 믿음을 가진 그리스도인들 간의 친밀한 교제이다. 이 경우, 자신들을 구속하기 위해 그리스도께서 피를 흘려 주신 그 피를 신뢰하는 사람들(골 1:14) 사이의 교제를 말한다. 죄인들을 하나님께 가까이 인도하기 위해(엡 2:13), 죄인들을 의롭게 하기 위해(롬 5:9), 예수 그리스도께서 하나님 앞에서 화목제물(하나님을 만족시켜드리는)이 되기 위해(롬 3:25), 죄인들을 정결케 하기 위해(히 9:14), 그리고 죄인들을 『**모든 죄에서 깨끗하게**』(요일 1:7) 하기 위해 피 흘려주신 예수 그리스도의 피를 신뢰하는 사람들의 교제인 것이다. 그러나 어떤 카톨릭 신자도 미사에 참여할 때 그 잔 안에 있는 내용물이 자신을 위해 위에 언급한 일들을 했다는 확신이 없다.

그리스도의 『**몸**』인 빵에 관해서는 어떤가? 『**우리가 떼는 이 빵은 그리스도의 몸의 교제가 아니냐?**』(고전 10:16) 반복하여 말하는 것은 빵은 그리스도의 문자적인 살이 아니라 그리스도의 『**몸**』의 『**교제**』이다. 그 『**몸**』은 무엇인가? 확실한 것은 그것은 빵의 형태로 있는 문자적인 그리스도의 살이 아니다. 『**이는 우리**(빵을 먹는 그리스도인들) **많은 사람이 한 빵이요, 한 몸이기 때문이며**』(고전 10:17). 따라서 그 빵은 그리스도의 문자적, 실재적 몸이 전혀 아니다. 그것은 유대인들과 이방인들로 이루어진(엡 2:11-16; 4:4) 영적인 그리스도의 몸이다. 그렇다면 카톨릭은 서로 서로를 먹고 있다는 것인가? 말도 안 되는 소리이다.

빵과 "포도주"(이에 대해서는 잠시 후에 살펴볼 것이다)는 예수 그리스도의 문자적인 몸과 피로 된 어떤 희생제물이 아니라 기념을 말하는 것이다. 『**이것을 행하여 나를 기억하라**』(고전 11:24). 『**이것을 행하여 너희가 마실 때마다 나를 기억하라**』(고전 11:25). 어느 누구도 어떤 희생제물을 바치고 있지 않다.

주의 만찬은 그리스도인들이 빵과 "포도주"를 사용하여 자신들을 구원하시고 구주와 하나 되게 하신 십자가에서의 그리스도의 희생을 기억하는 것이다. 그들이 예수 그리스도의 몸을 먹고 피를 마시되, 예수 그리스도께서 아버지로 말미암아 사셨던 것과 같은 의미에서 "먹는 것"이다(요 6:56,57). 즉 예수 그리스도께서는 아버지 하나님을 문자 그대로 "씹어" 먹으신 것이 아니라 영적인 관계를 말하는 것이다. 죄인이 예수님의 살을 먹고 피를 마실 때 영원한 생명을 얻을 것이라고(요 6:54) 말씀하시기 전에, 예수님께서는 네 번에 걸쳐 자신을 믿을 때 영원한 생명이 주어진다고 말씀하셨다(요 6:29,35,40,47). 그래서 예수님의 살을 먹고 예수님의 피를 마시는 것에 대해 예수님께서 말씀하신 것에 대해 화를 내며 일단의 사람들이 떠났을 때 예수 그리스도께서 제자들에게 무엇이라고 말씀하셨는지 아는가?

『**살리는 것은 영이니, 육은 전혀 무익하니라. 내가 너희에게 한 말들은 영이요**(문자적이거나 실재적인 것이 아니라), **생명이라**』(요 6:63). 그리고 이를 분명히 이해하게 하기 위해 이어서 다음과 같이 말씀하셨다. 『**그러나 너희 중에는 믿지 아니하는 자들도 있느니라**』(요 6:64). 그러므로 참된 그리스도인은 죄 사함이나 영생을 얻기 위해 주의 만찬에 의존하지 않는다. 이 죄사함과 영생은 믿음으로 예수 그리스도를 개인적으로 신뢰하는 순간 얻는다. 주의 만찬에서 일어나는 모든 일은 그리스도의 죽음을 『**그분이 오실 때까지**』 기억하는 것이다(고전 11:26). 이는 로마카톨릭 미사에는 없는 부분이지만, 여기서 그것에 대해 다룰 시간은 없다. 이에 대해 더 자세히 알고 싶다면 성경대로 믿는 사람들의 고린도전서 주석서 11:16의 설명을 보라. 여기서 중요한 점은 로마카톨릭 미사에는 처음부터 끝까지 성경적인 요소가 전혀 없다는 것이다.

예를 들어 사제가 사용하는 발효된 술을 보자. 구약에서 반복적으로 알코올 성분이 들어있는 포도주를 경고하고 계신 하나님(잠 20:1; 23:29-33; 31:4, 합 2:15,16)을 생각해 보라. 그런 하나님께서 당신에게 마시지 말라고 하신 것을 마시게 하거나 쳐다보지도 말라고 한 것을 마시게 하며, 그것을 주는 자를 저주하겠다고 하셨는데, 그 하나님이 포도주를 주의 만찬에 사용하셨을까? 바티칸 2차 공의회 이전에는 사제만이 주의 만찬 포도주를 마실 수 있었다. 그 결과가 무엇이었는지 아는가? 술 취한 사제들을 양산한 것이다. 때때로 내 책상으로 로마카톨릭 사제들의 "재활"을 위한 알코올중독치료센터 기금 모금 편지가 온다. 그들은 미사 중 술에 중독되어 그렇게 되었다. 이것이 "하나님께로부터 온 것"이라고 생각하는가?

성경에는 두 종류의 포도주가 있다. 하나는 발효된 술인 『**독주**』이고, 다른 하나는 『**새 포도주**』이다. 이 새 포도주는 성전 예배에서 사용된 포도주이다(느 10:39; 13:5,12). 성경을 기록하신 성령 하나님에 따르면 새 포도주는 포도송이에서 발견된다. 『**포도송이에 새 포도주가 보이면**』(사 65:8). 이는 『**포도의 순수한 피**』(신 32:14)이며, 발효 과정을 거치지 않아 부패되지 않은 것이다. 이런 종류의 포도주는 포도에서 직접 짜서 잔에 담는다(창 40:11). 예수님께서 주의 만찬을 제정하실 때 사용하신 포도주는 바로 이것이다. 예수님은 그것을 『**포도 열매에서 난 것**』**이**라고 부르시며, 『하나님**의 나라**』에서 제자들과 함께 『**새 것**』을 마시겠다고 말씀하신다(막 14:25). 그렇기 때문에 성경을 믿는 침례교도들은 주의 만찬에서 포도즙을 사용한다.

카톨릭은 적어도 16세기 동안 100% 잘못된 것을 가르쳐왔다. 성경("무오한 교회의 가르침"이 무엇을 말하든 상관없이)에 따르면, 크리스천 브라더스 양조장(Christian Brothers Distillery)에서 나온 그 포도주는 『**소돔의 포도나무**』, 『**쓸개 포도**』로 쓴 포도송이들, 『**용의 독이요, 독사들의 지독한 독**』(신 32:32,33)이다. 그것은 마귀에게서 온 것이다(계 12:9). 만약 당신이 교황의 "성체성사"(Eucharist)를 진지하게 받아들인다면, 세상이 확실히 멸망하듯 당신은 저주받을 것이다. 오늘날 이 땅위의 9억 명이 넘는 로마카톨릭 신자들의 영적 상태가 바로 그렇다.

다시 25절로 돌아가자. 『**내가** 하나님**의 나라에서 새 것으로 마시는 그 날까지**』. 현재 『하나님**의 나라는 먹고 마시는 것이 아니라 다만** 성령 **안에서 의와 화평과 기쁨이라**』(롬 14:17)이다. 그러나 예수 그리스도께서 통치하기 위해 오실 때, 그분은 왕으로서 하나님의 나라(영적 왕국)와 천국(물리적 왕국), 두 왕국 모두 통치하신다. 예수님께서 니코데모에게 하나님의 나라를 보게 될 것에 관하여 말씀하셨다(요 3:3). 그리고 왕께서 보좌에 앉으실 때, 그분은 자신의 백성들과 함께 먹고 마실 텐데 이는 마치 예수 그리스도께서 죽은 자들로부터 일어나셨을 때 하셨던 것(눅 24:41-43)과 같다. 그래서 그분이 먹고 마시는 왕국은 단순히 천국일 뿐만 아니라(마 19:28), 하나님의 나라에서도 마찬가지다(눅 22:16-18,29,30). 이는 왕국의 왕이 그곳에 직접 몸으로 계시기 때문이다.

『**그후 그들이 찬송을 부른 후에**』(26절). 음악이 예수 그리스도의 생애 마지막 순간에 등장한다. 물론 예수 그리스도께서 성장하면서 찬송을 부르신 것이 이번이 처음이 아닐 것이지만 이것이 언급된 첫 번째 사례이다. 예수님께서 마태복음 11:17과 누가복음 7:32에서 장터에서 피리를 불며 춤추기를 청하는 아이들에 대해 말씀하셨지만, 그것은 침례인 요한의 설교와 자신의 설교에 대한 유대인들의 반응을 비유적으로 표현한 것이다.

성경에서 가장 긴 책인 시편은 찬송의 책이다. 음악은 이 땅에서 영에 가장 가까운 것 중 하나이며, 물리적이지 않다. 음악은 사람 안에서 시작되며, 악기, 악보, 소리 등은 그 사람 안에 있는 음악을 표현하기 위해 사용하는 외적 도구들이다. 음악은 사람이 창조되기 전부터 존재했다(욥 38:4-7, 겔 28:13). 그리고 하늘에 가면, 음악과 함께 생활할 것이다(계 5:8,9; 14:2,3; 15:2,3). 여기에서 열한 명의 제자들(유다는 떠났다. - 요 13:30)이 십자가에서의 고난을 앞둔 예수님과 함께 찬양을 부르고 있다. 성경을 150번 이상 읽었어도 그들이 부른 찬송이 어떤 찬송인지 발견하지 못했다. 주석가들은 "아마도 시편 113편에서 118편일 것이다. 이는 유대인들이 위대한 할렐이라 부르며 유월절 잔치에서 항상 부르는 찬송이다"(Treasury of Scripture Knowledge, 마 14:26에 대한 주석 설명)라고 말한다. 그러나 이 모든 시편들이 상대적으로 짧다 해도 (시편의 다른 많은 시편들과 비교해 보았을 때) 이 여섯 편의 시편들(복수)이 한 『**찬송**』(an hymn, 단수)으로 여겨질 수 있는지에 대해서는 글쎄다. 확실히 시편 116편이나 시편 118편 같은 노래는 예수님께서 당하실 고난과 관련이 있을 것이다. 따라서 그 범위에 있는 시편들 가운데 하나일 가능성이 크다.

14:27 또 예수**께서 그들에게 말씀하시기를 "너희는 모두 오늘 밤 나로**
인하여 실족하게 될 것이라. 기록되기를 '내가 목자를 치리니,
그러면 그 양들이 흩어지리라.'고 하였음이라.
28 그러나 내가 살아난 후에 너희보다 먼저 갈릴리로 가리라."고
하시니라.
29 그러자 베드로가 주께 말씀드리기를 "비록 모두 다 실족할지라
도 나는 그렇지 아니하겠나이다."라고 하니
30 예수**께서 그에게 말씀하시기를 "진실로 내가 네게 말하노니, 오**
늘 이 밤 닭이 두 번 울기 전에 네가 나를 세 번 부인하리라."고
하시니라.
31 그러나 베드로가 더 강력히 말하기를 "내가 주와 함께 죽을지언
정 결코 주를 부인하지 아니하겠나이다." 하니, 제자들도 모두
그렇게 말하더라.

주님께서는 제자들에게 곧 모두 자신을 버릴 것이라고 말씀하시며, 520년 전에 기록된 스카랴 13:7의 예언(B.C. 487년에 기록됨)을 인용하신다. 이해해야 할 점은, 주님께서 그들에게 『**폐기될 수**』 없는 말씀을 주셨다는 것이다(요 10:35). 그러므로 이것을 피할 수 있는 길은 없다. 그러나 예수님께서는 이어서 약속하신다. 『**그러나 내가 살아난 후에 너희보다 먼저 갈릴리로 가리라**』(28절). 즉 "너희가 나를 버릴지라도 나는 너희를 버리지 않겠다"는 뜻이다(히 13:5 참조).

예수님은 다시 한번 제자들에게 자신의 죽음(27절의 치는 것)과 부활(28절)에 대해 말씀하신다. 그러나 그들은 8:31,32; 9:9,10,31,32에서처럼 여전히 이를 이해하지 못한다(이 구절들에 대한 주석 참조). 제자들은 유대인들이 예수님을 죽일 가능성이 분명히 있다는 것을 알고 있었다(요 11:8). 그들은 심지어 주님과 함께 죽을 각오도 했다(31절, 요 11:16). 물론, 곧 살펴보겠지만, 적어도 베드로는 싸우지 않고는 물러설 계획이 없었다. 하지만 그들은 여전히 부활에 대해 전혀 깨닫지 못했다(요 20:9 참조).

그러나 오류가 없는 절대무오한 성경 말씀과 어떤 오류도 없으신 구주의 말씀에 반하여, 베드로는 이렇게 말한다. 『**비록 모두 다 실족할지라도 나는 그렇지 아니하겠나이다**』(29절). “주님 저는 성경에 ‘**양들이 흩어질 것이라.**’고 되어 있는 것을 알고 있습니다. 그러나 실재 원본에 있는 내용은 나를 제외한 모든 양들이라고 되어 있는 것입니다.”

우리도 마찬가지다. 성경 말씀은 우리를 제외한 다른 모든 사람에게만 해당된다고 생각한다. 그러나 그렇지 않다. 『**이는 모든 사람이 죄를 지었으므로**』(롬 3:23). – 여기에 당신도 포함된다. 『**나로 말미암지 않고는** 아버지**께로 올 사람이 아무도 없느니라**』(요 14:6). – 당신이라고 예외가 아니다. 『**너희는 거듭나야만 한다**』(요 3:7). – 당신도 반드시 거듭나야 한다. 『**악인은 지옥으로 돌려질 것이요**』(시 9:17). – 바로 당신을 말한다. 『**누구든지 생명의 책에 기록되지 않은 자는 불못에 던져지더라**』(계 20:15). – 당신의 어머니, 아버지, 자녀들, 조부모, 교황, 사제, 대통령, 친구, 적, 목사, 랍비, 이맘, 형제, 자매, 아내, 그리고 당신까지 포함된다. 그 성경 말씀을 피해 갈 방법은 없다. 그 말씀은 어떤 방식으로든 당신에게 일어날 일을 말해주며, 그 일이 반드시 일어날 것이다. 그 말씀을 피하거나 그 말씀으로부터 도망가거나, 비껴갈 수 있는 방법은 전혀 없다.

베드로는 "다른 사람들은 주님을 버릴지 몰라도, 나는 절대 그렇지 않을 것입니다."라고 말한다. 그러자 예수님께서는 "베드로야, 너도 나를 버릴 뿐 아니라, 닭이 두 번 울기 전에 너는 나를 세 번 부인할 것이다."(30절)라고 말씀하신다.

그리고 당연히 그리스도께서 죽은 자들로부터 부활하신 후 베드로는 주님을 세 번 부인한 것을 "회복"해야 했다. 요한복음 21:15에서 부활하신 주님은 베드로에게 다른 제자들을 가리키며 『**네가 이 사람들보다 나를 더 사랑하느냐?**』고 물으신다. 십자가 이전에, 베드로는 다른 모든 사람들이 주님을 버린다 해도 자신은 절대 버리지 않겠다고 자만했다. 그래서 예수님께서는 부활 후 베드로에게 자신에 대한 사랑을 세 번 고백하게 하심으로써, 베드로가 세 번 부인했던 것을 증명하게 하셨다(요 21:15-17).

한때 침례교 성경대학(Baptist Bible College) 출신의 M. H. 클라크(Clark)라는 사람이 "럭크만"을 비판하는 테이프를 낸 적이 있었다. 그는 요한복음 21:15-17에서 예수님의 세 가지 질문과 베드로의 답변을 진정으로 이해하려면 "헬라어 원어"를 이해해야만 한다고 주장했다. [그는 이 구절에서 사용된 필레오(phileo)와 아가파오(agapao)의 차이를 말하여 자신의 "우월한 지성"에 사람들을 감복시키게 할 의도였다.] 이제 클라크가 "헬라어 원어"를 가지고 빈둥거리는 동안 놓친 것을 지적하겠다. 그가 (전적으로) 놓친 것은 베드로가 그리스도를 세 번 부인한 것을 만회하기 위해 공개적으로 주님을 고백해야 했다는 사실이다. 만약 이 사실을 놓친다면(클라크처럼), 이 구절이 의미하는 진정한 의미를 놓친 것이다.

그러나 우리는 베드로를 너무 비난하지는 말아야 한다. 그는 단지 늘 그렇듯이 가장 먼저 나서서 큰소리쳤을 뿐이다. 31절 마지막 부분을 보라. 『**제자들도 모두 그렇게 말하더라.**』 모든 제자들이 자신은 주님을 버리지 않겠다고 주장했으며, 필요하다면 주님을 위해 홀로 죽을 각오가 되어 있다고 말했다. 그러나 베드로는 "선두"에 나서서 다른 사람들보다 더 "심히(즉, 더 강렬하고, 단호하며, 열정적으로) 말했기" 때문에, 다른 제자들보다 더 강하게 다루어질 필요가 있었다.

베드로의 부인을 다룰 때 기억해야 할 중요한 점은, 베드로가 주님을 사랑하지 않아서 그분을 부인한 것이 아니라는 사실이다. 베드로는 주님에 대한 사랑이 없어 부인한 것이 아니라, 주님께 화가 났기에 주를 부인했던 것이다. 시몬 베드로는 주님의 생명을 구하기 위해 싸울 각오가 되어 있었지만, 주님은 그에게 싸우지 못하게 하셨다. 베드로는 주님을 위해 자신의 "마지막 항전"을 펼치는 위대한 영웅이 되길 원했지만, 주님께서 그를 싸우지 못하게 하시자 비겁한 겁쟁이처럼 도망칠 수밖에 없었다. 베드로는 자신을 그런 상황에 처하게 만든 주님께 불만을 품었고, 그 분노 속에서 주님을 부인한 것이다.

헌신적인 그리스도인들이 때때로 도덕적으로 큰 문제에 빠지는 이유도 이와 비슷한데 그들은 주님께 무엇인가에 대해 화가 난 것이다. 주님께서 자신들에게 어떤 나쁜 일이 일어나도록 허락하셨다거나, 중요한 기도 요청에 대해 자신들이 생각한 방식이나 시간 안에 응답하지 않으셨다거나, 자신들이 보기에는 다른 방식으로 하셨어야 할 일을 하셨다고 생각하기 때문이다. 그래서 하나님께 "앙갚음"하기 위해 잘못된 일을 저지른다. 일종의 개인 보복 행위이다. 문제는 후에 그 잘못된 일을 저지른 것에 대해 원상 복구를 해야 한다는 것이다. 그때는 차라리 처음부터 그냥 참고 지나갔더라면 좋았을 것이라고 느낄 만큼 더 후회스런 상황에 처하게 된다는 것이다. 이것이 베드로에게 일어나게 될 일이다.

14:32 그들이 겟세마네라고 하는 곳에 왔을 때 주께서 제자들에게 말씀하시기를 "내가 기도하는 동안 여기 앉아 있으라."고 하시고

33 베드로와 야고보와 요한을 데리고 가시더니 주께서는 몹시 놀라고 괴로워하기 시작하시더라.

34 그리고 그들에게 말씀하시기를 "내 혼이 너무 슬퍼 죽을 지경이니 너희는 여기서 기다리며 깨어 있으라."고 하시고

35 앞으로 조금 가셔서 땅에 엎드리어 가능하다면 그 시간이 그에게서 지나가기를 기도하시며

36 말씀하시기를 "아바, 아버지**, 아버지께는 모든 것이 가능하시오니, 이 잔을 내게서 옮겨 주옵소서. 그러나 내가 원하는 대로 하지 마옵시고 아버지께서 원하시는 대로 하옵소서."라고 하시더라.**

37 그리고 와서 그들이 잠들어 있는 것을 보시고 베드로에게 말씀하시기를 "시몬아, 자느냐? 네가 한 시간도 깨어 있을 수 없더냐?

38 너희가 시험에 들지 않도록 깨어서 기도하라. 참으로 영은 준비되어 있지만 육신이 연약하구나."라고 하시더라.

39 그리고 다시 가서 기도하시는데 같은 말씀으로 말씀하시더라.

40 주께서 돌아와 그들이 다시 자고 있는 것을 보시니, (이는 그들의 눈이 무거움이라.) 그들은 주께 어떻게 대답해야 할지 모르더라.

41 주께서 세 번째 오셔서 말씀하시기를 "이제는 자고 쉬어라. 이제 다 되었고 그 시간이 왔느니라. 보라, 인자**가 죄인들의 손에 넘겨지느니라.**

42 일어나서 가자. 보라, 나를 배반하는 자가 가까이 왔도다."라고 하시더라.

예수님과 제자들은 마지막 만찬을 가졌던 다락방을 떠나 올리브 산으로 갔다(26절). 언덕 기슭에 『**겟세마네라고 하는 곳**』(32절)이 있었다. 겟세마네는 "기름 짜는 곳"이라는 의미이다. 겟세마네는 올리브 나무들이 자라던 동산이었다(요 18:1). 그곳에는 올리브 열매에서 기름을 짜내는 "기름틀"이 있었다. 이 과정은 사람들이 포도즙을 밟아 내는 포도주틀과는 달랐다. 웬만한 성경 사전이라면 올리브 기름을 짜는 과정을 잘 설명하고 있으니 그 과정을 알고 싶다면 성경 사전들을 참고하라. 이 이름은 곧 예수님께 일어나게 될 일을 상징적으로 잘 나타낸다. 예수님께서는 절망을 넘어서는 "압박"을 받으실 것이며, 그분의 혼의 슬픔은 짓이겨져 『**죽을 지경**』까지 "압박"을 받게 되실 것이다(34절). 예수님께서 기도하실 때, "압박을 받아" 『**그의 땀이 큰 핏방울처럼 되어 땅에 떨어지더라.**』(눅 22:44)라고 기록한다. 예수님께서는 아담이 동산에 있었던 것처럼 동산에 계셨다. 아담처럼 피에 관련된 문제를 다루셨다. 아담처럼 마귀를 다루셨다(사 50:7,8). 이런 이유로 바울은 주 예수 그리스도를 『**마지막 아담**』(고전 15:45)이라고 부른다. 로마서 5:12,13에서는 아담과 그리스도를 비교한다.

따라서 성경에는 인류의 두 계보가 나온다. 하나는 『**아담 안에서**』,

『모든 사람이』 죽는 계보이고(고전 15:22. 창 5장 참고), 다른 하나는 『그리스도 **안에서**』 아무도 죽지 않는 계보이다. 마태복음 1장과 누가복음 3장에 있는 그리스도의 계보를 읽어보면 두 군데 모두 죽음이 나오지 않는다. 물론 그리스도의 계보에 나오는 모든 사람들은 죽었다는 사실을 알고 있지만, 성령께서 그 사실을 기록하지 않으셨는데 그 이유는 『그리스도 **안에서 모든 사람을 살게 하려**』(고전 15:22) 함이다.

『내가 기도하는 동안 여기 앉아 있으라』(32절). 이 말씀은 열두 제자 중 여덟 명에게 하신 것이다. 유다는 이미 다락방에서 떠나 예수님을 배반하러 갔다. 예수님께서는 "핵심 측근 제자들"(베드로, 야고보, 요한)과 함께 기도하러 가셨다(33절). 주님께서 모든 제자들에게 하신 권면은 『**시험에 들지 않도록 기도하라.**』(눅 22:40)는 것이었다. 베드로, 야고보, 요한에게는 깨어 있어 기도하라고 권면하셨다(33,34,37,38절).

주께서는 여덟 명의 제자들에게 기도하는 동안 앉아 있으라고 말씀하신다. 그리고 자신은 가셔서 기도하시는 동안 무릎을 꿇고 계신다. 구약에서 사람들은 기도할 때 서서 기도하고(왕상 8:22) 얼굴을 땅에 대고 기도한다(창 17:3, 민 16:22. 마 26:39 참고). 따라서 성경에는 기도하는 데 있어서 특정하게 정해진 "자세"가 없다. 중요한 것은 겸손과 믿음으로 하나님께 다가가는 것이다(벧전 5:6,7, 약 1:6).

『몹시 놀라고 괴로워하기 시작하시더라』(33절). 미국의 공교육 시스템에서 성경을 배제한 이후로 사람들이 자기 언어를 이해하는 데 얼마나 무지해 어리석어졌는지를 볼 때 가끔 놀라게 된다. **『몹시 놀라고』**

(sore amazed)와 『**괴로워하기**』(very heavy)라는 표현은 "고어 표현"이 아니다. 최소한 마가복음 14:33의 문맥과 사전적 의미에 따르면 "고어"가 아니다.

여기서 "sore"는 형용사로 사용되었다. 이는 "정신적인 고통을 겪는, 슬퍼하고, 괴로워하며, 비통한"이라는 의미로, "sore at heart"(마음이 아프다, 가슴이 쓰리다)와 같은 표현에서 볼 수 있다. 그래서 다음 구절에서 읽게 되는 내용이 『**내 혼이 너무 슬퍼 죽을 지경이니**』(34절)이다.

"헬라어 원문"을 강조하는 사람들은 "amazed"라는 단어를 두고도 큰 의미를 부여하려 하며, 〈킹제임스성경〉의 표현이 "불완전"하기에 "헬라어 원문"을 보지 않으면 이해할 수 없다고 생각하게 만든다. 그러나 성경이 성경에 대해 무엇을 말하는지 알아보기 위해 성경을 성경으로 비교해 보는 것은 전혀 하지 않는다. 성경에서 [현대의 "하향 평준화된" 연방 교육 시스템 아래에서 졸업한 졸업생들이 게이(gay)라는 단어를, 본래의 "명랑한"의 의미가 아닌, 성적 타락과 연관 짓는 것과는 상관없이], 놀라움(amazed)은 놀라움(astonishment, 1:22,27), 떨림과 두려움(trembling and fear, 16:8, 출 15:15, 겔 32:10), 고통(pain, 사 13:8)과 관련되어 있다. 본문에서 예수님은 『**고뇌**(agony) **속에서**』(눅 22:44) 계신다.

그리고 『**괴로워**』하는 것(very heavy)은 잠언 12:25에서 읽을 수 있듯이 마음이 무거운 것을 말한다. 잠언 25:20에 나오는 『**마음이 우울한 사람**』(heavy heart)은 슬프고 비참한 상태를 나타낸다. 본문의 예수님의 경우, 『**혼**』(34절)이 슬픔으로 "무거워짐"을 경험하신다. 그래서 "슬픔에 짓눌리다"(weighed down with grief)라는 표현이 나오는 것이다. 이런 내용을 이해하기 위해 "헬라어 원문"이 정말 필요했을까?

그렇다면 예수님께서 왜 그렇게 『**슬퍼**』하시고 또 왜 그렇게 『**간절히**』(눅 22:44) 기도하셨을까? 주님은 지금 『**그 시간이 그에게서 지나가기를 기도**』하고 계신 것이다(35절). 어떤 『**시간**』인가? 그분께서 죽어야 하는 죽음의 시간이다(요 2:4; 7:6,30; 8:20; 12:23,27; 13:1). 그렇다면 어떤 죽음인가? 한 가지 확실히 말할 수 있는 것은 그 죽음은 겟세마네에서 죽으시는 것이 아니었다. 심지어 그 죽음은 십자가에서의 육체적 죽음도 아니었다. 그분은 십자가를 기쁨으로 견디셨다(히 12:2).

존 알 라이스는 히브리서 5:7로 달려가서, 그 죽음인 『**사망**』이 겟세마네 동산에서 그리스도의 육체적 죽음이라고 해석한다. 라이스는 그리스도께서 겟세마네에서 거의 죽기 직전이었고, 다음 날 십자가에서 죽으시기 위해 살아남게 해달라고 기도하셨다고 주장한다. "사랑하는 존 박사님"에 따르면, 아버지 하나님께서 그리스도의 기도를 『**들으셨**』고, 긍정적으로 응답하셨다는 것이다. 이는 처음부터 끝까지 철저히 사적인 해석이다. "선하고, 경건하고, 헌신된 근본주의" 복음 전도자가 내놓은 사적인 해석일 뿐인데, 그저 자신의 신문(The Sword of the Lord)을 많이 팔았다는 이유로 밥존스대학에서 명예박사 학위를 받았다고 해서 스스로 성경을 가르칠 자격이 있다고 착각했던 것이다.

성령 하나님께서는 그리스도께서 『**아버지**』께 『**옮겨**』 주시기를 원하셨던 그 『**잔**』(36절)의 의미를 정의해 주셨는데, 그것은 육체적 죽음과는 아무 관련이 없었다. 그 잔은 죄에 대해 심판하시는 하나님의 진노의 잔이었다(욥 21:20, 시 11:6, 사 51:17,22, 렘 25:15, 계 14:9,10; 16:19). 그리스도께서는 겟세마네에 이르기 훨씬 전에, 그 잔을 마시셔야 할 그 시간으로부터 자신을 구해 달라고 아버지께 기도하셨다(요

12:27). 더 나아가, 그분은 결국 그 잔을 마셨다(요 18:11). 그러므로 그리스도의 기도에 대한 아버지의 대답은 긍정적 응답이 아닌 "No"였다.

그리스도께서는 단순히 『**우리의 죄들을 담당**』하신 것만이 아니다(벧전 2:24). 그분은 우리를 위해 죄가 되셨다. 『**그를 우리를 위하여 죄로 삼으신 것은**』(고후 5:21). 그리스도께서 십자가에서 죽으셨을 때, 그분은 마귀의 인격이 되셨다(요 3:14; 계 12:9, 시 22:6 참고). 이것은 십자가 처형에 의한 그분의 육체적 죽음과는 관련이 없었다. 그것은 혼과 관련이 있었다. 『**내 혼이 너무 슬퍼 죽을 지경이니**』(34절). 이사야 53장의 마지막을 보라.

『**그를 상하게 하는 것이 주를 기쁘시게 하였기에 주께서 그를 고난에 두셨도다. 주께서 그의 혼을 속죄제물로 만드실 때**』(사 53:10).

『**그가 자기 혼의 고통을 보고 만족하게 되리라**』(사 53:11).

『**이는 그가 자기의 혼을 부어 죽음에 이르게 하였으며, 또 그는 범죄자들과 더불어 헤아림을 받았으나 그가 많은 사람들의 죄를 지며 범죄자들을 위하여 중보를 하였음이라**』(사 53:12).

선지자는 연속해서 세 번이나, 그리스도께서 기도하신 그 죽음이 혼의 죽음임을 말해 준다. 그것은 요한계시록 20:14에서 『**둘째 사망**』이라고 불린다. 그러므로 죄에 대한 하나님의 진노의 잔을 옮겨 달라는 그리스도의 기도와 관련해서 말하자면, 그 기도를 분명 들으시기는 했지만, 그에 대한 하나님의 응답은 부정적 응답이었다.

그러나 히브리서 5:7은 그보다 더 깊은 의미가 있다. 그 구절은 그리스도께서 아버지께 자신을 죽음(dying)으로부터 구해 주실 것을 기도하셨다고 말하지 않는다. 『**자기를 사망**(death)**에서 구원하실 수 있는 분**

께』 기도하셨다고 되어 있다. 하나 물어보겠다. 『**둘째 사망**』은 얼마나 오래 지속되는가? 그 답은 이미 마가복음 9:44,46,48에서 나왔다.

『**그곳에는 그들의 벌레도 죽지 않고, 불도 꺼지지 아니하느니라.**』

당신이 지옥에 가게 된다면, 제칠일안식일예수재림교에서 가르치는 것처럼 그곳에는 "혼의 소멸" 같은 것은 없음을 알게 될 것이다. 혼의 고통은 영원하다(계 14:9,10). 하나님께서 살아 계시는 한 당신은 하나님의 진노의 『**소멸케 하시는 불**』(히 12:29) 가운데 영원히 거할 것이다.

그렇다면 그리스도는 어떠한가? 그분께서 우리의 죄 때문에 영원히 불타야 했을까? 물론 그렇지 않다. 그 이유는 무엇인가? 지옥에서 당신의 죗값을 치르며 불타고 있는 죽은 구주는 당신에게 영원한 생명을 줄 수 없기 때문이다. 주 예수 그리스도께서 우리에게 "영생"(롬 6:23)을 주시려면, 그분 자신이 영원한 생명을 가지고 계셔야 했다(요일 5:11,20). 그래서 창세기 1:1 이전에, 세상 죄를 짊어지고 지옥에서 그 죗값을 치러야 하는 일을 앞두고(벧전 1:19,20, 계 13:8), 아들 하나님께 한 가지 약속이 주어졌는데 그 약속은, 만약 그분이 그렇게 하신다면, 아버지께서 그분께 『**영생**』을 주시겠다는 것이었다(딛 1:2 주석 참고). 그래서 그 약속은, 그리스도의 『**혼**』을 『**지옥에**』 내버려두지 않을 것이라는 것이었고(행 2:27), 그것이 바로 부활이다(행 2:31).

그러므로 하나님 아버지께서는 예수님의 겟세마네에서의 기도를 『**들으셨**』고 『**사망에서 구원**』하셨다. 하지만 그것은 마귀가 예수님을 겟세마네에서 죽이는 것이나 로마인들이 그분을 십자가에 못 박은 것과는 전혀 관련이 없다. 아버지께서는 그분을 지옥에서의 영원한 사망으로부터 구원하셨고(계 1:18), 그분의 혼의 형태를 다시 사람의 모습으로 회복시키셨다(시 22:6. 8:36 참고 및 9:44,46,48에 대한 설명).

36절에서 그리스도께서 아버지 하나님을 부르시는 아람어 표현『아바』를 주목하라. 이 단어는 신약성경에 세 번 등장하는데, 매번 그 뒤에『아버지』라는 단어가 따라온다(막 14:36, 롬 8:15, 갈 4:6). 일반적인 해석에 따르면, 이 단어는 자녀가 아버지를 친밀하게 부르는 표현으로, 히브리어에서 우리말의 아빠(daddy)와 같은 말이라고 한다. 그러나 많은 히브리어 학자들은 이렇게 말한다. "그렇지 않다.『**아바**』뒤에 나오는 헬라어 단어는 '호 파테르,' 즉 '그 아버지' 또는 '나의 아버지'이다." 그래서 그들이 말하길, 여기서 보게 되는 것은 아람어 · 히브리어 단어인데, 그 뒤에 그 말을 정의해 주는 헬라어 단어가 붙은 것이라는 것이다.

물론 우리 중 몇몇 남부 사람들은 (나처럼) 90세가 될 때까지도 아버지를 "Daddy(대디)"라고 부른다. 그리고 현대 히브리어를 말하는 사람들도 실제로 "abba(아바)"라는 단어를 "아빠"라는 의미로 사용한다. 그 정확한 의미가 무엇이든지 간에, 신약성경에서 이 단어가 사용된 것에 대해 말할 수 있는 것은 다음과 같다.

1. 그것은 하나님의 아들과 그분의 아버지 사이의 개인적이고 친밀한 호칭 형태였다(막 14:36).

2. 당신도 동일하게 하늘에 계신 아버지를 그렇게 부를 권리가 있다. 왜냐하면 당신은 그리스도의 영이 당신 안에 거하심으로 인해(갈 4:6) 하나님의 가족으로 입양되었기 때문이다(롬 8:15). 이것은 이스라엘 민족 안에 있는 유대인과 하나님 사이에 있었던 집단적 관계(마 6:9의『**우리 아버지**』)가 아니라, 당신과 하나님 사이의 개인적인 관계이다(요 14:20; 20:17).

『아버지께는 모든 것이 가능하시오니』(36절). 이 말씀이나 10:27과 같은 말씀을 당신 자신에게 적용시킬 때는 주의해야만 한다. 왜냐하면 하나님께도 불가능한 일이 있기 때문이다. 예를 들어 『하나님**께서 거짓 말하실 수**』 없으시다(히 6:18, 민 23:19, 딛 1:2). 또한 하나님의 아들의 희생 없이 죄를 제거하는 것은 하나님께 불가능한 일이다(36절 본문). 또 한 가지 더 말하자면, 당신이 그리스도 안에 있다면, 하나님께서 당신을 아들이라고 인정하지 않으시는 것도 불가능하다(딤후 2:13).

『그러나 내가 원하는 대로 하지 마옵시고 아버지께서 원하시는 대로 하옵소서』(36절). 이것은 그리스도께서 이 땅에 오신 또 다른 이유를 보여주는 말씀이다(1:38 주석 참고). 다만 이번에는 그분이 태어나시기도 전에 이 말씀을 하셨다(시 40:8. 히 10:7-10 참고). 이것은 예수님께서 『**고난받은 일들로 순종을**』 배우신 부분이다(히 5:8). 그분은 『**죽음에까지 순종하셨으니 십자가의 죽음에까지**』 순종하셨다(빌 2:8). 그리고 그렇게 하셨기에 그분은 『**온전하게**』 되셨고(죄 없다는 의미가 아니라, 구원을 완성하셨다는 뜻이다), 『**영원한 구원의 근원이**』 되셨다(히 5:9). 그래서 우리는 단 한 번의 희생을 통해 거룩하게 될 수 있게 된 것이다(히 10:10).

예수님께서 한 번 기도하신 후, 베드로와 야고보와 요한에게 돌아오셨을 때 그들은 잠들어 있었다. 물론 늦은 밤이고, 거대한 만찬 후였지만, 34절에서 예수님께서 그들에게 말씀하신 그 엄청난 중대함은 그들을 깨어 기도하게 할 충분한 이유가 되었어야 했다. 그러나 시몬 베드로는 죽음이 임박했을 때 잠드는 데 아무 문제도 없었던 사람이다. 사도행전 12장을 보면, 자신의 처형을 앞둔 바로 그 밤에도 그는 두 명의 군인 사이에서 사슬에 묶인 채 잠들어 있었고, 그 시간에 교회는 그를 위해 밤새도록 간절히 기도하고 있었다(행 12:5,6).

『시몬아, 자느냐? 네가 한 시간도 깨어 있을 수 없더냐?』(37절) 분명히 그렇지 못했다. 이 제자는 31절에서 예수님과 함께 죽을 준비가 되어 있다고 호언장담했던 사람인데, 정작 자신이 지켜야 할 한 시간도 깨어 있지 못했던 것이다. 내가 군대에 있었을 때, 보초 근무 중에 잠드는 행위는 전시에는 심지어 사형에 처해질 수도 있는 중대한 범죄였다. 왜냐하면 보초가 잠들어 있으면 적이 진영 안으로 들어와 큰 혼란을 일으킬 수 있기 때문이다. 여기 마가복음 14장에서 진짜 적은 유다나 예수님을 잡으러 온 무리들(43절)이 아니라 육신이었다.

『너희가 시험에 들지 않도록 깨어서 기도하라. 참으로 영은 준비되어 있지만 육신이 연약하구나』(38절). 구원은 당신의 육신을 변화시키지 않는다. 구원받기 전과 마찬가지로 육신은 여전히 죄와 부패의 몸이며, 그것은 휴거 때에 몸이 『**구속**』될 때까지 그대로 남아 있다(롬 8:23). 형제들이여, 성경에서 가장 위대한 그리스도인조차도 육신의 문제를 겪었다. 그는 로마서 7:18에서 이렇게 말했다. **『내 안에 (곧 내 육신 안에는,) 선한 것이 거하지 않는 줄을 내가 아노니』**. 성령 하나님께서 그리스도인의 몸 안에 거하신다는 것은 사실이나(고전 6:19). 그것이 곧 성령께서 당신의 죄로 이루어진 육신과 어떤 관계를 맺고 있다는 뜻은 아니다. 이런 이유로, 성령께서 당신 안에 거하기 위해 들어오실 때, 당신의 혼을 육신으로부터 분리시키는 할례를 행하신 것이다(골 2:11,12).

『원함은 내게 있으나』(롬 7:18). 바로 여기에 그 원하는, 준비된 영,

곧 그리스도 안에서의 새 사람이 있다(고후 5:17, 엡 4:24, 골 3:10). 하지만 그다음에 무슨 일이 일어나는가 보라. 『**선한 것을 어떻게 행하는 것인지는 알지 못하노라. 내가 원하는 선은 행하지 않고 원치 않는 악을 행하는도다**』(롬 7:18,19). 오, 바울이여, 설마 당신이 그랬단 말입니까? 그렇다, 그도 그랬다. 그리고 당신도 그렇고, 나도 그렇다. 문제가 무엇인가?? 그 썩은 육신이다.

『**이제 만일 내가 원치 않는 것을 행하면 그것을 행하는 것은 더 이상 내**(그리스도 안에 있는 바울의 새 사람 - 롬 7:22)**가 아니요, 내 속에 거하는 죄니라**』(롬 7:20).

"옛 성품이 제거"되는 일은 없다. 당신은 죽는 날까지 또는 휴거되는 날까지(고전 15:50-57) 육신과 싸우게 될 것이다(롬 7:23). 그동안 당신은 당신의 육신의 공격을 경계해야 하고, 그 행위를 "죽여야" 한다(롬 8:13, 골 3:5).

마가복음 14장으로 다시 돌아가자. 『**그리고 다시 가서 기도하시는데 같은 말씀으로 말씀하시더라**』(39절). 이것은 『**이교도**』들이 하는 『**헛된 반복**』(마 6:7)이 아니다. 즉 의미도 모르고 기도 구슬을 만지작거리거나 기도 바퀴를 돌리며 기계적으로 반복하는 그런 무의미한 기도가 아니다. 이것은 진실하고 간절한 기도로, 그 짐이 너무 무거워서 다른 말로 표현할 길이 없을 때 드리는 기도이다. 주님께 같은 요청을 되풀이해 드리며, 그분의 응답을 기다리는 것 외에는 아무것도 할 수 없는 상황이다.

그리스도께서 다시 한번 돌아오셨을 때, 제자들은 여전히 자고 있었다(40절). 본문에서는 37,38절처럼 주님께서 책망하신 말씀이 직접 기록되어 있지 않지만, 40절 끝부분의 표현에서 예수님께서 분명히 무언가 말씀하셨다는 것을 알 수 있다. 『**그들은 주께 어떻게 대답해야 할지 모르더라.**』 그들은 9:6절에서처럼 같은 곤경에 처해 있었다(9:6 주석 참고). 나의 아버지는 군대에서 허용되는 대답은 딱 세 가지뿐이라고 가르쳐 주셨다. "예, 알겠습니다!"(Yes, Sir!) "아닙니다!"(No, Sir!) "변명 없습니다!"(No excuse, Sir!). 제자들의 눈이 졸음으로 무거웠지만, 그들도 주님께서 깨어 기도하라고 하신 요청을 무시한 변명거리가 될 수 없다는 것쯤은 알고 있었다.

40절에 나오는 "wist"라는 단어는 〈킹제임스성경〉에 나오는 고어 중 하나로, "알았다"(knew)는 뜻이다. 그런데 이 단어는 마틴 루터의 독일어 성경(Heilige Schrift, "거룩한 성경")이 〈킹제임스성경〉 번역자들에게 끼친 영향을 보여주는 예이기도 하다. 본문에서 〈킹제임스성경〉 번역자들이 "wist"라는 단어를 사용한 이유는, 루터 성경에, 같은 자리에 쓰인 독일어 단어 "wussten"과 언어적으로 연관이 있었기 때문이다. 이것은 성령께서 이어 오신 "사도적 계승"의 연결이 하나님께서 존귀히 여기신 종교개혁 성경 본문을 통해 어떻게 보존되었는지를 보여주는 사례이다. 이것이 바로 현대 성경들처럼 그러한 고어들을 단순히 현대화하거나 "업데이트"해서는 안 되는 이유 중 하나이다. 그 단어들이 그 자리에 있는 데는 다 이유가 있는 것이다.

『**주께서 세 번째 오셔서**』(41절). 이 말씀은 예수님께서 가셔서 같은 기도를 세 번째 드리셨고, 아버지로부터 같은 대답을 받으셨다는 것을 암시한다(35절 주석 참고). 성경에서는 이 "세 번"이라는 표현이 기도와 관련하여 여러 번 등장한다. 엘리야는 과부의 죽은 아들을 위해 세 번 기도한 후, 주님께서 아이에게 생명을 돌려주셨다(왕상 17:21,22). 엘리사도 훌륭한 수넴 여인의 아들을 살릴 때 같은 방식으로 세 번에 걸쳐 행하였다(왕하 4:33-35). 유대인들은 하루에 세 번 기도했다(시 55:17, 단 6:10). 베드로는 지붕 위에서 기도하다가 큰 보자기 환상을 세 번 연속으로 보게 된다(행 10:9-16; 11:10). 사도 바울은 자신의 『**육체에 한 가시**』를 제거해 달라고 주께 세 번 기도했지만, 겟세마네 동산에서 예수님이 받으신 것과 같은 대답, 즉 "아니라."는 대답을 세 번 모두 받았다(고후 12:7-9).

이제 나는 간절하게 구하는 끈질긴 기도에 한계를 두고 싶지는 않다(7:24-26 주석 참고). 그러나 당신이 어떤 일에 대해 진지하게 세 번 기도했는데, 주께서 분명하고 단호하게 『**아니다.**』라고 응답하셨다면, 이제는 그 일에 대해 받아들이고 넘어갈 때라고 말하고 싶다. 그 문제에 대해 계속 집착하며 물고 늘어진다면, 어리석은 일을 저지를 수도 있고, 하나님의 뜻을 알고 있음에도 불구하고 자기 뜻대로 일을 처리하게 될 위험이 있다. 그것이 바로 사도 바울에게 일어난 일이다. 사도행전 21장에서 성령께서 세 번이나 예루살렘에 올라가지 말라고 경고하셨는데도(행 21:4,11,12) 바울은 결국 예루살렘에 올라갔고, 그 결과 그의 사역 중 2년을 잃게 되었다.

마가복음 14장으로 다시 돌아가자. 41절의 『**이제는 자고 쉬어라.**』와 42절의 『**일어나서 가자.**』 사이에는 분명한 시간 간격이 있다. 그 간격이 정확히 얼마나 되는지는 성경에 나와있지 않지만, 41절에서 주께서 자신이 배반당할 시간이 가까이 왔다고 말씀하신 것으로 보아, 그 시간은 배반의 때가 임박한 시점임을 알 수 있다. 이는 자정이 지난 후, 대략 새벽 1시에서 3시 사이의 시간대로 추정된다.

예수님께서는 이제 아버지의 뜻에 자신을 온전히 맡기신 후, 조용히 앉아 주무시는 제자들을 지켜보시며 자신이 『**죄인들의 손에**』 넘겨질(41절) 때를 기다리신다. 여기서 말하는 『**죄인들**』은 종교 지도자들이다. 즉 『**선임 제사장들과 서기관들과 장로들**』(43절)이다. 이들은 하나님의 아들이신 예수님을 죽이기 위해 수단과 방법을 가리지 않으면서도, 유월절 음식을 먹기 위해 스스로를 더럽히지 않으려 했던 자들이다(요 18:28 참조). 이들은 오늘날에도 그에 해당하는 모습으로 여전히 존재하는데, 로마카톨릭의 교황, 추기경, 대주교들, 불교의 승려들, 힌두교의 지도자들 등이다. 만일 당신이 구주를 위해 신실한 증인이 된다면, 그들도 만약 그들에게 기회만 주어진다면 과거의 종교인들이 예수 그리스도를 죽이려 했던 것처럼(요 15:20, 살전 2:15) 당신을 죽이려 할 것이다.

14:43 주께서 아직 말씀하고 계실 때 곧 열둘 가운데 하나인 유다가 왔고, 선임 제사장들과 서기관들과 장로들에게서 온 큰 무리가 칼과 몽둥이를 가지고 그와 함께 있더라.

44 주를 배반한 자가 그들에게 표시를 정해 주며 말하기를 "내가 입맞추는 사람이 바로 그니, 붙잡아서 무사히 데리고 가라."고 하더라.

45 그가 오자마자 곧장 주께로 다가서며 말씀드리기를 "선생님, 선생님" 하며 입맞추더라.

46 그러자 그들이 주께 손을 대어 붙잡더라.

47 그때 곁에 서 있던 사람들 중 하나가 칼을 빼어 대제사장의 종을 쳐서 그의 한쪽 귀를 잘라 버리더라.

48 그러자 예수**께서 대답하여 그들에게 말씀하시기를 "너희가 강도에게 하듯이 칼과 몽둥이를 가지고 나를 잡으러 왔느냐?**

49 내가 매일 성전에서 너희와 함께 있으면서 가르쳤으나 너희가 나를 붙잡지 아니하였도다. 그러나 성경은 반드시 이루어져야 하리라."고 하시니

50 제자들이 모두 주를 버리고 도망가더라.

51 또 알몸에 세마포 천을 두른 한 청년이 주를 따르고 있었는데 청년들이 그를 붙들자,

52 세마포 천을 버린 채 알몸으로 그들에게서 도망가더라.

『**큰 무리가 칼과 몽둥이를 가지고**』(43절). 이는 단지 체포를 위해 예수님을 잡으러 온 법 집행관과 그의 부하 경찰관, 또는 지원 나온 경찰관들이 아니다. 이는 완전무장한 "특수 공격대"(SWAT팀, 즉 50명 이상으로 이루어진 군대)이다. 그들은 『**칼과 몽둥이**』(경찰봉과 곤봉)로 무장했다. 이제 왜 베드로가 싸우려고 했는지 이해가 될 것이다. 그는 싸우는 것만이 자신과 주님을 살려내는 유일한 방법이라고 생각한 것이다.

그런데 왜 『**큰 무리**』가 단 한 사람을 체포하기 위해 동원된 것인가? 그것은 예수님께서는 어디를 가시든지 따르는 무리들이 있었기 때문만이 아니라, 예수님께서 원하시면 군중 속에서 쉽게 빠져나가실 수 있었기 때문이다(눅 4:29,30, 요 8:59; 10:39 참고). 그들은 예수님께서 다시는 빠져나가지 못하게 하려 했던 것이다.

44절에서 마피아의 "죽음의 입맞춤"에 주목하라. 이것은 그 입맞춤을 받은 사람이 죽음에 처해질 것임을 의미한다. 이 입맞춤은 『**표시**』(token)로 불린다. 『**표시**』의 동의어 중 하나는 "표(mark)"이다. 유다는 적그리스도의 예표이다(요 17:12, 살후 2:3 참고). 압살롬 역시 마찬가지다(삼하 18:18, 행 1:25 참고). 압살롬은 자신의 아버지 다윗(그리스도의 예표)을 배반했는데 입맞춤으로 배반했다(삼하 15:5,6). 적그리스도는 표범으로 묘사된다(계 13:2). 표범은 검은 반점들로 덮인 짐승인데(렘 13:23), 그 반점들은 마치 입술을 맞추고 있는 모습처럼 보인다. 구약에서 그 입맞춤은 우상 숭배와 연결되었다(왕상 19:18, 호 13:2). 그래서 요한계시록 13:17에서 적그리스도는 이름(유다)을 가지고 있고, 숫자(666 - 계 13:18)를 가지고 있으며, 어떤 표를 가지고 있다. 그 표는 적그리스도와 그의 형상을 경배하는 사람에게 주어지는 입맞춤이다.

마가복음 14:45에서 일어나는 일을 온전히 이해하려면 요한복음 18장에 나오는 병행구절을 살펴볼 필요가 있다. 유다가 입맞춤으로 예수님을 배반하기 전에, 예수님께서 먼저 앞으로 나아가 자신을 잡으러 온 무리에게 『**너희가 누구를 찾느냐?**』라고 물으신다(요 18:4). 그러자 그들이 『**나사렛** 예수**라.**』고 대답한다(요 18:5).

그 다음에 일어난 일은 그분의 적들 앞에서 그리스도의 신성을 잠시나마 드러내는 장면이다. 예수님께서 『**내가 그니라.**』(I am *he*. - 요 18:5)라고 대답하시는데, 〈킹제임스성경〉 본문에서 『**그**』(*he*)라는 단어가 이탤릭체로 되어 있는 것을 볼 수 있다. 이는 번역자들이 명확성을 위해 추가한 단어라는 것을 의미한다. 그렇게 한 것에는 문제가 없지만,

요한이 기록한 예수님께서 사용하신 원래 표현은 『**나이신 분**』(I am)이었다. 이는 하나님께서 출애굽기 3:14에서 모세에게 주셨던 이름, 『**나는 곧 나니라.**』(I AM THAT I AM)와 같다. 하나님께서는 모세에게 이집트에 있는 이스라엘 백성들에게 『**나이신 분**(I AM)**께서 나를 너희에게 보내셨다.**』라고 말하라고 하셨다. 이를 "테트라그람마톤"(Tetragrammaton)이라고 부르는데, 이는 『**여호와**』(JEHOVAH 출 6:3)라는 이름에 사용된 네 개의 히브리어 문자를 의미한다.

예수님께서는 하나님으로서의 자신의 이름의 능력을 드러내셨는데 그 이름은 "알라"가 아니었다. 알라는 아테네에 있었던 사람들이 말하던 『**알지 못하는 신**』(행 17:23)과 별반 다를 것이 없다. 바울이 그 알지 못하는 신을 창세기 1:1의 하나님과 연결시키기 전까지(행 17:24), 그것은 단지 많은 신들 중 하나일 뿐(행 17:16)이었다. 알라도 마찬가지이다. 알라는 본래 메카의 카바(Ka'aba)에 있던 360개의 신들 중 하나인 달의 신에서 시작되었다. 알라는 마호메트 부족 쿠라이쉬족(Quraysh)이 섬기는 중심 되는 신이었기에, 마호메트가 메카를 마침내 정복했을 때, 자신의 달 신을 "하나님"의 위치로 격상시켰다. 이것이 알라라는 이름의 의미이다. 알라는 성경의 하나님과 전혀 무관하다. 이는 미키마우스나 벅스버니가 성경과 무관한 것과 같다.

우선, 성경에 계시된 하나님께는 이름이 있는데 구약에서는 여호와라는 이름이고 신약에서는 예수라는 이름이다(요일 5:20). 그러나 불쌍하고 무력한 알라는 어떤 이름도 없는 신이다. "그 신"(the god)이라는 표현은 하나님의 이름이 될 수 없는데 "그 사람"(the man)이라는 표현이 사람의 이름이 될 수 없는 것과 같다. 창세기 2장의 『**그 사람**』에게는 이름이 있었는데, 그 이름은 아담(Adam)이었다(창 5:1,2). 만약 당신에게 랄프, 조지, 빌, 도널드, 해럴드 같은 이름이 있다면, 당신은 마호메트의 신이 가지지 못한 중요한 무언가를 가지고 있는 것이다.

예수 그리스도께서 하나님의 이름의 능력을 드러내시자, 유다를 포함한 모든 무리가 뒤로 넘어졌다. 유다는 앞으로 나아가 예수님께 입맞추기 위해 누워있던 땅에서 일어나야만 했다. 유다는 지옥으로 가기 위해 성경(21절 주석 참고)과 하나님의 권위, 이 두 가지 모두를 넘어가야 했다. 그러나 그것은 모든 죄인이 가는 전형적인 길이다(12:24, 롬 1:16. 벧전 1:25 참고).

『**선생님, 선생님**』(45절). - 유다는 결코 예수님을 "주님"이라고 부르지 않았다(13:1 주석 참고). 그리스도의 신성한 이름으로 인해 등을 바닥에 대고 넘어졌음에도 불구하고, 여전히 선생님이라고 부르는 그런 모습을 상상해 보라.

배신의 표시를 받은 무리는 예수님을 붙잡는다. 흔히 말하듯 "온 지옥이 풀려난 것 같은" 상황이 벌어진 때이다. 사람들 중 『**하나**』가 칼을 빼어 대제사장의 종의 귀를 잘라버리는데 그 사람은 베드로였다(요 18:10,11). 만약 요한복음이라는 "구별된" 복음서가 없었다면, 그 사람이 누구인지 결코 알 수 없었을 것이다. 마태복음, 마가복음, 누가복음에서는 칼을 휘두른 자의 신원을 밝히지 않기 때문이다(마 26:51, 눅 22:50 참고). 사실, 그 『**대제사장의 종**』의 이름을 밝힌 사람은 요한뿐이다. 그 종의 이름은 『**말코**』였다(요 18:10). 자유주의자들은 요한복음이 신학적인 "문제"(요 20:31)를 가지고 있기 때문에 역사적인 복음서가 아니라고 주장하는데 그야말로 "완전히 쓸데없는 헛소리"이다.

소위 "공관복음서"처럼, 요한복음도 다른 복음서들이 다루지 않는 역사적 세부 사항을 제공한다. 예를 들어, 마태복음과 마가복음은 단순히 종의 귀 하나가 잘렸다고만 기록한다. 그러나 누가복음과 요한복음은 그 귀가 『**그의 오른쪽 귀**』였다고 말한다(눅 22:50, 요 18:10). 누가복음은 예수님께서 그 종의 귀를 고쳐주셨다고 기록하고 있는데(눅 22:51), 이는 마태복음, 마가복음, 요한복음에는 나오지 않는다. 전체적인 계시를 이해하려면 하나님께서 말씀하신 모든 것을 믿어야 한다. 그 현장에 있던 목격자들의 기록을 가지고 있을 때(눅 1:2, 요일 1:1), 예수님께서 실제로 그 말씀을 하셨는지에 대해 "투표"할 권리는 우리에게 없다. 비록 자유주의자들이 "예수 세미나"(Jesus Seminar)에서 하듯이, 예수님의 말씀의 진위여부를 자신의 기준으로 선택한다 해도 말이다.

예수 그리스도 자신을 도둑에 연결시켜 설명하는 것(48절)에 대해서는 3:27 설명할 때 언급하였다. 여기에서 예수님은 자신을 붙잡으러 온 사람들을 꾸짖으신다. 『**내가 매일 성전에서 너희와 함께 있으면서 가르쳤으나 너희가 나를 붙잡지 아니하였도다**』(49절). 이 말씀은 "고난 주간" 동안 일요일, 월요일, 화요일에 성전에서 가르치신 것에 대한 직접적인 언급이다. 그러나 이 말씀은 예수님께서 예루살렘에 계시며 성전에서 가르치셨던 어느 때든지 해당되는 진술이기도 하다. 요한복음 7장에서는 예수님께서 마지막 유월절 훨씬 이전에 『**성전에서**』 가르치셨다고 기록하고 있다(요 7:28).

『**그러므로 그들이 주를 잡으려고 하였으나 주께 손을 대는 자가 아무**

도 없었으니 이는 아직 그의 때가 이르지 않았기 때문이라』(요 7:30). 아무도 예수님께서 스스로 자신의 생명을 내어주시기 전까지는 그분을 죽일 수 없었다(요 10:18). 그러나 여기에서 사람들이 예수님을 붙잡을 수 있었던 이유는 『**성경은 반드시 이루어져야 하리라.**』(49절)는 예언 때문이었다. 겟세마네 동산에서부터 무덤에 안치되기까지 최소 30개의 예언이 성취되었다[칙(Chick) 전도지 "유월절 음모?"(The Passover Plot?)에 예언 목록이 나온다]. 요한복음 전반에 걸쳐 언급된 그 『**때**』(즉, 예수님께서 우리의 죄를 짊어지시고 그 값을 치르실 시간이 도래한 때, 요 2:4; 7:6,30; 8:20; 12:23; 13:1 참고)가 마침내 온 것이다.

『**제자들이 모두 주를 버리고 도망가더라**』(50절). 27절에서 하신 예수님의 말씀은 B.C. 487년 스카랴가 예언한 그대로 이루어졌는데(슥 13:7), 마치 예수님께서 말씀하신 것처럼 이루어졌다. 이 시점에서 베드로를 이해해야 한다. 그가 칼을 빼든 이유는 칼을 가지고 있었던 두 제자들 가운데 하나였기 때문이다(눅 22:38). 나머지 칼을 가지고 있었던 제자에게 무슨 일이 일어났는지에 대해서 성경은 말하지 않는다.

베드로는 자신의 주님을 지키려 했지만, 예수님께서는 그에게 무기를 집어넣으라고 말씀하셨다(요 18:11). 예수님께서는 베드로가 다치게 한 사람을 치유하시고, 제자들을 보내달라고 요청하신 후 스스로 잡히신다. 이 상황에서 베드로는 무엇을 할 수 있었을까? 아마도 그는 칼을 떨어뜨리거나 칼집에 집어넣고, 다른 제자들처럼 도망쳤을 것이다. 그는 자신이 절대로 하지 않겠다고 말했던(29,31절), 바로 그 행동을 하고 말았다.

나는 왜 베드로가 몇 구절이 지나지 않아 그리스도를 부인했는지 그 이유를 말할 수 있다. 그는 모욕을 당했고, 그 결과 주님께 화가 났던 것이다. 베드로가 겁쟁이가 아니었던 것은 무장한 무리와 홀로라도 맞서려고 했던 그의 행동을 보면 알 수 있다. 그러나 그리스도께서 행하신 일로 인해 베드로는 마치 바보가 된 느낌이었기에 그리스도를 부인했고 단지 주께 "보여주려" 저주를 했던 것이다. 이는 주께 삐친 상태에서 유치하게 반응하는 것으로, 베드로의 경우 이래로, 구주께 섭섭한 감정을 품은 그리스도인들의 삶 가운데 수백만 번 반복적으로 일어나는 일이다.

이제 그날 밤 그 동산에서 일어난 가장 독특한 장면들 중 하나를 대하게 된다. 51,52절에서 『**세마포 천**』을 두른 『**한 청년**』을 보게 된다. 마가복음을 제외하고는 어느 복음서에서도 성전의 "경비대"가 예수님 외에 다른 사람을 붙잡으려 했다는 언급이 없다. 무장한 남자들이 이 청년을 붙잡으려 하나 창세기 39:12에서 요셉처럼 그 세마포 천을 붙잡으려는 자들의 손에 남겨 둔 채, 『**알몸으로**』 도망간다. 이 청년에 대해서는 그가 예수 그리스도를 따랐다는 사실을 제외하고 그 어떤 것도 알려지지 않았다. 그가 누구인지 알지 못한다. 심지어 그가 사도들 중 하나였는지조차 알지 못한다.

"그가 누굽니까, 럭크만 목사님?"하고 묻는다면 성경을 150번 이상 읽어 본 후이지만 내가 확실하게 말할 수 있는 것은 전혀 모르겠다는 답이다. 만일 당신이 그가 누구인지 알게 된다면 내게도 알려 주어 우리 다 함께 알도록 하자.

물론 이 구절에 대해 온갖 추측이 있다. 어떤 사람들은 이 청년이 나사로라고 말하며, 요한복음 12:10,11로 가서, 대제사장들이 나사로를 죽이려 했다는 사실을 언급한다. 이는 나사로가 죽은 자들로부터 살아난 것을 본 후 많은 유대인들이 예수님을 믿었기 때문이다. 또 어떤 사람들은 이 청년이 마가 자신이라고 주장하는데, 이는 요한이 자신의 복음서에서 종종 3인칭으로 자신을 언급했던 것과 비슷하다는 이유 때문이다. 또 다른 이들은 이 청년이 요한이라고 주장하는데, 그 이유는 요한이 사도들 중 가장 젊었을 것으로 여겨지기 때문이다. 심지어 어떤 사람들은 이 청년이 16:5에 나오는 천사라고 주장하기도 한다. 이 천사가 무덤을 찾은 여인들에게 부활 소식을 전한 바로 그 천사라는 것이다. (그러나 천사가 벌거벗은 채 정원을 돌아다니며 사람들에게서 도망치고 있었다는 것은 이해하기 어렵다. 천사가 단지 손짓만으로 사람을 죽일 수 있었던 존재임을 생각하면 더욱 그렇다.) 가장 엉뚱한 해석은, 이 벌거벗은 청년이 천으로 몸을 감싸고 있었던 이유가 그가 죽어 있다가 예수님께서 하나님의 이름을 사용해 무리들을 넘어뜨리실 때 부활했기 때문이라는 것이다. 예수님의 이름의 능력(『**나이신 분**』)이 이 죽은 청년을 살렸고, 그는 죽은 자들로부터 자신을 부활시킨 분을 따라가고 있었다는 해석이다. 물론, 이는 성경 어디에도 나오지 않는 내용이다. 이는 "원문"을 억지로 무리하게 확장하여 해석하려는 시도에 불과하다.

그런 황당한 추측에 빠지지 않고 나는 "본문에 있는 그대로 놔두라."고 말하겠다. 읽었으니 과감하게 다음 본문으로 넘어갈 것이다. 내가 늘 말하는 방식대로, "Ich weiss nicht."(나는 모르겠다.)

14:53 그들이 예수를 **대제사장에게로 끌고 가니, 모든 선임 제사장들**

과 장로들과 서기관들이 그와 함께 모였더라.
55 베드로는 멀찍이서 주를 따라 대제사장의 관저 안까지 가서 종
들과 함께 앉아 불을 쬐더라.
56 그때에 선임 제사장들과 온 공회는 주를 사형에 처하려고 예수
에 대하여 증거를 찾으려 하였으나, 아무것도 찾지 못하더라.
57 이는 많은 사람이 주께 대하여 거짓 증거를 대나, 그들의 증거
가 서로 일치하지 않음이더라.
54 어떤 사람들은 일어나서 주에 대하여 거짓 증거를 대며 말하기를
58 "우리는 그가 말하는 것을 들었는데, '나는 손으로 지은 이 성전
을 헐고, 삼 일 만에 손으로 짓지 아니한 다른 성전을 지으리
라.'고 하더이다."라고 하였으나,
59 그들의 증거 역시 일치하지 아니하더라.
60 그때 대제사장이 한가운데 일어서서 예수께 물어 말하기를 "너
는 아무것도 대답할 것이 없느냐? 이 사람들이 너에 대하여 증
거를 대는 것이 어떠하냐?"고 하니
61 주께서 잠잠하시고, 아무 대꾸도 아니하시더라. 대제사장이 다시
주께 물어 말하기를 "네가 복되신 분의 아들 그리스도냐?"고 하니
62 예수께서 대답하시기를 "그렇다. 너희는 인자가 권능의 오른편
에 앉아 있는 것과 하늘의 구름을 타고 오는 것을 보리라."고
하시니라.
63 그때 대제사장이 자기 옷을 찢으며 말하기를 "우리에게 더 이상
무슨 증인들이 필요하리요?
64 너희는 하나님을 모독하는 말을 들었도다. 너희는 어떻게 생각

하느냐?"라고 하니, 그들은 모두 그가 사형에 해당한다고 정죄 하더라.

65 그리고 몇 사람은 주께 침을 뱉기 시작하면서, 또 주의 얼굴을 가리고 주먹으로 치며 말하기를 "예언하라."고 하며 종들도 그를 손바닥으로 때리더라.

53절의 대상은 예수님께서 21절에서 말씀하셨던 『**죄인들**』이다. 본문을 이 시대에 맞게 실제적 적용을 하자면, 이 사람들은 카톨릭 제사장들, 몰몬교의 "장로들"로 볼 수 있다. 그리고 성경을 변개시켜 배교한 현대 번역본들을 만든 성경 개정자들을 들 수 있겠다. 이런 종교 지도자들은 모두 사람들을 지옥으로 몰아넣는데(마 23:15) 행위로 구원받는다는 거짓 구원의 체계를 교리로 만들고, 기록된 하나님의 말씀들을 변개시킴으로 구원받지 못하게 하는 것이다(고후 2:17).

54절에 대해서는 66-72절을 설명할 때 살펴볼 것이다.

55절에 있는 『**공회**』(council)를 주의하라. 이 단어는 복음서들과 사도행전 전체에 걸쳐 사용되는데 하나님의 말씀이 전파되지 못하도록 방해하는 데 있어서 함께 모인 사람들로 이루어진 집단이다(마 12:14, 막 15:1, 눅 22:66, 요 11:47, 행 4:15; 5:21; 6:12; 22:30; 25:12). 이들은 그리스도를 거부하고, 하나님을 대적하며, 신성모독을 일삼는 종교적이고 경건해 보이는 위선자들의 집단으로, 진리가 선포되는 것을 막는 데 그 책임을 맡고 있다. 바티칸 공회, 에큐메니컬 공회, 기독교 교회 협의회, 세계 교회 협의회와 같은 공회들을 경계해야 한다.

종교 지도자들 앞에서 예수 그리스도를 재판한 것은 "캥거루 법정"

(혹은 옛 서부에서 "머스탱 법정"이라고 함)으로 알려진 재판이었다. 이것은 편향된 법학자들과 배심원들로 이루어진 법정으로, 피고의 방어를 위한 어떤 증거도 허용하지 않은 채 법을 무시하고 서둘러 사전에 결정된 평결을 내리는 법정이다. 이 모든 재판 과정은 처음부터 끝까지 불법적이다. 요한복음 18:31을 보라. 『**그러자 빌라도가 그들에게 말하기를 "그를 데리고 가서 너희의 율법에 따라 재판하라."고 하니, 유대인들이 그에게 말하기를 "우리가 누구를 사형에 처하는 것은 적법지(not lawful) 못하나이다."라고 하더라.**』 이것은 동일한 무리들이, 자신들이 하고 있는 일이 법에 위배된다는 것을 인정한 것이다.

그 종교 법정에는 로마 법 아래에서 어떤 사람을 사형에 처할 권한이 없었다. 예수 그리스도는 아무 혐의 없이 체포되었다. 이는 불법이었다. 또한 어떤 혐의도 없이 재판을 받았다. 마가복음 14:55을 보라. 그들은 『**주를 사형에 처하려고** 예수**에 대하여 증거를 찾으려**』 하였다. 이유는 무엇인가? 아직까지 예수님을 사형에 처하게 할 혐의를 찾지 못했기 때문이다. 그들은 누군가가 나와서 "나는 그가 이런 잘못된 것을 행하는 것을 보았다."고 말해주기를 바랐지만 예수 그리스도를 대적하기에 합당한 증거를 해 줄 그 어떤 증인도 찾지 못하였다.

그들은 마침내 거짓 증인들을 동원해야만 했다(56절, 마 26:59). 이는 아홉 번째 계명[『**너는 네 이웃에 대하여 거짓 증거하지 말지니라.**』(출 20:16)]을 위반하는 것이었다. 모세의 율법에 따르면, 거짓 증인은 피고에게 가하려 했던 형벌을 자신이 받게 되어 있었다(신 19:18,19). 그러나 이 재판에서는 재판관들이 거짓 증인들과 공모하고 있었다. 당신을 체포한 경찰관이 당신을 재판한다면 어떻겠는가? 그 평결에 약간이라도

편견과 선입견이 들어있지 않겠는가? 나는 분명 그렇다고 생각한다.

그들이 왜 그렇게 많은 증인들을 계속 데려오는지 아는가? 그들이 따르고 가르친다고 주장한 모세의 율법에 따르면, 한 사람의 증언만으로는 누구도 정죄받을 수 없었기 때문이다. 『**두 증인의 입이나 세 증인의 입으로 그 문제를 결정지을지니라**』(신 19:15). 그러나 거짓 증인들 중 그 누구도 "증언을 일치시키지" 못했다(56절). 그나마 가장 가까운 증언이 요한복음 2:19에서 그리스도의 말씀에 관한 것이었지만(참고 14:58), 그조차도 그분이 하신 말씀을 거짓되게 왜곡한 것이었다. 예수님께서 실제로 하신 말씀은 다음과 같다.

『예수**께서 대답하여 말씀하시기를 "이 성전을 헐라. 그러면 내가 삼일 만에 이것을 다시 일으키리라."고 하시니라**』(요 2:19).

『**이 성전**』? 예수님께서 헤롯 성전(요 2:20)을 말씀하신 것인가? 물론 아니다.

『**그러나 주께서는 성전 된 자기 몸에 관하여 말씀하신 것이라**』(요 2:21).

그렇다면 예수 그리스도의 말씀대로 그렇게 하셨는가? 그렇다! 그들은 예수 그리스도를 죽였고 예수 그리스도께서는 죽은 자들로부터 일어나셨다. 예수 그리스도께서는 자신이 하신 말씀에 대해 어떤 죄도 짓지 않으셨다. 하지만 선임 제사장들과 바리새인들은 사실이 무엇인지에 대해 전혀 관심이 없었다. 그들은 단지 예수님을 제거할 수 있는 어떤 것이라도 찾아내려 했을 뿐이었다.

물론 성경에 언급되지 않은 다른 요소들이 있었다. 그러나 그 요소들은 역사적으로 사실이었고 그로 인해 이 재판은 웃음거리가 되어 버렸다. 재판은 밤에 열렸는데 이는 불법이었다. 이 재판은 변호를 위한 증인을 조달할 수 없는 시각에 열렸다. 또한, 안식일 전날, 유월절 기간 중에 재판이 열렸는데, 이는 당시 유대인의 법에도 어긋나는 일이었다. 예수님께서는 자신의 증언(14:63,64)을 근거로 정죄 되셨지만, 그 진술의 진실성에 대한 고려는 전혀 없었다. 사형 판결은 법정이 아닌 개인 주택에서 선고되었다(눅 22:54). 그리고 만장일치로 정죄를 결정하기 위해 예수님에게 유리한 투표를 했을 가능성이 있는 배심원들은 재판에서 배제되었다(아리마대 요셉의 경우처럼 — 눅 23:50,51).

이런 짓은 종교적인 무리들에 의해 저질러졌는데, 이들은 그 민족의 도덕적이고 성경적인 지도력을 맡은 자들이었다. 그들은 그리스도를 정죄하기 위해 모세의 율법과 자신들의 민사법을 어겨야만 했다. 참으로 "경건한" 사람들 아닌가! 마치 마피아나 ISIS만큼이나 "경건한" 사람들 말이다.

이제 이 모든 증인들이 나서서 예수님을 고소하고 있지만, 그 가운데 그 어떤 증인도 일치하지 않는다. 그래서 대제사장은 예수님께서 어떤 말씀이라도 하시도록 유도하려고 12:13에서처럼 『**그의 말씀에서 트집을 잡으려**』 한다. 『**너는 아무것도 대답할 것이 없느냐? 이 사람들이 너에 대하여 증거를 대는 것이 어떠하냐?**』(60절)

예수님께서는 그들이 한 말에 대해 아무런 대답을 하실 의무가 없으셨다. 증거를 입증할 책임은 그들에게 있었지, 예수님께서 이를 반박하실 책임이 있는 것이 아니었다. 대제사장부터 거짓 증인들까지 그들 중 누구도 서로 일치하는 두 가지 이야기를 제시하지 못한다면, 왜 예수님께서 그것들에 대해 대답하셔야 하는가?

그러나 그리스도의 침묵에는 영적인 면이 있다(61절). 먼저, 주님은 결코 정직하지 않은 회의론자에게 대답하지 않으신다. 누가복음 23:7-9에서, 빌라도는 예수님을 헤롯에게 보낸다. 예수님에 대한 재판을 떠넘기고 싶었기 때문이다. 그러나 예수님께서는 헤롯에게 아무 말씀도 하지 않으셨다. 왜 그러셨는가? 헤롯은 이미 침례인 요한을 통해 진리가 선포되었을 때 진리를 거부했기 때문이다. 주님께서는 자신이 받은 진리를 거부한 사람에게 더 이상 말씀하실 것이 없다.

그러나 그리스도의 침묵에는 예언의 성취도 포함된다. 783년 전에 예언된 말씀이다.

『그가 억압을 당하고 고난을 당하여도 그의 입을 열지 아니하였으니 그가 어린양처럼 도살장으로 끌려가며, 또 털 깎는 자들 앞의 양이 말 없듯이, 그가 자기 입을 열지 아니하는도다』(사 53:7).

또한 천 년 전에 예언된 말씀도 있다.

『내가 말하였나니, 나는 나의 길을 조심하여 내 혀로 죄짓지 아니하리라. 악인이 내 앞에 있는 동안 나는 내 입에 재갈을 물리리라. 내가 침묵하여 벙어리가 되었으며 심지어 선한 것에조차도 잠잠하였나니 나의 슬픔이 일었나이다』(시 39:1,2).

61절로 돌아가자. 예수님에 대해 일치된 증언을 해 줄 수 있는 두 증인을 찾는 데 실패했고, 예수님을 고소한 자들에게 대답하게 만드는 데도 실패한 대제사장은 이제 공회가 예수님을 정죄하는 데 사용할 수 있는 무언가를 말하도록 강요할 수 있다고 생각하며 "카드"를 꺼낸다. **『내가 살아 계신** 하나님**으로 엄명하노니』**(마 26:63). 이는 예수님을 맹세의 형벌이나 맹세의 저주 아래에 놓이게 하는 것과 같다(민 5:19-21, 삼상

14:28 참고). 따라서 주께서는 대답을 하셔야 한다. 그렇지 않으면 율법에 따라 죄를 짓게 된다.

『**네가** 복되신 분**의** 아들 그리스도**냐?**』(61절) (마 26:63에서는 『하나님**의** 아들』이라고 말한다.) 우리는 이미 8:29에서 베드로의 고백을 통해 『그리스도』(THE Christ)라는 칭호에 대해 살펴보았다. 유대인이라면 하나님의 기름 부음을 받은 자(시 2:2)와 사탄의 기름 부음을 받은 자(겔 28:14) 사이에 차이가 있음을 알고 있다. 또한, 정상적인 유대인이라면 주님의 기름 부음을 받은 자, 그리스도, 메시아가 하나님의 독생자임을 알고 있다(시 2:6,7). 그리고 이스라엘 민족이 예수 그리스도를 자신들의 메시아로 거부하기 전에, 유대인이라면 하나님의 아들인 메시아가 육신으로 오신 전능하신 하나님이 될 것임을 알고 있다(미 5:2, 사 9:6, 렘 23:5,6. 요 10:30-33 참고). 그러나 그리스도를 거부한 후, 이제 랍비들은 사람들에게 메시아는 단지 다윗이나 히스키야와 같은 사람이 될 것이라고 가르친다. 즉, 메시아 역시 그들처럼 죄인이라고 가르친다. 그들은 그들 자신이 원하는 사양에 맞는 메시아를 맞이할 것이다(요 5:43).

하나님을 "**복되신 분**"이라고 부르는 구절들의 병행 구절들은 창세기 9:26; 14:20; 24:27, 출애굽기 18:10, 룻기 4:14, 사무엘상 25:32,39, 사무엘하 18:28; 22:47, 열왕기상 1:48; 5:7; 8:15,56; 10:9, 역대기상 16:36; 29:10, 역대기하 2:12; 6:4; 9:8 등인데, 이는 병행 구절들의 반 정도를 제시한 것이다. 이는 하나님께서 누구이시며, 무엇을 하셨는지에 대해 모든 찬양과 영광을 받을 자격이 있으심을 나타낸다. 신약에서는 이것이 예수 그리스도께 적용된다(딤전 1:11; 6:15. 계 5:12 참고).

대제사장에 대한 그리스도의 대답은 폭탄선언으로 시작된다. 『**내가**

그니라』(I am). 이것으로 유다와 예수님을 잡으러 온 자들이 쓰러졌다(요 18:5). 이는 테트라그람마톤이다(출 3:14). 이것은 단지 메시아임을 인정하는 것이 아니라 신성을 주장하는 것이다(요 8:58,59). 자유주의자들과 모슬렘들의 부인에도 불구하고, 예수 그리스도는 자신이 여호와 하나님이심을 고백하셨다.

자신이 하나님임을 고백하신 데 이어서, 예수님은 자신을 『인자』(the Son of man)라고 계시하신다. 두 가지 본성을 말씀하신다. 즉 100% 하나님, 100% 인간이시다. 예수님께서는 하나님이신 사람이시다.

유대인들이 미래에 그리스도를 보게 될 두 가지 위치를 주목하라. 1) 『인자**가 권능의 오른편에 앉아 있는 것**』(62절). 2) 『**하늘의 구름을 타고 오는 것**』. 이 두 가지는 모두 구약의 메시아에 관한 예언들의 성취이다. 그 첫 번째는 시편 110:1이다.

『주께서 내 주께 말씀하시기를 "내가 네 원수들을 네 발판으로 삼을 때까지 너는 나의 오른편에 앉아 있으라." 하셨나이다.』

이 구절은 그리스도께서 12:36에서 바리새인들과 사두개인들을 난처하게 만드셨을 때 사용하신 말씀이다. 그분이 강조하셨던 요점은 자신이 삼위일체의 두 번째 위격이라는 사실이었다.

그러나 여기서 더 중요한 것은, 이것이 환난 후 유대인 성도들의 휴거에 대한 언급이라는 점이다. 이 환란 후 휴거가 일어나는 시점은 재림 전에 있게 될 어느 시점이다(계 14:14-16). 바로 이 점이 마가복음 14:62의 『**하늘의 구름을 타고 오는 것**』이다. 이는 다니엘 7:13,14의 성취인데, 해당 구절에 대한 설명은 다니엘 주석서에서 확인할 수 있다. 마가복음 14:61의 마지막 구절은 재림에 관련된 구절로서, 요한계시록

1:7, 스가랴 12:10, 스파냐 1:15, 요엘 2:1,2에 있다.

그리스도의 "고백"을 들은 후, 그것을 평가하는 방식은 두 가지뿐이었다. 그분이 거짓말을 했든지, 아니면 진실을 말한 것이다. 주님과 관련해서는 중립 지대가 없다(눅 11:23). 그분은 자신이 말씀하신 그대로이시든지(즉, 인간의 모습으로 오신 전능하신 하나님 – 빌 2:6,7), 아니면 거짓말쟁이이거나 미치광이일 뿐이다.

만약 이 재판이 공정한 재판이었다면, 다음 단계는 그 주장이 진실인지 아닌지를 조사하는 것이었을 것이다(신 13:14; 19:18 참고). 예언의 성취와 예수님의 기적들 사이에 그분의 주장을 입증할 충분한 증거가 분명히 있었다. 최소한 공회에 있던 바리새인들조차도 하나님께서 예수님과 함께하신다는 것을 알고 있었다(요 3:2). 그러나 이 재판 절차는 완전히 "조작된" 것이었고, 허용될 수 있는 결과는 단 하나뿐이었다.

『**너희는 하나님을 모독하는 말을 들었도다**』(64절). 그것은 그분의 말씀이 사실이 아니었다면 신성모독이었을 것이다. 만약 예수 그리스도가 자신이 말씀하신 분이 아니었다면, 그분은 자신이 마땅히 받아야 할 대로 받은 것이다. 그러나 나는 그분이 진실을 말씀하셨다고 내 혼을 걸고 믿는다.

65절에서의 예수님에 대한 학대는 그 사건이 발생하기 712년 전에 예언된 것이다(사 50:6). 인간적인 관점에서 그것이 이루어지도록 "조작될" 방법은 없었으며, 예수 그리스도의 주장을 뒷받침할 것이라고 믿었다면 그분을 거부한 유대인들이 성경이 성취되도록 시도하지도 않았을 것이다.

잘 들어보라. 신성모독에 대한 형벌이 무엇이었는지 아는가? 그것은 단순한 죽음이 아니라, 돌에 맞아 죽는 것이었다(레 24:16). 그렇다면 예수 그리스도께서 십자가형으로 처형되신 사실은 어떻게 설명하겠는가? 결국 유대인들은 두 번이나 그분을 돌로 치려고 했지만 실패했다(요 8:59). 반면, 그들은 사도행전 7:58에서 스테판을 돌로 쳐 죽였는데, 이는 로마의 통치 아래에서는 합법적으로 사람을 사형에 처할 수 없었던 상황에서도 이루어진 일이었다(요 18:31).

다시 묻겠다. 십자가형을 어떻게 설명하겠는가? 합리적인 설명은 단 하나뿐이다. 전능하신 하나님께서는 유대인들이나 로마인들이 무엇을 하든 상관없이, 자신의 아들의 죽음에 대해 말씀하신 것을 성취하실 계획이셨다(요 19:31-36). 부처는 그런 일을 할 수 없었다. 선지자들이라고 말하는 조로아스터나 마호메트 같은 사람들은 그저 웃음거리일 뿐이었다. 발행하기 1,500-400년 전에 앞으로 일어날 역사를 미리 말하고, 그것이 정확히 이루어지게 하는 책은 단 하나뿐이다. 그것은 삼장경(Tripitaka)도, 베다(Vedas)도, 샤스트라(Shastas)나 푸라나(Puranas)도, 공자의 논어(Analects)도, 아베스타(Zend Avesta)도 아니다. 물론 코란이나 하디스(Hadith)도 아니다. 그것은 바로 거룩한 성경, 곧 『**확실한 예언의 말씀**』(벧후 1:19)이다.

65절에서 그리스도의 얼굴을 가린 것은 누가복음 22:64에서 예수님의 눈이 가려져 『**주의 눈을 가리고**』라고 정의된다. 이것은 잔인한 "눈 가리고 때리기" 게임과 같다. 예수님은 눈이 가려진 채로 대제사장의 종들에게 맞으셨다.

『**예언하라**』(65절). 예수님은 이미 예언하셨다(62절), 그러나 그들은 믿으려 하지 않았다. 아이러니하게도 그들은 아무 의도 없이 그 순간 예언을 성취하고 있었다. 물론 그들이 예수님께 요청한 것은 매번 때릴 때마다 누가 때렸는지 맞히라는 것이었다(마 26:68, 눅 22:64). 만약 주님께서 원하셨다면, 방 안에 있는 모든 졸병들의 이름, 계급, 그리고 군번까지도 정확히 말씀하실 수 있었을 것이다.

14:66 베드로가 관저 아래에 있을 때 대제사장의 여종 하나가 와서
67 베드로가 불쬐는 것을 보고 그를 주시하더니 말하기를 "너도 나사렛 예수와 함께 있었도다."라고 하더라.
68 그러나 그가 부인하여 말하기를 "네가 무슨 말을 하는지 알지 못하며 이해하지도 못하겠노라."고 하며 현관 쪽으로 나가는데 닭이 울더라.
69 또 한 여종이 그를 다시 보고, 곁에 서 있는 자들에게 말하기 시작하기를 "이 사람은 그들과 한패라."고 하니
70 그가 다시 그 말을 부인하니라. 잠시 후에 다시 곁에 서 있던 사람들이 베드로에게 말하기를 "분명히 너는 그들과 한패라. 너는 갈릴리 사람이니 너의 말투가 그와 같으니라."고 하더라.
71 그러나 그가 저주하고 맹세하기 시작하며 말하기를 "나는 너희가 말하는 이 사람을 알지 못하노라."고 하니라.
72 그때 닭이 두 번째 울더라. 그러자 베드로는 예수께서 자기에게 "닭이 두 번 울기 전에 네가 나를 세 번 부인하리라."고 하신 말씀을 기억하고, 그것을 생각하며 울더라.

장면은 『**관저 아래**』에 있는 시몬 베드로에게 옮겨진다(66절). 그리스도께서 정원에서 잡히셔서 대제사장에게 끌려 오셨을 때 『**베드로는 멀찍이서 주를 따라**』왔다(54절). 예수님께서는 그 밤에 미리 베드로에게 말씀하셨다. 『**진실로 내가 네게 말하노니, 오늘 이 밤 닭이 두 번 울기 전에 네가 나를 세 번 부인하리라**』(30절). 멀찍이서 주를 따른 것은 주님이 받는 치욕과 연루되지 않기 위해서인데(딤전 4:10 히 11:26; 13:13) 이는 예수님을 부인하게 되는 첫 단계였다.

베드로가 실족하게 된 두 번째 단계는 주님의 적들과 함께 한 것이었다. 『**베드로는 멀찍이서 주를 따라 대제사장의 관저 안까지 가서 종들**(대제사장의 종들)**과 함께 앉아 불을 쬐더라**』(54절). 그리스도인들은 세상을 사랑해서는 안 된다(요일 2:15). 세상을 사랑하게 되면 세상과 일치하게 된다(롬 12:2). 열매 없는 어두움의 일들에 참여하지 말라고 명령하셨다. 『**열매 없는 어두움의 일들에 관여하지 말고 오히려 그것들을 책망하라**』(엡 5:11). 베드로는 주님께 침을 뱉고, 주님을 때리고 주님을 조롱하는 무리들과 어울리고 있었다(65절). 그리스도인들이 가능하면 빨리 알아야 할 사실은 이 세상은 전혀 주님을 사랑하지도 않고 주님에 대해 전혀 호의를 가지고 있지도 않다는 사실이다. 만일 그들과 어울린다면 그들처럼 행동하게 될 것이고, 그들처럼 생각하게 될 것이고, 그들처럼 말하기 시작할 것이다(롬 3:14). 이런 일이 베드로에게 일어났다(71절).

베드로는 예수님을 기소한 후 일어나는 소송절차를 보기 위해 안으로 들어가지 못했으나 안으로 들어가게 해 준 친구가 있었는데 요한이었다. 요한은 대제사장과 연결고리가 있었고, 66,67절에 나오는 하녀를 통해 베드로를 들여보냈다(요 18:15-18). 요한은 아마도 뜰 안으로 도망갔을 것이다(50절). 그러나 되돌아와 주를 따르는데 십자가의 길까지 따랐다(요 19:26,27). 요한은 열 두 제자들 가운데 유일하게 예수님을 끝까지 따른 제자였다. 이런 이유로 요한은 자신의 복음서를 통하여 자신을 『예수**께서 사랑하셨던 제자**』라고 자신을 부른다. 요한은 예수님께서 재판 받으실 때나, 처형되실 때에 부끄러워하지 않을 만큼 예수님을 사랑하였다. 이런 이유로 요한계시록을 통하여 그리스도의 재림을 보는 특권을 누렸다(요 21:20-22).

요한은 베드로에게 주님의 제자들 가운데 하나로서, 예수님을 강력하게 변호할 기회를 주었다. 그러나 베드로는 비참하게 실패하였다. 베드로는 그 하녀에게 "나는 그 사람을 모른다. 나는 네가 무엇을 말하는지 모르겠다."고 말했다(68절). 그 시간에 닭이 첫 번째 울었다.

그 사실이 베드로를 긴장하게 하여 땀을 흘리게 만들었을 것이다. 베드로는 가능한 한 빨리 그 문으로부터 도망쳐 관저 현관으로 나갔다. 그때『**다른 하녀**』하나가 베드로를 보았다(마 26:71). 그리고 거기 있는 사람들에게『**이 사람도 나사렛 사람** 예수**와 함께 있었도다**』(마 26:71)라고 말하였다.『**이 사람은 그들**[즉 그리스도의 제자들]**과 한패라**』(69절).

이 본문은 사람들이 성경에 있는 엄청난 "모순들"이라고 하는 것들 가운데 하나이다. 누가복음 22:58에서는 한 남자라고 말한다.『**이 사람아**』(Man) 물론 지나치게 간절히 성경에서 흠을 찾고자 하는 불신자들이나 비평가들은 최소한의 영어를 읽을 수 있는 능력이 결여되어 있다. 요한은 다음과 같이 말한다.『**사람들이**[They, 복수이다. 즉 하녀와 남자

둘 다 가리킨다.] **그에게 말하기를 "너도 그 사람의 제자들 가운데 하나가 아니냐?"고 하니**』(요 18:25). 신학대학이나 신학대학원에서 쓰레기로 가득 찬 "열린 마음"을 정리하는 데 성경만큼 좋은 것은 없다.

다시 한번 베드로는 주님을 부인한다(70절). 그러나 이번에는 『**맹세**』를 사용하여 말한다(마 26:72). 즉 "하나님의 이름으로", 혹은 "주께서 살아 계시는 한"이라는 말을 사용하여 말한 것이다. 이는 자신이 예수님을 모른다는 사실을 입증하는데 하나님을 증인으로 세운 것이다. 따라서 베드로는 저주를 시작하기 전에 주님의 이름을 헛되이 사용한 것이다.

그러나 그로부터 오래 지나지 않아, 현관에 있던 사람들이 베드로에게 『**분명히 너는 그들과 한패라. 너는 갈릴리 사람이니 너의 말투가 그와 같으니라**』(70절)고 말한다. 베드로는 "남부 사람들"에게 "양키" 말투로 말한 것이다. 유다 이스카리옷을 제외한 모든 제자들은 북쪽 이스라엘 출신이다. 예루살렘은 남쪽 지역이다. 같은 언어를 사용한다 해도 북쪽과 남쪽에 억양 차이가 있었다. 스코틀랜드(북쪽)와 잉글랜드(남쪽), 독일(북쪽)과 오스트리아(남쪽), 멕시코(북쪽)와 남아메리카(남쪽)에도 해당될 것이다.

그러나 여기서 베드로가 "너희들"(you'se guys)이라고 말하는 것과, "니네들"(y'all)을 쓰는 차이만 있는 것은 아니다. 마태복음 26:73에 보면 사람들이 『**네 말투가 이를 증명한다.**』라고 기록한다. 베드로가 예수 그리스도로부터 자신을 멀찍이 떼어 놓으려 온갖 노력을 했음에도 불구하고, 여전히 그는 "그리스도인"처럼 말하고 있었다. 그래서 주님의 제자가 아님을 증명하려고, 베드로는 『**저주하고 맹세하기 시작**』(71절)했다. 베드로는 "거칠게 욕을 퍼부었고", 그 불가에 서 있던 군인들은 모두 다음 날 훈련 때 그 욕을 써먹으려고 종이에 적고 있었다.

베드로는 화가 나거나 기분 나쁜 감정을 아주 효과적으로 나타낼 수 있게, 고르고 고른 말들을 사용하여 자신이 예수님의 제자임을 극구 부인했다. 이제 불 주변에 있는 사람들은 베드로가 구원받았다고 생각하지 않는다. 그러나 베드로가 그 말을 끝내자 닭이 두 번째 울었다(72절). 1톤가량의 벽돌 무게가 베드로의 가슴을 짓눌렀다. 베드로는 어린아이처럼 화를 내고 고함을 지르며 관저를 빠져 나갔다. 마태복음과 누가복음은 베드로가 『**밖으로 나가 비통하게 울더라.**』라고 말한다(마 26:75, 눅 22:62).

물론 우리는 베드로가 어디로 갔는지 모른다. 이에 대해 성경이 말해주지 않으나 내가 확신하는 것은, 몇 시간 전에 주님께서 기도하셨던, 그러나 기도에 실패하여 잠들었던 겟세마네 동산으로 갔을 것이다. 이번에는 잠들지 않았다. 해가 떠오르기까지 울며 기도했을 것이다.

마무리 지으면서, 베드로가 행한 회개와 유다 이스카리옷이 행한 회개를 살펴보자. 고린도후서 7:10에는 두 가지의 회개가 있다고 말한다. 하나는 『하나님**의 뜻대로 하는 슬픔**』이고 다른 하나는 『**세상의 슬픔**』이다. 베드로의 경우는 하나님의 뜻대로 하는 슬픔의 회개의 경우이고, 유다의 경우는 세상의 슬픔으로 하는 회개의 경우이다. 둘 다 자신의 죄에 대해 슬퍼하고, 둘 다 배상했다. 그러나 둘은 같지 않다. 베드로의 회개 뒤에 있는 동기는 주님의 관점에서 본 것이다(눅 22:61). 유다가 회개한 동기는 자신의 실패한 계획을 본 것이었다(마 27:3). 베드로가 슬퍼한 것은 자신의 존재 자체였다(눅 5:8 참고). 유다가 슬퍼한 것은 자신이 행한 행위였다(마 27:4). 베드로는 예수 그리스도께 자백했다(요 21:15-17). 그러나 유다는 제사장들에게 자백했다. (마 27:3, 이를 아는 것은 매우 중요하다.) 베드로의 회개 결과 잃어버린 제자의 자격을 회복했고, 주를 위한 삶을 통해 수 천 명을 예수 그리스도께로 인도했다(행 2:41; 4:4). 유다의 회개는 사도로서의 전 자격을 잃었을 뿐 아니라 자살로 생을 마감했다(행 1:16-20).

오늘날 어떤 형제들은 회개를 되풀이한다. 나는 회개를 믿지만 만일 당신이 한 회개의 결과가 예수 그리스도를 신뢰하는 것이 되지 못하고 구원을 위해 예수 그리스도의 의를 신뢰하지 못하게 하는 것이라면 진정으로 회개한 것이 아니다. 당신이 한 모든 것이 죄를 짓는 것을 멈추는 것이라면 10장에 나오는 부자 청년보다 나을 것이 없다. 자신의 의를 통하여 하늘에 가기를 애썼던 그 사람 말이다(10:17-22). 회개는 믿음을 동반한다. 『하나님**께 대한 회개와 우리** 주 예수 그리스도**에 대한 믿음**』(행 20:21), 이 두 가지가 필요하다.

그리스도인으로서 어떤 죄로부터 돌이키는 당신의 "회개"는 그 죄와 반대되는 그리스도 안에 있는 새로운 피조물의 행함이 동반되어야 한다. 이 주제에 관한 바울의 "입장"을 갈라디아서 5:16-26, 에베소서 4:17-32, 골로새서 3:1-17에서 읽을 수 있다.

마가복음 15장

15:1 아침이 되자 곧 선임 제사장들이 장로들과 서기관들과 온 공회와
더불어 회의를 열고, 예수를 결박하여 끌고 와서 빌라도에게 넘
겨주더라.
2 빌라도가 주께 묻기를 "네가 유대인의 왕이냐?"고 하니, 주께서
대답하여 그에게 말씀하시기를 "그렇도다."라고 하시더라.
3 또 선임 제사장들이 여러 가지 일을 들어 주를 고소하나, 주께서
는 아무 대답도 아니하시더라.
4 그러자 빌라도가 주께 다시 물어 말하기를 "너는 아무것도 대답
하지 아니하느냐? 그들이 얼마나 많은 일로 너에 대하여 증거하
는지 보라."고 하더라.
5 그러나 예수께서는 여전히 아무 대답도 아니하시므로 빌라도가
이상히 여기더라.

반복하여 마가는 예수님께서 『**빌라도에게 넘겨**』지시는 설명을 요약하여 말한다. 그 세부 사항들은 누가복음과 요한복음을 통해 보완된다.

1. 유대인들은 예수님을 빌라도의 재판정으로 끌고 갔으나, 자신들은 그곳으로 들어가기를 거부했는데, 이는 『**유월절 양을 먹을 수**』 있도록(요 18:28) 의식적으로 자신들을 "깨끗하게" 유지하게 하기 위해서다. 이러한 "깨끗"하고 "경건"한 자들은 이방인의 건물에 들어가 자신을 더럽히는 것은 피했지만, 무죄한 사람의 살인에 가담하는 것에 대해서는 아무 거리낌이 없었다(행 7:52).

2. 빌라도는 유대인들이 무슨 일로 예수님을 고소하는지 알기 위해 유대인들에게 나와야만 했다. 『**너희가 무슨 일로 이 사람을 고소하느냐?**』(요 18:29) 이에 대한 제사장들의 첫 대답은 전혀 『**고소**』한 것이 아니라 단지 허세에 불과하였다. 『**그가 행악자가 아니라면 우리가 그를 당신에게 넘겨주지 않았을 것이니이다**』(요 18:30). 다시 말해 "우리가 그렇게 말하는 것만으로도 이 자를 사형에 처해야 합니다. 이 자가 죽음에 처할 범죄를 저지르지 않았는데도 우리가 이 자를 당신께 데려왔다고 생각하십니까?"라고 주장한 것이다. 이를 "대단한 뻔뻔함"으로 받아들일 수밖에 없다(10:35-37의 야고보와 요한의 요청에 대한 주석 참고).

3. 빌라도는 예수 그리스도를 처리하려는 첫 번째 시도로 이렇게 대답한다. 『**그를 데리고 가서 너희의 율법에 따라 재판하라**』(요 18:31). 그러나 그 유대 지도자들은 소위 "그럴듯한 부인"을 원하고 있었다. 즉, 그들은 예수님을 죽이기를 원했지만, 자신들이 직접 그 행위를 저지르지 않았다고 말할 수 있기를 바랐던 것이다(행 5:28). 그래서 그들은 사도행전 7장에서 자신들이 스데반을 죽일 때 전혀 개의치 않았던 변명을

사용한다. 『**우리가 누구를 사형에 처하는 것은 적법지 못하나이다**』(요 18:31). "당신들은 점령군이니, 오직 당신들만이 죄수를 처형할 권한이 있습니다." 그래서 빌라도는 다시 예수님을 떠맡게 된다.

4. 빌라도를 "협박"하는데 실패하자, 그 유대인들은 일련의 거짓 고소들을 만들어낸다. 『**우리 민족을 현혹하고, 카이사에게 세금 바치는 것을 금하며, 자칭** 그리스도 왕』이라고 한다고 고소한 것이다(눅 23:2). 즉 "이 예수라는 자는 폭도들을 선동하고 로마에 반란을 일으키려 한다"고 거짓말한 것이다. 예수님은 로마나 카이사에 대항하여 반란을 일으키라는 말씀을 한 번도 하신 적이 없다. 전파하신 메시지는 『**너희는 회개하고 복음을 믿으라.**』(1:15)는 것이었다. 예수님은 로마에 세금을 내셨고(마 17:24-27), 누구에게도 세금을 내지 말라고 말씀하신 적이 없다(12:14-17). 그리고 공개적으로 자신을 『**유대인의** 왕』으로 선포하는 것에 관하여, 예수 그리스도는 제자들에게 공개적으로 알리지 말 것을 엄격하게 당부하셨다(8:29,30). 예수님께서는 심지어 사람들이 『**자기를 억지로 데려다가 왕으로**』 세우는 것을(요 6:15) 허락하지 않으셨다. 세 가지 거짓말이 연달아 나온다.

왜 유대인들은 자신들이 "엉터리 재판"에서 조작한 신성모독 혐의를 그대로 들고 오지 않았을까? 그것은 빌라도가 유대인의 종교에 조금도 관심이 없었기 때문이다. 그는 돌아다니며 "회개하라!"고 외치고 이야기들을 들려주는 어떤 순회 설교자에 대해 신경 쓰지 않았다. 그가 행동하는데 어떤 문제도 일으키지 않고, 세금만 잘 낸다면 말이다.

마가복음 15:2은 누가복음 23:2과 요한복음 18:33과 일치하나, 마태복음, 마가복음, 누가복음에서 말한 『**그렇도다.**』는 요한복음에서 그 내용이 더 확장된다. 그 질문에 예수님의 답은 다음과 같다. 『**그 말이 네 스스로 하는 말이냐, 아니면 다른 사람들이 나에 관하여 너에게 해준 말이냐?**』(요 18:34)

지금 무슨 일이 일어나고 있는지 생각해 보라. 유대인들은 예수님이 자신을 왕이라고 주장했다고 고소했다. 그것은 로마 법 아래에서 불법이었다. 오직 카이사가 세우고 그에게 복종하는 왕들만 통치할 수 있었기 때문이다(헤롯처럼). 예수님은 자신이 왕임을 인정하셨다. 이것으로 재판은 유죄 판결로 끝났어야 했다. 하지만 빌라도는 제사장들에게 나가서 그리스도는 무죄라고 선언한다(『**나는 이 사람에게서 아무 잘못도 찾지 못하였노라.**』 – 눅 23:4). 왜 그랬는가? 그것은 예수님께서 자신의 왕국에 대해 그리고 이 땅에 오신 이유에 대해 빌라도에게 개인적으로 말씀하셨기 때문이다.

『**나의 왕국은 이 세상에 속한 것이 아니니라**』(요 18:36). 유대인들이 그들의 왕을 거부했기 때문에 물리적 왕국은 연기되었다. 그래서 주님께서 이어서 말씀하신 것이다. 『**그러나 <u>지금은</u> 나의 왕국이 여기에 속한 것이 아니니라**』(요 18:36). 거룩한 성경을 왜곡하여 번역한 번역본들, 예를 들어 ESV 같은 번역본은 『**지금은**』(now)이라는 단어를 삭제하여, 그리스도의 왕국이 결코 세상적 차원의 왕국이 되지 않을 것이라고 말한다, 결코 그리스도의 왕국이 지상에 세워질, 눈에 보이고, 물리적인 왕국이 되지 않을 것이라고 말하는 것이다. 이것은 "무천년주의"로 알려진 이단이며, 수백 구절에서 문자적으로 명백히 모순된다(즉, 사 2,11,60,61,65,66장, 렘 23,30,31,33장, 겔 40-48장, 단 2장, 욜 3장, 암 9장, 슥 14장, 계 20장).

빌라도는 반복하여 질문한다(『**그러면 네가 왕이냐?**』 - 요 18:37). 예수님의 답을 통해 빌라도는 예수 그리스도가 "미치광이 설교자"일 수는 있어도 폭동을 일으키는 반란자가 아니라는 사실을 확신한다. 『**이 일을 위하여 내가 태어났고, 이런 연유로 내가 세상에 왔으니 진리를 증거하려는 것이라**』(요 18:37). 빌라도는 진리에 대해 냉소적이었을 수 있지만(요 18:38), 예수님의 무죄에 대해서는 확신했다(요 18:38).

마가복음 15:3-5에 나오는 추가적인 고소 내용은 누가복음 23:5에서 발견된다. 다시 한번(14:60,61 참고), 예수님께서는 하나님의 어린양으로서 『**도살장으로**』 끌려 가는 것처럼(사 53:7) 침묵을 지키신다. 빌라도는 예수님께서 침묵하시는 것을 이상히 여긴다. 베드로는 이 장면에 대해 다음과 같이 말한다.

『**모욕을 당하셨으나 다시 모욕으로 갚지 아니하셨고, 고통을 당하셨으나 위협하지 아니하셨으며, 오직 의롭게 심판하시는 분께 자신을 의탁하셨느니라**』(벧전 2:23).

그리스도께서 카야파와 빌라도 앞에 서셨을 때, 실제로 둘 중 누구도 예수님의 심판자가 아니었다. 예수님은 자신의 심판을 아버지께 맡기셨다. 『**그를 상하게 하는 것이 주를 기쁘시게 하였기에**』, 『**그의 혼**』이 『**속죄제물**』이 될 수 있었다(사 53:10, 벧전 2:24).

이제 마가복음 15장의 다음 본문으로 넘어가기 전에, 다시 한번 살펴보아야 하는 것은 누가복음이 일어난 사건들을 "시간 순서"에 따라 또 다른 내용을 첨가하고 있다는 사실이다. 바라바를 다루는 사건 전에, 빌라도는 예수님이 갈릴리 사람이란 사실에 주목한다(눅 23:6). 그래서 빌라도는 예수 그리스도를 떠넘기기 위한 두 번째 시도를 하는데 예수 그리스도를 헤롯에게 보내는 것이었다. 갈릴리는 『**헤롯의 통치 구역**』에 속하였기 때문이다. 당시 헤롯은 유월절을 지키기 위해 예루살렘에 있었다(눅 23:7).

헤롯은 예수님을 보게 되어 기뻐했지만, 주님께서는 정직하지 않은 회의론자에게 하실 말씀이 없었다(눅 23:9). 헤롯은 침례인 요한의 설교를 거부했기에, 주님께서는 그에게 더 이상 자신에 관하여 하실 말씀이 없으셨다. 그래서 헤롯과 그의 전사들은 『**주를 멸시**』(눅 23:11)하였다. 그들은 주를 공개적인 수치와 치욕 속에 두었다. 정확히 어떻게 했는지는 알 수 없지만, 아마도 누가복음 23:11에 나오는 『**조롱한 후에 화려한 옷을**』 입혔다는 표현은 수사 표현법 가운데 하나인 "중언법"(hendiadys)으로, "**멸시**"했다는 것을 단순히 다시 서술한 것으로 보인다. 이 "**화려한 옷**"에 대해서는 마가복음 15:17-20과 15:24에서 더 자세히 살펴볼 것이다.

누가복음 23장에 있는 본문은 이렇게 끝난다. 『**빌라도와 헤롯이 전에는 서로 적대관계였는데 그 날은 서로 친구가 되니라**』(눅 23:12). 전혀 공통점이 없는 사람들(예를 들어 동성애자들과 이슬람교도들, 또는 페미니스트들과 이슬람교도들)은 한 가지에서는 함께 할 수 있는데 그것은 바로 예수 그리스도에 대한 증오와 그 책에 대한 증오이다. 결국 이것은 『하나님**의** 말씀』에 대항해 모인 국가들의 연합으로 귀결될 것이다(계 19:11-19). 그들의 "운명"은 불에 타는 것이다(슾 3:8, 마 13:40-42).

15:6 이제 그 명절에는 그가 백성들이 요구하는 대로 죄수 한 명을 놓

아주는데,

7 그때에 반란을 일으킨 사람들과 함께 붙잡힌 바라바라고 하는 사
람이 있더라. 그는 반란 때 살인한 자더라.

8 무리가 크게 소리질러 빌라도에게 요구하기 시작하기를, 그가 늘
하던 대로 자기들에게 해 달라고 하더라.

9 그러나 빌라도가 그들에게 대답하여 말하기를 "내가 너희에게 유
대인의 왕을 놓아주기 원하느냐?"고 하니,

10 이는 그가 선임 제사장들이 시기로 인하여 주를 넘겨준 것을 알
았기 때문이라.

11 그러나 선임 제사장들이 무리를 선동하여, 오히려 그가 바라바를
그들에게 놓아주어야 한다고 하더라.

12 빌라도가 대답하여 다시 그들에게 말하기를 "그러면 너희가 유
대인의 왕이라고 하는 그에게 내가 어떻게 하기를 원하느냐?"고
하니,

13 그들이 다시 소리지르기를 "그를 십자가에 못박으소서."라고 하
더라.

14 그러자 빌라도가 그들에게 말하기를 "그가 무슨 악한 일을 행하
였느냐?"고 하니, 그들이 더 크게 소리질러 "그를 십자가에 못박
으소서."라고 하더라.

15 그러므로 빌라도가 그 군중을 만족시키려고 바라바를 그들에게
놓아주고, 예수를 채찍질한 후 그를 십자가에 못박으라고 넘겨주
니라.

16 병사들이 주를 프라이토리움이라 하는 관정 안으로 끌고 가고,

그들은 온 군대를 집합시키더라.

17 그리고 주께 자주색 옷을 입히고, 가시로 관을 엮어 그의 머리에 씌우고,

18 "유대인의 왕, **만세!"라고 하며 경례하더라.**

19 또 갈대로 그의 머리를 치고 그에게 침을 뱉으며, 무릎을 꿇고 경배하더라.

20 그들이 주를 조롱한 후에 자주색 옷을 벗기고, 다시 그의 옷을 입혀서 십자가에 못박으려고 끌고 나오더라.

지금까지 빌라도는 예수 그리스도를 떠넘기려 대충 부주의한 태도를 취하였다 - "너희가 그를 데려다가 그를 너희들끼리 재판하라." 그리고 그는 비겁함으로 예수 그리스도의 문제를 해결하려 하였다 - "그는 헤롯의 재판관할 구역에 해당하니 헤롯이 그 문제를 해결하게 하라." 그러나 예수 그리스도는 가장 처리하기 어려운 분이시다. 마치 불량 동전처럼, 계속해서 돌아온다. 헤롯은 예수 그리스도를 다시 빌라도에게 보냈고, 빌라도는 다시 예수님을 자신의 손에 맡게 되었다.

부주의와 비겁함으로 예수 그리스도를 처리하려는 데 실패한 빌라도는 이제 교활함을 시도한다. 빌라도는 유월절에 죄수 한 명을 풀어주는 유대인의 관습을 이용하여 예수 그리스도를 곤경에서 벗어나게 하려고 한다(6절. 요 18:39 참고).

노먼 빈센트 필, 로버트 슐러, 그리고 조엘 오스틴과 같은 "긍정적 사고"를 하는 사람이었던 빌라도는 모든 인간이 "본질적으로 선하다"고 믿었기에, 만일 예수 그리스도와 정말 나쁜 사람 중에서 하나를 선택하라는 명확한 선택이 주어진다면, 군중이 예수 그리스도를 풀어주기를 선택할 것이라고 확신했다. 그래서 빌라도는 자신이 생각할 수 있는 최악의 사람을 선택했는데 바라바였다. 바라바는 『**유명한 죄수**』(마 27:16)였는데, 그는 "유명한 죄수"(요 18:40)였을 뿐 아니라, 로마에 항거하여 『**반란**』을 일으켰으며 『**반란 때 살인한 자**』(7절)였기 때문이다. 바라바는 실제로 유대인들이 그리스도를 고소한 그 내용을 저지른 사람이었다(1절 주석 참고). 바라바는 그야말로 "나쁜 놈"이었다.

빌라도는 군중이 예수 그리스도를 보며 이렇게 말할 것이라고 생각했다. "글쎄, 저 사람이 길거리에서 설교하며 내가 지옥에 간다고 말하긴 하지만, 사실 아무에게도 해를 끼친 적은 없어. 문둥병자를 치유하고, 소경의 눈을 뜨게 하고, 다리 저는 사람을 다시 걷게 했잖아. 그 사람은 좋은 사람이잖아. 저 사람을 풀어주자." 그리고 나서 군중이 바라바를 보고 이렇게 말할 것이라고 생각했다. "저놈은 강도고, 살인자야. 로마인들과 문제를 일으켜서 우리 모두를 죽게 만들 거야. 정말 위험한 놈이지. 저놈을 죽여라!"

그러나 사람들은 그렇게 생각하지 않았다. 그 군중은 바라바를 보며 이렇게 생각했다. "글쎄, 저놈이 강도이고 살인자이며 반역자이기는 하지만, 빈민굴에서 자랐기에 당신과 내가 자랄 때 누렸던 혜택을 그는 누리지 못했어. 평생 그런 이름으로 불리며 살았다면, 저렇게 되는 것도 그리 놀랄 일만은 아니야. 사실, 그는 나와 좀 비슷한 데가 있어. 한 번 봐주고 풀어주자." 그런 후 그들은 그리스도를 보며 이렇게 생각했다. "저 선지자라는 자 말이야. 나는 결코 저 사람을 좋아한 적이 없어. 자기만 옳고 다른 사람은 모두 틀렸다고 생각하잖아. 도대체 자기가 뭐라고 생각하는 거야? 저 자를 죽여라!"

사람은 본래 그런 법이다. 자신들의 죄를 책망하는 비판적인 설교자보다 도둑질하고 살인한 사람을 선택한다. 왜냐하면 그 도둑과 살인자가 자기들과 비슷하기 때문이다. 그 군중은 의로운 사람보다 살인자를 선택했고(11-13절. 행 3:14 참고) 빌라도는 다시 자신이 예수 그리스도를 처리해야 하는 상황에 놓이게 되었다.

본문에서 주목해야 하는 두 가지 중요한 사실이 있다. 첫 번째는 10절에 있다. 빌라도는 자기 이익만 챙기려는 교활한 정치가였을지 모르지만, 대제사장들의 속셈은 간파하고 있었다. 그들이 예수님을 자신에게 넘긴 이유가 시기심 때문이라는 것을 알고 있었다.

그 선임 제사장들, 서기관들, 바리새인들, 사두개인들은 주님을 시기했다. 그들은 예수님께서 군중을 이끄시는 것을 질투했다. 그분이 성경의 권위로 말씀하신다는 사실에 대해 질투했는데(1:22 주석 참고) 이는 그들이 가진 것은 기껏해야 사람들의 의견과 성경보다 우선하는 선호들이었기 때문이었다(7:6-13 주석 참고). 그들은 예수님의 사역 가운데 증거로 나타난 하나님의 능력을 시기했다.

시기심은 "원죄"였다. 루시퍼는 하나님을 시기했다(사 14:12-14). 카인은 자신의 제물이 거부되고 동생의 제물이 주님께 받아들여지는 것을 시기했다. 요셉의 형들은 그가 하나님과 아버지에게 특별한 은혜를 받은 것에 대해 질투했다. 사울은 다윗이 골리앗을 처치한 후 『**수만**』이라는 찬사를 받는 것을 시기했다(삼상 18:7-9). 다니엘 6장의 고관들과 총리들은 다니엘과 그의 지위에 대해 시기했다. 다른 사람을 향해 하나님께서 행하시는 일에 대해 시기하는 것은 목회자가 사역 중에 직면할 수 있는 가장 큰 시험들 가운데 하나이다.

누군가를 질투하게 될 때 어떻게 해야 하는지 말해 주겠다. 옛 아메리칸 인디언 속담에 이런 말이 있다. "두 달 동안 그가 신는 모카신을 신어보기 전에는 그를 판단하지 마라." 누군가를 시기하기 전에, 그 사람이 그것을 얻기 위해 무엇을 겪어야 했는지 생각해 보라. 이는 특히 할리우드의 배우들과 신인 배우들에게 해당된다. 미키 루니나 엘리자베스 테일러처럼 7번의 이혼과 8번의 결혼을 겪고 싶은가? 아니면 주디 갈랜드, 엘비스 프레슬리, 마이클 잭슨, 혹은 행크 윌리엄스처럼 약물에 중독되어 50살도 되기 전에 죽고 싶은가? 그렇다면 악인들을 시기하지 말라. 『**죄악을 행하는 자들을 시기하지 말라**』(시 37:1).

나는 펜사콜라 성경신학원(Pensacola Bible Institute) 근처에 있는 "레이디 핑거"(Lady Fingers)를 위한 백만 달러짜리 발사대(나약하고 믿음 없는 사람들을 양산해 내는 기독교대학에 대한 풍자, 역자주)에 대해 자주 생각해 보았다. 우리 쪽은 몇 개의 얇은 철제 건물과 한 번에 몇 백 명(100명에서 300명 정도)의 학생들로 구성된 모임으로 이루어져 있으며, 그들에게 성경(〈킹제임스성경〉, AV 1611)에 대한 믿음을 회복시키고 예수 그리스도를 담대히 증거하도록 훈련시키려고 노력하고 있다. 반면, 바로 길 아래에 있는 교수들은 학생들이 종교개혁 영어 성경에 대한 믿음을 잃게 하고, 대신 기독교 학문의 의견과 선호(예전에는 알렉산드리아 학문이었지만 이제는 비잔틴 - TR 학문으로 바뀌었음)를 심어 주고 있다. 그들은 학생들을 겁 많고 연약한 토끼들로 만들어 내고 있다. (어느 시점에서는 학생들이 길모퉁이에서 전도할 때 성경을 펼치는 것이 금지되었는데, 그 이유는 "럭크만"과 연관되어 보일까 봐서였다.) 나는 그런 모습을 보면서 이렇게 생각한다. "주님, 왜 저에게 훈련시킬 학생들 몇 천 명을 매년 보내주시지 않으십니까?"

그런 다음, 나는 그 학교 설립자들이 그 등록 학생 수를 얻기 위해 무엇을 했는지(그리고 무엇을 하지 않았는지)에 대해 생각해 본다. 그들은 수년 동안 기독교 학계와 좋은 관계를 유지하려고 NASV와 알렉산드리아 본문을 홍보하였다. 그들은 거리 설교도 하지 않았고, 여름철 교도소 전도 여행을 통해 수 백명의 혼도 구령하지 않았다. 그리고 자기 자녀들도 없었다. 나는 아이들을 정말 사랑하기 때문에 내 자녀가 없는 삶이 어떨지 상상조차 할 수 없다. 내게는 열 명의 자녀와 스무 명의 손자 손녀, 그리고 열 네 명의 증손자가 있다. 이 얼마나 엄청난 일인가! 그래서 나는 불평을 멈추고 주신 것을 받아들인다.

우리는 또한 이 사건에서 바라바의 위치에 대해 주목해야 한다. 바라바라는 이름은 "아버지의 아들"(son of the father)이라는 뜻이다. 그러므로 그 군중은 두 명의 "아버지의 아들들"과 맞닥뜨린 셈이다. 한 명은 아버지 하나님의 아들이고, 다른 한 명은 그의 "아버지"를 닮은 "아버지의 아들"이다. 그 아버지는 강도였고(요 10:1. 요 18:40 참고), 살인자였다(요 8:44. 행 3:14 참고). 그리고 이사야 14:12-14로 돌아가 보면, 그는 그의 "아버지"처럼 반역자이기도 했다. 그래서 여기에서 우리는 예수님께서 요한복음 5:43에서 적그리스도에 관해 말씀하신 예표를 보게 된다.

『**내가 나의** 아버지**의 이름으로 왔으나 너희가 나를 영접하지 아니하는도다. 만일 다른 자가 자기 이름으로 오면 너희는 그를 영접하리라.**』

그러나 바라바는 우리의 구원과 관련하여 또 다른 예표를 이루고 있다. 바라바는 "아버지"(the Father)를 떠난 모든 타락한 아담의 아들을 대신하는 위치에 서 있다. 그 타락한 아들의 자리를 갈보리에서 아버지 자신의 아들(요 1:18)이 대신하셨다. 바울은 대속의 속죄와 십자가 사건이 어떻게 구원과 믿는 자의 십자가를 진 삶에 미치는지, 영적, 교리적 의미를 이해했을 수 있다. 또한 이를 교리적으로 설명할 수 있는 신학자들도 있다. 그러나 골고다 언덕에서 피로 이루어진 그 사건 이전에도, 그 순간에도, 이후에도 갈보리의 실질적인 의미를 바라바보다 더 잘 이해한 사람은 없었다. 바라바는 그리스도께서 죄인을 위해 죽으신다는 것이 무엇을 의미하는지 직접 체험을 통해 알았다. 왜냐하면 그는 문자 그대로, 그리고 실제로 그리스도께서 그를 대신하여 그를 위해 죽으신 죄인이었기 때문이다. 나는 바라바를 "십자가 사건을 이해한 유일한 사람"이라고 부른다.

바라바는 자신이 어떤 억울함 없이, 정당하게 정죄받은 죄인이라는 것을 알고 있었다. 자신이 죄를 지었다는 사실에 대해 그는 조금의 의심도 없었다. 만약 당신이 구원을 위해 그리스도께 나아가고자 한다면, 자기 자신의 의로움을 주장하는 모든 것을 버리고, 죄를 지은 죄인임을 인정하며 간구해야 할 것이다.

바라바는 한 무죄한 사람이 부당하게 정죄받았다는 것을 알고 있었다. 당신은 바라바와 같은 전문 범죄자를 속일 수 없다. 그는 무죄한 사람을 보면 알아볼 수 있었고, 예수님을 보았을 때 그분이 무죄하신 분이라는 것을 알고 있었다(히 7:26).

바라바는 한 대속자가 자신의 자리를 대신했다는 사실을 알았다. 내가 단언컨대, 로마 군인이 바라바를 그의 감방에서 풀어주고 그의 "형 집행 정지" 이유를 말해주었을 때, 바라바는 자신을 대신해 십자가에 달릴 분을 보러 갔을 것이다.

거의 10억에 가까운 이슬람교도들이 그들의 "선지자"와 함께 불못에 떨어지게 되는 이유 중 하나는, 어떤 분이 그들의 죄를 대신해 죽었다는 사실을 받아들이지 않기 때문이다. 알라는 그의 추종자들에 대한 자비가 부족할 뿐만 아니라, 스스로의 거룩함도 결핍되어 있어서 그들의 죄를 위한 어떠한 대책도 마련하지 않았다. 그리하여 마호메트를 포함한 모든 이슬람교도들은 스스로의 선행으로 상쇄되지 않은 죄에 대해서는 스스로 갚아야만 한다. 이것은 지구 상에 있는 모든 카톨릭교도, 불교도, 힌두교도, 신도 신자, 유교 신자, 시크교도, 개신교도, 유대교도, 그리고 그리스 정교회 신자들에게도 마찬가지다. 인류의 종교는 고대 이집트의 "사자의 서"(Book of the Dead)를 넘어 한 치의 발전도 이루지 못했다. 그곳에서는 한 사람이 영원한 행복에 들어가려면 신들의 저울에서 그의 "마음"이 "진리의 깃털"보다 가벼워야 했다. 그렇지 않다면, 모든 남자, 여자, 그리고 아이들이 지옥으로 갈 수밖에 없다. 이를 믿지 못하겠는가? 로마서 3:4과 3:13을 찾아서 읽어 보라. 평생 미신적인 이교도로 살지 말라.

"마지막 심판"에 이를 때, 당신은 어떤 "진리의 깃털"이나 악한 일을 능가하는 당신의 선한 행위보다 더 치명적인 것과 마주하게 될 것이다. 당신은 예수 그리스도 안에 있는 완벽한 『하나님**의 의**』(롬 10:3,4)에 대해 설명해야 하는데, 만일 그 의를 현재 값없이 주시는 선물로 받아들이지 않았다면(롬 5:18), 그 심판 때 그 이유로 인하여 정죄받게 될 것이다(롬 2:2-5,16). 당신의 죄를 위해 죽으신 그리스도의 대속적 죽음을 거부하는 것은 마치 사형수가 사형 집행일 전날 밤, 주지사가 발부한 사면권을 거부하는 것과 같다.

바라바는 대속자가 법이 요구하는 요구를 만족시켰음을 알았다. 법 아래에서, 바라바의 죄에 대해서 누군가가 죽어야 했다. 만일 그가 아니면, 법이 허용한 다른 사람이 대신해야 했다. 예수 그리스도는 당시 법에 따라 그 가운데 십자가에서 바라바의 자리를 대신하셨다. 예수 그리스도는 하나님의 법의 요구를 충족시켜 우리의 죄의 빚을 갚으셨다. 『그리스도**께서 우리를 위하여 저주가 되셔서 율법의 저주로부터 우리를 구속하셨으니**』(갈 3:13).

바라바는 자신이 대속을 받을 자격이 없다는 것을 알았다. 옛 노래 가사에 이렇게 나온다. "내 손에 아무것도 들지 않고, 주의 십자가만 의지합니다" 이것이 핵심이다.

마가복음 15장으로 돌아가자. 예수 그리스도에 관한 문제를 무관심, 두려움, 그리고 교활함으로 해결하려 했던 것이 실패한 후, 빌라도는 마지막 전략을 시도하는데 바로 타협이다. 빌라도는 그 군중이 피에 굶주려 있다는 것을 알고, 이를 만족시키기 위해 예수님을 거의 죽을 지경까지 매질한다(15절).

예수님은 빌라도의 재판정(『**프라이토리움**』 - 16절, 요 18:28,33 참고)으로 다시 끌려가는데, 그곳에 빌라도의 경비병들이 모두 모여 있다. 예수님의 손은 머리 위로 묶여 기둥에 고정되고, 그분의 등은 군인들에게 향해 있다. 그중 한 군인이 "아홉 가닥 채찍"을 들고 나아간다. 이 채찍은 아홉 개의 긴 가죽 끈에 깨진 유리조각, 도자기 조각, 뼈 조각이 달린 형태였다. 그 군인은 채찍을 뒤로 빼서 앞으로 내리친다. 가죽 채찍은 그리스도의 몸에 감기고, 그 끈에 달린 날카로운 조각들이 피부와 근육 속으로 깊이 파고든다. 채찍이 뒤로 당겨지면서 살덩어리가 찢겨 나간다. 이사야는 다음과 같이 예언하였다. 『**그의 용모가 다른 사람보다 더 많이 상하였고, 그의 모습이 사람들의 아들들보다 더 상하였도다**』(사 52:14). 유대인들이 40대까지만 매질하도록 제한한 것과 달리(신 25:2,3), 로마인들에게는 그런 제한이 없었다. 군인이 어떤 사람을 매질할 때 그 사람이 지쳐 기진맥진할 때까지 때렸다. 어떤 죄수들은 십자가에 못 박히기 전에 매질을 당해 죽기도 했다. 그 군인이 채찍질을 끝낼 때쯤, 예수 그리스도는 피투성이가 된 상태였다.

그러나 그것이 그리스도께서 받은 수치의 끝이 아니었다. 그 군인들은 예수님의 옷을 벗기고 『**주께 자주색 옷을**』 입혔다(17절). 『**자주색**』 무엇이라고? 마가는 구체적으로 언급하지 않는다(20절 참고). 그것은 『**자주색 겉옷**』(요 19:2,5)이었다. 누가는 그것을 『**화려한 옷**』(눅 23:11)이라고 부른다. 이것은 왕족(판 8:26, 에 8:15)이나 부유한 사람들(눅 16:19)이 입는 겉옷의 종류이다. 마태는 그것이 또한 『**주홍색 겉옷**』이었다고 말하는데(마 27:28) 이는 이 겉옷이 일곱 산에 있는 도시에서 나온 종교 창녀(계 17:4,5)와 관련이 있음을 말한다(계 17:9). 이건, 과연 누구일까?

이것은 중요한 점이므로 주목할 필요가 있다. 카톨릭 교회는 오랫동안 종교적 유물에 애착을 가져왔다. 이 유물들은 추잡한 것(아기 예수의 포피와 마리아의 모유)에서 기괴한 것(성령의 날개에서 나온 깃털과 1,500년 된 나사로의 몸의 악취 나는 부분)까지, 병적인 것(예수님을 십자가에 못 박았던 못들)까지, 터무니없는 것(침례인 요한의 두 머리와 마태의 여덟 팔)까지 다양하다. 얼마나 많은 "진짜 십자가" 조각들이 유럽 전역에 떠돌고 있는지 그 나무들로 집을 지어도 충분할 정도이다.

로마카톨릭 신화에서 (로이드 더글라스가 쓴 책과, 빅터 매추어, 리처드 버튼이 출연한 영화에서 대중화된 것처럼), 이 "겉옷"은 치유의 기적적인 능력을 가지고 있다고 생각했다. (막 5:27-29을 표절한 것이다.) 그리고 죄와 의, 심판에 대해 책망하는 능력도 있다고 했다. (요 16:8, 행 24:25을 표절한 것이다.) 이에 대한 대답은 "미쳤다!"이다.

에디 아놀드(Eddie Arnold)나 조지 비벌리 셰이(George Beverly Shea)가 "주님의 겉옷(robe), 주님의 겉옷, 갈보리의 겉옷"에 대해 노래할 때, 그 겉옷은 그냥 "자선냄비"로 돌려보내라. 성경 어디에서도 그리스도의 옷들(겉옷이 벗겨지고 다시 입혀졌던 옷, 20절)이 "겉옷"(robe)이라고 불린 적이 없다. 그 옷들은 『**옷**』(clothes 20절), 『**그의 옷**』(garments 24절), 『**주의 옷**』(raiment 눅 23:34), 『**옷**』(vesture 요 19:24)이라고 불렸지만 결코 "겉옷"(robe)이라고 불리지 않았다. "겉옷"은 로마 군인들이 예수님께 입힌 옷인데, 그분이 왕으로 오실 때 입으실 『**피에 적신 옷**』(vesture 계 19:13, 사 63:1-6)을 조롱한 것이다. 『**가시로 관을 엮어**』 만든 "가시관"(17절) 역시 그분의 재림 때 열 왕을 정복하시고 쓰실 『**많은 왕관**』(계 19:12, 단 7:24. 삼하 12:30 참고)을 마귀의 방법으로 조롱한 것이다.

마가는 군사들이 『**갈대**』로 예수님의 머리를 때린 것을 기록한다(19절). 거기에는 두 가지 목적이 있다. 첫째, 가시관을 예수님의 머리에 얹을 때 자신들의 손이 찢어지는 것을 피할 수 없기 때문에, 그들은 가시관을 예수님의 머리에 얹고 갈대로 그것을 눌러 박았다. 그러나 마가는 말하지 않고 마태가 말한 내용이 있는데, 그 갈대를 예수님께서 받으실 홀을 조롱하는 조롱의 홀로 준 것이다(마 27:29,30). 이는 예수님께서 민족들을 다스리실 때 사용하실 『**철장**』(계 2:27; 12:5)을 비웃기 위한 것이었다. 그때 프라이토리움에서 이방 군사들은 『**유대인의** 왕』을 때리고 조롱했지만, 예수님께서 권세를 가지고 다시 오실 때는 『**민족들을 칠 것**』(계 19:15)이다. 즉, 그들의 두개골을 산산조각 내시고, 그들의 몸 위를 짓밟으실 것이다. (나한테 화내지 말라. 내가 이 책을 쓴 것이 아니다. 계 19:15-21을 읽어 보라. 스튜어트 커스터가 묘사한 온유하고 부드러운 "예수님"께서 재림하실 때 무엇을 하실 계획인지 보라.)

『**그에게 침을 뱉으며**』(19절). 이것은 채찍질 당하실 것에 대해 예언한 동일한 예언의 성취이다.

『**내가 치는 자들에게는 내 등을, 머리카락을 뽑는 자들에게는 내 뺨들을 맡겼도다. 내가 치욕과 침뱉음으로부터 내 얼굴을 숨기지 아니하였도다**』(사 50:6).

그들은 단순히 예수님의 얼굴에 침을 뱉는 것에 그치지 않고, 그분의 수염을 뽑았다. 인간의 본성을 가지신 예수님은 이 모든 고난을 겪으시면서 자신을 도우시고 자신을 의롭게 하실 하나님을 신뢰하였다(사 50:7-9. 히 12:2 참고). 제자는 『**자기에게 저질러진 죄인들의 그와 같은 모순된 행동들을 견뎌 내신 그를 깊이 생각**』해야 한다. 그러면 『**마음이 지쳐 낙심치**』 않게 된다(히 12:3. 갈 6:9 참고).

『**무릎을 꿇고 경배하더라**』(19절). 물론 이는 모든 것이 조롱이었다. 그들 중 아무도(아직은 아니다! - 39절) 그분을 왕으로서 존경하거나, 더 나아가 하나님으로서 경배하지 않았다. 그러나 언젠가는 그렇게 할 것이다(사 45:23, 롬 14:11,12). 그리고 그들이 그렇게 할 때, 그것은 바로 여기서 그분이 겪으신 일들 때문이다(빌 2:8-11). 하늘나라로 가는 침례교 목사로서, 나는 언젠가 내가 설교하거나 증거했던 모든 사람들이 결국 회심하여 내가 생각한 방식에 동의하게 될 것이라는 만족감을 갖고 있다. 물론, 그 메시지를 거부했던 사람들에게는 그때는 아무런 유익이 되지 않을 것이다. 그들은 불못에 던져지기 직전에 "회심"하게 될 것이다. 이런 이유로 바울은 『**보라, 지금이 기쁘 받아들여진 때요, 보라, 지금이 구원의 날이라.**』(고후 6:2)고 말했다. 그리스도를 주로 인정해야 할 때는 그분이 당신의 심판자가 되실 백보좌 심판 때가 아니라, 지금, 그분이 당신의 구세주가 되실 수 있을 때이다. 나는 1949년 3월 14일, 그레고리(Gregory)와 팔라폭스(Palafox) 모퉁이에 있던 웨어(WEAR)의 녹음실에서 그 기회를 붙잡았다.

이제 예수님께서 자신의 옷을 다시 입고 처형장으로 끌려가시기 전에 두 가지 일이 일어난다. 첫째, 빌라도가 예수님을 군중들 앞에 데리고 나온다. 예수님은 자주빛의 주홍색 겉옷을 입고 머리에는 가시관을 쓴 채, 찢긴 살과 피투성이의 모습으로 서 계신다. 빌라도는 그 장면에 깊은 인상을 받아 말한다. 『**이 사람을 보라!**』(요 19:5) 마치 예수님이 세상에서 유일한 사람인 것처럼 말한다.

그러나 『**선임 제사장들**』(요 19:6)이 문제였다. 이들은 『**무리를 선동하여**』(11절) 바라바를 놓아주어야 한다고 했던 자들이다. 이들은 이제 그리스도의 십자가 처형을 요구한다. 『**이는 그가 자신을** 하나님**의** 아들 **이라고 했기 때문이니이다**』(요 19:7). "종교"도 세상만큼이나 확실하게 사람을 멸망으로 저주할 수 있다.

이 마지막 고소의 내용이 빌라도를 뒤흔든다(요 19:8). 『하나님**의** 아들』이라고?! 우상 숭배에 익숙한 이교도인 빌라도는 실질적인 면에서 창세기 6장과 다니엘 3장에 대해 주요 기독교 대학, 신학교, 신학대학원 교수들보다 더 잘 알고 있었다. 그는 예수님을 다시 재판정으로 데리고 들어가 묻는다. 『**네가 어디서 왔느냐?**』(요 19:9) 이는 마치 "스타 트렉"(Star Trek)에서나 나올 법한 질문이다. 빌라도는 예수님이 갈릴리 출신이라는 것을 알고 있었다. 그래서 예수님을 헤롯에게 보냈던 것이다. 그러나 이제 빌라도는 예수 그리스도가 "이 세상에 속하지 않은" 분일지도 모른다는 의심을 품기 시작한다.

그러나 예수님은 빌라도의 질문에 대답하지 않으신다. 빌라도는 자신의 양심을 너무나 여러 번 거슬렀다. 한 사람에 대해 세 번이나 "무죄"라고 판결한 뒤, 돌연 그 판결을 뒤집어 사형을 선고하는 판사에 대해 어떻게 생각하는가? 그것이 바로 빌라도가 한 일이었다.

빌라도는 예수 그리스도를 풀어주려고 마지막으로 시도한다. 그는 예수님을 끌어내어 말한다. 『**너희의 왕을 보라!**』(요 19:14) 그러나 그 선임 제사장들은 하나님의 왕이 자기들의 자리를 빼앗는 것을 용납할 수 없었다. "그를 죽이십시오!" 『**너희의 왕을 내가 십자가에 못박으랴?**』(요 19:15) 『**카이사 외에는 우리에게 왕이 없나이다**』(요 19:15).

저런, 저런! 그들은 절대로 그렇게 말해서는 안 됐다! 그들은 메시아를 거절하고 자만심에 찬 로마의 독재자를 선택했던 것이다. 그래서 하나님께서는 그들에게 클라우디오(행 18:2), 네로, 티투스(예루살렘 파괴 A.D. 70년), 교황들, 차르들, 무솔리니, 히틀러를 주셨다. 이유는? 그들 스스로 그렇게 되기를 원한다고 말했기 때문이다.

오늘날 일부 예언을 해석하는 해석자들은 유대인들이 받는 박해가 그들이 그리스도를 거부한 것에 대해 전능하신 하나님께서 행하신 것이라는 것에 대해 "불편해" 한다. 그러나 신명기 28장과 재판관기, 예레미야 애가를 읽어 본다면 그와 같은 결론에 도달할 수밖에 없다. 하나님께서는 그 유대인들에게 만약 그들이 올바르게 살면 복 주시겠다고 약속하셨고, 만약 그렇지 않으면 이방 민족들을 보내어 유대인들을 박해하고, 노예로 삼고, 죽이고, 그들의 삶을 비참하게 만들겠다고 말씀하셨다.

"당신은 유대인들을 반대하는 건가요, 럭크만?" 아니, 절대로! 아무리 큰 보상이 주어진다 해도 그들에게 해를 끼치지는 않을 것이다. 그렇다면 왜 하나님께서 그렇게 하시기를 원하는가? 왜 그런가? 그 이유는, 하나님께서 그분의 백성을 징계하기 위해 누군가를 세웠는데 그 일을 끝내면 그들에게도 같은 일이 일어난다는 것이다(시 137:7-9 참고). 하나님께서는 북쪽 지파들의 우상 숭배를 벌하시기 위해 앗시리아를 보내시고, 그 후에 앗시리아를 멸하시기 위해 바빌론을 보내신다. 하나님께서는 유다와 베냐민이 이스라엘이 행한 것을 행하였기에 이를 벌하시기 위해 느부캇넷살을 사용하시고, 그 후에는 메데와 페르시아를 보내어 느부캇넷살의 왕국을 처리하신다. 페르시아가 끝나면 하나님께서는 알렉산더 대왕을 보내시어 페르시아를 정리하신다. 그리스가 그 목적을 달성한 후에는 로마를 보내신다. 로마가 더 이상 하나님께 쓸모 없어졌을 때, 훈족, 서고트족, 동고트족, 반달족 등을 보내신다. 하나님께서는 교황들이 유대인들을 게토에 가두고, 추방하고, 화형에 처하도록 허락하시지만, 그 일을 충분히 행하게 하신 후에는 노련한 마틴이 나타나게 하셔서 그 모든 것을 깨뜨리신다. 하나님께서는 그분의 백성이 1,900년 동안 이방 민족 가운데 흩어져 있다가 이스라엘로 돌아가게 하시기 위해 짜르들, 무솔리니, 아돌프를 사용하여 그들을 러시아와 유럽에서 빼

내오신다. 그리고 그 일도 끝나면, 볼셰비키들이 짜르들을 몰아내게 하시고, 연합군이 독일군으로부터 유럽을 되찾게 하신다.

그 유대인들을 박해한다고? 그러려니 차라리 깨진 유리 조각 위를 손과 무릎으로 기어가겠다. 그러나 분명한 사실은 성경에서 가장 큰 "반유대주의자"는 전능하신 하나님이라는 사실이다(겔 5:8,9 참고).

『**그러면 내가 그리스도라 하는** 예수**는 어떻게 하랴?**』(마 27:22) "그를 죽이라! 그를 십자가에 처형하라!" 『**도대체 그가 무슨 악한 일을 행하였느냐?**』(마 27:23) 단 하나도 이 세상에서 잘못한 것이 없다. 그분의 평판은 『**두루 다니시면서 선한 일을 행하시며 마귀에게 억압받는 모든 자를 치유**』(행 10:38)하신 분으로 알려졌다. 그러나 이제 그 무리는 선임제사장들에 의해 극도로 선동되어 빌라도에게 아무런 대답도 하지 않고 있다. 단지 『**그를 십자가에 못박으소서.**』(마 27:23)라고 외칠 뿐이다.

그래서 빌라도는 자신이 다스리던 사람들보다 신명기 21:6,7에 대해 더 잘 알고 있었기에, 물을 담은 대야를 가져오게 하고 그 모든 일에서 손을 씻었다(마 27:24). 물론 빌라도는 예수 그리스도를 거절한 죄를 물로 씻어내 제거할 수 없었다. 이는 카톨릭 신부나 캠벨파 장로도 마찬가지다. "내 죄를 씻을 수 있는 것은 무엇인가?" 다른 것은 몰라도 수돗물을 통해서는 죄들을 씻을 수 없음은 분명하다. (내가 생각하기에 물에 불소가 첨가되어 있기에 아마도 "완고한" 침례교인이 되는가 보다.)

그리고 다시 한번 유대인들은 스스로를 저주한다. 『**그의 피를 우리와 우리 자손에게 돌리라**』(마 27:25). 그리고 다시 한번 예언을 연구하는 해석자들은, 하나님께서는 그들이 메시아를 거부한 것 때문에 2,000년 동안 그 민족을 심판해 오셨다는 명백한 사실을 피하려고 한다. "그들이

한 말은 단지 그들 바로 다음 세대에 해당하는 것으로 A.D. 70년에 끝났다."는 것이다. 다시 한번 생각해 보라. 하나님의 진노는 『**극에 달하였**』(살전 2:16)는데, 그 진노는 『**이방인들의 충만함이 차기까지**』(롬 11:25) 계속된다. 그때 하나님께서는 『구원자』를 보내셔서 『**야곱에게서 경건치 아니한 것을 제거**』하실 것이다(롬 11:26). 그러나 그때가 아직은 아니다. 전체적으로 기독교 학자들은 이 시대에 유대인이 개인적으로 받는 구원과, 재림 때 집단으로서 이스라엘 민족이 받을 구원을 혼동하고 있다.

『**십자가에 못박으려고 끌고 나오더라**』(20절). 타협은 결코 효과가 없다. 빌라도에게는 효과가 없었고, 당신에게도 효과가 없을 것이다. 목표의 중간만 가는 것으로는 안 된다. 조금 빗나가는 것이나 많이 빗나가는 것이나 마찬가지다. 빌라도는 예수 그리스도를 죽을 만큼 맞게 해서 군중의 피에 대한 갈증을 만족시키려고 했다. 물론 실패로 돌아갔다. 당신이나 다른 누구도 빌라도가 결정해야만 했던 그 결정을 피할 수는 없다.

빌라도가 그 순간에 제대로 대응할 수 있었더라면, 그는 예수 그리스도 다음으로 역사상 가장 위대한 인물 중 하나로 기록될 수 있었을 것이다. 만약 빌라도가 총독으로서의 자신의 권위의 겉옷을 벗어 그것을 예수 그리스도의 어깨에 올려놓고 "당신께서 왕이십니다. 나를 십자가에 못 박으소서!"라고 말할 수 있었다면, 그는 나폴레옹이나 아브라함 링컨에 대해 쓴 책들보다 더 많은 책들이 그에 대해 쓰여졌을 것이다. 그러나 빌라도는 자신의 양심을 더럽혔고, 자신의 직책을 타락시켰으며, 정치적 편의를 위해 결국 자신의 혼을 저주하였다. 불쌍하고, 부서지기 쉬운, 나약해 빠진 폰티오 빌라도, 90%의 미국 남자들처럼(이 문제에 관한 한, 유럽, 아시아, 아프리카, 혹은 라틴계 남자들처럼) 그는 겁쟁이였다.

15:21 그때 시골에서 온 알렉산더와 루포의 아버지인 쿠레네인 시몬이 그곳을 지나가자, 그들은 그에게 강제로 주의 십자가를 지고 가게 하더라.

22 그리하여 그들이 '골고다'라는 곳에 주를 데려가니, 그것을 해석하면 '해골의 곳'이더라.

20절은 로마카톨릭에서 "십자가의 길"(The Stations of the Cross)로 알려진 것을 시작하는 구절이다. 이 십자가의 길은 빌라도가 예수님께 사형 선고를 내리는 장면부터 십자가에서 돌아가시는 장면까지 총 열두 장면으로 이루어져 있다. 그러나 언제나 그렇듯, 교황들은 약간의 진리를 가져다 덤프트럭 가득한 헛소리와 섞어 버린다(7:6-13 주석 참고).

로마카톨릭은 예수님께서 십자가를 지고 가시다가 넘어지셨을 때 쿠레네 시몬이 십자가를 지는 것을 도왔다고 만들었다. 예수님께서 십자가를 지고 골고다까지 걸어가셨다는, 소위 "비아 돌로로사"(Via Dolorosa)로 가는 중에 세 번은 고사하고 넘어지셨다는 사실 자체를 찾아보려 해도 헛수고일 것이다. 가시는 도중에 모친을 만났다든지, 베로니카와 그녀가 사용한 수건이라든지, "기념 지점들"(stations)을 통과하는 동안 기도하는 것 등은 그야말로 터무니없는 황당무계한 말이다. "성 금요일"(Good Friday), 갈보리가 예루살렘 안에 있다는 주장, 예수님이 붉은 갈색 머리를 가진 아일랜드 사람처럼 묘사된 것, 또는 십자가가 말채나무(dogwood)로 만들어졌다는 이야기도 마찬가지로 완전히 만들어진 허구로, 이런 것들은 솜사탕처럼 근거 없는 상상일 뿐이다. 이를 믿느니 차라리 "럼펠슈틸츠헨"(Rumpelstiltskin), "아기돼지 삼형제", "염소 삼형제"같은 동화를 믿는 것이 성경적으로 더 타당할 정도이다.

성경에는 그 이유들에 대해 기록되어 있지 않지만, 로마 군인들은 리비아로부터 온(행 2:10), 한 북아프리카 사람을 붙잡아 그로 하여금 예수님께서 지신 십자가를 갈보리까지 15분 정도 되는 거리를 대신 지게 한다. (그는 십자가를 혼자 지고 갔든지, 아니면 예수님과 함께 지고 갔을 것이다.) 우리는 쿠레네 사람 시몬이 사도행전 8장에 나오는 에티오피아 내시와 마찬가지로 유대교로 개종한 아프리카인이었을 가능성이 있다고 추측할 수 있다. 이 점에서 그는 하나님의 저주를 받은 민족(창 9:25, 슥 14:21)의 개인이 성령을 통해 구원받는 것을 예표적으로 보여주는 인물로 볼 수 있다.

『**이는 아담 안에서 모든 사람이 죽은 것같이** 그리스도 **안에서 모든 사람을 살게 하려 함이라**』(고전 15:22).

『**너희가 모세의 율법으로는 의롭게 되지 못하였던 그 모든 일에 있어서도 믿는 자는 모두 그분**(예수 그리스도)**을 통하여 의롭게 된다는 것이니라**』(행 13:39).

모든 자유주의자들, 인종 차별 폐지론자들, 여성 해방 운동가들이 설교하는 것처럼, 갈라디아서 3:28에 포함되고자 하는가? 그렇다면 『그리스도 예수**를 믿음으로**』 예수 그리스도 안으로 들어가라(갈 3:26). 아니면 "억압받는 소수자"로서 지옥으로 들어가라.

『**알렉산더와 루포의 아버지**』(21절). 루포라는 이름이 로마서 16:13에 다시 등장하는데 이 때문에 스코필드 같은 사람들은 두 인물이 동일인일 가능성을 제기한다. 만약 그렇다면, 시몬이 이 경험을 통해 구원받았을 가능성이 있다. 바라바와 시몬 같은 사람들이 구주를 이렇게 직접 대면하고도 영적으로 변화되지 않은 채 떠나는 것을 믿기 어렵지만, 이런 일이 전례가 없는 것은 아니다(10:17-23 주석 참고).

십자가 처형의 장소는 『**골고다**』(22절)였는데 이는 히브리어로 『**해골의 곳**』(22절, 마 27:33, 요 19:17)이다. 라틴어로 해골(혹은 두개골)에 해당하는 단어는 누가복음 23:33에서 『**갈보리**』로 사용되었다(요 19:17 주석 참고). 찬송가에서 골고다라는 말이 나올 때마다 그것은 거의 대부분 갈보리를 언급함을 알 수 있을 것이다.

여기에서 이미지가 흥미롭다. 『**세상의 빛**』이라고 자신을 칭하신 분이 해골 모양의 언덕에서 죽으시는 장면이다. 그런데 사탄주의자들, 마녀들, 부두교 실행자들은 어떤 이미지를 가지고 있는가? 바로 해골 위에 놓인 촛불이다. 그들은 자신들이 왜 그렇게 행하는지조차 깨닫지 못한 채 그것을 행한다. 그것은 "생명이 타들어가다가 죽음으로 꺼진다"는 것과는 아무 상관이 없다. 〈킹제임스성경〉은 당신이 좋아하든 싫어하든, 믿든 믿지 않든 상관없이 당신을 통제한다.

15:23 또 그들은 몰약을 탄 포도주를 주께 주어 마시게 하였으나, 주께서는 마시지 아니하시더라.

여기서 우리는 어떤 성경 교사가 성경을 믿는 사람인지 아니면 다른 이름으로 불리는 로마카톨릭 교도인지를 알아볼 수 있는 완벽한 "테스트 케이스"를 만나게 된다. 알다시피, 십자가에서 예수님께 드린 두 가지 다른 "음료"가 있다. 하나는 본문에 나와 있는 『**포도주**』(헬라어로 오이노스, oinos)이고, 다른 하나는 마태복음 27:34, 누가복음 23:36, 요한복음 19:29,30에 나와 있는 『**식초**』(헬라어로 옥소스, oxos)이다. 예수님께서는 마가복음 15:23의 포도주는 전혀 받지 않으셨다. 마태복음 27:34의 식초는 맛보셨으나 마시지 않았는데 그것은 고통을 덜어주는 것이었기 때문이다. 예수님께서는 우리를 위하여 십자가 처형이 가져다주는 모든 고통을 감내하려 하셨다. 죽기 마지막 순간에서야 마태복음 27:48의 쓸개즙이 없는 식초를 받으신다.

만일 당신이 상업화된 로마카톨릭 신부가 아니고, 바티칸 본문을 지지하고자 부패한 "성서들"을 양산해 내는 근본주의 신학대학, 신학대학원의 교수가 아니라면 이 지점에서 다르다. ESV(자유주의 RSV의 "보수적인" 판본)와 같은 부패하고 배교한 번역들은 누가복음 23:36과 요한복음 19:30에서 oxos를 "시큼한 포도주"(sour wine)라고 번역했는데, 이는 태이어(Thayer)와 같은 사전 편찬자들이 그 단어에 할당한 정의들 중 하나이다. 이제 "시큼한 포도주"와 "식초"(이것이 oxos에 대한 또 다른 정의인데)를 선택할 수 있는 상황에서, 왜 ESV 번역위원회에 있는 "경건한 보수주의자"들이 예수님을 술꾼으로 만들 수 있는 그런 번역을 선택했을까? 이것은 oxos를 어떻게 번역할 것이냐 하는 번역 "선호"의 문제가 아니라, 그들의 번역을 부패한 로마카톨릭 본문에 맞추려 시도한 것이다.

알다시피, 다섯 개의 다른 대문자 사본들과 몇몇 다른 필사본들 뿐 아니라, 주로 알렙과 B(시내 사본과 바티칸 사본)의 권위에 근거하여 웨스트코트와 홀트(그리고 그 이후 네슬, 알란드, 메츠거)는 18개의 대문자 필사본과 A – 알렉산드리아 사본 – 그리고 다수 필사본 사본들과 반대되는 번역을 하여, 마태복음 27:34의 oxos를 마가복음 15:23의 oinos로 번역함으로, 주께서 결국 포도주를 마셨다는 것으로 결론짓는다. 이는 로마카톨릭 성경인 라틴 벌게이트 성경에 맞추기 위해 이루어졌다.

그러나 우리 성경대로 믿는 사람들은 결코 헬라어나 히브리어 사전을 최종 권위로 두지 않는다. 우리에게는 그보다 훨씬 더 확실한 권위가 있는데 바로 성경이다(벧후 1:19,20). 성경의 저자이신 성령(벧후 1:21)께서는 예수님이 십자가에 달리기 1,000년 전에 시편 69:21에서 그분이 무엇을 마실 것인지를 이미 알려주셨다. 그리고 그것은 어떤 종류의 포도주도 아니었다. 그것은 시큼한 포도주나 그런 종류의 포도주가 아니었다. 그것은 『**식초**』였다 – 결론 끝. ESV 위원회에 있는 배교자들이 시편 69:21에서 "시큼한 포도주"라는 번역을 끌어낼 수 있었던 유일한 방법은 70인역으로 가서 다시 oxos를 사사로이 해석한 것이었다. 하지만 그것이 바로 "보수주의자"들이 번역 위원회에서 죽음과 지옥으로 끌고 가는 방식이다. NIV나 NASV와 같은 변개된 성경들에서조차 이번에는 그 정도까지는 가지 않았다.

15:24 그들은 주를 십자가에 못박고, 그의 옷을 나누는데, 각자 어떤 것을 가질까 하여 제비를 뽑더라.

성령께서는 간단하게 격식 차리지 않고 마가로 하여금 『**그들은 주를 십자가에 못박고**』라고 기록하게 하신다. 마가는 다른 복음서들에 기록된 세부 과정들을 말하지 않는다. 잔인한 세부 사항들에 관하여 알고 싶다면 의학적 관점에서 프레드릭 주기브(Frederick Zugibe) 박사가 쓴, "법의학으로 본 예수님의 십자가 처형"(The Crucifixion of Jesus, A Forensic Inquiry)을 참고하라.

여기서 주목하고자 하는 것은 요한복음 20:25에 있는 못 자국인데, 부활 때 그 못자국은 예수 그리스도의 『**손**』(hands)에 있었다고 한다. 요한이 『**주의 손**』에 못 자국이 있었다고 기록했기에, 암흑시대의 카톨릭 화가들은 그 못 자국을 손 중심에 그렸다. 마치 카톨릭 신비주의(앗시시의 프란시스)에 나오는 손에 있는 상흔처럼 말이다. 당연하게 여기에서도 카톨릭은 반복하여 틀렸다. (하긴 그들이 고장 난 시계보다 더 맞은 적이 있었던가?).

못이 그리스도의 손바닥에 박힐 수는 없었다. 그분의 몸무게 때문에 못이 손가락 사이로 찢겨 나갔을 것이기 때문이다. (그들 스스로가 만든 이 문제를 "해결하기 위해", 그리스도의 팔을 밧줄로 십자가에 묶는 방안을 창안했다. 물론 이것에 대한 증거는 성경 안팎 어디에도 없다. 일반적으로 로마인들은 희생자를 십자가에 못박거나 묶었지만, 둘 다 하는 경우는 없었다.) 못은 손목 위에 박혔는데 네 개의 손목 뼈("완골" 뼈) 사이의 공간에 박혔다. 이와 관련하여 학자들이 만들어낸 "모순들"을 성경 스스로가 완전하게 해결하는데, 창세기 24:22,47에서 손목은 손의 일부분이라고 말한다. [엘르에셀은 팔찌를 리브카의 『**손**』(hands)에 끼워주었다.]

그리스도께서 입으셨던 개인적인 『**옷**』과 로마 군인들이 조롱하기 위해 입혔던 "겉옷"에 관해서는 17절에서 살펴보았다. 주목할 점은 군인들이 『**그의 옷**』을 두고 제비를 뽑고 있다는 것이다. 그들이 그리스도를 벌거벗겼기 때문이다. 물론, 화가들(나를 포함하여)은 품위를 위해 그분에게 허리천을 그렸지만, 사실은 예수님께서 십자가에 벌거벗은 채로 매달려 계셨다. 십자가 처형은 고통스러운 죽음일 뿐만 아니라 수치스러운 죽음이기도 했다.

그리스도의 옷을 두고 제비뽑는 이 주사위 놀이는 사건이 일어나기 천 년 전에 이미 예언되었다. 시편 22:18과 그 밖의 시편 내용은 예수님께서 십자가에서 당하실 일, 겪으실 고난, 그리고 하실 말씀에 대해 너무도 구체적으로 기록되어 있어, 오늘날 이스라엘의 랍비들은 자신들의 회중이 시편 22편(그리고 사 53장)을 읽지 못하도록 금하고 있다. 히브리어 성경(구약)을 이스라엘로 들여오려 했던 한 선교사는, 시편 22편과 이사야 53장이 제외될 경우에만 그 성경이 들어오는 것을 허용할 것이라는 말을 들었다. 왜 그런가? 그 예언서들이 누구에 관하여 말하고 있는지를, 초등학교 6학년 수준의 영어 또는 히브리어를 읽을 수 있는 사람이라면 누구나 알 수 있기 때문이다. 예수 그리스도 외에는 이 성경 말씀을 성취한 사람도 없고, 앞으로도 없을 것이다.

이제 24절에서 무슨 일이 일어나고 있는지 깨닫지 못할 수도 있지만, 누군가는 우주의 통치권을 두고 도박을 하고 있는 것이다. 히브리서 1:10-12에서 하나님의 『**겉옷**』(garment)과 『**옷**』(vesture)이 무엇인지 아는가? 이는 『**하늘들**』이다(히 1:10). 자신들이 무슨 일을 하고 있는지 전혀 알지 못한 채, 그 로마의 "보병들"은 스타워즈, 스타트렉, "별들의 전쟁", 배틀스타 갤럭티카, NASA, 아폴로 프로젝트 등과 같은 일에 가담하고 있었다. 이것은 인간이 자신의 창조주로부터 별자리, 은하계, 성단을 차지하려고 시도하고 있는 모습이다.

하나님께서 "좋다, 내가 이 땅에 있었을 때 너희는 나를 벌거벗겼다. 나를 벌거벗은 모습으로 보고 싶으냐? 좋아, 보아라!"라고 말씀하실 날이 올 것이다. 그리고 은하수, 안드로메다, 알파-드라코니스 등을 포함한 온 우주를 깡그리 벗겨내시고, 그 모든 것이 나가사키와 히로시마를 합친 것조차도 MOAB 폭탄 옆의 작은 폭죽처럼 보이게 할 엄청난 버섯구름 속으로 사라지게 하실 것이다(벧후 3:10-12). 그 후 하나님께서는 모든 시대의 구원받지 못한 자들을 큰 백보좌 앞으로 불러내실 것이며, 그들은 자신들이 무시하고, 저주하고, 모독하고, 반역하며 거부했던 분의 모든 영광과 진노의 완전한 모습을 보게 될 것이다(계 20:11,12).

"그렇다면 당신은 어떻게 되죠, 럭크만?" 나는 "완벽한 내화성이 있는" 불에 타지 않는 사람이 될 것이다. 왜냐하면 옷을 입으신 그분을 소유했기 때문이다. 나는 그분의 옷(태양, 달, 화성, 목성, 금성, 처녀자리, 사자자리 등)에는 관심이 없었다. 내가 관심 있었던 것은 그분 자신이었다.

"이제 어떤 두려운 정죄함 없네.
예수님과, 그분 안에 있는 모든 것이 내 것이네!
그분 안에서 나는 살아있네. 나의 살아계신 머리되신 분 안에서.
그리고 거룩한 의의 옷을 입고 있네."

당신은 계속하여 달에 식민지를 건설하고 화성에 인류를 이주시키라.

나는 예수 그리스도 안에 있는 의를 취하겠다. 몇 천 년 후에 누가 더 나은 결정을 하였는지 알 것이다.

15:25 제삼시가 되니 그들이 주를 십자가에 못박더라.
26 죄명을 쓴 명패가 있었는데 '유대인의 왕'이라고 쓰였고,

25절의 『**제삼시**』는 유대인 시간으로 대략 오전 6시부터 9시까지의 세 시간이다. 예수님께서는 십자가에 달려 『**제구시**』까지 계셨는데, 이는 3시로, 우리가 "오후"라고 부르는 시간이지만 유대인들이 하루를 인식하는 방법으로는 저녁의 시작이 되는 시간이다. 요셉과 니코데모는 예수님을 십자가에서 내려 "향품 처리"(요 19:38,39)하였고, 무덤은 오후 6시 전에 봉인되었는데, 예수님이 장사되는 시간이 시작되는 첫 번째 밤의 시작이었다(마 12:40).

26절에는 십자가에 달린 예수님의 머리 위에 『**명패**』가 있음을 보여준다(요 19:19). 복음서의 각 저자는 그 명패의 일부를 기록했기 때문에, 전체 문구를 완전히 알기 위해서는 모든 복음서를 함께 보완해서 함께 살펴봐야 한다. 그 명패의 전체 내용은 다음과 같다. "이 사람은 나사렛 예수, 유대인의 왕이라"(마 27:37, 본문, 눅 23:38, 요 19:19).

누가복음 23:38과 요한복음 19:20에 따르면, 십자가에 쓰인 명패는 세 가지 언어로 기록되었다. 이는 공교롭게도 노아로부터 나온 세 주요 인종을 나타낸다. 알고 있다, 알고 있어. "인종은 하나뿐이다. 그것은 인간이라는 인종이다." 이는 "신창조론자들"이 만들어낸 오늘날의 주문이라는 사실 말이다. 그러나 그것은 통합주의자들과 인종 혼합주의자들에게 잘 보이려는 의도 때문이다. 성경과 영어 사전에 따르는 것은 "정치적으로 올바르지" 않을 테니까 말이다. 그래서 서로 "잘 지내기" 위해 당신들 스스로 "사실들"과 정의를 만들어 내었을 뿐이다. (로드니 킹이 살인 무기를 지니고 약물에 취한 채, 시속 100마일 속도로 질주한 후, 체포되기를 거부한 이유로 백인 경찰들이 그들 폭행했는데, 이에 대한 복수로 흑인 집단이 백인 남성을 거의 죽을 때까지 구타한 사건 같은 경우이다.) 그 언어는 히브리어(셈족 – 창 10:22-24), 라틴어(함족 – 로마 제국의 북아프리카 지역의 "공용어"), 그리고 헬라어(야펫족 – 로마 제국의 유럽 지역에서 사용되던 일반적인 대중 언어)이다. 그리스도의 죽음은 모든 사람을 위한 것이다. 흑인, 백인, 황인, 심지어 "연두색"이든, 점박이든 상관없이 말이다. 그래서 사도행전에서 복음이 전파될 때, 복음은 아프리카인(에티오피아 내시 – 행 8장), 동양인(유대인 바울 – 행 9장), 그리고 백인 유럽인(코넬료 – 행 10장)에게 전달되는데 이는 인류의 세 "족속들" 모두를 포함한다. 그리고 예수 그리스도께서 통치하시기 위해 다시 오실 때, 그분은 『**온 땅을 치리할 왕**』(슥 14:9)이 되셔서 유대인 도시인 예루살렘에서 통치하신다(슥 14:16). 따라서 이 명패에는 예수님의 두 번의 오심이 모두 암시되어 있다.

이제 26절과 마태복음 27:37은 이 명패를 그리스도의 『**죄명**』이라고 부른다. 이는 십자가형을 집행할 때 죄수의 머리 위에 그의 죄목을 적은 판자를 달아 놓는 로마의 일반적인 관행이었다. 이것이 바로 선임 제사장들이 원했던 죄명이었다. 그들은 명패에 『**자칭 유대인의** 왕』이라고 쓰이기를 원했다(요 19:21). 다시 말해 예수님의 왜곡되고 신성모독적인 마음속에서만 그렇게 주장하는 것이라고 쓰라는 것이었다.

그러나 전능하신 하나님을 우회하려는 시도는 통하지 않을 것이다. 십자가에 매달려 계신 분은 하나님께서 선택하신 왕이셨고, 하나님께서는 마지막에 웃으실 것이다(시편 2:1-6). 하나님께서는 잃어버린 골프공이 덤불 속에서 헤매는 것처럼 방황하던 겁 많고, 나약하며, 냉소적인 정치인을 사용하셔서 자신의 말씀을 기록하게 하셨다. 이는 하나님께서 민수기 23,24장에서 구원받지 못한 "근본주의자"를 사용하셨고, 요한복음 11:49-51에서 구원받지 못한 제사장을 사용하신 것과 같다. 빌라도는 그 유대인 제사장들에게 말했다. 『**나는 내가 써야 할 것을 썼노라**』(요 19:22). 빌라도는 더 이상 그들을 달래기 위해 한 글자도 바꿀 생각이 없었다.

빌라도는 무엇을 썼는가? 그것은 단순한 『**죄명**』이 아니라 칭호인 『**명패**』였다(요 19:19). 빌라도는 자신의 직업을 유지하기 위해 질투에 눈먼 살인자 무리에게 굴복함으로써 자신의 혼을 저주했을지 모르지만, 요한복음 18:36,37과 19:7-14 이후 예수님이 누구신지 정확히 알고 있었다. 이는 예수님을 세 번이나 무죄로 선언했음에도, 종교 지도자들이 예수님의 처형을 강요토록 한 것에 대한 빌라도의 복수 방법이었다. 이 명패와 그 강력한 선언은 예수님과 함께 십자가에 못 박힌 두 강도와 관련하여 이후에 나오는 내용을 이해하는 데 매우 중요하다.

15:27 주와 함께 강도 두 명을 십자가에 못박으니, 한 사람은 주의 오른편에, 또 한 사람은 주의 왼편에 있더라.

28 그리하여 '그가 범죄자들과 더불어 헤아림을 받았다.'고 말한 성
경이 이루어졌더라.
29 그때 지나가던 자들이 자기들의 머리를 흔들며 주를 모독하여 말
하기를 "아하, 성전을 헐고 삼 일 만에 짓는 자여,
30 네 자신을 구원하여 십자가에서 내려오라."고 하니라.
31 선임 제사장들도 서기관들과 더불어 이와 같이 그들 가운데서
조롱하며 말하기를 "그가 남은 구원하면서도 자기 자신은 구원
할 수 없도다.
32 이스라엘의 왕 그리스도**여, 십자가에서 지금 내려와 보라. 그러**
면 우리가 보고 믿으리라."고 하더라. 그리고 주와 함께 십자가
에 못박힌 자들도 주께 욕하더라.

27절은 인류를 간결하게 요약한다. 세 개의 십자가 위에 달려 있는 사람들에서는 지금까지 살았던 사람들, 그리고 앞으로 존재하게 될 사람들이 발견된다. [에델버트 벌린저(Ethelbert Bullinger)는 다섯 개의 십자가로 보았다 - 두 강도, 두 『**행악자**』(눅 23:32), 그리고 그리스도. 이 고전적인 "극단주의자"는 생명의 빵을 올바로 나누다 못해, 빵 부스러기로 만들어 버렸다.]

가운데 십자가에는 죄 없는 분이 계신다. 그분 안에는 죄가 없지만(고후 5:21), 그분 위에는 우리의 죄를 담당하시는 분으로서 죄가 있다(히 9:28). 『**그가 범죄자들과 더불어 헤아림을 받았다**』(28절, 사 53:12의 성취). 육체적으로, 영적으로 둘 다 성취되었다.

그리스도의 한 편에는 한 죄인이 달려 있는데 그는 지나가던 자들과 제사장들과 마찬가지로 주를 조롱한다(29-31절. 눅 23:39 참고). 죄가 그의 위에 있었고, 그 안에도 있다. 죽을 때까지 그런 상태로 매달려 있다가 지옥에서 깨어난다.

그런데 그리스도의 다른 편에 한 죄인이 달려 있다. 그가 죄인이라는 사실에는 의심의 여지가 없다. 그는 자신의 범죄로 인해 마땅히 받아야 할 형벌을 받고 있음을 인정한다(눅 23:41). 처음에는 그도 친구처럼 주님을 모독했지만, 그는 그 상태로 끝나지 않았다. 그는 결국 그리스도를 믿게 되었고, 주님과 함께 낙원으로 가게 된다. 그는 더 이상 단순한 죄인이 아니라 구원받은 죄인이다. 그의 죄는 여전히 그의 안에 있을지 모르지만, 더 이상 그의 위에는 있지 않다. 그 죄는 이제 "가운데 계신 분"(롬 4:8 참고)에게 옮겨 전가되었다.

무엇이 그 회개한 강도를 변화시켰는가? 분명히 그가 스스로 할 수 있었던 일은 아니었다. 그는 침례를 받을 수 없었다. "성령 침례를 받은 초기 증거로서 방언을 말한" 적도 없었다. 그는 십계명이나 황금률을 지키지도 않았으며, 선행이 악행보다 많아지도록 할 시간도 남아 있지 않았다. 그는 자신을 구원하기 위해 아무것도 할 수 없는 상황에 처해 있었다.

여기 행위 없이 믿음으로 말미암아 은혜로 구원받은 한 죄인이 있다. 그가 믿은 믿음은 당신이 구원받기 위해 믿는 믿음과 동일하지 않다. 만약 당신이 구원받았다면, 그것은 그리스도께서 당신의 죄를 위해 죽으시고, 당신의 의로움을 위해 부활하셨다는 사실을 『**성경대로**』(고전 15:1-4, 롬 4:24,25) 믿었기 때문이다. 만약 구원을 받기 위해 이 외에 다른 어떤 것을 신뢰하여 구원을 얻으려고 했다면, 당신은 말 경주에서 길 잃은 거위처럼 여전히 잃어버린 상태이다(갈 1:8,9).

이 구원받은 강도가 구원받기 위해 믿었던 것은 당신이 믿은 내용이 아니다. "왜 그렇게 말하는 것이죠, 럭크만?" 그 이유는 예수 그리스도께서 아직 죽지 않으셨고, 아직 죽은 자들로부터 부활하지 않으셨기 때문이다.

성경은 다음과 같이 말한다. 『**그러므로 믿음은 들음에서 나오며 들음은** 하나님**의 말씀에 의해서니라**』(롬 10:17). 그렇다면, 그 회개한 강도에게 구원하는 믿음을 일으킬 『하나님**의 말씀**』의 어떤 부분을 그가 "들었을까?" 그것은 분명히 고린도전서 15:3,4은 아니었다. 그런 내용이 회개한 강도에게 전해졌다는 기록은 어디에도 없다.

그러나 그 강도가 무언가를 읽고 반응한 무언가가 있었다. 그는 예수님께 이렇게 말씀드렸다. 『주**여, 주께서 주의 왕국에 임하실 때 나를 기억하소서**』(눅 23:42). 『**왕국**』이라고? 무슨 『**왕국**』을 말하는가? 그가 예수님께서 어떤 『**왕국**』의 왕이 되실 것이라는 생각은 어디서 얻은 것인가? 우리가 추측할 수 있는 것은 그 강도가 잡혀 감옥에 갇히기 전에 예수님에 대해 들었거나 예수님께 직접 들었을 가능성이다. 그러나 성경에서 추측이 아니라 확실히 알 수 있는 한 가지는, 그 강도가 주님의 머리 위에 쓰인 명패를 읽을 수 있었다는 것이다. 즉 "이 사람은 나사렛 예수, 유대인의 왕이라."였다.

그 강도는 다른 강도와 동일한 명패를 읽었지만, 두 사람의 차이는 회개한 강도는 그가 읽은 것을 『**사람들의 말**』이 아닌 『하나님**의 말씀**』(살전 2:13)으로 믿었다는 점이다. 이제 내가 구원받지 못한 로마 총독이 하나님의 말씀을 썼다고 말했던 이유를 이해할 수 있을 것이다. 빌라도는 구원받지 못한 이교도 다신론자였을지 모르지만, 그가 그리스도의 머리 위에 그 명패를 썼을 때 그는 진리를 썼던 것이다. 비록 그가 진리와 직접 대면하고도 인정하지 않았지만 말이다(요 18:38 주석 참고). 만약 빌라도가 유대인 제사장들의 요구를 받아들여 그리스도의 합법적이고 정당한 칭호 대신 단순히 죄명만을 썼다면, 그것은 반쪽짜리 진리가 되었을 것이고, 누구나 알다시피 반쪽 진실은 전체적으로는 거짓말이다.

이런 이유로 〈킹제임스성경〉을 "보존된 하나님의 말씀"이라고 고백하는 것만으로는 충분하지 않은 것이다. 그것이 사실일 수는 있으나, 그것만으로는 온전한 진리, 유일한 전적인 진리가 아니다. 거룩한 성경인 권위 역본은 신정통주의자들이 가르치는 것처럼, 하나님께서 우리를 위해 보존하신, 단지 "메시지"만이 아니다. 그 권위 역본은 하나님께서 우리가 우리의 언어로 가지기를 의도하신, 입증된 오류 없이 보존된 바로 그 하나님의 말씀들이다. 그 권위 역본은 영어로 된 거룩한 성경이며 하나님의 영감으로 주어졌다. 『<u>**모든 성경은**</u> 하나님**의 영감으로 주어진 것으로**』(딤후 3:16).

회개한 강도는 명패에 쓰여진 하나님의 진리를 읽었고 읽은 내용을 믿었다. 하나님의 말씀을 읽고 믿었으면 그 말씀을 믿었기에 그는 주의 이름을 불렀다(롬 10:14 참고). 즉 새 역본들에 있는 것처럼 단지 "예수"라고 부르지 않고 『주』라고 불렀던 것이다. 단지 "예수"라고 부르는 이들은 "군주신론"(Monarchianism)이라는 고대의 이단으로, "그리스도"가 예수님의 침례 때 인간 예수에게 임하여 그를 하나님이 되게 하였고, 십자가에서 그를 떠나 그가 단지 인간으로 죽었다고 가르쳤다. 예수님은 "예수"로 태어나기 전부터 이미 하나님이셨다(미 5:2). 예수님께서는 결코 하나님 되심을 멈춘 적이 없다. 심지어 한 인간으로 죽으셨을 때도 하나님이셨다. 그분은 십자가에 달려 있을 때에도 그분의 사역 중에 그랬던 것처럼 여전히 『주』이셨다. 현대의 "성서들"은 죄인이 구원받기 위해 예수 그리스도의 신성을 믿을 때조차도 그리스도의 신성을 제거한다(행 8:37; 9:6 주석 참고).

마가복음 15:29로 돌아가자. 『**아하, 성전을 헐고 삼 일 만에 짓는 자여.**』 이것은 카야파 앞에서 열린 불법적인 재판에서 그분을 고소하기 위해 제기된 거짓 고소였다. 이에 대한 내용은 14:58의 설명을 보라. 그들은 그때도 그분이 하신 말씀에 대해 거짓말을 했고, 지금도 거짓말을 하고 있다. 예수님은 결코 자신이 성전을 헐겠다고 말씀하지 않았으며, 헤롯 성전을 삼 일 만에 다시 짓겠다고 말씀하신 적도 없다. "원본"으로 돌아가서 요한복음 2:19-21을 읽어 보라. 예수님이 아닌, 그들이 헤롯 성전을 헐 것에 대해 말한 것이고 주님께서 말씀하신 성전은 헤롯 성전이 아닌 『**성전 된 자기 몸**』이었다(요 2:21). 그들은 그분의 실제 말씀을 왜곡시켜 거짓말하면서도, 의도하지 않게 그분의 말씀의 일부를 성취하고 있는 셈이다.

『**그가 남은 구원하면서도 자기 자신은 구원할 수 없도다**』(31절). 마귀는 정말이지 교활하지 않은가? 방금 29절에서 자기 자식들에게(요 8:44) 거짓말하게 했다. 그러나 "맨 위에 좋은 사과 몇 개를 얹지 않고서는 나쁜 사과 한 상자를 팔 수 없다." 거짓말 바로 뒤에 진실된 말이 나오는데, 그들이 생각한 이유와는 전혀 다른 이유로 참된 진술이 나온다.

예수 그리스도께서 자신을 구원할 수 없었던 것은 자신을 구원할 능력이 없어서가 아니었다. 예수님께서는 동산에서 베드로에게 『**너는 내가 지금이라도 나의** 아버지**께 간구하여 나에게 열두 군단이 넘는 천사들을 즉시 보내 달라고 할 수 없는 줄로 생각하느냐?**』(마 26:53)라고 말씀하셨다. 그러나 예수님께서 자신을 구원할 수 없었던 것은 다음과 같은 이유 때문이다.

1. 성경이 이루어져야 했기 때문이다(마 26:54).

2. 예수님께서는 하나님의 진노의 잔을 마시기 위해(요 18:11) 아버지의 뜻에 자신을 복종시키셨기 때문이다(막 14:36).

3. 만약 그분이 십자가에서 내려오셨다면, 당신과 나는 결코 구원을 받을 수 없었을 것이기 때문이다(벧전 3:18).

마지막 세 번째 내용은 그리스도께서 자신을 구원하게 하려는 사탄의 교활한 유혹이다. 만일 예수님께서 그렇게 하셨더라면 우리는 멸망받아야 한다. 레즈비언, 동성애자, 사회주의자들은 하나님의 아들의 대속적 속죄를 조롱하며 이를 하나님 아버지께서 저지른 "아동 학대"라고 부른다. 그러나 그것은 단지 현실과의 "단절"을 보여줄 뿐이다. 역사는 더 크고 위대한 선을 위해 자신을 희생한 남자(또는 여자)의 이야기들로 가득 차 있다.

과거 2차 세계대전 당시, 독일군과 일본군이 이곳에 와서 이 나라를 점령하려고 하기 전에 누군가는 그들과 싸우러 가야 했다. 징병위원회는 "너, 그리고 너"라고 지명하곤 했다. 그것이 "아동 학대"였는가? 그들은 중년이나 노인이 아니라 젊은이들이었다. 옛말에 이런 말이 있다. "노인들이 전쟁을 일으키고, 젊은이들이 그 전쟁을 치른다." 그러나 그들 모두가 징집된 것은 아니었다. 아우디 머피(Audie Murphy)처럼 "부적격 판정"을 받은 사람들도 있었고, 군대에 들어가기 위해 체중을 늘리려고 바나나를 먹던 이들도 있었다. 어떤 아이들은 겨우 열 다섯 살이었지만 전쟁에 나가기 위해 나이를 속이고 지원했다.

예수 그리스도께서는 "억지로" 갈보리로 가신 것이 아니었다. 자발적으로 가셨다. 무엇이 필요한지 보시고 "적극적으로 스스로" 나서셨다. 그분은(말 그대로) 그 순간에 맞게 일어나셨다. 그분이 자신을 구원하지 않으신 것은 스스로를 구원하지 않기로 결심한, 그분 스스로의 의지적인 결정 때문이었다. 예수님께서 스스로를 구원하지 않으신 것에 대해 하나님께 감사드리라. 그렇지 않았다면 나는(당신도 마찬가지다!) 지금쯤 지옥 문이 닫힌 상태에서 영원히 갇혀 있어야 했을 것이다.

『**이스라엘의** 왕 그리스도**여, 십자가에서 지금 내려와 보라. 그러면 우리가 보고 믿으리라**』(32절). 만약 그분이 그렇게 하셨다면 어떻겠는가? 그들이 정말로 믿었을 것 같은가?

농담하지 말라. 그들은 예수님께서 병든 자들을 고치시고, 마귀들을 쫓아내시며, 소경에게 시력을 주시고, 죽은 자들을 살리시며, 실제로 아무것도 없는 상태에서 수천 명을 먹이신 것을(두 번이나!) 보았다. 그런 기적들이 그들로 하여금 믿게 했는가? 물론 아니었다!

누가복음 16장에서 그 부자가 죽어서 지옥에 갔을 때, 그는 『**아버지 아브라함**』에게 나사로를 죽은 자들로부터 자기 다섯 형제들에게 보내어 그들로 하여금 지옥에 오지 않도록 전파하게 해 달라고 요청했다(눅 16:27,28). 아브라함이 그 버림받은 사람에게 뭐라고 말했는지 아는가? 『**만일 그들이 모세와 선지자들의 말을 듣지 않는다면 비록 누가 죽은**

자들로부터 살아난다 해도 그들을 설득할 수 없을 것이니라』(눅 16:31).

그것이 바로 실제로 일어난 일이다. 어떤 『**나사로**』가 죽은 자들로부터 살아났는데, 제사장들은 아무도 예수를 믿지 못하게 하려고 그 나사로를 죽이려 했다(요 12:10,11). 그리스도께서 직접 죽은 자들로부터 부활하셨지만, 그 제사장들은 사도행전에서 사도들의 입을 다물게 하려 밤낮으로 애썼다. 만약 그리스도께서 십자가에서 내려오셨다면, 그들은 모두 그분을 다시 십자가에 못 박을 방법을 찾으려고 애썼을 것이다.

15:33 제육시가 되니 어두움이 온 땅에 덮여 제구시까지 가더라.

34 제구시에 예수**께서 큰 음성으로 소리지르며 말씀하시기를** "엘로이, 엘로이, **라마 사박타니." 하시니, 해석하면 "나의** 하나님, **나의** 하나님, **어찌하여 나를 버리셨나이까?"이더라.**

35 그 곁에 서 있던 사람들 가운데 몇 사람은 이 말을 듣고 말하기를 "보라, 그가 엘리야를 부른다."라고 하니

36 한 사람이 달려가 해면에 식초를 흠뻑 적셔 갈대에 꿰어서 마시라고 주는데, 말하기를 "가만두어라, 엘리야가 와서 그를 내려놓는가 보자."고 하더라.

33절의 『**제육시**』는 "정오"이고, 『**제구시**』는 오후 세 시로, 유대 시간 "저녁"이 시작되는 시각이다. 세 시간 동안의 초자연적인 『**어두움**』이 있었는데 이는 대개 하나님께서 사람이신 예수 그리스도를 버리신 것으로 설명된다. 예수 그리스도는 『**우리를 위하여 죄**』가 되셨기 때문이다

(고후 5:21). 이 어둠은 분명히 태양의 일식과는 아무런 관련이 없다. (이 주제에 관한 마 27:45, 눅 23:45의 주석 설명을 보라.) 보름달이 뜨는 동안에는 일식이 일어날 수 없는데, 유월절은 항상 보름달 동안에 해당된다.

오후 3시가 되면 모든 것이 끝난다. 그때 예수님은 『엘로이, 엘로이, **라마 사박타니**』라고 소리지르신다. 이는 아람어로(5:41 주석 참고) 시편 22:1의 『**나의** 하나님, **나의** 하나님, **어찌하여 주께서는 나를 버리셨나이까?**』 구절을 인용한 것이다. 마태복음은 히브리어로부터 그 구절을 인용하고, 마가는 아람어로부터 인용한다.

이는 예수님께서 죽으실 때 "그리스도"가 "예수"를 남겨놓고 떠나는 것과 아무 상관이 없다. (앞에 설명한 회개한 강도에 관한 설명을 보라.) 주목할 점은 그분이 "나의 아버지"라고 말씀하지 않고 『**나의** 하나님』이라고 말씀하신다는 것이다. 이는 하나님의 아들이 자신의 아버지를 부르는 것이 아니라, 인자가 자신의 하나님을 향하여 소리지르는 것이다. 이는 예수 그리스도의 인간 본성이 죄에 대한 하나님의 완전한 진노를 짊어지고 있는 장면이다.

지금 이 장면을 보고 있는 사람들 가운데 일부는 『**보라, 그가 엘리야를 부른다.**』(35절)라고 해석한다. 이것은 그들이 빈정거림으로 말한 것인지 아닌지는 불확실하다. (다음 절에서는 분명히 빈정거림이다.) 그들이 "엘로이"(Eloi)와 "헬리오스"(Helios)를 혼동한 것인지, 아니면 단순히 비아냥거리느라 말장난을 하고 있는 것인지 간에, 그들은 분명히 메시아의 오심과 함께 엘리야["엘리야"(Elias)는 엘리야(Elijah)의 헬라어 표기이다.]가 오는 것을 기대할 이유가 있었다(말 4:5).

다시 한번, 36절에서 NASV와 ESV의 배교한 번역자들과 개정자들은 그들의 로마카톨릭 독주를 구주의 목에 들이붓고자 한다(23절 주석 참고). 이 두 부패한 번역본들은 36절의 "옥소스"(oxos)를 "시큼한 포도주"(sour wine)로 만들었다. 순수하고 거룩한 구주를 교황과 같은 이기적인 하나님을 모독하는, 술을 마시는 사람으로 만들어 버렸다.

15:37 그때에 예수**께서 큰 음성으로 소리지르신 후 숨을 거두시니**
38 성전의 휘장이 위에서 아래까지 둘로 찢어지더라.
39 주의 맞은편에 서서 주께서 그렇게 소리지르고 숨을 거두신 것을 본 백부장이 말하기를 "참으로 이 사람은 하나님**의** 아들**이었도다."라고 하더라**.

예수 그리스도께서 37절에서 소리지르셨을 때 마가는 예수님께서 무엇을 말씀하셨는지 말하지 않으나 요한과 누가는 그 내용을 말한다. 그 내용은 예수님의 "십자가에서의 일곱 말씀"을 이루는 마지막 두 말씀이다. 이 부분에 대해서는 요한복음 19:25-30과 누가복음 23:34에서 이미 설명하였으니 그 내용을 보라. 본문에서는 다시 열거하지 않겠다. 예수님께서 『**숨**』을 거두시기 전에 말씀하신 마지막 두 말씀은 다음과 같다.

1. 승리의 말씀 : 『**다 이루었다**』(요 19:30). 이 준비를 하면서 예수님께서는 자신의 대제사장의 기도에서(이것이 진짜 주 기도문이다) 기도하셨다 : 『**아버지께서 내게 하라고 주신 그 일을 완성하였나이다**』(요 17:4). 예수님은 제자들에게 말씀하셨다. 『인자**도... 많은 사람을 위하여**

자기 생명을 몸값으로 주려고 온 것이라』(10:45). 이제 이 모든 것이 다 이루어졌다.

『**다 이루었다.**』 속죄는 완성되었다. 그 결과 로마카톨릭 미사가 매주 일요일 아침마다 "피 흘리지 않는 방식"으로 "재연"될 필요가 없다. 『예수 그리스도**의 몸을 드리심**』은 『**한 번**』으로 완성되었다(히 10:10), 이것이 바로 왜 바티칸 사본에서는 히브리서 9:14 이후의 모든 내용이 없는지에 대한 이유를 설명해준다. 우리의 죄들을 위한 어떤 최종적인 희생제물이 없다. 이탤릭체로 추가된 단어 "for all"을 없앤다고 해서 칼 키팅(Karl Keating)과 로마카톨릭 사제들에게 아무 유익이 되지 않는다. 그리스도의 실제 몸(얇고 전병으로 된 둥근 빵조각이 아닌)의 희생은 여전히 『**한 번**』에 이루어진 것이지, 지속적으로 이루어져 가고 있는 것이 아니다.

2. 만족의 말씀 혹은 순종의 말씀 : 『아버지**시여, 내 영을 아버지의 손에 의탁하나이다**』(눅 23:46). 예수님께서는 죽을 준비가 되기 전까지는 죽지 않으신다. 만일 주님께서 자신의 생명을 자원하여 스스로 내어놓지 않으셨다면 오늘날까지 여전히 십자가에 매달려 있으실 것이다(요 10:18).

다시 37절로 돌아가자. 『**숨을 거두시니**』(gave up the ghost). 이는 "숨을 내쉬다 혹은 죽다"는 의미의 "은유적인" 표현이다. 헬라어로는 "엑프네오"(ekpneo)이고 히브리어로는 "가바"(gava)이다. 이 표현은 틴데일 성경에서도 찾아볼 수 있지만, 모든 사람들(일반적인 언어학자들까지도 포함하여)이 〈킹제임스성경〉에서 유래했다고 여기는 "대중적인 표현" 중 하나이다.

변개된 현대 역본들, 예를 들어 ESV 같은 경우, "숨을 거두었다"(expired)나 "그가 마지막 숨을 내쉬었다"(breathed out his last)라는 말로, 이 표현을 제거하려고 하지만, 이는 인간의 근본적인 본질에 대한 정의를 흐리게 만드는 것이다. 거룩한 성경(AV 1611를 말하는 것이지, ESV와 같은 "모방하기"들을 말하는 것이 아니다)에 의하면 사람은 몸과 혼과 영으로 이루어져 있다(살전 5:23). 사람이 죽으면 그의 몸은 무덤으로 가서 부활이나 휴거 때까지(구원받은 자들), 혹은 백보좌 심판 때까지(구원받지 못한 자들) 썩는다. 그의 혼은 하늘에 가든지 지옥에 간다(눅 16:22,23). 그러나 그 사람의 영은 『**그것을 주셨던** 하나님**께로**』 돌아간다(전 12:7).

그리스도께서는 하나님의 본성과 사람의 본성을 모두 지니셨기에, 예수 그리스도는 아버지 하나님과 하나가 되실 뿐 아니라(요 10:30; 14:9) 하나님의 독생자(요 1:18)이시기에 (NASV, NIV, ESV의 이 구절은 보지 말라.) 하나님의 성령께서 몸의 형태로 충만하게 거하셨다(골 2:9). 즉 예수 그리스도께서는 인간의 몸과 인간의 혼, 그리고 인간의 영을 가지고 계셨다. 그 인간의 몸은 46절에서 보는 것처럼, 무덤에 안치되었다. 그 인간의 혼은 지하로 내려가 낙원으로 가셨고(눅 23:43), 이어 지옥으로 가셨다(행 2:27). 그러나 그분의 인간의 영인 그분의 『**숨**』(ghost)은 아버지께로 돌아갔다.

현대 성경의 변개본들은 "ghost"라는 말을 좋아하지 않는다. 그 말이 인간의 영을 가리키든지, 아니면 하나님의 영인 성령을 가리키든지 좋아하지 않는다. 〈킹제임스성경〉의 많은 다른 단어들처럼, 이 단어도 독

일어인 "geist"에서 유래되었다(14:40에서 "wist"에 대해 언급한 것을 참고하라). 이 단어는 하나의 "영"(spirit)을 의미하는데, 어떤 영도 될 수 있다. 즉 선한 영, 나쁜 영, 혹은 사람의 영, 마귀의 영, 혹은 천사의 영이 될 수 있다. 이것이 요한복음 4:24에서 가장 정확하고 과학적인, 권위 역본인 〈킹제임스성경〉이 단지 "하나님은 영이시니"(God is spirit)가 아니라 『하나님**은 한** 영**이시니**』(God is A Spirit)라고 말하는 이유이다. 반면, ESV 같은 어리석고 부정확한 역본들은 "하나님은 영이시니"라고 번역하여 "저자의 본래 의도"를 흐리게 만들었다. 영에는 여러 종류의 영들이 있다. 마귀도 하나의 영이고, 당신에게도 당신의 영이 있다. 심지어 개, 고양이, 박쥐 등에도 각각의 영이 있다. 그들이 모두 "하나님"이라고 생각하는가? 그런 어리석은 생각은 하지도 말라.

그러나 ghost라는 말을 이해하고자 할 때, 그 말은 단지 인간의 영만을 말하는 것이 아니라, 그 사람이 죽을 때 그 사람의 영이 나타내는 것을 말하기도 한다는 사실을 알아야 한다. 이러한 구별이 누가복음 23:46에 나타난다. 『아버지**시여, 내 영**[spirit, 이 말씀을 하실 때 아직 살아계셨다]**을 아버지의 손에 의탁하나이다."라고 하시고, 이 말씀을 마치신 후 숨**[ghost, 죽으셨다]**을 거두시니라.**』

성경의 저자 스스로 선택하신 성경의 저자(벧후 1:20,21)에 관한 가장 흔한 이름이 무엇인지 아는가? 그것은 성령(Holy Ghost)으로, 〈킹제임스성경〉에 90번 나온다. 반면 Holy Spirit은 일곱 번 나온다. 왜 그런가? 『하나님**의** 영』은 『그리스도**의** 영』이기 때문이다(롬 8:9, 벧전 1:11). 그리고 그리스도는 한 사람으로서 죽으셨다.

『**성전의 휘장**』이 찢어진 사건은 마가복음 15:38에 기록되어 있다. 이는 마태복음 27:51–53, 누가복음 23:45에도 동일한 내용이 기록되어 있는데, 마태복음에만 정확한 내용 전체가 기록되어 있다. 휘장이 『**찢어**』질 때 지진이 발생했다. 휘장이 "찢어"졌을 뿐 아니라, 『**바위들**』이 『**갈라**』졌다(마 27:51). 이 일이 일어났을 때, 『**무덤들이**』이 열렸는데(마 27:52) 토요일 밤 오후 6시 이후, 예수 그리스도께서 자신의 무덤에서 일어나실 때까지 그 무덤들은 『**열려**』 있었다(마 27:52,53). 예수 그리스도께서 일어나셨을 때 ("무덤에서 살아나셨네!") 예루살렘 밖에 묻혀 있던 구약 성도들 중 많은 이들이 함께 일어나 그들은 『**거룩한 도성으로 들어가 많은 사람들에게**』 나타났다(마 27:53).

구약 성도들이 모두 부활한 것은 아니다. 단지 『**많은**』 성도들만 일어났다. 다윗 왕은 『**죽어 장사되어서 그의 묘**』에 있다(행 2:29). 부활한 성도들이 예루살렘에서 『**많은 사람들에게**』 나타났다고 했으므로, 그들은 최근에 죽은 성도들로서 사람들이 쉽게 알아볼 수 있는 사람들이었을 가능성이 높다. 그러나 만약 그들이 구약 시대까지 거슬러 올라가는 성도들이었다면, 하나님께서 베드로, 야고보, 요한이 변형산에서 모세와 엘리야를 알아볼 수 있도록 초자연적인 인식을 주셨던 것처럼, 예루살렘 거민들에게도 동일하게 그들을 알아볼 수 있는 초자연적인 인식을 주셨을 것이다. 선한 대제사장 여호야다(왕하 11장)가 부활하여 며칠 전에 있었던 일에 대해 카야파에게 "할 말을 하는" 장면을 상상해 볼 수 있는가?

39절은 그리스도의 죽음 당시, 백부장의 회심을 기록한다. 백부장(Centurion)은 100명의 군인들을 지휘했다. (백부장을 말하는 Centurion에서 cent는 라틴어로 100을 의미한다. 100년을 말하는 century처럼 말이다.) 보통 십자가 처형은 백부장이 감독하는 네 명의 로마 군인들이 수행했다. 그러므로 이 백부장은 "지휘관"이었다. 이 백부장은 아마도 많은 십자가 처형을 감독했을 것이지만, 그 어떤 처형도 이분의 십자가 처형과 같지는 않았다.

예수님의 십자가 아래에서 책임을 맡았던 그는 22절 이후 우리가 논의했던 모든 것을 보고 들었다. 그는 회개한 강도의 회심을 보았다. 선임 제사장들의 조롱과 비웃음을 들었다. 가운데 십자가에 달린 사람이 하나님께 소리 지를 때 해가 어두워지는 것을 보았다. 그 사람이 고통 속에서도 어머니의 돌봄을 준비하는 모습을 들었다(요 19:27). 그 사람이 고통을 덜어 줄 수 있는 음료를 거절하는 모습을 보았다. 그 사람이 자신에게 고통을 가하는 자들을 용서해 주시라고 하는 말을 들었다(눅 23:34). 그리고 그 사람이 『**숨을**』 거두기 전에, 마지막 승리의 외침과 만족의 외침을 외치는 것을 들었다. 이러한 모든 일이 백부장으로 하여금 『**참으로 이 사람은 의인이었도다.**』라고 말하게 만들었다(눅 23:47). 하지만 지진이 그를 충격에 빠뜨렸다. 그는 이 『**유대인의** 왕』이 단지 사람만이 아니라는 것을 알게 되었다. 『**참으로 이 사람은** <u>하나님의 아들</u> **이었도다**』(39절. 마 27:54 참고). 그 백부장은 선임 제사장들, 서기관들, 유대 장로들보다 더 많은 것을 깨달았다(마 27:41-43 참고).

15:40 또 그곳에는 멀리서 지켜보고 있던 여인들이 있었는데 그중에 막달라 마리아와 작은 야고보와 요세의 모친 마리아와 살로메도 있더라.

41 (그들도 주께서 갈릴리에 계실 때에 그를 따라와서 섬겼던 사

람들이라.) 또 주와 함께 예루살렘에 온 다른 여인들도 많이 있더라.

40절에 나오는 여인들은 일요일 아침에 예수님의 몸에 향료를 붓기 위해 온 여인들이다(16:1 참고). 물론 그때는 이미 너무 늦었을 것이다. 향료를 부을 몸이 그곳에 없을 것이기 때문이다.

우리는 막달라 마리아에 대해 잘 알고 있다. 그녀가 구원받기 전에 『**일곱 마귀들**』이 그녀 안에 있었다(눅 8:2). 그녀는 부활하신 주님을 가장 먼저 본 사람이었다(요 20:14-17 주석 참고).

40절에 나오는 두 번째 『**마리아**』는 예수님의 모친인 마리아의 자매로 알려져 있다(요 19:25). 그녀의 남편 이름은 『**클로파**』(요 19:25)로, 이는 알패오라는 이름의 히브리어 형태이다. 따라서 『**작은 야고보**』는 『**알패오의 아들 야고보**』이다(3:18 주석 참고).

『**살로메**』는 "세베대 부인"이며 야고보와 요한의 어머니였다(마 27:56). 40절에 나오는 이 여인들은 예수님의 사역을 "재정적으로 지원"했던 더 많은 여인들 무리의 일부였다(41절. 눅 8:2,3의 설명 참고).

이슬람과는 달리, 기독교 신앙은 여인들에게 큰 존경을 표한다. 사도들 중 오직 한 명(요한 - 요 19:26)만이 주님의 죽음을 목격했다. 나머지 사도들은 그를 버리고 떠났다(유다는 스스로 목숨을 끊었다, 마 27:1-5). 그러나 예수님을 따랐던 여인들은 모두 그분의 죽음, 장사(47절), 그리고 부활(마 28:1-9) 현장에 있었다. 사실, 그 여인들은 예수 그리스도의 부활을 처음으로 "전파한" 사람들이었고(마 28:7-10), 교회의 지도자들인 사도들은 이 여인들로부터 먼저 이 소식을 들어야 했다(눅 24:22,23). 이슬람에서 여인은 단지 성적 대상이나 "출산자"로만 여겨진다. 왜 이들 좌익의 페미니스트들이 모슬렘들과 동조하는지는, 그들이 예수 그리스도를 얼마나 증오하는지 그 사실로만 설명할 수 있다(눅 23:12 주석 참고). 마호메트의 종교에는 그러한 철학에 호소할 만한 요소가 전혀 없기 때문이다. 예수 그리스도께서는 여인들에게 진정한 자유와 존엄을 주셨다.

15:42 이미 저녁이 되었으며 그 날은 안식일 전날인 예비일이었기에
43 아리마대 요셉이 와서, 담대하게 빌라도에게 가서 예수**의 시체**
를 달라고 요구하니, 그는 존경받는 공회원으로 그 자신도 하나
님**의 나라를 기다리고 있었더라.**
44 빌라도는 그가 벌써 죽었을까 하고 놀라 백부장을 불러서 그가
죽은 지 오래 되었는가 물으니라.
45 그가 백부장으로부터 들어 그 일을 알고 난 후 그 시체를 요셉
에게 주더라.
46 요셉이 세마포를 사 가지고 와서 주를 내려 세마포로 싼 후 바
위를 파서 만든 무덤에 안치하고 나서 무덤 문에 돌을 굴려 놓
으니
47 막달라 마리아와 요세의 모친 마리아가 주를 둔 곳을 보더라.

우리는 이미 42절에 나오는 『**안식일**』에 대해 몇 번 설명한 바 있다. 이 안식일은 정규적인 안식일이 아니었고, 특별한 안식일이었다(요

19:31). 유월절은 무교절과 연결되어 있었으며, 무교절의 첫날에는 어떤 일도 하지 말아야 했다(출 12:16, 레 23:7). 다시 한번 "성 금요일"(Good Friday)에 대해 말하자면 이는 로마카톨릭이 만들어낸 허구이다. 그런 것은 존재하지 않는다. 이는 성경을 진지하게 공부해 본 적이 없는 성경 무지자들이 만들어낸 것으로 차라리 맨 손으로 달에 오르려는 사람들이 나을 지경이다. 그들은 어두운 밤에 비를 피하는 방법조차 모를 정도로 상식이 부족했다.

43절은 예수님을 정죄한 1절의 유대 공회의 결정에 반대한 두 명의 "반대자" 중 한 명을 보여 준다. 아리마대 요셉은 『**존경받는 공회원**』으로 불렸는데 그가 카야파와 그의 동료들의 『**결의와 실행에 동의하지**』 아니한 것으로 존경받는다고 말한다(눅 23:50,51). 그가 동의하지 않은 이유는 니코데모와 함께 "비밀 제자"였기 때문이다(요 7:50,51; 19:38,39). 이제 그들 둘 다 공개적으로 나서게 되는데, 요셉이 주도적으로 행동한다. 그는 『**담대하게 빌라도에게 가서** 예수**의 시체를 달라고 요구**』한다. 그 이후 니코데모가 요셉과 합류하여 시체를 장례 지낼 준비를 한다(요 19:39,40).

44,45절에서 빌라도는 예수님의 처형을 담당했던 백부장과 더불어 예수 그리스도의 죽음을 확인했다. "그것이 어쨌다는 것인데요, 럭크만?"라고 말할는지 모른다. "알라"는 마호메트에게 "고귀한 코란"의 수라 4:157,158에서 예수 그리스도는 십자가에서 죽지 않았다고 말했다. 이에 두 부류의 "그리스도인들"이 동조하는데, 신정통주의자 에밀 브루너 같은 사람은 "속죄는 역사적 사건이 아니다"(〈The Mediator〉, p.505)라고 말했고, 자유주의자들은 예수 그리스도께서 십자가에서 단지 실신

했을 뿐이고 "무덤의 차가운 신선함" 속에서 깨어났다고 주장하는 "기절설"(Swoon Theory)을 지지한다. 이들과 이슬람이 다른 어떤 부분에서 동의하는지 나는 모르지만, 예수 그리스도의 죽음에 관해서는 이들이 마호메트와 "한 솥 밥을 먹는 사이"임이 분명하다.

그러나 예수님께서 십자가에서 죽지 않으셨다는 결론에 도달하는 유일한 방법은 그 사실에 대한 네 명의 동시대 목격자들의 증언을 무시하는 것이다.

1. 예수님의 처형을 집행한 책임자(백부장)는 예수님께서 죽으셨음을 확인했다(45절). 예수님께서 채찍질을 당하시고 십자가에 못 박히신 후, 백부장의 명령을 받은 군인들 중 한 명이 창으로 예수님의 심장을 찔러 죽음을 확인했다(요 19:34). 아무리 무덤이 "차갑고" "신선하다" 하더라도, 그런 상처에서 "회복"될 수는 없다.

2. 로마 제국의 공식 총독(빌라도)은 예수님이 죽으셨음을 확신했다(44,45절).

3. 당시의 공인된 의사가 예수님의 죽음을 확인했다(누가, 골 4:14. 눅 23:46 참고).

4. 예수님의 가장 친한 친구(요한, 요 21:20-24)는 예수님의 죽음을 직접 목격한 후 예수님의 죽음을 기록했다(요 19:35).

그런데도 당신은 사건이 일어난 지 거의 600년 후에 살았던 문맹의 간질환자이자 살인자이며 소아성애자의 말을 믿으려 하는가? 그런데도 당신은 에어컨이 나오는 사무실에 앉아 창조주에 대한 책임을 피하기 위해 그저 머릿속에서 만들어낸 이야기를 늘어놓는 위선적인 가짜 지식인들의 말을 들으려 하는가? 그렇다면 나는 여기 플로리다의 "해안가 부지"를 아주 싸게 팔 것이다. (실은 쓸모없는 싸구려 늪지이다.) 세상 어느 정당한 법정도(모슬렘 샤리아 법정을 제외하고) 목격자들의 증언보다 이런 말을 받아들이지 않을 것이다. 마호메트나 브루너, 또는 ‹유월절 음모, *The Passover Plot*›의 저자 휴 숀필드(Hugh Schonfield) 같은 사람을 믿는다면, 당신의 마음은 한밤중 정전된 석탄 저장실보다도 더 검은 것이 틀림없다.

카톨릭은 46절에서 그들이 만든 유령 같은 "토리노의 수의"(Shroud of Turin)를 끌어내려고 한다. 그러나 소위 "수의"에 대해 잘 아는 사람이라면 그것이 머리부터 발끝까지 몸을 덮었다고 주장한다는 것을 알 것이다. 하지만 복음서와 사도행전에 따르면, 시신은 장례를 위해 그런 방식으로 감싸지지 않았다. 세마포로 된 장례 수의는 몸을 감싸는 방식으로 감겨졌고(행 5:6), 스스로 그것을 풀 수 없도록 되어 있었다(요 11:44). 실제로, 마지막으로 언급된 요한복음 11:44을 보라. 죽은 나사로는 『**손발이 수의로 동여지고**』라고 되어 있다. 그것은 카톨릭에서 말하는 "수의"가 아니다. 누군가가 토리노의 수의처럼 싸여 있다면, 그 시신은 수의 양쪽으로 쉽게 빠져나왔을 것이다. 왜냐하면 수의에는 몸을 고정하는 옆면의 천이 없었기 때문이다. 토리노의 수의가 무엇이었든 간에, 그것은 분명히 예수 그리스도의 장례 수의가 아니었다.

『**무덤 문에 돌을 굴려 놓으니**』(46절). 여기서 기억해야 할 것은, 이 일을 한 사람이 아리마대 요셉만이 아니라는 것이다. 니코데모도 그를 도왔다(요 19:39,40). 이것은 "기절설"(Swoon Theory)과 같은 어리석고 터무니없는 이론들이 얼마나 말도 안 되는지 보여준다. 다음의 점들을 한번 생각해 보라.

1. 예수님께서 십자가에서 겪으신 것처럼 피를 흘리고 나서 살아남은 사람이 있을 수 있는가? 상식이 있다면, 그럴 수 없다는 것을 알 것이다.

2. 만약 예수님께서 십자가에서 "기절"하셨다고 가정한다면, (물론 그렇지 않지만, 논의를 위해 잠시 그렇게 가정해 보자.) 예수님께서 무덤의 "차가운 신선함 속에서 깨셨을까?" 어떤 응급구조사나 구급 대원이라도 이렇게 말할 것이다. "아니요!" 예수님의 몸은 쇼크 상태에 빠졌기에 따뜻한 열이 필요했지, "차가운 신선함"이 아니었다. 만약 예수님께서 십자가에서 죽지 않으셨다 해도, 쇼크 상태로 하루 동안 무덤 안에서 음식이나 물 없이 계셨다면 결국 죽으셨을 것이다.

3. 마지막 전제, 즉 예수님께서 채찍질과 십자가형, 그리고 무덤 속에서 삼 일 낮과 밤을 보내고 살아남으셨다고 가정한다면, 예수님의 상태에서 과연 누가 그렇게 큰 돌을 굴릴 수 있었겠는가? 처음에 그 돌은 건강한 성인 남성 두 명 이상이 옮기기도 힘든 크기였다는 것을 기억하라. 예수님께서 어떻게 한 번에 500명에게(고전 15:6) 자신이 죽음을 이긴 생명의 승리의 주라고 확신시킬 수 있으셨겠는가?

하지만 그 모든 것은 한 세기 안에서 설명하기에는 너무 과한 이야기이다. 이런 무모한 추측은 지성적 회의주의의 결과물이 아니다. 그것은 예수 그리스도의 부활을 부정하려고 어떤 것이든 만들어 내려는 미치광이의 극단적인 사색에 불과하다.

이제 마가는 예수님의 장례에 관해 마태복음에만 기록되어 있는 내용을 생략한다. 『**선임 제사장들과 바리새인들**』(마 27:62)의 마음속에는 항상 예수님께서 말씀하신 부활에 대한 예언이 떠오르고 있었다(마 27:63). 그들은 요한복음 2:19에서 예수님께서 말씀하신 의미를 정확히 알았다. 비록 그들이 예수님이 재판과 십자가형을 받으실 때 그 내용에 대해 거짓말을 했지만(막 14:58; 15:29), 그들은 그 뜻을 분명히 이해하고 있었다.

물론 그들은 그것이 일어날 것이라고 믿지 않았다. 적어도 그 일이 초자연적인 방식으로는 일어나지 않을 것이라고 생각했다. 그러나 그들은 『**그의 제자들이 밤에 와서 시체를**』 훔쳐 갈지도 모른다고 생각했다(마 27:64). 그래서 무덤에 경비를 두어 지키게 해 달라고 빌라도에게 요청했다(마 27:64).

그러나 37절에서 살펴보았듯이, 빌라도는 예수님이 단순한 망상에 빠진 종교 광신자가 아니라고 생각했다. 그는 제사장들과 바리새인들에게 무덤을 지키도록 허락하면서, 『**할 수 있는 데까지 굳게 지키라.**』고 말한다(마 27:65). 그는 예수 그리스도가 부활하지 않을 것이라고 확신하지 않는다. 그러면 어떤 로마 군인도 그를 막을 수 없을 것이라고 생각한다.

이것은 예수님의 부활을 반대하는 가장 초기의 이론으로 이어진다. 이 이론을 제시한 것은 바로 선임 제사장들 자신이었는데, 예수님의 제자들이 경비병들이 자는 동안 예수님의 시체를 훔쳤다고 주장했다(마 28:11-15). 이 이론은 기절설보다 더 나을 것이 없다.

1. 어떻게 훈련되지 않은 열두 명의 제자들이 두 자루의 칼밖에 없는 상태에서(눅 22:38) 전투 경험이 풍부하고 생계를 위해 싸워 온 네 명(아마 그 이상일 수도 있음 - 행 12:4)의 경비병들을 이길 수 있었을까? 이 제자들은 분명 겟세마네에서 그렇게 조직적이지 않았다(막 14:47-50).

2. 만약 그 로마 경비병들이 실제로 경계 근무 중에 잠을 자 임무에

실패했다면, 아무리 많은 돈이나 그럴듯한 설득이 있더라도 빌라도가 그들을 처형하지 않았을까? (행 12:19을 보라.) 뭔가 의심스러운 일이 있다. 마치 죽은 지 한 달 된 새우 더미처럼 말이다.

3. 왜 어떤 "특공대"가 시간을 들여 예수님의 시체를 풀고 얼굴을 덮고 있던 수건까지 접어서 두었을까?(요 20:7)

4. 그리고 마태가 그것에 관하여 자세히 기록할 만큼 그 사실을 안 것으로 보아, 그 음모는 분명 비밀스럽지 않았다. 성령께서 그에게 모든 것을 영감으로 주셨다고 말할 수도 있겠다(실제로 그렇다), 하지만 인간적인 관점에서 보면(눅 1:2 참고), 그 로마 군인 중 한 명 이상이 아마도 제사장들로부터 받은 돈의 일부를 지역 술집에서 쓰며 그 문제에 대해 입을 "열었을" 가능성이 크다.

47절은 41절을 설명할 때 살펴보았다.

마가복음 16장

16:1 안식일이 지난 후, 막달라 마리아와 야고보의 모친 마리아와 살
로메가 좋은 향료를 샀으니 이는 주께 와서 붓고자 함이더라.
2 그 주의 첫날 아주 이른 아침 해가 뜰 무렵 그들이 무덤에 왔더라.
3 그때 그들이 서로 말하기를 "누가 우리를 위하여 무덤 문에서 돌
을 굴려 주리요?" 하고
4 쳐다보니 돌이 이미 굴려져 있는 것이 보이더라. 이는 그 돌은 매
우 컸음이라.

우리는 이미 15:40에서 1절에 나오는 여인들에 대해 살펴보았다. 누가복음 24:10에는 『**그들과 함께한 다른 여인들**』이 있었다고 말하는데 그중 한 명의 이름은 『**요안나**』였다.

여기에서 말하는 『**안식일**』은 이번에는 매주 돌아오는 정규 안식일이다. 이는 바로 『**그 주의 첫날**』(2절)로 이어지기 때문이다. 이 점이 “성금요일” 십자가 처형이라는 로마카톨릭의 신화를 믿는 주석가들과 해설가들을 혼란스럽게 한다. 요한복음 19:31은 마가복음 15장과 16장에 두 개의 별개의 안식일이 있음을 분명히 하고 있다.

예수님의 장사되신 『**사흘 낮과 사흘 밤**』은 오후 6시에 끝났다. 바로 그때 예수님께서 죽은 자들로부터 살아나셨다. 그리고 그 시간 이후, 주일 새벽녘 여인들이 무덤에 도착하기 전에, 『**큰 지진**』이 일어났고, 『**주의 천사**』가 하늘에서 내려와 무덤의 돌을 굴려 냈다(마 28:2). 로마 군인들은 이 광경을 보고 기절해 버렸다(마 28:4). 하지만 여인들이 무덤에 도착했을 때에는 군인들은 이미 자리를 떠난 상태였다. 성경에는 여인들이 군인들을 보았다는 언급이 없기 때문이다. 그래서 3절에서 여인들이 한 질문은 합리적인 것이었다. 그들이 무덤이 봉인되는 것을 지켜보았을 때는 아직 무덤에 경비병이 배치되지 않았다(마 27:60-66). 그리고 그 이후 여인들은 무덤을 다시 찾지 않았기 때문에, 그들로서는 누군가 돌을 굴려 줄 사람이 없다고 생각하고 있었던 것이다. 따라서 그들은 스스로 돌을 굴려 무덤에 들어가 향유를 바르려 했던 것이다.

『**그 돌은 매우 컸음이라.**』(4절)는 것에 주목하라. 돌이 너무 커서 최소한 여섯 명의 여인들(눅 24:10)도 스스로는 그것을 옮길 수 없음을 알고 있었다. 그런데도 자유주의자나 현대주의자들은 어떻게, 여러 상처와 외상, 엄청난 출혈을 겪고, 72시간 동안 음식이나 물도 섭취하지 못한 한 남자가 혼자 힘으로 그 돌을 옮길 수 있었다고 생각할 수 있을까? 앞뒤가 전혀 맞지 않는 엉터리들이다.

16:5 그들이 무덤 안에 들어가 오른편에 긴 흰 옷을 입은 한 젊은 남
자가 앉아 있는 것을 보고 무척 놀라니라.
6 그가 여인들에게 말하기를 "놀라지 말라. 너희가 십자가에 못박
히신 나사렛 예수를 **찾는도다. 그는 살아나셨고 여기에 계시지**
않느니라. 사람들이 주를 뉘어 놓았던 자리를 보라.
7 그리고 너희는 가서 주의 제자들과 베드로에게 '주께서 너희보다
먼저 갈릴리로 가시리니 주께서 너희에게 말씀하신 대로 그곳에
서 너희가 주를 보리라.'고 말하라."고 하니
8 그들이 빨리 나와 무덤에서 도망치더라. 그들은 떨리고 놀라서 누
구에게도 아무것도 말하지 못하였으니 이는 그들이 무서워함이라.

물론 여인들이 무덤에 도착했을 때, 돌에 대해 걱정할 필요가 없었다. 돌은 이미 옮겨져 있었다. 여기서 기억해야 할 중요한 점은, 그 돌이 옮겨진 이유가 예수님을 무덤 밖으로 나오게 하기 위함이 아니라는 것이다.

예수님께서는 이미 땅의 지각과 맨틀을 통과하여 지구의 중심까지 가셨다(엡 4:9). 거의 6,400km에 달하는 단단한 암석과 뜨거운 마그마를 통과하신 분께 몇 미터 되지도 않는 돌이 무슨 문제겠는가? 부활하신 상태에서 예수님께서는 잠긴 문을 통과하실 수 있었다(요 20:19). 그런 분께서 큰 돌 하나가 자신을 무덤에 가두는 것에 대해 걱정하셨겠는가?

다시 한번 주목해야 할 것은 천사가 『**젊은 남자**』로 나타났다는 사실이다(이에 대해 12:25 주석 참고). 이는 마태복음 28:2에 나오는 천사와 다른 천사이거나, 그 천사가 위치를 옮긴 것일 수 있다. 마태복음에서의 천사는 무덤 문에서 돌을 굴린 후 무덤 바깥쪽 돌 위에 앉아 있었다. 그러나 마가복음에서의 천사는 무덤 안쪽, 예수님께서 누워 계셨던 자리의 『**오른편에**』 앉아 있다(5절).

게다가 이 천사는 여인들이 본 유일한 천사가 아니었다. 이후에 두 천사가 더 나타나 그들 곁에 서 있었다(눅 24:4). 막달라 마리아가 베드로와 요한을 데리고 무덤으로 돌아왔을 때, 그녀는 무덤 안에서 두 다른 천사들(혹은 이전에 본 천사들과 동일한 천사들)을 보게 되는데, 그들은 예수님께서 누워 계셨던 자리의 머리와 발 쪽에 앉아 있었다. 베드로와 요한이 무덤에 들어갔을 때는 그 천사들을 보지 못했다(요 20:6-12). 따라서 첫 번째 부활 아침의 빈 무덤은 천사들의 방문으로 "시끌벅적하게" 분주한 상황이었다.

『**무척 놀라니라... 놀라지 말라**』(5,6절). 성경에서 하나님의 천사를 보았을 때 두려워하는 것이 일반적인 반응이었다(단 8:17; 10:7-9, 눅 1:12,29,30; 2:9,10 등). 여기에는 요즘 흔히 말하는 "사랑," "따뜻함," "위로," "아름다움"과 같은 "긍정적인 사고"라는 쓰레기 같은 개념은 없다. 그런 것은 사람들에게 성경을 거부하게 만들려는 『**빛의 천사**』로 가장한 악한 영이다(고후 11:14). 성경에서 누군가 천사의 드러난 영광을 보았을 때(히 13:2에서 말하는 『**자기도 모르는**』 천사들이 아니라), 그 사람은 말 그대로 두려움에 사로잡혔다.

『**너희가... 나사렛** 예수**를 찾는도다. 그는 살아나셨고 여기에 계시지 않느니라**』(6절). 죄로 저주받은 이 세상이 들을 수 있었던 최고의 소식은 무덤에서 온 것이다.

『**그분은 여기에 계시지 않고 말씀하셨던 대로 살아나셨느니라**』(마

28:6). 그로 인해 우리는 구원을 받을 수 있다(롬 5:10). 그로 인해 우리는 언젠가 무덤에서 나올 것이라는 확신을 가질 수 있다(고전 15:20-22). 그로 인해 우리는 죄에 대해 승리할 수 있다(롬 6:4-10). 그로 인해 우리는 영생을 가질 수 있다(요 14:19). 그리고 그리스도의 부활로 인해 우리는 『**복된 소망**』을 가질 수 있다(골 3:4. 딛 2:13 참고).

『**그는 살아나셨고 여기에 계시지 않느니라.**』 이것이 성경적인 기독교(로마카톨릭 이교가 아니라)가 지구상의 모든 다른 종교와 구별되는 점이다. 마호메트는 돌처럼 차갑게 완전히 죽었고, 그의 무덤 위에는 메디나에 있는 모슬렘 사원("녹색 돔")이 세워져 있다. 부처는 지난주 해변에 떠밀려 온 고등어처럼 죽었고, 그의 몸은 84,000개의 "성스러운 사리탑"(stupa)으로 불리는 "유골 사원"에 나뉘어 흩어 있다. 때때로 부처의 유골 조각들이 꺼내져 그의 추종자들이 숭배할 수 있도록 행진에 사용되기도 한다. 조로아스터는 죽었다! 공자는 죽었다! 노자는 죽었다! 바브(Bab)는 죽었다! 조셉 스미스는 죽었다! 찰스 테이즈 러셀은 죽었다! 메리 베이커 에디는 죽었다! 그러나 예수 그리스도는 살아 계시며, 그분의 무덤은 비어 있다!

이 부활하신 구주를 따른다고 주장하는 로마카톨릭은 그들의 마귀 여신(『**하늘의 여왕**』 - 렘 7:18; 44:17-19,25)을 주 예수 그리스도와 동등한 권위(그리고 그보다 더 높은 권위)로 끌어올리고자 하는 유혹을 뿌리치지 못했다. 그래서 1950년에 교황 피오 12세는 자신의 "교황 무오설"을 행사하여 마리아가 그리스도의 몸의 나머지 지체들보다 1,900년 전에 먼저 하늘로 "승천"했다고 선언했다. 수억 명의 카톨릭 신자들이 그런 것을 전혀 믿지 않고 살다 죽은 후에 그제야, 모든 "그리스도인들"

이 그것을 믿지 않으면 교회에서 파문당한다고 협박하여 그런 무오한 교리를 믿도록 선언한 것은 다소 늦은 감이 있다고 생각하지 않는가? 물론 "히틀러의 교황"[존 콘웰(John Cornwell)이 1999년에 Viking Press에서 출판한 저서를 보라.]은 무오한 "교황의 성좌 선언"(ex cathedra)을 성경에서 얻은 것이 아니다. 그는 이것을 사도 요한(요 19:26,27)이라는 마지막 목격자가 죽은 지 300년 후에 나온 A.D. 4세기의 외경 문학에서 가져왔다. 이보다 더 나은 정보를 얻기 원한다면 차라리 "스누피"(Peanuts)나 "공포의 해거"(Hagar the Horrible)와 같은 웃기는 만화를 보는 편이 더 나을 것이다.

『그리고 너희는 가서 주의 제자들과 베드로에게... 말하라』(7절). 베드로는 남은 열한 제자 중에서 따로 언급되었는데, 이는 그가 그리스도를 부인했을 때 제자의 직분을 잃었기 때문이다. 제자의 직분을 잃었다고 말했지, 구원을 잃었다고 말한 것이 아님에 주목하라. 베드로가 공개적으로 다시 제자로 회복되기 전에(요 21:15-19), 이미 성령을 받았다는 사실(요 20:22)을 알 것이다. 엄밀하게 말하자면, 어떤 사람이 구원을 받았지만 그리스도인이 되지 않을 수 있다. 왜냐하면 그리스도인은 단순히 그리스도를 믿고 구원을 받은 죄인이 아니라, 예수 그리스도를 따르는 구원받은 사람이기 때문이다(행 11:26). 이 제자로서의 자격을 갖출 직분(구원이 아니라)에 대한 규칙은 누가복음 9:57-62; 14:26,27과 같은 곳에서 예수님께서 분명히 제시하셨다.

『주께서 너희보다 먼저 갈릴리로 가시리니』 이것은 최소 일주일 후에 예루살렘에서 일어난 일이다. 왜냐하면 예수님께서 부활 후 8일째에

도마를 포함한 제자들에게 나타나셨기 때문이다(다락방에서 첫 번째 나타나셨을 때 도마는 없었다. – 요 20:24-26). 갈릴리에서의 만남이 두 가지였는데 요한복음 21장과 마태복음 28:16-20에서 찾아볼 수 있다.

8절은 여인들이 『**그들이 빨리 나와 무덤에서 도망치더라.**』고 말한다. 그들은 본 것과 들은 것에 두려움과 떨림을 느끼며 무덤에서 달려 나간다. 그러나 문제가 있다. 『**그들은 떨리고 놀라서 누구에게도 아무것도 말하지 못하였으니**』. 그들은 두려워서 아무에게도 아무것도 말하지 않았다는 것이다.

마태복음 28:8에서는 다음과 같이 말한다. 『**그들이 두려움과 큰 기쁨으로 무덤에서 급히 떠나 주의 제자들에게 말하려고 달려가더라.**』

누가복음 24:9는 다음과 같이 말한다. 『**무덤에서 돌아와 이 모든 일을 열 한명과 나머지 모든 사람들에게 전하더라.**』

그렇다면 여인들은 무슨 일이 일어났는지를 누구에게 말했는가, 말하지 않았는가? 분명히 이것은 자유주의자들, 불신자들, 회의론자들(그리고 요즘은 보수주의자나 복음주의자라고 자처하는 자들까지)이 자주 들고 나오기 좋아하는 성경의 "모순" 중 하나이다. 그러나 성경을 "진지하게 공부하는 학생"(배교자들이 흔히 사용하는 표현을 빌리자면)이 부활 후의 모든 기록을 함께 살펴보면, 문제는 쉽게 해결된다. 이 문제는 이미 1845년 2월에 성서학 논총(Bibliotheca Sacra pp. 187,188)에서 정리되었다. 또 1874년에 할레이(Haley)가 그의 저서, 〈성경에서 불일치로 보이는 부분들에 대한 고찰, *An Examination of the Alleged Discrepancies of the Bible*〉 pp.328-330)에서 그것을 인용하였다. 간략하게 살펴보자면, 여인들은 무덤에 한 번만 간 것이 아니라 한 번 이상 갔으며, 첫 번째 방문 후 적어도 두 그룹으로 나누어 갔다는 것이다. 마가는 아무 말도 하지 않은 그룹(적어도 첫 방문 이후의 상황)을 기록한 반면, 마태와 누가는 다른 그룹이 행한 일을 기록한 것이다. 성경대로 믿는 사람과 종교적 불신자는 바로 이정도로 구별된다. 성경대로 믿는 사람은 어떤 의심이 생길 때 성령께 의뢰하여 성령께서 진리를 말씀하시도록 하지만, 믿지 않는 자는 (특히 근본주의나 보수주의 교단 출신의 불신자) 어떻게든 하나님께서 자신의 말씀을 보존하시겠다는 약속(시 12:6,7)을 무력화시키기 위해 인간이 만들어 놓은 결론("원본"이든 필사본이든 번역본이든)으로 뛰어간다.

16장의 다음 구절을 설명하기 전에, 먼저 하나님의 말씀을 변개한 배교자들(고후 2:17)에 대해 다루어야 한다. NASV나 ESV 같은 번역본들은 마가복음 16:9-20을 이중 괄호로 묶어 놓는다. 대부분의 그리스도인은 네슬(Nestle)의 헬라어 본문 비평 장치(critical apparatus)를 한 번도 연구해 본 적이 없기 때문에, 이것이 무엇을 의미하는지 알지 못한다. 그래서 NASV와 NIV는 이에 대한 작은 각주를 추가하는데, NASV는 "후대 사본들이 9-20절을 추가했다."라고 하고, NIV는 "가장 오래된 사본들과 몇몇 다른 고대 증거들은 9-20절을 포함하지 않는다."라고 한다.

이렇게 되면 결국 마가복음 16:9-20은 성경에 포함되지 않아야 한다는 결론을 내려야 한다. 물론 〈킹제임스성경〉이 세상을 지배하고 있기 때문에, 이 위선자들은 이 구절을 자신들이 번역한 번역본에 넣기는 하지만, 그것은 오직 〈킹제임스성경〉에 이 구절이 포함되어 있기 때문이다. 이 부분에 있어서 차라리 여호와의 증인들은 이들 "경건한" 보수주의자들과 근본주의자들보다 더 정직한데, 그들은 이 구절을 완전히 삭제해 버렸다.

"경건한 보수주의자"라는 존 맥아더(John MacArthur)는 마가복음 강해를 8절에서 끝냄으로, 여호와의 증인들과 같은 입장을 취한다. 그의 마가복음 마지막 설교 제목은 "마가복음의 적절한 결말(막 16:9-20)"이다. 맥아더에 따르면, 마가는 천사의 선언을 듣고 "말을 못하는 상태"로 남았다. 여인들이 부활에 대해 들은 것을 두려움으로 인하여 아무에게도 말하지 않았다는 사실이 마가에게는 "충분했다." 그러니 맥아더에 따르면, 8절 이후에 어떤 내용을 더할 필요가 있겠는가? 맥아더의 대답은 당연히 "아무것도 필요 없다."이다. 왜냐하면 이미 "목격자들의 경이로움"이 있기 때문이다. 하지만 도대체 무엇에 대한 목격자인가? 부활하신 그리스도가 아니라는 것은 분명하다.

다른 모든 복음서는 살아 계신 구주를 실제로 목격한 목격자들이 설명하는 증언을 기록하고 있다(고전 15:5-8). 부활의 증거는 단순히 어떤 천사의 선포에 의해서가 아니라, 그리스도께서 『**보이신**』(was seen) 사실에 있다. 만약 천사들이 선언하는 말만으로 충분했다면, 그리스도께서 다음 40일 동안을 제자들과 함께 보내실 필요가 없었을 것이다. 실제로 제자들은 천사들의 말을 자신들에게 말하기 위해 온 여인들조차 믿지 않았다(눅 24:11). 누군가는 성경의 말씀들보다 자신의 신학교 교육을 더 높이고 있는데, 그것은 마가도 아니고, 여인들도 아니다. 실제 육체적으로 부활하신 그리스도에 대한 기록이 없다면, 당신은 온전하지 못한 불완전한 복음을 가지고 있는 것이다. 즉 이방 교회들에게 파송된 사도(롬 11:13; 15:16, 딤전 2:7)가 정의한 복음이 온전히 전달되지 않은 것이다. 당신은 바울을 따라야 한다는 명령을 받았다(고전 11:1).

이제 존 맥아더가 자기 교인들에게 알렉산드리아 이단의 "신비들"을 가르칠 때 제시하기를 거부한 필사본 증거를 실제로 살펴보자. 맥아더는 마치 후디니(Houdini)나 블랙스톤(Blackstone)과 같이 능수능란한 속임수를 써서, 교인들이(직접적으로 말하지는 않으면서도) 모든 라틴어 사본과 모든 시리아어 사본이 홀트(Hort)가 "총애하는" 사본들인 바티칸 사본과 시내 사본과 일치한다고 믿게 만든다. 하지만 마가복음을 포함하고 있는 열두 개의 〈구라틴역본〉들 가운데 단 하나만이 〈시내 사본〉과 〈바티칸 사본〉을 지지한다. 심지어 〈라틴 벌게이트〉조차도 마가복음의 긴 결말 부분을 가지고 있다. 시리아어 사본의 증거를 보더라도, 짧은 결말을 가진 것은 〈시내 시리아어 사본〉뿐이며, 〈큐레토니안 시리아어 사본〉, 〈하클레안 시리아어 사본〉, 〈팔레스타인 시리아어 사본〉, 그리고 다수의 〈구시리아어 사본〉(페시타)은 긴 결말을 포함하고 있다.

알렉산드리아 사본과 바티칸 사본과 대부분 일치하는 〈사히딕어 사본〉과 〈보하이릭어 사본〉들도 이번에는 마가복음의 결론 부분에 〈킹제임스성경〉 본문을 포함하고 있다. 〈파이윰 콥트어역본〉도 마찬가지다. 거의 모든 〈아르메니아어 사본〉들도 〈킹제임스성경〉 본문을 지지하며, 〈고딕어역본〉과 〈에티오피아어역본〉도 이를 따른다. 또한 마가복음의 긴 결말은 다섯 개의 다른 사본들(047, 055, 0211, 0233, 0257)에도 기록되어 있다.

이레니우스(Irenaeus)는 A.D. 202년에 이 구절을 인용했으며, 이는 〈시내 사본〉보다 거의 150년 앞서고 〈바티칸 사본〉보다 100년 이상 앞선다. 암브로스(Ambrose)는 A.D. 397년에, 어거스틴(Augustine)은 A.D. 430년에 이 구절을 인용했다. 따라서 맥아더가 초대 교부들의 인용만으로도 신약성경의 본문을 구성할 수 있다고 자랑할 때, 마가복음 16:9-20도 그 본문에 포함되어야 한다.

사실 마가복음의 마지막 열두 절이 삭제된 것은 두 개의 헬라어 대문자 필사본인 〈바티칸 사본〉과 〈시내 사본〉의 권위에 근거한 것이며, 이 구절을 포함하는 대다수의 헬라어 사본 증거와는 반대되는 결정이었다. 이는 한 사람, 즉 홀트의 추측과 이론에 기반한 것이다. 그의 신약성경 본문에 대한 "중립적 견해"에서, 신약 성경의 본문을 결정할 때 〈바티칸 사본〉을 우선시해야 한다고 했다. [이 견해는 존 버건, 스크리브너, 호스키어, 밀러, 그리고 피커링에 의해 여러 차례 반복적으로 반박되었다.] 이런 그의 원칙은 단순히 그 사본의 연대에 근거한 것이며, 이 때문에 〈시내 사본〉도 함께 포함되었는데, 해당 문서의 특징은 전혀 고려되지 않은 것이다.

버건(홀트보다 더 많은 사본을 대조하고, 초대 교부들의 신약 성경 인용을 모두 분류한 사람)은 〈바티칸 사본〉과 〈시내 사본〉을 "존재하는 것 중 가장 더러운 사본"(데이비드 오티스 풀러(David Otis Fuller), 〈Which Bible?〉, p.127), "가장 충격적으로 부패한 현존하는 사본," "가장 수치스럽게 훼손된 본문," 그리고 "가장 많이 조작된 본문, 고대의 오류, 그리고 의도적으로 왜곡된 "진리"를 담고 있는 저장소"라고 평가했다(존 버건, 〈The Revision Revised〉, pp.15,16). 이것은 단순한 "편향된 비난"이 아니라, 그가 그렇게 묘사할 만한 정당한 이유가 있었기 때문이다.

헤르만 호스키어(Herman Hoskier, Codex B and its Allies, 1914)에 따르면, 〈시내 사본〉과 〈바티칸 사본〉 사이에는 복음서에서만 3,036개의 차이가 존재한다. 맥아더가 말해 주지 않는 사실은, 〈시내 사본〉에는 마가복음의 마지막 열두 구절을 포함할 만큼 충분히 빈 공간이 있다는 것이다. 즉 그것을 필사한 필사자는 그 구절들이 있어야만 한다는 것을 알고 있었으며, 아마도 그것을 삭제하라는 지시를 받았지만(그래서 삭제했지만), "혹시라도" 그 내용을 다시 채워야 할 경우를 대비해 공간을 남겨 두었던 것이다.

맥아더는 또한 〈시내 사본〉이 마가복음의 마지막 열두 절을 삭제했지만, 외경(Apocrypha)을 구약성경 본문의 일부로 추가했다는 사실도 말해 주지 않는다. (〈시내 사본〉은 루터나 〈킹제임스성경〉 번역자들이 한 것처럼 외경을 신구약 중간에 "참고 도서"로 배치한 것이 아니라, 성경의 일부로 포함시켰다.) 게다가 시내 사본은 "허마의 목자"와 "바나바 서신"을 신약 성경 본문의 일부로 포함시켰다. 더 나아가 만약 마가복음 16:9-20이 〈바티칸 사본〉과 〈시내 사본〉에서 빠졌다는 이유로 성경에서 제외되어야 한다면, 창세기 1-46장과 시편 105-137편은 말할 것도 없고, 히브리서 9:14-13:25, 디도서, 빌레몬서, 요한계시록은 왜 NIV, NASV, ESV에 그대로 들어 있는가? 이 모든 본문은 바티칸 사본에서 빠져 있다! 즉 어떤 현대 역본도 자신들이 따르고 있다고 주장하는 사본을 그대로 출판하지 않는다. 결국 그들 모두 독자를 확보하기 위해 〈킹제임스성경〉을 따라야만 한다(마가복음 9:43-48의 절 번호). 현대 역본의 개정자나 번역자들만큼 부정직하고 사악한 자들은 없다. 그런 "선하고 경건한 사람들"과 비교하면, 마피아가 훨씬 훌륭한 사람들처럼 보일 지경이다.

이제 우리는 터무니없는 헛것을 떠나 숭고한 말씀으로 나아갈 것이다. 우리는 믿음 없는 학문이 스스로의 배교 속에서 곪아 들어가 효과가 탁월한 독(NASV, NIV, 그리고 ESV)이 될 때까지 끓어오르게 내버려 두고, 〈킹제임스성경〉에서 발견되는 하늘의 순수한 빵을 기쁨으로 먹을 것이다. 우리는 이 장의 마지막 열두 구절이 〈킹제임스성경〉에 있는 영어로 된 하나님의 거룩한 말씀들임을 믿고 받아들이며, 바티칸 사본과 시내 사본같이 알렉산드리아 사본을 따르는 NASV, NIV, ESV(그리고 이와 유사한 부패하고 변질된 번역들)를 거부할 것이다.

16:9 예수께서 그 주의 첫날 일찍 살아 나신 후, 전에 주께서 일곱 마귀들을 쫓아내 주신 막달라 마리아에게 먼저 나타나시니라.

10 주와 함께 있었던 자들이 슬퍼하며 울고 있을 때 그녀가 그들에게 가서 말하니

11 그들은 주가 살아나셔서 그 여인에게 보이셨다는 말을 듣고서도 믿지 아니하더라.

이 구절들은 8절 내용에 대한 첫 번째 예외를 말한다. 겁에 질려 누구에게 어떤 아무 말도 하지 않던 막달라 마리아를 변화시킨 것은 부활하신 그리스도를 본 것이었다. "더 이상 무슨 말이 필요하겠는가?"라는 말로 8절에서 복음서를 끝내야 한다고 자신을 정당화하는 맥아더의 논리를 보라. 그러나 말해야 할 것이 충분히 더 있었다. 그것은 8절에서 그 여인들이 "말을 하지 않고" 있었던 사실에서도 증명된다. 만약 그것이 복음서의 결말이었다면, 15절에서의 위대한 사명(Great Commission)도 없었을 것이다. 나머지 장에서는 사람들이 가서 부활하신 구주에 대해 전하는 내용이 나오지, 두려움에 갇혀 입도 떼지 못하는 모습이 나오지 않는다. 로마인이 8절에서 끝나는 복음서에 감명을 받았을 것이라고 생각하는가? (마가복음 서론에서 마가복음이 "대상으로 하는 독자"에 관한 설명을 읽어 보라.)

9-11절은 요한복음 20장에서 요한이 자세히 기록한 내용을 요약한 것이다. 『**주와 함께 있었던 자들**』(10절)은 분명히 "열한 제자"를 가리키며, 이는 14절에서 예수님께서 그들을 책망하신다는 점에서 확인할 수 있다. 그러나 여기에는 열한 제자만 포함된 것이 아니다. 누가복음 24:33을 보라.

『당장 그 시간에 일어나 예루살렘에 돌아와서, 열한 제자들과 그들과 함께 있는 사람들이 다 모여 있는 것을 보자』.

"그래서 어쨌다는 건가요, 럭크만?"이라고 말할 수 있겠다. 그러나 중요한 사실은 예수님께서 다락방에서 제자들에게 나타나셔서 죄를 용서하거나 그대로 둘 수 있는 권세를 주셨을 때(요 20:23), 그 권세는 단순히 열한 사도에게만 주어진 것이 아니라, 그곳에 모인 모든 "제자들"에게 주어진 것이었다(요 20:19). 죄를 용서하고 그대로 둘 수 있는 권세는 술에 찌든 독신 사제들만을 위한 특권이 아니다. 그것은 예수 그리스도의 모든 제자들에게 주어진 것이다. 당신은 예수 그리스도의 완성된 속죄를 신뢰하는 죄인에게 그의 죄가 용서되었다고 말할 권리가 있으며, 한 번에 영원히 이루신 그 희생을 거부하고 자신의 의를 의지하는 죄인에게 그의 죄가 여전히 남아 있다고 말할 권리도 있다.

그 제자들은 사람들이 주님의 부활에 대해 증거하는 말을 믿기 어려웠다. 왜냐하면 『**이는 그들이 주께서 죽은 자들로부터 다시 살아나셔야 한다는 성경을 아직 알지 못하였기 때문이라.**』(요 20:9)라고 기록되어 있기 때문이다. 예수님께서 직접 선택하신 사도들과 그분을 3년 반 동안 따라다녔던 자들조차도 부활이 실제로 일어났을 때 이해하지 못했다면, 1900년 전에 계시도 훨씬 적었던 상태에서 아브라함이 그것을 온전히 이해했다고 생각할 수 있겠는가? 아브라함은 그리스도의 "날"을 예표적으로 보았을 수는 있지만(요 8:56), 당신과 동일한 복음을 믿고 구원받은 것은 결코 아니다(갈 3:8). 당신의 구원은 아브라함의 구원과 유사할 수는 있지만, 결코 동일하지 않다.

16:12 이 일 후에 그들 가운데 두 사람이 걸어서 시골로 가는데 주께서 다른 모양으로 그들에게 나타나시니라.

13 그들이 가서 남은 자들에게 말하였으나 그들이 이들의 말도 믿지 아니하더라.

이 본문은 엠마오로 가는 길에서 두 사람에게 나타나신 예수님에 대해 요약된 기록으로, 누가복음 24:13-32에도 나오는 사건이다. 이 긴 결론 부분은 누가복음 1:1에서 누가가 말한 말을 확증해 준다. 즉 많은 사람들이 예수님의 지상 사역에 대한 전기를 기록하였다는 것이다. 『**사람이 많았으니**』, 마가도 그들 중 하나였으며, 성령께서 신약 성경의 정경에 포함되도록 택하신 사람이었다. 마가복음의 긴 결론은 어떤 사실을 확증하기 위해 두 증인이 필요하다는 성령님의 원칙(신 19:15)에 따라 첫 번째 증인을 제시한다.

다시 한번 주목해야 할 것은 제자들이 믿음에 관하여 문제를 가지고 있다는 것이다. 마가복음 16:14은 그들의 『**믿음 없음**』이 『**마음이 완악한 것**』 때문이라고 분명히 말하고 있다. 예수님께서는 엠마오로 가던 두 사람에게 이렇게 말씀하셨다. 『**오 어리석은 자들아, 선지자들이 말한 모든 것을 마음에 더디 믿는 자들아**』(눅 24:25). 그리고 그 다음에는 "구약 성경에 계시된 그리스도"(눅 24:27)라는 제목의 "성경 강연회"가 따른다. 『**선지자들이 말한 모든 것**』(눅 24:25)은 『**성경의... 예언**』(벧후 1:20)이며, 『**모든 성경(All scripture)은** 하나님**의 영감으로 주어진 것**』(딤후 3:16)이다.

당신이 가지고 있는 성경(Bible)이 성경에서 말하는 그 성경(Scripture)인가? "아닙니다, 럭크만. 왜냐하면 내가 가지고 있는 성경은 '원본'이 아니기 때문입니다." 이렇게 대답한다면 당신은 가장 심각한 문제에 빠진 것이다. 당신의 구주의 말씀에 따르면 당신은 어리석은 사람이 되는 것인데, 그 이유는 당신이 가지고 있는 성경에 있는 『**선지자들이 말한 모든 것**』을 믿지 않기 때문이다.

나를 속일 생각은 말라. 나는 찰스 브로큰셔(Charles Brokenshire)나 바튼 페인(Barton Payne)과 같은 사람들 아래에서 배웠다. 나는 당신의 교수나 그를 가르친 사람이 쓴 모든 것을 읽었다. 즉 〈성경 개론〉, 〈본문 전달〉, 〈필사본 증거〉, 그리고 〈원본 연구〉에 대한 모든 것을 나도 읽었다. 그들 중 어느 누구도 어떤 번역본에서든, 또는 어떤 "원문"

에서든 완전한 성경을 가지고 있다고 믿지 않았다. 그들이 더 이상 변명하지 못하는 상황이 되면, 모든 역본, 모든 번역본, 모든 헬라어 본문이나 히브리어 본문에 잘못이 있으며, 자신들은 그 실수들이 어디에 있는지 알 만큼 똑똑하다고 말할 것이다. 모든 것을 종합해 보면, 그런 배교자들이 가진 유일한 것은 그들 자신의 총명함, 자신들이 지성, 자신들이 학문적 지식, 그리고 자기 의견과 선호도에 대한 확신뿐이다. 그들은 어떤 성경의 어떤 판본이나 번역본, 본문에도 신뢰를 두지 않는다. 그들은 자기 자신이 자신의 신이 된 것이다.

그러나 나는 아니다! 나는 단순히 사도 바울처럼 믿을 만큼 멍청한 사람이다. 나는 『**율법과 선지서들에 기록된 모든 것**』을 믿는데 그로 인하여 이단이라는 소리를 듣는다(행 24:14). 내가 그 책(Book)에 있는 단 한 단어라도 의심하기만 하면, 학자들의 모임에서 용서받고 환영받을 수 있을 것이다. 하지만 나는 그렇게 하지 않을 것이다. 나는 그 책(AV 1611)에 기록된 모든 말씀을 믿으며, 무덤에까지 그렇게 갈 것이다. 그러는 동안 학자들이 추구하는 학문은 불꽃으로 날아가 버릴 것이다(혹은 빌리 선데이가 말하곤 했듯이 될 것이다. "학문적 지식은 곧장 마귀에게 가 버릴 수 있다!").

16:14 그후 열한 명이 앉아 식사할 때에, 주께서 그들에게 나타나시어 그들의 믿음 없음과 마음이 완악한 것을 꾸짖으시니 이는 그들이 주께서 살아나신 후 주를 본 자들의 말을 믿지 아니하였기 때문이라.

14절은 13절이 끝나는 바로 다음에 일어나는 내용으로 누가복음 24:33-36에 기록되어 있고 또 다른 보충 설명으로 요한복음 20:19-23에 기록되어 있다. 이 본문에서 배울 수 있는 교훈은 다음과 같다.

1. 부활한 몸은 단단한 물체를 통과할 수 있다. 예수님께서 오셨을 때 『**문들이 잠겨 있었는데**』『**그들 가운데 서서 그들에게 말씀**』하셨다(요 20:19, 눅 24:36).

2. 부활한 몸은 유령(ghost)이나 영(spirit)이 아니다. 그것은 『**살과 뼈**』(눅 24:39)로 되어 있다. 『**혈과 육**』이 아니다(고전 15:50). 예수 그리스도께서는 당신의 구속을 위하여 십자가에서 자신의 피를 모두 흘려 주셨다. 당신이 위로 올라갈 때 당신 몸 안에는 단 한 방울의 피도 없는데 그 이유는 당신의 피는 어떤 가치도 없기 때문이다. 휴거 때에 마지막 한 방울의 피까지 이 땅에 남겨 두고 갈 것이다.

3. 부활한 몸은 소화나 배설 과정 없이도 단순히 음식을 즐기기 위해 먹을 수 있다(눅 24:41-43).

그런데 만약 어떤 믿지 않는 자가 이 구절을 면밀히 읽는다면(실제로 불신자들이 성경을 직접 읽기나 할까마는 우리가 그들을 좀 도와주자), 예수님께서 부활하신 첫날 저녁에 『**열한 제자들**』에게 나타나셨다는 기록을 발견할 것이다. 이는 누가복음 24:33에서도 확인된다. 하지만 어떻게 그럴 수 있는가? 도마는 그들과 함께 있지 않았다고 하지 않는가(요 20:24)? 이제 믿지 않는 자들이 그토록 찾아내고 싶어 하는 성경의 모순이 드디어 발견된 것일까? 그렇게 쉽게 단정하지 말라.

알다시피 그 자리에는 열 명의 사도들 외에도 한 사람이 더 있었는데 (눅 24:33에서 『**그들과 함께 있는 사람들**』이 있음을 기억하는가?) 바울은 그 사람이 『**열두**』 명에 포함된 것처럼 언급했다(고전 15:5). 하지만 그 사람은 아직 『**열한 사도와 함께 계수**』(행 1:26)되지 않았다. 맛디아는 요한의 침례 때부터 예수님의 승천 때까지 계속 사도들과 함께 있었고, 예수님께서 사도들에게 나타나셨을 때 부활의 증인이었다(행 1:22). 따라서 바울이 이 사건들을 기록할 당시, 그리고 마가와 누가가 복음을 기록할 당시 그들은 도마가 부재했을 때에도 맛디아를 포함하여 사도들의 수를 계산했던 것이다.

잘 배우고 확실히 깨달아야 한다. 〈킹제임스성경〉은 옳다! 그리고 만약 당신과 당신의 선생과 교수, 어머니와 아버지, 조부모와 삼촌과 이모, 형제자매와 친구들, 동료들과 교회 성도들, 목사와 장로, 사제 신부와 교황, 랍비와 이맘 등등이 성경을 거스른다면, 그들은 모두 틀렸다! 『하나님**은 참되시나 사람은 모두 거짓말쟁이라**』(롬 3:4).

16:15 또 주께서 그들에게 말씀하시기를 "너희는 온 세상에 가서 모든 피조물에게 복음을 전파하라.

여기에 다소 문제가 있다. 이로 인해 극단적 세대주의자들은 이 부분을 엉망으로 만들었다. 이 부분은 소위 마가복음판 "지상 명령"이다. 이 지점에서 정확하게 어떤 『**복음**』이 전파되어야 하는가? 이 시점에서는 여전히 고린도전서 15:1-4에서 정의되고 있는 바울의 『하나님**의 은혜의 복음**』(행 20:24)은 아니다. 이 사실을 어떻게 알 수 있는가? 예수님께서 친히 40일간 훈련을 시키신 후(행 1:3)에도 베드로가 오순절에 일어나 설교할 때 그리스도의 죽음을 그 어느 누구의 죄에도 연결시키지 않았기 때문이다. 사도행전 2장에서는 어느 누구의 죄를 위해 그리스도께서 죽으셨다고 선포하는 장면을 발견하지 못한다. 단지 예수 그리스도께서 십자가에서 죽으셨고, 무덤에서 사흘 밤과 낮 동안 무슨 일이 일어났으며, 예수 그리스도께서 죽은 자들로부터 부활하셨다는 내용을 베드로가 말할 뿐이다. 결코 그리스도의 죽음이 죄에 대한 대가로 지불된 것이라는 사실을 발견하지 못한다.

이런 이유로 인해 극단적 세대주의자들은 지상 명령이 신약 교회 시대의 어느 누구에게도 해당되지 않는다고 말한다. 즉 『**모든 피조물에게 복음을 전파**』하지 않아도 된다는 것이다. 마귀는 한 길로 밀고 나가는데 실패한다면 다른 길로 밀고 나간다는 사실을 알아야 한다.

누가복음판 지상 명령은 고린도전서 15:3,4의 내용과 놀라울 정도로 가깝다.

『**또 그들에게 말씀하시기를 "그리스도가 고난을 당하는 것과 죽은 자들로부터 셋째 날에 살아나는 것이 기록되었으며, 또 그렇게 되어야 마땅하니라. 예루살렘에서 시작하여 모든 민족 가운데 그의 이름으로 회개와 죄사함이 선포되어야 하리라**』(눅 24:46,47).

놀라울 정도로 그 내용이 흡사하나, 그리스도께서 죄들을 위해 죽으셨다는 내용은 없다. 따라서 46,47절 사이를 바울 서신을 통해 알고 있는 내용과 연결시켜야만 한다. 요한처럼 누가는 바울 서신을 모두 알고 있는 상태에서 글을 쓰고 있다. (마가는 아마도 바울에게 계시된 내용을 몰랐을 것이다.) 그런 이유로 누가가 성령님께서 자기에게 주신 것을 하면서 때때로 바울의 설교를 연상시키는 것을 기록한 것이다. 비록 역사적으로 그 계시는 사도행전 9장에 가서야 주어졌지만 말이다.

마가복음 16:15을 이 시대의 그리스도의 몸에 적용시켜 전파할 수 없다고 생각하지 말라. 1:1에서도 말했지만 『**복음**』은 사도들에게 점진적으로 계시되었다. 그러다가 최종적으로 바울에게 그 복음은 주어졌다(갈 1:12). 복음의 어떤 계시가 사도행전 1-7장에서 선포되었든지 간에, 성령께서는 사도행전 8:30-35에서 그리스도의 죽음을 죄와 연결시키신다. 그 마지막 메시지는 모든 사도들에게 확정되었고 모든 사도들은 이에 동의하였다. 즉 구원은 믿음으로 말미암아 은혜로 받는 것이다. 그리스도께서 죄를 위해 죽으신 완성된 그 일을 믿음으로 구원받는다는 사실에 동의한 것이다(행 15:11). 여기에는 어떤 행위도 포함되지 않으며, 특히 물 침례도 구원과는 무관함에 동의하였다(행 2:38. 행 10:43-48 참고). 따라서 마가복음 16:15을 영적으로, 실제적으로 현재의 선교 사역에 적용시킬 수 있다. 사도들은 사도행전 2장부터 계속 지상 명령에 순종했다(20절, 행 1:4-8, 갈 2:7-10). 이것이 오늘날에도 여전히 우리들에게 해당하는 것으로, 복음 전파, 침례, 모든 것이 해당됨을 의미한다(마 28:19).

선교는 가장 기본적인 것으로, 우선순위에서 두 번째 중요한 것이 아니다. 선교는 선택이 아니라 필수이다. 극단적 세대주의자들이 왜 지상 명령을 없애기를 원하는지 아는가? 밖으로 나가 잃어버린 자들에게 복음을 증거해야 하는 부담을 줄이고 싶기 때문이다. 그들은 자신들의 작은 교제권 안에 가만히 머물면서 세상이 지옥으로 가는 동안 경륜적인 사소한 것들을 나누는 데 온통 정신이 빠져 있다.

선교는 필수적이다. 더 이상 필요치 않은 것이 아니다. 더글라스 맥아

더 장군이 어떤 나라가 복음화되지 않으면 그 나라는 계속해서 다른 나라와 전쟁을 치러야 한다고 말했다. 카터 대통령 이래로 지난 40년 동안 왜 모슬렘과 전쟁을 벌여 왔는지 아는가? 그리스도인들이 부지런히 복음을 가지고 그들에게 다가가지 않았기 때문이다.

마지막으로 외국에서 선교하는 것은 하나님의 섭리이다. 상황과 관련된 것이 아니다. 한번은 누군가가 버마에서 사역하고 있는 아도니람 저드슨에게 물었다. 그때 아도니람 저드슨은 사역에 열매가 거의 없을 때였다. "앞으로 이 사역이 어떻게 될 것 같습니까?" 아도니람이 답하였다. "하나님의 약속의 말씀이 밝은 것만큼이나 앞으로 밝을 것입니다."

약속은 이렇다. 만일 당신이 가서 복음을 전파한다면, 주께서는 당신과 함께 하실 것이다(마 28:20). 이는 성령께서 믿는 자 안에 거하시는 것 이상이다. 마태복음에 나오는 지상 명령은 하늘과 땅의 모든 권세가 예수님께 주어진 것으로부터 시작된다. 『**하늘과 땅에 있는 모든 권세를 나에게 주셨도다**』(마 28:18). 사도행전 1:8에 있는 약속은 다음과 같다. 『**그러나 성령께서 너희에게 임하시면 너희가 능력을 받으리니 그러면 예루살렘과 온 유대와 사마리아와 땅 끝까지 이르러 내게 증인이 되리라.**』 즉 만일 당신이 가서 전하면, 하나님의 부르심에 따라 당신이 해야 할 일이 무엇이든 간에, 그 일을 수행하는 데 필요한 모든 권세를 성령님께서 주실 것이다.

그리스도인이라면 손을 들어 올려 복음전파를 위해 드려야 한다(빌 4:15-18). 복음전파를 위해 눈을 들어 올려 바라보아야 한다(요 4:35). 복음 전파를 위해 마음을 들어 올려 기도해야 한다(마 9:38). 그리고 발을 들어 올려 가야 한다(막 16:15, 롬 10:15).

16:16 믿고 침례를 받는 자는 구원을 받을 것이나 믿지 않는 자는 정죄함을 받으리라.

이 구절은 이 장에서 가장 중요한 구절 중 하나인데, 그것은 구원의 계획을 다루고 있기 때문이다. 이 구절은 카톨릭과 캠벨주의의 "침례에 의한 중생"이라는 이단 교리를 주장하는 데 사용하는 "증거 본문"이다. 이들은 침례는 구원받기 위한 필수 요소이지, 단지 제자로 살아가기 위해 필요한 것만이 아니라고 말한다. 이들은 그 주장을 뒷받침하기 위해 이 구절의 앞부분만을 인용한다. 『**믿고 침례를 받는 자는 구원을 받을 것이나**』.

지옥으로 가는 길을 보여 주는 멋진 구절 아닌가? 더군다나 주께서 친히 말씀하신 것이니 이보다 더 명확할 수 있겠는가? 이렇게 말할지도 모른다. "럭크만 목사님, 그렇다면 만약 주님께서 그런 뜻이 아니셨다면, 왜 그렇게 말씀하셨습니까?" 오, 주님께서는 분명히 그렇게 말씀하셨다! 그러나 주님께서는 성경에 이런 구절들을 넣어두심으로써, 당신이 그분의 말씀을 정직하게 다루며 문맥에서 떼어내어 왜곡하지 않는지 시험하시는 것이다. 주님께서는 당신이 『**진리의 말씀**』(딤후 2:15)을 올바로 나누라(rightly divide)는 하나님의 명령에 순종하는지, 아니면 ASV와 ESV에 있는 것처럼(이와 유사한 모든 부패한 번역본들도 성경에서 성경을 공부하라는 유일한 명령, 그리고 어떻게 공부하라는 명령을 제거하였다.) 단지 "올바로 다루는"(rightly handle) 것인지 확인하기 원하신다.

이 구절의 마지막 부분에서 주목해야 할 점은 사람이 지옥에 가는 것은 믿지 않는 것 때문이지, 물 침례를 거부하거나 무시해서가 아니라는 것이다. 유다는 침례는 받았지만 어디로 갔는가? 분명 하늘은 아니다(행 1:25. 계 9:11 참고). 베드로가 왜 사도행전 2:38에서 물 침례를 구원과 연관시켰는지 우리는 이해할 수 있다. 베드로는 여전히 요한의 침례를 실행했는데 물 침례는 내면의 회개에 대한 외적 상징이었다. 그러나 베드로가 침례를 말했던 사도행전 2장에서 멀어질수록 베드로는 물 침례에 관하여 점점 덜 언급한다는 사실을 아는가? 사도행전 3:19에서 베드로는 앉은뱅이가 치유되는 것을 보았던 유대인들에게 『**회개하라. 그리고... 침례를 받으라.**』(행 2:38)라고 말하지 않고 대신 『**그러므로 너희는 회개하고 돌이키라.**』라고 말한다.

그러나 사도행전 10장은 이에 대해 결론을 짓는다. 사도행전 10:43,44에서 코넬료에게 그의 죄들을 사함받기 위해 침례를 받으라고 말하려는 순간에 성령께서 그들이 믿는 순간, 그 이방인들에게 임하셨다. 이때는 그들의 옷이 물에 젖기도 전이다. 그들은 물 침례를 받기 전에 성령을 받았다(행 10:47). 따라서 베드로는 물 침례가 구원을 위해 필수적이지 않다는 사실을 알았다.

베드로와 바울이 만났을 때(갈 1:18), 그리고 소위 "예루살렘 공회"에서 "충분한 논의"를 마쳤을 때, 베드로는 구원이 예수 그리스도께서 완성하신 속죄만을 믿어 은혜로 이루어지는 것이지 그 어떤 물 침례도 필요하지 않다는 사실에 동의했다(행 15:11). 따라서 베드로가 우리를 구원하는 침례에 관해 유명한 말을 할 때 그 침례는 『**모형**』(figure, 벧전 3:21)이라고 말했다. 즉 실제 구원이 일어나는 행위가 아니라는 것이다. 침례에 의한 구원을 주장하는 자들(Water Dogs)은 초등학교 6학년 수준의 영어도 제대로 이해하지 못하는 것이다. 그렇지 않은가?

자, 모든 것을 정리해 보자. 마가복음 16:16은 바울이 계시받은 복음이 주어지기 전에 주어졌다. 이 말씀은 하나님께서 여전히 유대인들을 하나의 민족으로 다루실 때 주어졌는데 이 상황은 사도행전 7장까지 계속된다. 복음서들이나 사도행전에서 물 침례는 "침례받는 사람"이 메시아를 받아들일 준비를 하기 위해 자신의 죄들을 회개했다는 표시였다. (행 2장에서 말하는 죄는 메시아를 십자가에 못박은 죄이다.) 사도행전 7장에서 이스라엘이 메시아를 거부하자 왕의 오심은 1,900년 이상 연기되었다. 이에 하나님께서는 이방인 사도를 구원하시고 부르셔서 그에게 『하나님**의 은혜의 복음**』을 계시하심으로, 주께서는 베드로에게 침례가 구원과 무관하다는 사실을 보여 주자, 베드로와 바울은 하나의 복음만 있는 것에 동의했는데 거기에는 침례가 빠졌다. 그러므로 이제 침례의 의미는 예수 그리스도의 죽으심, 묻히심, 부활하심을 상징하는 모형일 뿐이며, 죄인이 이미 구원받았고 성령을 받았다는 사실을 보여 준다.

만약 당신이 마가복음 16:16을 오늘날에 적용하려 한다면, 물 침례는 단지 죄인이 이미 믿었음을 보여 주는 것이라고 말해야 한다. 하지만 죄인을 구원하는 것은 그 믿음이지, 물 침례가 아니다. 잘 생각해 보라. 뉴욕으로 가는 비행기 항공권을 구입하고 비행기에 탑승한 사람은 뉴욕에 도착한다. 그러나 그 비행기 항공권을 사지 않으면 어디로도 날아갈 수 없다.

16:17 믿는 자들에게는 이러한 표적들이 따르리니, 즉 내 이름으로 그들이 마귀들을 쫓아내고 또 새 방언들로 말하리라.

18 그들은 뱀들을 집을 것이요, 어떤 독을 마실지라도 결코 해를 입지 않을 것이며, 병자에게 안수하면 그들이 회복되리라."고 하시더라.

그리스도의 몸에 심긴 이단 교리를 증명하기 위해 사용되는 또 하나의 증거 구절이다. 이번에는 지금도 그리스도의 몸에 방언, 치유, 표적, 기적이 일어나고 있다고 주장하는 은사주의, 오순절, 성결주의 이단이다.

먼저 성경을 읽을 때 『**표적들**』(17절)이라는 단어를 보면, "경각심"을 불러일으켜야 한다. 이 『**표적들**』은 이스라엘 민족을 위한 것이지(고전 1:22), 이방인이나 그리스도의 몸을 위한 것이 아니다(고전 10:32).

그렇다면 예수님께서는 17절에서 누구에게 말씀하신 것인가? 유대인 사도들에게 하신 말씀이다. 그 자리에는 이방인이 한 명도 없었으며, 예수님께서 말씀하신 대상들 중 어느 누구도 아직 그리스도의 몸에 속해 있지 않았다(고전 12:13. 행 1:5 참고). 이것들은 사도의 표적들(고후 12:12)로서 유대인 사도들과 그들의 회심자들에게 주어진 것이다(『**믿는 자들에게는 이러한 표적들이 따르리니**』). 유대인 사도들이 떠나고 그들의 회심자들이 세상을 떠나자, 그 표적들도 사라지게 된다(딤전 5:23, 딤후 4:20). 그러므로 만약 성경적인 오순절주의자가 되고 싶다면, (방언과 치유에 관련하여 은사주의자들은 어떤 말씀을 따라야 하는가? - 고전 12,14장) 당신은 반드시 어떤 사도의 사역을 통해 회심해야만 할 것이다.

그렇기 때문에 하나님의 성회, 하나님의 교회, 오순절 교회, 성결 교회, 그리고 은사주의 단체들이 사도의 직분을 다시 회복하려고 그렇게 열심을 내는 것이다. 그러나 그들의 "사도들"이 실제로 주님을 본 적이 없다면(문자 그대로 – 고전 9:1), 그들은 『**거짓 사도들이요, 기만하는 일꾼들**』(고후 11:13)이다. 사도의 표적들과 기적들을 행한다고 주장하는 어떤 은사주의자가 있다면 그는 결국 거짓말쟁이일 뿐이다(계 2:2).

이제 이런 『**표적들**』을 살펴보고, 그 표적들이 당신에게 어떻게 적용되는지 보자.

『**즉 내 이름으로 그들이 마귀들을 쫓아내고**』(17절). 사도행전에서 바울이 여러 차례 마귀들을 쫓아내었지만(행 16:18; 18:12 등) 이방인 교회들에게 그것을 하나의 실행 방식으로 실행하라고 명령한 적이 없다. 심지어 표적의 은사들을 다루는 고린도전서 12장이나 14장 같은 본문에서도 그러한 명령이 나오던가? 그리스도인이라면 악한 영들과 맞서 싸워야 한다(엡 6:12). 그러나 나는 마귀들을 쫓아내는 것을 하나의 사역으로 삼는 것에 대해 강력하게 경고하고 싶다.

물론 때때로 당신이 어떤 더러운 영의 역사를 인식하고 예수 그리스도의 이름으로 책망해야 할 때가 있을 수도 있다. 그러나 만약 당신이 정말로 누군가로부터 마귀들을 쫓아내고 싶다면, 다른 사람에게서 쫓아내려 하기보다 먼저 자신에게서 쫓아내라. 우리가 살고 있는 이 시대에는 하루를 보내는 동안에도 온갖 것에 노출되는데, 하루에 서너 마리의 마귀들을 처리하지 않고 그리스도인이 어떻게 하루를 보낼 수 있는지 나는 모르겠다. 그러므로 매일 밤 거울을 보며 "너희 더러운 영들아, 예수 그리스도의 이름으로 말하노니 내게서 나가라!"라고 말하는 것이, 다른 사람 속에 있는 마귀와 싸우려 드는 것보다 당신에게 훨씬 유익할 것이다.

『**또 새 방언들로 말하리라**』(17절). 『**방언들**』은 무엇인가? 우선 방언이 아닌 것부터 말하겠다. 그것은 무의미한 중얼거림이나 알아들을 수 없는 "하늘의 언어"가 아니다. 사실 하늘의 언어는 히브리어이다(계 19:1-4 주석 참고).

신약에서 『**방언**』이 처음 행해졌을 때, 그것은 『**다른 방언들**』(행 2:4)이었고 그 방언들은 알려진 언어들이었다(행 2:6). 그리고 그 언어들은 구체적으로 나열되어 있다(행 2:8-11). 바울이 『**알지 못하는 방언**』(고전 14:2,4,13,14,19,27)에 관하여 말할 때, 지구상의 그 누구에게도 알려지지 않은 어떤 언어를 말한 것이 아니다. 바울은 고린도인들에게 회중 가운데 어떤 사람도 이해할 수 없는 언어가 있는 경우, 즉 통역할 수 있는 사람이 그 자리에 없다면 그 언어를 말하지 말라고 말했다(고전 14:27,28).

예수님께서 『**새 방언들**』에 관하여 말씀하실 때, 전에 아무도 들어보지 못한 인위적으로 만들어진 언어를 말씀하신 것이 아니다. 그것은 그 방언을 말하는 사도에게 새로운 『**새**』 방언을 말한다. 사도나 사도에 의해 회심한 회심자가 자연스럽게 말하는 언어가 아니라 초자연적으로 성령께서 주신 언어인데, 그 목적은 그 언어를 듣고 무엇을 말하는지 이해하는 사람들을 세워주기 위함이다.

방언은 구약에서 예언된 대로 유대인들에게 주어진 표적이다(고전 14:21. 사 28:11 참고). 방언은 유대인들에게 주어진 표적이며, 그것은 유대인이 믿어야 할 것을 믿지 않기에 주어진 것이다(고전 14:22). 그리고 사도행전에서 방언이 세 번 등장하는데, 그 모든 경우에 이 원리가 적용된다. 사도행전 2장에서 방언이 나타난 상황을 보면, 그 자리에 있던 유대인들은 자기들의 메시아를 막 십자가에 못 박은 사람들이었다. 그들은 예수님께서 그리스도이시며, 구약의 예언을 성취하시고 죽으셨다가 무덤에서 다시 살아나셨다는 사실을 믿어야 했다. 그래서 유대인 사도들이 『**다른 방언들**』로 말하게 되었고, 이를 통해 다른 지역에서 온 유대인들이 메시지를 듣고 믿을 수 있도록 하신 것이다.

사도행전 10장에서 베드로와 함께 코넬료의 집에 동행했던 구원받은 유대인들은 이방인이 유대교로 개종하여 물 침례를 받지 않으면 구원받을 수 없고 성령을 받을 수 없다고 믿었다. 성령께서는 믿지 않던 유대들에게 다른 방법으로 보여 주셨는데, 그 이방인들이 예수 그리스도를 믿었으나 아직 침례를 받지 않은 순간에 방언을 말하게 하심으로 증명하신 것이다.

사도행전 19장에는 요한의 침례를 받았으나 예수 그리스도에 관하여, 성령에 관하여 한 번도 들어보지 못한 어떤 유대인들이 있었다. 그래서 그들이 예수님의 이름으로 침례를 받고 바울이 그들에게 성령을 받도록 안수하였을 때, 그들이 믿었던 것이 사실임을 확인하기 위해 방언을 말하게 되었다.

모든 경우에 있어서 방언은 유대인을 위한 것이었다. 심지어 이방인들이 방언하는 경우에도 마찬가지다. 만약 당신이 오순절 설교자들이 버릇처럼 하듯이 설교 중간에 몇 마디 의미 없는 말을 성령 충만하다는 것을 증명하려 한다면, 성경적인 방언의 은사를 사용하는 것이 아니다. 그냥 앉아서 입을 닫고, 회중을 잠시나마 쉬게 해 주라.

『**그들은 뱀들을 집을 것이요**』(18절). 이 일은 사도행전에서 한 번만

일어났으며, 그것은 의도적으로 행한 일이 아니었다(행 28:1-6 참고). 그럼에도 불구하고, 켄터키, 테네시, 노스캐롤라이나, 조지아, 앨라배마 등의 산골 마을에서 사람들은 "뱀을 다루는" 사역을 실행한다.

물론 뱀은 예배에 들어가기 전에 사람에게 다뤄지는 데 익숙해지도록 훈련된다. 그 뱀들은 보통 건강이 좋지 않고 제대로 된 먹거리나 물을 공급받지 못해 독이 약해진 상태이다. 게다가 "뱀을 다루는 사람들"은 독에 서서히 적응하여, 드물게 물린다고 해도 큰 영향을 받지 않도록 한다. 그럼에도 불구하고 뱀을 다루는 일부 형제들이 새로 잡은 건강한 뱀을 가지고 일하다가 독이 강한 뱀에 물리기도 한다. 그 결과는 병원에 가거나 죽는 것인데, 그 일이 일어나는 빈도가 그들이 인정하는 것보다 더 많다. 내가 추측하건데 아마도 그들이 마지막 뱀을 다룰 때 "성령으로 충만"하지 않았기 때문일 것이다. 아마도 그들은 구원을 잃어버렸을 것이다.

내가 한 가지 말해 주겠다. 만약 진짜로 당신이 "은사를 가졌다"는 사실을 증명하고 싶다면, 뱀을 다루는 예배에 가지 말라. 아프리카의 오지로 나가서 세계에서 가장 치명적인 뱀인 블랙 맘바를 찾아 그 독사와 장난치며 놀아 보라. 아니면 동남아시아로 가서 물린 후 "한 걸음" 후에 죽는지, 아니면 "두 걸음", "세 걸음" 후에 죽는지(그 뱀에 물린 후 엎어져 죽기 전에 몇 걸음을 더 걸을 수 있는지)에 해당하는 그런 뱀을 들어 보라. 이 뱀들은 우리 미군들이 베트남 전쟁에서 마주했던 뱀들이다. 그리고 물린 후 얼마나 오래 버티는지 확인해 보라. 그것이 바로 "성령 충만"한지 아닌지에 대한 진짜 시험이다. 치사하게 죽음의 문턱에 있는 아픈 방울뱀을 건드리지 말라.

『**어떤 독을 마실지라도 결코 해를 입지 않을 것이며**』(18절). 이 사실은 중세 시대의 몇몇 교황들에게는 그리 잘 통하지 않았다. 최소한 두 명의 교황과 여러 "성인들"이 독살당했다. 내가 추측하건대 그들은 "복된 시몬 베드로"로부터 "사도 계승"을 받지 못했을 것이다.

남아프리카의 한 모슬렘은 "번영 복음"을 전하는 은사주의 설교자들과 논쟁을 벌여 "알라 외에는 신이 없으며, 마호메트는 그의 사도"라는 것을 증명하려 했다. 마귀들을 쫓아내고, 방언을 말하고, 치유 집회를 열 수 있다고 주장하는 설교자가 나타나면, 그는 암모니아 청소 용액이 담긴 잔을 가져와 그에게 마셔 보라고 말했다. 왜 그가 그런 일을 했을까? 그것은 은사주의자들이 다른 모든 것을 할 수 있다고 증명하기 위해 인용한 같은 구절에 있는 내용이었기 때문이다. 불행하게도 그들 중 아무도 성경을 충분히 알지 못했기에 그리스도를 거부하는 신성모독자의 입을 막을 수 없었다. (마호메트는 알라의 사도라고 자랑할 자격이 없었다. 그는 자신이 죽인 남자의 아내인 유대인 여성에게 독살당해 죽었다. 그는 알라의 "사도"로서 그는 알라의 "선지자"로서의 영향만큼이나 효과적이지 않았다. 그는 사도의 표적을 한 번도 행하지 않았고, 구약에서 훔친 내용이나 운 좋게 추측한 것 외에는 어떤 예언도 예언한 적이 없다.)

다시 말하지만 성경에는 이런 일이 일어난 사례가 없기에, 그에 관하여 말할 수 있는 모든 것은, 이것은 사도들에게 주어진 표적으로 누군가가 사도들을 독살하려 할 경우를 대비한 것이었다. "뱀을 다루는 것"과 마찬가지로, 그것은 결코 자신이 얼마나 "성령 충만"한지를 과시하려고 일부러 행하는 것이 아니었다. 하나님께서는 사도 바울이 그의 사역에서 수많은 시련과 위험을 겪을 때 보호해 주셨지만, 만약 당신이 단순히 자랑으로 "보여 주기 위해" 그런 위험에 뛰어든다면 주님께서 반드시 보호해 주신다고는 할 수 없다(고후 11:23-27 참고).

『**그들은... 병자에게 안수하면 그들이 회복되리라**』(18절). 여기서 첫 번째의 『**그들**』은 누구를 가리키는 것인가? 오랄 로버츠, 캐더린 쿨만, 베니 힌, 로버트 틸턴인가? 만약 당신에게 그런 능력이 있다면, 왜 치유기도 줄을 세우고 경호원을 두며, 천막이나 강당에서 한 번의 예배 동안 헌금을 네 번씩이나 걷고 있는가?

베드로는 길거리에서 즉흥적으로 병자들을 고쳤으며, "분위기를 조성하는" 오르간 연주도 없었다(행 3:6-8; 5:15,16). 더욱이 그는 병자들을 치유하였는데 『**모두 치유**』되었다(행 5:16). 거기에는 "불발탄"도 없었고, "미완성 치유"도 없었고, "효과가 없는 치유"도 없었다. 처음에는 치유 받았으나 믿음이 없어서 그 치유를 잃어버린 사람도 없었다. 어떤 사람도 믿음이 부족하여 치유받지 못하는 일이 없었다. 그는 단순히 그들을 만졌고 그들은 치유되었다. 사도 바울 역시 헌금을 걷거나 그들에게 "믿음의 씨앗을 심으라."[헌금이나 물질을 하나님께 드리면, 그것이 씨앗처럼 자라서 더 큰 축복(특히 재정적 축복)으로 돌아온다는 은사주의의 가르침 - 역자 주]고 요구하지 않고도 사람들을 고쳤다(행 19:12; 28:8,9).

만약 당신이 누군가를 만지기만 해도 치유할 수 있다면, 도대체 왜 천막이나 "시민 센터"에서 사역하고 있겠는가? 그냥 암 병동, 화상 치료센터, 그리고 어린이 병원에 가서 모든 환자들을 고쳐 주면 될 일 아닌가? 그러면 헌금을 걷을 필요도 전혀 없을 것이다. 탬파, 올랜도, 마이애미, 세인트피터즈버그로 내려가 암, 알츠하이머, 심장병 등으로 인해 죽음을 기다리는 북부 부자들을 치유하여 질병에서 자유롭게 해 준다면 그들은 평생 모은 재산을 당신에게 기꺼이 줄 것이다. 그렇게 하면 단 일주일도 되지 않아 평생 부유하게 살 수 있을 것이다.

이런 가짜 치유자들 가운데 단 한 사람이라도 진짜로 치유하는 것을 단 한 번도 보지 못했을 것이다. 그들은 손톱에 난 작은 상처조차 치유할 수 없다. 내 친구가 앨라배마 주 베이 미넷(Bay Minette)에서 열린 한 치유 집회에 갔는데, 거기서 자기 친척인 한 여성이 목발을 짚고 치유 기도 줄에 서 있는 것을 보았다. 그녀는 치유자가 있는 곳까지 가더니 목발을 던져 버렸다. 그 후 내 친구가 그녀를 구석으로 따로 불러 세우고 물었다. "도대체 왜 그 줄에 서 있었던 거요? 당신은 장애인이 아니잖소" 그러자 그녀가 대답했다. "그들이 나한테 10달러를 줬어요. 내 생애 가장 쉽게 번 10달러였죠." 내 친구가 다시 물었다. "어떻게 당신이 그런 짓을 해서 사람들을 속일 수 있단 말이오?" 그러자 그녀가 이렇게 대답했다. "사람들에게 믿음을 갖게 하는 데 도움을 주기 위해서였어요."

뇌물과 사기! 물론 하나님의 영광을 위한 뇌물과 사기겠지, 그렇고 말고. 사람들에게 거짓된 믿음을 주기 위해 거짓말을 하고, 그 대가로 돈까지 받는 짓이라니.

어떤 방송 기자가 한 번은 베니 힌(Benny Hinn)과 인터뷰를 하면서 그의 부흥회에서 실제로 몇 명이 치유되었는지 물었다. 힌은 공개적으로 거짓말을 하면 고소당할 수 있다는 것을 알았기 때문에, 자신의 사역에서는 검증 가능한 치유가 없다고 솔직히 인정해야만 했다. 그는 그저 사람들이 치유될 수 있도록 "믿음을 키워 주는" 역할을 한다고 말했다. 힌의 부흥회에서 일했던 한 "스크리너"(부흥회나 행사에서 참가자들이 무대에 오를 자격이 있는지 확인하는 사람 - 역자 주)는 진짜 아픈 사람은 무대에 올라갈 수 없다고 밝혔다.

나도 이 치유 집회에 친구인 존 홀(Jon Hall)과 한 번 갔던 기억이 난다. 그는 한국 전쟁 중에 다쳐서 평생 휠체어에 의존해야 했다. 첫 이틀 밤에는 그는 그 모든 어리석은 일들에 대해 기분 좋게 웃어 넘겼다. 하지만 셋째 날에는 가고 싶지 않다고 했다. 그는 나에게 이렇게 말했다. "럭크만 형제, 나는 그 믿음의 치유자가 거짓말쟁이라는 걸 알아. 처음에는 그 코미디를 즐겼지. 근데 솔직히 말해서 그 합창단이 "오직 믿기만 하면"을 부를 때마다 이 휠체어에서 벗어나고 싶어서 땀을 흘릴 정도라니까."

이 믿음의 치유자들은 이 세상에서 가장 비열하고 저열한 마귀들이다. 그들은 치유되지 않은 사람들에게 책임을 돌리면서, 치유될 만큼 믿음이 있다고 믿고 바친 돈을 빼앗는다. 나는 그보다 더 경멸스러운, 거짓말하고 비겁한 자들을 모르겠다.

캐더린 쿨만이 병에 걸렸을 때 (그녀는 결국 그 병으로 죽었다.) 어디로 갔는지 아는가? 그녀는 병원에 갔다. 그때 그녀에게서 이쪽으로 몇 마일 떨어진 곳에는 오스본(T.T. Osborne)이 있었고 저쪽에서는 오랄 로버츠(Oral Roberts)가 있었다. 이 두 사람은 당시 이 나라에서 스스로를 "믿음의 치유자"라고 주장한 가장 유명한 사람들이다. 게다가 쿨만 자신도 치유의 은사를 가지고 있다고 주장했었다. 그럼 왜 자신을 치유하지 않았을까? 그녀는 할 수 없었다. 그래서 병원에 갔던 것이다.

소위 "브라운스빌 부흥회"(Brownsville Revival) 중에, 브라운스빌 하나님의 성회 목사인 존 킬패트릭(John Kilpatrick)은 앨라배마 세미놀(Seminole)에 300만 달러짜리 집을 짓고 있었다(물론 브라운스빌 부흥회 헌금으로). 그는 지붕에서 떨어져 뼈가 몇 군데 부러졌다. 그 "부흥회"에서 수많은 사람을 치유했다고 주장했던(심지어 죽은 자도 살렸다고 주장했다) 그가 자신을 치유하기 위해 복음 전도자(Steve Hill), "찬양 인도자"(Lindell Cooley), "성경 교사"(Dr. Michael Brown) 혹은 교회의 다른 구성원에게 손을 얹어 치유해 달라고 요청했다고 생각하는가? 당연히 아니다. 그는 병원에 갔다. 얼마나 "성령 충만"할 수 있는 사람인가?!

들어보라. 나는 하나님께서 여전히 치유하신다고 믿는다. 그러나 치유의 은사는 유대인 사도들과 함께 사라졌다. 바울의 사역이 끝날 무렵 사도 바울은 사역하는데 있어서 동료 중 한 명도 치유할 수 없었다. 그는 트로피모를 『**몸이 아파서 밀레토에 남겨**』 두었다(딤후 4:20). 또한 사역의 후계자인 디모데에게 『**자주 앓는 질병을 위하여**』 약으로서 『**포도주를 조금씩 쓰라.**』**라**고 말했다(딤전 5:23). 누구도 디모데에게 손을 얹어 그의 건강 문제를 해결해 주지 않았다. 당신은 성경을 올바로 나누는 법을 배워야 한다. 그렇지 않다면 당신은 지금까지 본 것 중 가장 심하게 엉망진창인 상태가 될 것이다.

16:19 그리하여 주**께서 그들에게 말씀하신 후, 하늘로 들림을 받아** 하나님**의 오른편에 앉으셨더라.**

20 그후 제자들이 나가서 곳곳마다 전파하니, 주께서 그들과 함께 역사하시고, 또 따르는 표적들로 말씀을 확고하게 하시더라. 아멘.

14절과 15절 사이, 아니면 18절과 19절 사이에 시간 간격이 있다. 누가복음 24:46-51과 사도행전 1:8-11에 나오는 위대한 명령에 근거할 때 14절과 15절 사이에 시간 간격이 있다고 본다. 그것은 예수님의 승천 바로 전에 주어졌기 때문이다.

19절은 그리스도의 "앉아 계심"(Session)이라는 교리로, 그리스도의 현재 상태는 아버지 하나님의 오른편에 앉아 계시는 것이다. 이것은 우리의 죄를 위한 속죄가 완성되었음을 증명한다(히 1:3; 8:1; 10:12; 12:2). 그곳에서 그분은 성령을 보내셔서 모든 믿는 자 안에 거하시게 하셨다(행 2:33). 이것은 "영광을 미리 맛보기"이다. 왜냐하면 모든 영적인 권세가 예수 그리스도의 권위 아래 복종되었으며, 그곳으로부터 그분은 자신의 영적인 몸의 머리로 앉아 계시기 때문이다(엡 1:20-23, 벧전 3:22). 그리스도께서는 아버지의 오른편에서 자신을 구주로 신뢰한 사람들을 위해 중보하고 계신다(롬 8:34). 그러므로 우리는 우리의 마음(변개되고 배교한 번역본들에서 말하는 단순한 마음과 생각이 아니라 우리가 사랑하는 것)을 하늘에 있는 것들에 두어야 한다. 왜냐하면 우리는 영적으로 우리의 구주와 함께 하나님의 오른편에 앉아 있기 때문이다(골 3:1,2. 엡 2:6 참고). 그리고 그곳은 예수 그리스도께서 눈에 보이며, 물리적이며, 문자 그대로의 왕국을 이 땅에 세우시기 위해 기다리고 계시는 곳이다(시 110:1).

위대한 사명의 시작과 지속적인 진행에 관하여 15절에서 살펴보았다. 20절의 『**곳곳마다**』는 사도행전 1:8에서 설명한다. 사도들은 예루살렘에서 시작하였고, 그 후 예루살렘이 속한 지역인 유대로 확장해 나갔다. 그러나 사마리아에 이르러서는 복음 전파가 사도들의 사역을 넘어선다는 점에 주목해야 한다. 처음에 『**가는 곳마다 말씀을**』 전한 사람들은 사도들이 아니었다(행 8:4). 그것은 타소의 사울의 박해로 『**널리 흩어진 사람들**』인 믿는 유대인들이었다(행 8:1-4). 사실 사마리아인들에게 처음으로 그리스도를 전파하고 사도의 표적들을 행한 사람은 한 집사(빌립)였다(행 6:5; 8:5-7). 따라서 위대한 사명은 단지 사도들에게만 주어진 것이 아니라 모든 그리스도인에게 주어졌다.

『**땅 끝**』은 로마서 15:19,28, 데살로니가전서 4:10, 벧전 1:1에서 언급된다. 신약 이후 복음은 성 패트릭(St. Patrick)을 통해 아일랜드로, 콜룸바(Columba)를 통해 스코틀랜드로, 울필라스(Ulfilas)를 통해 독일로, 도마(Thomas)를 통해 인도로, 네스토리안들(Nestorians)을 통해 중국까지 전파되었다. 종교 개혁 이후에는 모라비안들(Moravians)을 통해 그린란드, 북아메리카, 자메이카로 복음이 전해졌으며, 윌리엄 캐리(William Carey)를 통해 인도로, 아도니람 저드슨(Adoniram Judson)을 통해 버마로 확장되었고, 그 이후로도 계속해서 전파되었다.

사도들처럼 되라. 어디서나 복음을 전파하라. 교회 건물 안에서만 증거하지 말라. 거리로 나가서 외치라. "로마는 노예로 구속하지만, 예수님은 구원하십니다! 영접하지 않으면 영벌에 처하게 됩니다! 돌이키지 않으면 돌아올 수 없습니다!" 집집마다 방문하여 전하라. 허락된 곳에서는 언제든지 전도지를 나누어 주라. 기회가 있을 때마다, 그리고 어디서든 복음을 증거하라. 항상 "혼을 의식하는" 삶을 살라.

마가복음 16:20로 돌아가자. 『주**께서 그들과 함께 역사하시고**』. 당신이 복음을 증거할 때, 당신은 혼자가 아님을 기억하라. 당신이 증거하는 곳에 예수 그리스도께서 성령의 인격 안에서 당신과 함께 역사하신다(마 28:20). 당신은 『하나님**과 함께 일하는 동역자들**』(고전 3:6-9)이다. 또한 『**함께 일하는 자들**』(고후 6:1)이다. 만약 당신이 사업을 한다면, 이런 완벽한 동업자를 갖는 것이 얼마나 큰 복이겠는가? 그런데 당신이 영원을 위해 수고하고 있다면, 이미 이런 동업자를 가지고 있는 것이다.

사람들이여, 이 땅에는 영원한 것이 두 가지뿐이다. 하나는 이 책이다. 하늘과 땅이 불타 없어질 때에도 여전히 존재할 것이다(마 24:35, 벧전 1:23. 벧후 3:10-12 참고). 다른 하나는 당신이 그리스도께 인도한 혼들이다. 물론 이 세상에서 생계를 유지하고, 몸과 혼을 지탱하며, 『**모든 경건과 청렴함 가운데 평온하고 조용한 생활**』(딤전 2:2)을 하기 위해 해야 할 일들이 있다. 그러나 당신의 삶의 궁극적인 사명을 잃어버리지 말라. 잃어버린 죄인들을 예수 그리스도께 인도하는 것이야말로 당신이 할 수 있는 가장 위대한 일이다.

20절의 『**표적들**』에 대해서는 이미 17,18절에서 살펴보았다. 마가는 자신의 복음인 마가복음을 모든 "복음서 기록자들"과 동일하게 『**아멘**』으로 끝을 맺는다(마 28:20, 눅 24:53, 요 21:25). 이 단어는 "그렇게 될지어다" 또는 "진실로"라는 뜻이다. 옛 흑인 설교자들은 이렇게 말하곤 했다. "그게 바로 진리다!"

다시 말해 복음이 모든 곳에서 전파되고 있으며, 주님께서 자신의 증인들과 함께 역사하시고, 성령께서 사도들과 그들의 회심자들이 전하는 모든 말씀을 표적들과 기적들로 확증하고 계신다. 그러니 아아아아멘! 계속 전진하라, 형제여!

옛 흑인 영가(Negro spiritual)에서 이렇게 말한다. "교회는 계속 나아가야 한다!" 어떤 심술궂은 교인, 어떤 탐욕스러운 TV 설교자, 자기 지식으로 교만해진 기독교 대학이나 신학교의 교수, 거짓 교리로 "양들"을 멸망시키려는 "늑대" 같은 자들, 자기 야망에 사로잡힌 자기중심적인 사람, 그 누구도 교회가 구주께서 맡기신 사명을 감당하는 것을 멈추게 해서는 안 된다. 앞으로 전진하라, 앞으로 전진하라, 형제여! 앞으로 나아가라! 전진, 전진, 후퇴는 없다! 옛 찬송은 이렇게 말한다. "뒤돌아서지 않겠네, 뒤돌아서지 않겠네." 교회는 계속 나아가야 한다! 아멘, 아멘, 그리고 아멘!

• 옮긴이 / 조 도 희

- 한양대학교 전자공학과 졸업 (B.E.)
- 킹제임스성경신학교 졸업 (B.D., Th.M.)
- 현 부산성경침례교회 담임목사

• 역서

- <조직신학 III, 성령론>(말씀보존학회)
- <출애굽기>(말씀보존학회)
- <소선지서 I>(말씀보존학회)
- <소선지서 II>(말씀보존학회)
- <목회서신>(말씀보존학회)

피터 럭크만의 주석서

마가복음

2025년 11월 20일 초판인쇄
2025년 11월 30일 초판발행

지은이 피터 S. 럭크만
옮긴이 조 도 희
펴낸이 말씀보존학회
펴낸곳 말씀보존학회

서울시 강서 우체국 사서함 제90호
전화 (02) 2665-3743 / 팩스 (02) 2665-3302
인터넷 주소 www.biblemaster.co.kr
제 409-2022-000036호

값 35,000 원